인간의 내밀한 역사

An Intimate History
of Humanity

인간의 내밀한 역사

과거와의 대화는 어떻게 현재의 삶을 확장하는가

시어도어 젤딘 지음

김태우 옮김

어크로스

한국의 독자들에게

　최근 '세계행복보고서World Happiness Report'에 따르면 한국 사람들은 "삶의 중요한 여러 결정을 내릴 자유"가 부족한 상황에 대해 특히 염려하고 있다고 합니다. "삶의 중요한 여러 결정을 내릴 자유"는 이 책의 부제목으로 삼아도 제격이라는 생각이 듭니다. 《인간의 내밀한 역사》는 이처럼 바로 여러분의 문제를 범국제적 관점에서 다루고 있습니다.

　저는 한국이 독창적인 해결책을 찾는 데 비상한 능력을 갖추고 있음을 잘 알고 있습니다. 여러분께서는 여러 분야에서 남들이 이룰 수 없는 것을 이룰 수 있음을 이미 보여주었고, 지금도 보여주고 있습니다. 한국은 너무나 빨리 가장 부유한 나라 중의 하나로 변모함으로써 세계를 놀라게 했습니다. 한국 정부는 젊은 유권자 다수의 지지를 받아 선출되었지만, 예를 들어 영국과 같은 나라에서는 18~25세 여성 중 오직 8퍼센트만이 현 정부를 위해 투표했을 뿐입니다. 코로나 바이러스에 신속하게 대처함으로써 이룬 성공과 여러 예술가들의 성취로 인해 한국은 다시 한번 그 명성을 떨치고 있습니다. 그러나 한국의 영향력은 과거의 성취에 만족하여 머무르지 않는 여러분의 지혜에 기인하고 있습니다. 여러분 가운데 많은 사람이 자신이 온전히 살아 있는지, 혹시 절반이나 그 절반만큼만 살아 있는 것은 아닌지 계속 묻고 있는 것으로 보입니다. 다른 여러 나라의 많은 사람도 똑같은 질문을 하고 있습니다.

이 책에서 저는 개인들이 어떻게 하면 서로 영감을 주고받으며 신뢰 속에서 풍성한 결실을 맺는 관계로 나아갈 수 있는지를 탐색했습니다. 폭주하는 감정을 더 효과적으로 제어하고, 상상력을 더욱 모험적으로 발전시키고, 기억에 대한 자기중심적인 해석에서 벗어나고, 두려움이 더는 희망을 죽이는 적이 되지 않도록 할 방법이 있는지, 그리고 있다면 그것이 무엇인지 살펴보았습니다.

저는 특히 사람들이 서로를 이해하도록 돕는 데 초점을 맞추었습니다. 각 개인이 왜 지금과 같은 방식으로 느끼고 생각하게 되었는지, 왜 피상적인 이해를 바탕으로 그들 자신을 성공한 사람 또는 실패한 사람으로 평가해왔는지를 이해할 수 있기를 바랐습니다. 이 모든 것은 기후 변화, 남녀 간의 전쟁, 일이라고 하는 무자비한 스트레스, 셀 수 없이 많은 불평등의 고통 같은 문제들과 우리가 협력해서 맞서는 데 꼭 필요한 사전 단계와 같은 것입니다. 오늘날 우리가 알고 있는 문명은 위기에 처해 있습니다. 그 위기에 맞서 우리 모두는 더욱 새롭게 사고해야 할 것입니다.

2020년
시어도어 젤딘

옮긴이 서문

《인간의 내밀한 역사An Intimate History of Humanity》는 영국의 저명한 역사학자 시어도어 젤딘Theodore Zeldin의 대표적 저서로서 1994년에 처음 간행된 이후로 지금까지 전 세계에서 27개 언어로 번역되었다. 젤딘은 최근까지도 전 세계 수많은 독자들로부터 책을 통해 희망과 격려를 얻었다는 감사의 메시지를 받는다고 한다. 이 책이 독자들의 마음을 사로잡은 데는 독특한 책의 성격이 큰 몫을 했다고 할 수 있다. 저자가 역사학자이고, 제목에 '역사'라는 말이 들어 있기 때문에 이 책을 '역사서'로 이해하는 것은 당연한 일이지만, 내용과 형식은 전통적인 역사서와 큰 차이가 있다. 처음 간행되었을 때도 이 사실과 관련해 많은 논란이 있었다고 하거니와 그로부터 30년 가까이 지난 지금에도 이 책은 여전히 독특한 인상을 준다.

흔히 역사 연구에 대한 상식적 견해는 전쟁 따위를 포함한 굵직한 정치적·경제적 사건 및 그 사건과 긴밀하게 연관된 주요 인물에 관한 연구와 해석 및 평가라고 할 수 있다. 그러나 젤딘은 의도적으로 그런 방식의 역사 연구를 거부하고 흔히 역사에서 거론되지 않는 개인의 생활 이야기와 과거의 역사를 접목하는 방식으로 자신의 역사 연구를 구성하고 있다.《인간의 내밀한 역사》는 그런 그의 역사 연구 및 실천의 방식을 명확하게 보여주는 책이다.

 이 책은 25장으로 구성되어 있다. 각 장의 전반부는 저자의 표현을 빌리자면 자신을 이해하기 위한 노력이 "하늘로 쏘아 올리는 폭죽" 같다는 프랑스라는 나라의 각계각층 여성과의 인터뷰로 시작한다.《인간의 내밀한 역사》라는 번역서의 제목에서 '내밀한intimate'에 해당하는 영역이 이 부분이다. 이 '내밀한' 부분에서 해당 주인공들은 일상생활에서는 좀처럼 드러내지 않는 여러 개인적 이야기를 털어놓고 있는데, 우리는 그 부분을 읽으면서 동시대 사람들의 삶의 모습을 비교적 생생하게 접하게 된다. 한편 각 장의 후반부에서는 전반부의 이야기에서 드러나는 문제 혹은 주제를 전체 인류의 과거 경험으로서의 역사라는 렌즈를 통해 검토하는 방식으로 역사 서술이 이루어진다. 번역서의 제목은 이와 같은 원서의 성격을 제대로 드러내지 못하고 있는데, 그것은 무엇보다도 'intimate'라는 평범한 영어 단어에 대응하는 우리말이 없기 때문이다. 저자는 결국 이 책을 통해 '우리 삶과 생활 속의 세계사'를 기술하고자 시도하고 있다.

 이 책에는 많은 여성이 등장한다. 하지만 그들은 우리가 흔히 생각하는 대단한 인물, 예컨대 유명 정치인이라든가 산업계의 거물 같은 그런 인물이 아니다. "내 인생은 실패했다"라는 단언으로 첫 장을 시작하는 쥘리에트의 직업은 가사 도우미이며, 이어 순경, 농부, 간호사, 세무 조사관, 의사, 시장, 화가, 조각가, 언론인, 실업자 등에서부터 심지어는 부랑자에 이르기까지 우리가 속해 있고, 또 우리 주변을 채우고 있는 사람들이 이 거대한 '삶의 화랑'에 전시된 인물들이다. 그리고 이 인물들을 중심으로 무기력, 사랑, 욕망, 외로움, 우정, 권력, 존경심, 동성애 등등 우리가 일상적으로 고민하는 내용을 중심으로 과거의 인류가 이런 문제들에 어떤 방식으로 대처했는지 서술하고 있다. 그런 까닭에 이 책은 단순히 역사서에 머무는 것이 아니라, 삶의 방법을 알려주는 지침서로 읽힐 수도 있고, 저자의 가치관과 비전이 담긴 사상서 같은 인상을 주기도 한다. 실제로 이 책은 이 모두에 해당한다고 할 수 있다.

젤딘이 이런 방식으로 역사서를 구성한 것은 "과거와 현재 사이의 새로운 접점"을 찾겠다는 취지인데, 그것을 조금 풀어 생각하면 결국 역사를 "리사이클링recycling"하자는 의도에서 비롯된 것으로 보인다. 흔히 우리는 '역사'에 무감하다. 역사는 '지난 것'이고 '끝난 것'으로서 우리의 삶과는 아무런 연관이 없다고 생각한다. 실제로 우리 주변에서 이루어지는 수많은 역사 연구가 그런 성격을 띠고 있다. 젤딘은 이런 역사 연구의 전통과 방식을 지양하고, 역사를 우리가 당면한 현실의 문제로 인식하도록 유도한다. 거의 '문학적'이라고 할 수 있는 아래와 같은 표현은 그런 저자의 의도를 분명하게 드러낸다.

과거를 너무 빨리 재생시키면 인생은 무의미해 보이고, 인류는 수도꼭지에서 곧장 하수구로 떨어지는 물과 같은 존재가 된다. 현대의 역사 영화는 느린 화면으로 상영되어야 한다. 비록 밤하늘이 흐려 잘 보이지 않을지라도 모든 사람이 별과 같은 존재로서 살아왔음을, 여전히 탐험의 손길이 미치지 않은 신비로운 존재로서 살아왔음을 보여줘야 한다.

한편 젤딘의 역사 서술은 일정 정도 시대적 변화를 반영하는 것으로 보이기도 한다. 그것은 그의 역사 연구가 소위 포스트모더니즘의 경향을 반영하면서, 정치·경제·사회와 관련된 거대 담론을 지양하고, 구체적인 개인의 삶으로 관심의 초점을 옮기는 작업으로 보이기 때문이다. 이런 개인에 관한 관심의 와중에서 이 책은 비교적 단일한 저자의 비전을 담고 있다. 그것은 기본적으로 '만남'과 '대화'라는 화두를 통해 전개되는데, 만남과 대화는 지극히 평범한 단어라는 인상을 주지만 조금 생각해보면 이 일상적 단어가 거의 무한대로 그 의미의 외연이 확장된다는 것을 알게 된다. 만남은 자신과의 만남을 포함하여 직접적인 사람과의 만남, 저술 등을 통한 사상과의 만남, 역사와의 만남 등 우리의 일상생활 속에서 결정적으로 중요한 사건이라고 할 수 있다. 한편 대화는 그 만남과 더불어 이루어지는 것으로서 만남만큼이나 그 중요성이나 의미가 광범위한 사건이다. 저자의 주장은 지금까지 만남과 대화의 기회가 적었고, 그 적은 기회조차 무수히 낭비되었다는 것이다. 그런 까닭에 그가 말하는 '새로운 르네상스'는 만남과 대화의 기회를 살려 이질적이고 낯선 인물, 사상, 종교, 심지어는 과거 경험으로서의 인류의 역사를 열린 마음으로 받아들이고 이해하는 것이다. 그렇게 하는 것이 미시적 차원에서는 개인의 삶을 더욱 풍요롭게 만들고, 거시적으로는 너그러움이나 연민과 같은 인간적 가치를 회복함으로써 인류의 미래 사회를 더욱 바람직하게 만드는 길이 된다.

한편 젤딘이 지나치게 개인적 문제에 집착함으로써 정작 우리가 마주하고 있는 구조적 문제와 관련된 거대 담론의 중요성을 경시하는 듯한 느낌을 줄 수도 있다. 그가 말하는 모험, 여행, 심지어 사고의 전환 같은 것은 정치·경제·사회적 여건이 마련되지 않은 상태에서는 공염불이 될 수도 있기 때문이다. 이와 관련해서도 저자가 그런 거대 담론의 중요성을 전혀 의식하지 못하고 있는 것은 아니다. 책의 끝부분에서 저자는 다음과 같이 언급하고 있다.

실제 모습 그대로의 개인들에 관한 경제학, 비이성적이고 이타적인 행동까지 포함시켜 계산하는 경제학, 인간은 근본적으로 이기적이라고 가정하지 않는 경제학, 물질 중심의 세상에서조차 배타적으로 자기 이익만을 추구하지 않는 것이 성공이라고 이해하는 경제학의 도움을 받아 인류의 업적을 평가할 때 비로소 인류는 올바른 방향 감각을 찾을 수 있다. 이렇게 두 눈을 뜨고 있는 경제학이, 두 눈을 뜨고 있는 정치학과 마찬가지로, 현재 탄생 중에 있다. 그것은 다수파의 승리만이 아니라, 패자도 받아들일 수 있는 별도의 승리를 제공하고, 시기하는 대신 타인에게 마음을 쓰도록 격려하는 그런 경제학이다.

물론 저자가 정치, 경제와 관련하여 깊이 있는 분석을 제기하고 있는 것은 아니다. 또 한편 어떤 의미에서는 그런 종류의 거대 담론과 관련된 문제는 역사학자로서의 저자의 연구 범위를 넘어서는 문제라고 할 수도 있다. 저자의 관심은 시종일관 사람들의 실제 삶의 모습과 그 삶을 어떻게 더 나은 방향으로 개선시킬 수 있는가에 집중하고 있으며, 그것은 역사 연구의 방법이나 비전에 있어서 기존의 역사 연구와는 상당히 다른 새로운 탐구를 전제로 한다. 다시 말하면 그는 역사의 일상화를 주장, 실천하고 있다는 것이다. 그것만으로도 저자의 작업은 진정 거창하고 중요한 일이며, 우리의 일상과 생각을 변화시킬 수도 있는 일이다. 그런 점에서 이 책은 비록 일정 부분 아쉬운 점을 남기고 있다고 하더라도, 그 모든 단점을 상쇄하고도 남음이 있는 진정 탁월한 저술이라고 할 수 있다.

이 책을 처음 번역할 당시 나는 영국에 유학 중인 학생이었다. 처음 하는 번역이었고, 책의 성격상 수많은 외국의 인명과 지명이 나열되는 까닭에 번역하는 데 큰 애를 먹었던 기억이 있다. 이제 20여 년이 지나 기왕의 번역을 전반적으로 교정하고 새로이 출간할 수 있게 되어 적지 않은 소회가 느껴진다.

이 책을 번역하면서 고풍스러운 학문의 도시 옥스퍼드에서 저자 젤딘을 직접 만난 적이 있었다. 육중한 석조 건물 안에 있던 그의 널찍한 연구실이 지금도 눈에 선하다. 그는 나를 반갑게 맞이하면서, 예상과 달리 꽤 긴 시간을 할애하여 이런저런 이야기를 해주었다. 지금 회상하기로는 한국의 실학에 대해서도 언급하고 특히 외국의 음식 이야기를 많이 했던 것 같다. 그러면서 그는 한 '내밀한' 이야기를 처음 만난 한국인 만학도에게 해주었는데, 그것은 교도소장을 역임했던 그의 친구에 관한 이야기였다. 그에 따르면 그 친구는 교도소장으로 재직할 당시에는 교도소 안에서 거의 신과 같은 권력을 누리던 존재였다. 그런데 은퇴하고 나서야 비로소 그는 그 권력이 본래 그에게 속한 것이 아님을 깨달았으며, 그로 인해 실생활에서 적지 않은 어려움을 느낀다는 것이었다. 멀리 한국에서 온 무명의 유학생에게 허물없이 자신의 이야기를 들려주던 그의 태도도 인상적이었지만 나는 그의 이야기에 깊은 감명을 받았다. 그리고 이후 어떤 상황에서든 '나는 나로서 살아가자'고 결심했다. 물론 권력이나 재력도 그 사람의 정체성의 일부이며, 사실 '나로서 살아간다'는 몽롱한 표현에 더 많은 문제가 있을 수 있겠지만, 젤딘이 그 이야기를 통해 무엇을 전달하고자 했는지는 의문의 여지가 없다고 할 것이다. 이따금 언론에 터지는 '갑질' 사건이나 또 언론에 드러나지는 않지만 우리 사회의 수많은 조직체에서 암암리에 벌어지고 있는 소소한 '갑질' 때문에 얼마나 많은 사람이 괴로워하고 인생의 많은 시간을 낭비하고 있는지 생각해본다면, 직급이나 재력 따위로 자신을 과시하기보다는 그 마음가짐이나 태도를 통해 진정으로 존중하고 또 존중받는 것이 얼마나 중요한 일인지 쉽게 느낄 수 있다. 이 이야기를 비교적 장황하게 늘어놓는 이유는 젤딘의 이야기가 역자에게 미쳤던 영향이 바로 저자가 이 책을 통해 고취하고자 했던 가치를 반영하는 것이 아닌가 하는 생각 때문이다. 모쪼록 젤딘의 탁월한 저술인 이 책이 한국의 독자에게도 깊은 생각거리를 제공하고 나아가 사고의 감옥에서 벗어나는 계기가 되었으면 하는 마음이 간절하다.

마지막으로 새로운 출간을 가능하게 해준 김형보 어크로스 출판사 대표와 박민지 편집자께 진심으로 감사드린다.

2020년
김태우

머리말

　우리의 상상 속에는 과거의 유령들이 살고 있다. 이 책은 우리에게 용기를 주는 친근한 유령들, 우리를 고집불통으로 만드는 게으른 유령들, 그리고 무엇보다도 우리를 낙담시키는 무시무시한 유령들에 대한 연구의 결과다. 과거가 우리를 떠나지 않는다. 그러나 사람들은 때때로 과거에 대해 생각을 바꾸어왔다. 나는 오늘날 사람들이 어떻게 자신들의 개인사뿐만 아니라 잔혹과 오해와 기쁨의 기록으로 점철된 전 인류사에 대해 다시 생각할 수 있는지를 보여주고 싶다. 미래를 새롭게 보기 위해서는 먼저 과거를 새롭게 보아야 한다.

　이 책의 각 장은 모두 지금 살아 있는 한 개인의 초상肖像으로 시작된다. 그 초상에서 드러나는 욕망과 후회 속에서 독자들은 자신의 일부분을 볼 수 있을 것이다. 그러나 그 일부분 또한 이미 오래전에 잊힌 어떤 근원에서 비롯된 마음가짐, 몸가짐에 의해 구속받고 있다. 몸의 세포들이 스스로를 새롭게 바꿔나가고, 또 다양한 속도로 죽어가는 까닭에 각각 그 나이가 다른 것처럼, 우리의 정신 속에는 서로 다른 세기에서 유래한 정신들이 숨어 있다. 각 개인들의 가정이나 어린 시절에 초점을 맞추어 그들의 독특함을 설명하는 대신에 나는 좀 더 긴 전망을 취했다. 사람들이 어떤 방식으로 과거 세대들의 경험에 주의를 기울이는지 아니면 무시하는지, 또 어떻게 사람들이 아즈텍족과 바빌로니아인으로부터 요루바족과 조로아스터교도들에 이르기까지, 전 세계의 사라졌거나 또는 현존하는 사회에서 벌어졌던 힘겨운 투쟁을 여전히 계속하고 있는지 보여주고자 한다. 시간적으로 또 공간적으로 멀리 떨어져 있는 이들 가운데는 생각보다 훨씬 더 많은 우리 영혼의 동료들이 있다.

여러분은 이 책에서 각각의 나라와 시대가 세심하게 분류되어 있는 박물관에서 볼 수 있는 그런 역사를 볼 수는 없을 것이다. 나는 박물관 진열장 속에 갇힌 채 가만히 놓여 있으려 하지 않는 과거, 오늘날 사람들의 마음속에서 살아 움직이는 그런 과거에 대해 쓰고자 한다. 그러나 나는 이러한 유령들과 더불어 내가 무엇을 하고자 하는지 설명하기 전에, 그 유령들 가운데 몇몇을 먼저 여러분에게 소개하고 싶다.

차례

| 일러두기 |

- 이 책 《인간의 내밀한 역사》(원제: An Intimate History of Humanity)는 1999년 도서
  출판 강에서 번역 출간된 바 있습니다. 원서의 성격을 고려하여 'Intimate(친밀한/사적
  인/상세한, 깊은)'과 'Humanity(인류/인간/인간성)'의 적절한 번역어를 새롭게 고안하
  고자 하였으나 독자들의 혼란을 방지하고자 최초 번역본의 제목을 그대로 사용하였습
  니다.
- 이 책의 외래어 표기는 국립국어원의 '외래어 표기법 및 표기 용례'를 따랐습니다. 인명
  등 표기 세칙이 명시되지 않은 경우에는 통용되는 표기에 따랐습니다.

새로운 만남은 잃어버렸던
희망을 소생시킨다

오늘날 희망은 무엇보다도
새로운 사람들과의 만남이라는 전망에
그 토대를 두고 있다.

"내 인생은 실패했어요." 이것이 자신의 삶에 대한 쥘리에트의 평가다. 물론 그녀는 좀처럼 그런 말을 입 밖에 내지 않는다. 그녀의 인생은 달라질 수 있었을까? 물론 달라질 수 있었다. 인류의 역사도 달라질 수 있었으니까.

쥘리에트는 쉰한 살이다. 열여섯 살 때부터 가정부로 일했기 때문에 식사를 준비하고 집안일을 하는 데는 도가 텄다. 일에 관한 한 그녀는 완벽하다. 온갖 세세한 일에 이르기까지 꼼꼼하게 관심을 기울인다. 그러나 남의 집 일을 하는 데는 그토록 완벽한 그녀이지만 정작 자기 가정은 제대로 건사하지 못했다.

그녀의 어머니도 가정부였다. "엄마한테 아무런 불만이 없었어요. 매질을 하시긴 했지만 어쨌든 우리를 길러주셨어요." 쥘리에트가 일곱 살 때 아버지가 돌아가셨다. 어머니는 일찍 일하러 나가서 늦게 돌아왔다. "엄마 얼굴을 볼 시간도 거의 없었어요." 자연히 공부는 뒷전이었다. "왜 학교에 가야 하는지 몰랐죠." 그녀는 특별히 친한 친구도 없었고, 선생님의 도움도 받지 못했다. 결국 졸업장이나 자격증도 따지 못한 채 학교를 중퇴했다.

열여섯 살에 쥘리에트는 '어리석은 짓'을 하는 바람에 일찍 결혼했고, 여덟 명의 아이를 낳았다. 그녀에게 아이들은 순수한 기쁨이었고 아기를 꼭 껴안아주는 것을 좋아했지만 사는 데 점점 지쳐갔다. "아이들이 자라면서 힘들어졌어요." 남편은 군복무 중이던 잘생긴 목수였다. "그와 사랑에 빠졌죠." 남편은 처음에는 그녀에게 잘해 주었지만 이내 모든 것이 잘못되기 시작했다. 첫딸이 태어난 지 6개월이 지났을 때, 남편에게 딴 여자가 있다는 소문을 들었다. 그들 사이에 신뢰가 깨졌다. 남편은 밖에서 보내는 시간이 많아졌고, 그럴 때마다 그녀는 남편을 의심했다. 그러다가 남편은 술에 빠졌다. 일이 지겹다며 빈둥거리더니 그녀를 때리기 시작했다. "온몸이 멍투성이였어요." 너무나 수치스러워서 아무한테도 말할 수 없었다. "그이가 정원을 지나 집으로 오는 모습만 봐도 겁에 질려 떨었어요."

그런데도 왜 남편과 헤어지지 않았을까? "너무 두려웠거든요. 시댁이 있는 마을에는 아는 사람이 하나도 없었어요. 외톨이였지요. 결혼 후 친정 식구들과도 연락이 끊겼어요. 14년 동안 형제들을 보지 못했어요. 남편은 외출을 못하게 했고 아이들이 장을 보러 다녔죠. 심지어 내 남동생 장례식에도 못 가게 했어요. 친구도 하나 없었고, 그저 일하러만 다녔죠."

그녀가 아이들을 제대로 돌보지 못하자 사회복지 기관에서 아이들을 데려가버렸다. 그 후 아이들은 양부모에게 위탁되었다. 모멸감 때문에 쥘리에트는 아주 예민해졌다. 사람들은 그녀에게 "자기 자식도 제대로 기르지 못한 주제에"라고 말했다. "잘 알지도 못하면서 그렇게 말하면 안 되죠." 그녀는 항변한다.

"난 결국 남편에게 앙갚음을 시작했죠. 진작 그렇게 해야 했어요." 오랜 시간이 지나서야 그녀는 남편에게서 벗어날 수 있었다. 이혼한 지 한 달 만에 남편은 죽었다. "하나도 슬프지 않았어요. 정말로 웃었어요. 지금은 이렇게 웃을 수도 있지만 남편과 살 때는 웃어본 적이 없어요." 그 이후로 그녀는 오직 한 가지 목표만 바라보고 일했다. "집을 갖는 것이 내 인생의 목표였어요." 최근에 그녀는 자기 집 저당을 청산할 수 있었다. 이제 그녀는 그 집에 자부심을 느낀다. 그녀는 더 강한 사람이 되었다. 그러나 혼자 사는 것은 너무 두려운 일이었다. 지금 그녀는 남자와 함께 살고 있다. "안전을 위해서예요. 밤에 혼자 있기 싫어서요." 때때로 그녀는 혼자였으면 하고 바라기도 하고, 이 남자와 결혼하기를 원하는 것은 절대로 아니라고 생각한다. "그 점에서는 요즘의 젊은 애들 같지요. 꼭 결혼할 필요는 없다고 생각해요." 그 남자 또한 이혼한 전력이 있고 '평화를 원하기' 때문에 그녀와 살고 있다. 그녀가 장을 보고 그는 요리를 한다. 그녀의 유일한 낙은 일요일에 시장을 구경하는 것이다. 이것저것 둘러보며 새로 나온 옷감의 감촉을 느껴본다. 이 모든 것이 전에는 꿈만 같던 일이다. 돈이 있어서 그녀는 자유롭다고 느낀다. 만약 헤어지게 되면 그가 집을 나가는 조건으로 함께 살았기 때문에 그도 시골에 조그만 집을 사두었다. 그녀는 늘 그에게 이 아파트가 자기 소유임을 상기시키면서 거만하게 "난 자유롭게 외출할 수 있고, 친구도 마음대로 만날 수 있어요"라고 말한다.

그들은 별로 대화를 나누지 않는다. 저녁때 집에 오면 침대에 홀로 누워 어둠 속에서 쉬는 것이 그녀의 즐거움이다. 책도 읽지 않고 TV도 좀처럼 보지 않는다. 그 대신 불을 끄고 옛날 일을 생각하곤 한다. 어머니, 남편, 아이들, 그리고 실업의 공포. "자식들이 일자리를 잃게 된다면 정말 문제지요." 자식들의 삶도 그녀보다 별반 나을 게 없다. "이건 공평하지 않아요." 그녀는 외국인들이 일자리와 집을 빼앗고 있다고 생각한다. 그래서 "가난한 프랑스인들은 가진 것이 없어요. 아랍인이나 흑인들을 욕하고 싶진 않지만 이건 공평하지가 않아요. 그들 때문에 우리 아이들이 어렵게 살고 있어요." 그녀의 집안은 마치 대우받지 못하는 직업을 갖는 것이 운명이기라도 한 듯, 딸 하나는 공장에 다니고 다른 딸은 경찰서장 관사에서 일하고 또 다른 딸은 가정부로 일한다.

일을 하면서 쥘리에트는 무슨 생각을 할까? "글쎄요, 아무 생각도 안 해요. 기껏해야 소스 냄비 생각이나 하죠." 일은 가정으로부터의 휴식이다. 평화를 누릴 수 있도록 가정을 잘 꾸며놓기는 했지만 그녀에게 사람들이란 가시 돋친 아프리카 바늘두더지와 같다. 다른 사람들과 있으면 늘 신경이 곤두선다. 이전처럼 나약하지는 않지만 남의 말에 쉽게 상처 받는다. 가정부 일에 그럭저럭 만족하는 이유도 혼자 일할 수 있기 때문이다. 사무실이나 공장 같은 곳에서는 쑥덕공론이 두렵다. "사람들은 이러쿵저러쿵 말이 많고, 또 말을 꼬아서 해요. 그 때문에 때때로 문제가 생기기도 하죠." 그녀는 비판받는 것을 가장 싫어한다. 못마땅하다는 암시만 받아도 상처가 덧난다. 자존심을 지키기 위해 끊임없이 노력해야 하고 자존심 때문에 불평도 못한다.

그녀는 남편이 자기한테 어떻게 했는지 형제들에게도 결코 말한 적이 없다. 요즘 형제들을 만날 때면 그들이 어떻게 살건 간섭하지 않으려고 조심한다. 그들도 그녀의 과거에 대해 말하지 않는다. "그랬다간 내가 엄청 화를 낸다는 것을 아니까요." 그녀의 여동생은 남편과 사별한 후 다른 남자와 살고 있다. 그러나 정말로 행복하지는 않아서 여동생은 동거남한테 "짐 싸서 나가"라고 종종 을러댄다. 쥘리에트는 그들의 싸움에 절대 간섭하지 않는다. "그건 동생의 문제죠." 쥘리에트가 조금이라도 잔소리할 기색을 보일라 치면 동생 또한 이렇게 대꾸한다. "언니 일이나 신경 써." 형제들도 그녀만큼이나 조심하기 때문에 여간해서는 서로 화를 내지 않는다.

"자식이 많으면 싸울 일도 많은 법이죠." 그나마 큰딸이 제일 나은 편이다. 큰딸도 남편을 먼저 보낸 후 지금은 말을 잘 듣는 남자와 살고 있다. "그 애가 대장이죠. 자기 남편한테 너무 심하게 굴어요. 그 애 남편은 바보 같아요." 그러나 "그건 자식들의 사생활이고 나하고는 상관없어요. 내가 보는 앞에서 자식들이 싸운다 해도 간섭하지 않을 겁니다."

쥘리에트와 함께 살고 있는 남자에게는 열일곱 살 난 딸이 있는데, 주위를 맴돌며 자꾸 물어대는 모기처럼 성가신 존재다. 친엄마가 두 번째 결혼에도 실패하고 이혼하면서 현재 사회시설에서 지내고 있다. 그 아이에게 아무리 잘해주려 해도 쥘리에트는 어차피 계모일 뿐이다. "넌 내 딸이 아니니까 어머니날에도 찾아올 필요 없어. 아버지날에나 와라." 이 아이는 "정말 못됐다"라고 쥘리에트는 생각한다. 쥘리에트의 과거사를 다 알고 나서는 툭하면 "당신은 실패자"라고 말해서 화를 돋운다. "내 딸이라면 정말 한 대 때리고 싶어요." 이 아이는 비뚤어졌고 제대로 성장하지 못했으며 집안일을 돕지도 않는다. 신세대는 매사를 되는 대로 처리한다. 이 아이는 법에 호소하겠다며 대든다. "당신을 감옥에 보낼 거야." 쥘리에트는 법과 관련되는 일이 두렵다. 이 아이의 아버지는 이런 말다툼에 끼어들지 않는다. "그는 평화를 원해요." 말다툼이 참을 수 없을 정도가 되면 쥘리에트는 수표책을 챙겨 산책을 나간다. 그녀에게 그 수표책은 독립된 여성임을 증명하는 여권과 같은 것이다. 그녀는 이런 식으로 수

표책을 사용함으로써 독립적인 존재가 되는 비법을 더 많이 알게 되었다고 느낀다. 몇 년 전이라면 돈을 펑펑 써서 모욕감을 이기려고 했을 것이다. "난 물건을 사기 전에 두 번 생각하지 않아요. 가격을 비교하지도 않아요. 그러나 지금은 좀 안정이 되었지요. 같이 사는 사람의 영향을 받았거든요. 그는 매사에 신중해요. 그가 나를 좀 더 균형 잡힌 사람으로 만들었어요. 전에는 훨씬 더 신경과민이었죠." 소비는 신경과민에 대단한 진정제 역할을 한다.

인정과 모욕 사이, 쥘리에트의
삶을 결정지은 만남들

젊었을 때 쥘리에트는 하루에 열세 시간씩 일했다. 지금은 그만큼 오래 일하지 않으며, 수입은 여전히 적은 편이다. 벌이가 더 나은 일거리를 찾을 수도 있겠지만, 그녀는 자기가 상대할 수 있고 수용할 수 있으며, 자기를 나무라거나 괴롭히지 않는 주인을 원한다. 균형을 유지하기 위해 다이어트를 하는 사람처럼 시간을 쪼개 여러 사람을 위해 일한다. "온종일 소리를 질러대는 주인과 일하고 저녁 내내 소리를 질러대는 남자가 있는 집으로 돌아와야 했다면 아무것도 할 수 없었겠죠." 그녀가 집안 청소를 해주던 어떤 집의 여자는 정말로 그녀한테 소리를 질러댔다. 그러나 "마음은 착했죠." 또 다른 주인은 전직 프랑스 대통령의 손녀딸이었는데, 여러 가지 병치레를 하느라 온종일 소파에 누워 아무 일도 하지 않았다. "스스로 낙심하지만 않았다면, 그녀는 뭔가 큰일을 해낼 수 있었을지도 몰라요." 그러나 그녀는 정말 친절했다. 또 다른 주인은 건강이 좋지 않은 데다 자식들 때문에 속을 썩이고 있었다. "건강을 잘 돌보라고 말해주었죠. 그러자 '예, 의사 선생님' 하고 대답했어요." 또 다른 사람은 의사였는데 그녀가 아파도 전혀 관심을 갖지 않았다. 그러나 어떤 주인은 그녀가 기침이라도 하면 세심하게 신경 써주었고, 한번은 "여긴 공장이 아니에요"라며 한 시간 일찍 퇴근시켜주었다. 그녀가 기억하는 인생의 최고 순간이었다.

쥘리에트는 적어도 이들 가운데 몇몇을 '친구'로 여기고 있다. 그중 한 사람에게는 이렇게 말하기도 했다. "무슨 일이 있어도 당신을 저버리지 않겠어요. 절대로 당신을 떠나지 않을 거예요. 당신은 내가 만난 사람들 중에 제일 친절한 사람이에요." 비록 이 의사에게도 나름의 한계와 단점이 있었지만, 그녀는 그를 위해 24년 동안 일했다. "그 사람의 성격을 잘 알기 때문이죠. 그를 다루는 법을 알거든요. 그가 기분이 언짢을 때면 저는 아무 말도 하지 않아요." 이들이 그녀가 일한 것을 두고 마음에 안 들어하면 그녀 인생의 가치도 떨어진다. "주인은 손님들 앞에서 일하는 사람을 모욕해서는 안 돼요. 그건 천박한 짓이에요. 부엌에서 하면 되잖아요." 한번은 저녁식사 때 실수로 고기와 감자를 다른 접시에 따로 담아 내놓았다. 안주인은 그녀에게 "멍청한 년"이라고 욕했다. 그녀는 울면서 그만두겠다고 말했다. "의사는 사과했지만 안주인은 사과하려고 하지 않았어요." 쥘리에트는 그만두지 않았다. 다른 집에서는 경멸적으로 식모라는 소리를 듣기도 했다. "그런 말은 정말 참을 수 없어요." 그러나 분노는 가라앉게 마련이다. "모든 사람에게 적응해야만 돼요. 누구에게나 다 문제가 있어요. 가정부의 삶을 이해하는 사람도 있고 이해하지 못하는 사람도 있지요." 그녀는 스스로를 위로했다. "이 사람들은 저한테 의존하고 있어요. 그들과 지내다 보니 저는 더 교양 있는 사람이 되었죠. 그들은 내게 여러 가지 이야기를 해주지요. 그중 한 명은 교육을 잘 받은 사람이었는데도 내게 모든 문제를 털어놨어요. 다른 사람한텐 절대로 말하지 말라고 하면서요. 저도 비밀을 지켜주었죠."

쥘리에트의 삶을 결정지은 만남들이 피상적인 것에 그치지 않았다면, 더 많은 생각을 나눌 수 있었다면, 그 만남에 좀 더 인간적인 면이 있었다면, 그녀의 삶은 달라졌을지도 모른다. "능력만 있었더라면" 더 좋은 직장을 얻을 수 있었을지도 모른다고 그녀는 말한다. 자격증이라도 하나 있었다면 노인들을 위해 일할 수도 있었을 것이라며 아쉬워한다. 그녀를 고용했던 주인들 가운데 어느 누구도 그녀가 좀 더 만족스러운 직업을 갖도록 주선해주는 일에 전혀 관심이 없었다는 것은 정말 안타까운 일이다. 그리하여 그녀는 "내 인생은 실패했다"라고 말했던 것이다.

'실패한 인생'이라는 체념
노예제의 정신적 유산들

쥘리에트의 이야기를 해석하는 데는 몇 가지 방식이 있다. 어떤 사람은 이렇게 말할 것이다. "그것이 인생이고, 거기에는 나름의 이유가 있다"라고. 또 다른 사람은 이렇게 말할 것이다. 인류가 자신을 옭아맨 매듭을 풀고 잘못된 제도를 좀 더 합리적으로 바꾼다면, 삶도 달라질 것이고 가난도 없어질 것이라고. 그러나 그렇게 되려면 수십 년, 아니 수백 년이 걸릴 것이다. 또 다른 사람은 이토록 잔인한 삶을 혐오할 수도 있다. 삶을 조롱하거나 풍자하거나 또는 그저 자세히 묘사함으로써 삶을 견뎌내려고 시도할 수도 있다. 그러나 그렇게 하면서 어떤 해결책도 찾으려 하지 않고 모든 노력을 부질없는 일로 치부함으로써 실망을 애써 외면할 것이다.

　나의 목적은 그런 것이 아니다. 쥘리에트의 불행한 삶의 이면에서 나는 자신을 실패자로 간주하거나 또는 그렇게 취급되어온 모든 사람들을 본다. 진정 자기 삶을 살았다고 할 수도 없고, 독립적인 인간으로 대우받지도 못했고, 남들이 자신의 의견을 귀담아듣거나 물어본 적도 없고, 그저 다른 사람의 재산으로 간주되어왔음을 깨달을 때 최악의 패배감에 빠지게 된다. 이런 것들이 공공연하게 노예에게 일어난 일이었다. 우리는 모두 노예 아니면 노예나 다름없는 존재의 후손이다. 따라서 우리의 자서전은 조상들이 노예가 된 경위와 그런 유산으로부터 우리가 얼마나 자유로워졌는지에 대한 질문으로 시작되어야 할 것이다. 물론 노예제도는 폐지되었다(그렇게 오래된 일은 아니다. 사우디아라비아가 1962년 노예제도를 마지막으로 폐지했다). 그러나 노예제는 더 광범위한 비유적 의미를 갖고 있다. 우리는 열정의 노예가 되기도 하고 일이나 습관의 노예가 되기도 하며 이런저런 이유로 떠날 수 없는 배우자의 노예가 되기도 한다. 이 세상은 아직 주인에게 고용된 노예는 아니라 해도 자유가 없다고 느끼는 사람들로 가득 차 있고, 통제할 수 없는 경제적·사회적 힘이나 환경 또는 스스로의 어리석음의 지배를 받는다고 생각하는 사람들로 가득 차 있다. 그런 생각 때문에 그들의 개인적인 야심은 끊임없이 무뎌지고 있다.

오늘날 노예의 후손은 범죄자보다도 더 희망이 없다. 죄 지은 자는 후회라도 할 수 있지 않은가. 무력하고 덫에 갇힌 인간에게는 이 같은 즉각적인 치유책이 없다. 쥘리에트는 노예가 아니다. 아무도 그녀를 소유하고 있지 않다. 그녀는 중세의 농노가 아니다. 그녀의 노동에 대해 누구도 권리를 갖고 있지 않다. 그러나 자신의 인생이 실패했다고 생각한다면, 그것은 노예 없이는 세상이 존재할 수 없었던 시대의 사람들이 겪었던 절망을 다시 겪는 일이다. 그래서 합법적인 노예제에 대해 알아보는 것이 중요하다.

과거에 인간은 크게 세 가지 이유로 노예가 되었다. 첫째는 공포다. 삶이 아무리 괴로워도 죽는 것보다는 나았다. 그들은 전쟁터에서 죽는 것을 최고의 영예라고 믿었던 왕이나 기사 또는 다른 폭력 중독자들로부터 멸시받는 일에 동의했던 셈이다. 이 폭력 중독자들에게 인간을 노예로 만드는 것은 동물을 길들이는 것과 마찬가지로 권력과 안락을 추구하는 과정의 하나였다. 억압은 삶의 불가피한 요소처럼 보였기에 노예들은 동물처럼 매매의 대상이 되고 머리를 깎이고 낙인찍히고 매를 맞고 욕(원숭이, 창녀, 말썽꾼 등등)을 먹어야 했다. 중국 한나라 시대에 '노예奴隸'라는 말은 '아이' 또는 '아내와 아이'라는 말에서 생겨났다. 정식 노예건 아니건 간에 세계 대부분의 지역에서 사람들은 복종을 강요당했다.

1200만 명의 아프리카인들이 신세계로 납치되어 노예로 팔려가기 전에는 슬라브족이 주요 희생자였다. 노예제slavery라는 말 자체가 슬라브족Slavs에서 유래했다. 그들은 로마인, 기독교도, 이슬람교도, 바이킹, 타타르족에게 사로잡혀 전 세계로 수출되었다. 이후 '슬라브'라는 말은 외국인을 뜻하게 되었다. 대부분의 종교는 외국인을 노예로 삼아도 된다고 가르쳤다. 노예로 수출된 영국의 아이들—여자아이들은 더 높은 가격을 받기 위해 살을 찌워 수출했다—은 결과적으로 슬라브족이 되었다. 그리 머지않은 과거에 슬라브족이 전제군주의 폭정에 시달리면서 탈출의 전망이 전혀 보이지 않았을 때, 그들에게는 운명적으로 노예가 될 무슨 특성이 있다는 비관적인 결론을 내린 사람들도 있었다. 그것은 잘못된 추론이다. 이미 벌어진 일은 그렇게 벌어질 수밖에 없다고 핑계를 대는 짓이다. 자유로운 인간은 그런 논리를 믿지 않는다. 그것은 노예들에게 절망을 심어주기 위해 강제되었던 논리다.

자유로운 존재로 태어나지 않기 때문에 인간은 늘 자유를 열망하게 마련이지만, 공포가 거의 언제나 그 열망보다 더 강력했다. 그러나 동로마제국의 마우리키우스 황제(재위 582~602)는 한 가지 예외를 발견했다. 놀랍게도 포로로 잡힌 세 명의 슬라브족은 무기가 아니라 기타와 치터만 갖고 있었다. 그들은 자유의 기쁨과 선선한 바람의 기쁨을 노래하며 유랑했다. 그들은 황제에게 "전쟁을 모르는 사람이 음악에 심취하는 것은 자연스러운 일"이라고 말했다. 그들의 노래는 자유의지에 관한 것이었으므로 그들은 자유민freewill people이라고 알려지게 되었다. 표트르 대제가 그들이 법적 토지재산의 일부분이 되어 각자 정해진 일을 갖고 있어야 한다는 칙령을 통해 그 존재를 금지했던 1700년에도 그들은 여전히 존재했다. 150년 후 우크라이나의 해방 농노였던 타라스 셰브첸코Taras Shevchenko는 자유민과 똑같은 전통 속에서 노래했다. 그는 "자유가 술 취한 차르 때문에 잠자고 있다"라고 한탄하며 자연에서 희망을 찾을 수 있다고 주장했다.

바다가 말하는 것을 들어보라,

저 검은 산에 물어보라.

무엇보다도 홀로 있기를 원하는 사람들이 폭력을 즐기는 사람들로부터 벗어날 수 없었기 때문에 노예제가 존재했다. 폭력적인 사람들은 인간의 본능적인 공포를 자극함으로써 모든 역사 시대를 통해 거의 승리해왔다.

둘째, 인간은 '자발적으로' 노예가 되었다. 멕시코 아즈텍족의 경우 많은 사람들이 절망에 압도되어 책임으로부터 벗어나기 위해 스스로 노예가 되었다. 다시 말해 그들은 노예의 삶을 선택했다. 예를 들어 그들의 국기國伎에 해당하는 파톨리에 너무 빠져 폐인이 된 은퇴한 선수들, 또는 사랑에 지친 여인들이 안정적으로 먹을 것을 확보하기 위해 스스로 노예가 되었다. 노예에게는 먹을 것을 주어야 하며 그렇지 못할 경우 노예는 다시 자유인이 된다는 것이 그들이 맺은 노예 계약의 원칙이었다. 고대 모스크바족은 서로를 노예로 삼음으로써 약탈자들에게 저항할 수 있다는 것을 알게 된 후 여덟 가지 형태의 노예제를 발전시켰다. 그중 가장 흔한 것이 '자발적' 노예였다. 그들의 변경 사회에는 자선기관이나 복지제도가 전혀 없었다. 배고픈 자들은 자신을 노예로 팔았다. 15세기부터 18세기까지 모스크바족의 약 10분의 1이 노예가 되었다. 그 결과 노예가 시민이나 군인 또는 성직자보다 더 많았다. 미국의 한 역사학자는 복지제도에 의존해 살고 있는 미국의 가난한 사람들을 이들 노예에 비유했다.

러시아의 노예제는 자기 몸밖에 팔 것이 없는 사람들에게는 일종의 전당포 같은 것이었다. 통상 노예의 3분의 1은 도망쳤지만, 자유에 지치거나 노예근성에서 벗어나지 못해 거의 모두가 다시 노예로 돌아갔다. "모든 노예가 자유를 꿈꾸는 것은 아니다. 몇 년 동안 지배만 받다가 거친 현실 속에서 독립적인 존재로 살아간다는 것은 거의 생각할 수 없는 일이 되었다"라고 노예 역사학자 리처드 헬리 Richard Hellie는 말한다.

　미국에서는 탈출이 더욱 힘들었다. 미국 남부의 주들은 세계에서 가장 가혹한 노예제를 운영하고 있었다. 러시아나 중국에서는 대개 노예가 집안일에 종사했지만 미국에서는 농장에서 높은 이윤을 내기 위해 노동을 착취당했다. 그러나 노예에도 여러 종류가 있었기에 대우나 학대를 받는 정도가 달랐다. 이 때문에 그들은 각자 자신이 약간의 특권을 가지고 있고 노예 중에서도 가장 비천한 인간은 아니라고 생각했다. 결과적으로 노예들은 서로 시기하고 질투하느라 그들 모두가 겪고 있는 고통을 보지 못했다. 미국의 농장에서 아프리카 출신 노예가 다른 아프리카 출신 노예를 채찍질하는 것은 흔한 광경이었다. 다시 말해 일단 어떤 제도가 만들어지고 나면 그 제도 때문에 고통 받는 사람들조차 그 제도를 이용할 방법을 찾게 마련이고 싫든 좋든 그 제도의 존속에 기여하게 된다.

　오늘날에는 세 번째 형태의 노예가 존재한다. 야심적인 기업의 중역이나 관료주의자들 역시 노예들의 후손이다. 노예를 소유하면 권위가 생기지만 노예가 되면 힘들게 일해야 한다. 자유인들은 남을 위해 일하는 것을 천하게 여겼다. 로마 귀족들은 황제의 관료가 되기를 거부했다. 그래서 황제는 국정에 노예를 이용하기 시작했고, 귀족들은 재산을 관리하기 위해 노예를 고용했다. 노예에게는 가족이 없었고 주인 이외에는 누구에게도 충성하지 않았기 때문에 가장 믿을 만한 관리, 군인, 시종이 되었다. 오스만제국과 중국에서는 종종 노예나 환관이 국정에 개입했다. 이들은 최고 직책에까지 오르고, 심지어 황제가 되기도 했다. 거세는 이들이 가족보다 국가에 충성한다는 증명이었다. 오늘날 고용주에 의해 도덕적으로 거세된 사람들이 얼마나 많은지를 보여주는 통계는 전혀 없다.

'일'에 해당하는 러시아어 '라보타rabota'는 노예를 뜻하는 '라브rab'라는 말에서 유래했다. 여가 사회는 말하자면 로봇이나 기계로 된 노예를 부리면서 노예 주인처럼 살고 싶다는 꿈에서 비롯되었다. 노예제의 역사에서 씁쓸한 점은, 사람들은 자유로워진 후에도 삶의 일부분에서는 종종 로봇이 된다는 점이다. 사람들은 노예근성을 완전히 벗어던지는 것을 원하지 않는다. 고대 로마에서 인기 있는 연예인이자 광대였던 시리아 출신의 노예 푸블리우스는 "다른 사람의 의지에 좌우되는 것이 가장 큰 불행"이라고 말했다. 그러나 낭만적인 사랑의 환상도 그와 같은 의존에 기초하고 있다. 해방 노예는 흔히 의존 상태로 남아 같은 일을 계속하기를 원했다. 노예제의 흔적을 없애는 데는 몇 세대가 걸렸다. 중국과 아프리카의 경우 해방된 노예는 일종의 가난한 친척이 되었고 유럽에서는 복지기관에 의존하는 존재가 되었다. 자신보다 더 강력한 사람의 보호 없이 사는 일은 너무나 무서운 모험이었다.

노예들, 또는 적어도 고통을 잊기 위해 늘 취해 있기를 거부하는 사람들에게서 찾아볼 수 있는 가장 중요한 특징은 존엄성이었다. 이들의 상당수는 비록 비천한 일을 하면서도 자율적인 삶을 영위했다. 이들은 주인의 모욕을 받아들이는 척하고 시키는 대로 다 했지만, 오히려 주인이 그들에게 의존하고 있다는 사실을 간파했다. "똑똑한 사람을 잡으려면 바보가 돼라"는 것이 자메이카 노예들의 속담이었다. 그리고 때때로 노예 주인도 자신이 바보 취급을 당할 뿐만 아니라 사실 노예에 지나지 않는다는 점을 깨닫고 있었다.

77년에 대大플리니우스Plinius는 다음과 같이 기록했다. "우리는 밖에 나갈 때 다른 사람의 발을 이용하고, 사물을 알아보기 위해 다른 사람의 눈을 이용하고, 사람들에게 인사하기 위해 다른 사람의 기억을 이용하고, 살아 있기 위해 다른 사람의 도움을 필요로 한다. 우리에게 남는 것은 오직 쾌락뿐이다." 방대한 《박물지Naturalis Historia》를 저술한 이 로마의 노예주는 베수비오 화산의 분출을 직접 목격하기 위해 화산에 너무 가까이 다가갔다가 죽고 말았다. 자연을 관찰하면 기생물을 잘 알아볼 수 있기 때문에 그는 자신이 기생하는 존재임을 알고 있었다.

자유란 법으로 보호되는 권리의 문제만은 아니다

노예제 폐지가 노예제의 완전한 해결책은 아니었다. 새로운 형태의 노예제가 또 다른 이름으로 고안되었기 때문이다. 해가 뜰 때부터 해가 질 때까지 유독한 공기 속에서 일하고 일요일이 아니면 결코 햇빛을 보지 못하고 침묵 속에서 복종해야 하는 공장 노동자들은 고대의 노예보다도 못한 삶을 살고 있다. 그리고 오늘날 스스로 생각하고 책임을 맡기보다는 남이 시키는 대로만 일하는 사람은 스스로 노예가 된 러시아 노예들의 정신적 후예다. 여론 조사에 따르면 영국인의 3분의 1이 그렇다고 한다. 자유는 피곤하고 괴로운 일임을 기억해야 한다. 자유에 대한 온갖 입에 발린 찬사에도 불구하고 사는 것이 힘들 때면 자유에 대한 애정이 식게 마련이다.

노예제의 역사로부터 내가 이끌어낸 결론은, 자유가 단지 법으로 보호되는 신성한 권리의 문제만은 아니라는 점이다. 표현의 권리만해도 그렇다. 당신은 여전히 무엇을 말해야 할지 결정하고 들을 사람을 찾고, 그 말이 아름답게 들리도록 해야 한다. 이것들은 스스로 습득해야 하는 기술이다. '만약 당신이 기타를 손에 넣을 수 있다면 당신은 기타를 칠 수 있다'는 것이 법이 당신한테 말해주는 전부다. 그래서 여러 인권선언들도 자유를 구성하는 몇 가지 요소만을 제공할 뿐이다.

다른 사람들과 만나고 색다른 장소에 가보는 것도 대단히 중요하다. 새로운 만남을 통해 단조로운 일상으로부터 탈출할 용기와 영감을 얻을 수 있다. 그러나 쥘리에트는 지금까지 누구를 만나도 그 만남이 줄 수 있는 기회를 다 흘려보냈다. 결국 그녀에게는 아무 일도 일어나지 않았다. 쥘리에트를 고용한 그 누구도 그녀가 꿈꾸는 직업을 얻도록 도와줄 생각을 하지 못했다. 대부분의 만남에서 사람들은 경계심이나 자존심 때문에 자기가 진정으로 원하는 것을 말하지 못한다. 이 세상의 소음은 침묵으로 이루어져 있다.

자유에 대해 말할 때 사람들은 보통 그리스 철학을 인용하면서 시작한다. 하지만 나는 자신이 만난 사람들과 처한 상황에 조화롭게 녹아듦으로써 성공한 어떤 사람의 이야기를 들려주고 싶다. 보통 엘 그레코El Greco라는 이름으로 불린 도메니코스 테오토코풀로스Domenicos Theotocopoulos(1541~1614)의 이야기다. 만약 그가 다른 사람들과 관계를 맺지 않고, 인간성이 전혀 없어 보이는 사람들에게서 인간성을 이끌어내는 법을 배우지 못했더라면 그는 틀림없이 전통적 성상icon이나 반복해 그리면서 관습의 틀에 갇힌 무명의 미술가로 남았을 것이다. 그는 고향 크레타에서 잡다한 전통을 흡수했으며, 외국을 여행하면서 자신이 물려받은 것에 새로운 차원을 첨가했다. 크레타는 동방정교회와 가톨릭으로 분열되어 있었고, 베네치아의 지배를 받았으며, 죽어가는 비잔티움 예술을 불후의 것으로 만들려는 망명자들 때문에 과거에 얽매여 있었다. 그가 마케도니아인으로 알려진 크로아티아 미술가 율리오 글로비오Julio Glovio를 만난 것은 이탈리아에서였다. 그의 소개를 통해 그는 티치아노의 제자가 되었다. 그가 계속 티치아노의 제자로만 머물렀다면 자기한테 맡겨진 일이나 하는 이류 초상화가로 남았을지 모른다. 그러나 그는 모방 이상을 열망했다. 그래서 서른다섯 살에 스페인 톨레도에 정착했다. 누군가 그에게 그곳에 온 이유를 묻자 그는 "꼭 대답할 필요를 느끼지 않는다"라고 말했다. 이곳은 더 자유롭고 경쟁자도 없다고 말하거나 또는 미켈란젤로보다 더 '정직하고 의젓하게' 그림을 그리고자 하는 자신의 야심은 오직 이런 변방의 도시에서만 실현될 수 있다고 솔직하게 말하는 것은 위험했다.

톨레도는 종교적인 자유와 박해 둘 다를 볼 수 있는 흥미로운 도시였다. 한때 이 도시에는 기독교도와 이슬람교도와 유대인들이 나란히 살았다. 이 도시의 어떤 왕은 자신을 세 종교의 황제라 부르며 자랑스러워했고, 또 다른 왕은 자기 묘비에 카스티야어와 아랍어 그리고 히브리어로 비문을 새기게 했다. 그럼에도 불구하고 엘 그레코는 이단으로 몰린 1000명이 넘는 사람들이 종교재판소로 끌려가 재판받는 것을 보았다. 이곳의 옛 유대인 지역에서 그는 고독한 한편 사교적으로도 지내며 반종교개혁(종교개혁으로 촉발된 16~17세기 가톨릭교회 내부의 자기 개혁 운동—옮긴이)의 영적인 열기뿐만 아니라 철학적 사색을 즐기는 친구들에게 둘러싸인 채, 서로 이질적으로 보이는 것들을 융화시키고, 신적인 것과 인간적인 것이 조화를 이루는 그런 것을 그리려고 시도했다. 인간이란 존재는 너무나 유동적이라서 선명한 경계를 그을 수 없다는 듯 그는 밑그림도 없이 대담하게 화폭에 색채를 쏟아부었다. 그에게 그림을 그리는 것은 개별 인간을 이해하고 지식을 추구하는 일의 일부였다.

스페인 사람들이 그를 자신들의 일원으로 인정하는 데는 오랜 시간이 걸렸다. 프라도미술관의 1910년 목록에 그는 아직도 '이탈리아 화파'로 분류되어 있었다. 자신의 정체성을 너무 좁혀 생각하면 영혼의 동료를 알아보는 데 시간이 오래 걸릴 수밖에 없다. 자신들만의 자랑스러운 역사를 건설하는 데 공헌하는 것보다도 이처럼 양립할 수 없는 것들을 조화시키는 데 공헌하는 일이 더 중요하다는 사실, 그리고 1512년에 알론소 데 카스티요Alonso de Castrillo가 (마치 자유를 어떻게 해야 할지 모를 때 자유에 지치는 것처럼) 사람들은 결국 "복종에 지친다"라고 말했던 의미를 스페인 사람들이 깨닫는 데는 오랜 시간이 걸렸다.

오늘날 전 세계의 사람들은 엘 그레코의 그림에서 자신의 무엇인가를 볼 수 있다. 죽을 때 그가 남긴 것은 두 벌의 옷과 두 장의 셔츠, 온갖 주제를 아우르는 장서를 갖춘 서재가 전부였다. 엘 그레코 덕분에 사람들은 톨레도의 시민이 된다는 것이 어떤 의미인지 조금이라도 느낄 수 있다. 그는 인간이 공통적으로 가지고 있는 것을 발견한 사람의 전형이었다. 나는 명백히 고립된 개인들 사이에 심지어 몇 세기를 가로질러 어떻게 이러한 유대관계가 형성되며, 또 어떻게 그것이 드러나는가 하는 문제를 좀 더 깊이 파고들고자 한다. 그러나 그전에 나의 방법과 목적에 대해 몇 마디 더 이야기하고 싶다.

전 역사를 통해 사람들은 자신과 세계를 보는 방식을 바꾸어왔다

다른 사람을 어떻게 생각하는지, 그리고 거울 속에 비친 자신의 모습이 어떻게 보이는지는, 우리가 이 세상에 대해 알고 있는 것과 가능하다고 믿는 것, 우리가 갖고 있는 기억, 그리고 과거, 현재, 미래 가운데 어디에 더 집중하는지에 달려 있다. 삶의 어려운 문제를 극복하는 능력은 우리가 그 문제를 어떻게 보는가에 달려 있다. 다양한 맥락 속에서 그 문제를 보면 그 문제가 그렇게 필연적이거나 극복할 수 없는 것처럼 보이지 않게 된다. 과거 그 어느 때보다도 온갖 복잡한 일들이 이 세상에 가득하다는 사실은 곤경에서 빠져나올 방법을 찾기가 더 어렵다는 뜻이 될 수도 있지만, 사실상 복잡하면 복잡할수록 틈이 더 많은 법이다. 나는 사람들이 발견하지 못한 틈, 그들이 놓친 실마리를 찾고 있는 중이다.

개인적인 것에서 일반적인 것으로 나아갔던 것처럼, 나는 현재로부터 과거로 소급해 올라가는 방법을 택했다. 사례 연구를 하면서 다양한 종류의 야심에 치여 곤경에 처한 사람을 보면, 나는 언제나 그 사람이 처한 상황을 인류의 과거 경험에 비추어 살펴보면서 탈출구를 찾으려 했다. 만약 그 사람이 자신의 기억에만 의존하지 않고 전 인류의 경험을 이용할 수 있었다면 어떻게 행동했을까 늘 자문했다. 이 세계의 경험과 기억은 통상 적절하게 이용하기 어려운 방식으로 저장되어 있다. 각각의 문명, 종교, 나라, 가정, 직업, 성性, 그리고 계층들이 각자 별개의 역사를 갖고 있기 때문이다. 지금까지 사람들은 자신의 개인적인 뿌리에만 연연하면서, 그들이 태어날 때 물려받은 유산, 즉 인류의 경험 전체에 대해 아무런 상속권도 주장하지 않았다. 각 세대는 오직 자신에게 없다고 여겨지는 것만을 찾으려 했고 이미 알고 있는 것을 확인하는 데 그쳤다. 나는 연대기적으로 죽은 사람들의 행적을 더듬는 방식이 아니라 각 개인이 가장 관심을 기울이는 현실에 그가 물려받은 유산을 실제로 적용할 수 있도록 인류의 경험을 요약하고자 한다.

지난날 자신이 원하는 것이 무엇인지도 모르고 방향 감각을 잃어버린 채 모든 것이 산산조각 난 것처럼 보였을 때, 사람들은 대개 시각의 초점과 관심의 방향을 바꿈으로써 위안을 찾곤 했다. 그럴 때는 한때 가장 중요하게 보였던 것이 갑자기 더 이상 아무런 주의를 끌지 못하게 된다. 그런 까닭에 정치적 이상이 갑자기 무너져 개인적 관심사로 대체되고, 이상주의의 뒤를 이어 물질 만능주의가 등장하고, 때때로 종교가 되살아오는 것이다. 나는 오늘날 우선시되는 가치들이 어떻게 변화하고 있으며, 어떻게 그것들을 관찰할 수 있는지 보여주고 싶다. 전 역사를 통해 사람들은 자신과 세계를 보는 방식을 지속적으로 바꾸어왔다.

1662년 런던왕립학회Royal Society of London가 설립된 후 주요한 관심의 전환이 이루어졌다. 창립자들에 따르면 이 학술원은 사람들이 무엇을 찾아야 할지, 그리고 어떻게 찾아야 할지 모르기 때문에 설립된 것이다. 학술원의 과학자들과 그들의 후계자들은 광대한 탐험의 영역을 열어놓음으로써 이 세계가 아주 다르게 보이도록 만들었다. 그러나 과학적 발견이란 전문가의 활동 영역에 속해서, 사람들에게 일상 속에서 살아가는 법을 가르쳐주지는 않는다. 대부분의 사람들은 그저 경외심을 갖고 그것을 바라볼 뿐이다.

19세기에는 관심의 전환이 한층 빈번하게 이루어지면서 더욱 혼란스러웠다. 1831년 알렉시스 드 토크빌은 어렴풋이나마 미래를 내다보고 또 자유로 인해 일어날 수 있는 놀라운 일들을 볼지도 모른다는 기대를 품고 미국을 여행했다. 정치제도를 좀 더 민주적으로 개혁하는 것이 행복을 추구하는 모든 사람의 목표였다. 그러나 토크빌은 미국 여행을 마치고 돌아와서 다수의 횡포의 가능성에 대해 경고했다. 오늘날에도 소수가 완전한 만족을 누리는 곳은 존재하지 않는다. 같은 해에 찰스 다윈은 인간의 이익을 위해 존재한다고 그때까지 사람들이 믿고 있던 동물의 세계로 여행했다. 이로 인해 관심은 생존을 위한 투쟁으로 옮겨갔으며 점점 더 그것이 존재의 모든 측면을 지배한다고 여겨지게 되었다. 그러나 다윈은 자신이 발견한 법칙으로 인해 "색맹이 되었고", "수준 높은 미적 감각"을 잃어버렸으며, 자기의 정신이 "방대한 사실로부터 억지로 법칙을 이끌어내는 일종의 기계"가 되어 "행복을 잃게 되었으며", 자신의 이론이 "우리 본성의 정서적인 부분을 약화시켰다"라고 불평했다.

마르크스는 노동자들의 고통 속으로 여행했다. 그는 혁명을 호소했지만 그로 인해 세계는 약 100년 동안 분열되었다. 곧 아무리 정직하게 이루어진 혁명도 그 약속을 다 지킬 수 없다는 것이 분명해졌다. 같은 세기의 마지막 몇 년 동안 프로이트는 빈wien의 신경증 환자들의 무의식 세계로 여행을 떠났다. 이로 인해 사람들이 자신의 내부에서 보는 것, 걱정하는 것, 또 탓해야 할 대상들이 모두 바뀌었지만 이해하면 용서할 수 있으리라는 희망은 실현되지 못했다.

이 모든 사상가들의 시야 중심에 있는 것은 투쟁이었다. 이 세계는 계속 투쟁이라는 생각에 시달리고 있다. 심지어 투쟁의 종식을 원하는 사람들조차도 투쟁과 싸우기 위해 투쟁이라는 방법을 사용하고 있다.

그러나 사람들의 관심이 투쟁에서 정보로 옮겨간다는 점에서 우리 시대는 독특하다. 재난과 병과 범죄를 미연에 방지하고, 지구를 하나로 연결하는 것이 사람들의 새로운 꿈이다. 여성들이 공직에 진출함으로써 정복을 최상의 목적으로 삼던 전통은 점점 더 도전에 직면하고 있다. 제도를 만들고 폐지하는 일보다 다른 사람의 감정을 이해하는 일이 더 큰 관심의 대상이 되고 있다.

그러나 이 새로운 열망에도 불구하고 많은 사람의 행동이 아직 구태의연한 사고방식에서 벗어나지 못하고 있다. 참호 속에서 굳건히 자기를 방호하는 사람들의 고집 앞에서는 정치도 경제도 아무런 영향을 미치지 못한다. 인간의 정신은 법령으로 바꿀 수 없다. 그것은 기억에 바탕을 두고 있는데 기억을 죽이는 것은 불가능하기 때문이다. 그러나 우리의 시야를 넓힘으로써 의식을 확장하는 일은 가능하다. 그렇게 되면 옛날의 곡조를 계속 연주하면서 똑같은 실수를 반복할 가능성은 상당히 줄어들 것이다.

500년 전에 유럽은 르네상스를 경험했다. 그것은 네 가지 새로운 만남을 통해 새로운 자극제를 흡수하며 지평을 넓힘으로써 가능했다.

첫째는 자유와 아름다움에 대한 잊혔던 기억이 되살아났다는 것이다. 그러나 그 기억은 고대 그리스와 로마에 한정되었다. 이 책에서 나는 인류 전체의 기억을 되살려 영원한 투쟁이라는 생각에 지배되지 않는 새로운 조망 속에서 현대의 딜레마를 살펴보려고 한다.

둘째, 르네상스 시기에 새로운 기술의 도움으로 유럽과 아메리카가 연결되었다. 그러나 그것은 두 대륙의 인간이 서로를 발견했다기보다는 지리적인 대륙을 발견한 것에 지나지 않았다. 오늘날 사람들은 기술의 도움으로 세계 어디에 있는 누구와도 소통할 수 있게 되었지만, 아직도 침묵이 상존하고 있고 사람들은 서로에게 귀 기울이지 않고 있다. 나는 왜 사람들의 귀가 막혀 있고 그 귀를 어떻게 뚫을 것인지 연구했다.

셋째, 르네상스는 개인의 중요성이라는 새로운 생각에 토대를 두고 있지만, 그것은 허약한 토대였다. 개인들은 자신을 지탱하기 위해 끊임없는 환호와 찬양에 의존하기 때문이다. 지금 이 세상에는 환호가 부족하고 모든 사람이 골고루 존중받지도 못하고 있다. 나는 환호와 상호 존중을 늘릴 방법을 찾아왔다.

마지막으로, 르네상스는 종교의 의미에 대한 새로운 생각과 관련되어 있다. 모든 종교의 궁극적인 목적은 사람들을 한데 모으는 것이지만 지금까지 종교는 사람들을 갈라놓기도 했다. 종교의 역사는 아직 완결되지 않았다. 나는 종교 간의 불화를 넘어 신자뿐만 아니라 불신자도 공유할 수 있는 영적인 가치를 찾고자 한다.

인류는 아직 서로
거의 만나지 못한 존재들이다

사람들을 분열시키는 원인에 관해서는 익히 알려져 있고 충분히 기록되어 있다. 나의 목적은 사람들의 공통적인 면을 살펴보는 것이다. 그래서 나는 특히 사람들이 만나는 방식에 초점을 맞추었다. 친밀한 관계든 소원한 관계든 옛날부터 있었던, 또는 새롭게 나타난 다양한 형태의 인간관계를 탐색하는 일은, 비록 다른 이름들로 불리기도 하고 접근하는 길도 서로 달랐지만, 전체 역사를 통틀어 가장 중요한 인간의 관심사였다고 생각한다. 영혼을 신성한 불꽃으로 보는 사람들에게는 신과의 만남이 지고의 목적이었다. 성장기에는 영웅이나 정신적 스승에 매혹될 수 있다. 개인의 삶은 점점 더 다른 반쪽을 찾아다니는 일로 채워지고 있다. 부모들은 자식들과 똑같은 주파수를 유지하려고 애를 쓴다. 예술이 만난 적 없는 사람들의 감정을 표현하는 과정으로 인식되는 것이 문화의 상당 부분을 이루고 있다. 사상이라는 것도 대부분 살아 있거나 혹은 죽은 다른 사람들의 생각과 희롱하는 것이다. 아무리 집착한다 하더라도 돈과 권력은 궁극적으로 인간의 한층 더 내밀한 목적을 위한 수단에 불과하다. 나는 인류가 어떻게 그 목적과 관련해 혼란을 겪고 있는지, 그리고 새로운 방향 감각을 획득하려면 어떻게 해야 하는지 살펴보고자 한다.

개인들이 자신의 친숙한 환경 너머를 바라볼 수 있게 되고 독서와 여행을 접하게 되면, 많은 낯선 사람들이 자신과 똑같은 감정과 관심을 공유하고 있다는 사실을 알게 된다. 그러나 그들 사이에 풍성한 결실을 맺어주는 접촉은 아주 드물었다. 서로 공감하고 격려하면서 혼자서는 어려운 모험을 함께할 수 있는 사람들이 아직은 서로 거의 만나지 못했다. 이제 처음으로 좀 더 바람직한 의사소통이 인류에게 가장 중요한 일의 하나가 되었기 때문에, 자신에게 가능한 모든 만남으로부터 아무것도 얻지 못한다면 누구도 온전히 살았다고 말할 수 없게 되었다. 오늘날 희망은 무엇보다도 새로운 사람들과의 만남이라는 전망에 토대를 두고 있다.

모든 과학적 발견은 이와 비슷한 탐색, 즉 이전에는 결코 접촉한 적이 없는 사상이나 아이디어와의 만남에서 영감을 받았다. 삶을 의미 있고 아름답게 만드는 기술도 마찬가지다. 여기에는 아무 연관이 없는 것처럼 보이는 것들 사이에서 연관성을 찾아내고, 그 의미를 발견하지 못하고 지나쳐버린 사소한 것들을 통해 사람과 장소를, 소망과 기억을 연결시키는 일이 포함된다. '완벽한' 영혼의 친구를 찾아 헤매는 것은 내밀한 삶의 일부에 지나지 않는다. 개인은 점점 더 다면적으로 변하고 있다. 그런 까닭에 나는 완벽한 영혼의 친구가 아니라 다른 사람의 몇몇 요소와 자신의 몇몇 요소를 결합시킴으로써 혼자서는 해낼 수 없는 일을 이루게 하는, 그런 영혼의 친구에 대해 쓰고 있다. 재료과학은 겉보기에는 완전히 다른 물질들 속에서 똑같은 분자가 발견될 수 있으며, 양립 불가능해 보이는 이 분자들이 재배열되어 서로를 잘 받아들일 수 있게 변화해서 자연스럽고도 다양한 관계를 이룬다는 사실을 보여주었다. 이와 마찬가지로 사람들 사이에서도 그동안 알아차리지 못했던 유사성을 찾아내는 일은 지금까지는 불가능하게 보였던 모험과 화해의 가능성을 약속하고 있다. 그러나 서로 알아보기를 마냥 기다리는 것은 바람직하지 않다. 세계주의자들이 갖고 있던 꿈, 즉 적의가 자연스럽게 증발하리라는 꿈은, 각 개인과 집단이 서로 얼마나 다르며 상처 받기 쉬운지를 과소평가했기 때문에 지나치게 단순한 꿈에 불과했고 더 이상 신뢰받지 못하게 되었다. 나는 애국심이나 자신의 독특함을 버리지 않고도 국경을 넘어 다양한 관계를 맺을 수 있는 길을 연구해왔다.

단지 또 다른 르네상스의 가능성을 생각하는 것만으로도 지나친 만용을 부리는 것인지 모른다. 그러나 희망이 전혀 없어 보이는 곳에서 오히려 희망은 솟아나는 법이다. 물론 희망이 있다고 해서 낙원에 대한 믿음이 부활한다는 뜻은 아니다. 낙원에 대한 믿음은 오히려 너무나 많은 재앙의 원인이었다. 새로운 길을 찾는 일은 어느 정도 크고 작은 실패를 감수해야 한다. 그러나 실패할 가능성에도 불구하고 우리는 용기를 잃지 말아야 한다.

나의 지식을 전통적인 범주 안에 끼워넣는 대신에 — 그것은 관습적인 경제적·정치적·사회적 요인들이 인간의 모든 일을 좌우한다는 사실을 확인하는 데 지나지 않는다 — 나는 그 지식을 재배치해서 익숙한 것과 낯선 것, 과거와 현재 사이의 새로운 접점을 찾는 방식으로 오늘날의 가장 중요한 문제들을 다루고자 했다.

나는 단지 제한된 범위의 사람, 장소, 주제만을 다루었다. 나는 그저 하나의 접근법을 제시하려는 것일 뿐 모든 사실을 다 알맞게 분류해서 서류함에 넣어두려는 것은 아니다. 나의 무지를 바로잡고 사용할 수 있는 모든 정보를 다 처리하려면 여러 사람이 평생을 다 바쳐도 모자랄 것이기 때문이다. 흘러넘치는 정보를 처리할 방법을 찾는 것이 진정 우리가 직면한 문제다. 나의 해결책은 현미경과 망원경 둘 다를 통해 사실을 보라는 것이다. 현미경을 통해서는 생활 속에서 가장 밀접하게 마주치는 세부적인 것들을 보고, 망원경을 통해서는 원거리에서 큰 문제들을 조망해야 한다. 그렇게 함으로써 우리 앞에는 생각보다 훨씬 많은 선택권이 놓여 있음을 깨닫게 될 것이다.

이 책의 핵심을 이루는 초상화들의 화랑은 단지 개인들에 관한 것으로서, 통계적으로 대표가 될 만한 사람들의 것이 아니다. 그들이 거기에 있는 것은 여러 생각을 자극하기 위함이지 손쉬운 일반화를 위한 것이 아니다. 내가 여성에 관해 글을 쓰기로 결정한 이유는 내가 여성이 아니기 때문이기도 하고, 또 그것에 관해서는 모르는 게 없다는 오만한 유혹에 빠지지 않을 그런 주제에 관한 글쓰기를 늘 소망했기 때문이기도 하지만, 무엇보다도 중요한 이유는 새롭고 신선한 시각으로 인생을 바라보는 여성이 많기 때문이다. 그들의 다양한 자서전은 현대 문학의 가장 독창적인 부분에 해당하며, 그들이 낡은 사고방식과 충돌함으로써 겪는 어려움과 비교해볼 때 다른 어려움은 사소한 것에 지나지 않는다. 애초에 나는 그 어려움을 어떻게 해결할 것인가 생각하면서 이 책을 시작했다. 그리고 남성과 여성에 대해 동시에 글을 써야 한다는 것이 내가 내린 결론이다.

비록 환자의 침대를 동양식 커튼으로 가려놓았지만, 프로이트는 주로 한 나라 환자들과의 만남을 토대로 인류에 관한 글을 썼다. 나는 이 책을 쓰기 위해 18개국 사람들과 장시간 대화를 나누었다. 각 장을 각각 다른 지역에서 온 사람들로 시작할 수도 있었지만, 그들의 이야기가 그들이 태어난 나라의 문제점으로 보이게 하고 싶지 않았다. 그런 까닭에 이 책에 나오는 대다수의 인물들은 같은 나라 출신이다. 그 나라는 부유한 나라이고(비록 가난이 전혀 없는 것은 아니지만),

자유로운 나라이고(비록 여기서도 사람들은 많은 미묘한 제약에 맞서 싸우고 있지만), 바람직한 삶을 위해 헌신하고 있기 때문에 관광객들이 좋아하는 나라이고, 그 나라의 인구수만큼이나 많은 외국인들이 매년 찾는 그런 나라다. 그럼에도 불구하고 그 나라에서 산다는 것이 그렇게 단순하지는 않고, 이 나라를 찬양하는 사람만큼이나 싫어하는 사람도 많다. 그런 까닭에 나는 사람들이 기본적인 안락과 자유를 획득했을 때 무엇을 더 할 수 있는지를 이 나라에서 물어볼 수 있었다.

나는 이 여성들 대부분을 프랑스에서 만났다. 프랑스는 내게 연구소와 같은 나라였고, 끊임없는 영감의 원천이었다. 프랑스에 관한 나의 모든 책들은 삶의 기술art of life을 이해하기 위한 시도였다. 스스로를 이해하려는 프랑스의 노력은 마치 하늘로 쏘아 올리는 폭죽처럼 보였다. 나는 특히 스스로의 문제를 보편적인 언어로 생각하고, 비록 다른 모든 나라와 마찬가지로 자신에게 집착하고 있지만 그런 자기 집착을 기꺼이 넘어서고자 하는 프랑스의 전통을 가장 귀중하게 여기고 있다. '인권선언'은 전 세계를 위해 작성되었다. 과거 그 어느 때보다도 미래에 대한 새로운 전망은 인류 전체를 포함해야 할 것으로 보인다. 그리고 그것이 내가 이 책을 이런 방식으로 쓰게 된 이유다.

2

남성과 여성 사이에 서서히 흥미로운 대화가 가능하게 된 경위

대화하는 법을 배우기 시작할 때
비로소 사람들은 서로 동등해질 수 있다.

코냑(인구 2만 2000명)은 방문할 만한 가치가 있는 도시다. 기분 좋게 취해서 말이 많아지게 하는 유명한 술이 생산된다거나, 전쟁을 토론으로 바꾼 통합 유럽의 창시자 장 모네Jean Monnet의 고향이거나 오래된 성城이 있어서가 아니다. 그것은 이 도시가 스스로의 침묵을 의식하게 되었기 때문이다. 이곳에서는 전통적인 대화 방식뿐만 아니라 대화의 새로운 조리법을 동시에 목격할 수 있다.

지역 파출소에 근무하는 스물일곱 살의 순경 리디 로시에의 역할은 남의 이야기를 들어주는 일이다. 그러나 인터뷰가 끝난 후에 그녀는 얼굴을 붉히며 방을 나섰다. 내 질문이 너무 어렵고, 자기는 질문하는 데 익숙하지 대답하는 데는 익숙하지 않다는 것이었다. 그녀는 지금까지 자신에 관해 말해본 적이 거의 없었다. "우리 직업은 자신의 속마음을 들여다보면 안 됩니다. 우리는 신중하게 말하고 행동하라고 배웠죠. 의견이 있어도 말할 수는 없어요."

사람들이 대화하는 방식은 과거 여러 시대를 통해 축적된 메아리의 혼합물이다. 그녀의 말투는 국가를 대표한다는 자부심 속에서 체면을 지키려고 말조심하던 지난 세기의 공무원을 상기시킨다. 한가한 잡담이나 즐기는 것은 그녀에게 아무런 의미가 없다. 자신의 직무에 최선을 다하는 것과 연공서열 이외에 무엇으로 그녀가 진급할 수 있겠는가? 그녀의 사생활은 말하자면 꽁꽁 얼어붙어 있다. 그녀가 한때 땀 흘려 일하던 공장에서 나누었던 잡담들은 불편한 기억으로 남아 있다. 그곳의 직공은 대부분 여성이었다. 그녀의 말을 빌리자면 "여성이 남성보다 더 비밀스럽고 공격적이기 때문에" 그곳에서는 인간관계가 어려웠다. 자신이 마음 놓고 말할 수 없다는 사실에 대해 그녀는 유감스러워하고 있을까? 아니다. 대신에 그녀는 책을 많이 읽는다. 그녀는 막 비밀경찰에 관한 책 한 권을 다 읽었고, 얼마 전에는 퀴리 부인의 전기를 읽었다. "내가 퀴리 부인이라면 좋겠어요. 그녀는 성격이 강하고 의지도 대단했죠."

리디가 믿는 것은 말이 아니라 의지력이다. 대부분의 불행이 다 의지가 약한 탓이다. 그녀는 현대 심리학의 쓸데없이 장황한 이론을 절대로 받아들이지 않는다. "끔찍한 환경에서 사는 사람도 많죠. 그러나 그들 모두가 범죄자가 되는 건 아닙니다. 물론 강한 의지가 필요하지만 어쨌든 잘못된 길로 들어서라고 강요하는 사람은 아무도 없잖아요." 어떻게 의지가 강한 사람이 될 수 있을까? "그것은 야망이 있느냐 없느냐의 문제입니다. 자신의 삶을 잘 관리해야 하죠."

그녀가 범법자들과 대화를 나눌 때마다 안타까워하는 부분이다. 한번은 "열네 살 아이가 차를 훔쳤어요. 그 아이는 초범이었는데, '제가 바보짓을 했어요. 저는 도움이 필요해요. 혼자서는 해나갈 수가 없어요'라고 말합니다. 그러면 우리는 이럽니다. '좋아, 됐어.' 지금 그는 군대에 들어가고 싶어 합니다. 더 이상 나쁜 짓도 하지 않습니다. 그 아이는 야망이 있는 경우죠." 총을 갖고 다니는 것이 평범한 일인 양 TV에서 보여주면 안 된다. 물론 그녀는 총을 휴대하고 있고, "총을 꺼내 누구를 쏴야만 할 일이 생길지도" 모른다고 말한다. 동료들도 그 문제에 대해 이야기를 나눈다. 어쩌면 그녀 자신이 총에 맞을지도 모른다. 그녀도 죽음이 두렵긴 하지만 죽음에 대해 말하거나 생각하지 않는다. 만약 죽게 된다면 너무 안타까운 일이다. 골치 아프게 미래에 대해 생각하지도 않는다. "그날그날 살아가죠."

'모든 문제에는 해결책이 있다.' 이것이 그녀의 신념이다. 그녀의 아버지는 우체국 직원이었다. 형제 가운데 한 사람은 경찰서에서 일하고, 또 한 사람은 시청에 다니고, 다른 한 사람은 학교에서 근무한다. 하급 공무원의 세계도 자체 축을 중심으로 자전하는 하나의 세계여서 가족끼리 나눌 이야깃거리는 충분하다. 평범한 일상에서 탈출하기 위해 리디는 공무원이 되었다. "평범한 직업은 갖고 싶지 않았어요." 지금 그녀의 야망은 여성도 남성만큼 경찰 일을 잘할 수 있다는 것을 보여주는 것이다. 그렇다고 남성의 자리를 차지하거나 남성에게 도전하겠다는 의미는 아니다. "강력계 일은 남자들한테 맡기는 게 좋아요. 여성은 폭력이 필요한 일에는 적합하지 않죠." 그녀는 누가 여자를 혐오한다고 해서 말다툼을 하지는 않는다. 설령 그가 남자 경찰관이라고 해도 말이다. 그녀에게 성범죄는 자신의 가치를 과시할 기회다. "피해자들이 여자 경찰과 말하는 것을 더 편하게 느끼기 때문이죠."

허리에 권총을 차고 바지를 입은 리디는 아주 현대적인 여성으로 보인다. 그러나 그녀는 뉴칼레도니아에 가본 경험도 있고 해서 인도양에 있는 프랑스령 레위니옹 섬에서 근무하는 것도 괜찮을 것이라고 판단했다. 그래서 그곳이 그녀의 다음번 근무지로 결정되었다. 그녀는 "그곳 사람들이 사는 모습은 100년 전과 똑같아요"라고 말한다. 그러나 코냑에도 옛날의 전통은 남아 있다. 나와 인터뷰하기 위해 그녀는 파출소장의 허락을 받아야 했고, 파출소장은 경찰서장한테 물어봐야 했고, 경찰서장은 경찰청장한테 물어봐야 했다.

세대를 거치며 변화하는
침묵과 대화의 규칙

코냑 주변의 농촌 지역에도 옛날 전통이 남아 있다. 코냑의 포도 재배 농부들 또한 말을 조심한다. 16.5헥타르의 포도밭과 30헥타르의 농지를 소유한 벨랑게즈 씨 집안도 당국자들의 뜻을 거스르지 않는 전통에 투철하다. "정치 얘기는 절대 안 해요. 우리는 누구와도 좋은 관계를 유지하고 있어요. 투표는 하지만 누구를 찍었는지는 비밀에 부치죠."

그러나 집안 식구들이 말하는 방식은 각자 다르다. 할머니가 이집안의 지식인이다. 옷 만드는 일을 하는 65세의 이 할머니는 책을 많이 읽고 새로 나온 가전제품을 좋아하고 아이들 숙제를 도와주고 TV를 볼 때 메모하는 것으로 유명하다. 그녀는 TV 프로그램에 대해 토론하기를 즐긴다. 사람들은 그녀가 똑똑한 것은 프랑스 북부의 파드칼레 지방 출신이기 때문이라고 말한다. 그녀의 손녀 하나가 집에 오면 책만 읽어서 할머니의 뒤를 잇는 것으로 여겨지고 있다.

아버지한테서 농장을 물려받은 이 집안의 가장은 조상들이 늘 그랬던 것처럼 아침에 수프와 파이와 소시지를 먹는다. 그는 이 지역에서 모르는 사람이 없고 사냥을 다니고 신문을 읽고 보수 주간지

《렉스프레스L'Express》를 구독한다. 그러나 속내를 말하기를 꺼리는 미묘한 분위기는 그도 마찬가지다. 그에게는 아들이 없는데 그게 섭섭한지 어떤지는 모른다. "그이는 그 문제에 대해 말한 적이 없어요." 그의 아내가 말했다.

그의 아내는 서슴없이 말하는 편이었다. 그러나 그녀에게 말은 그저 일의 일부분이다. 가축과 집을 돌보고 두 시간씩 들여서 저녁을 준비하는 등 항상 바쁘게 움직이지 않으면 오히려 불안하다. 그녀는 책을 읽는 법이 없으며 신문도 보지 않고 아이들 숙제를 도와준 적도 없다. "우린 애들을 믿어요. 다른 부모들처럼 간섭하지 않아요. 아이들은 스스로 크는 거죠. 억지로 공부 시킬 필요도 없어요. 자기 능력껏 성적을 받겠죠. 나는 아이들을 검소하고 자기 일은 스스로 알아서 하도록 길렀습니다."

조산원이 되려고 간호사 공부를 하고 있는 그 집 딸의 말에 따르면, 예전 수확철에는 다양한 국적을 가진 열다섯 명의 일꾼이 있었고 그래서 사람들과 어울릴 일도 많았다고 한다. 축제 분위기였고 토요일 밤에는 모두 모여 음식을 먹고 춤판도 벌어졌다. 그녀는 '따뜻한 분위기'를 좋아한다. 그녀가 말하는 따뜻한 분위기는 주위에 사람이 많다는 뜻이다. 지난 일요일에 이 집에는 손님이 한 명도 없었다. "식구들만 있으니까 정말 이상했어요. 집이 텅 빈 것 같았죠." 그렇지만 가족끼리도 서로 말하지 않는 것이 있다. "그래서 편지를 썼어요." 그녀는 아프리카, 페루, 한국 등 외국에 있는 친구들과 펜팔을 한다. 그녀는 일주일에 서너 통의 편지를 보낸다. 자기가 하는 일과 느끼는 것을 설명하기 위해 전혀 모르는 사람이 필요한 것이다.

코냑의 중심지에 사는 사람들에게도 대화가 부족하다. 아네트 마르티노와 그녀의 남편은 과일 가게를 운영하고 있는데 너무 바빠서 1년에 일주일밖에 휴가를 낼 수 없다. 그녀는 예술적으로 장식한 아름다운 과일 바구니를 개발해 가게의 명물로 만들었다. 80킬로미터나 떨어진 곳에서도 손님이 찾아올 정도다. "전문 요리사가 되어서 직업적으로 인정받고 싶어요. 내가 그런 것을 원하는지도 사실 몰랐어요. 장사를 하면서 서글픈 점은 사람들이 우리를 금전등록기로 생각한다는 거예요. 우리가 손님들 돈으로 살아가는 건 맞죠. 그렇지만 그게 전부는 아니에요. 사람들을 만나고 이야기를 듣는 게 재미있어요. 저는 열네 살에 학교를 그만두어서 철자법이 어려워요. 편지를 쓰려면 사전을 봐야 해요. 그러나 지금은 모든 일에 흥미를 느끼고 있어요. 모든 일에 대해 지칠 줄 모르는 욕구를 갖고 있죠. 저는 책을 가까이하는 사람은 아니지만 가끔 서점에 가서 책이나 잡지를 들춰보기도 해요. 못한다고만 말하지 않고 기꺼이 노력하는 사람이 되고 싶어요. 프랑스는 문화가 발달한 나라죠. 그건 모든 것을 다 해보고 모든 것에 대해 다 말한다는 뜻이에요. 무엇이든 다 배울 점이 있기 때문에 문화적이지 않은 건 하나도 없어요. TV를 통해 다른 사람들의 새로운 생각을 듣고 흥미로운 전기물도 볼 수 있죠. 사람들은 TV에서 본 것들에 대해 얘기하기를 좋아합니다." 그녀는 교육을 받지 못했지만 열등감을 느끼진 않는다. "배운 사람 중에도 어리석은 사람이 많잖아요."

어릴 때 식사 중에는 말을 하지 말라고 그녀는 배웠다. "부모님은 거의 대화가 없었어요. 친구들도 자기 남편이 말이 없다고 해요. 종종 그런 법이죠. 과거에는 남편들이 좀처럼 말이 없었어요. 모든 것이 금기였고 사실 할 말도 별로 없었기 때문이죠. 저녁을 먹으면서도 전혀 대화를 나누지 않거나 어쩌다 말을 섞어도 공격적이었죠."

"남편은 새벽 3시에 일어나서 물건을 떼러 갑니다. 그는 일밖에 모르고, 쓸데없는 말은 안 해요. 저는 딸한테 이렇게 충고해요. '대화를 나눌 수 있는 남자와 살아야 행복한 거야.' 최근에 사서 읽은 책에서도 여성은 섹스보다 대화에 더 관심이 있다고 했습니다. 우정이란 딱히 이야깃거리가 없어도 그저 수다를 떨다가 시작되는 거죠. 그러다가 인생 이야기도 나오고, 그러면 함께 나눌 수 있는 것이 생깁니다. 진정한 친구는 정말 드물어요. 진정한 친구는 내가 한 말을 다른 사람한테 옮기지도 않고 또 내 말을 폄하하지도 않죠. 좋아하는 사람이야 많지만 우정은 그 이상의 의미가 있다고 생각해요."

"딸들한테 자기 힘으로 자신을 위해 싸우라고 가르쳤습니다. 큰아이와는 여성 문제에 대해서도 거리낌 없이 말하지만 어쨌든 우리가 친구 사이는 아니잖아요. 저는 엄마입니다. 아이들한테 일하고 사랑하고 존경하고 배우라고 말하죠. 저는 이 아이들이 진정한 여성, 사랑받고 사랑할 줄 알고, 그리고 스스로 존중받도록 행동하는 그런 사람이 되었으면 좋겠어요. 저는 아이들에게 나보다 더 낫게, 더 자유롭게 살아야 하고 또 무식한 사람이 되지 말라고 당부하죠."

"여자는 남자를 필요로 합니다. 과거에는 남자가 여자를 전혀 도와주지 않았어요. 아버지는 어머니를 전혀 도와주지 않았어요. 어머니는 요구하는 것도 별로 없었고, 자식을 많이 낳았습니다. 그렇게 수동적으로 살았죠. 그러나 저는 남자에게서 도움과 확신과 애정을 받고 싶어요. 왜냐고요? 저도 모르겠어요. 사람은 누군가에게 의지해야 되잖아요."

"이브 몽탕은 진정한 남자예요. 물론 결혼을 꿈꾸거나 그런 건 아니지만요. 멋진 남자들은 다 어깨가 넓어요. 여자들은 그들의 힘을 느끼고 이해받고 도움을 얻죠. 성 해방에도 불구하고 아직 남자와 여자 사이엔 우정이 어려워요. 늘 시대에 뒤떨어진 사고방식이 존재하죠. 여자도 남자들처럼 모든 것에 대해 말할 수 있고, 대화의 영역을 넓힐 수 있어요. 여자들은 잠깐 멈춰 서서 더 많은 것을 생각하죠. 여자가 남자만큼 지적이지 않은 건 아니에요. 남녀 간의 관계는 변화하고 있지만 여전히 어려운 문제라고 생각해요. 남자들은 아무리 나이가 들어도 종종 어머니를 필요로 하고 열여덟 살 때로 돌아가고 싶어 하죠. 남자들은 자기가 남자라는 것을 계속 증명하고 싶어 해요. 반면에 여자에게는 각 단계마다 다른 삶이 있어요. 여자는 여러 번의 삶을 살아요. 남자들은 그것을 거부하죠. 이브 몽탕이라는 존재는 여자들에 의해 만들어졌다고 하는데, 그건 사실일 거예요."

"가게에서 난 가게 주인이죠. 그러나 당신과 함께 있는 동안 나는 나일 뿐입니다."

마르티노 부인의 열여섯 살 난 딸은 대화를 하는 데 제약이 많다고 느낀다. 예전에 여자애는 오직 여자애들한테만 비밀을 털어놓았지만, 지금은 남자와 성관계 없이 '형제처럼' 사귈 수 있다고 그녀는 말한다. "남자애들과 여자애들 사이에는 아무 차이도 없어요. 남자하고도 말할 수 있고 여자하고도 말할 수 있죠." 그러나 "여자애들은 뭔가를 실험하고 찾으려고 하는 반면에, 남자애들은 고정관념이 더 강하고 돈과 성공에 집착해요." 여자아이들에게는 남자아이들이 채워주지 못하는 새로운 자신감이 생겼다. 그녀는 어머니를 존경한다. 어머니는 자기 일을 좋아하지만 "다른 일을 할 수도 있어요. 어머니는 점점 더 많은 일에 흥미를 느끼고 모르는 게 있으면 나가서 알아내죠." 그녀는 코냑을 떠나고 싶어 한다. "코냑은 서른다섯 살이 넘은 사람들한테나 어울리는 곳"이고, 코냑에서는 가난한 집 아이들이 자신이 속한 계층에서 벗어날 수 없기 때문이다. 그러나 그녀의 자신감은 또한 소심함과 뒤섞여 있다. "가게에서 손님을 상대하는 일은 하고 싶지 않아요. 손님의 비위를 거스르면 안 되잖아요?" 다른 사람이 무슨 생각을 하는지 아는 것은 너무나 힘든 일이다.

리사에게 가장 훌륭한 대화 상대는 자신이 기르고 있는 개다

나는 마흔네 살의 한 여성에게 "당신의 가장 훌륭한 대화 상대는 누구인가요?" 하고 물어보았다. "내가 기르는 개죠. 그 개는 날 이해하니까요." 그녀의 대답이다. 그녀는 68세대에 속한다. 이 세대는 모든 금기가 폐지되고 사람들이 서로 솔직해지고 마음속 깊이 느끼는 것을 자유롭게 말할 수 있을 때 새로운 시대가 동터올 것이라고 믿었던 세대다. 리사는 이 공식을 지난 20년 동안 적용하려고 노력해왔지만 별 효과를 보지 못했다. 그녀는 신장 투석 클리닉에서 일하고 있으며, 보통 병원비의 4분의 1밖에 안 되는 돈만 받고 치료해주는 것을 자랑으로 여기고 있다. 그러나 의사들이 그녀에게 말을 건네는 방식이 마음에 들지 않아 일을 그만두려고 한다. 그녀가 처음 일을 시작했을 때는 젊은 의사나 간호사가 서로를 동등한 존재로 생각했다. 그들은 한 팀이었고, 의사들은 최고의 지위에 오른다 해도 자기가 신이라고 생각하는 독재적인 기성세대 전문가처럼 행동하지 않겠다고 서약했다. 이제 젊은 의사들은 중년이 되었고 힘이 있다. 이들은 자기들끼리만 국제회의에 참석하고 간호사들은 신경도 쓰지 않는다. 그녀의 불만은, 자신처럼 경험 있는 간호사들이 이제 막 학교를 졸업한 젊은 간호사들보다 보수를 더 많이 받기 때문에 계속 일하고 있다고 의사들이 생각한다는 점이다. 그녀는 돈보다는 존중받기를 원한다. 그런데 실상은 그렇지 못해서 환멸을 느끼게 되었다. 의사들은 자기들대로 환자들로부터 존경받지 못한다고 불평이다. 환자들은 의사보다도 TV 수리 기술자를 더 높이 평가한다는 것이다. 어느 누구도 이렇게 존중하는 마음이 결핍된 세상을 예견하지 못했다.

전국에서 환자들이 리사를 찾아온다. 그녀는 이들 환자 한 사람 한 사람과 일주일에 세 번씩 4~5시간을 함께 보낸다. 그런 만큼 그녀와 환자 사이엔 유대감이 깊다. 그러나 그녀는 반발하기로 결심했다. "환자를 돌보는 일은 할 만큼 했다"고 생각하기 때문이다. 그러나 한편으론 "환자를 몹시 그리워할" 것 같기도 하다. 그녀는 병원 위생 관리사가 될 작정이다. 사람들은 진정성 있게 남들을 대우할 줄 모른다. 어떤 위계질서 안에서 그들이 차지하고 있는 직급을 중요하게 여긴다.

자신을 존중해달라는 그녀의 요구에 의사들은 어떻게 반응했을까? "의사들에게 이런 문제에 대해 한 마디도 꺼낸 적이 없어요." 또 침묵이다. 자존심 때문이다. 그녀는 의사들이 자신을 무시한다고 느끼고 있다. 그러나 의사들에게 자신을 존중해달라고 말하기도 그렇다. 과거에 그녀는 정말 멋진 약학 교수를 만난 적이 있었다. 그녀는 잠시 그의 연구실에서 일했다. 그는 세계적으로 유명하고 미국에서도 활동했지만 조금도 오만한 기색을 보이지 않았다. 그는 '나'의 발견이라고 말하는 법이 없었고 언제나 자기 '팀'에 대해 이야기했는데 그럴 때도 성이 아닌 이름으로 불렀다. 이런 태도가 그녀의 이상이다. 세계적인 권위자는 남들에게 친절하게 대하는 것이 오히려 더 쉽고, 반대로 평범한 사람의 경우는 남들이 그를 모르므로 오히려 자신을 더 과시하려 한다는 사실을 그녀는 간과하고 있다. 그러나 리사는 '어떤 새로운 동기'를 찾고 있다.

그녀는 무엇보다도 자신의 직업에서 희망을 찾았다. 그리고 일로 몹시 바쁜 의사와 결혼했다. "우리는 평등해요. 집에서는 남자 일, 여자 일을 구분하지 않아요. 저는 완전히 해방되어 있습니다. 내가 원하는 것을 할 수 있고 혹 집에 늦게 와서 남편이 뭐라고 해도 개의치 않습니다. 우리는 은행 계좌도 따로 갖고 있어요. 내 일은 내가 다 알아서 합니다. 우리는 취미도 달라요. 그의 취미는 테니스와 브리지 게임이고, 내 취미는 스쿼시와 에어로빅 같은 운동입니다. 그러나 일요일도 그렇고 주중에도 요리는 내 담당이죠. 난 요리를 광적으로 좋아해요. 요리를 통해 창조성을 표현하는 거죠. 남편이 도와주기를 바라지는 않아요." 일이 바빠서 이들에게는 아이가 없다. 지금 그녀는 그게 후회스럽다. 그도 후회할까? "모르겠어요. 아이 문제에 대해서 서로 얘기해본 적이 없어요. 그도 아이를 원하지는 않았어요."

그러나 아이 문제에 대해서만 대화가 없는 것은 아니다. 사랑에 대해서도 마찬가지다. 그는 그녀를 사랑할까? 그녀는 결코 묻지 않고, 그는 결코 말하지 않는다. 그렇다면 그녀는 그에게 사랑한다는 말을 할까? "짜증 난다고 말하기가 더 쉽죠." 환자들 때문에 너무 바빠서 얼굴 볼 시간도 거의 없었던 때가 있었다. 약 5년 전에 그녀는 매주 토요일 저녁 8시 30분에는 둘만의 식사 시간을 갖기로 정했다. 그녀는 마치 손님이 오는 것처럼 저녁을 준비하고 둘이서 식사하며 의학과 이런저런 사람들에 대해 이야기를 나눈다. 그녀의 남편은 사람들의 심리를 분석하는 데 아주 뛰어나다. "나한테도 심리 분석을 가르쳐주었죠." 그는 훌륭한 식사를 좋아하지만 그녀가 식사 준비에 들이는 시간이 너무 많다고 말한다. 실제로 손님이 올 때면 음식을 차린다고 너무 소란을 피워 그녀가 기대한 것만큼 좋은 반응을 얻지 못한다고 그는 생각한다. 오히려 손님에게 열등감을 느끼게 한다는 것이다. 큰 손님을 치를 일이 있으면 그녀는 정말 한 달 전부터 미리 생각한다.

"우리는 자신에 대해서는 절대로 말하지 않습니다. 나도 이유를 모르겠어요. 나 자신에 대해 생각은 하지만, 표현하지는 않죠. 내가 정말로 자유로운 존재라면 나 자신에 대해 남편과 이야기할 수도 있을 거예요. 자신의 소심함도 극복하고 내 소심함도 구제해줄 그런 남편이 필요해요." 이런 소심함을 극복하기 위해서는 사람들 속으로 들어가서 자신의 장점을 보여주는 것 말고는 다른 방법이 없다. 그러나 그것조차도 완전히 만족스러운 해결책이 못 된다. "남편은 내가 예외적인 사람이라는 걸 아는 것 같아요. 반면에 남편은 예외적인 사람이 아닙니다. 문제를 일으키지 않을 요량으로 내가 예외적인 사람이라고 동의해주는 것뿐이죠."

그녀는 일주일에 한 번 오전에 직업학교에서 가르쳐달라는 초청에 응했다. 그녀는 제일 아름다운 옷을 입고 간다. "청소년들 앞에서 멋지게 보이기 위해 최선을 다해요. 그들은 내가 입은 옷을 눈여겨봅니다. 나는 그들에게 좋은 인상을 주려고 노력해요. 그래야 내 말을 잘 듣죠. 나는 나이 먹는 게 싫어요. 마흔네 살 된 여자처럼 행동하고 싶지 않아요. 난 나이에 비해 젊어 보여요. 운동을 좋아해서 젊은 사람들하고도 말이 잘 통하고요." 운동 덕분에 그녀는 많은 사람을 만나게 된다. "나는 그들 앞에서 지레 위축되진 않아요. 그들은 나를 동등하게 대해주고, 그것이 중요한 거죠."

리사에게는 자신의 문제를 모두 털어놓는 남자친구가 있다. 가끔 함께 외출도 하고 심지어 나이트클럽에도 같이 간다. 그러나 남편은 질투하지 않는다. 남편의 즐거움은 테니스 클럽이고 남자친구들이다. "각자 즐길 수는 없는 거야?" 그가 묻는다. "왜 함께 즐기면 안 되죠?" 그녀가 대꾸한다. "남편에게 즐거운 일이 있으면 나도 같이 하고 싶어요. 나 역시 무언가 함께 즐기고 싶지만 즐긴다는 것에 대해 우리는 생각이 달라요." 그녀는 간신히 남편을 설득해 가장무도회에 같이 간 적이 있다. 그녀는 아무도 자기를 알아볼 수 없게 의상을 입고, 남편은 광대로 분장시켰다. 남편도 정말 즐거워했다. "그날이 가장 즐거운 저녁이었죠." 독립적인 성격에도 불구하고 그녀는 그와 아주 가까운 친구가 되고 싶다. 그러나 시간이 흐르면서 의사와 간호사의 사이가 벌어진 것처럼 그들 사이도 더 벌어진 것 같다. 사람들이 서로에게서 낯선 면을 더 자주 볼 수 있다면, 그래서 서로를 놀라게 할 수 있다면 상황이 달라질 것이다.

한 남자와의 대화로는 충분하지 않을지도 모른다. 시간을 나누어 두 남자와 대화할 수 있다면 이상적일 거라고 때때로 그녀는 생각한다. "그런 일이 절대 일어나지 말라는 법은 없죠. 그러나 그렇게 할수 있을 것 같지는 않아요. 난 모험을 좋아하는 여자가 아니에요. 모험에는 취미가 없거든요." 그녀는 남편에게 "당신은 나를 몰라. 내가 무슨 일을 저지를지 전혀 모르고 있어"라고 말한다. 그러나 그것은 단지 겁을 주기 위해서다. "남편 때문에 화가 날 때도 있지만 그래도 평범하고 틀에 박힌 사람과는 살 수 없을 것 같아요. 나도 같이 살기에 편한 여자는 아니거든요. 결국 그가 나한테는 가장 좋은 남편인지 모르죠."

남성과 여성 사이의 대화는
아직 시작되지도 않았다

나는 코냑에서 남편에 대한 불평을 아주 많이 들었다. 여성의 사회적 지위가 높아짐에 따라 남편에게 요구되는 것도 많아졌다. 자신의 성적 능력을 열심히 증명하려는 마흔다섯 살 정도의 남자들에게는 울분이 쌓이는 법이다. 그 나이의 "남자들은 상전으로 대접받고 싶어 해요." 그러나 모든 아내가 그런 고전적 전략에 만족할 리 없다. 교육 받고 약간의 여가 시간이 있고 뭔가 정신적으로 유용한 일을 원하는 아내들에게 사업 이야기는 지루하다. 옛날에는 봉사활동으로 기분 전환을 했다. 지금은 문학, 사상, 종교, 그리고 유럽에 관해 토론하는 여성들의 모임이 10여 개가 된다. 종교 모임에는 남자도 있지만 문학 모임은 오직 여성만을 위한 것이다. 이 모임에서는 매달 한 권씩 책을 읽고 식사를 하면서 토론한다. 이들은 사설 도서관을 열어 책을 빌려주기도 한다. 도서관은 문학 토론을 위해 만나는 장소가 되었고, 이 토론에는 모든 계층의 여성이 참여한다.

이 여성들은 아주 대담한 지적 모험을 위해 힘을 모았다. 이들은 유럽 문학 축제를 준비하고 국제적으로 유명한 작가, 비평가, 예술가를 초청했다. 수백 명의 청중이 참가했다. 부분적으로는 그 결과로 이 조그만 도시에 서점이 네 개나 생겼다. 나는 언젠가 이들이 뿌린 씨앗에서 새로운 종류의 대학이 자라날 것으로 기대한다. 대학이 처음 설립되었을 당시 옥스퍼드는 겨우 950세대밖에 없던 조그만 도시였다. 그 대학은 교육 받은 사제, 변호사, 교사 들을 배출함으로써 그런 전문가들에 대한 사회의 수요를 충족시켰다. 그러나 그런 전문적 교육이 더 이상 지적인 사람들을 충분히 만족시킬 수 없게 되면서, 단순히 젊은이들만 모아놓은 시설이 아니라 모든 세대가 경험과 문화와 희망을 나누는 새로운 종류의 대학이 등장할 여지가 생겼다.

"우리 여자들이 만나는 동안 남편들은 위층에 가 있어요. 우리 말을 엿듣고 나중에 이것저것 묻기도 하죠." 모임에 참석한 한 여성의 말이다. "남편은 오직 과학과 수학에만 흥미 있어요." 누구는 불평한다. "축제 때 내가 하루 종일 집을 비울 걸 알고 남편은 아주 언짢아했죠." 또 누군가는 말한다. "누구에게나 비밀의 정원이 필요한 법이에요." 또 다른 부인의 말이다. "우리는 상대에게 한 가지 이미지로만 보이죠. 실제 모습을 보여준다면 아무도 나라고 믿으려 하지 않을 거예요. 그래서 내 생각을 혼자 간직하죠. 비밀의 정원의 열쇠는 나만 가지고 있고, 난 그것을 포기하고 싶지 않아요." 또 다른 여성이 결론을 내린다. "남자들이 벌어서 우리도 먹고사는 거 아닌가요. 그들도 생각해줘야 해요."

남성과 여성의 대화는 아직 시작되지도 않았다.

수없이 많은 남녀 간의 대화가 아무런 결실도 맺지 못하는 것은 필연일까? 여러 세기에 걸쳐 경험했으면서도 왜 사람들은 아직도 대화를 하며 그렇게 어색해하거나 무례하거나 관심을 기울이지 않는 것일까? 말이 없는 사람은 사교적이지 못한 사람이라고 배우면서 자란 미국인의 40퍼센트가 왜 아직도 수줍어서 자유롭게 말할 수 없다고 불평하는 것일까? 그 이유는 대화가 아직 유아기에 있기 때문이다.

세계 역사는 대화를 잘했던 사람들이 아니라 장군들의 이름으로 가득 차 있다. 아마 과거에는 사람들이 지금보다 말을 적게 했기 때문일 것이다. 페르시아의 왕이었던 구르간의 카이카우스는 "말을 많이 하는 사람은 아무리 지혜롭다고 해도 어리석은 사람에 속한다"라고 했다. 그리고 세계는 거의 이 말에 동의해왔다. '말을 잘하면서' 동시에 '행동하는' 호메로스의 이상적인 영웅은 지극히 드문 경우였다. 힌두교에서 말의 여신인 사라스바티는 오직 '시인의 혀'에만 존재했다. 평범한 사람들이 말하고자 하면, 이 여신은 신성을 모방해 창조적인 존재가 되기를 꿈꾸는 인간의 무엄을 깨닫게 만들었다. 1787년에 한 영국인 여행자는 프랑스 농부들이 말이 없다고 언급하고 있다. 그러나 프랑스야말로 그 상류 계층이 우아하게 말 잘하기로 유명한 나라가 아니던가.

그 옛날 농부의 침묵이 아직도 핀란드 이곳저곳에서 들리고 있다. 핀란드는 지구상에서 가장 말이 없는 나라로 통한다. "문제를 해결하는 데는 한 마디면 족하다"라는 속담이 있을 정도다. 핀란드의 하메 지방은 가장 말이 없는 지역이다. 이곳 사람들은 한 농부에 관한 이야기에 대단한 자부심을 느끼고 있다. 그 농부는 이웃집에 가서 아무 말 없이 오랜 시간 앉아 있었다. 마침내 그 이웃이 왜 왔냐고 물어보자 그제야 자기 집에 불이 났다고 말했다. 핀란드 사람들은 마을을 이루어 살지 않고 종종 외딴 집에서 살았기 때문에 침묵을 견디는 것은 큰 부담이 아니었다.

인류학자들의 보고에 따르면, 중앙아프리카에는 "침묵이 아니라 말로 인해 곤경에 빠지기 때문에 사교 모임에서도 사람들이 전혀 말할 의무를 느끼지 않는" 곳이 여럿 있다고 한다. 다른 학자들은 마다가스카르에서 말하는 데 조심하는 것이 왜 그토록 중요한지 분석했다. 아는 것이 많으면 권위가 생기므로 정보는 잘 보관해야 할 귀중한 물품이고, 또 말이 잘못된 것으로 드러나면 완전히 체면을 잃게 되기 때문이라는 것이다. 그러나 이것은 세계 어느 한 지역만의 특별한 일이 아니다. 다른 곳에서도 많은 전문직이나 공식적인 상황에서 나타나는 특색이다. 말을 하지 않는 데는 여러 가지 이유가 있지만 그중에서도 놀림 받을지 모른다는 두려움이 가장 큰 이유다.

옥스퍼드에서 몇 킬로미터 떨어진 곳에 내가 잘 아는 할머니가 한 분 사신다. 그분은 농장 일꾼의 아내였는데 남편을 여의었다. 다른 할머니들이 종종 그분을 찾아오는데 거의 한 시간 동안 정말로 말한 마디 없이 '함께 앉아' 계신다. 마다가스카르와 관련해서 흥미로운 점은, 남자들이 체면을 잃거나 남을 화나게 만들까 봐 두려워서 말하는 일을 여자들한테 일임한다는 것이다. 이들은 욕하고 싶은 사람이 있으면 여자들에게 대신 해달라고 부탁한다. 여자들은 마다가스카르어가 아니라 프랑스어로 욕을 한다. 남자들은 소에게 뭐라 할 때만 거친 말을 쓰는데 역시 프랑스어로 한다. 그러고는 여자들이 수다스럽다고 비난하는 것이다.

"생각의 탄생에는 산파가 필요하다"
소크라테스의 가장 위대한 발견

사람들이 자신을 적절하게 표현할 방법을 모르겠다는 느낌에서 자유로워지기 전까지는 표현의 자유라고 하는 것도 공허한 권리에 지나지 않았다. 또한 사람들이 도시에 산다고 해서 대화법을 배울 수 있는 것도 아니었다. 우선 사람들은 누가 자기 말을 가로막는 것을 팔이나 다리가 절단당하는 것처럼 싫어하던 낡고 뿌리 깊은 태도를 극복해야 했다. 그리고 나서 그들은 불확실한 것에 대해 토론할 필요를 느끼거나, 무엇을 믿어야 할지 모를 때 대화의 충동을 느꼈다. (고대 그리스에서 그랬고, 지금도 되풀이되는 것처럼) 진리를 아는 것은 불가능하며, 모든 것은 늘 변화하고 다양하고 지극히 복잡하며, 오직 당연하다고 여겨지는 것을 의심하는 사람만이 지혜를 얻는다고 과학자나 철학자들이 말하기 시작했을 때 비로소 말이 많아졌다. 민주주의는 사람들이 자신의 생각을 말하고 공공 집회에서 자신을 표현할 필요성 때문에 발명되었다. 뉴잉글랜드 정착민의 선조라 할 그리스 이민자들의 도시인 시칠리아 섬의 시라쿠사는 말하는 법을 가르치는 '코락스Corax'라는 선생을 둠으로써 최초로 민주주의를 실행한 곳이 되었다. 이내 수사학이 고대 그리스 세계에서 지고의 기술이자 교육의 가장 중요한 부분이 되었다. 말을 잘하기 위해서는 여러 학문 분야를 섭렵해야 한다는 몇몇 사람의 주장에도 불구하고 대부분은 너무 조급해했고, 그래서 성공에 이르는 지름길이 창안되었다. 강의 과목은 단지 논쟁, 즉 아는 게 전혀 없어도 아무 주제에 관해서든 떠들어대는 기술에 관한 훈련으로 축소되었다. 설득력 있게 말하는 것은 새로운 흥밋거리나 지적인 게임이 되었고, 정치와 법정은 일종의 오락거리로 변모했다. 웅변가들은 운동선수처럼 서로 경쟁하면서 한층 더 강력하고 마법과 같은 힘으로 사람들의 감정을 자극했다. 가장 유명한 수사학 선생인 고르기아스Gorgias는 본래 시라쿠사에서 아테네로 파견된 외교 사절이었는데 자신을 마술사로 생각하고 주문을 외듯 운을 맞춰 말을 했다.

그러나 이것은 대화가 아니었다. 최초의 대화론자로 알려진 사람은 소크라테스였다. 그는 말다툼을 대화로 바꾸었다. 그가 대화를 발명한 것은 아니었다. 대화는 본래 시칠리아의 무언극이나 인형극에서 유래한 것이었다. 그러나 그는 개인들이 스스로 현명해질 수는 없으며 그들을 자극할 누군가가 필요하다는 생각을 최초로 도입했다. 소크라테스 이전에는 독백이 모든 말의 모범이었다. 현자나 신이 말하면 나머지는 들었다. 그러나 소크라테스는 학문을 깊이 연구할수록 무엇을 믿어야 할지 모르겠다는 느낌을 갖게 되었다. 확신이 없다고 해도 두 사람이 모이면 혼자서는 할 수 없는 무언가를 이뤄낼 수 있다고, 다시 말해 두 사람의 힘으로 나름의 진리를 발견할 수 있다고 생각했다는 데 소크라테스의 위대함이 있었다. 서로 질문하고 편견을 살피고 그 편견을 분석하고 단점을 찾고 결코 공격하거나 모욕을 주지 않고 서로 동의할 수 있는 것을 찾아 한 걸음씩 합의를 이루어감으로써, 궁극적으로는 삶의 목적이 무엇인지 알 수 있게 된다는 것이다. 아테네의 시장이나 집회장 등을 돌아다니며 장인이나 정치가 등 온갖 직종의 사람들에게 말을 걸고 그들의 일이나 의견에 대해 질문함으로써 소크라테스는 대화가 어떻게 효력을 나타내는지 증명해 보였다. 소크라테스와 대화하면서 사람들은 자신이 무슨 일을 하고 있든 거기에는 나름의 이유가 있었을 것이고, 자기가 하는 일이 틀림없이 옳다거나 바르다거나 아름답다고 생각했을 것이다. 그러면 소크라테스는 옳다거나 바르다거나 아름답다는 말이 과연 무슨 의미인지 질문하면서 토론을 이끌었다. 단순히 남들이 말하는 것을 따라하거나 남들의 믿음에 의존하는 것은 적절하지 않다고 그는 주장했다. 사람은 스스로 생각하고 말할 수 있어야 한다는 것이다. 그는 이전에는 존재한 적이 없던 그런 종류의 스승이었다. 그는 자기가 배우는 사람만큼이나 무지하며 삶의 목적을 찾는 길은 대화뿐이라고 주장하면서, 가르치기를 거부하고 대가를 받는 것도 거절했다.

소크라테스는 예외적이라 할 만큼 못생겼고 거의 괴상할 정도였다. 그러나 그는 대화 방식에 따라 두 사람이 어떻게 아름답게 변모할 수 있는지 보여주었다. "나와 대화를 자주 한 사람들 가운데 적어도 몇몇은 처음에는 아주 무지해 보였다. 그러나 우리가 대화를 계속해나감에 따라 하늘의 축복을 받은 이들은 나한테서 배운 것이 전혀 없음이 분명한데도 남들이 보기에만 그런 게 아니라 스스로 생각하기에도 놀라운 진전을 보여주었다. 그들이 낳은 많은 경탄할 만한 진실은 그들이 그들 안에서 발견한 것이다. 그러나 출산 자체는 하

늘이 한 일이고, 나는 그저 도왔을 뿐이다." 소크라테스의 어머니는
산파였다. 그는 자신 또한 일종의 산파라고 생각했다. "어떤 생각이
탄생하기 위해서는 산파가 필요하다"는 소크라테스의 발견은 가장
위대한 발견 중의 하나였다.

그러나 어떤 사람들은 소크라테스를 너무 이상하고 비위에 거슬
리고 체제 전복적이고 '가오리 같은 인간'이라고 생각했다. 모든 사
람이 다 똑같은 의견을 갖고 있어도 그는 개의치 않았다. 그는 여전
히 그것에 대해 질문했다. 그의 역설은 두 가지 상반되는 것을 동시
에 의미하는 것처럼 보였기에 사람들을 당혹스럽게 만들었다. 그는
민주주의 역시 비웃었고 그것이 부당할 수도 있음을 증명하기 위해
사형 선고를 받아들이기로 결심했다. 그는 자신을 박해한 사람들에
게 스스로 질문하지 않는 삶은 아무런 가치가 없다고 말했다.

'살롱', 르네상스 시대에 펼쳐진
새로운 대화의 장

그러나 대화가 꼭 질문으로 이루어지는 것은 아니
다. 소크라테스는 오직 대화의 절반을 고안해냈을 뿐이다. 전통에
대한 또 다른 반란이 아직 필요했고, 그것은 르네상스와 더불어 도
래했다. 이번 반란의 주인공은 여성들이었다.

인생의 성공이 군사적인 힘이나 귀족으로 태어나는 것 또는 자기
를 보호해줄 후원자에 달려 있는 한, '대화한다는 것'은 "영향력 있
는 사람들과 더불어 살고 그들을 자주 방문하고 그들에게 속한다"

는 의미로 이해되었다. 여기에는 복종과 충성심을 증명하는 것 이상의 말이 필요하지 않았다. 궁정 귀족을 위한 예절 서적은 평판을 잘 유지하는 법을 일러주는 데 전력을 다했고, 성채 안에 있는 것처럼 자부심을 공고히 하라고 군사적인 비유를 들어 조언했다. "동맹을 맺고, 경쟁자한테는 말을 무기로, 모욕을 실탄으로 사용하고, 결투는 즉각 받아들임으로써 자신의 힘을 과시하고, 싸움을 걸고, 엄포를 놓아라." 오랫동안 궁정 가신들의 언어는 거칠었고, 태도는 과시적이었고, 그들의 모델은 점잔 빼며 걷는 수탉이었다. 그러나 궁정의 귀부인들은 이러한 틀에 박힌 태도에 싫증을 내기 시작했다. 처음에는 이탈리아에서 그리고 프랑스와 영국에서 그리고 마지막으로 유럽 전체와 그 밖의 지역에서 인간의 처신에 대한 새로운 이상이 고안되었고, 지금까지와는 정반대되는 것들—예의, 친절, 기지, 교양—이 요구되었다. 최종적으로 모든 사람들이 모방한 모델은 랑부예 부인Madame de Rambouillet(원래 성은 피사니Pisani였고, 반은 이탈리아인이었다)이었다. 메릴린 먼로가 당대 사람들에게 섹시함이 무엇인지 가르쳐준 것처럼, 랑부예 부인은 가장 세련되고 사교적인 것이 무엇인지 보여주었다. 그래서 대화에 참여할 줄만 알면 부나 가문이나 외모는 더 이상 중요하지 않게 되었다.

랑부예 부인은 전혀 새로운 방식으로 대화하는 법을 체계화했다. 살롱은 왕족이나 귀족들의 넓은 홀과는 정반대였다. 살롱의 특징은 친근함이었고, 열 명에서 많아야 스무 명 남짓이 모이는 장소였다. 살롱은 알코브alcove(큰 방에 이어진 조그만 방—옮긴이)라고도 불렸는데, 재주가 있는 사람들에게서 가장 많은 것을 이끌어낼 줄 아는 재능을 가진 귀부인이 주관했다. 랑부예 부인은 신분을 보고 사람들을 초대하지 않았다. 그보다는 흥미로운 이야깃거리가 있고, 모임에 와서 그 이야기를 재미있게 할 줄 아는 사람들을 초대했다. 소크라테스는 대화의 이중주를 창조했다. 그렇지만 랑부예 부인이 대화의 실내악을 창조하려 했던 것은 아니다. 살롱에 모인 사람들은 모두 자기 말만 했기 때문이다. 오히려 그녀는 일종의 극장을 제공했다. 그 극장에서 사람들은 남들이 하는 말의 효과를 판단했고, 또 자신의 말에 대한 반응을 확인할 수 있었다. 그녀의 살롱에서—그리고 그 살롱을 모방한 많은 다른 살롱에서—온갖 계층과 국적의 사람들이 만났다. 그들은 대화를 나누며 소크라테스가 그랬던 것처럼 거리를 두고 삶을 바라보았다. 그러나 자신에 관한 질문을 던져 스스로를 괴롭히는 대신 자신의 생각을 우아하게 표현하기 위해 노력했다.

대화가 살롱에 기여한 것은 데이비드 개릭David Garrick(18세기 영국 연극계를 대표하는 명배우. 영국의 연극 양식을 급진적으로 개혁했으며, 특히 셰익스피어 극의 개작과 재연으로 유명했다—옮긴이)이 셰익스피어 극에 공헌한 것에 버금갈 정도였다. 넥커 부인Madame Necker의 말처럼 살롱을 주관하던 여성들은 '다른 사람의 영혼과 교감'하도록 도와주는 중재자였다. "자유사상가, 석학, 위선자 루소, 조롱꾼 볼테르… 이들 모두는 내가 보기에 사기꾼들"이라며 살롱에 출입하는 부류의 사람들을 그토록 혐오했던 호레이스 월폴Horace Walpole도 결국은 조프랭 부인Madame Geoffrin이 주관하는 살롱의 열렬한 손님이 되었다. 아무리 많은 남성이 허세를 부리는 다른 남성을 혐오한다고 해도, 어쨌든 그런 남성이 기를 쓰고 즐겁게 해주려는 지적인 여성이 있음으로 해서 통상 불편한 모임이 유쾌한 만남으로 변한다는 사실을 발견했던 것이다. 그는 조프랭 부인에 대해 이렇게 기록했다. "나는 평생 다른 사람의 단점을 그렇게 쉽게 찾아내고 또 그렇게 쉽게 자신감을 불어넣어주는 사람을 보지 못했다. 예전에 나는 누가 내 단점을 지적하는 것을 결코 좋아하지 않았다. (…) 나는 그녀를 내 모든 것을 다 고백할 지도자로 삼았다. 다음번에 그녀를 보면 나는 틀림없이 '오! 상식 부인 앉으시지요. 저는 지금 이러이러한 생각을 하고 있는데, 혹시 우스꽝스럽지 않은가요?' 하고 말할 것이다."

재주 있는 남자와 재치 있는 여자가 함께 있음으로 해서 성性과 지성은 새로운 관계를 맺게 되었다. "따뜻하고 깊고 때때로 열정적인 우정이 형성되었다. 그러나 그 우정의 표현은 거의 언제나 관념적이었다." 남성과 여성은 외모보다는 성격으로 서로를 평가하는 법을 배웠고 그래서 서로 다른 점을 알게 되었고, 그것을 바탕으로 자신과 상대방을 이해하려 노력했다. 이러한 만남으로 인해 많은 경구, 시, 격언, 초상화, 찬사, 음악, 게임 등이 생겨났다. 이것들은 철저하게 토론의 대상이 되었지만, 그 토론은 악의 없이 이루어졌다. 모든 손님이 잘 어울려야 한다는 것이 규칙이었기 때문이다. 문학, 과학, 예술, 정치, 예절의 분야에서 온갖 새로운 것들을 쫓아가려는 시도가 의도적으로 이루어졌다. 그러나 살롱을 운영하는 여성들은 그 어느 것에도 전문가가 아니었다. 그들의 업적은 학식의 무게로 다른 사람을 압도하는 것을 대화의 목적으로 삼았던, 남자들을 짓누르고 있던 촌스럽고 인습적인 유산을 순화시킨 데 있었다. 그렇게 해서 그들은 18세기 산문에 명료함과 우아함과 보편성이 스며들게 했고, "다른 사람의 정신을 통해 사상을 여과했고", 진지함은 또한 동시에 쾌활하도록, 이성은 감성을 기억하도록, 그리고 예의 바름은 정직과 결합하도록 독려했다. 런던에 살롱을 처음 연 캐서린 필립스Katherine

Philips 부인은 자신의 살롱을 "남성과 여성이 다 가입할 수 있고, 시와 종교와 인간의 감정에 대해 토론하는 우정을 위한 모임"이라고 묘사했다. 1664년 서른네 살의 나이로 죽지 않았더라면 그녀와 관련된 더 많은 이야기가 있었을 것이다.

그러나 조그만 집단은 종종 그 참여자의 개성을 제한하고 외부 세계로 모험하는 능력을 감소시킨다. 살롱이 장려했던 취향은 쉽게 억압적인 것으로 변질되었고, 그래서 한 살롱이 다른 살롱을 관대하게 보아 넘기지 못하는 일이 발생했다. 비록 이 살롱이라고 하는 곳에서 "다른 사람들과의 접촉을 즐기고," 몽테뉴가 말한 "자연의 다양성과 부조화"를 귀중하게 여기는 법을 배웠지만, 살롱은 흔히 자신의 뛰어난 재기를 찬양하거나 또는 뛰어난 재기의 모방을 찬양하는 곳이 되었고, 어느새 사실상 모방에 지나지 않는 대화를 나누는 곳으로 변했다. 살롱이 궁정만큼 지루한 곳이 되었을 때, 해결책은 단둘이서 은밀하게 이야기를 나누는 방식으로 돌아가는 길뿐이었다. 더 친밀한 대화에 대한 갈망이 커지고 신의에 대한 집착이 더 절대적인 것으로 변모하면서, 오직 편지만이 개인적인 생각을 신중하게 교환하기에 적절한 피난처로 여겨지게 되었다.

대화하고자 하는 욕망만으로는
살아 있는 대화를 지속할 수 없다

대화하고자 하는 욕망만 가지고는 살아 있는 대화를 계속 나눌 수 없다. 예를 들어 18세기 스페인에서는 속삭이는 기술chichisbeo이 발달했는데, 여성은 남편이 아닌 다른 남성에게 자기와 단둘이서만 이야기할 수 있는 특권을 허락했다. 중세의 기사는 귀부인에게 영웅적으로 행동했다. 이제 남자에게 말을 다루는 솜씨를 보여줄 기회가 주어졌다. 남편들은 이에 반대하지 않았다. 이것은 단지 정신적인 관계로 여겨졌고, 또한 이 찬미자의 의무라는 것이 자기가 소유할 수 없는 여인에게 헌신하는 일종의 노예 상태의 코미디를 연기하는 것이었기 때문이다. 실제로 그는 하인처럼 그녀를 섬겼다. 아침 9시에 침대에 누운 그녀에게 초콜릿을 가져다주고, 그녀가 입을 옷에 대한 의견을 말하고, 그녀가 산책하는 데 동행하고, 그녀에게 꽃과 모자를 보냈다. 그러나 그나 그녀나 별로 할 말이 없을 때는 대화라고 하는 것이 고작 하인들에 대한 불평이나 잡담에 지나지 않았다. "모자와 이륜마차와 마구와 말의 편자에 대해 말할 수 있는 귀부인은 자신의 지혜가 최고에 이르렀으며, 그런 만큼 대화의 분위기와 격조를 결정할 수 있다고 생각한다. 여자를 즐겁게 해주려는 남자는 똑같은 어휘를 배워 우스꽝스러운 존재가 된다." 이런 잘못된 출발이 이탈리아에서, 그리고 말할 것도 없이 그 밖의 다른 곳에서도 일어났다. "우리 제네바의 남편들은 너무 바쁜데 부인네들은 그렇게 바쁘지 않아서 동행이 없으면 만족하지 않는다. 그들에게는 정부나 강아지 아니면 원숭이라도 필요하다"라고 1753년 제네바의 한 남편은 기록했다.

가장 중요한 요소인 교육이 빠졌다. 소토마요르Maria de Zayas y Sotomayor는 일찍이 1637년에 대부분의 여성들이 처해 있는 무지 상태를 비난했지만, 여성이 남성을 잠재적 구혼자로만 바라보는 한 관습에 저항하는 것은 쉬운 일이 아니었다. 교회는 여성이 남성과 이야기를 나눈다는 생각 자체에 대해 분노했다. 예를 들어 가브리엘 키하노Gabriel Quijano는 《사교 모임의 해악: 일명 코르테호라고 알려진 대화의 무절제함과 해로움》(마드리드, 1784)이란 에세이를 썼다. 속삭이는 기술이나 코르테호cortejo는 어떤 새로운 것의 시작이었을 수도 있다(18장에서 이 문제에 대해 이야기할 것이다). 그러나 그것은 일련의 "관심, 연애 관계, 지나치게 엄격하고 의무적인 예절"로 타락해서 "본래 가졌던 열정을 흔적도 없이 잃어버리고 결혼생활만큼이나 지루하고 경직된 규범으로 굳어졌다."

특히 영국에서 대화의 어려움이 드러났다. 존슨 박사Dr Johnson는 영국에서 대화의 왕으로 손꼽히는데, 제임스 보스웰James Boswell(스코틀랜드 출신의 법관이자 전기 작가로서 존슨 박사에 대한 그의 전기는 영어로 쓰인 최고의 전기로 여겨진다—옮긴이)보다 더 뛰어난 전기 작가가 보스웰의 전기보다 더 탁월한 누군가의 전기를 집필해서 그 명성을 뒤집어엎을 때까지는 계속 그 지위를 유지할 것이다. 그러나 존슨 박사에게 대화란 머릿속에서 떠나지 않는 두려움과 악과 우울을 감추기 위해 자기 주변으로 날리는 먼지 구름이었을 뿐이다. 그는 공포와 악과 우울 같은 것들을 삶의 본질로 보았으며, 심지어 삶이 필연적으로 불행하다는 사실을 부인하는 사람에게 화를 내는 지경에까지 이르렀다. 그는 주장하기를, 그런 것들과 씨름하는 것은 부질없는 짓이며, 정신을 다른 주제로 옮김으로써 잠시 그런 것들을 피할 수 있을 뿐이라고 했다. 그래서 그는 뜨개질하고 매듭을 짜는 여성들을 부러워했으며, 실제로 부질없이 매듭 짜기와 음악을 배우려 했다. 이야기는 그에게 최고의 즐거움이었다. 이야기를 하면 안심이 되었다. 그러나 그의 이야기는 순수한 대화가 아니었다. 그것은 서로 나누는 식이 아니었다. 어떤 주제에 관한 완벽하게 다듬어진 견해를 흠 없는 산문으로 표현하는 것이 그의 재능이었다. 그는 의견의 불일치에는 관심도 갖지 않았다. 한쪽 편이 승리함으로써 불일치를 해소해야 한다고 믿었고, 자신이 늘 승리하기 위해 무시무시하게 싸웠다. 그는 결코 반론의 가치를 깨닫지 못했다. 사람들은 어떤 문제를 경구로 요약하는 그의 재능에 거의 존경심을 느꼈지만, 그 결과는 대화의 시작이 아니라 대화의 끝이었다. 예를 들어 "런던에 싫증이 나면 인생에 싫증이 난 것이다. 왜냐하면 런던에는 인생이 제공할 수 있는 모든 것이 있으니까"라든가, "프랑스인들은 거칠고 버릇없고 배우지 못한 족속이다"라는 식으로 간결하게 표현된 그의 경구들은 "새로운 사람을 사귀지 못한 모든 날은 낭비에 불과하다"라는 그의 가장 흥미로운 말을 배신하고 있는 셈이다. 그의 모든 경탄할 만한 재능에도 불구하고 존슨 박사는 막다른 골목을 대표한다. 내가 아는, 똑같이 슬프고 똑같이 탁월한 옥스퍼드 교수들이 그를 모방했지만 대화가 그들의 슬픔을 덜어주지는 못했다.

살롱은 유명 인사들 사이의 대화는 자극했지만 낯선 사람들이나 가식 없는 사람들과의 대화법은 가르칠 수 없었다. 영국 대화의 역사는 고상한 대화가 어떻게 계급 차별에 대한 강박관념을 영속화했는지를 보여준다. 각기 다른 계급에 속한 사람들은 서로 이해할 수 없다는 사실을 자랑스러워했다. 1908년에 한 여성 의사는 "서로 다른 두 계층 사이에 진정한 대화가 가능한지" 의심스럽다고 적었다. "나의 환자들이나 그들의 친구들과 나누는 대화는 완전히 일방적이었다. (…) 몇 번은 내가 이야기하고 또 몇 번은 그들이 이야기했는데, 우리는 어떤 것도 동등한 입장에서 파악할 수 없었다. 질문을 하거나 조금 놀라는 기색을 보이거나 그들의 견해에 약간의 이견을 보이거나 계속해서 그들의 의견에 동의한다는 것을 보여주지 않거나 하면, 그들은 갑자기 방향을 바꾸어 좀전에 말했던 것과는 정반대의 의견을 내놓기 일쑤였다."

사람들 사이에 공통의 언어가 형성되는 것을 막기 위해 엄청난 노력이 투입되어왔다. 앞의 그 의사는 "노동자 계급과 친밀하게 교제해본 사람이라면 이들이 고유 영어에서 유래하지 않은 단어를 이해하는 데 어려움을 겪는다는 것을 잘 안다. 라틴어나 그리스어에서 파생된 말을 계속 사용하면 이들은 잘 알아듣지 못한다"라고 기록했다. 새로이 교육 받은 중산층이 자신들을 구별하기 위해 음절이 긴 단어로 '책처럼 말하기'를 시도한 것이 그 정확한 예라고 할 수 있다. 이러한 어투는 오늘날에도 살아남아 경찰의 공식 용어를 풍자하는 데 이용되고 있다. 상류 계급도 자신들의 우월성을 드러내기 위해 그들 나름의 속어를 사용했다. 대화의 제한이 속물근성의 목적이다. 디즈레일리는 유행하는 상투어를 통해 어떻게 그것이 이루어지는지 설명했다. "영어는 다양한 표현이 가능한 언어지만 완벽하게 익히는 것이 어렵지는 않다. 그 범위가 제한되어 있기 때문이다. 내가 관찰한 바에 따르면 영어는 '좋은nice', '즐거운jolly', '매력적인charming', '따분한bore', 이 네 단어로 구성되어 있다. 몇몇 문법학자는 여기에 '좋아하는fond'을 보탠다."

미국 또한 이와 비슷한 대화의 장애를 피해가지 못했으며, 다양한 인종적·민족적 차이 때문에 상황은 오히려 더 악화되었다. 특히 여성과 남성이 언젠가는 똑같은 언어를 사용하리라는 희망을 잃어버린 것은 최악이다. 데버라 태넌Deborah Tannen은 평생에 걸친 연구 끝에, 남성과 여성은 서로 이해할 수 없으며, 말을 할 때는 아주 다른 것들을 의미하고, 여성이 대화 상대로부터 위안을 바라는 데 비해 남성은 문제의 해결을 원한다고 결론지었다. 여성은 공동체에 대한 소속감을 높이기 위해 불평을 늘어놓으며, 마치 아이들처럼 비밀을 털어놓는 것이 친구를 사귀는 방법이라고 믿고 있다고 그녀는 주장했다. 외로움을 잊는 것이 여성의 최우선 관심사이기 때문에 여성은 기꺼이 고민을 털어놓고 들어준다. 그러나 남성은 남의 이야기를 듣고 싶어 하지 않는다. '아랫사람처럼 느껴지기' 때문이다. 남성은 항상 높은 지위를 추구하며 남의 말을 들어줄 시간이 없는 것처럼 군다. 태넌에 따르면 사람들에게 태도를 바꾸라고 말해봐야 아무 소용이 없다. 그녀의 해결책은 사회언어학을 공부하는 것이다.

사회언어학을 공부하게 되면 남성과 여성이 '서로 다른 게임을 하고' 있으며 그들의 불만은 개인적인 단점 때문이 아니라 '성적인 차이' 때문임을 확신하게 된다는 것이다. 남성과 여성은 '다른 문화' 속에서 성장했으며, 의사소통이 어려운 외국인이나 다름없다는 점을 깨달아야 한다. 즉 남성과 여성은 자신들이 서로 다른 언어를 사용하고 있음을 인정해야만 한다는 것이다. 그녀는 미국의 부부들이 대화하는 시간이 평균적으로 일주일에 30분이라는 서글픈 통계를 인용하고 있는데, 그것은 그들이 대화를 하려고 노력조차 하지 않고 있음을 암시한다. 나는 미국이 고독한 군중의 나라라는 신화를 믿지 않는다. 그러나 많은 미국인들은 그렇게 확신하고 있다. 그들은 대화라는 게 보통 생각하는 것보다 훨씬 더 멋진 어떤 것이 되어야만 한다고 꿈꾸고 있기 때문이다.

진정한 대화는 평등을 확립하는
가장 중요한 방법 중 하나다

지난 2000년 동안에 변한 것이 아무것도 없을까? 기원전 3세기에 한비자는 이미 무엇이 문제인지 알고 있었다. 그는 자기의 말을 사람들에게 제대로 전할 수가 없었다. 그는 항상 오해를 받았다. 재치 있게 말하려고 노력하면 경박하다는 비난을 받았다. 고분고분하게 말하면 진실하지 않다고 의심받았다. 때와 장소를 가리지 않고 말하면 처벌을 받았다. 사람들은 그를 각기 어색하다거나 잘난체한다거나 자기 자랑을 한다거나 또는 겁쟁이, 아첨꾼이라고 여겼다. 그러나 그는 계속 말했고 자기 의견을 내놓았다. 결국 그는 사형 선고를 받았다. 한비자는 〈고분孤憤〉과 〈설난說難〉 등의 글들을 모아놓은 책을 남겼다. 이 책을 보면 그는 실제로 행하지는 못했지만 올바른 처신이 무엇인지는 알고 있었던 것 같다. 대화의 장애물은 상대의 "마음을 알지 못해 나의 말을 거기에 꼭 맞추지 못하는 것"이다. 사람들은 모두 하나의 신비라는 사실이 문제임을 그는 알고 있었다.

물론 그렇기 때문에 인간이 흥미롭고 말을 걸 만한 가치가 있는 것이다. 인간의 반응을 다 예상할 수 있다면 대화는 아무 의미도 없을 것이다. 대화는 너와 나의 '차이'에서 영감을 얻는 것이다. 대화란 고백이나 고백의 세속적인 변형, 또는 기꺼이 들어주려는 사람에게 돈을 주어가면서까지 자신의 고민을 털어놓는 것과는 전혀 다른 것이다. 치료를 목적으로 이야기를 들어주는 사람은 종종 어린 시절이나 성적 경험 또는 이런저런 종류의 희생양을 근거로 끌어들여 고백을 논리적으로 설명해줌으로써 고백 듣기를 끝내려고 한다. 이와 대조적으로 대화는 그 참여자에게 동등함을 요구한다. 진정으로 대화는 평등을 확립하는 가장 중요한 방법 중 하나다.

대화의 적은 수사修辭, 논쟁, 전문 용어, 아주 사적인 언어, 남들이 이야기를 들어주지 않거나 이해받지 못하는 데 따르는 절망과 같은 것들이 대화의 적이다. 대화가 번창하기 위해서는 남성이건 여성이건 산파가 필요하다. 일반적으로는 여성이 이 일에 더 뛰어난 재능을 보여주었지만, 페미니즘의 역사 속에서는 대화를 포기하고 전적으로 남을 설득하기만 하려던 때도 있었다. 사람들이 대화하는 법을 배우기 시작할 때 비로소 사람들은 서로 동등해질 수 있다.

사람들은 이제
더 깊고 먼 곳에서
자신의 뿌리를 찾기 시작했다

태어난 장소나 시간이 아니라 인간을
대하는 태도에 따라 공통점을 찾게 될 때,
사람들은 최대한의 공간으로
자신의 빛을 흩뿌릴 것이다.

머리가 희끗희끗한 남자와 젊은 여자가 춤을 추고 있다. 남자는 영국인이다. "당신 얼굴은 정말 아름다운데 악센트는 유감이군요." 남자가 여자에게 말한다.

여자의 얼굴은 반은 일본인 같고, 반은 유럽인 같다. 독일인이나 슬라브인 또는 프랑스인 같기도 하고⋯. 여하튼 이것은 그녀가 설명해야 할 부분이다. 그녀의 영어 악센트는 미국식이다. 그래서 남자가 유감이라고 느끼는 것에 대해 동의하지 않는다. 오히려 그녀는 동양이나 서양 어느 쪽에도 전적으로 속해 있지 않기 때문에 자신이 알맞은 시대에 태어났다고 느끼고 있다.

그녀는 도쿄의 여학교에 다닐 때 선생님이 칠판에 쓰는 것을 고분고분 받아 적었다. 열다섯 살에 "나는 일본인이 되는 법을 알았어요." 그러나 완전히 알지는 못했다. 그녀가 순종적이지 않을 때면 친구들은 그녀를 피하면서 미국인이라고 불렀다. 그래서 그녀는 아버지의 문명을 찾고 음악을 공부하기 위해 아무도 혈통에 대해 관심을 갖지 않는 미국으로 갔다. 그러나 자신이 국경 없는 예술가 세계의 정회원이 될 만큼 재능이 있는지 확신할 수 없었다. 그래서 워싱턴에서 국제 외교를 전공해 학위를 받고 중국 전문가가 되었다. 대만에서 2년 동안 머물 때 그녀는 영국인과 사랑에 빠졌다. 그녀는 자신이 세계시민이라고 생각한다. 비록 목청을 돋우어 외칠 필요까지는 없지만 말이다. 자신이 위대한 예술가나 위대한 인물이 되리라고는 기대하지 않지만 그녀는 자신에게 맞는 다른 역할을 발견했다.

런던에서 그녀는 세계시민이 꼭 환영받는 것만은 아니라는 사실을 알게 되었다. 시어머니가 될 사람은 그녀의 악센트만 싫어한 게 아니었다. 그녀의 약간 초연한 태도를 못마땅해했고, 어떻게 그녀를 자기 집안에 맞아들여야 할지 몰라 했다. 6년이 지났는데도 남자친구는 그녀가 자기와 잘 어울리는지 확신하지 못하고 있다. 어떤 위치에 깔끔하게 들어맞지 않는 현대 여성은 어떻게 해야 하는가? 그리고 어떤 현대 여성이 어떤 위치에 깔끔하게 들어맞는단 말인가?

이 세계의 수많은 도시 가운데서 마야는 파리를 선택했다. 파리에서는 "내가 무슨 일을 하건 다 괜찮아요. 프랑스에서는 뭐든지 통용되니까요." 그러나 바로 그 점 때문에 그녀는 프랑스인이 되고 싶지 않다. "나는 내가 집시라고 생각해요. (…) 나라는 존재는 다양한 색깔을 가졌고, 미국인과 일본인 가운데 어느 부분이 나 자신인지도 잘 모르겠어요. 나는 둘 다를 합친 존재입니다."

그녀는 지금 일본 텔레비전의 뉴스 진행자다. 서양 사람과 영어로 인터뷰할 때 그녀는 완벽한 서양인이다. 그러나 화장을 하고 NHK 방송에서 인터뷰를 할 때면 눈빛이 달라지고 언어 때문에 얼굴 표정도 바뀌어 다른 사람으로 보인다. "난 카멜레온이에요." 그것이 주는 장점은 그녀가 아주 다양한 인물들을 편하게 대할 수 있다는 것이다. 그녀는 유럽의 자칭 왕위 계승자들과 인터뷰할 때도 전혀 긴장하지 않았다. "그들 모두 다 고통을 겪었기 때문이죠." 또 그녀는 워싱턴의 가장 위험한 지역도 혼자 걸어 다닌다. "난 또한 소수인종의 일원이기도 하죠."

파리는 고독한 사색가들의 도시다. 파리 시민의 절반이 그런 것처럼 마야도 혼자 산다. "난 다가가기 쉽지 않은 사람이에요." 그녀는 말한다. "문제가 생기면 문을 걸어 잠그고 혼자 생각해요. 다른 사람들에게 의견을 구하지 않습니다." 독립으로 이르는 그녀의 길은 단순했다. 그녀는 불행을 모두 자기 탓으로 돌린다. 그래야 마음이 편하기도 하고 아직 희망이 있다는 뜻이기 때문이다. 자신만 고치면 되니까. 다른 사람을 바꾸는 것은 너무 힘든 일이다. "나는 나 자신을 갈고닦고 있고, 또 계속 일할 토대도 갖추고 있죠." 그녀의 어머니는 딸에게 자신을 화나게 만드는 사람을 불쌍히 여길 수 있으면 이미 반은 성공한 것이라고 가르쳤다. 그 원칙이 그녀를 자유롭게 한다고 그녀는 믿고 있다. 그녀는 또한 주위에 물건을 너무 많이 쌓아놓지 않는 방식으로 자유를 추구한다. 그녀는 물건에 집착하지 않는다. 아끼는 찻주전자를 누가 깨뜨리면 2분 정도 정말 화가 나지만 그다음에는 혼자 생각한다. '모든 것에는 다 수명이 있고 끝이 있는 법이야.' 환경을 소유하는 것이 아니라 환경에 의해 자극받는 것이 그녀의 소망이다. 그것은 환경이 늘 변화해야 한다는 것을 뜻한다.

개인의 감정이 그 무엇보다 중요하고 신성하며 침해되어서는 안 된다는 철학이 미국에서 유행하고 있지만, 그녀는 그 철학에 특별한 호감을 느끼지 않는다. 어린 시절에 그녀는 단호한 입장을 취하지 못하고 양면을 다 보려 했기 때문에 우울했다. 그녀는 불교 신자였던 할머니의 지혜를 따라갈 수 없었다. 할머니는 뭐가 옳은 일인지 즉각 알아차리는 것처럼 보였다. 어릴 때 다니던 교회 주일학교도 그녀의 질문에 답해주지 못했다. 자신의 의견을 표현하는 능력이 그녀에게 가장 중요한 일은 아니었다. 우선 그녀의 의견이 옳지 않을 수도 있고 또 마음이 바뀔지도 모르니까. 완고한 편견을 가진 사람들은 그녀에게 "당신이 틀렸다"라고 말하도록 강요하고, 그렇게 되면 결국 그녀는 그들이 깔아놓은 덫에 걸려드는 셈이 된다. "나는 누가 싫다고 말하고 싶지 않아요." 고의로 다른 사람의 발을 밟는 것처럼 일부러 야비하게 구는 일은 그녀에게 '최악의 범죄'다. 그래서 권력을 추구하는 것이 아니라 남들에게 강요하지 않는 것이 그녀가 이루고 싶은 일이 되었다. "난 혼자 따로 떨어져서 내가 잘하는 일을 하고 싶어요. 그러면 그 일을 통해 사람들을 서로 연결해줄 수 있을 거예요."

그녀는 중재자다. 중재자는 "위대해질 수 없어요." 그러나 "그 어느 쪽에도 속하지 않기 때문에 의견이 다른 사람들 사이에서 그들이 상대에게 말을 건네도록 설득할 수 있어요." 여동생도 그녀와 똑같은 성장 과정을 거쳤다. 그러나 그녀와 같은 문제를 겪지는 않았다. 여동생은 미국에서 문학 석사학위를 받은 후에 일본으로 돌아가 은행에서 일하고 있다. 마야도 처음에는 자기가 미국인보다는 일본인에 더 가깝다고 믿었다. 진정한 의미에서 그녀의 인생은 일본에서 시작되었다. 그러나 그녀는 더 이상 일본에서 살 수 없다고 결정했다. "나의 한 부분을 죽여야 했기 때문이죠. 일본에서 나는 키가 너무 크고 지나치게 솔직해요. 그래서 좁은 곳에 갇혀 있는 것처럼 느껴져요. 집들이 너무 작아요." 그러나 그녀에게는 모든 나라가 너무 작을지 모른다.

홀로 산다는 것이 그녀는 가끔 괴롭다. 병이 나면 돌보아줄 사람이 아무도 없어 서글프고, 조언을 구할 사람이 없어 더러 유감스럽기도 하다. 때때로 그녀는 누군가와 즐거움을 나누고 싶다. 낯익은 곳에서의 산책은 큰 기쁨을 주지만 먼 곳으로의 여행은 그처럼 편하거나 쉽지 않다. 그래도 중동의 어느 곳에서 산책도 해보고 싶고, 또 다른 대륙을 그녀의 조국에 더하고 싶다. 남자로 태어났더라면 모험심을 유감없이 발휘할 수 있었을 것이다. 공포를 극복하는 것이 그녀의 변함없는 목표다. 절벽 위의 집에서 살던 어린 시절 그녀는 파도가 집을 삼키는 악몽을 꾸었다. 그때부터 바다는 늘 공포의 대상이 되었다. 공포를 극복해보려고 항해술을 배웠고, 언젠가는 비행술을 배우는 데도 도전할 생각이다. 아침 일찍 일어나 좀 더 모험에 찬 하루를 맞이하자고 스스로 다짐한다.

온갖 성공에도 불구하고 (개인적인 이상을 가진 사람이라면 당연히 느끼는 것처럼) 그녀는 자신의 인생에서 뭔가 빠져 있다고 느낀다. 예술가처럼 한 가지 길에만 열중해 열정을 불태울 수만 있다면! (누가 예술가는 자기가 어디로 가고 있는지 알고 있으며 아무런 의문도 없다는 잘못된 인상을 심어주었는가?) 내가 누구인지에 대한 혼란만 없다면! 왜 남자친구의 어머니는 자기를 그토록 싫어했을까? 그래도 사랑과 일에 대한 자신의 이상을 모두 충족시켜주지 못하는 절충안이라면 절대 받아들이고 싶지 않다. "난 욕심이 많은 사람이에요." 그녀가 설명하는 이상적인 남자는 이 세상 남자라고 볼 수 없다. 그 남자는 그녀가 즐거움을 얻는 일에서 똑같이 즐거움을 얻어야 하고, 완전히 긴장을 풀고 있어야 하며, 먹는 방식으로 그 사실을 보여주어야 한다. 먹는 태도는 그 사람의 내면의 아름다움을 드러내는 척도다. 그녀는 일본인들이 면 종류를 먹을 때 내는 후루룩 소리는 싫어하지만 죽을 먹을 때 내는 소리는 좋아한다. 그녀는 아름답게 먹을 줄 알고 또 먹는 것을 하나의 예술로 보는 사람을 거의 만나보지 못했다. 삶을 일종의 예술로 보는 사람을 그녀는 사랑한다. 그러나 다른 사람의 예술에 감탄할 수는 있지만 우리 모두가 각자 자신만의 예술을 가지고 있느냐가 문제다.

"아버지가 누구인지는 더 이상 중요하지 않다"
인류 전체의 역사 속에서 자신의 자리를 찾는 방법

현대의 사람들이 자기 이야기를 할 때 어떻게 시작하는지를 보면, 우리는 즉각 그들이 자신을 얼마나 자유로운 존재로 보고 있는지, 그들이 이 세상에서 얼마나 편안하게 느끼는지 알 수 있다. 최근까지는 아버지가 누구인지가 가장 중요했다. 이상적인 인간이란 태어난 곳에 굳게 뿌리를 내리고 있는 떡갈나무 같은 것이다. 그 사람이 개인적으로 아무리 밉살스럽다고 해도 조상이 살았던 곳에서 계속 산다면 남들로부터 존경과 신망을 받았다. 귀족들은 다른 누구보다도 많은 뿌리를 갖고 있고, 그래서 과거뿐만 아니라 현재 역시 자신들의 소유라고 주장한다. 그러나 귀족들을 모방해야 할 이유가 더 이상 존재하지 않는다. 다른 방법, 즉 인류 전체의 역사 속에서 자신의 자리를 찾는 방법이 있다.

쾌락이나 감정의 뿌리는 무엇일까? 이 뿌리는 가계와는 완전히 다른 한층 깊은 종류의 뿌리로서, 훨씬 더 먼 과거에까지 뻗어 있기 때문에 여러 대륙의 전체 역사를 살펴보아야만 찾을 수 있다. 인간이 아프리카와 아시아의 숲에서 모험을 떠나던 시절과 지금의 우리를 연결시켜보면, 인간은 정착했던 것만큼 또한 끊임없이 이동했다는 기억을 되살릴 수 있다. 오늘날 점점 더 많은 사람들이 중국인의 자연관을 갖게 되었다. 중국인들은 자연이 그 자체의 삶을 지니고 있으며, 불규칙적이고 길들여지지 않았을 때 가장 아름답다고 본다. 낭만적인 사랑은 중동에서 처음 나타났기 때문에 오늘날 많은 사람이 아랍인이나 페르시아인의 가슴을 갖고 있는 셈이다. 유럽인들은 유럽의 언어가 인도에서 유래했을 뿐만 아니라 성적 즐거움과 관련해서 가장 현대적인 견해를 처음으로 가진 나라가 인도였음을 잊고 있다. 점점 더 많은 서구인들이 아프리카의 음악과 춤에서 공통의 감정을 발견하고 있다. 자유를 느끼기 위해서는 끊임없는 여행과 스모그 가득한 도시를 탈출하는 일이 필수적이기 때문에 유럽인들의 상상 속에는 한때 비좁은 도시에서 사는 사람들을 조롱하며 초원을 누볐던 몽골과 스키타이 유목민들이 갖고 있던 환상의 메아리가 울려 퍼지고 있다. 도시에 살면서 고립감을 느끼기도 하겠지만, 사실 우리는 전 세계에 조상을 갖고 있다.

그러나 학교에서 가르치는 역사는 그러한 연결 관계를 강조하지 않으며, 가장 중요하다고 할 수 있는 그런 역사적인 기억이 드러나도록 구성되어 있지도 않다. 교과서처럼 역사에서 일어난 모든 일을 두 시간 정도로 압축해서 1분마다 반세기가 획획 지나가는 식으로 영화를 만든다면, 이 세상은 달처럼 회색빛인 데다 황량하고 몇 개의 분화구만 눈에 띄는 그런 세상으로 보일 것이다. 그 분화구들이 문명이다. 지금까지 서른네 개의 주요 문명들이 있었고 그 하나하나가 폭발한 후 이내 사라졌는데, 그 문명들의 빛은 잠시 지구의 일부분을 비추었을 뿐 전부를 비춘 적은 없었다. 몇몇 문명은 수백 년 동안 지속되었고, 어떤 문명은 1000~2000년이나 이어졌다. 한편 그 분화구 주변에는 사방으로 회색 먼지 언덕이 시야가 미치는 끝까지 펼쳐져 있다. 그 회색 먼지 언덕이 역사책에서 언급되지 않은 사람들의 영역이다. 그들을 위해 문명이 한 일은 많지 않았으며, 그들의 삶은 거의 무의미한 고통이었다. 어떤 화산들은 아직도 불을 뿜고 있지만 그다음에 무슨 일이 일어날지에 대한 아무런 긴장감도 없다. 왜냐하면 그것들도 조만간 침묵 속에 사라질 것이기 때문이다. 그 문명들이 영광의 시기에 아무리 웅장했어도, 또 그 문명들이 사라져 사막이나 정글이 될 것이라고는 도무지 상상하기 어려웠어도, 모든 문명들은 결국 쇠퇴하고 사멸했다.

마야가 이런 영화의 여주인공 역할을 맡을 수는 없을 것이다. 그녀는 그저 두 문명 사이를 불확실하게 떠내려가는 나뭇조각과 같은 문제나 조금 비정상적인 사람 이외의 어떤 역할에도 적합하지 않을 것이다. 그러나 점점 더 많은 사람들이 비정상적으로 변하고 있으며, 어느 한 문명에 깔끔하게 맞아떨어지지 않는다. 정상적인 사람들에게는 뿌리와 자긍심이 필요하기 때문에 자신들이 태어난 문명을 자랑스럽게 생각한다는 것이 위에서 말한 영화가 주는 암시다. 그렇지만 개인적으로 문명의 즐거움을 완전히 누리지 못한 사람들, 그 문명의 진화에 영향을 미칠 기회가 전혀 없는 사람들, 오랫동안 계속된 집안의 재정적·문화적·정신적 가난 때문에 문명이 베푸는 혜택에서 배제되었던 사람들, 그리고 그들 문명의 위대한 인물을 존경해봐야 자신의 성취감에는 아무런 도움도 얻을 수 없다고 불평하는 사람들로부터 극적인 행동이 비롯된다. 그런 교육용 영화를 통해 어쩌면 그들은 자신들의 뿌리가 무엇인지는 배울 수 있겠지만, 가지를 뻗고 꽃을 피우고 아름다운 풍경의 일부가 되는 법은 배울 수 없을 것이다. 자신이 지극히 정상적인 뿌리를 갖고 있다고 하더라도, 교육 받은 여성의 한 사람인 마야 역시 여전히 불편함을 느낄지 모른다.

아무리 놀라운 문명이라도 그 역사에는 늘 슬픔이 배어 있다. 행복이 너무 짧다. 그렇다고 해서 우울감을 퍼뜨리고, 근거 없는 비판이나 회의론을 조장하고, 쇠락과 몰락의 역사를 말하기 위해 내가 이 책을 쓴 것은 아니다. 나는 묘비 사이를 채우는 기억이나 죽음에 대한 집착을 배격한다. 마야가 흘러가는 나무토막이나 먼지가 아닐 수도 있는 또 다른 시나리오가 가능하다. 그 영화는 다른 화면들로 구성되어 있다.

과거를 너무 빨리 재생시키면 인생은 무의미해 보이고, 인류는 수도꼭지에서 곧장 하수구로 떨어지는 물과 같은 존재가 된다. 현대의 역사 영화는 느린 화면으로 상영되어야 한다. 비록 밤하늘이 흐려 잘 보이지 않을지라도 모든 사람들이 별과 같은 존재로서 살아왔음을, 여전히 탐험의 손길이 미치지 않은 신비로운 존재로서 살아왔음을 보여줘야 한다. 이제 초점은 각 개인들의 눈에 얼마만큼의 두려움이 깃들어 있는지를, 그리고 한편으로는 서로 두려움 없이 만날 수 있는 세계가 얼마나 많은지를 아주 가까이서 보여주는 쪽으로 이동하게 될 것이다. 그렇게 되면 사람들은 자신이 속한 사적이고 개인적인 문명의 한계를 드러내며, 그들 각자가 편안하다고 느끼는 최대한의 공간으로 자신의 빛을 흩뿌릴 것이다. 이런 영화의 배경에서는 태어난 장소나 시간이 아니라 동료 인간을 대하는 태도에 따라 사람들이 공통점을 갖게 된다. 그럴 때 사람들은 어떤 문명에 속해 있었든, 어느 세기에 살았든 간에 자신이 공감할 수 있는 사람들과 함께 있게 된다. 사실은 그렇지 않은데 자신을 이방인이라고 생각했던 사람들을 나란히 보여줌으로써 그 영화는 놀라운 일들을 만들어내게 될 것이다.

아직도 이루어져야 할 흥미로운 만남들이 남아 있다. 예를 들어 1920년에 브르타뉴 지방 비구뎅의 농부들은 겨우 10킬로미터 바깥에 바다가 있다는 것을 알지 못했다. 마을 너머의 세계는 악마와 위험으로 가득 찬 암흑의 세계였다. 그들의 삶은 흐릿하게 깜박이는 촛불이었다. 1950년에 아르장통 계곡이 내려다보이는 언덕에서 살고 있던 3000명의 브레쉬르 지역 사람들은 여전히 지평선을 따뜻한 담요인 양 뒤집어쓰고 있었다. 서른 살 이하 인구 중 4분의 1 정도는 55킬로미터 떨어져 있는 이 지역의 수도격인 니오르에 가본 적이 없었다. 만약 거기에 갔다면 그들은 중등학교, 병영, 교도소, 그 지역의 지식인이라 할 세무원이나 약사 등 위엄 있는 프랑스 문명을 만날 수 있었을 것이다.

이와 대조적으로 13세기 베네치아의 한 상인은 페르시아어와 몽골어를 할 수 있었고, 인도와 일본을 여행한 뒤 프랑스어로 회고록을 썼다. 쿠빌라이 칸에게 능력을 인정받아 그는 중국의 한 도시의 부총독으로 임명되었다. 마르코 폴로는 호기심이 너무 강해 두려움이 없었다. 그에게는 인류의 다양성이 두려움은커녕 즐거움의 대상이었다. 물론 그가 모든 것을 다 알게 된 것은 아니었다. 다양한 인류에 대해 모든 것을 다 이해한 사람은 아무도 없다. 항상 이해할 수 없는 수수께끼나 머리칼을 곤두서게 하는 유령이 존재하게 마련이다. 그가 출발한 베네치아는 인구 16만 명의 유럽 최대 도시였다. 그러나 그 당시 중국 항저우에는 100만 명의 사람들이 살고 있었다. 오늘날 도시에 사는 사람들은 베네치아보다는 항저우에 살았던 사람들과 더 흡사하다.

역사의 자갈들을 활용하여
각자의 목적지로 향하는 길

　　　　　모든 사람의 인생에는 공포에 맞서 이길 수 있는 요소가 있다. 설령 그 승리가 잘못된 승리라고 하더라도 그 요소를 찾을 필요가 있다. 동물들이 악취로 자기 영역을 지키는 것처럼 지적인 사람들은 종종 경멸이라는 방식을 통해 이해할 수 없는 것으로부터 자신을 보호하려고 시도해왔다. 어떤 자유를 얻고 나면 어김없이 또 다른 자유를 잃게 된다. 또는 그렇지 않으면 사람들은 너무나 자유로워져 자신이 어디로 가고 있는지 방향 감각을 잃게 된다.

우리는 이제 어디로 가야 하는가? 이 질문에 답하기 위해 오늘날 온갖 탐구가 이루어지고 있다. 죽은 사람들을 칭송하거나, 현대인들이 옛 조상들보다 더 많은 지식을 갖고 있음을 축하하거나, 사람들이 오늘날의 상태에 이르게 된 이유를 설명하는 책은 이미 충분하다. 이제는 각자가 자신의 목적지로 향하는 길을 닦기 위해 역사의 자갈들을 다시 활용해야 한다. 그러기 위해서는 인간을 단순히 그가 속한 문명이나 국가 또는 가정을 드러내는 예로서 이해할 수 있다는 환상을 포기해야 한다.

지금까지 만족해왔던 그런 종류의 뿌리로는 부족하다. 자신이 부모와 다르며, 자신을 고유의 의견을 가진 독특한 존재로 생각하고,

폭력으로 점철된 전통을 불편하게 여기는 사람에게는 조상들이 누구이며 조상들이 어떤 것에 자부심을 느꼈는지 아는 것만으로는 충분하지 않다. 자유로운 존재가 되고 싶은 사람은 자신의 감정과 야망을 이해하기 위해 더 넓은 영역을 더 깊게 파고들어야 한다. 자신의 뻔한 뿌리를 알아본다고 해서 자동적으로 친구나 배우자 또는 필생의 과업을 선택할 수 있는 것도 아니고, 분노나 외로움이나 결핍에 대처할 수 있는 것도 아니다. 자신이 가는 방향을 알기 위해서는 새로운 형태의 기억, 미래를 지향하면서도 현재 몰두하고 있는 문제와 직접적으로 연관되는 기억이 필요하다.

사람들이 성취할 수 있다고 생각하는 미래의 모습은 사실상 주변의 자연에서 목격한 일들에 의해 채색된 것이다. 우주의 기원과 그 작동 방식에 대한 이해를 기반으로 자신이 누리고 있는 자유를 생각할 때 사람들의 상상력은 제한될 수밖에 없다. 뿌리에 대한 생각이 좋은 예다. 현대 식물학에서 뿌리는 양분을 흡수하는, 고정된 닻의 역할만을 하는 것이 아니다. 뿌리도 호르몬을 생성한다. 따라서 오늘날 알려진 식물에 대한 지식을 바탕으로 인간을 식물에 비유하고자 한다면 뿌리가 제공하는 것이 안정이라고만 생각해서는 안 된다. 뿌리도 기분을 좌우한다고 말할 수 있어야 한다. 과거에 대한 모든 기억은 향수, 자만, 환상 또는 온갖 종류의 열정으로 젖어 있거나 흔히 그것들 안에 완전히 잠겨 있다. 뿌리로부터 자신의 문제에 대한 해결책을 이끌어낼 수 있는 사람은 거의 없다. 과거는 더 이상 분명한 목소리로 말하지 않는다. 역사의 교훈에 대해 전혀 의견의 일치가 이루어지지 않고 있다. 낡은 방식의 뿌리는 다른 의견들을 뽑아내버리거나 독을 써서 제거해야 할 잡초로 취급하는 한에 있어서만 인류에게 도움이 되었다. 그러나 누구나 주어진 범위 안에서 자신의 방식대로 꽃필 권리를 갖고 있다고 믿는 새로운 세계에서는 새로운 시각이 필요하다.

18세기까지 식물의 신진대사는 하나의 신비였다. 18세기에 이르러 뿌리보다는 잎이 대부분의 식량과 에너지를 제공하고, 추운 지역이나 건조한 지역에서 적응하고 생존하도록 해주는 가장 중요한 생물물리학적 과정을 책임지고 있다는 사실이 밝혀졌다. 25만 가지의 서로 다른 잎들은 예상치 못했던 환경에 대처해온 각기 다른 방식들이다. 지금까지 무기물로부터 유기물을 합성하는 것은 오직 식물체의 광합성(이 단어는 1893년에 생겨났다) 과정을 통해서만 가능했으며, 오늘날의 세대만이 전자 현미경(1965년)을 통해 날이 아무리 흐려도 그다음 날 아침 잎의 기공이 열리는 것을 관찰할 수 있다.

인간에게 무성한 잎이 필요하다거나 뿌리가 필요하다고 말한다면, 이상하게 들릴 것이다. 그러나 전통만큼이나 적응성 또한 귀중한 가치로 여기면서 에너지와 창조성과 열린 정신을 추구하는 세대는, 햇빛이 어느 방향에서 오든 그 햇빛을 깊이 들이마신다는 생각을 틀림없이 좋아할 것이다. 뿌리가 잎을 만들어내면 공기는 더욱 달콤해지고, 그로 인해 다른 생명들이 살아갈 수 있다. 이것을 사람에게 적용해보면, 출신이 중요한 건 아니며, 그들이 어디로 가고 있고, 어떤 종류의 호기심과 상상력을 갖고 있고, 또 그것을 밤낮으로 어떻게 사용하고 있는지가 중요하다는 것이다.

마야는 이미 한 가지 면에서 자유롭다. 그녀는 어떤 환상도 갖고 있지 않다는 환상으로부터 자유롭다. 그러나 중재자가 되겠다는 소망을 품고서 아직 서로에게 너그러움을 베풀지 못하는 인류라는, 우주를 구성하고 있는 이 무수한 별들 사이에 좀 더 친밀한 의사소통이 가능하다고 상상할 때 혹시 그녀는 또 다른 환상의 희생양이 되는 것은 아닐까? 의견의 일치를 보지 못하는 인류의 무능력에 대한 절망을 넘어서기 위해서는 새로운 사고방식, 특히 새로운 심상(이미지)들이 요구된다. 고독에 대한 생각으로부터 그것을 시작해볼 수 있을 것이다. 그것이 다음 장의 주제다.

4

일부 사람들이
고독에 대해 면역력을 갖게 된 경위

외로움에 대한 두려움은
야망을 억압하는 족쇄와 같고,
그 족쇄를 부수기 전에는
자유가 악몽으로 남게 될 것이다.

이 세무 조사관은 자신이 두려움의 대상이라는 사실을 의식하고 있다. 그런데 거꾸로 그녀를 두렵게 만드는 것은 무엇일까? 그녀 스스로 "고맙게 여겨지지도 사랑받지도 못하는 억압적인 정부 기관"이라고 부르는 곳에서 일한다는 사실 자체는 그렇게 대단한 문제가 아니다. 그녀는 자기가 무슨 일에 종사하는지 사람들한테 드러내지 않는다. 만약 그랬다간 "최대한 많이 벌어 가능한 한 적게 내려는 사람들(특히 의사)로부터" 재정 문제와 관련한 도움 요청이 쏟아질 것이다.

처음 일을 시작했을 때 콜레트는 두려움을 느꼈다. 그녀는 집이 가난해서 대학에 들어갈 형편이 되지 않았다. 세무 당국은 '이미지가 좋지 않았기 때문에' 신규 직원을 충당하기 힘들었고, 그래서 장학금을 제공하고 있었다. 그 음침한 회랑 속으로 이끌려 들어가는 것은 거의 수녀원에 들어가는 정도의 정신적 상처를 입는 일이었다. "마치 내 주위에 쇠창살이 둘러쳐진 것 같았죠. 그때가 최악이었어요. 빛나는 미래로 향하는 길이 서서히 닫히고 있었던 거죠." 그녀는 여행도 다니고 외국어도 배우고 싶었다. 그러나 모든 모험에 대한 꿈을 접어야만 했다. 지금 그녀는 완전히 다른 일을 하고 싶다고 말한다. 마음대로 선택할 수 있다면, 그녀가 꿈꾸는 이상은 무엇일까? 긴 침묵이 흘렀다. 생각해본 적이 없다고 그녀는 대답했다. 거의 20

년 동안 세금 걷는 일만 하다 보니 그녀는 철저하게 현실적인 인간이 되었다. 숫자로 이루어진 세계에서 산다는 두려움은 사라졌다.

그 대신 콜레트의 야심은 함부로 자라지 않도록 단정하게 가지를 치며 가꾸어야 하는 나무가 되었다. 야심적인 사람들은 결코 만족할 줄 모른다고 그녀는 말한다. 그녀는 야심적으로 성장할 수 없었다. 석수였던 그녀의 할아버지는 단지 하루하루 생존함으로써 당신의 야심을 실현했을 뿐이다. 시칠리아에서 프랑스로 이민 온 덕분에 그나마 가능한 삶이었다. 말단 공무원인 아버지는 아내와 아이들만 있으면 더 이상 바랄 것이 없다고 생각하는 분이었다. 콜레트가 경제적으로 독립적인 여성이 되고자 했을 때, 그녀의 반역은 부모님으로선 생각할 수 있는 한계를 훨씬 넘어서는 야심을 드러낸 것이었다. 그들은 여자한테 자유가 필요하다는 것을 상상도 하지 못했다. 콜레트는 아주 가끔 더 나은 일이 없을까 생각도 해보지만, 결국은 "넌 아무것도 아니야"라고 스스로에게 말한다. 가끔 이런 생각도 한다. "대단한 인물이 되려면 아주 일찍부터 시작해야 해요. 가난한 부모를 가진 딸은 그럴 여유가 없죠."

콜레트는 이제 자신이 세무 공무원이라고 해서 두려움을 느끼지는 않는다. 그 회랑 안에도 흥미로운 구석이 있음을 알게 되었기 때문이다. 법률학 석사학위와 노동법 학사학위는 많은 창문과 문을 열어주었다. 6년 동안 그녀는 세무 공무원 중에서도 가장 두려운 존재였다. 벼룩을 찾듯 납세자의 장부를 꼼꼼히 뒤지는 일은 스스로에게도 역겨웠다. 조사하는 일이 흥미롭기는 하지만 자신의 희생자들에게 미안한 마음이 든다. 특히 가장 견디기 힘든 순간은 작은 회사의 세무 일을 대리해주는 사설 세무사들과 잔인하게 마주쳐야 할 때다.

그녀는 그들이 국가나 심지어 고객에게조차 정직하지 않게 대하는 것을 자주 보았다. 난처한 상황에 처한 자영업자들이 사기꾼에게 의존하다가 결국 세무 당국에 적발되곤 한다. 탐욕과 사기와 덫에 갇힌 사람들의 고통에 찬 비명에 지칠 대로 지쳤지만, 그녀는 자기가 시민들에게 봉사한다는 사실에 자부심을 느낀다. 그녀에게 제일 중요한 것은 돈이 아니다. 그녀는 절대로 사설 업무를 보라는 유혹적인 제안에 굴복하지 않을 작정이다.

그녀는 또 다른 종류의 두려움에 맞닥뜨리기도 했다. 파리 제2구에 있는 어느 커다란 제과점의 장부를 조사하고 있을 때였다. 주인은 중병을 앓고 있었는데 회계장부에는 문제점이 아주 많았다. 그녀는 상관에게 "이 감사를 중단하지 않으면 그는 죽어요. 어차피 그는 몇 달 더 살지 못할 겁니다"라고 말했다. 상관은 또 그 위의 상관에게 보고했다. 그러나 그 상관은 누군가의 안타까운 사정에도 눈 하나 깜짝하지 않았다. 결국 제과점은 엄청난 세금 고지서를 받게 되었고, 그 고지서는 '사망'이라는 소인이 찍혀 돌아왔다. 콜레트는 부정을 적발하는 조사관 일을 그만두었다.

그녀는 공적 생활과 사생활 사이에서 어디에 우선순위를 두어야 할지 몰라 고민한 적이 한 번도 없다. 지방 의회의 재정 관리를 도와주며 그녀는 자신이 국가에 대단히 유용한 존재라고 느끼게 되었다. 그녀는 지방 생활에 푹 빠져들었고, 여러 시장들에게 공공 서비스 지출에 관한 조언을 제공했다. 그것은 흥미롭고 보람찬 일이었지만 남편이 진급해서 다른 도시로 발령이 나는 바람에 그만두어야 했다.

그러나 언제나 탐험할 새로운 회랑이 있는 법이다. 그녀는 컴퓨터 연수를 받고 세무 당국의 전산 시스템을 관리하는 일을 하게 되었다. 복잡한 컴퓨터 시스템에 낭패를 본 세무 공무원들은 그녀에게 도움을 요청했다. 그러면 그녀는 열 명의 부하 직원과 함께 안개 속에서 비행기의 착륙을 유도하는 공항 관제사처럼 전화로 문제를 찾아 해결해준다. 2주간의 잦은 파리 출장과 많은 훈련 과정이 필요한 이 직업은 대단한 권위를 갖고 있다. 프랑스 전체에서 이 일을 하는 전문가는 총 여섯 명이고 그녀는 그중의 한 명이다. 자신의 직업과 관련해 그녀는 "난 특권층에 속하죠"라고 결론짓는다. "나는 남들과 다르게 일하는 데 성공했어요. 그때그때 흥미로운 일자리를 찾을 수 있었죠." 그러나 그녀에게는 더 높이 올라갈 목표가 없다. 더 높은 곳에서는 남자들이 거의 모든 직업을 독점하고 있기 때문이다.

이 사실은 단지 원칙적으로만 그녀에게 근심거리가 된다. 완전한 성취가 불가능해도 그녀는 걱정하지 않는다. "천재가 아니라는 사실을 깨닫게 되면 자신을 잘 관리해야 하죠. 난 장관이 되겠다고 애쓴 적이 없어요. 그저 남한테 해나 끼치지 않으려고 해왔죠." 집으로 돌아오면 전적으로 가정에 몰두할 수 있다는 것이 그녀의 직업이 갖는 가장 큰 장점이다. "옛날에 직업이 없던 어머니가 나와 같이 있었던 시간보다 지금 내가 딸과 함께하는 시간이 더 많아요. 물론 아이들에게 얼마나 시간을 들이느냐가 중요하다는 의미는 아니에요. 문제는 관심의 질이죠." 그녀는 월급의 거의 절반을 집안일 돌봐줄 사람을 쓰는 데 지출해왔다. 자신이 항상 직장생활을 해왔던 것에 대해서는 아무런 변명도 하지 않는다. 경제적인 독립은 여성에게 본질적으로 중요한 것이고, 그것 때문에 아이들이 피해를 봤다고는 절대로 생각하지 않는다. "난 아이들 숙제를 도와주고 같이 놀아주고 질문에 답해주고 토론하고 아이들이 필요로 하는 만큼 많은 시간을 들이고 있어요." 그녀는 자신의 성공이 자랑스럽다. 그녀의 장남은 "똑똑하고 마음이 부드럽고 재미있으며", 최고의 대학에 들어가겠다는 목표를 갖고 있고, 이 나라에서 가장 높은 자리에 오르기 위해 준비하고 있다. 그녀의 딸은 "폭풍처럼 강렬하고 쾌활해요. 순종적인 아내가 될 생각은 조금도 없고, 뭔가 대단한 사람이 되고 싶어 해요. 어떤 것도 자기를 막을 수 없다고 믿고 있죠."

그녀는 3대에 걸쳐 사회의 최하층에서 최상층으로 올라간 고전적인 경우에 해당한다. 물론 자동으로 그렇게 된 것은 아니다. 가정은 "그 유지를 위해 끊임없는 노력"을 요구하는 하나의 제도라고 그녀는 말한다. "모든 것이 완벽하기를 바라서는 안 돼요. 서로에 대한 기대가 너무 크고 양보하지 않고 끈기 있게 더 나은 때를 기다리지 못해서 결국 이혼을 하게 되죠." 어머니가 지중해 코르시카 섬 출신이라 그녀는 자신을 '지중해 사람'으로 생각한다. 그러나 그 사실이 가족 사이의 친밀한 유대를 보증해주지는 않는다(코르시카를 포함한 지중해 지역은 일반적으로 가족 사이의 유대가 강하다—옮긴이). 그녀의 가족과 처음 만났을 때 남편은 이들이 언제나 싸운다고 생각했다. "물론 오해한 거죠. 그이도 지금은 오해였다고 인정해요. 전통적인 지중해 지역의 가정에서는 남자가 눈에 띄는 역할을 맡기 때문에 그런 거예요." 콜레트의 남편은 훨씬 더 야심에 차 있고, 병원 관리자라는 직업에 아주 몰두하고 있다. 그녀는 자신의 일보다 남편의 일을 우선시하려고 의식적으로 노력해왔다. 남편이 인생에서 성공할 필요가 있다고 그녀는 말한다. "사람들은 다 약점이 있어요. 그러나 남자들은 존경받고 있다거나 중요하다는 말을 더 자주 들어야 해요. 남자들은 매일 칭찬해줘야 해요." 그녀도 그렇지 않을까? "아뇨. 난 나를 알아요. 나에게 필요한 건 관심이에요. 관심을 받으면 나도 다른 사람들에게 관심을 베풀죠." 직업적으로 더 높은 지위를 추구하게 되면 가정에 피해를 줄지도 모른다.

그래서 남편이 집에 돌아와 누가 누구에게 무슨 말을 했고, 자기가 그날 한 일이 무엇인지 털어놓으면 그녀는 너그럽게 들어준다. 남편에게는 정말로 믿고 이야기할 동료가 없다. 그래서 자기 말을 들어줄 사람이 필요하다. 그녀는 남편이 모든 걱정을 다 털어버리고 속이 후련해질 때까지 말하도록 놔둔다. 그러고 나서야 남편은 아이들과 그녀에 대해 물어본다. 그가 훌륭한 아버지이자 남편이고 집에서는 언제나 유쾌하게 행동하기 때문에 그녀는 많은 것을 참는다. "회사에서 있었던 일에 대해 나는 남편보다 더 골라 얘기하는 편이에요. 매일 해야 할 일이 있죠. 남편의 문제에 대해서도 관심을 가져야 하고, 그 사람의 직장생활에도 참견해야 하고, 그가 무슨 생각을 하는지도 알아야 하죠. 노력을 해야 해요. 주위 사람들을 잃고 싶지 않으면 애정을 베풀어야 하고 늘 싹싹하게 대해줘야 합니다. 그렇지 않으면 절벽 끝에 서 있는 기분일 거예요."

콜레트는 노동조합도 두렵지 않다. 노동조합에서 파업을 시작했을 때 그녀는 파업에 참여하지 않았다. 노동조합에서는 전 직원의 월급 인상을 주장했지만, 그녀는 공무원들이 일을 잘하건 못하건 똑같은 월급을 받는 데는 반대한다. "그렇게 해서는 시민들의 존경을 받을 수 없어요." 정말 말이 안 될 정도로 월급이 적은 부하 직원을 위해서라면 기꺼이 싸우겠지만 "금고를 털거나 상관을 죽이지" 않는 한 해고될 염려가 없는 공무원의 힘을 이용하고 싶지는 않다. 너무나 많은 불평등이 도사리고 있는데 자신의 월급을 올리기 위해 파업하는 것은 옳지 않아 보인다.

이 세무 조사관이 유일하게 두려워하는 것은 고독이다. "외로움은 최악의 고통이에요. 난 혼자서는 살 수 없어요. 남편이나 아이들과 떨어져 혼자 있게 되면 어쩔 줄 몰라 하죠. 혼자서는 밖에 나갈 수도 없어요. 외로움은 정말 두려워요. 외로움 때문에 실제로 고통을 겪은 적은 없어요. 그러나 늘 외로움에 대해 생각해요. 나에게는 여동생이 둘 있어요. 난 일찍 결혼했죠. 주위에 언제나 사람들이 있었어요. 혼자라고 느끼는 건 최악의 형벌이죠." 이 생각이 그녀 생활의 토대다. 그녀가 도심에 사는 것은 결코 우연이 아니다. 그래야 친구나 아이들의 친구가 늘 찾아올 수 있고, 홀로 있는 일이 생기지 않는다.

친구들과 비교해도 그녀의 성취는 놀랄 만한 것이다. 그녀만큼 안정적인 가정을 꾸려나가는 사람은 없다. 한 친구는 남편한테 버림받았고, 또 한 친구는 딴 나라에서 살고 있는 외국인의 아이를 가졌다. 다른 한 친구는 일에서는 크게 성공했지만 외로움에 시달리고 있다. 아기를 갖게 해달라고 졸라서 결혼하고서는 폭력을 쓴다며 경찰을 불러 남자를 내쫓았다. "그 친구는 외로움에 대한 두려움 때문에 인생을 망쳤어요."

외로움에 대한
네 가지 예방접종법

외로움에 대한 두려움은 야망을 억압하는 족쇄와 같고, 박해나 차별 또는 가난만큼이나 풍요로운 삶에 장애가 된다.

그 족쇄를 부수기 전에는 많은 사람들에게 자유는 악몽으로 남게 될 것이다.

그러나 외로움의 역사를 살펴보면, 그것이 단순히 외로움이 독재적으로 군림하는 역사만은 아니며, 또한 외로움이 인간의 필연적인 결점도 아니라는 사실을 알 수 있다. 사람들은 물리적 외로움(잡을 수 있는 손도 곁에 없고 바람 소리 외에는 들리는 것이 하나도 없는 경우), 사회적 외로움(군중 속에 있지만 관심 받지 못하고 무시되고 사랑받지 못하는 경우), 또는 정신적 외로움(대화는 나누지만 자신을 이해하는 사람을 만나지 못하는 경우)을 두려워한다. 그러나 외로움으로 인한 고통은 고대의 신화에서도 찾아볼 수 있다.

우리가 흔히 듣는 이야기는 이런 것이다. "태초에는 모든 사람들이 가족이나 부족 안에서 평화롭게 살았다. 그땐 외로움이 뭔지도 몰랐고, 자신을 분리된 개인이라고 생각하지도 않았다." 그런데 갑자기 최근에 이르러 함께 있다는 느낌이 무너졌다. 오늘날 번영과 더불어 외로움이라는 전염병이 이 세계를 휩쓸고 있다. 아무리 성공한 사람도 외로움에 시달린다. 외로움은 돈으로도 어찌할 수 없다.

가장 최근에 외로움 때문에 고통을 겪는 사람들은 페미니스트다. 가정보다 일이 더 나은 보호막이 될 것이라는 시몬 드 보부아르Simone de Beauvoir의 생각은 잘못으로 판명되었다. "나는 자족한다"라고 주장했던 그녀조차도 "나를 만족시켜줄" 누군가를 필요로 했다. 그녀조차도 "사랑에 빠짐으로써 어리석어졌다." 그녀조차도 만년에 이르러 사르트르가 예전 같지 않자 외로움을 느꼈다. 자유를 향한 모든 운동이 외로움의 벽 앞에서 더 이상 나아갈 수 없었다.

미국인의 26퍼센트는 만성적으로 외로움을 느낀다고 스스로 말한다. 프랑스에서도 똑같은 비율의 사람들이 종종 외로움을 느끼며, 54퍼센트는 가끔 외로움으로 인해 고통스럽다고 말한다. 프랑스인들은 이 문제를 두고 특별히 철저하게 고민했다. 혼자 사는 것이 사람한테 가장 큰 고통인 것은 아니다. 혼자 사는 사람 가운데는 외로움을 증오하는 만큼이나 사랑하는 사람도 많다. 독신자만큼 기혼자도 외로움을 느낀다. 외롭다고 말하는 사람의 59퍼센트는 여성이고, 41퍼센트는 남성이다. 그러나 외로움을 숨기는 경우는 확인할 길이 없다. 영국에서는 성인의 14퍼센트만이, 그것도 한 달에 한 번 정도 외로움을 느낀다고 말한다. 자주 집을 옮기는 사람은 틀림없이 외로움을 잘 타는 사람이다. 친구가 많은 사람은 오히려 더 많은 친구를 원해 안달이다. 외로운 사람은 병에 걸릴 가능성이 두 배나 높다고 의사들은 말한다.

그러나 외로움은 현대인의 병이 아니다. 힌두교도들은 그들의 가장 오래된 신화 속에서, 본질자Original Being가 외로움을 느껴 이 세상을 창조했다고 말한다. 모든 인류가 종교를 가지고 있을 때도 외로움에 괴로워하던 사람이 있었다. 예언자 욥은 기원전 4세기에 세상에서 가장 통렬한 시를 통해 이를 증언하고 있다.

친척은 나를 버리고, 가까운 친구는 나를 잊었구나.
내 집에 우거한 자와 내 계집종들은 나를 외인으로 여기니 내가 그들 앞에서 타국 사람이 되었구나.
(…)
내 숨을 아내가 낯설어하며
어린아이들조차 나를 업신여기고 내가 일어나면 나를 조롱하는구나.

가까운 친구들이 나를 미워하며 나의 사랑하는 사람들이 돌아서서 나의 적이 되었구나.

그러나 천연두와 마찬가지로 외로움도 치료될 수 있다. 그 역사를 살펴보면 사람들은 네 가지 방법으로 외로움에 대한 면역을 어느 정도 키워왔다. 모두 외로움으로 인해 파멸당하는 것을 피하기 위해 외로움 자체를 이용했다는 점에서 예방접종의 원리를 따르고 있다.

선구자는 은둔자들이었다. 그들은 이 세계에 자신의 자리가 없다고 느꼈던 사람들이고, 세상의 탐욕이나 잔인함과 타협하기를 거부했던 사람들이고, 자신이 제대로 이해받지 못하고 있다고 믿었던 사람들이다. 예루살렘의 주교였던 나르시수스Narcissus는 212년에 "세상의 비방에 지쳐 광야로 물러났다." 은둔자들은 사회 속에서 소외감을 느끼며 살기보다는 '전문적인 이방인'이 되기 위해 사회를 떠났다. 그들의 목적은 의도적으로 '소외'되고 '추방'당하는 것이었다. 그들은 오히려 그런 상태를 고상한 것으로 만들었다. 내적인 평화가 그들이 추구하는 보상이었다. 그들 가운데 일부는 영적인 깨달음을 얻기 위해 고행하면서, 거의 굶주리거나 무거운 쇠사슬로 자기 몸을 묶거나 무덤 속에서 살았다. 일부는 정신 이상이 되기도 했다. 그러나 유명한 은둔자들은 결국 승리해서 중요한 사실을 발견했다는 느낌을 가지고 다시 세상으로 돌아온 사람들이었다. 그들은 너무나 감명 깊은 내적인 평화를 사방에 퍼뜨렸다. 숭배자들이 그들의 축복을 받기 위해 몰려들었다.

거의 모든 문명에서 이러한 방법이 시도되었다. 이 방법은 처음 힌두교도에 의해 발명된 후, 왕자로 태어났지만 은둔자가 된 부처의 영향으로 동쪽으로 퍼져나갔고, 서쪽으로는 중동을 거쳐 유럽으로 전파되어 완전론자perfectionist(인간은 종교적, 도덕적, 정치적, 사회적으로 완전한 경지에 도달할 수 있다고 주장한 사람들—옮긴이)들의 관심을 끌었다. 초기 기독교도 가운데는 성 안토니우스가 영웅이 되었다. 문맹의 이집트 사람이었던 그는 서른다섯 살에 속세를 떠나 그 당시 최고의 재앙이었던 '악마들'과 싸우며 홀로 20년 동안 사막에 머물렀다. 악마는 근심, 의문, 두려움, 죄에 해당하는 고대의 명칭이었다. 그는 악마들을 물리쳤고, 전기傳記를 통해 유명해졌다. 많은 사람들이 마귀를 제거하기 위해 그의 예를 따랐다. 홀로 있다는 것이 하나의 치유책으로 보였다.

은둔자가 된다는 것은 반드시 전적으로 혼자 있음을 의미하지 않는다. 시리아의 주상 고행자 시메온Simeon the Stylite(390~495)은, 고행은 하지 않고 그의 기도만으로 곤경에서 벗어나려는 군중을 피해 높은 기둥 위에 앉아 있었다. 인류와 아무런 관계도 맺지 않으려 한 은둔자도 분명히 있었다. 그러나 속세를 떠나는 은둔자들이 너무 많아지자 속세에 대한 책임과 돕고 싶은 욕망을 느끼게 되어 다시 속세로 돌아왔다. 오늘날 서구에서 가장 유명한 은둔자인 켄터키의 토머스 머튼Thomas Merton은 "고독은 홀로 격리되는 것이 아니다"라고 말했다. 그는 침묵의 맹서를 한 트라피스트회(1664년 프랑스 라트라프에서 창립된 가톨릭의 한 분파. 전통적인 규율을 따르는 트라피스트 수도원은 가톨릭 내에서도 가장 엄격하기로 유명하다. 수도사들은 기도, 독서, 육체노동으로 하루를 보내며 절대적인 침묵 속에서 먹고 자고 일한다—옮긴이)의 신부였지만, 자신은 "전 세계를 향해 열려 있다"고 말하며, 진정한 가치에 대한 통찰을 담은 책을 써서 사람들에게 전했다. 중세의 아일랜드 은둔자들은 또 다른 예를 보여주었다. 그들은 외국으로의 망명과 그곳 이교도들 사이에 머물러 사는 것으로 두 번 속세를 떠났다.

은둔자와 독방에 갇힌 죄수는 종종 비슷한 영향을 받는다. 파코미우스Pachomius(290~346) 같은 은둔자는 사람들과 함께 있는 것을 참을 수 없어했다. 그는 7년에 걸친 단식 끝에 조그만 의견 차이에도 불같이 화를 내며 반응했다. 그러나 다른 사람들은 시베리아에서 돌아온 도스토옙스키처럼 다시 등장했다. 시베리아에서 도스토옙스키는 처음에만 독방에 갇혀 있다가 나중에는 단 한순간도 혼자 있지 않았지만 정신적으로는 다른 죄수들과 고립된 채 지냈다. 그는 한때 인류에 대한 절망으로 거의 신경쇠약에 걸릴 지경에 이르렀지만 결국에는 인류의 선함에 대한 믿음을 얻고 기쁨에 겨워 돌아왔다.

시간이 흐르면서 순수한 은둔자는 과장된 기인이 된다. 그러나 그는(또는 그녀. 초기 기독교도 가운데는 여성 은둔자도 상당히 많았다) 대중에게 깊은 감명을 주어 때때로 사람들이 세상사에서 물러나 있는 시간을 가지도록 만들었다. 투르의 마르탱Martin of Tours(316~377)은 정상적인 생활과 고독 속으로 은거하는 일을 번갈아 되풀이함으로써 이런 생각을 프랑스에 널리 퍼뜨렸다. 아르헨티나 사람인 산호세데라파스의 마리아 안토니아Maria Antonia(1730~1789)는 일시적인 은거가 얼마나 귀중한지 보여주었다. 그녀는 평생 10만 명이 넘는 사람들에게 조직적으로 그 기회를 마련해주었다. 미얀마에서는 소년들이 성년을 준비하기 위해 학교를 떠나 불교 사원에서 몇 달을 보낸다. 콜럼버스 이전의 아메리카 원주민들은 앞으로의 삶을 안내해줄 신성한 영과 접촉하도록 아이들을 일정 기간 고립시켜 단식하게 했다. 그러면 아이들은 신성한 힘을 가지는 것으로 여겨졌다. 캐나다의 애서패스칸족은 다섯 살 때, 알곤킨족은 열두 살 때 이런 과정을 겪었다.

은거에 대한 관심이 커짐에 따라 본래의 힌두교 사상이 다시 주목받게 되었다. 힌두교에서 은거는 죽음이 아니라 삶의 준비다. 평균 수명이 늘면서 점점 더 많은 노인들이 친척 가까이에서 혼자 사는 것을 선호하게 되었다. 힌두교도는 이와 비슷한 것의 선구자였다. 그러나 그것은 연금이나 의료보험이 없는 가난한 사회에 해당하는 경우다. 힌두교에서 고립 생활의 목표는 노인들이 가난과 질병을 정신적으로 극복하도록 돕는 것이었다.

힌두교도는 지상에서의 이상적인 삶을 네 단계로 나눈다. 앞의 두 단계는 사회생활 ― 학생과 가족 부양자로서의 생활 ― 이고, 뒤의 두 단계는 은거 생활이다. 머리가 하얗게 세고 손자들이 태어나면, 이들은 숲 속이나 마당 한구석의 헛간에서 은둔자 생활을 한다. 이들은 물질적인 것을 잊는 법을 배우고, 자신에게 점점 더 심한 고난을 가하고, 비가 와도 몸을 가리지 않고, 겨울에는 젖은 옷을 입고 지낸다. 마침내 마지막 단계에 이르면 이들은 모든 세속적인 것과 인연을 끊고 집 없는 유랑자가 된다. 이들이 마지막으로 가진 것은 오직 구걸을 위한 그릇 하나와 입고 있는 누더기 옷뿐이다. 현대의 서구 사회는 사람들에게 독립과 책임 사이를 오락가락하면서 이 네 단계를 뒤섞도록 내몰고 있다.

외로움에 대한 두 번째 예방접종은 사회에서 이탈하거나 신을 찾는 것이 아니라, 처음에는 더 외로울지 모르지만 저항력을 키우기 위해 자기성찰과 자기이해와 자신의 독특함에 대한 인식을 통해 내면으로 향하는 것이다.

지중해 지역의 가정은 공동체 의식이 강하다는 평판이 있지만 독립적이고 개인적인 생활방식을 찾는 탐험가 또한 많이 배출했다. 그렇게 되기 위해서는 용기가 필요했다. 이탈리아 르네상스의 거장들은 완벽하게 숙달된 기술에 대한 자부심으로 출발했다. 그때까지 예술가들은 기꺼이 권위와 전통에 따랐다. 남들과 다르게 된다는 생각은 그들한테도 두려운 일이었다. 사람들은 자신의 독창성에 눈을 감고 이미 확립된 모범을 좇아 복종하는 것이 신과 인간의 사랑을 받는 길이라고 믿으면서 모방을 통해 인생을 더듬어나갔다.

변화가 일어났다. 몇몇 예술가들은 그때까지 자신들이 해온 일에 불만을 품기 시작했다. 그러나 자기 생각을 표현하는 일은 너무나 대담한 모험이라서 그들은 끊임없는 찬양을 필요로 했다. 르네상스기의 예술가들은 광적으로 경쟁적이었으며 최고가 되는 데 필사적이었고 술에 중독된 것처럼 찬양에 중독되었다. 자신에게 요구된 것을 성취하지 못하면 올바른 일을 하고 있다는 확신도 흔들릴 수밖에 없었다. 그들은 자기만의 분명한 목표가 없었기에 충족될 수 없는 욕망과 알 수 없는 불안에 시달렸다.

지롤라모 카르다노Girolamo Cardano(1501~1576)라는 의사는 사람은 모두 얼마나 다른 존재인지를 증명해 보였다. 그는 그것을 보여주기 위해 자서전을 썼고, 그런 생각을 자연계 전체에 적용하려고 노력하는 가운데 방대한 과학 저술을 남겼다. 자신을 연구 대상으로 삼아 자신의 신체적·정신적 특징을 세세하게 기록했다. 그는 치질을 포함한 온갖 병과 매일의 소변 양과 "스물한 살 때부터 서른한 살에 이르기까지 여자와 동침할 수 없었던" 자신의 성기에 대한 고민까지 빠짐없이 기록했다. "치아 열네 개는 건강하고 치아 하나는 약하다."그는 매 식사 때의 정확한 취향, "산책과 사색의 습관"에 대해서도 설명했다. "나는 걸으면서 생각한다. 그래서 걸음걸이가 일정하지 않다. 그것은 내 기분에 달려 있다." 그는 이상하게 생긴 자기 발을 묘사하면서, "그래서 좀처럼 맞는 신발을 찾을 수 없다"라고 했다. 그는 주의 깊게 자서전에 '내가 실패한 것들'이라는 제목의 장을 삽입했다. 작은 세부 사항들이 결국엔 인생에서 큰 차이를 만든다고 믿었기 때문에 "세세한 부분까지 분석해야 한다"라고 생각했다. "직관 (…) 직접적인 앎에 이르는 직관의 섬광, 인간이 개발할 수 있는 최고로 완벽한 능력"으로 인해 이 모든 세부 사항들이 의미를 갖게 된다.

그러나 그는 동물을 보듯 인간을 편견 없이 보려고 노력했다. 그에 따르면 동물은 인간을 섬기기 위해 창조된 것이 아니라 자체의 존재 목적을 가진다. 그의 명성을 높인 방대한 책들의 제목은 《사물의 다양성The Variety of Things》과 《사물의 미묘함The Subtlety of Things》이다. 사람들한테 순응하라고 말하는 대신 그는 "원하는 존재가 될 수 없으면 자기 능력만큼의 존재라도 되는 것이 행복에 이바지한다"라는 결론을 내렸다. 이것은 개인이 순응주의자인 체하는 것이 얼마나 어려운지에 대한 최초의 확언이다. 르네상스기의 새로운 인간은 고독의 기술과 관련해서는 초보자에 지나지 않았다. 그들은 남들과 다른 존재이면서 동시에 존중받는 존재이기를 소망했다. 그러나 예외적인 존재가 되려면 먼저 남을 대하는 새로운 태도를 가질 필요가 있었다.

자신이 외로운 존재이며 평범한 생활방식에 잘 맞지 않는다는 생각이 들면 자신이 일관성이 없고 앞뒤가 맞지 않는 사람이 아닌가

하고 걱정하게 된다. 페트라르카Francesco Petrarca는 로마에서 계관시인의 영예를 얻었고(1341) 최고의 위치에 올랐지만 불행했다. 그는 프로방스에 가서 숨어 지냈으며, 거기에서 《나의 비밀De secroto conflictu curarum mearum》이라는 책을 썼다. 책에서 그는 자신이 "끔찍한 영혼의 병인 우울증"을 앓고 있으며 "눈물과 고통에 대해 병적인 애착을 갖고 있고, 그것들을 먹고산다"라고 푸념했다. 바꾸어 말하면 그는 그런 자신의 모습을 증오하면서도 완전히 포기할 수는 없었다. "나는 더 나은 길을 보면서도 더 나쁜 길에 집착한다." 그때 이후로 자신을 이중적인 인간으로 보는 것이 창조성의 출발점이 되었다. 이것은 본연의 모습을 포기하지 않고도 다른 사람과 새로운 관계를 맺을 수 있게 해주었다. 그러나 페트라르카는 이 점을 깨닫지 못했다. 그는 어떻게 "자기 자신이 될" 수 있는지 계속 자문했다. 대중을 좇지 말라는 것이 그의 처방이었다. 자신을 '왜곡'시킬지도 모르는 이 세상에서 떠나라는 것이었다. 그러나 명성에 대한 욕망 역시 그의 일부였다. 그는 이 세상과 단절되기를 원하지 않았다. 그는 외국으로 여행을 다녔고 보클뤼즈에 외딴 시골집도 사두었지만 완전한 탈출은 불가능했다. 유랑 중에 태어났던(페트라르카의 아버지는 1302년 피렌체를 떠나 아레초로 이주했는데 그때 페트라르카가 태어났다―옮긴이) 그는 전문적인 유랑자가 되었다. 다만 그것은 명성과 더불어 사는 불편한 삶이었다.

벤베누토 첼리니Benvenuto Cellini(1500~1571)는 이러한 함정들을 피하고자 노력했다. 보석 세공과 조각으로 명성을 얻은 그는 자기회의를 피할 방법을 찾았다고 믿었다. 그는 사람들에게 자신을 이해시키기 위해서가 아니라 단순히 자신의 개성을 주장하기 위해 자서전을 쓰라고 조언했다. 그는 자신의 천재성을 꽃피우는 데 걸림돌이 되는 사람을 죽이기까지 했으며, 그 살인에 사용한 아름다운 단검을 자랑했다. 그는 하느님과 대화를 나누었다. 하느님은 그에게 "두려워하지 말라"고 말씀하셨다. "사도교회 Church Apostolic를 섬기며 내가 저지른 모든 살인과 또 앞으로 저지를지도 모르는 모든 살인"에 대해 교황의 면죄부를 받고 나서, 그는 자연이 만든 자신의 모습 그대로 계속 살아가야 한다고 확신하게 되었다. 사도교회가 그에게는 자기 자신이었다. 첼리니는 개성을 이기심이나 과대망상증으로 혼동했다. 자신이 가진 재능 때문에 스스로가 자신의 법이 될 자격이 있다고 주장했고, 남들에 대해 눈감아버림으로써 외로움을 없앴다. 이것이 고독의 역사에서 빈번하게 일어났던 탈선의 한 예다.

독립적인 개인이라는 생각이 이탈리아에서만 시작된 것은 아니다. 나라마다 외로움에 대해 명상하는 특별한 인물들이 있었다. 외로움의 유혹을 받은 몇몇 독일인들은 그것을 예술의 영역 너머로 확장했다. 낭만주의자들은, 각 개인은 독특한 방식으로 결합된 자기만의 인간적 속성을 갖고 있으며, 예술가가 창조적 행위를 통해 자신을 표현하는 것처럼 모든 사람은 자신의 생활방식 속에서 자신의 독특함을 표현하는 것을 목표로 삼아야 한다고 주장했다. 다른 사람과 공감하는 것만으로는 충분하지 않았다. "진정으로 정신적인 사람은 공감 이상의 고차원적인 무엇인가를 느낀다." "그는 다른 사람의 개성을 느낀다. 그리고 그 개성의 소유자가 중요한 인물이거나 권력자라서가 아니라 단지 그것이 개성이기 때문에 신성하게 여긴다." 자신과 다르기 때문에 남을 사랑해야 한다는 생각은 르네상스의 꿈을 확장했다. 위의 인용은 슐레겔 A. W von Schlegel(1767~1845)이 한 말이다. 그는 셰익스피어와 《바가바드기타 Bhagavad-Gita》('거룩한 신의 노래'라는 뜻

의 고대 인도의 종교시. 힌두교의 주요 경전 가운데 하나—옮긴이) 둘 다를 번역함
으로써 그러한 생각을 실천에 옮겼다.

광대한 아메리카 대륙에서는 외로움이 처음부터 정복해야 할 적
이었다. 외로움과의 전쟁은 이곳에서 가장 단호하게 이루어졌다. 그
러나 분별없이 외로움을 완전히 거부하지는 않았다. 석양을 향해 홀
로 말을 타고 가는 카우보이에게 외로움의 극복이 인생의 목적은 아
니었다. 그는 어디에도 속하지 않았으며, 자립의 불편함을 금욕적으
로 참아나갔다. 그는 음악이나 운동으로, 때로는 말을 길들이는 것과
똑같은 방식으로 여자도 길들일 수 있다고 상상하면서 슬픔을 달랬
다. 황야와 불확실성이 그에게 내려진 형벌이었지만 일단 극복하고
나면 그는 다시 초조함을 느끼게 된다. 미국보다 더 외로움을 진지하
게 취급한 나라는 없다. 외로움과 싸우기 위해 그렇게 많은 전문가
조직을 만들어낸 나라도 없다. 그러나 동시에 내면의 성찰이 그토록
광범위한 취미가 된 나라도 없다.

"홀로 있을 때 불행함을 느낀다. 불행은 고독에서 비롯된다"라는
보쉬에 주교Bishop Bossuet(1627~1704)의 말은 그저 진부한 지혜에 지나
지 않는다. 멋진 대화를 나누는 것을 열렬히 추구했던 프랑스에서
는 특히 그렇다. 그러나 프랑스인들조차 때때로 지나치게 많은 대화
와 늘 재치 있는 금언을 생각해내고 좋아하지 않는 사람들에게도 예
의를 갖추어야 하는 노력에 피로감을 느꼈다. 1년 중 일정 기간 동안
사교생활에서 탈출하는 것, 예를 들어 시골에서 한 달 정도 보내는
것이 국가적인 풍습이 되었다. 그것은 또한 사람들과 함께 있고 싶
은 열망을 되살리는 데도 필요했다. 그러나 거기에도 문제는 있다.
지루함.

장-자크 루소는 "고독이 가장 큰 두려움"이라고 썼다. "나는 나 자신과 홀로 있을 때의 권태가 두렵다." 권태가 힘을 얻게 되자 외로움을 정복해버렸다. 자기 인식의 추구에도 한계가 있는 것이다.

외로움을 견디는 세 번째 예방접종은 우스꽝스러움이란 주사를 맞는 방법이다. 영국의 기인들은 외로움에 유머를 섞고 그 혼합물에서 용기를 이끌어냈다. 기인들이 역사책에 기록되지 않은 것은 정말 유감스러운 일이다. 역사책에서는 진지함의 의미가 흔히 오해되고 있기 때문이다. 기인이란 외로움을 두려워하지 않은 기념비적인 존재다. 인간은 불완전한 존재이므로, 삶의 기술을 실험하듯이 온갖 다양한 성격이 자유롭게 표현되어야 한다고 존 스튜어트 밀은 주장했다. 사람들이 "자기 성향에 어울리지 않는 관습적인 것을 선택" 해서가 아니라, "관습적인 것 이외의 어떤 성향도 갖고자 하지 않는다"는 점 때문에 그는 한탄했다.

위험한 것이 아니라 재미있게 여겨졌다는 점에서 기인들은 첫 승리를 거두었다. 그렇게 된 것은 아마도 남들이 어떻게 생각하든 말든 신경 쓰지 않았기에 기인이 된, 힘 있는 귀족들 덕분이었다. 외교관이었던 14대 버너스Berners 남작은 기행을 두려워하는 사람들을 조롱하기 위해 기행을 이용했다. 기차로 여행할 때면 그는 칸막이가 설치된 객실 하나를 통째로 얻어서, 테두리 없는 검은색 모자와 검은 안경을 쓰고 함께 가자고 사람들에게 청했다. 누가 과감하게 그 청에 응하면, 큰 온도계를 꺼내 한숨을 크게 내쉬면서 5분마다 체온을 재는 방법으로 이내 그를 쫓아버렸다. 사생활에 광적으로 집착했던 5대 포틀랜드Portland 공작은 침실로 의사가 들어오는 것조차 거부하고는, 밖에 서서 진단하고 몸종을 시켜 질문하고 체온을 재라고 의사한테 요구했다. 그러나 그는 사람들과 함께 즐길 수 있는 세상을 꿈꾸었으며 사생활이란 다른 어떤 것을 위한 준비라고 생각했다. 그는 1만 5000명의 인부를 고용해 실제로 사용된 적은 없지만 2000명의 손님을 수용할 수 있는 무도회장, 스무 명이 탈 수 있는 승강기, 열두 개의 당구대가 있는 서재를 만들었다. 그러면서 그는 남들이 알아보지 못하도록 변장을 하고 다녔다. 이것이 자유에 대한 그의 생각이었다.

존 크리스티John Christie는 글라인드본glyndebourne에 자기 소유의 극장을 지었다. 그 극장에서는 격식을 차린 이브닝드레스를 입어야 했는데, 그는 종종 예복에 낡은 테니스화를 신었다. 그는 극장에 온 고객들을 정중하게 대우했지만 틀린 이름으로 사람들을 소개하며 재밌어 했다. 극장에 데리고 온 개를 위한 간이식당을 채 완성하기 전에 그는 죽었다. 그에게 기행이란, 인생에서 역할을 바꾸기 위한 하나의 방편이었다. 동물과 인간을 동등하게 취급하는 것은 기행이다. 그러나 그것은 종 사이에서의 역할 바꾸기만이 아니라 여러 위계질서에서의 역할 바꾸기로 발전할 수도 있었다.

여성들이 환상과 예절의 법칙을 모두 깨뜨리고 옷을 구경거리로 만든 것은 역사상 가장 대담한 기행에 속한다. 패션 디자이너 워스Charles Frederic Worth는 기행을 보편적인 것으로 만들기 위해 노력한 사람으로서 기억할 가치가 있다. 그는 모든 여성에게 각자 다른 옷을 제공하는 것으로 패션을 이해했다. 그가 성공했더라면, 패션이 모방으로 타락하지 않았더라면, 외로움이 그렇게 자주 두려움으로 바뀌지는 않았을 것이다.

마지막 예방접종은 이 세계가 단지 광막하고 무시무시한 광야이기만 한 것은 아니고, 그 안에는 분별될 수 있는 어떤 종류의 질서가 있으며, 아무리 미미한 존재라 하더라도 모든 사람들의 내면에는 그 질서의 메아리가 울리고 있다는 생각을 통해 이루어졌다. 초자연적인 능력을 믿는 사람들은 자신을 압도하는 온갖 불행에도 불구하고 자기 안에 어떤 작고 신성한 불꽃이 있다는 느낌으로 외로움을 덜었다. 이것이 그들이 외로움에 대한 면역을 키우는 방법이다.

한편 그런 믿음이 없는 사람들은 자신이 남들에게 쓸모 있는 존재라는 느낌을 개발할 수 있다. 그렇게 함으로써 자신과 남들 사이에 너그러운 이해의 연결 고리가 있다는 사실, 즉 자신이 더 큰 전체 (비록 이것의 수수께끼와 잔인성을 모두 이해할 수는 없지만)의 일부임을 나타내는 이성적·정서적 연결 관계가 있다는 사실을 인식할 수 있다. 진보라고 불리는 것의 상당 부분은, 전체를 다 파악하기에는 너무나 거대한 진리의 일부분을 발견했다는 신념에 의지함으로써 박해를 받을 때조차도 완전히 고립되어 있다는 느낌에서 구제된 외로운 개인들의 소산이다. 그러나 이런 방법만 가지고는 모든 외로움을 다 극복할 수 없다. 한 가지 예방접종으로 모든 병을 다 막을 수는 없는 법이다.

거꾸로 생각하면, 외로움은 모험이다

사람들이 개인적인 생각에 빠져드는 것은 종종 기괴한 결과를 낳았다. 러시아의 동물학자 메치니코프Élie Metchnikoff

(1845~1916)는 요구르트가 장수의 비결이라고 믿었으며, 우스울 정도로 효과가 없는 방법으로 두 번이나 자살을 시도했다. 그러나 그는 면역학을 독립된 과학으로 발전시켰고, 완전히 새로운 전망 속에서 외로움을 볼 수 있게 해주었다. 면역 체계의 작동 원리가 발견됨으로써, 각 개인이 독립적으로 또는 다른 사람들과 협력해 끊임없이 비우호적인 외부 세계에 대항해서 저항력을 기른다는 사실이 드러났다. 사람의 몸은 똑같지 않지만, 모두 주변의 세균들로부터 위협받고 있다. 단지 질병의 원인을 찾아 전쟁을 벌이는 방식만으로는 사람들을 보호하는 의학이 될 수 없다. 초점은 이제 정복이 아니라 각 개체 사이의 양립 가능성 및 불가능성에 대한 이해, 즉 포용과 거부라는 탄력적인 영역으로 옮겨갔다. 생명이 면역 체계에 의해 유지되는 것이라고 한다면 각각의 개인은 이러저러한 다양한 특성이 독특한 방식으로 결합된 어떤 존재로 보이게 된다. 그러나 이 결합은 어떤 두 사람 사이에서도 정확하게 동일한 방식으로 일어나지 않는다. 스트레스의 발견으로 각 개인의 감각 체계가 다르다는 것이 극명하게 드러났다. 또한 혈액형은 국가, 종교, 피부색의 경계를 넘어서는 방식으로 사람들을 분류했다. 스트레스가 건강에 어떤 영향을 끼치는지 드러나자 사람들의 반응을 완전히 예견할 수 없다는 사실 또한 분명해졌다. 에이즈는 면역 체계가 자신과 또 다른 체계를 구별하는 데 혼돈을 겪게 되면, 그 결과가 얼마나 심각한지를 극적으로 보여주었다. 의학은 이제 더 이상 각 개인을 엄격한 법칙에 따르는 똑같은 기계로 대할 수 없게 되었다. 신은 '다양성의 창시자'로 새롭게 명명되었다.

그런 까닭에 누구에게나 자신과 다른 외부 개체의 작은 일부분이라도 필요하다는 것, 다른 사람들과 나란히 살아남기 위해서는 그들의 일부분을 흡수해야 한다는 것이 이제 분명해졌다. 자신을 완전히 고립시키거나 적을 영원히 파괴하는 것은 불가능하다. 다른 사람들에 대한 호기심은 더 이상 일종의 사치나 소일거리가 아니다. 그것은 생존 자체에 필수적이다.

이 네 가지 방법 가운데 어느 하나도 외로움에 맞서는 보증이 될 수는 없다. 외로움을 없애는 것이 아니라 외로움에 대한 두려움을 줄이는 것이 이 방법들의 효과다. 그래야만 사람들은 상호 존중의 토대 위에서 관계를 맺을 수 있다. '혼자'라는 뜻을 가진 중국어는 '독獨'이다. 이것은 멋진 우연이다. '독'은 종종 건전한 원리에서 벗어나 멋대로 행동하는 사람한테 쓰일 때는 약점을 의미하지만, 자기가 행하는 바를 정확하게 이해하고 홀로 독립해서 행동하는 도교의 현인을 칭송할 때도 사용된다. "인간과 영혼에 대해 분명히 아는 사람만이 홀로 처신할 수 있다."

그러나 명료한 사고를 위해서나 자신이 어디로 가고 있는지를 알기 위해서는 다른 사람의 자극이 필요하다. 오직 인류의 과거 경험을 앎으로써 사람들은 환멸의 고통에서 벗어날 수 있다. 혼자 있을 권리 또는 예외가 될 권리를 획득해야만, 외로움의 고통이 인간의 숙명이라는 통념에서 벗어나야만, 인간은 외로움과의 관계를 역전시킬 수 있다. 거꾸로 생각하면 외로움은 모험이다. 모험을 함께할 동지를 찾는 방법이 다음 장과 그다음 몇 장의 주제다.

새로운 형태의 사랑이 생겨난 경위

정열은 아직 닦아야 할 기술이고
사랑은 끝나지 않은 혁명이다.

1990년 프랑스에서 세계 최초로 청소년에 의한 혁명(1990년 말 중등 교육기관의 비위생과 안전 부재에 반발한 고교생들의 집단 시위 사건—옮긴이)이 일어났다. 약 10만 명의 10대들이 단순히 가두시위를 벌임으로써 정부로 하여금 45억 프랑을 내놓게 했다. 어떤 성인 시위대도 이처럼 신속하고 완전한 승리를 거둔 적이 없었다. 교사들은 수십 년 동안 항의했지만 허사였다. 간호사들은 비록 생사를 다루는 힘은 가지고 있었지만 파업을 통해 이만큼의 성과를 거두지는 못했다. 그러나 이 청소년들은 정부의 조치에 대해 고마워하지도 않았고 감동한 것 같지도 않았다.

망다린 마르티농Mandarine Martinon은 리옹 학생들의 리더로 여겨졌다. 언론은 열여섯 살의 연약한 금발 소녀가 당국에 그처럼 위협적이었다는 사실에 놀라움을 금치 못했다. 그러나 그녀는 정부가 그녀와 친구들한테 겁먹었다는 것을 알고 있었다. 장관실이나 심지어 대통령궁에 이 청소년들을 초대해 아부하고자 했던 정치인들은 경멸받아 마땅해 보였다. 그녀는 그들의 연설이 "아주 교활하고 다 이해하는 척했지만 우리는 속지 않았다"라고 말한다. 혼자였다면 이 학생들은 압도되었을 것이다. 함께였으므로 그들은 정치인들의 웅변이 선동적이라고 무시할 수 있었다. 망다린은 정치인들이 바보는 아니라고 생각한다. 그러나 그들은 비밀스러운 거래에 능한 음모가들이다. '그녀의 이상을 반영하는' 정치인은 한 명도 없다. "투표권이 생기면 누구를 찍을지 결정하기 힘들 거예요." 무엇보다도 이 청소년들은 대학에 다니는 선배들 — 이 학생들은 대학생들과 연대하는 것을 조심스럽게 피했다 — 이나 정치인들에게 이용당하지 않겠다고 결심한 터였다. 어른들이 제시하는 대안이 매력적으로 보이지 않았기 때문에 그들은 휘둘리지 말아야 한다고 했다.

망다린은 지방 학생으로서 파리를 의심스러운 눈으로 보고 있다. 그녀는 파리의 학생들이 전체 프랑스를 대표한다는 생각에 분개한다. 노동자들이 많은 빌뢰르반 교외에서 살고 있는 그녀는 리옹의 잘사는 부르주아들의 점잔 빼는 모습이 못마땅하다. 어떤 상황에서도 그녀는 자신들의 이념을 그녀의 운동에 강요하는 무리를 용납하지 않는다. 자기는 그저 대변인에 지나지 않으며 해결책을 제시하는 지도자가 아니라고 그녀는 거듭해서 말한다. 각 학교가 문제의 해결책을 스스로 결정해야 한다는 것이 그녀의 유일한 목표다.

이 학생들은 정신적인 면에서는 더 이상 어린아이가 아니다. 부모와 과거 세대의 실패에 대한 기억에 짓눌려 그들의 등은 그 옛날 현인들의 등처럼 굽어 있다. 너무나 많은 지식이 그들에게 주입되었기 때문에 더 이상 열광할 것이 남아 있지 않다. 역사책에 따르면 과거의 혁명은 모두 이런저런 종류의 재난으로 끝이 났다. 동유럽의 소요 사태는 비극적인 문제들을 드러냈다. "우리는 이 세계에 대해 너무나 많이 알고 있어요. 우리는 이념을 잃어버렸어요. 그 이념이 현실과 다르다는 것도 알고 있어요." 과거의 중국이나 러시아의 모델은 더 이상 존재하지 않는다. 망다린은 영국에 가본 적이 있다. "지나치게 정중해요." 이것이 영국인에게서 받은 인상이다. 미국은 "더 심각하죠."

개인적으로 그녀는 몇 가지 이상을 갖고 있다. 평등이 가장 중요하고, 민주주의도 중요하고, 국가의 억압에 대한 저항도 중요하다. 그러나 문화와 TV의 영역에서는 국가의 역할이 유지될 필요가 있다. 비무장을 지지하지만 군대를 없애야 한다고 생각하지는 않는다. 그녀는 가난한 사람들을 돕고 싶다. 그녀는 혁신과 변화를 지지하지만, 변화가 두렵기도 하고 다른 사람들이 변화를 원하는지도 의심스럽다. 그래서 그녀는 다른 사람들을 변화시키거나 설득하려고 시도하지 않는다. 그녀가 다니는 학교에서는 재정적인 결정 사항이라든가 교내의 각 그룹이 가지는 권리에 대해 아주 온건하게 토론하는 위원회들이 만들어지고 있는 중이다. 학교가 시험 공장이 아니라 '지낼 만한 곳'이 되는 것이 그녀의 유일한 소망이다. 학교는 아이들의 또 다른 가정이 되었다. 학생들은 학교를 집처럼 생각한다. 학교를 최대한 좋은 곳으로 만드는 것이 그들이 원하는 전부다.

그러나 망다린의 속이야기를 들어보면, 그녀가 이상주의적인 부모와 전혀 다른 모습이 된 것이 일반적인 환멸 때문은 아님을 알 수 있다. 그녀는 아버지와 아주 사이가 좋다. 1968년에 그녀의 아버지는 마오주의자Maoist였고, 집에서는 요리도 한다. 그녀가 시위를 위해 포스터를 만들 때 아버지는 그녀에게 "포스터는 그렇게 만드는 게 아니야"라고 조언해주었다. 그는 젊은 시절에 정말 놀라운 포스터를 만들었다. 그들은 새로 포스터를 만들며 함께 웃었다. 그러나 망다린에게는 자기확신이 없다. 이게 결정적인 차이다. "저는 창조적이지 못해요. 내가 유능한 사람이라고 느끼지도 않아요. 아마 저는 야심이 없는 모양이에요." 왜일까? "야심이 없어야 위험도 적기 때문이죠." 그녀는 지방 도시를 위해 문화 행사를 조직하거나 극장에서 일을 도와주는 식으로 '커뮤니케이션 분야'에서 일할 계획이다. 그러나 직접 연극을 할 생각은 없다. "스트레스가 너무 많은 일이에요. 저는 원래 걱정이 많아요. 특히 시험 볼 때 스트레스를 받아요. 시험 성적으로 저의 모든 면을 판단하니까요." 좋은 직업을 갖기 위한 젊은이들끼리의 경쟁은 그녀의 근심거리가 아니다. 문제는 자신의 능력을 스스로 증명하려는 내부의 전쟁이다. "아마 저는 언제나 스트레스에 시달릴 거예요."

여학생들이 공부를 잘하고 남학생보다 학급 대표로 더 많이 선출되지만 그 사실이 그녀의 자신감에 크게 도움을 주지는 않는다. 시위 과정에서 그녀는 남학생이 다수일 때조차도 여학생들이 아주 쉽게 리더가 되는 것을 보고 흥미롭게 생각했다. "마치 우리가 남학생들에게 마술을 건 것 같았어요." 망다린은 리옹에서 다른 한 소녀와 시위를 시작했다. "우리는 스스로를 여학생이라고 생각해본 적이 없어요." 여성 문제는 생각해본 적도 없고 토론한 적도 없다. 그것은 다 지나간 일이다. 남녀 불평등이 문제이기는 하지만 이들은 직장을 얻을 때나 되어서야 그 문제와 만날 것이다. 그 문제는 그때 처리하면 된다. 한편 이들은 피임약의 짜릿한 쾌감에 사로잡혔던 부모 세대와는 다른 고민들을 갖고 있다.

망다린이 친구들과 장시간 토론하는 주제는 사랑이다. 열두 살 때부터 남자친구들이 있었지만, 아직 사랑을 찾은 것은 아니고 오직 우정만 있을 뿐이다. "우리는 남자와 여자 사이에 우정이 가능한지 토론해요. 가능은 하지만 육체적인 욕망이 관계를 복잡하게 만들기 때문에 어렵다고 결론을 내렸어요." 프리섹스는 이제 기적의 해결책이 아니다. 섹스는 우정을 위한 방법조차 되지 못한다. 오히려 우정에 장애가 된다. 남학생들이 섹스에 대해 거칠게 말하는 데 충격을 받았지만 "우린 남학생들이 자신들한테 미치는 여학생들의 영향력을 일부러 감추려 하고 있고, 강하게 보이려고 감정을 숨긴다고 생각해요."

어떻게 처신해야 할지 결론을 내리지 못한 채 여학생들은 두 그룹으로 분열되었다. 어떤 여학생들은 남자친구를 자주 바꾸면서 어느 한 사람에게 얽매이지 않은 상태로 지낸다. 그러나 상대를 아주 일찍 찾아 학교생활 내내 서로에게 충실한 것이 점점 더 유행이 되고 있다. 목적은 안전이다. "둘이 같이 있으면 더 강해진다고 느끼거든요." 부모가 이혼한 아이들은 안정적인 관계를 만들려고 노력하거나 아니면 이성 관계를 아예 거부한다.

망다린과 그 친구들은 사랑이 고귀하다는 것을 인정하지만 사랑을 찾을 수가 없다. "미국 영화에는 사랑이 있지만 집에는 없어요. 우리는 오직 영화 속에서만 사랑을 경험해요." 에이즈에 관한 토론은 섹스에 대한 환상을 완전히 없애버렸다. 그러나 그녀는 낭만적인 사랑이라는 생각을 간직하려고 노력한다. 낭만적인 사랑이란 사랑의 의미를 스스로의 힘으로, 개인적으로 결정한다는 뜻이다. "우리는 평범하거나 저속한 사랑은 원하지 않아요. 사랑이란 자기만의 어떤 것이어야 해요. 저는 사생활을 시시콜콜 공개하고 싶지 않아요. 만약 억지로 사생활에 대해 말해야만 한다면 사생활도 하나의 의무가 될 것이고, 그러면 더 이상 흥미를 느끼지 못하게 될 거예요."

그러고 보면 사랑이란 사람들이 고귀한 무언가를 성취할 수 있으며, 누군가에게 인정받고 있다고 느낄 수 있는 최후의 피난처다. 이것은 자기회의에 빠지지 않고 버텨낼 수 있는 몇 안 되는 성공의 유형 가운데 하나다.

아랍인들이 추구해온
다섯 가지 정열적인 사랑

사랑도 이제 지난날의 사랑과는 다르다. 과거에는 거의 없던 두 가지 유형의 여성들이 오늘날의 세계에 존재한다. 교육 받은 여성과 이혼한 여성. 새로운 종류의 사람들이 등장할 때마다 사랑의 열정도 새로운 방향으로 나아가게 된다. 어찌할 수 없이 빠져드는 사랑에 대해 이야기할 때 그들은 사랑의 신비를 여전히 믿고 있는 것처럼 보일지 모른다. 마치 사랑이란 절대 변하지 않는 것이라는 듯. 그러나 과거에 사람들은 종종 사랑의 요소들을 분해한 뒤, 비틀거나 더하거나 억압함으로써 자신에게 맞게 그것들을 재결합시켰다. 전설과 달리 사람들은 열정 앞에서 무력하지 않았다. 곡물을 빵으로 바꾸거나 과일 푸딩이나 크림이 든 파이로 바꾸듯, 사람들은 놀랍게도 늘 열정에 새로운 의미를 끌어들였다.

스페인을 정복했던 아랍인들의 세련된 정서는 프랑스의 기사와 음유시인에 의해 변형되었다. 그들에 의해, 나중에는 독일 낭만주의 시인들에 의해 정열적인 사랑은 새로운 면모를 띠게 되었다. 그러나 이러한 변화가 모두 똑같은 방향으로 이루어진 것은 아니다. 사랑의 역사는 더 큰 자유를 향한 전면적인 운동이라기보다는 밀물이었다가 썰물이 되고 때로는 소용돌이치고 그러다가 오랜 고요의 시간이 따르는 식으로 이어졌다. 피임을 하는 오늘날의 서구인에게는 선택의 여지가 많다. 그 어느 때보다도 사랑의 가치가 높게 평가되는 오늘날, 학교에서 사랑의 역사, 사랑의 전쟁, 사랑의 융성과 몰락, 사랑의 외교술과 수사학, 또는 사랑 경제학의 위선을 가르치지 않는다는 것은 놀라운 일이다. 성교육은 사랑과 관련된 참으로 다양한 교과목의 한 분과에 지나지 않는다.

중세의 아랍인들은 한때 세계에서 가장 세련된 연인들이었다. 그런 만큼 정열적인 사랑의 다양한 형태를 《천일야화》의 달빛 속에서 특히 잘 볼 수 있다.

아라비아 사막에서 단순하게 살아가는 베두인족에게는 정열적인 사랑이 아무 소용이 없었다. 6세기에 쓰인 그들의 시가에는 정열적인 사랑이란 술과 같은 효과를 가지는 일종의 주술이자 정령이 주관하는 일 또는 관습에 대한 도전으로 묘사되어 있다. 아내를 너무 사랑하는 남편은 조롱당했다. 이런 태도가 다양한 시기에 걸쳐 대부분의 나라에 널리 퍼져 있었다. 그것은 두려움에 기반을 두고 있고, 두려움은 정상적인 것이므로 이러한 태도 역시 정상적이다. 그러나 베두인족은 남녀가 쉽게 가까워지는 것을 허락했다. 남녀 사이의 농담은 예절의 일부분이었으며 서로에게 무슨 말이든 할 수 있었다. 두 사람이 모든 것을 다 포기할 정도로 사랑할 수 있다는 비정상적인 생각은 이런 장난기 어린 태도에서 생겨난 것이다. 때때로 베두인족을 방문한 이방인과 베두인 처녀 사이의 장난(베두인족은 이방인을 환대하는 전통에 따라 자신들에게는 금기시된 것을 방문자에게는 자유롭게 허용했다)은 부족의 전통에 대한 도전으로 발전했다. 관습의 안전판에 해당하는 유머가 통제를 벗어났고, 규율을 어기고, 위험을 무릅쓰고, 미지의 세계로 모험을 떠나고, 낯익은 얼굴보다 신비스러운 얼굴을 선호하며, 온 세상의 의견에 맞서 자신이 옳다고 주장하는 것의 흥미진진함은 열정의 음모 때문이었다. 베두인족의 어떤 노래에는 "바기드의 계곡에서 왜 우리는 사랑에 빠졌을까?"라고 묻는 대목이 있다. 그리고 그렇게 된 것은 이들 한 쌍이 주고받던 무례한 농담, 도저히 허물 수 없었던 마음을 서서히 무너지게 했던 재치 있는 응답 때문이었다고 대답한다. 이방인은 관습을 우습게 보이도록 만들 수도 있었다. 장난으로 불붙은 서로에 대한 이끌림은 폭발로 이어졌다. 사랑에 관한 아랍 최고의 권위자였던 이븐 하즘Ibn Hasm은 "사랑의 시작은 농담이고, 마지막은 올바른 진지함이다"라고 말했다.

622년부터 시작되는 이슬람력 1세기에 메카와 메디나에서 여성들은 음악을 통해 새로운 분위기를 만들어냄으로써 자신의 감정에 또 다른 요소를 도입했다. 사람들이 옛날의 방식에서 점점 자유로워지고 새로운 방식에 동요하고 있을 때 이 일이 일어난 것은 우연이 아니었다. 도시들은 부유했으며 쾌락과 축제에 몰두했고 광적으로 그들을 둘러싼 위험을 잊으려 했다. 가수들은 오늘날의 대중음악 스타처럼 '전능한' 존재였다. 부유한 여성들은 전통적인 자유를 확장시켰고, 아내는 노예나 다름없다는 어떤 암시도 거부하면서 결혼 전에 구애자에게 조건을 내걸었다. 예언자 무함마드의 사촌인 알리샤의 손녀였던 수카이나Sukayna는 그런 자유로운 정신을 갖고 있었다. 그녀는 베일도 쓰지 않았고, 남편에게 복종하지도 않았으며, 문학과 음악 살롱(살롱의 아랍어 마즐리스majlis는 '명사들의 모임'이라는 뜻이다)을 열었다. 부유한 젊은이들은 이곳에 몰려들어 금지된 술이나 나비드nabid라는 거부감이 덜한 약한 발효 음료를 마시며 시인과 가수들에게 귀 기울였다. 수카이나는 친구들과 함께 연애시로 유명한 시인 우마르 븐 아비 라비아Umar b. Abi Rabia를 밤에 사막에서 만나 새벽까지 감정에 관해 토론했다. 그의 노래는 무엇보다도 감정에 관한 것들이었다. "여자가 노래를 멀리하게 하라. 노래는 간통을 부르는 소환장이니"라는 속담도 있었다. 우마르는 동시에 여러 여자들에게 마음을 주었고, 떠나버린 여자 때문에 한숨 쉬는 법도 없었다. "아, 나에게는 얼마나 많은 여자친구들이 있었던가. 미워하지 않고 소중히 여기면서도 나는 그들을 떠나왔다." 이것이 이 여성들이 원했던 정열과 정확하게 일치한 것은 아니었다. 우마르의 시는 이들 여성의 불만으로 가득 차 있다. 더 흥미로운 삶을 만들고자 했던 이 여성들의 노력은 결국 그들의 삶을 더 슬프게 만들기도 한 것이다. 그러나 용기 때문에 예상치 못한 결과에 이르기도 하는 법이다. 그리고 예상할 수 없는 것을 기꺼이 만나려는 마음, 그것이 용기에 대한 정의다.

종교 축제에서 오직 탬버린 음악만이 허용되던 시기에, 이 메카와 메디나의 가수들은 기타의 조상격인 류트를 페르시아에서 들여왔다. 류트가 도발적인 악기라는 항의에도 불구하고 남편들은 자신들의 쾌락에 바빠 간섭하지 않았다. 그것은 마술과 같은 효력을 갖고 있었다. 가수들은 "눈에 띄게 아름다운 청년"들이었으며, 술을 마신다는 표시로 머리를 어깨까지 길게 늘어뜨렸다. 종종 귀족의 사생아로 의심받기도 했던 이들은, 집안에 대한 의무가 전혀 없는 해방된 노예였다. 이들은 늘 문제를 일으켰지만 이들을 숭배하는 여성들 덕분에 처벌을 면제받았다. 옛날 노래는 전쟁에 관한 것이었지만 이 가수들은 오직 사랑에 관해서만 노래했으며, 여성들은 자신의 감정을 보고 들을 수 있는 그런 서정 가요를 원했다. 가족이나 부족의 유대와는 다른 개인 사이의 애정을 찾는 일은 베두인족의 경우와 마찬가지로 다시 한번 외국의 도움을 통해 이루어졌다. 외국에서 들어온 낯선 멜로디는 이 대담한 행동을 신비로움으로 포장해 보호해주었다.

이븐 무리즈Ibn Muhriz라는 유명한 가수는 페르시아를 여행하면서 그곳의 음악과 세련된 사랑의 전통, '관능적 명상' 같은 것을 추구했고, 사랑할 줄 모르는 군주는 통치할 자격이 없다고 말했다. 그리고 시리아로 가서 그리스 음악을 연구했으며 과거 누구도 들어보지 못한 소리를 갖고 돌아왔다. 도시에는 새로운 것에 열광했고, 그 새로운 것은 낙타의 노래의 불규칙한 박자와 같은 그 옛날 베두인의 가락에 섞여 들어갔다.

유머 다음으로 외국 음악이 정열적인 사랑의 모델을 바꾸는 두 번째 요소가 되었다. 이후로도 여러 번 그랬고, 우리 시대에는 미국과 아프리카의 음악이 그렇다. 아랍의 사랑은 철학이 아니라 음악을 통해 프랑스의 음유시인들에게 전달되었다. 피레네 산맥의 양쪽에 있는 음악가들은 서로를 이해하고 있었다. 분위기는 이념보다 전염성이 강하기 때문이다. 음유시인troubadour이라는 말은 음악을 의미하는 아랍어 '타랍tarab'에서 유래했을 것이다.

남녀 관계를 고양시키는 데 전념했던 이 여성들의 자기 탐색은 결국 이슬람교의 경건함 때문에 침묵하게 되었고, 정열은 다시 다른 형태를 띠게 되었다. 번잡한 도시였던 바스라는 다음 세기에 메카, 메디나와 유사한 '어지러운 불확실성'의 시기를 경험했다. 여러 가치가 소용돌이에 휩싸였고, "경박한 쾌락에다 자유사상, 도덕적 해이가 더해져 감정의 고양을 낳았으며", "여성들 사이에서 신비스러운 경험들이 관찰되었다."

또 다른 이단자가 의심의 눈길에 대처하기 위해 사랑을 이용했다. 바샤르 이븐 버드Bashar Ibn Burd가 가장 유명했다. 그는 성난 젊은이였고, 노년에는 더욱 분노했다. 페르시아 출신의 타고난 시인이었던 그는 아랍인들 사이에서 편치 못했다. 그는 자신이 제대로 평가받지 못하고 있다고 생각했고, 결국 칼리프의 신경에 거슬린 죄로 태형을 선고받고서 죽었다. 세상과 세상의 방식을 경멸하고, 어떤 도덕이나 종교도 인정하지 않고, 권위를 부정하고, 물질주의와 절대적 구원의 추구 사이에서 갈등했던 그는 거침없는 풍자를 통해 앙갚음했다. 그는 시에서도 경쟁자들에게 자신이 그들을 어떻게 생각하고 있는지에 대해 밝히기를 두려워하지 않았다.

너 발정 난 짐승의 자식. 너
고름투성이의 더럽고 천한 건달.

그의 주변에서 여러 이단적 교파들이 거의 모든 것에 대해 의문을 제기했다. 예를 들어 무타질라파('가까이하지 말라'는 뜻)는 누구도 전적으로 옳다거나 그르다고 할 수 없다고 주장하며 독단론에 반대해 '두 입장 사이의 입장'을 지지했고, 자유의지를 옹호했다. 그러나 한 가지, 정열만은 피할 수 없는 자연적 또는 우주적 힘이라고 그들은 확신했다. 이런 환멸의 분위기 속에서 사랑의 정열은 지상의 가치로 드높여졌다. 바스하르는 어떤 특정한 여인에 대한 사랑이 아니라 보편적인 사랑을 통한 궁극적인 구원을 찬양하면서, 사랑의 온갖 장애물들에 대해 저항할 것을 노래했다. 저항 그 자체가 그에게는 가장 매력적이었다. 그는 또한 자신의 위선을 조롱했다. "나는 거짓말을 하도 많이 해서 이제 진실을 말할 권리를 갖게 되었다." 정열적인 사랑은 반역의 깃발이 되었다.

바스라의 유명한 시인인 알압바스 이븐 알아네프Al Abbas Ibn Al Ahnef는, 마치 연인들이 자학에 몰두하는 비밀 집단이라도 되는 듯 "사랑의 정열을 느끼지 못하는 사람에게 선善이란 있을 수 없다"라고 선언했다. 바그다드의 하룬 알라시드Harun al-Rashid의 궁정으로 옮겨간 후 그는 대단한 인기를 얻었으며, 그곳에서 그의 시는 노래로 만들어졌다. 불행하게도 노예 소녀와 사랑에 빠졌던 칼리프는, 이론적으로는 무엇이든 그녀에게 요구할 수 있었지만, 아직도 자신의 전능한 권력이 미치지 못하는 게 있다고 느꼈다. 알압바스는 정열이란 이룰 수 없는 것을 향한 갈망이라고 설명해주었다. 정열의 대상이 정열의 진정한 목적은 아니었다. 사랑이란 자기 내부에 있는 취약점의 표시이며, 따라서 결코 충족할 수 없는 것이었다. 알압바스는 사랑하는 사람이 자신의 힘이 미치지 못하는 곳에 있을 때 가장 행복하다고 말하면서, 불행하고 순결하고 역설적인 사랑에 대해 노래했다. 사랑과 섹스는 분리되었다. "이루지 못하는데도 사랑하고, 또 순결을 지키는 사람은 순교자다." 여성을 이상화했다고 실제 여성에 대한 대우가 개선된 것은 물론 아니었다. 여성에 대한 이상화는 오히려 실제 여성에 대한 절망의 표현이다.

사랑의 의미에 관한 형이상학적 토론에는 전혀 취미가 없고, 단지 고통을 잊고 쾌락을 즐기고 싶어 하는 세속적인 남자들은 당연히 그들의 욕망을 위한 좀 더 실용적인 대안을 필요로 했다. 그들의 바람은 행복한 결말이지, 치유하기 힘든 극단적인 정열로 인한 불행이나 그 정열의 노예가 되는 것이 아니었다. 그들의 애정은, 그들에게 어떤 지위를 부여해주는 공동체에 대한 의무와 모순되지 않아야 했다. 그래서 그들은 사랑하는 사람의 개성에 대해 너무 자세하게 아는 것을 원하지 않았다. 아부 알파라즈 알이스바하니Abu al-Faraj al-Isbahani(?~967)가 편찬한 《키타브알아가니Kitab al-Aghani》는 아라비아의 시인과 음악가들의 시와 노래를 모아놓은 저술로서 이런 태도를 표현했다. 그는 오늘날의 제트족(제트비행기를 타고 세계를 여행하는 상류층—옮긴이)의 선구자였으며, 유머 감각으로 유명했고, 온갖 국적의 사람들과 어울리며 상류 사회의 주변에서 맴돌았다. 그는 늘 여행했는데, 여행할 때면 언제나 젊은 청년과 동행했다. 그는 여성이 종속적인 역할만 하도록 방치함으로써 사랑으로 인한 슬픔, 비극, 근심 따위에서 벗어나는 법을 보여주었다. 사랑을 길들여 해롭지 않게 만든 후, 훗날 그것을 향수nostalgia처럼 떠벌리며 자랑하는 법을 보여주었던 것이다.

그러나 그런 피상적이고 편한 관계에 이끌리지 않는 이 세상의 남성을 위해 코르도바의 이븐 하즘(994~1064)은 다른 대안을 제공했다. 사랑에 관한 그의 논문이라 할 《비둘기의 목걸이The Ring of the Dove》는 모든 것이 잘못되어버린 인생의 극단을 보여준다. 망명자 신세가 되고 배신당하고 억압당하고 빼앗기고 절망에 빠진 그는 "그보다 더한 운명의 타격"이 다가오기를 여전히 기다리고 있다고 불평했다. 이와 같은 이슬람의 지배 아래 있던 스페인 사회의 속성은 '자기파괴적'이라고 그는 믿었다. 사랑에 대한 새로운 태도가 그의 해결책 가운데 하나였다. 그는 단지 찬양하기 위해 사랑에 대해 쓰지 않았다. 몇 년에 걸쳐 세 번 사랑에 빠진 뒤 자신과 같은 공적인 인물—그는 칼리프 치하에서 대신을 역임했고 학자였다 — 에게는 어울리지 않는 일임을 알았지만, 자신의 개인적인 경험을 분석한 책을 썼다. 사랑은 삶을 새롭게 하고, 탐욕스러운 사람은 너그럽게, 상스러운 사람은 우아하게, 어리석은 사람은 지혜롭게 만들며, 마법처럼 단점을 재능으로 변모시킨다고, 그래서 누구나 사랑받기를 소망한다고 그는 말했다. 이 세상에서 사랑에 빠진 두 사람보다 더 큰 기쁨을 주는 것은 없다. 그는 성관계를 사랑에 없어서는 안 될 한 부분으로서 "사랑의 조류가 자유롭게 영혼 속으로 흘러 들어가도록 그 통로를 완성하는 것"이라고 찬양했다.

그러나 이븐 하즘의 독창적인 점은 사랑이 개인적인 위안이나 신경 안정제 이상이기 때문에 중요하다는 믿음이었다. 그는 새로운 방식을 통해 사랑을 인생의 중심적인 경험으로 만들기를 원했다. 사람들은 보통 사랑의 말을 하나의 가면으로, 즉 자신이 아닌 다른 모습으로 가장하기 위해 사용하지만, 사랑은 서로의 진정한 모습을 드러내주는 거울이 될 수도 있다는 것이다. 사랑의 말과 행동이 가진 의미를 사람들이 이해하도록 돕는 것이 그의 저술 목적이었다. 그는 또한 본래 단순한 문장인데도 마치 신비스러운 의미가 있는 양 해석하는 전통에 반대하면서, 의미는 간결하고 명료해야 한다고 생각했다. 그 자신도 전문가였지만 그는 전문가를 불신했다. 분명한 의사전달이 그의 처방이었다. 진실은 가능한 한 단순하게 이해되어야 하며 신학자의 지나치게 미묘한 해설은 무시하라고 조언했다. 사람들이 영악함으로 스스로를 곤경에 빠뜨리는 것은 잘못된 일이다. 비록 감상적인 순간에는 사랑을 "진정 행복한 병, 진정 바람직한 고통"이라고 표현했지만, 그는 사랑을 자기 탐색으로 보았고 또 그런 것이기를 바랐다. 그는 여성들이 자신을 길렀으며, 여성들의 생각에 흥미를 느꼈다고 말했다. 첫사랑이었던 금발의 노예를 진정 잊지 못해서 그는 금발의 여인만 사랑할 수밖에 없었다. 그러나 "오랜 교제와 대화 후"에 다른 여인에게 흥미를 가질 수 있게 되었다. 여성의 영혼을 이해하기 위해 관심을 기울이는 것은 대부분의 남성이 늘 닫혀 있기 바라던 문을 여는 것이다.

그는 이슬람 교리를 단순하고 명료하게 해석하고자 했던 자히리파에 속했다. 바그다드의 유명한 궁정 시인이자 연애시 선집인《꽃의 노래kitab az-zahra》의 저자였던 이븐 다우드Ibn Daud(?~909)는 이 분파의 창시자인 이스파한 다우드Daud of Isfahan의 아들이었다. 또 다른 자히리파 교도였던 이븐 아라비Ibn Arabi(1165~1240)는 스페인에서 태어난 사람으로 가장 영향력 있는 이슬람 사상가 가운데 한 명이었다. 그 또한 몇몇 주목할 만한 여성들로부터 많은 영향을 받았다고 말했다. 그는《그리움의 해석The Interpretation of Longings》이라는 저술에서 사랑을 통해 얻은 이해심의 극한을 보여준다.

내 마음은 모든 바람에 열려 있다.

내 마음은 양의 초원

기독교 수도사의 고향,

성상을 모시는 사원,

메카를 향해 가는 순례자의 흑석,

율법서를 위한 탁자,

그리고 신성한 코란.

나의 종교는 사랑을 섬긴다.

신의 대상caravan이 향하는 어느 곳에서나

사랑의 종교는

나의 종교

나의 신앙이리니.

정열은 아직 닦아야 할 기술이고, 사랑은 끝나지 않은 혁명이다

지금까지 비교적 짧은 시간에 이 세상의 한 지역에서 발달한 아주 분명하게 구별되는 다섯 가지 정열적인 사랑을 살펴보았다. 성적 욕망, 감정, 환상, 본능이라고 불리는 모든 것은 의심할 바 없이 천 가지 이상의 방식으로 결합되어 있다. 그리고 다만 한순간일지라도 그 사랑이 자기확신을 갖게 되면 사랑은 개인적인 비밀이 아니라 대중적인 힘이 된다.

그런 까닭에 이 모든 것을 촉발했던 장난은 단순한 웃음 이상의 의의를 지니고 있다. 놀이는 의무와 필연으로부터의 일시적인 해방을 의미한다. 그것은 자발적으로 위험을 감수하는 것이고, 또 결과를 알 수 없기 때문에 흥분되는 것이다. 그런 놀이는 또 다른 가능성을 스스로 의식하며 누리는 기쁨이고, 어떤 승리도 영구적일 수 없다는 사실을 이해하는 것이다. '이기다'라는 동사 'win'이 '소망하다'라는 뜻을 가진 인도유럽어족의 'wen'에서 유래했고, '지다'라는 동사 'lose'가 '자유롭게 하다'라는 뜻의 'los'에서 유래한 것이 우연일까? 스페인어에서 '이기다'라는 의미의 'ganar'는 고트어 'ganan'

에서 유래했는데, '탐내다'라는 뜻이다. '지다'라는 뜻의 스페인어 'perder'는 라틴어 'perdere'에서 왔는데 본래는 '완전히 주다'라는 의미였다. 이상적인 여성을 소유하기 위해서가 아니라 지기 위해 사랑싸움을 했던 궁정의 멋쟁이들은, 사업이나 전쟁은 소유와 관련된 무미건조한 일이지만 사랑에서는 놀이가 가장 중요하다는 점을 알고 있었다. 흔쾌하게 놀이에 참여하는 것은 창조성을 키우는 조건 가운데 하나다. 사랑은 결코 창조성과 뗄 수 없는 것으로 창조성에서 뻗어나간 가지라고 할 수 있다.

다섯 가지 이야기 모두에는 이방인이 등장한다. 이것은 놀라운 일이 아니다. 사랑은 언제나 낯선 것, 독특한 것, 다른 누구와도 비슷하지 않은 사람에 대한 사랑이고, 따라서 두려움을 친숙함으로 바꾸어놓는다. 과거에 연인들은 외로움을 가장 두려워했다. 그러나 지금은 정적인 관계 안에 갇히는 것이 더 큰 걱정거리가 되었다. 새로운 경험, 미지의 것, 낯선 사람들에 대한 갈증은 지금이 그 어느 때보다 더하다. 그래서 두 명의 추방자가 결합해 만든 안전하고 자족적인 가정만으로는 충분치 않게 되었다. 더 광범위한 창조성이 현대의 유혹이다. 놀이와 마찬가지로 낯선 것에 대한 매혹은 창조성으로의 일보 전진이다.

역사적으로 안정이 자유보다 더 높게 평가되면서 사랑은 개인과 사회의 안정을 위협하는 것으로 여겨졌다. 1950년대에도 미국의 약혼한 남녀 가운데 겨우 4분의 1만이 정신없이 사랑에 빠져 있다고 말했고, 프랑스에서는 3분의 1이 안 되는 여성만이 멋진 사랑을 경험했다고 주장했다. 40년이 지난 후 프랑스 여성의 절반이 파트너가 낭만적이지 않다고 불평하며, 최소한 '사랑한다'는 말만이라도 더 자주 해주길 바란다. 현대 생활에서는 과거보다 열정적인 사랑이 더 어렵다는 것이 그들의 일반적인 견해이지만, 사랑의 황금기는 존재한 적이 없었다. 절망에 빠진 많은 이들이 사람보다 동물이나 운동에 더 애착을 느낀다고 말한다. 러시아에서 글라스노스트(개방)가 동틀 무렵, 심지어 갓 결혼한 사람들조차 결혼한 열여덟 가지 이유 가운데 사랑을 다섯 번째로 꼽았다. 정열은 아직 닦아야 할 기술이고, 사랑은 끝나지 않은 혁명이다.

약 10세기 동안 유럽은 아랍의 사랑 가운데 주로 두 가지 곡조를 되풀이해왔다. 여성의 이상화와 연인 사이의 영혼의 결합. 그러나 두 가지 모두 실제 모습 그대로 배우자를 이해하기를 바라고, 또 배우자가 어느 정도 독립적인 존재로 남아 있기를 바라는 사람들의 갈망을 충족시킬 수 없었다. 이상화는 한때 애정의 덧없음에 대한 기사도적인 해답으로 보였고, 영혼의 결합은 외로움에 대한 낭만적인 해결책을 제공했다. 이 세계가 죄의식이나 치욕 또는 인간은 불완전한 존재로 신적인 완전함에 이를 수 없다는 끊임없는 불평에 의해 지배되는 과대망상증에 걸린 역사의 한 시기를 통과하고 있었기 때문에, 이상화나 영혼의 결합 모두에 사랑은 한 가지 치유책으로 이용되었다. 사랑은 그저 기분을 좀 더 낫게 해주는 민간 처방의 역할만을 했을 뿐이다. 몇 세기에 걸쳐 정열에 대한 실험이 진행되었지만, 사랑은 여전히 덧없고 외로움은 더 커졌다.

부모님의 생각과는 다른 사랑을 추구한다고 해서 망다린의 선택이 '낭만적' 사랑에 제한되어 있는 것은 아니다. 그녀처럼 교육 받은 여학생들을 대상으로 설문 조사를 해본 사회학자들은, 냉소주의를 피하려는 그들의 소망, 단순한 만족이나 때때로 입맛을 돋우는 성적 양념이 가미된 평범하게 균형 잡힌 생활 이상의 그 무엇을 향한 그들의 갈망을 표현하는 데 '낭만적 사랑' 이외의 좀 더 적절한 말을 찾지 못하고 있다. 그러나 이 소녀들이 "우리는 삶을 더 아름답게 만들고 싶다"거나 사랑은 하나의 기술이라고 말할 때, 이들이 복제 기술에 흥미를 느끼지 않고 있음은 분명하다. 과거의 끔찍한 현실을 알게 되면 과거의 재현은 의미가 없다. 그들은 새로운 사랑의 기술을 창조하기를 원한다. 그리고 그것이 가능함을 보여주는 많은 선례가 있다.

그러나 모든 발명에는 새로운 요소들이 필요하고, 낡은 요소들은 폐기되어야 한다. 자신들 이외에는 의지할 사람이 아무도 없다는 식의 연인들의 생각은 쓰레기통에 버려야 할 가장 낡은 사고가 되었다. 그것은 현대 사회에서는 누구나 필연적으로 외롭다는 생각만큼이나 근거 없는 것이다. 이제 소년과 소녀들이 과거에는 생각할 수 없었던 그런 학교에서 함께 교육 받고 우정을 나누고 있는 까닭에, 사랑은 다른 모습을 띠게 되었다. 그 구체적인 모습은 다른 정열의 가능성들을 차례차례 살펴봄으로써 더욱 분명하게 드러날 것이다.

섹스보다 조리법이
더 발달한 이유

욕망을 새로이 보려면
식탁과 침대에서 사람들이 원하는 것을
전체적으로 고려해야 한다.

프랑스 수녀들이 운영하는 학교에 다니고, 집에는 예절을 가르치는 프랑스인 가정교사가 있고, 세련된 발음을 위해 프랑스인 가정에서 방학을 보내는 스페인 소녀에게는 무슨 일이 일어날까? 그녀는 길거리에서 눈에 띄지 않을 수 없는 그런 사람이 된다. 알리시아 이바르스는 언제나 감탄을 불러일으키는 옷을 입는다. 그러나 그 옷은 파리의 최신 유행이 아니라 그녀만의 독특한 스타일이다.

젊었을 때 그녀는 프랑스와 독일의 철학에 심취했고, 앙리 베르그송, 가스통 바슐라르, 피셔Fischer, 시바Chiva, 칼베Calve를 숭배하던 활력론자vitalist(우주는 초경험적인 생명력의 운동에 의해 창조, 유지, 진화된다는 학설의 주창자들─옮긴이)였다. 이 사실이 그녀의 인생에 어떤 영향을 미쳤을까? 최종적으로 그녀는 올리브유에 관한 세계적인 권위자가 되었다. 그녀의 이야기는 우리 삶에서 필연적이거나 예상할 수 있는 일은 전혀 없다는 것을 보여준다.

따로따로 디자인된 독특한 옷을 입고, 수줍음과 노출증이 결합되어 있는 것 같은 알리시아는 게이샤 같은 사람이 되기 위해 노력하는 중이다. 대단히 지적인 여성이지만 자신의 그 어떤 면보다도 관능적 즐거움을 개발하고 싶어 한다. 오랫동안 철학 수업을 들었지만 그녀는 "나는 누구인가?"라는 질문 속에서 길을 잃는 대신, 남들에게 상냥하게 보이는 데 골몰했다. 게이샤는 물론 플레이보이 클럽의 버니걸과는 전혀 다르다. 게이샤가 감탄을 자아내는 것은 젊음의 아름다움이 아니라 가장 오래된 직업보다도 더 오래된 재주 때문이다. 그것은 원하는 모든 것을 다 가질 수 없다는 사실을 남성들이 받아들이도록 의식을 행하는 여자 사제의 재주와 흡사한 것이다.

선생에게서 배우는 것과 실제 영혼 속으로 흡수되는 것 사이에는 큰 차이가 있다. 어린 시절부터 간직해온 알리시아의 한 가지 특성은 내향성이다. 스무 살 되던 해 한 남자로부터 갑자기 사랑 고백을 받을 때까지, 그녀는 그가 자신에게 관심이 있다는 것도 눈치채지 못했다. 그녀는 여학교만 다녔고 집에 남자라고는 아버지뿐이었다. 세 자매와 할머니, 두 명의 가정부와 남자보다는 자연을 더 사랑하는 어머니. 그녀의 세계에는 남자가 들어온 적이 없었고 그녀는 남자 없이 즐겁게 사는 법을 배웠다. 생애 최초의 남자(그는 편지에 "감정을 표현하려고 애썼지만 당신은 전혀 눈치채지 못했습니다"라고 썼다)에 대한 그녀의 답장은 몰랐던 사실을 알게 해준 데 대한 '감사의 표시'로 그와 사랑에 빠지는 것이었다. 외향적인 사람인 척 가장하면서 내향성과 싸우는 동안 그녀는 실제로 외향적인 사람이 되었다. 수줍은 사람의 인생은 호기심에 이끌려 사는 사람, "반은 거칠고 반은 예의 바른", 그런 사람의 인생만큼 흥미롭지 못하다고 그녀는 결론 내렸다.

누구와 사랑에 빠지는지는 그렇게 중요하지 않다고 그녀는 믿는다. 사랑하는 사람에게서 사랑받기를 원하는 것은 잘못이다. 사랑의 분배에는 어느 한 개인의 좌절된 사랑을 고려하지 않는 '우주적 정의'가 있다. 사랑은 언제나 훌륭한 투자다. 사랑을 준 사람에게서 사랑을 돌려받지 못할지도 모르지만 그 사람이 아닌 다른 누군가에게서라도 받을 수 있는 법이다. 많이 주면 많이 받게 된다. 사람들이 사랑을 주는 데 주저하고 특정한 사람에게서만 사랑받기를 원하고 그래서 그 기회를 제한한다면, 자신에 대해 편협한 이미지를 가지게 되고 결국 어떤 유형의 인간으로 굳어버리기 때문에 사랑의 장부에 결손이 생기게 된다. 그렇게 되면 예상하지 못했던 연인이 나타나 자신에게서 놀라운 면을 발견하는 일도 일어나지 않는다.

그래서 알리시아는 가능한 한 '유동적인' 성격을 가지기 위해 노력했다. 그녀의 종교는 '일상생활 예찬'이다. "난 사람들이 자신이 가진 광적인 열정이나 온갖 심리적 부담, 스스로 정한 제약들은 말할 것도 없고 과거의 역할이나 앞으로 예상되는 역할까지도 바꿀 수 있다고 믿어요." 그녀의 영어는 완벽하지 않지만 실망할 필요는 없다. 그녀는 흠 잡을 데 없이 완벽한 하나의 언어보다는 네 개의 언어로 그럭저럭 의사소통을 하면서 자신의 영역을 더 넓혀가기를 원한다.

자신의 성격을 강박적으로 분석하다 보면 정신병자가 될지도 모른다. 단점에 대해 신경 쓰지 말고 열등감에 대해 더 이상 한탄하지 말고, 할 수 있거나 할 수 없는 것 또는 좋아하거나 갈망하는 것에 대해 속속들이 늘어놓지 말아야 한다. 한 사람 한 사람과의 만남을 각각 별개의 행사로 대해야 한다. "게이샤는 늘 자신의 필요를 떠나 즐거움을 줄 준비가 되어 있죠." 개인적인 야심이나 자신에 대한 기대를 집어치우라. 무엇보다도 자신을 위한 게이샤가 됨으로써 게이샤가 되는 법을 배우라. 자신의 몸을 잘 돌보고, 혼자 있을 때도 마치 자신에게 한 턱 내는 양 근사한 요리를 해먹어라. 시와 음악을 섭취함으로써 영혼을 돌보라. 욕망에 대해 지나치게 엄격한 태도를 버려

라. 자신을 평생 떠다니면서 계속 분열하는 아메바로 생각하라. 정체성을 잃어버릴까 봐 두려워하지 마라. 아메바가 아니라면 자신을 수집해놓은 전구라고 생각하라. 모든 전류를 한 전구에 흐르게 해서는 안 된다. 그러면 전구는 폭발한다. 에너지가 자신의 다양한 면으로 자유롭게 흘러 다니도록 놔두라. 정체성이 느슨할수록, 더 열려 있을수록, 한계가 없을수록 더 좋다. 자신의 감정을 산뜻하게 가꾸어야 하는 정원이라고 생각하라. 너그럽게 대하라. 그러면 내면의 새로운 재능들이 자극받고 새로운 생각을 가지게 된다. '자연의 법칙'을 따르라. 모든 것이 자신에게 달려 있다.

이런 믿음을 가지고 있었기에 아무리 괴짜 교수라 해도 알리시아는 대학 교수로서의 삶에 만족할 수 없었다. 그녀는 레스토랑을 열었다. 처음에는 일주일에 3일 요리하고 3일은 대학에서 강의했다. 그러다가 학계에서 은퇴하고 모든 정력을 '기쁨의 정원'에 쏟아부었다. 이 레스토랑은 그녀의 극장이었다. 매일 문이 열리면 무엇으로든 손님들에게 놀라움을 주어야 했다. "사람들이 옷을 잘 차려 입고 오는 게 너무 감사했어요. 나도 늘 새로운 옷을 입으려 노력했죠." 옷과 관련한 그녀의 창의력은 비범하다. 기괴하고 초현실주의적인 분위기를 살짝 가미함으로써 그녀는 언제나 배우가 된다. 손님들이 그녀에게 주방에서 나오라고 요구하면 그녀는 등장하기 전에 언제나 옷을 갈아입었다. 이것은 의례적인 하루 두 번 옷 갈아입기와는 질적으로 다른 것이었다. 사람들은 자신이 무엇을 원하는지 정확하게 모른다. 스스로를 환상의 전문가이자 막연한 갈망을 고도의 상징으로 포장해 내놓는 '요리 번역사culinary interpreter'로 내세우면서, 사람들에게 그들 자신의 욕망을 보여주는 일이 알리시아의 기뺨이었다. "게이샤 요리사는 세심하고 때때로 침묵을 지키지만 남들에게 헌신적이고 신비스럽고 환희에 차 있는 미니멀리스트이자 의식의 전문가이자 심미주의자예요." 야릇한 파티를 열어 평상시와는 다른 분위기를 연출하고, 사람들이 "다르게 느끼도록" 만드는 것이 그녀의 전문이었다. 식민지 이집트를 배경으로 한 에드워드 7세(1841~1910) 시대를 연상케 하는 찬란함, 횃불로 빛나는 정원, 아가씨가 목욕하는 분수대, 이국적인 과일과 색채를 배경으로 한 포도주, 아랍 음식 등등.

그녀는 "엄밀한 의미에서" 히피였던 적도 없고, "호전성을 제외한 기본적인 입장은 공유하지만" 페미니스트였던 적도 없다. 그러나 대학 안팎에서 여러 정치 조직에 참여했기 때문에 "많은 다른 동지들과 장기간에 걸쳐 아주 친밀한 관계를 맺을 수 있었고 또 섹스도 나눌 수" 있었다. 그녀는 스물여덟 살이 될 때까지 결혼하지 않았다. 그러다 결혼하기 위해 한 남자를 선택했다. 그때부터 그녀는 자기가 그에게 어울리는 배우자이며, 비록 자신이 "그가 생각하는 완벽한 이상형은 아니더라도" 편안한 독신생활을 청산해야 한다고 그 남자를 설득하기 시작했다. 그렇게 결혼하는 데 꼬박 5년이 걸렸다. 그녀의 말에 따르면 파코는 이 세상에서 유일하게 "100퍼센트 마음에 드는" 남자다.

그러나 결혼한 지 10년 만에 그녀는 그를 떠났다. 1968년 5월 파리에서 불의 세례를 받은, 매력적인 보헤미안 기질의 한 연극인이 그녀의 레스토랑을 자주 찾았다. "가서 나하고 낮잠이나 잡시다." 그가 말했다. 그녀는 그를 찾아가기 시작했다. 그들은 시골로 가서 사랑을 나누었다. "그것은 낙원이었어요." 그녀는 그때까지 그런 열정을 경험해보지 못했다. "인생 최대의 갈등"이 뒤따랐다. 알리시아는 파코에게 "상황을 분명히 할 필요가 있다"라고 말했다. 새로운 연인이 그녀에게 주는 경험을 거부한다면 그것은 그녀의 인격 전체의 폭을 좁히는 일이었다. 그래서 그녀는 10개월 동안 정열을 맛보았다. 그리고 연인이 "완전히 마음에 드는 것은 아니"라고 결론짓고 다시 파코에게 돌아갔다. 신중하고 예의 바르고 우아하고 학자적 초연함을 완벽하게 갖춘 파코였지만, 자신의 모든 냉철함에도 불구하고 상처를 받지 않을 수 없었다. 그러나 그들은 재결합했다. "파코는 그일에 대해 단 한 번도 언급한 적이 없어요." 그녀의 결혼생활은 오히려 더 굳건해졌다. 파코에 대한 그녀의 경탄은 끝이 없다. "그는 절대로 화를 내는 법이 없어요."

그래도 파코는 "저의 일부만을 알 뿐이에요. 우리는 일종의 신비감을 유지하기 위해 너무 친해지려고 하지 않죠. 너무 많이 알게 되면 갇히게 되니까요." 서로의 영혼을 너무 깊이 파고들지 않는 것이 결혼을 유지하는 비결이다. 지나치게 직접적으로 말하지 않고 상처를 주지 않도록 서로 조심해야 한다. 속마음을 털어놓고 싶다면 다른 사람을 찾아야 한다. 알리시아는 그런 사람을 찾았다. 그는 남편의 친구인데 교부신학의 전문가로서 "여성을 혐오하는 독신이지만 동성애자는 아니다." 그는 정말 '정신적인 사람'이다. 알리시아는 그와 함께 시골로 피크닉을 간다. "그와 무슨 이야기든지 할 수 있어요. 우리는 서로 영감을 주고받아요. 그는 내 주장의 세세한 점까지 이해해요." 둘 사이에 섹스는 없다.

섹스는 별개의 문제이고 전혀 다른 일이다. "지나친 친밀감이나 신뢰감으로 섹스를 망쳐서는 안 돼요. 그렇게 되면 섹스의 노예가 돼요." 그렇다고 알리시아가 친밀감을 피하고 싶어 하는 것은 아니다. "어떤 사람과도 친밀한 관계를 두려워한 적은 없어요. 저는 정신적인 경험을 즐겨왔지만 나 자신의 더 깊은 자아나 내 몸과의 접촉이 끊어질까 겁을 낸 적도 없어요. 내가 원하는 친밀감을 주는 멜로디, 리듬, 냄새, 애무 등을 알고 있죠." 섹스는 그래서 요리에 비유된다. 둘 다 기분 좋은 '친밀한 느낌'을 불러일으키고, 다른 사람에게도 그런 느낌을 줄 수 있다.

그녀는 우선 '순수 섹스'를 구별한다. 젊어서 그녀는 '성애에 도통한 사람'과 순수 섹스를 나누었다. 그녀는 그와 "풍부한 실례를 들어가며 성애의 극치를 달리는 편지"를 주고받았다. 그리고 "그들의 모든 판타지를 실현"하기 위해 1년에 두세 번 그를 찾아갔다. 그녀는 그것을 정서적 사치라고 불렀다. 우정과 결합된 섹스는 이와 달리 참으로 멋진 결합이다. 그녀가 "일종의 자극제로서 섹스를 거부"하지는 않겠지만 섹스가 우정이 되는 경우는 드물다. 섹스와 사랑을 혼동하면 갈등이 뒤따르거나 아니면 결혼이다.

세월이 흐르면서 성생활의 빈도와 다양성도 줄어들었다. 친구들은 이제 많은 것을 요구하지 않는다. 시간도 적어지고 공간도 적어진다. 연하는 그녀의 취향이 아니다. 그녀 또래나 조금 더 나이를 먹은 사람들은 "싸우기 좋아하고 소유욕이 강하고 야심이 많고 정신적으로 문제가 있고 쉬거나 놀지를 못해요." 다양한 성생활을 누리는 것은 "환상적이죠. 그것 때문에 사람은 인생과 사랑에 빠지게 되죠." 과거의 연인들도 그녀의 "사랑하는 방식에 동화되어" 영원히 그녀와 함께 남아 있다. 그리워하지는 않지만 그녀는 아직도 그들을 사랑한다. 과거의 사랑을 회상하는 것, 마음의 눈으로 그 사랑을 다시 보는 것은 흥미롭기도 하고 실제로 사랑에 빠진 것처럼 여겨지기도 한다.

그녀는 성과 관련해 어떤 한계가 있어야 할 이유가 없다고 생각한다. "난 아직 그쪽 취향에서 한계를 보지 못했어요." 집단 성교나 여성 동성애에는 별로 끌리지 않는다. 그러나 그녀의 가게에 왔던 한 외국 여성에게 "대단한 매력을 느꼈던" 일을 기억하고 있다. "그녀와 같이 놀고 즐길 수도 있었을 거예요. 그녀는 그 즈음에 혼자가 되었거든요. 그녀에게는 진정 사랑이 필요했는데 그녀는 말할 수 없이 멋져 보였죠. 우리는 텔레파시를 통해 섹스를 나누었어요." 별 매력을 느끼지 못하는 다른 형태의 섹스도 있다. 예를 들면 "의존적이고 별로 요구도 없는 부드러운 남자, 흡혈귀, 그리고 집에 돌아가면 아내가 슬리퍼와 얼음 넣은 위스키를 가져다주리라고 기대하는 남편. 생각만 해도 끔찍하죠."

파코는 결코 소유하려 하지 않으면서 늘 상대를 존중해주고 행복해하고 재미있고 무엇보다도 "지나치게 눈에 띄지 않기" 때문에 이상적인 남자다. 그의 위대한 장점은 견고한 독립심이다. "우리는 여가 시간을 함께 보내기도 하고 안 그러기도 해요. 함께 외출할 때도 있고 따로따로 나갈 때도 있어요."

"어려서부터 저는 감각적 즐거움에 대한 훈련을 받았어요. 1년에 넉 달을 천국과 같은 자연(그 집은 지금도 정말 크고 아름답지만 그 주변 환경은 모두 파괴되었다) 속에서 살았죠. 무화과나무, 아몬드나무, 올리브나무가 있고, 포도와 토마토가 있고, 바다와 자유가 있었어요. 가족과 친구도 있었죠. 감각적 즐거움을 찾는 나날들이었어요." 만약 사막으로 유배를 떠난다면 그녀는 칼을 가지고 갈 것이다. "나무에 글자를 새기고, 짐승을 죽여서 그 피를 마시고, 고기를 먹고, 외딴 집에서 정사를 나누기 위해 오두막을 지어야지요."

알리시아의 모든 야심은 개인적이다. 세계를 바꾸는 데는 흥미가 없다. 파코의 행복 이외에는 어떤 특정한 목표가 없다. "동양식의 완벽에 이르고 싶은 소망"이 유일한데, 그것은 자신의 잠재력을 개발한다는 의미다. 명성이란 애써 얻을 가치가 있긴 하지만, 오로지 흥미로운 사람들을 만날 기회가 더 많아지기 때문에 필요한 것이지 그밖에 다른 목적은 없다. 돈은 기회를 넓히는 데 유용하지만 위험하다. 부자들은 다른 부자들만 만나는 경향이 있고, 늘 똑같은 일만 하면서 순모로 만든 드레스를 걱정해야 하기 때문이다. 직업적인 성공도 전부는 아니다. 그것은 흔히 아무 희망도 없는 사생활과 결합되어 있다. 5년 동안 "자비로운 수녀처럼, 때로는 배의 선장처럼" 레스토랑을 경영하면서 그녀는 대단한 성취감을 느꼈다. 그러나 아직 부족한 부분이 있다.

최근 파코가 병이 났을 때―다행히 그는 완전히 회복되었다―그녀는 생각했다. 그가 죽으면 어떻게 하지? 사무실에서 하는 일은 절대로 하지 않을 것이다. 그녀는 손님을 아주 적게 받으며 그들을 돌봐줄 것이다. 가난은 걱정이 아니다. 사색하며 사생활을 누리는 즐거움이 가난 때문에 망가질 리는 없다. 외로움도 두렵지 않다. 그녀의 화려한 사교성의 이면에는 자신만의 정신세계에 몰두하는 내향성이 있다. 늘 웃는 남자가 종종 비참한 것처럼 파티를 즐기는 사람이 종종 외로움을 탄다. 알리시아는 자기가 외로운 사람이라고 말한다. 집 창문을 통해 마드리드 주변의 시골 풍경을 바라보며 그녀는 자연이 인간에게 철저히 무관심하다고 느낀다. 그래서 그녀는 자연을 자신의 모델로 삼았다. 근심 걱정에 대해 무관심할 필요, 자신으로부터 초연할 필요가 있다. 그러나 홀로 있음이 반드시 고립을 의미하지는 않는다. 그녀는 고립되어 있지 않다. 때로는 친구들과 외출도 하고 극장에도 가고 홀로 있기도 한다. 사교성이란 그녀에게 일종의 언어다. 연습을 하면 할수록 사람들과 나누는 의사소통도 더 풍부해진다. 그녀는 어릴 때 머리카락을 스스로 자르는 법을 배운 이래 미용실에 가본 적이 없다. 그것이 그녀의 독립성의 표시다. 그녀의 헤어스타일은 늘 이국적이고 누구와도 비슷하지 않다.

대포와 폭탄보다는 포크와 스푼이
사람들을 화해시키는 데 더 공헌했다

성도착의 권위자이자 빈 시절 프로이트의 동료였던 크라프트-에빙Krafft-Ebing은 배고픔과 사랑이 이 세상 모든 일을 지배한다고 말했다. 그러나 두 사람은 배고픔에 대해서는 잊어버리고 사랑의 고통에만 집중했다. 그것은 불운한 일이었다. 쾌락의 추구에 있어서 섹스와 음식과 술은 분리될 수 없기 때문이다. 성과학sexology이 독립적인 과학 분야로 정착하지 않고 지식 추구가 다른 방식으로 이루어졌다면, 쾌락에 대한 모든 형태의 정열을 총체적으로 연구하는 행복학 교수가 있었다면 두 사람과는 다른 견해가 등장했을 것이다. 성적 충동은 폭군이 아니며 그 충동에 불복하는 일은 흔히 있었다. 취향taste은 불변이 아니다. 욕망을 새로이 보려면 식탁과 침대에서 사람들이 원하는 것을 전체적으로 고려해야 한다.

미식gastronomy은 행복의 창조에 음식을 이용하는 기술이다. 먹는 데는 세 가지 방식이 있고, 행복을 찾는 데도 세 가지 방식이 있다. 첫 번째는 완전히 배가 부를 때까지 먹는 것이다. 이것은 과거부터 내려오는 전통적인 조리법, 이미 검증이 끝난 것만 신뢰하는 방식이다. 편안하고 아늑하고 만족에 겨운 고양이 소리를 내고 싶은 것이 이 방식의 의도다. 이것은 조심스럽게 쾌락에 접근하는 방식이고, "이물질로부터 자신을 보호하라"가 그 표어다.

수프 속의 파리만이 이물질이 아니다. 익숙하지 않은 것, 금지된 것, 인기 없고 위협적인 것이 다 거기에 포함된다. 먹는 법을 배우는 과정에서 사람들은 이물질에 대한 두려움을 미덕으로 만들고 그것을 취향이라고 부르게 되었다. 먹는 방식에 따라 형성된 일정한 패턴을 따라 정신적 습관이 형성되고, 이물질에 대한 두려움은 삶의 여러 측면으로 퍼져나갔다. 지겨워도 익숙한 것이 가장 안전한 보험이다. 역사는 대부분 이물질에 대한 전쟁으로 얼룩져 있다. 안전감이 인간이 추구하는 첫 번째 행복이었기 때문이다. 신중함이 승리했다면 아무런 변화도 없었을 것이다. 그러나 안전하다고 느끼지 못하는 초조하고 외로운 사람들이 언제나 있는 법이다. 그들은 자신을 하나의 이물질로 보고, 자신이 속한 환경 속에서도 자신을 이방인으로 느낀다. 그들에게 만족이란 불가능한 일이다.

그래서 두 번째 방식이 발명되었다. 음식을 하나의 재미로, 일종의 방임으로, 감각에 대한 애무로 취급하는 것이다. 이 방식의 목적은 낭만적인 촛불의 도움을 받아 향기로운 냄새로 유쾌한 분위기를 만들어 유혹하고 유혹당하는 것이다. 일반적으로 이런 상황에서 세상을 대하는 사람들의 태도는 오직 잠깐 동안 바뀔 뿐이다. 식사 도

중에는 이물질과 시시덕거리지만 사무실에서의 태도는 바뀌지 않는다. 이런 종류의 식사법은, 평화롭고 단조로운 삶이 지겨워 기분 전환이나 놀라운 일을 동경하는 사람들, 경박함이나 농담, 냉소, 반어 속에서 행복을 찾는 사람들, 또는 굶주림이나 어리석음과 같은 큰 문제 때문에 영원히 불행해지는 것을 거부하는 사람들에게 적합한 방식이다. 이들에게 식사를 제공하는 요리사는, 즉흥적으로 화려한 연주를 들려주지만 결코 어떤 결론에도 이르지 않는 재즈 음악가와 같다.

그러나 다른 사람들이 불행한데 나만 행복을 누리는 것은 물론 불가능하다. 세 번째 종류의 행복―현대인들은 그것을 창조성이라고 부른다―을 추구하는 방식은 이에 상응하는 식사법을 요구하게 되었다. 모든 발명과 진보는 서로 만난 적이 없는 두 개의 생각을 잇고 이물질을 결합시킴으로써 이루어진다. 창조성을 열망하는 사람들에게 식사법은 더욱 모험적인 정신을 가지고 이 세상을 보는 과정의 일부가 되었다. 창조적인 요리사는 아무도 몰랐던 특성들을 식재료에서 발견하고, 함께 쓰인 적이 없는 양념들을 섞어 사용한다. 그러니 창조적으로 식사하는 사람은 낯선 음식과 이물질에 대한 두려움을 제거하는 과정에 참여하고 있는 셈이다.

지금까지의 이야기가 각각 자신의 습관에 젖어 있는 세 종류의 사람이 있다는 의미는 아니다. 의식적으로 새로운 것을 찾는 데 전념하는 요리의 대가에게는 창조성이 가장 중요한 문제겠지만, 늘 할머니의 조리법을 되풀이하면서 자신이 전혀 창조적이지 못하다고 믿는 사람들도 단지 깨닫지 못하고 있을 뿐 때때로 창조적이다. 수천 년 전에 조상들이 먹었던 것과 대충 비슷한 음식을 먹는 사람들도 있지만 아무리 식단이 제한되어 있어도 다양성이 스며들게 마련이다. 요리 전문가들의 세계에는 전혀 알려져 있지 않지만 가나의 가난한 사회도 114가지 과일, 46가지 콩, 47가지 채소를 먹는다. 안데스산맥 지역의 농부는 300가지 감자를 쉽게 구별하고, 20가지에서 40가지에 이르는 다양한 스튜를 끓인다. 엄격하게 조리법을 따르지 않고 양념을 살짝 바꾸거나 양을 다르게 하는 모험을 시도해 만든 음식은 맛이 있건 없건 언제나 창조적인 노력의 결실이다. 새로운 음식의 발명은 자유로움의 구현이고 사소한 일이라 해도 그 의의가 적지 않다. 그리고 인간이 먹을 수 있는 수십만 가지 식물 가운데 겨우 600여 가지만 먹고 있다는 현실을 감안하면 아직도 창조성의 가능성은 무궁무진하다.

아이들은 보통 가족의 취향에 따르거나 좀 더 최근에는 자신의 입맛을 고집함으로써 개성을 개발하도록 양육된다. 그러나 이제 일부 아이들은 취향이 사람처럼 존중받고 인정받고 이해될 가치가 있으며, 말하고 싶은 사람과 말하고 싶지 않은 사람 사이에 장벽을 쌓지 말아야 하듯 좋아하는 음식과 좋아하지 않는 음식을 가리지 말라고 교육 받고 있다. 맛을 보는 기술과 관련해 체계적인 수업을 받는 프랑스의 학생들은 이러한 혁명의 선구자들이다. 음식과 외국인의 입맛에 열린 마음을 가지면 필연적으로 이웃에 대한 태도가 바뀐다.

세계는 오랫동안 밀, 쌀, 옥수수 가운데 어느 것을 주식으로 먹느냐에 따라 대략 비슷한 크기의 세 가지 문명으로 분할되어 있었다. 그러나 음식에 곁들이는 향료나 양념들이 사람들을 더욱 갈라놓았다. 지중해 지역의 올리브유, 중국의 간장, 멕시코의 칠레고추(칠리), 북유럽의 버터, 인도의 온갖 향료들. 1840년대에 러시아 정부가 감자 재배를 장려했을 때 사람들은 폭동을 일으켰다. 주로 호밀 빵을 먹는 데 익숙했기 때문에 자기들을 노예로 만들거나 무슨 새로운 종교를 강요하는 것이 아닌지 의심했던 것이다. 50년이 안 돼서 러시아 사람들은 감자를 좋아하게 되었다. 음식 맛을 낼 때면 언제나 사용하는 시큼한 맛의 양념—키슬로투kislotu—을 가미해서 결국 그 맛에 중독되었다. 모든 민족의 음식에는 다 그들만의 냄새가 있고, 그 냄새로 새로 들어온 음식의 냄새를 덮음으로써 그 변화를 감출 수 있을 때만 그들은 변화를 받아들인다. 정치. 경제, 문화에서도 변화에 대한 낙관주의는 이러한 전제가 받아들여졌을 때 가능하다.

미국인들은 모든 새로운 요소들을 받아들일 수 있게 만드는 맛으로서 설탕을 사용했다. 냄새도 나지 않고 거의 모든 것을 표면적으로는 다 입맛에 맞게 만드는 마력을 가진 설탕은 무엇보다도 이 세상의 입맛을 통일시켰다. 한때 귀했고 신성한 약이라고 불렸던 설탕—꿀은 하늘이 흘린 땀이자 별이 흘린 침이었다—의 생산량은 지난 100년 동안 40배 증가했다. 그것은 민주주의의 조리법적 표현이다. 칠레고추로 향을 냈던 라틴아메리카의 초콜릿은 1828년 암스테르담의 콘라드 반 후텐Conrad van Houten에 의해 설탕과 결합되고 나서 세상의 입맛을 사로잡았다. 1825년에 《브리야 사바랭의 미식예찬》을 저술한 브리야-사바랭Brillat-Savarin은 설탕이 '보편적인 향신료'가 될 것으로 예언했다. 그 당시 괴테는 설탕 1킬로그램에 2.7마르크 금화를 지불했다. 설탕은 오직 부자들만을 위한 즐거움의 영약이었고, 부자들은 빵보다 설탕에 더 많은 돈을 썼다. 이제 그 예언은 실현되었다. 거의 모든 포장 음식에는 설탕이 들어 있다.

모든 조리법의 진보는 외국 음식이나 외국 양념과의 동화에서 비롯되었고 조리법 또한 그 동화 과정 속에서 변모하게 된다. 중국 음식은 12세기 모험적인 상인들이 들여오기 시작한 뒤 절정에 이르렀다. 유럽의 음식은 대량으로 향신료를 사용하면서 동양화되었다. 중세 유럽의 음식은 거의 인도 음식 같았다. 그 후 감자, 토마토, 크리스마스 칠면조와 아메리카 원주민들의 다른 농산물에 의해 아메리카식으로 바뀌었다. 패스트푸드는 미국의 음식도 유럽의 음식도 아니다. 그것은 중동과 극동의 노점상들에게서 유래했다. 누벨 퀴진nouvelle cuisine(열량이 낮은 새로운 프랑스 요리―옮긴이)은 일본의 아이디어를 프랑스 전통에 접목시킨 결과다. 이러한 수입은 언제나 반대를 무릅쓴 소수에 의해 이루어졌다. 모든 개혁은 반대에 직면한다.

그러나 현대인은 배고픔을 느끼지 못한 채 배고픔이 채워지고 있다. 어떤 맛있는 음식은 영양가가 전혀 없고, 어떤 음식은 그 맛에 익숙해질 때까지 입맛에 맞지 않고, 또 어떤 음식은 배고픔을 면하게 해주지는 않지만 자꾸 먹도록 자극하고 연인들이 포옹을 연장하고 싶어 하는 것처럼 먹는 즐거움을 연장시켜준다. 음식을 대하는 다양한 행태를 이해하게 되면 음식에 대한 기호 이상의 많은 것들이 선명하게 드러난다.

예를 들어 새로운 종류의 즐거움이나 일반적인 의미의 개혁과 창조성에 얼마나 흥미를 느끼는지, 실망이나 실패를 기꺼이 무릅쓸 용의가 있는지, 찬양받기보다는 용감하고 자유롭기를 원하는지, 자신의 즐거움에 대한 토론을 즐기는지, 남들에게 즐거움을 주는 것을 즐기는지 등등. 조리법은 아직도 유아기에 있는 지식의 한 분야로서, 자기 탐닉보다는 탐험에 초점을 맞추고 있고 나아가 자신에 대한 탐험만이 아니라 자연 전체를 탐험하는 데 초점을 맞추고 있다.

그 결과 즐거움과 이해의 지평이 끝없이 넓어질 것으로 예상된다. 그러나 여기에도 어두운 면은 있다. 조리법이 기근이나 잔인성과 같은 추악한 면에 대처하기 위해 아무런 노력도 하지 않는다는 것이다. 이런 문제들에 대해 관심을 기울일 때 비로소 조리법은 적절한 평가를 받게 될 것이다. 어쨌든 대포와 폭탄보다는 포크와 스푼이 의견 일치를 보지 못하는 사람들을 화해시키는 데 더 큰 공헌을 해왔다.

섹스의 즐거움은 수 세기를 거치며 늘어나기는커녕 오히려 줄어들었다

그러나 섹스의 즐거움은 여러 세기를 거쳐오는 동안 늘어나기는커녕 오히려 줄어들었다. 사람들은 보통 이방인을 두려워하게 마련이지만 섹스는 이방인에게도 이끌리게 하는 기적이다. 그러나 지금까지 섹스는 당연한 결실—사랑이나 이해의 결실—의 일부분도 맺지 못했다.

이교異敎는 성관계를 통해 따뜻함과 안정감, 어머니의 요리가 주는 것 같은 소속감을 얻는 방법을 가르쳤다. 이교에서 세계는 위대한 자족적 성의 기계였다. 하늘이 그 수분으로 지구를 잉태했고, 모든 교미는 이와 같은 영원한 재생 과정의 일부로서, 결코 지저분한 행위가 아니며 자연 전체와의 친밀한 관계를 확인하는 일이었다. 힌두교의 시바 신은 자신의 씨를 여성에게 퍼뜨리는 즐거움을 통해 모범을 보여주었고, 시바 신의 숭배자들은 성적 본능을 자기 내부에 있는 신성의 증거로 여겼다.

자신이 전체의 일부분이라는 만족감은 이 세계를 움직이는 데 스스로 공헌한다는 느낌에 의해 강화되었다. 자연은 격려의 대상인 동시에 감사의 대상이었다. 동아프리카의 마사이족은 주기적인 사랑의 축제를 통해 이를 실천했다. 몇 달 동안 우정이나 결혼과 관련된 모든 금기가 허용되고, 사제 앞에서 대지와 동물과 또 서로를 잉태시키기 위해 수백 킬로미터나 떨어진 곳으로부터 사람들이 몰려든다. 어머니와 누이만 제외하고 누구와도 육체관계를 맺을 수 있다. 이러한 의식은 법석의 수라장이 아니라 삶에 상승 작용을 일으키는 한 방법이었다. "섹스는 피곤한 일이에요. 이야기를 나눌 시간이 없어요." 한 키쿠유족 여성은 인류학자에게 이렇게 말했다. 그렇다고 해서 애써 얻은 쾌락이 줄어들 리는 없다.

중국인들은 성행위를 아예 의학 체계 안으로 편입시켰다. 그들은 성행위가 건강을 지키고 병을 치료하고 혈액 순환을 돕고 신경을 안정시키는 데 도움이 된다고 믿었으며, 그것을 즐거움의 원천으로 만들었다. 남성들은 빈번한 성관계를 통해 자신을 강화할 수 있었다. 그것이 음양의 원리를 조화시켜 기를 만들어내기 때문이다. 그러나 그들은 땅을 비옥하게 보존하기 위해 노력하는 것처럼 여성들에게도 똑같은 즐거움을 주기 위해 대단한 주의를 기울였다. 여성들이 수명을 연장시키는 생명의 액을 생산하기 때문이다. 그러나 이런 원리들은 기괴하게 과장되는 통에 그 깊은 교훈이 흐려졌다. 한나라 대신 장창은 여성의 유방에서 나오는 분비물을 빨아먹음으로써 180세까지 살려고 했던 자신의 시도를 《방중술房中術》이라는 책에서 묘사하고 있다. 그러나 사실상 방중술에 관한 모든 고대 서적은 여성

의 욕망에 관심을 기울이라고 말한다. 유럽의 고대 민간전승은 여성
이 쾌락을 느끼지 않으면 수태가 불가능하다고 조언하고 있다. 컬페
퍼Nicholas Culpepper의 《산파 규범》에 따르면 여성의 불임은 "부부 간
의 사랑의 결핍" 때문이다. 오늘날 성행위를 건강한 삶의 요소로 보
는 사람들은 이러한 이교도 전통에 깊이 뿌리박고, 도교에서 말하는
것처럼 "단지 삶 자체만을 목적으로 하는 단순하고 즐거운 삶의 기
술"에 전념하고 있는 셈이다.

사람들이 어머니의 요리에 싫증이 나서 낯선 즐거움을 찾아 외국
레스토랑을 찾아가는 것처럼 어떤 사람들은 단지 즐거움을 위해 이
국적인 침대를 찾았다. 그러나 교역과 여행의 결과로 음식에 관한
지식이 엄청나게 늘어난 것에 비해 성적 상상력은 그대로 머물러 있
다. 성적 쾌락에 대해서는 대략 450년경에 쓰인 고대 힌두교의 경전
인 《카마수트라》에 광범위하게 묘사되어 있다. 《카마수트라》는 여
러 편의 긴 저술을 요약한 책으로, 금욕적인 독신자였던 바트샤야
나Vatsyayana에 의해 편집되었다. 비록 개인적 체험담—《창녀의 일
과The Harlot's Breviary》에 나오는 크셰멘드라Kshemendra(990~1065)와, 《열
정의 신비The Mysteries of Passion》에 나오는 코카Koka(1060?~1215?)가 주
목할 만하다—이 학문적·문학적 저술을 수놓고 있지만 즐길 수 있
는 쾌락의 범위는 사실상 변하지 않은 채로 남아 있다.

오비디우스와 루크레티우스 이후 1000년이 넘는 세월 동안 유럽
에서는 거기에 더 보탤 것이 없었다. 도색 문학에도 성전聖典이 있었
다. 이를 애호하는 사람들은 특정한 집착에 중독되는 경향이 있었
다. 연인들의 마음속에 자리 잡은 성적 공상들은, 침대 밖에서 할 수
있는 일이 침대 주위에 담장을 치는 일뿐이라는 듯 정복, 지배, 복종

에 초점이 맞춰져 있었다. 그 환상 속에는 금지된 행동을 하도록 강요받거나 금지된 구혼자에게 유혹당하는 것 같은 진정한 반항은 없었다. 모든 세대가 이러한 환상을 통해 자유를 찾았다고 상상했지만, 그것은 단지 상상에 낡은 올가미—또는 몇 개의 조그만 올가미들—를 씌우는 것에 지나지 않았다.

그래서 약 10세기 이후로 중국에서는 여성들의 발이 8~10센티미터 이상 자라지 못하게 하는 전족이 가장 흥미진진한 성적 체험이 되었다. 중국의 어느 여류 시인은 이렇게 썼다.

이 관습이 언제 시작되었는지 모르지만,
틀림없이 비열한 남자에 의해 생겨났겠지.

전족 풍습은 궁중 무희들에 의해 처음 도입되었는데, 귀족들이 신분의 표시로 이를 모방했다. 그러자 중산층이 점잖은 체면을 과시하기 위해 순결에 대해 입에 발린 찬사를 늘어놓으며 이를 따라 했고, 그 이후 수백 년 동안 의심할 여지가 없는 성적 욕망의 대상으로 자리 잡게 되었다. 섹스는 스스로 욕망하는 것에 대한 의문을 원치 않기 때문이다. 전족을 한 여성은 일도 할 수 없고 멀리 걸어갈 수도 없었다. 그것은 남편이 아내를 한가로이 집에만 있게 할 정도로 경제적 능력이 있다는 증거였다. 부자연스럽게 다리를 저는 모습이 남성들을 자극했다. 발을 만지는 것은 성교의 필수적인 서곡이 되었다. 성교하며 발을 만지는 것이 가능한 열여덟 가지 체위를 추천하고, 성적 쾌감이 증가함에 따라 발을 잡고 입 맞추고 빨고 조금씩 물어뜯고 씹고 그러다가 입 안에 다 집어넣는다거나 발가락 사이에 끼

위놓은 수박씨와 아몬드를 먹는 등의 방법들에 관한 방중술 서적들이 나왔다. 이렇게 불구가 된 발을 가진 딸들이 훨씬 비싼 가격에 창녀로 팔린다는 사실을 부모들은 알고 있었고, 전족의 극심한 고통을 참아내는 소녀들은 칭찬을 받았다. 전족은 평생 뼈가 기형인 채로 사는 것을 의미한다. 절에서 벌어지는 축제 때는 전족 대회가 열렸는데 그것은 본래 후궁이 될 후보자를 고르는 행사에서 비롯되었다. 17세기에 중국을 정복한 만주족은 이 관습을 폐지하는 포고령을 내리고 자기들의 큰 발에 자부심을 느낀다고 주장했지만, 그것만으로는 여성들에게 이 관습을 포기하게 만들 수 없었다. 관능이란 언제나 자신의 습관에 흡족해하기 때문이다. 전족은 성교 자체의 쾌락에 못지않은 쾌락으로 애호되었으며 남성들은 그런 희생에 연민과 희열을 동시에 느꼈다. 발은 눈에 띄지 않게 감춰졌고 성기처럼 신비로운 것이 되었다. 자신의 발로 자유롭게 걷고 싶다는 동기를 유발한 것은 2세기나 지난 후의 페미니즘이었다. 1895년에도 중국인 기독교도들이 고해 시간에 여성의 발에 대한 음란한 상상을 고백한다고 한 프랑스 의사가 보고했다. 1930년대에 이르기까지 북쪽 지역의 쑤이위안 여성들은 광적으로 전족 풍습을 따랐으며 아름답게 장식한 조그만 신발을 만들었다. 이것은 우연히도 기술과 예술에서 최고 수준을 자랑하던 번영의 절정기에 있던 중국이 개발한 잔인한 에로티시즘의 특수한 형태가 되었는데, 그것은 또한 그런 번영 때문에 가능한 일이었다. 로마 시대부터 르네상스를 거쳐 19세기에 이르기까지 유럽에서는 건강에 해롭다는 의사들의 경고에도 불구하고 벌의 허리처럼 잘록한 코르셋으로부터 이와 비슷한 쾌감을 얻었다.

쾌락에 대한 생각의 폭을 넓히는 대신에 억압과 허용의 순환이 주기적으로 이루어졌다. 부자들은 가난한 사람들의 기지에 찬 외설을 질책했지만 나중에는 자신들이 비난한 그 습관에 매혹되어 스스로 그 습관을 차용했다. 한편 가난한 사람들은 신분이 높은 사람과 사랑에 빠졌다가 다시 깨어나곤 했다. 성 기술의 산맥이 고르지 않은 것은 수십 년 또는 수백 년을 주기로 방종의 시기가 교차했음을 의미한다.

예를 들어 중국에서는 춘화와 같은 음란물이 적어도 기원전 1000년부터 있었지만 중국 제국이 이란, 한국, 베트남에까지 그 영역을 넓힌 7세기에 이르러 처음으로 대량생산되었다. 사람들은 성공에 지나칠 정도로 진지했지만, 또한 그랬기 때문에 번영이 성적 사치를 조장했다. 이 시기에 중국은 나중에 전 세계가 따라 하게 될 과거 제도를 발명했고, 완고하고 미신에 사로잡힌 독신녀 측천무후가 나라를 다스리고 있었다는 사실조차 번영에 큰 장애가 되지 못했다. 13세기에 이르러서야 금욕주의가 공식 강령으로 재확립되었다. 그리고 18세기에 다시 성적 기술의 르네상스가 일어났으며, 우아한 기루妓樓의 인기 있는 기생들은 교양과 오락의 중심이 되었다. 남경南京은 사치스러운 '환락가'로 유명해졌다. 19세기에 동치제는 매독으로 죽었으며, 태평천국의 난(1850) 때는 6000명의 소년 포로들이 거세되어 전족을 신고 두터운 화장을 한 채 남창으로 이용되었다. 대부분의 나라에서 이와 비견될 만한, 교차하는 파도와 같은 집착과 반동의 역사가 있었다. 금욕주의는 급진주의자들에 의해, 때로는 보수주의자들에 의해, 때로는 권력자에 의해 또는 권력자에 대한 반발로 등장했다. 돌이켜보면 섹스와 관련해서 황금기는 없었다. 1950년대에 중국 공산주의자들은 이 애매모호한 전통에 대한 기억을 일소하기 위해 성과 관련된 방대한 분량의 고대 서적들을 체계적으로 파괴했다.

1930년대와 1940년대에 킨제이Alfred Charles Kinsey 박사는 미국인들이 성적 만족을 느끼는 방법에 관해 연구하면서 부유층과 가난한 사람들이 마치 다른 행성에서 사는 것처럼 전혀 별개의 생각을 갖고 있다는 사실을 발견했다. 가난한 사람들은 어릴 때부터 "한결같은 마음으로" 성기를 통한 성교에 전념하고, 결혼 전에 부자들에 비해 일곱 배 더 성관계를 가지며, 세 배 이상 매춘부를 찾아가는 것으로 나타났다. 그러나 시간이 지나면 신중하게 인생을 시작한 부유층보다 더 배우자에게 충실해진다. 부유층은 어린 시절에 가난한 계층보다 두 배 이상 자주 자위행위를 하며 성행위를 애무로 제한한다. 가난한 사람들이 성적 실험이나 심지어 키스조차 의심의 눈초리로 보면서 나체를 외설적이라고 생각하는 것과 달리 그들은 나이를 먹어가며 '사랑의 기술'을 개발하고 유방과 전희에 몰두한다. 달리 말하면 사람들이 부유해질수록 섹스는 덜 직접적인 형태가 된다. 《카마수트라》에 나오는 조언은 화려했던 중세 인도의 도시 유한층 상인들에게서 영감을 받은 것이었다.

사랑의 새로운 요리법

성적 쾌락의 세 번째 형태는 지속적인 공감과 사랑을 만들어낸다. 그런 까닭에 그것은 창조적이지만, 고대의 민간전승에서 현재에 이르기까지 언제나 하나의 신비로 취급되었다. 그래서 서아프리카의 아이들에게 섹스에 관해 가르치는 동화는 술래잡기 놀이 같은 형태로 되어 있으며, 정답은 존재하지 않는다. 널리 알려진 음경 씨와 음문 부인의 모험에 관한 동화는 비극적 소극笑劇으로서, 관습에 대한 복종을 강요하는 대신에 어쩔 수 없는 어려움을 처리하는 방법으로 유머를 제시하고 있다. 부모들은 기괴하게 묘사되어 있다. 나무에서 태어난 음경 씨는 너그러운 사람이지만, 고환 씨는 이기적이다. 각 이야기의 교훈은 그다음 이야기와 상충된다. 간통은 이상화되기도 하고 처벌을 받기도 한다. 섹스는 재미있으면서도 잔인하다. 환상이 꼭 욕망을 불러일으키는 것도 아니다.

다른 곳에서도 이와 마찬가지로 섹스는 하나의 수수께끼로 취급되었다. 아마도 번영을 이루는 데는 이기심이 제일 좋은 수단일 텐데, 섹스의 힘이 그런 이기심을 없애는 자극제가 될 수도 있기에 파괴적인 것으로 간주되었고, 결국 공공 영역에서 추방되어 가정의 사생활에 속하게 되었기 때문일 것이다. 심지어 사랑의 종교인 기독교조차도 성적인 사랑을 두려워해서 결혼한 부부 사이에서만 가능한 것으로 엄격하게 제한했고, 루터는 결혼을 욕망을 치료하는 병원에 비유했다.

사랑의 창조자 역할을 하는 섹스에 간단없는 위협이 되었던 이물질은 질투였다. 디드로는 그의 위대한 《백과사전》에서 "다른 존재를 소유하고 즐기는 것"으로 사랑을 정의했다. 재산이 모든 관계를 좌우하는 동안에는 아마 필연적이겠지만, 이 소유하려는 욕망 때문에 연인들은 불안해하고 상실에 대한 두려움을 느끼고 사랑이 늘 새로워져야 한다는 사실을 거부하게 된다. 이러한 태도의 뿌리는 사랑을 정복과 관련된 전투로 보았던 고대 인도의 방중술에 관한 서적들에서 찾아볼 수 있다. 당시에는 전쟁이 모든 사람들의 운명을 결정했기에 이러한 태도는 필연적이었다. 《카마수트라》는 교묘하게 양쪽이 다 승리할 경우에만 사랑은 완성된다고 말했다. 그러나 유감스럽게도 세상에는 누구를 더 사랑하느냐고 묻는 경우가 너무 많았다.

전부가 아니면 무, 완전한 정복이 아니면 예속. 이런 군사적 이상이 침실 밖에서의 인간관계에 미치는 섹스의 영향력을 제한했고, 그 창조성을 발휘하는 데 장애가 되었다. 성적 느낌이란 꼭 성기를 통해서만 표현되지 않는다. 짝사랑, 감미로운 매혹, 부드러운 흥분 모두가 성적 느낌에 속한다. 그러나 이 모두가 쓸모없는 것으로 치부되었다. 유아기에는 아주 다양한 원인에 의해 성적 자극을 받으며, 그 가운데 상당수 — 예를 들어 쫓기거나 매를 맞거나 비행기를 타는 것 같은 일상적이지 않거나 무서운 경험들 — 가 섹스와는 관련이 없다는 사실, 그리고 서서히 그 자극의 범위가 좁혀질 뿐이라는 사실은 잊히고 있다.

예컨대 어떤 것을 성적 자극으로 느끼는가는 부분적으로 자신이 속한 집단의 압력에 의해 결정된다. 오르가슴, 즉 승리와 굴복의 순간에만 관심이 집중되었기에, 또 성적 에너지는 목표물을 향해 발사되지 않으면 자신의 얼굴 위에서 폭발하는 탄약과 같으므로 배출되어야 한다고 믿었기에 성적 쾌락에 대한 생각은 제한되었다. 중국이나 인도에는 사정하지 않는 성교를 옹호하는 사람이 많다는 것, 인도네시아의 다니족 같은 이른바 원시 부족들 사이에서는 출산 후 4년에서 6년 동안 성적 절제가 이루어진다는 것, 요루바족의 경우 대부분의 여성이 남편과 한 침대에서 자지 않는다는 것, 피임약이 등장하기 전에는 부부가 키스를 하면서 몇 시간씩 보냈다는 것이 다

잊혔다. 사정만이 성적 접촉의 유일한 형태는 아니다.

17~18세기에 특히 프랑스에서 뚜렷하게 성적이라고 볼 수 없는 이끌림을 좀 더 유용한 목적에 이용하는 방법들이 연구되었다. 프랑스 사람들은 배타적 관계를 피하기 위해 성적 유희와 교태를 사교의 기술로 발전시켰다. 그 당시 낡은 표현이기는 했지만 연인amant이라는 말은 아직도 숭배자를 의미할 수 있었고, 꼭 성적 상대라는 의미는 아니었다. '사랑을 나눈다'는 것은 본래 성교를 한다는 의미라기보다는 구애한다는 의미였다. 연애 걸기flirtation는 기품 있는 사랑이 취했던 새로운 방향이었고, 섹스 없는 섹스였으며, 사정이 필요 없는 성관계의 예비 행위를 연장시킨 것이었다. 그것은 사랑하는 사람을 이상화하는 대신에 서로를 이해하고 격려하며 상대에게 어울리는 사람이 되는 법을 탐색하는 것이었다. 그러나 대부분의 사람들은 정복에 급급했으며, 이러한 연애 걸기를 사기라거나 거짓이라거나 사랑을 나눌 능력이 없는 것이라거나 또는 늘 가장무도회만 쫓아다니는 짓이라고 비난했다. 결혼과 출산이 여성의 역할로 여겨진 시기였던 만큼 그러한 적대적인 태도는 이해할 만하다. 그러나 남성과 여성이 그들의 의견에 귀 기울일 만한 가치가 있는 독립적인 인격체로 대우받게 되자, 연애 걸기는 협력과 상호 탐구를 목적으로 하는 관계를 창조해내는 첫 단계로 인식될 수 있었다. 매혹에 토대를 두고 있지만, 그것 이상의 무언가를 추구하는 모험이라는 확장된 의미를 가리키기 위해, 어떤 새로운 단어가 연애 걸기라는 말을 대신하게 될 것이다.

쿵 부시맨 부족의 속담에 "남자는 여자의 마음을 다 헤아리지 못한다"라는 말이 있다. 이 사실을 스스로 인정하기 위한 방편으로 간통을 저지르거나 이혼을 하는 것은 특히 상상력이 풍부한 결과라고 볼 수는 없을 것이다. 콩고의 작가 소니 라부 탄시Sony Labou Tansi는 에로티시즘이란 "사랑을 잘 요리하는" 기술이라고 썼다. 그것은 아직도 찾아야 할 다양한 메뉴가 남아 있으며, 그 메뉴를 찾을 때까지는 사랑이 계속 쓰레기처럼 버려질 것임을 우리에게 상기시키고 있다. 요리란 당연히 감각만의 문제가 아니다. 요리는 모든 살아 있는 것에 대한 관심의 표현이다. 그리고 잠깐 동안이라도 넉넉한 사랑의 정신을 가지고 함께 식사하는 사람들에게 음식은 가장 맛있는 법이다.

이성이나 동성에게 느끼는
남성의 욕망이 몇 세기에 걸쳐
변화해온 경위

━━━━━━━━━━━ ◣◢ ━━━━━━━━━━━

여러 세기에 걸쳐 욕망은 대단히
유동적이고 변하기 쉬운 것이었다.
이것은 또 다른 결합, 또 다른 흥미로움이
가능하다는 뜻이다.

여성들이 점점 더 모험적으로 변하고 야망을 갖게 되면, 자신은 남자와 잘 맞지 않는다고 필연적으로 생각하게 되는 걸까?

1968년에 파트리샤는 스무 살의 법학도였다. 바리케이드를 넘나드느라 공부를 소홀히 한 탓에 시험에 떨어졌다. 그러나 후회는 없다. 나름대로 의미 있는 시간이었다고 생각한다. 사무직에 취직하고 나서도 그녀는 10년 동안 노동조합에 가입해 활발하게 활동했다. 그것도 의미 있는 일이었다. "난 그 일을 사랑했어요. 열정적이었지요. 그런데 금방 나이를 먹어버린 거죠." 그래서 서른다섯 살에 다시 대학으로 돌아갔다. 클레르몽페랑 세무학교를 졸업하고 세무 공무원이 되었다. 4장에서 우리는 다른 세무 공무원을 만났지만 같은 직업을 가졌다 하더라도 비슷한 사람은 거의 없다는 말을 기억할 필요가 있다.

젊은 시절 경찰에 맞서 데모하던 파트리샤는 이제 일종의 경찰이 되었다. 그녀는 나름대로 만족하고 있다. 그 옛날 바리케이드를 부수곤 했던 일이 완전히 허사는 아니었다. "말하자면 난 혈세를 걷는 방식을 바꾸고 있는 중이에요. 난 명탐정 셜록 홈스도 아니고 쾌걸 조로도 아닙니다. 다만 모든 사람이 평등해야 한다고 생각해요. 누군가 세금을 덜 내서 다른 사람이 불이익을 당해서는 안 되죠." 그녀가 근무하는 지역의 세무 공무원 180명 가운데 여성은 겨우 스무 명이다. 여성은 세무직에 지원하기를 망설이는데, 그 이유는 남자들과 부딪혀야 하기 때문이다. 그러나 그녀의 경험에 비추어볼 때 여자라서 문제가 된 적은 없었다. "사람들은 장부 조사가 너무 걱정스러워 여자는 보지 못하고 세무 공무원만 보곤 해요." 그녀는 막강한 남자들만 상대한다. 그녀의 일은 매출이 100만 파운드 정도 되는 회사 열두 군데를 해마다 조사하는 것이다. "난 누구에게도 악감정이 없고 냉정해요. 나는 정의를 판단하는 사람이 아니라 단지 법에 나와 있는 규정에 따를 뿐입니다. 부정이 있다고 보고하는 경우는 아주 드물어요. 회사가 비밀리에 돈을 지불해 중역이 포르쉐를 타고 다니는 그런 경우 정도죠. 이와 반대로 혹시 내가 어떤 회사를 망하게 할지도 모른다고 생각하면 냉정함을 잃고 거의 병이 날 지경이 되죠. 내가 하는 일의 목적은 사람들이 혼란에 빠지지 않게 하는 거예요." 공무원들이 예전처럼 시민들을 고압적으로 대하지 않게 된 것은 1968년이 남긴 유산 가운데 하나다.

그녀는 이제 부자들을 증오하지 않을까? 1968년의 많은 이상주의자들처럼 그녀도 유복한 집안 출신이다. 세무 공무원들이 파업을 벌였을 때 그녀는 동조하지 않았다. 월급이 적은 것은 사실이지만 가난한 나라의 사람들에 비하면 풍족한 편이다. "뉴델리에서 한 소녀가 제 발 밑에서 죽어가는 걸 본 적이 있어요. 사람들은 그냥 그 곁을 지나쳐 갔어요." 사설 세무사가 되면 두 배의 수입을 올릴 수 있지만 대신 더 많은 시간을 일해야 한다. 그래도 "사는 것처럼 살 시간"을 가질 수 있다는 것이 그녀 직업의 장점이다. "나는 내 일을 사랑해요. 다른 일은 하고 싶지 않아요. 난 지식인들만 상대하죠." 월급으로 비행기 표를 살 정도는 된다. 남미 빼고는 안 가본 대륙이 없으며, 곧 케냐로 떠날 예정이다. 작년에는 태국과 필리핀에 갔었다. 1년에 6개월을 외국에서 지내면서 다른 문명과 "하나가 되어" 그곳 사람처럼 사는 것이 그녀의 꿈이다. "난 내가 세계시민이라고 생각해요. 어떤 곳에서 고통스러운 일이 발생하면 개인적으로 그 고통을 느껴요." 그녀가 가장 참을 수 없는 적은 인종차별주의다.

여기까지만 보면 파트리샤의 삶은 성공적이다. 그러나 한 남자와 한 여자 사이의 관계라는 주제에 이르면 그녀의 메시지는 슬픈 것이 된다. 그녀는 논쟁을 좋아하고, 자기가 옳다고 생각하면 함께 사는 남자가 굴복할 때까지 멈추지 않는다. "난 경제학이나 정치학에 대해 잘 알아요. 그에게 뭘 모른다고 말하면 당연히 그는 기분이 좋지 않죠. 지식을 그렇게 과격하게 쓰지 않을 수 있으면 좋겠어요. 그런데 점잖게 할 수가 없어요. 그래서 그가 이기도록 놔두죠. 자신이 옳다고 그가 느끼기를 바라거든요."

오늘날의 소비사회에서 여성이 가전제품이나 옷만 새것으로 살 수 있는 것은 아니다. 그것은 또한 남자를 즐기고, 먹다 남은 음식을 쓰레기통에 버리듯 남자를 버릴 수 있다는 것을 의미한다. "지금까지 내가 남자를 소비해왔다는 사실을 이제야 깨닫게 되었어요." 남자를 즐기는 취미는 줄어들지 않았지만 입맛은 더욱 까다로워졌다. 남자에게서 무엇을 원하는지 알기까지는 시간이 걸린다. 전등을 갈거나 차를 사는 데 도움을 청하기 위해 남자가 필요한 것은 아니다. 소득세 납부서의 빈칸을 채우기 위한 것은 더더욱 아니다. 그녀가 찾는 대상은 그녀가 할 수 없는 일을 해주는 남자, 그녀가 존경할 수 있는 남자다. 남자를 와들와들 떨게 만드는 직업을 가진 이 여성의 도전에 어떤 남자도 아직 만족스럽게 합격하지 못했다. "하루에 여덟 시간 동안 난 여자가 아니라 공무원이죠. 중역과 당당하게 맞서는 여자한테는 남자들이 겁을 먹어요. 그들은 여성에게서 부드러움을 원하죠. 일할 때는 부드러우면 안 돼요. 오히려 부드러움을 감추어야 하고, 그래서 사람들한테 부드럽지 못한 여자로 보이죠. 흥미진진한 일을 하는 대가라고 생각해요." 그녀는 계속해서 남자와 사랑에 빠졌다. "사랑을 즐기지만 결코 오래가지 않아요. 관계를 유지하는 능력이 내겐 없는 것 같아요. 사랑을 하면 그 사람한테만 의지하고 바보가 되어버려요. 그러면 그런 내가 싫어지고, 그래서 끝내버려요. 사랑은 권력 투쟁이 되고 말죠."

그렇다고 해서 그녀가 잘못된 선택을 해왔다고 생각하는 것은 아니다. 여성들은 1960년대에 갑자기 해방을 얻었고, 그녀는 새로운 자유를 경험하고 싶었다. "그때는 피임약의 시대였어요. 나도 그 덕을 봤죠." 여성들에게는 새로운 삶의 기회였다. 하지만 지금은 변질되었다고 본다.

페미니스트들은 오직 요구만 해대면서 너무 멀리 나아갔다고 그녀는 생각한다. 그것은 실수였다. 그러나 다른 한편 "우리가 남성과 동등하다는 것을 보여주고 싶었어요." 이제 그녀는 여성이 여성다움으로 돌아가야 한다고 말한다. 그녀는 10여 명의 친구를 초대해놓고서도 요리하기를 거부하는 페미니스트 친구들에 대해서는 공감하지 않는다. 다른 한편 여자들이 일부러 여자처럼 행동하는 것에는 분개한다. 그녀는 "여자는 남자 말을 잘 들어야 한다고 기대하는 남자들"을 거부한다. 그녀는 가정주부가 되는 것을 참을 수 없었다.

"남성과 동등한 여성으로서의 내 삶은 실패했어요. 속았던 거죠."

그러나 어쨌든 자신의 경우는 그렇지 않았지만, 부부라는 관념 자체가 의미 없는 것은 아니라고 생각한다. 그녀는 그 책임을 다음 세대에 넘긴다. 사랑과 관련해 그들이 보여주는 조심성, 그들이 인간관계에 도입한 좀 더 느긋한 분위기, 낭만주의, 좀 더 아름다운 인간관계를 만들려는 그들의 욕망에 그녀는 깊은 인상을 받았다. 돌이켜보면 그녀 세대는 만나고 섹스를 나누는 방식에 있어서 아름다움이 없었다. "나는 남자와 똑같이 행동했어요. 남자와 자고 싶으면 잤어요. 그러나 그 침대에는 온기가 없었죠." 네팔 카트만두에서 그녀는 마약을 먹어보자는 초대를 받았다. 그녀는 기꺼이 초대에 응했고, 48시간 동안 의식을 잃었다. 그 일을 겪고 나서는 마약 생각이 완전히 사라졌다. "섹스는 중요하지 않아요. 더 큰 무엇의 일부분이 아니라면 섹스에는 흥미가 없어요."

이제 노력은 남자의 몫이다. 여자들을 바라보며 미소만 짓고 있어서는 안 된다. 문제는 그녀가 아는 많은 남자들의 나약함이다. "그들에게는 진취성이 없어요." 그녀는 누구에게 조언을 구해야 할까? 점쟁이밖에 없다. "우리한테는 뭔가가 필요해요. 점성술이 종교가 되었죠." 점쟁이는 그녀에게 남자 관계가 순탄치 않을 거라고 했다.

플로랑스에게 남자 문제는
하나의 취미에 불과했다

플로랑스는 파트리샤보다 열다섯 살 아래이지만 그녀 역시 해결책을 찾지 못했다. 그녀의 가족은 전부 '광적인 취미'

를 갖고 있다. 아버지는 등산광이다. 얼마간은 등산의 위험에 매혹되어 등산을 사랑한다. 일상생활이 지루해서, 일상에 매몰된 자신을 뛰어넘어 단조로움에서 탈출하고 싶어서 위험을 무릅쓰려는 것이다. 그녀의 아버지는 부모님이 늘 싸우는 모습이 지겨워서 어려서부터 이런 종류의 탈출법을 배웠다. 아버지는 결코 어머니와 싸우지 않는다. 주변 사람들을 괴롭히지 않고 자신에 대해 깨달아가는 그런 사람도 있는 법이다. 플로랑스의 여동생은 승마를 광적으로 좋아하고, 온 가족이 다 각자의 취미에 푹 빠져 산다.

그러나 플로랑스는 인생 행로와 관련해 부모에게서 어떤 말도 들어본 적이 없다. 부모가 조언해준 적도 없지만, 어차피 부모의 조언이 자기한테 맞지 않으리라고 생각해서 딱히 요청한 적도 없다. 그녀는 가장 중요한 일상사를 결코 부모에게 말하지 않는다. 그녀의 행복이 부모가 소망하는 전부다. 이 말은 부모가 자신들이 무엇을 원하는지 모른다는 의미일 수도 있다.

아이들을 행복하게 하는 가장 좋은 방법은 부모 스스로 행복해지는 것이라고, 행복은 전염되는 것이라고 그녀는 말한다. 너무 버릇없이 굴면 경고하는 정도가 아버지가 할 수 있는 전부이지만 그녀에게는 그것도 소중하다. 그러나 아버지는 스스로에게 불만족스럽기 때문에 자신이 뭐라 할 자격이 없다고 느낄 것이다. 아마 그럴 거라고 그녀는 추측한다. 그녀도 아버지를 제대로 모른다. 자신의 부모를 잘 아는 사람이 과연 몇이나 될까? 사생활이 공적인 생활보다 더 중요해진 이래로 삶의 지혜에 관한 전통적인 지식이 다음 세대로 전해지는 것은 불가능해졌다.

선생님들이 그녀에게 야망을 심어줄 수 있었다면, 그녀를 매혹시킬 만큼 자기 일에 푹 빠진 그런 선생님을 만났더라면 상황이 달라졌을 것이다. 비록 성적은 좋았지만 그녀의 학교생활은 철저한 실패였다. 대학 교수 가운데 누구도 그녀에게 영향을 주지 못했다. 그녀는 스스로 교사가 되었다. 그리고 교육에 절망했다. 동료 가운데 5분의 4는 의기소침해 있었다. 자신의 일에 열정을 느끼는 사람은 교육을 거의 종교로 여기는 한둘에 불과했다.

어느 누가 그녀에게 방향 감각을 일깨워줄 수 있었을까? "저는 여자아이들은 여자아이들끼리만 이야기하는 그런 세상에서 자랐어요." 그러나 그녀는 수다에 취미가 없다. "남자와도 이야기할 수 있다고 말해준 사람은 아무도 없었죠." 남자들과의 토론은 언제나 유혹의 가능성으로 그늘져 있다. "여성과 진정한 대화가 가능하다고 생각하는 남자는 거의 없어요. 남자는 자기를 좋아하는 것을 여자가 알게 되면 유혹해주길 원할 거라고 여겨요. 잠자리를 같이하면 대화를 시작하는 데는 도움이 되겠지만 그것이 꼭 필요한 일은 아니죠." 그녀가 아는 젊은 여성들 사이에서는 그런 일이 많이 줄었다. 그녀는 애인과 헤어진 후 오히려 더 좋은 관계를 유지하고 있다. 친구 사이에는 유혹이라는 문제가 없기 때문이다. 남자들이 그녀를 쳐다보는 태도를 보면 때때로 즐겁기도 하지만 절망도 느낀다. "남자와 이야기하려면 먼저 남자와 이야기할 권리를 얻어야 하죠."

플로랑스에게 남자 문제는 일종의 '광적인 취미'와 비슷한 것이다. 어떤 활동에도 그녀는 완전히 몰두할 수 없다. 그녀의 취미는 발견, 여행, 미지의 사람을 만나고 미지의 곳에 가보는 것인데 그러려면 한 가지 광적인 취미에서 자유로워야 한다. 그녀의 개성은 너무 다양하다. 직장 여성처럼 보이지만 바느질도 좋아한다. 그녀는 자기 직업이 암시하는 이미지를 거부한다. 만약 직업과 사생활 중에 선택해야 한다면 그녀는 사생활을 선택할 것이다. 만약 아이가 있다면 그 아이를 위해 시간을 내겠지만 자신을 희생하지는 않을 것이다. 너무나 많은 남자들이 자기를 위해 희생한 어머니에게 진 빚을 갚을 수 없다는 느낌으로 인해 정신적으로 독립하는 데 장애를 겪고 있다. 대부분의 남자들은 그녀가 당황스럽다고 말한다. 그녀는 겁쟁이들만 만났다고 대꾸한다. 남자들은 그녀가 원하는 것이 안정이 아님을 이해하지 못하고 있다. "내가 한 일 가운데 가장 흥미로운 일은 내가 불안정할 때 한 일이었어요. 뭔가 목표를 세우면 난 배수진을 치죠. 하지만 안정은 나를 잠들게 해요." 남자는 자신에게 매혹당한 여자를 소유했다고 생각하지만, 사랑의 관계에는 매일 새로운 매력이 필요하다. "사랑과 안정이 꼭 필요한 건 아니에요. 난 오히려 위험한 상태에 처할 필요가 있어요." 그래서 그녀의 취미 가운데 하나는 행글라이딩이다. 그러나 그녀는 더 많은 새로운 발견을 원한다.

플로랑스는 일찍 결혼했다. 남편과 1년 같이 살고 3년 동안 떨어져 있었다. 함께 가정을 꾸미는 것도 좋지만 떨어져 사는 것도 괜찮다고 생각한다. 그것을 이해하는 남자는 거의 없다. 그녀가 며칠 훌쩍 떠나고 싶어 해도 이해하지 못한다. 남자들은 그녀가 어떻게 시간을 보내는지 일일이 설명해주기를 기대한다. 남자들은 제멋대로 그녀의 친구들을 평가해댄다. 혼자 책을 읽고 싶은데 방해를 받으면 정말 참을 수 없다. "혼자 사는 법을 알았기에 난 운이 좋은 셈이죠." 그러나 사랑하고 또 사랑받을 사람을 찾을 때까지는 그녀도 안식을 찾지 못할 것이다. 다른 일들을 하는 데 필요한 마음의 평화를 얻기 위해서는 안식이 필요하다. 남자들은 사랑이 단지 다른 일을 하기 위한 토대라는 생각을 별로 좋아하지 않을 것이다. 그녀가 과거에 만났던 남자들이 모험을 싫어하지만 않았더라도 괜찮았을 것이다. 그들은 두려움 때문에 만족하지 못하면서도 그저 살아간다. "나는 평범하고 평균적인 삶은 살고 싶지 않아요." 그녀의 이상형도 다른 여자들과 다르지 않았다. 지적이고 아름답고 매력적이고 유머 있는 남자. 그러나 그녀는 지금 그 이상의 남자, 즉 마음속 깊은 곳에서 존경할 수 있는 남자를 원한다. "수준에 맞는 남자를 못 만났다고 하면 잘난체한다고 생각하겠지만 지금까지 내가 가진 모순을 좋아하는 사람을 만나본 적이 없어요. 난 빠르게 변하는데, 남자들은 못 쫓아왔어요. 속도가 서서히 떨어지죠. 때때로 의문이 생기기 때문에 내게는 확신을 줄 남자가 필요해요."

누구나 남편과 매일 함께 지내야 하는 것은 아니다. 그녀의 남편은 좋은 아버지가 되지는 못했을 것이다. "나 혼자 아이를 원할 만큼 내가 이기적인 건 아니에요." 남편은 경제적으로 그녀에게 의존하고 있다. 의존은 관계를 그르친다. 사소한 일들이 사람을 야비하게 만들고 그만큼 사랑이 줄어든다. 그래서 돈에 대해서도 달리 생각하게 되었다. 그녀는 한때 쇼핑을 즐겼다. "스트레스를 풀고 싶으면 돈을 쓰라는 말을 들었어요. 구두를 한가득 살 수도 있었을 거예요." 그러나 그녀는 곧 쇼핑에 흥미를 잃었다. 지금 그녀는 옷이 아니라 책을 사고 여행하는 데 대부분의 돈을 쓴다. 월급이 아주 많은 건 아니지만 그래도 원하는 걸 할 만큼은 된다는 사실을 알게 되었다.

모험을 한다는 것은 그녀가 안전한 직장을 포기해왔다는 뜻이다. 모두가 만류했지만 그녀는 무시했다. 직업이란 연애와 같은 것이기 때문이다. 사랑하지 않는다면 떠나야 한다. 직업에 대한 사랑은 대단히 중요한 것이다. 교사직을 그만두고 그녀는 지방의 일간지 기자가 되었다. 거기서 3년 일하는 동안 아무도 그녀에게 목표를 말해주지 않았다. 모든 것이 판에 박힌 듯이 진행되었다. "판에 박힌 일은 정신 건강에 해로워요." 자신이 쓴 기사가 쓰레기라는 것을 알면서도 그 사실에 신경을 끊음으로써 자신의 재능을 죽이는 기자들도 있었다. 한편 어떤 기자들에게는 자신의 재능을 충분히 활용하는 일이 허용되지 않았다. 신문사는 안정된 직장이었기 때문에 아무도 평지풍파를 원하지 않았다. 그녀가 사표를 냈을 때 다들 미쳤다고 했다. 그러나 직장에 대한 열정이 식었다면 바로 그만두어야 한다는 것이 그녀의 주장이다. 그녀 말대로라면 산업계 전체가 무너졌을 것이다. 그러나 한번 상상해볼 만한 일이다.

플로랑스는 지금 브뤼셀에 살고 있다. 브뤼셀은 미지를 향해 떠나는 도시다. "온갖 잡다한 사람들이 모인 이 도시에서는 무슨 일인가 일어날 것만 같아요." 그러나 어떤 일이 일어날지는 아무도 모른다. 용기는 어떤 기회가 가져다주는 뜻밖의 일에서 즐거움을 얻는다. 그녀는 유럽 전역에서 모인 죽이 맞는 기자들과 함께 언론 대행사를 설립하고자 한다. 독립적이면서도 조화를 이루고자 하는 그녀의 노력은 계속되고 있다. 새로운 모험들이 있는 한 그녀의 생활은 복잡할 수밖에 없다. 그녀는 미국에 대해 편견을 갖고 있었다. 미국인들은 "돈을 좋아하고 능률에 집착"한다는 것이었다. 그러나 우연히 미국을 방문하고 나서는 생각이 바뀌었다. 편협한 사람들도 물론 만났지만 그렇지 않은 사람이 더 많았다. "열등감이 없어졌어요." 미국의 능률은 그녀에게 깊은 인상을 주었다. 캐나다에서 그녀는 놀라운 사람을 만났다. 4일 동안 그들은 이야기를 나누었다. 그는 자신의 느낌을 말하는 데 두려움이 없었다. 믿을 만하고 진실한 사람처럼 보였다. "그는 조화와 정다움에 대한 내 갈망을 충족시켜주었죠." 그러나 그녀는 이 우정이 어떻게 될지 알 수 없다. 단지 그녀의 일부분만이 그 우정에 대해 흥미롭다고 느끼고 있다. "그는 나를 위험에 처하게 하지 않았어요. 정서적 안정에 대한 욕구는 없었는데 말이죠." 시간이 말해줄 것이다.

그리고 그녀는 레바논으로 갔다. 그곳에는 정말로 물리적인 위험이 존재한다. 그녀는 레바논의 한 가족과 친구가 되었고, 지금 유럽에서 공부하는 그 집 딸의 대모 역할을 하고 있다. 그녀와는 아주 다른 생각을 갖고 있는 열여덟 살 여자의 정신적 스승(플로랑스는 스물일곱 살이다) 역할을 하는 것은 그녀에게는 새로운 관계였고, 우정의 다양함을 느끼는 계기가 되었다.

미래에 대한 플로랑스의 메뉴는 상상력을 개발하는 것이다. 학교에서는 절대로 가르쳐주지 않는 것이다.

오랜 역사를 통해 여성은 자신을 대하는 남성의 태도를 바꾸려고 노력해왔다

여성이 남성에게 더 많은 요구를 하기 시작한 것과 동시에 과학자들은 동물의 세계가 꼭 수컷에 의해 지배되는 것은 아니라는 사실을 발견했다. 덩치 큰 수컷 비비(개코원숭이)가 마치 집단을 지배하는 것처럼 보이지만, 더 자세히 관찰해보면 어디로 이동할지, 누가 누구 옆에 앉을지를 결정하는 것은 암컷이라는 것을 알 수 있다. 전에는 수컷이 짝을 찾고 그런 다음 암컷에게 새끼들을 돌보게 했다고 생각했다. 그러나 암컷이 주도권을 가지는 경우가 더 흔하고 영장류의 약 40퍼센트는 수컷이 새끼들을 돌보는 것으로 밝혀졌다. 암컷들은 호르몬의 수동적인 피해자로 여겨졌다. 그러나 자동적이고 필연적인 과정으로 호르몬이 생성되는 것만큼이나 자신과 주위 동료의 행동에 의해서 호르몬이 생성되는 것으로 드러났다.

무엇보다도 자연 전체가 분명하게 수컷과 암컷으로 나뉘어 있지는 않으며, 많은 생물이 교미 없이 생식하거나 옷을 고르듯이 성을 바꿀 수 있다는 사실이 강조되고 있다. 위기가 발생하거나 먹이가 떨어질 때까지 거의 대부분의 시간 동안 종 전체가 암컷으로 구성되어 있거나 교미 없이 생식하는 생물도 있다. 수컷이 꼭 힘이 더 센 것도 아니다. 새끼를 기르거나 생식할 때가 아니면 암컷들은 수컷과 함께 있는 데 별로 관심이 없다. 짝을 고를 때 대단히 까다로운 암컷들도 있다. 서양농병아리라고 알려진 새의 97퍼센트는 수컷의 접근을 거부하며, 소리를 제외하고는 겉모습이 수컷과 똑같다. 1년에 하루만 수컷과 지내는 사슴처럼 교미에 관심 없이 혼자 사는 동물도 많다. 그러나 동물들이 이런 기이한 행태나 다양한 독립 형태를 개발하는 데는 수천 년이 걸렸다.

만약 이것이 인간에게 어떤 시사점을 준다면, 여성이 이상적인 남성을 찾기가 그토록 힘든 것도 별로 놀라운 일이 아니다. 장구한 역사를 통해 여성은 자신을 대하는 남성의 태도를 바꾸려고 노력해왔다. 그러나 변화란 예상하지 못했거나 원하지 않는 결과를 가져오기도 하는 만큼, 그런 노력의 목표도 다양하게 변해왔다. 예를 들어 여성들은 부부 관계를 바꾸는 한 방법으로 유혹의 규칙들을 거듭 수정하면서 구혼 방식을 바꾸려고 시도했다.

전통은 물론 다양한 면면을 지니고 있지만 가장 흔한 것은, 여자는 결혼 전에 어떤 남자도 알아서는 안 되며 결혼 후에도 아는 남자의 범위를 넓혀서는 안 된다는 것이었다. 이런 상황에서는 남성의 구애가 여자 쪽 부모와의 협상 같은 것이 되거나, 여자가 "항복할 때까지" 포위 공격을 하면서 힘을 과시하거나 선물과 약속을 통해 혼란을 조성하는 등 군사적 작전 같은 것이 된다. 그러나 어떤 여성들은 남자가 단지 이해심이 없다는 이유로 구혼자를 거부했다. 그것은 활과 화살을 쓸모없게 만드는 갑옷을 새로 발명해 입은 것이나 마찬가지였다. 여성들이 꼭 젊을 때 결혼한 것도 아니었고 부모의 뜻에 따르기만 한 것도 아니었다. 역사를 통해 볼 때 과거에는 사람들이 너무 일찍 죽었기 때문에(한때 평균 수명이 서른 살이던 때도 있었다) 결혼의 약 3분의 1이 재혼인 경우도 많았다. 따라서 과부가 (그리고 나중에는 이혼녀가) 그 길을 보여준 것은 당연한 일이었다.

과거에 여성들은 남자가 아무리 마음에 들지 않아도 결혼하고 나면 사랑하게 될 것이라는 말을 들었다. 그러나 어떤 여성들은 결혼하기 전에 그 가능성을 증명하거나 최소한 자신에 대한 사랑을 확실히 보여줄 것을 요구하기 시작했다. 이런 일이 생기자 남성들은 어떻게 구애해야 할지 혼란에 빠지게 되었다. 사랑에 빠지는 기술이라든가 사랑을 알선해주는 기관이 없었기 때문이다. 가장 비밀이 없고 가장 다양하고 아마도 세계에서 가장 영향력 있는 미국의 구애사history of courtship를 통해 그 결과를 추적해볼 수 있을 것이다. 미국인들은 이미 1860년대에 남성다움의 위기에 대해 불평하고 있었다. 그러나 각 세대는 부모와 자식 간의 차이만을 의식하는 까닭에, 남성과 여성 간의 쟁점들이 얼마나 오랜 역사를 갖고 있는지, 인간들이 얼마나 고집스럽게 똑같은 벽에다 머리를 들이받고 있는지 잊고 있다.

《젊은 아내 The Young Wife》(1833)라는 책에서 윌리엄 올컷 William Alcott은 "남자와 여자의 사랑은 결혼하고 나면 반드시 기울기 시작한다"는 것이 "매우 일반적인 의견"이라고 썼다. 그 당시 연애하던 남녀들은 "결혼한 사람들의 거의 보편적인 불행"에 대해 괴로워하는 편지를 남기고 있다. 특히 신부들은 가사노동의 의무뿐만 아니라 남편을 "행복하고 유덕한" 사람으로 만들기 위해 내조를 할 필요성과 같은 "감당할 수 없는 미지의 벅찬 의무"에 겁에 질렸다. "그런 의무에 평생 속박되는 것은 정말 끔찍하다." "감사와 기쁨"이 "두려운 책임감" 또는 서로 아끼는 마음이 금방 사라질 것이라는 느낌과 혼합되어 있었다. 그래서 2세기 전에 이미 여성들은 남자들과의 관계를 수정하는 일에 착수했다.

한 가지 방법은 여성들이 자신이 느끼고 생각하는 모든 것을 남자들에게 정확하게 말하는 것이었다. 이것이 '솔직함'이라는 방식이었다.

전통적으로 남성과 여성은 따로 떨어져 있었으며, 정신적, 육체적으로 별개의 두 세계에 머물러 있었다. 1860년에 한 신부는 남성과 여성 사이에 "솔직하고 마음에서 우러나오는 관계를 사회가 허용하지 않는다. 그러나 나는 솔직해지고 싶다"라고 썼다. 또 다른 신부는 "누구에게도 당신에게 한 것처럼 나 자신을 알게 한 적이 없고, 당신에게 보인 것 같은 믿음을 보인 적이 없기 때문에, 당신을 더 잘 사랑할 수 있다"라고 말했다. 그러나 남자는 이렇게 대답했다. "남자들은 두려움 때문에 자신의 모습을 있는 그대로 드러내지 못한다.”

평판이 성공 여부를 좌우하기 때문에 남성들은 밖에서 자신의 평판을 신중하게 관리해야 했다. 친밀한 대화를 나누거나, 생각을 교류하자고 말하는 것은 지나친 모험이었다. 한 남성은 “어떤 두 사람이 완벽하게 결합할 수 있다거나 모든 면에서 서로 꼭 알맞도록 되어 있다는 말은 허구”라고 썼다.

낭만주의자들은 “우리는 하나가 되어야 한다”라고 말했다. 그러나 여성들은 구혼자에게 자신을 열어 보이는 과정에서 자신에 대해 많은 것을 발견하기 시작했다. “1800년 이후부터 마음을 털어놓는 일은 부부들에게 일종의 집착이 되었다.” 사려 깊음과 얌전떨기에 의해 평판이 좌우되는 여성들에게 이것은 쉬운 일이 아니었다. 남성들에게 인생의 의미를 찾는 일을 우선시하라고 요구하는 데는 용기가 필요했다. “난 당신이 너무 열심히 일하는 것을 바라지 않아요”라고 보스턴의 한 여성은 약혼자에게 말했다. 그 이후로 수백만 명의 여성이 똑같은 요구를 하거나 아니면 정반대의 요구를 해왔다. 친밀함보다 수입이 더 중요하다는 생각에 대한 저항은 정말로 혁명적이었다. 1850년에 이미 한 여성은 자신의 구혼자를 위한 “영혼의 의사”가 되기를 갈망했다. 남성과 여성이 상대를 자세히 보면 볼수록 서로에게 더 특별한 존재가 되었고, 남성과 여성에 대한 판에 박힌 듯한 인상은 별로 도움이 되지 않았다.

이상이란 언제나 손이 미치지 않는 곳에 있다. 어떤 여성들에게는 이것이 걱정거리였고 그래서 그들은 오히려 역행했다. 우선 그들은 자신이 구혼자의 숭배를 받을 자격이 없다고 걱정했다. 그리고 자신이 구혼자를 열정적으로 숭배하지 않는다고 걱정했다. 다른 사람은 진정한 사랑에는 "노력이 필요 없다"라고 생각했다. 그러나 또 다른 사람은 "과거의 많은 걱정들이 사라질 정도로 온 마음을 다해 사랑할" 사람을 찾았는지 확신할 수 없다고 말했다. 달리 말해 그들은 용기를 잃어버렸다. 확신의 결여로 엄청난 마음의 압박을 받았다. 그들은 분명하게 확신에 차 있고 능수능란하고 단호한 남자, 가장 귀중한 보물인 확신을 가지고 있는 것처럼 보이는 남자들을 열망하는 단계로 옮겨갔다. 그러고는 그 남자들이 나약한 것으로 판명되거나 또는 오히려 그들이 "신뢰할 수 있는 노련한 판단력을 가진 여성"을 원한다는 사실이 드러나면 혼란에 빠졌다. 알맞은 사람을 만나는 것만이 문제가 아니었다. 적절한 시기에 만나야 하고, 영원히는 아니더라도 그 특정한 순간에 어울리는 갈망을 가지는 것도 문제였다.

남자들과의 관계를 수정하기 위해 몇몇 여성들이 시도한 또 다른 방법은 남자를 많이 만나보는 것이었다. 중산층은 그 방법을 노동자 계층한테서 배웠다. 노동자 계층은 사회적으로 열등한 사람을 만날지 모른다는 두려움 때문에 위축되는 일이 없었다. 데이트라는 말은 본래 가난한 사람들의 속어로, 1896년에 처음 사용되었다. 1920년대에 미국 젊은이들은 데이트에 미쳐 있었고, 조사에 따르면 학교 수업을 제외하고는 데이트에 가장 많은 시간을 할애했다. 1945년까지 데이트의 목적은 가능한 한 많은 사람들과 외출하는 것이었다. 자기와 데이트를 원하는 사람이 많으면 많을수록 더 좋았다. 이제 사랑에 대해서는 덜 이야기하게 되었다. 목표는 좀 더 확실한 수단, 즉 데이트한 숫자로 자신감을 획득하는 데 있었다. 한 대학생은 9개월 동안 56명의 여학생과 데이트했다고 자랑했다.

많은 사람들이 데이트가 권력 투쟁이라고 상상했다. 권력은 어른들이 관심을 가지고 이야기하는 주제이기 때문이었다. 데이트는 정말로 젊은이들을 부모의 통제에서 자유롭게 해주었다. 데이트를 하려면 집에서의 간섭을 피해 공공의 오락거리를 제공하는 장소로 나가야 했기 때문이다. 데이트가 '방문' 시스템을 대체했다. 방문 시스템에서 구애자는 자신이 좋아하는 여성을 방문하기 위해 허락을 받아야 했고, 허락 여부는 당사자 아니면 종종 그 방문을 주선하는 어머니에게 달려 있었다. 남성들은 오락거리나 마실 것 또는 식사에 드는 비용을 지불하면서 데이트가 자신의 우월감을 회복하는 일이라고 여겼고, 자동차에 돈을 쓰는 것처럼 즐기기 위해 여자들을 사는 것이라고 상상했다. 그리고 많은 여학생들은 가능한 한 많은 남학생들과 데이트하는 것이 자신의 인기를 증명하는 유일한 길이며, 따라서 그것만이 인기 있는 여학생을 원하는 인기 있는 남자를 잡는 길이라고 확신했다. 그래서 이들은 화장품과 옷에 많은 돈을 들였으며, 그것은 남성들의 지출에 맞먹는 것이었다. 미국의 경제는 틀림없이 이런 소비적인 경향으로 이익을 보았다. 그러나 이것은 그 얼마 전까지만 해도 전혀 미국적인 것이 아니었다.

데이트는 자신감을 찾는 민주적인 방법인 듯이 보였다. 그것은 일종의 투표, 끊임없는 선거였다. 잡기 어려운 사랑 때문에 고민하는 대신에 젊은이들은 데이트를 통해 자신의 인기를 증명했다. 댄스파티에서 가장 인기 있는 여자는, 밤새 춤추지만 결코 같은 남자와 춤추지 않는 여자였다. 1940년에 《여성의 친구Woman's Home Companion》라는 잡지는 이렇게 조언했다. "휴일 저녁에 아쉬울지 모르니 결코 데이트를 거절하지 마라." 기선을 잡는 것이 남자다운 특권이었다. 여대생이 토요일 댄스파티에 같이 가자고 데이트 신청을 하면 "중간에 말을 자르고 걸어가 버렸다." 한편 여성들은 누구의 신청을 받아들일지 결정하고 예약이 밀린 체하는 특권을 가졌다. 미시간대학에서 여학생들은 데이트에 따라 남자들의 등급을 매겼다. A—멋지다, B—좋다, C—그저 그렇다, D—반병신, E—괴물.

그러나 2차 세계대전이 끝나자 여성들은 다시 용기를 잃어버렸다. 1600만 명의 젊은 병사들이 해외로 파병되었으며, 25만 명이 죽고, 10만 명이 영국과 프랑스 또는 다른 외국 여성과 결혼했다. 데이트할 남자가 충분하지 않다는 공포가 밀어닥쳤고, 더 나쁜 것은 제대한 군인들이 유럽에서 만난 성숙하고 세련된 여자를 좋아했으며 순진한 처녀는 안중에도 두지 않는다는 사실이었다. 그래서 데이트도 변모되었다. 이제 "남자를 훔치는 여자"들이 존경의 대상이 되었다. 대학 진학은 남편을 얻기 위해 놓는 덫이었고 '주부 학위'를 따는 길이었다. 10월까지 파트너를 찾지 못하면 실패한 것이었다. 여성의 결혼 적령기는 최대로 낮아져 열아홉 살이 되었다. 데이트는 점점 더 어린 나이에 시작되었다. 1959년에 미국 청소년의 57퍼센트가 '규칙적으로' 데이트를 했다. 안정감을 얻고 경험을 넓힌다는 데이트 본래의 취지는 폐기되었고 그에 따른 부작용도 적지 않았다.

1950년대의 여성 잡지가 내놓은 조언은 여성다움으로 돌아가라는 것이었다(그 뒤로 주기적으로 그런 조언이 되풀이되었다).《레이디스 홈저널Ladies Home Journal》은 독자들에게 "누구나 용기만 있으면 유행하는 몸매를 만들 수 있다"라고 설득했다. 잡지《여성의 친구》는 자신의 여성다움을 평가하는 설문 조사를 했다. 첫 번째 질문: 당신은 매니큐어를 바랍니까? 두 번째 질문: 당신은 직업적인 야심을 갖고 있습니까? 여자아이들은 열두 살 때부터 가슴이 큰 여배우를 흉내 내며 덧댄 브래지어를 착용했다. 이렇게 한 목적은 삶을 단순하게 만들어 남성과 여성의 역할을 분명히 구분하는 것이었다. 《시니어 스콜라스틱Senior Scholastic》의 설문 조사에서 대다수의 여성들은 유쾌한 성격을 가진 남자보다 에티켓을 아는 남자를 더 좋아한다고 대답했다. 이들은 여성스럽고 순종적인 여자가 됨으로써 남자들을 더 남성적으로 만들고 "남자답게 느끼도록" 도와준다고 생각했다. 특히 직장에서 남성들과 경쟁할 때면 그렇게 하는 것이 필수적인 것처럼 보였다. 그러나 물론 남성다움을 돋보이게 해야 할 필요가 있는 남성들은 적합한 상대가 아닌 것으로 드러났고, 여성들은 방향을 잘못 잡았다는 결론을 내렸다.

이제 여성들은 자기 주위에서 남자들이 구애의 춤을 추는 방식을 바꿀 수는 있었지만, 그 춤추는 남자들 자체는 아직 서투르고 다루기 어렵다는 사실을 알게 되었다. 1960년대의 성 혁명 훨씬 이전에 미국인들은 자신의 성적 정체성에 대해 걱정하고 있었다. 서던캘리포니아대학에는 이미 1950년대에 '남자와 여자의 여섯 가지 차이'에 관한 강좌가 개설되어 있었다. 남성들이 성적 매력이나 박력이 없다고 불평하는 오늘날의 여성은, 빛나는 갑옷을 입은 용감한 기사에 관한 이야기는 많이 읽었지만 허세와 거짓말에 관한 책은 많이 읽지 않았고, 확신의 뿌리가 얼마나 연약한지도 잊고 있다. 사람을 바꾸는 일은 실내 장식과 같은 것이다. 방 하나의 장식을 끝내면 다른 방들의 누추한 모습이 더욱 뚜렷해진다.

남성의 동성애가 변천해온 네 단계

한편 돈 후안Don Juan의 모델이 되었던 실존 인물이 동성애자라는 사실이 밝혀졌다. 그는 여자들을 쫓아다니는 것을 좋아했지만 여자들을 좋아하지는 않았다. 그에게 자극이 되었던 것은 그 쫓아다니는 일이었다. 동성애자의 역사는 남성과 여성의 관계에 비해 주변적인 것으로 여겨졌다. 그러나 최근 학자들의 연구와 좀 더 솔직한 자서전들을 통해 많은 것이 드러났으며, 동성애가 생각보다 훨씬 중요한 것으로 밝혀졌다. 비록 그 연구의 목적은 무엇보다도 성소수자의 정체성을 확립하는 것이었지만, 이를 통해 동성애자가 아닌 다수에 대해서도 중요한 발견이 이루어졌다. 남자가 남자를 사랑하게 되면 어떻게 다르게 행동할까?

남성들 사이의 성적인 관계는 네 단계를 거쳐 변해왔다. 그러나 각각의 단계가 그 이전 단계를 끝낸 것은 아니기 때문에 네 단계 모두가 공존하고 있다. 본래 동성애라고 하는 것은 쾌락의 원천일 뿐만 아니라 의식儀式의 한 형태로서, 이미 확립된 제도를 강화하는 보수적인 역할을 담당했다. 이교pagan religion에서 동성애는 없어서는 안 될 한 부분이었으며, 이교의 신은 온갖 형태의 성관계를 즐겼다. 성관계가 신성한 유희로서의 역할을 중단하게 되자 비로소 동성애는 박해를 받기 시작했다. 성과 마술은 똑같이 신비의 영역이었으며, 흔히 무당들은 남성적인 동시에 여성적이고자 노력했다. 남녀 모두에 대한 영향력을 높이기 위해 옷도 그런 식으로 입었다. 군인들이 나라를 통치하고 군사적인 특성이 추앙받았을 때는 동성애가 때때로 군사적인 신분 질서를 강화하기 위한 수단으로 이용되었

다. 일본의 사무라이는 젊은 남성을 성 상대로 대동하고 전장에 나
갔다. 고대 켈트족의 전사들은 "조금도 거리낌 없이 자신을 다른 남
자들에게 제공했으며", 자신의 제의가 거부당하면 분개했다. 많은
사회에서 동성애 관계는 성장 과정에서 한 번은 거쳐야 하는 의무
적인 단계였으며, 어떤 곳에서는 여성들에게도 적용되었다(그러나 여
성 동성애에 관해 기록된 역사적 증거는 훨씬 적다). 고대 그리스에서 동성애 관
계에 있는 연장자는 젊은 남자에게 시민 의식을 가르치고 결혼생활
을 준비시키는 사람으로 여겨졌다. 가끔 이런 이상이 타락하기는 했
지만 소년은 연장자에게 감사하는 마음 외에는 어떤 쾌락이나 욕망
도 느끼지 말아야 했다. 이성 간의 관계는 소유라는 문제에 의해 좌
우되었으나 동성애는 신분을 강화하기 위한 대안이자 눈에 띄는 사
치의 한 형태였다. 어떤 중국의 황제들은 후궁 이외에도 분을 바르
고 입술을 칠한 소년들을 거느렸다. 영국의 노르만 왕 윌리엄 루퍼
스William Rufus는 머리를 기른 젊은 가신들에게 여자 옷을 입혀 주위
에 두었다. 엘리자베스 1세 시대에 인기 있던 한량들은 한 손에는 정
부情婦를, 다른 손에는 미동美童을 거느리고 길을 걸으면서 자신의 남
성적인 능력을 과시했다. 현대의 기숙학교는 암암리에 전 세계의 다
양한 부족들이 공통적으로 갖고 있는 동성애의 전통을 지속시켰다.
여성적 특징을 지닌 남자들이 존경을 받았던 시대 — 특히 갈등의
시대 — 가 있었다. 그래서 나폴레옹은 여자 같은 청년의 초상을 즐
겨 그린 조각가 카노바Antonio Canova와 남성다운 역할에 여성스러운
목소리로 연기한 크레센티니Crescentini라는 카스트라토(어려서 거세한 남
성 가수—옮긴이)를 후원했다. 이런 전통이 오늘날에도 중성적인 매력
의 팝스타의 성공에 의해 지속되고 있다. 이와 대조적으로 무솔리니

는 경기장을 건설하고 그 주위에 근육질의 남자 나체 조각상 60개를 둘러 세웠다. 동성애자들은 이성애자와 마찬가지로 이러한 이상들 사이를 오갔다.

동성애는 인류 사회의 약 3분의 2 정도 되는 지역에서 역사상 각기 다른 시기에 각기 다른 정도로 인정을 받았으며, 때때로 한 사회의 대다수 인구와 관련되어 있었다. 심지어 가톨릭교회조차 오랫동안 동성애를 용인했다. 1102년에 캔터베리 대주교였던 성 안셀름은 동성애 처벌을 완화하라고 요구했다. "이 죄악이 너무 공공연하게 퍼져 있어 누구도 이로 인해 얼굴을 붉히는 일이 없으며, 또 그런 까닭에 많은 사람들이 그 심각성을 깨닫지 못하고 이 죄악에 뛰어든다"라는 것이 그 이유였다. 십자군 원정에 참여했던 사자왕 리처드 1세가 성적 편력이 있었다고 해서 경건하지 않았던 것은 아니다. 원래 교회는 사제들이 여자와 성관계를 갖지 못하게 하는 데 더 관심을 기울였다. 교회가 여자와의 성관계를 적극적으로 반대하는 입장을 취하자 동성애는 특히 수도원에서 훨씬 더 흔한 일이 되었으며, 성 엘레드Saint Aelred of Rivaulx는 신성한 사랑을 찾는 한 방법으로 동성애를 찬양했다.

12~13세기가 되어서야 유럽에서 동성애에 대한 광범위한 억압이 시작되었다. 그것은 모든 종류의 이단에 맞선 성전의 일환이었으며, 끔찍한 종교재판으로 발전했다. 이때가 두 번째 단계다. 이제 참회로는 부족했다. 1260년 프랑스에서는 한 번 동성애를 범하면 고환을 절단하고, 두 번 범하면 성기를 절단하며, 세 번 범하면 화형에 처한다는 처벌 규정을 만들어 박해를 시작했다. 히틀러가 유대인들과 함께 모든 동성애자를 말살시키려 한 것이 이 이야기의 절정이었다.

박해로 인해 동성애는 보수적인 것이 아니라 위험하고 은밀한 것으로 변했다. "위선은 집어치워라. 분별 있는 방탕이란 나에게 아무것도 아니다. 나는 밝은 대낮에 모든 것을 즐기고 싶다." 시인 아부 누와스Abu Nuwas(787~814)는 자위행위를 찬양하면서 이렇게 적었다. 그러나 더 이상 개방적일 수 없게 되었다. 오스카 와일드Oscar Wilde는 만약 모든 사람들이 자신의 욕망을 자유롭게 표현한다면 이 세상이 다시 젊어지겠지만, 가장 대담한 사람들조차 두려워서 자신이 진정 좋아하는 것을 고백하지 않게 될 것이므로 그런 일은 일어날 것 같지 않다고 주장했다. 관습과 여론을 따르지 않아 박해받게 된다면, 차선의 방책으로 가장하고 숨기고 연기하고 억압자와 비판자들을 조롱함으로써 만족을 찾아야 한다. 장 주네Jean Genet는 본연의 자신을 아는 것은 불가능하므로 자신이 되려고 노력하는 일은 의미가 없다고 주장했다. 도미니크 페르난데스Dominique Fernandez는 동성애 차별이 없어진다면 자유를 사랑하는 사람으로서는 기쁘겠지만, 동성애자가 됨으로써 누리는 기쁨은 잃게 될 것이라고 덧붙였다. 그에게 동성애자가 된다는 것은 최하층 천민이 된다는 의미였고, 또한 공개적으로 토론할 수 없는 문제에 흥미를 가짐으로써 자신이 남들과 다르다는 느낌을 강화하는 것이었다. "동성애와 관련해 내가 그런 성관계에 가장 큰 관심을 갖고 있는 것은 아니며", 소설가로서 행복한 동성애자를 묘사하는 것은 상상할 수 없다고 그는 썼다. 솔직함과 비밀스러움은 균형을 이루면서 경쟁하게 되었고, 욕망은 금기와 공범이 되었다. 케임브리지대학에서 가장 최근에 간통을 연구한 전문가가 강조한 것처럼, 이성 간의 간통이 주는 전율적인 쾌감 또한 비밀과 모험에서 비롯된다. 모두가 솔직해진다면 인간관계에 어려움이 없으리라는 가정은 지나치게 단순한 생각이다. 설령 모든 사람이 그렇게 솔직해질 의향이 있다고 하더라도 마찬가지다. 그보다 더한 어떤 것, 즉 솔직한 이야기를 이해하고자 하는 열망이 필요하다.

서구 동성애의 역사에서 세 번째 혁명은 19세기에 일어났다. 이제 동성애는 단지 죄가 아니라 질병이나 성장 과정에서의 결손 또는 유전적인 원인의 결과로 분류되었다. 그때까지 18세기에 번창했던 런던의 여장 남창집을 찾아가던 남성들은 마을마다 있는 남창들을 이용했던 타히티 사람들과 마찬가지로 동성애자로 여겨지지 않았다. 동성애자라는 말은 1869년(프로이트가 열세 살 때)에 빈의 작가인 벤케르트K. M. Benkert에 의해 고안되었다. 그는 동성애자들이 자신의 의지와 무관하게 '제3의 성'을 이루고 있으며, 그런 까닭에 죄악이나 범죄를 저지른다고 그들을 비난할 수 없다는 것을 보여줌으로서 박해를 피하려고 했다. 그때까지 동성애자를 가리키던 이름은 조큘러jocular('익살맞은, 우스꽝스러운'이라는 뜻—옮긴이)였으며, 그것은 의학적인 분류가 아니었다. 게이gay('명랑한, 방탕한, 뻔뻔한'이란 뜻—옮긴이)라는 단어가 그 전통을 되살려내고 있다.

동성애 차별은 그들에게 커다란 고뇌였다. 그들은 자신의 가장 내밀한 감정을 면밀히 살펴볼 수밖에 없었고, 때때로 주목할 만한 예술적 성과를 이루어냈다. 그러나 그들이 상상하는 것처럼 자신이 외롭지 않다는 사실을 발견함으로써 개인적 소외감은 서서히 줄어들었다. 인류의 위대한 업적 가운데 상당 부분이 동성에 대해 열정적인 집착을 가진 사람들에 의해 이루어졌다는 사실도 드러났다. 이들 가운데는 현대 과학(아이작 뉴턴, 에드먼드 핼리, 로버트 보일), 컴퓨터 테크놀로지(화학적 거세 판결을 받은 앨런 튜링), 경제학(존 케인스), 예술(레오나르도 다빈치, 미켈란젤로, 보티첼리, 카라바조에서 프랜시스 베이컨에 이르기까지), 철학(비트겐슈타인), 음악(베토벤, 슈베르트, 차이콥스키), 문학(프루스트가 긴 목록의 맨 앞에 오는 인물이다), 아동문학(안데르센), 심지어 전형적인 미국 영웅의 창시자였던 허레이쇼 앨저, 그리고 알렉산드로스 대왕과 율리우스 카이사르 같은 세계적인 정복자들이 포함되어 있다. '새로운 소돔'이라고 알려졌던 르네상스기의 피렌체는 샌프란시스코의 선구였다.

미켈란젤로는 "내게는 그 누구보다도 사람들을 사랑하는 경향이 있다. 어떤 재능을 가졌거나 정신의 기민함을 보여주는 사람, 세상 누구보다도 더 적절하게 무언가를 말하거나 실천할 수 있는 사람을 보면 그와 사랑에 빠지지 않을 수가 없다. 그러면 나 자신을 그에게 완전히 주어버리기 때문에 나는 완전히 그의 소유가 되어버린다"라고 기록했다.

다른 사람들에게는 노년에 대한 두려움이 지배적인 것으로 보인다. 그래서 젊은이는 구원자로 여겨졌다. 예를 들어 로버트 루이스 스티븐슨의 해결책은, 어린 양자 로이드 오스본Lloyd Osborne에게서 영감을 얻고 또한 소년들을 위한 모험담을 씀으로써 모든 쇠락해가는 것에 대한 생각을 잊게 해주는 환상을 영속시키는 것이었다. 라이더 해거드H. Rider Haggard 이래로 모든 대중적인 '로맨스'는 이와 똑같은 목적을 갖고 있다. 프로이트 자신도 모든 사람에게서 어느 정도 동성애적 기질을 보았으며, "내 생애에 여자가 동료를 대신한 적은 없다"라고 썼다. 그러나 여자건 남자건 이런저런 방식으로 동료를 찾는 것이 프로이트가 가진 관심사의 전부는 아니었다.

벽장에서 나와 동성애 국가Queer Nation의 독립을 선포한 것이 이 단계의 절정이었다. 그렇게 해서 표면적으로 동성애자들은 다른 동성애자한테만 흥미를 느낀다고 보이게 되었다. 그러나 자신의 깊은 내면을 꿰뚫어볼 수 있었던 사람들은 자신 이상을 소망하는 경우가 많았으며, 자신으로부터 탈출해 다른 문화, 다른 세대, 다른 계층에서 상대를 찾는 것을 궁극적인 목표로 삼았다. 이러한 점을 의식하는 것이 네 번째 단계의 시작이다. 에드워드 사이드Edward Said는 오리엔탈리즘에 대해 서술하면서, 1800년 이후 동양을 여행한 모든 서구의 작가들은 실질적으로 유럽에서는 구할 수 없는 색다르고 자유롭고 죄의식에 덜 물든 성적 쾌락을 찾아간 것이라고 설명했다. 로렌스T. E. Lawrence는 아랍의 전쟁과 아랍의 사랑으로 "나의 영국적 자아를 떨칠 수" 있었다. 욕망은 미지의 영역으로 들어가는 것을 가능하게 만드는 마술이었다. 욕망 덕분에 사람을 얕잡아보던 부유층은 자신뿐만 아니라 자신보다 열등한 사람들을 새로운 각도에서 볼 수 있게 되었다.

에이즈가 난잡한 성행위에 대한 태도를 바꿔놓자 이성애자보다도 동성애자 사이에서 더 긴박하게 "열정이나 전통보다는 상호 존중에 기초한" 새로운 종류의 관계, 새로운 형태의 정사, "사정하지 않는 성관계"에 관한 탐색이 시작되었으며, 관능에 대한 여성적인 관념에 이끌리게 되었다. 가장 명쾌한 동성애 작가 가운데 한 사람인 에드먼드 화이트Edmund White는 "우리에게 아이들이 없다는 사실, 최소한의 책임밖에 지지 않는다는 사실, 우리의 결합이 신성하지 않다는 사실, 심지어 우리가 자유와 보호를 찾아 동성애자의 게토로 피신해 있다는 사실이 (…) 우리의 의식적인 지향에도 불구하고, 언젠가 다수를 차지하고 있는 이성애자들을 위한 것이 될 뭔가를 탐색하는 한 가지 방식을 길러냈다"라고 말했다. 욕망이 공격적이기를 멈추는 곳에서 동성애자와 이성애자 사이의 우정은 의미심장한 새로운 관계가 되었다.

다수를 차지하는 이성애자들은 1993년에 이러한 관계의 의미를 발견하게 되었다. 그해에 〈야수의 밤Les Nuits Fauves〉은 프랑스의 오스카상이라고 할 수 있는 세자르 영화제에서 최우수 편집상과 최우수 데뷔작 상을 받았다. 이 영화는 '적나라한' 동성애 장면으로 가득 차 있다. 그러나 언론은 만장일치로 이 영화를 극찬했다. 문화부장관은 "우리 세대 전체가 이 영화 속에서 자신을 볼 수 있었다"라고 선언하면서 거의 공식적인 축하를 보냈다. 시나리오를 쓴 시릴 콜라르Cyril Collard는, 이 영화는 한 소녀와 사랑에 빠진 동성애자의 이야기가 아니라 "자신의 온갖 모순을 깊이 파고들어간 조각 난 한 인간"에 관한 이야기라고 말했으며, 대중은 그것을 이해했다. 감독과 주인공 역할까지 맡은 시릴 콜라르는, 이유 없이 방황하는 반항아나 신판 제임스 딘이 아니라, 그보다 한 단계 더 나아가 자신의 문제를 이해할 수 있고 또 자신처럼 비극적으로 막다른 골목에 처하지 않은 사람들에게도 와닿도록 자신의 문제를 말할 수 있는 주인공이자 영웅이 되었다. 콜라르는 목적 없음으로부터 탈출하기 위해 필사적이었다. "나는 가능한 한 많은 도시를 '방문하며' 이 나라 저 나라를 급하게 여행하는 미국인 관광객처럼 인생을 살았다. (그리고) 나는 절대적으로 고독했다." 그는 가능한 한 많은 사람과 성관계를 나누었다. 그러나 만남은 번번이 "끝없이 반복되는 비극"에 지나지 않았다. 그의 욕망은 "결코 서로 연결되지 않는 섬이나 사건" 같았다. 비록 성적 흥분이 그에게 일시적으로 "전능하다"는 느낌을 주었지만 "지옥을 향한 나의 추락은 실체가 없는 그림자놀이에 지나지 않았고 (…)

내가 애무하는 엉덩이, 가슴, 성기, 배는 그 누구한테도 속해 있지 않았다." 그는 이 상대들과 대화를 나눈 적이 거의 없었다. 욕망을 즉각적으로 충족하는 것이 중요할 뿐이었다. 그 결과 그가 얻은 것은 오르가슴, 즉 "짧은 순간의 행복"에 지나지 않았다. 이내 그는 오르가슴을 느끼지 않고서는 잠을 잘 수 없게 되었고, 자신이 "코카인 중독자가 마약에 중독된 것처럼 섹스에 중독"되어 있음을 발견했다. 그는 성욕을 자극하고 절정을 연장시키기 위해 코카인을 복용했다. 고통 때문에 살아 있다는 사실을 상기할 수 있었지만 그것만으로는 부족했다. 그는 섹스가 얼마나 쉽게 폭력으로 바뀌는지, 또 얼마나 쉽게 폭력에 탐닉하게 되는지를 알고 공포에 떨었으며 자신에 대해 혐오감을 느꼈다.

그러나 콜라르는 제임스 딘보다 지적인 인물이다. 수학자로 시작해 공학을 공부했고, 록밴드의 리더가 되기 위해 학업을 그만두었다. 프랑스 최고의 편집자인 프랑수아즈 베르니Françoise Verny를 통해 두 편의 소설을 출간했고, 여러 편의 영화를 만들었다. 그는 끊임없이 책을 읽었고, 배우들이 〈야수의 밤〉이 너무 노골적이어서 이미지를 망칠까 봐 출연을 거절했을 때 직접 배우가 되었다. 콜라르가 시사하는 중요한 점은 자신에게 재능이 있는지 끊임없이 의심하면서도 그렇게 다양한 인물로 변신하는 것을 창피해하지 않기로 굳게 결심했다는 것, 그리고 자신의 영화가 자전적이라는 사실을 숨기지 않았다는 것이다. 그가 한 소녀와 반쯤 사랑에 빠졌을 때 그 소녀가 자기를 열렬히 사랑하지 않는다고 불평하자, 그는 그녀가 "나와 또 다른 나 사이의 샌드위치"일 뿐이라고 인정한다. 결국 그녀가 사랑하지는 않지만 적어도 어떤 형태의 미래를 함께 만들어갈 수 있는 남자에게 정착하자, 그는 대담하게 사랑이 모든 문제의 해결이라고 가르치는 보편적인 강령에 도전했다.

사랑은 단지 출발점에 지나지 않는다

사랑은 자유와 같은 것으로 단지 출발점에 지나지 않는다. 일단 사랑이 시작되면 많은 선택을 해야 한다. 콜라르는 먼저 자세히 살펴보지도 않고 무턱대고 거부하는 것을 거부했다. 동시에 어떤 방식으로든 심지어 성적으로 범주화되는 것도 거부했다. 자신이 동성애자나 이성애자 또는 그 밖의 무엇이라거나, 자기는 주로 남자지만 때때로 여성으로 느낀다거나, 또는 여자친구가 아무리 자신에게 빠져 있어도 가끔 변화가 필요하듯이 자기를 만족시킬 수 있는 단 하나의 여성상이란 없다고 말하는 것보다 그는 한 단계 더 나아갔다. 그에게 완전히 살아 있다는 것은 "전 지구적인 전쟁"에 참여한다는 것을 의미한다. 또한 다른 사람들도 그 전투에 참여해 함께 싸울 가치가 있음을 발견할 것이라는 희망을 갖고 다른 사람에 대한 사랑을 통해 "역사의 한 부분"이 되는 것을 의미한다. 그것은 단순히 '나'가 되는 것도 아니고, 단순히 '나와 너'가 되는 것도 아니다. 고귀한 목적이 가장 중요하다는 이러한 의지의 선포는 아직도 막연한 상태에 있다. 이를 명쾌하게 설명하려면 많은 영화가 필요할 것이다. 시릴 콜라르는 서른다섯 살에 상이 수여되기 2주 전에 에이즈로 죽었다.

여성들이 구애하는 남자에게 영향력을 행사하려고 시도하는 방법과 남성들이 서로 구애하는 방식을 비교해보면 새로운 각도에서 성욕을 볼 수 있게 된다. 그것은 대항할 수 없는 폭풍도 아니고 어떤 특정한 사람이 부는 피리에만 반응하는 뱀도 아니다. 각자가 아무런 도움도 없이 자신을 '성적으로 자극하는' 것들을 찾아야 한다는 말은 너무 단순하다. 욕망도 취향과 마찬가지로 설명될 수 없다. 여러 세기에 걸쳐 그것은 대단히 유동적이고 변하기 쉬운 것이었다. 그것은 희극 배우나 비극 배우와 마찬가지로 때로는 진부하고 상투적인 연기를 재연하는 단순한 역할도 하고, 때로는 신비스러운 느낌을 불러일으키는 실험적이고 복잡한 역할도 맡으면서 역사상 매우 다양한 역할을 연기해왔고, 서로 상반되는 주장에 봉사해왔다. 이것은 또 다른 결합, 또 다른 흥미로움이 가능하다는 뜻이다.

이를 더 분명히 이해하기 위해서는 과거의 그렇게 많은 인간관계에 늘 따라다니던 유령, 즉 다른 사람들을 능가하는 권력을 가지고 싶어 하는 욕망에 대해 더 잘 알아야 한다.

사람들이 권력보다
존경받기를 더 소망하게 된 경위

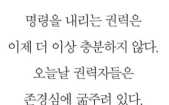

명령을 내리는 권력은
이제 더 이상 충분하지 않다.
오늘날 권력자들은
존경심에 굶주려 있다.

꿈꾸고 자고 잊는 것. 이 분야에서 전문가라고 주장한 정치인이 지금까지 있었던가? 오직 한 명, 스트라스부르의 시장 카트린 트로트만Catherine Trautmann이 있을 뿐이다. 유럽의회의 수도를 관장하는 자리에 선출된 30대의 이 여성은 정치의 음악이 다시는 이전과 같은 소리를 낼 수 없을 것임을 시사하는 것일까?

특히 영지주의자들을 언급하며 '꿈꾸고, 자고, 잊는 것'을 주제로 논문을 쓰면서 그녀의 모험은 시작되었다. 영지주의는 예수 그리스도와 거의 비슷한 시기에 번성했던 한 분파로서, 인간은 누구나 이방인이라는 것이 이 신앙의 요체였다. 심지어 신도 이방인이다. 신의 창조가 불완전하고, 신조차 이 세상에서 편안하게 느끼지 않기 때문이다. 그러나 영지주의는 낙천주의자들의 분파였다. 그들은 모든 사람들이, 아니면 적어도 이 세계 곳곳에 숨어 있는 상징을 풀 능력이 있는 사람들과, 악을 물리치는 데 필요한 의식을 발견한 사람들이 구원받을 수 있다고 확신했다. 기독교는 영지주의와 경쟁했으며 많은 아이디어를 거기서 빌려왔다. 윌리엄 블레이크와 괴테와 융이 훗날 영지주의에서 영감을 얻은 위대한 정신의 소유자들이다. 영지주의자들과 마찬가지로 부당한 세계에 잘 적응하지 못하고 있는 현대인들도 영지주의로부터 많은 영감을 받는다고 카트린 트로트만은 생각한다. 그들은 주변인이었으며, 그녀도 주변인이다. 영지주의자들에겐 '어떤 초연함'이 있었고, 그녀 또한 그것을 개발하고 싶어 한다. 그들은 사물의 겉모습 너머를 보고자 했고, 무의미해 보이는 것에서 의미를 찾았으며, '영혼에 대한 주석'을 달고자 노력했다. 그녀 또한 명백하게 드러난 것이 아니라 잊힌 것이 가장 흥미롭다고 말한다. 영지주의자들은 겉보기에 대립하는 것이 반드시 서로 다른 것은 아니라고 믿었으며, 남성과 여성의 차이를 초월하기 위해 노력했다. 그 점이 그녀의 마음을 움직였다. 자신의 정치적 본능에 따라 그녀는, 사람들이 서로를 대하는 태도를 변화시키는 일에 전념하는 페미니스트가 되기로 작정했다.

그 목적을 달성하기 위해서는 신중한 선택이 필요했다. 페미니즘에 가담하는 대신 사회주의자들과 합류했다. 세상을 바꾸려면 동떨어져 있어서는 안 되고 주류에 참여해야 한다고 생각했기 때문이다. 그녀는 '사회 안에 포섭된 주변인'이 되어 내부에서 사회를 바꾸기로 작정했다. 그녀는 지금도 주변인으로 남아 있다. 이 사실은, 그녀가 이기적이지도 자만하지도 않으면서 여전히 사회 안에서 자유를 누리고 있다는 것을 의미한다. 주변인은 결코 꿈을 잊지 않는다.

카트린은 배운 것을 잊지 않겠다고 늘 다짐했다. 청소년 시절에 프로이트를 읽고, 잊는 것이 항상 우연은 아니라는 사실을 알게 되었기 때문이다. 그녀는 인간 본성의 비합리적인 면에 호기심을 느꼈다. 그녀는 자신이 원하는 인간으로 성장하겠다고 결심했고, 주의 깊게 자신의 목표를 설정했다. 그러면서도 한편으론 사람이 어떤 행동을 하도록 이끄는 그 신비스러운 과정을 파헤칠 능력이 자신에게 있는지 확신할 수 없었다. 영지주의에 대한 그녀의 논문이 지금 그녀의 정치적인 의견이나 입장을 설명해주지는 않는다. 그것은 학문이라는 울타리 안에서의 연습이었다. 그러나 또한 찾고 싶은 것을 찾으려는 시도이기도 했다. 그녀가 기성 정치인과 다른 모습을 보여줄 수 있는 것은 아직도 자신과 다른 사람들을 이해하려고 노력하며 '실마리를 찾아가는' 과정에 있기 때문이다.

서른여덟 살에 시장으로 선출되었을 때 카트린의 딸은 "오래전부터 시장이 되기를 바랐으면서도 왜 나한테 한 번도 말하지 않았어?"라며 불만을 표시했다. "내가 시장이 되고 싶어 했는지 나도 몰랐어." 그녀는 대답했다. 그러나 한 친구는 "어쩌다 시장이 된 것처럼 가장하지 마. 네가 처음부터 시장을 목표로 하고 있었다는 걸 모르니?"라고 물었다. 카트린은 모른다고 대답했다. "내 목표가 시장이 되는 거라고 생각해본 적이 없어요." 자신이 무엇을 향해 분투하는지 깨닫는 것은 쉬운 일이 아니다. '이제 시장이 되었는데 내 목표는 뭐지?'라고 그녀는 자문했다. 쉽게 답이 나올 리 없다.

어떤 거창한 정치적 목표보다는 제일 먼저 가족이 떠올랐다. 남편과의 성공적인 협력관계가 그녀의 삶에서 첫 번째 목표 가운데 하나다. 좀 더 개인적인 야망에 힘을 쏟는 경우가 아니라면 정치인들이 시민들과 함께할 수 있는 유일한 관심사는 사생활임에도 불구하고 사생활에 대해 이야기를 하는 일은 드물다. 열아홉 살에 결혼할 때 그녀와 남편은 서로의 자유를 구속하지 않기로 약속했다. 그녀는 "정치를 사랑한다"라고 말한다. 그것은 연애와 같은 일종의 정열이다. "두 딸은 이 점을 아주 잘 이해하고 있죠. 내 인생에서 정치가 매우 중요하다고 그 애들한테 말해줬거든요." 이 말은 그만큼 아이들을 돌볼 시간이 적다는 뜻이다. "난 슈퍼우먼이 아니에요." 남편과 할아버지와 할머니와 몇몇 친구들이 아이들 주변에 사랑의 그

물을 짜주고 있다. 물론 저절로 그렇게 된 것은 아니다. 그녀는 일하는 엄마가 어린이집을 찾기가 얼마나 힘든지 알고 있다. 무엇보다도 그녀 자신이 어린이집을 찾는 데 실패한 경험이 정치 입문을 자극했다.

그러나 부부 간의 선의와 인내에도 불구하고 결혼이란 쉽게 깨질 수 있다. 자기 말을 들어달라는 여자의 요구가 지나칠 수도 있다고 그녀는 말한다. 여자의 주장은 '무지막지한' 경우도 있다. 어느 날 "난 스스로를 타일렀어요. 그만해. 넌 요구하는 게 너무 많아. 결혼이란 연극 무대 같은 거고 그 무대에서는 똑같은 연극이 공연되고 있어. (…) 넌 5막 3장에까지 이르렀어. (…) 넌 연기하고 있다는 걸 알아야 해. 너는 일종의 습관의 희생자이고, 그냥 되는 대로 흘러가게 놔둬." 그 무대에 완전히 매몰되지 않게 해줄 열쇠는 절대로 자신의 삶을 경멸하지 않는 것이다. "경멸은 가장 나쁜 행위예요. 경멸이란 말하자면 상징적인 살해인 거죠. 난 경멸에 대단한 반감을 갖고 있어요."

정치가 모든 문제를 해결해줄 만능열쇠는 아니라고 생각한다는 점에서 카트린의 결론은 인습에 갇혀 있지 않다. 고대의 신학 논쟁을 연구한 덕분에 그녀는 현대 정치인들의 사고방식이 과거 신학자들과 다르지 않다는 것을 알고 큰 충격을 받았다. "난 관념적인 이야기를 순진하게 되풀이하고 싶지 않았죠." 정치인들은 대충 의견을 공유하는 사람들과 함께 정당을 만든다. 그럼에도 정당 내에는 언제나 갈등이 있다. 그 갈등에 대처할 전략을 찾고, 그 갈등을 해결하기 위해 분투하는 것을 그녀는 좋아한다. 다만 운동과 마찬가지로 이 게임에도 규칙이 있어야 한다. 권력의 추구가 목적이 될 수는 없다.

왜냐하면 "권력을 갖게 되면 자기정체성의 일부를 잃어버리기 때문"이다. 개인과 전통적인 권력 행사 방식 사이에는, 그리고 "사생활과 공적인 직무 사이에는 언제나 긴장이 있습니다." 그녀는 정치인이전에 한 개인으로 남아 있기를 바란다. 그녀가 가장 좋아하는 정치인은 '전형적이지 않은' 정치인이다. 그녀가 옹호하는 정치에서는, 정치인들이 지속적으로 자기 이해와 자신의 '정신적 발전'을 추구하는 일이 제일 중요하다.

정치인은 성공을 기대하면 안 된다. 모든 승리는 잠정적일 뿐 결코 영구적일 수 없으며, 단지 한 발 앞으로 더 나아간 것에 지나지 않기 때문이다. 정치란 자기 자신과 타인을 인정하는 끝없는 수련 과정이다. 그리고 정치의 보상은 인류의 다양성을 발견하는 것이다. "정치에 몸담고 있으면 다양한 인생을 관찰할 수 있어요." 물론 인생은 실패로 가득 차 있다. "자신의 실패를 깨닫는 것이 중요합니다. 실패를 받아들일 수 있느냐가 훌륭한 정치인의 시금석이죠." 여성들은 정치를 '격렬하고 거친' 세계로 느끼기 때문에 정치에 겁을 집어먹는다고 그녀는 말한다. 그러나 여성은 남성보다 유리한 점이 있다. 여성은 '양면적'이다. 여성은 세상을 공적인 세상과 사적인 세상으로 나누어 보고, 그래서 추상적인 문제 속에서 헤매지 않는다. "여성은 정치인으로서 더 많은 자유를 누립니다. 남자들이 자기들끼리는 절대 용서하지 않을 일도 여성의 경우에는 많이 받아들이죠. 그리고 여자들에게는 새로운 생각과 변화에 대한 기대가 있어요."

그녀 역시 젊었을 때는 두려움을 느꼈고, 그것은 정치에 대한 두려움만이 아니었다. "다른 사람들 틈에 있으면 두렵고 불안했죠." 젊은 엄마로서 아이들을 어떻게 다루어야 할지, 아이들의 질문에 어떻게 대답해야 할지 확신할 수 없었기 때문에 늘 걱정이 많았다. 그래서 '소심함을 극복하는 것'이 그녀의 목표가 되었다. 그녀는 늘 자신이 외로운 사람이라고 느꼈다. 그것은 직장에서나 가정에서나 항상 행복한 사람이라는 자신의 이미지와 상충하는 것처럼 보인다. 그러나 그녀는 혼자라는 느낌에도 어떤 가치가 있다는 것을 발견했다. "고독은 내게 내면의 지주이자 비밀의 정원입니다. 아주 가까운 사람 이외에는 누구도 들어올 수 없죠."

카트린은 조심스럽게 이중적 인간으로 남아 있고자 한다. 한때 그녀의 별명은 마멀레이드 할머니였다. 자기만의 요리법으로 모과나 호박 또는 토마토를 가지고 잼이나 통조림을 만드는 것이 취미다. 그녀는 옷이나 '특이한 물건' 또는 자투리 천으로 뭔가 만드는 것을 좋아한다. 초현실주의자나 위대한 풍자 화가들처럼 신랄하고 풍자적인 유머를 가진 예술가를 좋아한다. 그녀는 집에 오면 시장으로서의 역할을 완전히 내려놓는다.

영국의 엘리자베스 1세 여왕은 "나는 비록 나약하고 가냘픈 여인의 몸이지만 또한 국왕의 정신과 기백을 갖고 있다"라고 말했다. 오늘날 국왕의 기백을 갖는 것은 더 이상 적절한 야망이 될 수 없다. 복종심을 품게 만드는 전형적인 강자는 시대에 뒤떨어진 개념이다. 카트린은 사생활과 공적 생활을 결합함으로써 새로운 유형의 정치가 가능하다고 제안한다. 물론 적들에게 그녀는 내쫓아야 할 경쟁자에 지나지 않고, 그녀의 한 측면은 분명히 전통적인 정치 전쟁을 치르고 있다. 그러나 그녀의 다른 한 면은 인간관계의 몇 가지 새로운 가능성을 암시하고 있다.

오늘날 권력자들은
존경심에 굶주린다

       왕이 되는 것은 한때 보편적인 소망이었다. 정치인
뿐만 아니라 자식을 지배하는 아버지, 아내를 노예처럼 부리는 남
편, 자신의 초라한 의자를 왕좌로 상상하며 치질의 고통을 잊으려는
회사원 모두의 소망이었다. 인류는 지난 5000년 동안 대부분 복종자
로 살았다. 권력자에게 굽실거리고 단말마에 그친 저항의 외침을 제
외하고는 소수의 호화로운 삶을 위해 자신을 희생했다. 자신이 압제
자로 군림할 수 있는 대상, 즉 더 약하고 어린 희생자를 찾을 수 없
었다면, 그들에게는 살랑거릴 꼬리가 생겨났을지도 모른다. 괴롭힘
을 당한 사람은 더 약한 희생자를 찾을 수 있었기 때문에 불평등은
오랫동안 인정되어왔다. 강력한 지도자가 존경받는 것은, 비천하고
평범한 사람들이 마음속으로만 간직하고 있는 권력을 그가 구현하
고 있기 때문이다. 그러나 이제 지배와 복종에 대한 집착은 격려와
자신의 말을 들어줄 사람, 성실과 믿음, 그리고 무엇보다도 존경을
갈구하는 광범위한 상상력에 의해 도전받고 있다. 명령을 내리는 권
력은 더 이상 충분하지 않다.

  과거에 사람들은 겉으로 드러나는 존경의 표시 — 모자를 벗어든
다든가 고개를 숙이는 것 — 로써 권력자에게 복종하고 있음을 보
여주었다. 그러나 지금은 개인적인 관계의 질이 지위나 신분보다 더
중요해졌다. 오늘날 정치인은 사람들이 가장 원하지 않는 직업이며
의사, 과학자, 배우, 심지어 보수가 낮은 간호사나 교사보다도 선호
도가 낮다. 전반적으로 여성들이 전통적인 유형의 정치인이 되고 싶

어 하지 않는 것은 놀라운 일이 아니다. 정치인이 약속을 지키지 않을 때마다 모든 미래의 국왕은 조금씩 더 신용을 잃게 된다.

두 개의 세계가 나란히 존재한다. 한 세계에서는 권력 투쟁이 과거와 마찬가지로 지속되고 있다. 다른 세계에서는 권력보다 존경심이 더 중요하다. 권력은 더 이상 존경심을 보증하지 않는다. 오늘날 세계에서 가장 강력한 인물인 미국 대통령조차도 모든 사람에게 존경심을 강요할 만큼의 권력은 없다. 그의 권력은 테레사 수녀만도 못할지 모른다. 테레사 수녀에게 복종을 강요당한 사람은 아무도 없었다. 과거에는 존경심이 권력으로 바뀌었다. 그러나 이제는 존경심 그 자체가 바람직한 것이 되었다. 가공된 존경심보다는 가공되지 않은 순수한 존경심을 사람들은 더 선호한다. 대부분의 사람들은 자신의 가치만큼 존경받지 못하고 있다고 느끼며, 존경받는 것은 권력보다 더 매력적인 것이다. 가정은 사람들의 주된 관심사가 되었고, 자식을 많이 낳는 것(한때 부자가 되는 방법이었다)이 아니라 사랑과 상호 존중에 기초한 유대 관계를 맺고, 그것을 주변 친구들에게로 넓혀가는 것이 가정의 목표가 되었다. 누구를 싫어해야 하고 누구에게서 사랑을 구해야 할지 결정하는 것은 이제 더 이상 부족이나 국가의 몫이 아니다. 아직도 권력자가 두려움의 대상일지는 모르지만 과거 그 어느 때보다도 권력자는 조롱의 대상이 되었다. 현대의 정부는 과거의 왕보다 삶의 더 많은 측면을 통제하고자 애쓰지만 법은 애초의 의도를 좀처럼 달성하지 못한 채 구멍이 뚫리고, 왜곡되고, 의사 결정 권한을 가진 사람들의 정신 자세를 성공적으로 바꾸지 못하고, 투자자나 세계적인 경제 흐름에 좀처럼 저항하지 못하므로 늘 조롱의 대상이 된다.

상상력이 새로운 방식으로 그 기능을 발휘하기 시작했다. 인간을 동물 취급하는 것은 이제 전혀 바람직하지 않지만 한때 동물을 길들인 것이 인류의 가장 자랑스러운 업적인 때도 있었다. 암소는 밤낮으로 일해 1년에 1만 5000리터의 우유를 생산하게 되었지만, 과거에는 하루에 0.6리터를 넘지 못했다. 실제로는 약 900그램의 털이 양을 따뜻하게 감싸기에 족한 양이었지만, 양들은 1년에 약 20킬로그램의 털을 만들어내는 법을 배웠고, 그 과정에서 과거와는 달리 양처럼 보이기 위해 계속 울음소리를 내게 되었다. 돼지들은 숲 속을 자유롭게 돌아다니는 호전적인 약탈자에서 더러운 우리 속에서 뒹구는 신세가 되었다. 또한 다른 돼지들과 붙어서 생활하도록 강요받고, 전에는 먹을 것을 찾는 일이 끝없는 관심사였지만 이제는 몇 분 만에 게걸스럽게 사료를 먹어치우고 잠을 자거나 공격성이 발동하면 서로의 꼬리를 무는 일 외에는 다른 할일이 없어졌다. 심지어 성적인 태도조차 바뀌었다. 일부 동물은 훨씬 더 호색적으로 변했고, 어떤 동물은 짝짓기에 거의 흥미를 잃어버렸다. 수놈들하고만 자란 동물의 일부는 상습적으로 동성애적인 관계를 맺게 되었다. 고단백질 먹이로 사육된 수소들은 자위로 긴장을 해소한다. 어떤 동물은 어렸을 적 특성을 평생 유지하도록 사육된다. 근친 번식이 유행하게 된 18세기 이래로 많은 동물이 과거보다 훨씬 더 획일적이고 단조로운 형태로 변했다. 오직 상업적 쓸모가 없을 때만 동물과 동반자적 관계의 즐거움을 누릴 수 있었다. 그리고 아주 최근에 이르러서야 사람들은 개에게 애정을 표현하는 인간의 방식이 잘못된 것이 아닐까 하는 의문을 품게 되었다.

이렇게 해서 사람들은 권력의 의미를 알게 되었다. 권력이란 다른 사람을 자신이 원하는 대로 행동하게 만드는 것이다. 그것은 과거에 대단한 존경심을 불러일으켰다. 동물을 길들인 경험은, 외부의 압력을 받으면 행동이나 기질이 엄청나게 다양해질 수 있으며, 자신을 함부로 대우하는 주인에게조차 애착심을 갖고 스스로 노예가 되도록 할 수 있다는 사실을 보여주었다. 그러나 제 손으로 길들인 것에 의해 그 자신도 노예가 된다는 사실을 알아차린 사람이 그때는 거의 없었다. 사람들이 서로를 길들이는 일에 착수해서 복종과 지배에 익숙해졌기 때문이다. 식물 또한 길들일 수 있다는 것을 알게 되었을 때 인간은 자신들이 발견한 사실의 첫 희생자가 되었다. 땅을 갈고 수확물을 저장하고 옷감을 짜고 그릇에 담아 요리하고 또 각기 다른 기술의 전문가가 되자, 사람들은 곧 생활에 유익한 물건들을 독점하는 데 여념이 없는 소수의 인간들, 관개시설을 소유한 지주들, 비가 오게 해주는 사제들, 이웃의 침략자로부터 보호해주는 전사들을 위해 일하도록 강요되었다.

고대 최초의 종교인 수메르의 종교는, 인류는 신의 노동을 덜어주기 위해 창조되었으며 그렇게 하지 않으면 홍수와 가뭄과 굶주림으로 벌을 받게 된다고 말하고 있다. 곧 왕들은 자신이 신이라고 주장했고, 사제들은 자기들이 제공하는 위안에 대해 대가를 요구하면서 점점 더 많은 토지를 소유하게 되었다. 귀족과 전사의 무리들은 땅을 경작하는 사람들을 위협하며 농작물의 일부를 제공하는 대가로 목숨을 살려주고, 외국을 약탈하는 데 도움을 준 대가로 일시적으로 폭력의 사용을 중지하곤 했다. 이렇게 해서 소수의 계층이 권력을 키우고 사치스러운 생활을 하게 되었고, 이는 예술의 개화를 촉진했다. 그러나 많은 사람들에게 문명은 보호해주는 대가로 사례를 지불하는 보호 사업에 지나지 않았다. 이런 사회에서는 주로 다른 사람들을 희생시켜 살아가는 사람들에게 존경을 바쳐야 했다. 그때까지는 존경심 자체가 얼마 되지 않았기 때문에 모든 사람에게 골고루 돌아갈 존경심이 없었다.

로마제국은 가장 성공적인 보호 사업을 이끌었다. 그 덕분에 로마인 수십만 명은 전혀 일하지 않고도 제국에 속하는 외부의 '보호' 영역에서 거두어들인 공물로 급여를 받으면서, 정부로부터 무상으로 식량을 제공받았다. 그러나 시간이 지나자 더 많은 사람들이 이윤을 나누어야 했고, 행정은 더 번거로워졌으며, 시민들이 자신을 보호하기 위해 직접 용병을 고용하는 방식을 선호하게 되면서 보호 사업은 수지가 안 맞는 일이 되었다. 문명이 번영하면 할수록 그 이삭을 주우려는 사람들은 자꾸 국경을 넘어오고 그 결과 국방에 더 많은 비용이 든다. 문명의 존속을 위해 더 복잡한 장치가 발명된다. 그러다 결국 너무 복잡해져 문명의 기능은 정지되고 만다. 소련은 예산의 대부분을 국방비에 지출하다가 뇌졸중에 걸렸다.

1802년에 이르러 모든 살아 있는 생물 사이의 지배와 복종에 관한 과학적 연구가 시작되었다. 나폴레옹이 공작과 남작 직위를 새로 만들고 위계질서를 재조정할 무렵, 스위스의 장님 박물학자 프랑수아 위베르François Huber는 땅벌 또한 엄격한 위계질서 속에서 살고 있다는 사실을 발견했다. 무솔리니가 총리가 된 1922년에 스헬더럽-에베Schjedelrup-Ebbe는 심지어 굶주린 암탉들조차도 우두머리 암탉('알파' 암탉)이 모이를 다 먹을 때까지 기다린다는 사실을 보여주었다. 우두머리 암탉을 다른 곳으로 옮겨놓아도 나머지 암탉들은 바로 먹지 못한다. 그다음 서열의 '베타' 암탉이 다 먹을 때까지 기다리는 것이다. 이런 과정이 계속 서열을 따라 이루어진다. 모이를 먹는 순서는 군대만큼이나 엄격해서 몇 주 동안 다른 곳으로 옮겼다가 다시 본래의 무리로 돌려보내도 즉시 과거의 서열로 되돌아갈 정도였다. 이런 행동에 대한 보상은 이 무리가 평화롭게 살고, 먹을 것 때문에 싸우지 않으며, 더 많은 알을 낳을 수 있다는 것이다. 대신에 닭들은 불평등이라는 대가를 치러야 한다. 서열의 밑바닥에 있는 닭들은 먹을 것이 적을 뿐만 아니라 자손도 적고 스트레스를 받고 신체적으로도 열등해진다. 이들은 위험한 시기, 즉 먹을 것이 없거나 무리의 숫자가 너무 많아지면 가장 먼저 희생양이 되어 무자비하게 공격받는다. 똑같은 원리를 다른 생물의 세계에서도 볼 수 있다. 우세한 토끼나 늑대나 쥐의 새끼들 역시 우세한 위치를 차지하는 경향이 있다. 개코원숭이 무리에는 귀족적인 왕조가 존재한다. 평등은 불가능하며 오직 강자만이 존경받는다고 자연은 말하고 있는 것처럼 보인다.

그러나 1980년대에 동물의 본질적인 특성이라고 여겨졌던 공격 성향이 실제 보이는 것과는 다르다는 사실이 발견되었다. 싸움 뒤에 화해하는 것 또한 똑같이 주의를 기울여 개발된 기술이었다. 전체 종이 아니라 개별적인 존재만 놓고 보면, 지배하는 침팬지와 복종하는 침팬지들은 늘 성을 내거나 폭력적인 대결에 몰두하는 것처럼 보인다. 그러나 40분 이내에 이들 가운데 반은 서로 포옹하고 입을 맞춘다. 때때로 다른 침팬지들이 무리 지어 그 화해를 지켜보면서 입을 맞추고 환호를 보낸다. 그렇다고 해서 이들이 공격적이지 않다는 의미는 아니다. 싸움이 없다면 화해도 없었을 것이다. 침팬지들이 모두 똑같은 방식으로 화해하는 것도 아니다. 수컷들은 서로 싸운 뒤 마치 권력이 동맹관계에 달려 있다는 듯 암컷들보다 두 배 이상 빈번하게 화해한다. 그러나 동맹도 영원하지는 않다. 오늘의 친구가 내일의 적이 될 수도 있다. 이렇게 서로 맞받아치기가 기본 조건인 상태에서는 도움을 주고받는 일이 미래를 보장하는 것도 아니다. 브라질의 탕크레두 네베스Tancredo Neves 대통령은 수컷 침팬지들이 늘 하는 말을 자신도 모르게 다음과 같이 번역했다 "나는 헤어질 수 없는 친구를 만든 적이 없고, 다시 접근할 수 없는 적을 만든 적도 없다."

이와 대조적으로 암컷 침팬지들은 지위에 관심이 적고 서로에게 복종하지 않는다. 이들은 수컷들처럼 사병이 장교에게 경례하듯 행동하는 법이 없다. 암컷들의 유대관계는 가족이나 서열 때문이 아니라 정서적인 이유로 선택한 친구들의 조그만 모임이다. 이들은 수컷보다 친구와 적을 더 분명하게 구별하고, 종종 절대적인 적을 가지고 있으며, 이들 사이의 화해는 불가능하다.

암컷 새끼들을 거칠게 다루지만 평생 유대관계를 유지하는 레서스원숭이와 달리, 새끼들을 거의 벌하지 않지만 친밀한 유대관계를 맺지도 않는 침팬지의 습성에서 사랑과 공격성 사이의 연결고리를 찾아볼 수 있다. 암컷 침팬지는 수컷들 사이에 평화를 중재하는 일에 능숙하다. 예를 들면 암컷 하나가 한바탕 싸움을 치르고 난 수컷 침팬지 경쟁자 두 마리를 데리고 와서는 둘 가운데 끼여 앉는다. 그러고는 두 수컷에게 자기 몸을 만지게 한 다음 슬그머니 빠져나간다. 그것도 모르고 수컷들은 서로의 몸을 만져주게 된다. 때때로 암컷은 수컷들이 사이좋게 있는지 확인하고, 그렇지 않으면 돌아와서 서로 팔을 두르도록 한다. 암컷이 중재를 하는 동안에 수컷들은 공통의 관심사를 찾거나 또는 그런 척 가장함으로써 휴전을 한다. 예를 들면 이들은 어떤 물건을 찾아 다른 침팬지들이 와서 보게 한다. 다들 왔다가는 가버리지만 원래의 적은 매혹된 것처럼 가장하며 결국 서로 몸을 만져주고 다시 친구가 되거나 다음번 싸울 때까지 일시적인 동맹자가 된다.

이러한 발견들은 침팬지에 관한 것이지 인간에 관한 것은 아니다. 최근에 침팬지가 병이 나면 항생물질이 들어 있는 나뭇잎을 먹으며, 가족 수를 더 늘리고 싶지 않으면 피임을 위해 에스트로겐 성분이 있는 나뭇잎을 먹는다는 사실이 발견되었지만 침팬지는 침팬지일 뿐이다. 그러나 이와 같은 새로운 지식은 이른바 동물에게서 물려받았다는 인간의 속성을 인간이 지금까지 잘못 해석해왔다는 사실을 분명히 보여준다. 인간은 이제 더 이상 역사 전체를 지배해온 단순한 선택, 즉 삶이 폭력을 바탕으로 한 투쟁인 것처럼 행동하거나 또는 공격적인 성향을 처벌하기만 하면 모두 조화롭게 살 수 있을 것이라고 상상하는, 그런 단순한 선택을 할 수 없게 되었다.

많은 사람들이 하인리히 폰 트라이치케Heinrich von Treitschke(1834~1896)가 표현한 것과 같은 '현실주의적' 견해를 믿고 있다. "당신의 이웃은 당신을 공동의 적에 맞서는 동맹자로 여기면서도, 기회가 생기고 또 안전하게 그렇게 할 수만 있다면 언제라도 당신을 희생시켜 더 나아질 준비가 되어 있다. (…) 자신의 힘을 키우는 데 실패했는데 만약 다른 사람의 힘이 커졌다면 그만큼 당신의 힘은 틀림없이 줄어든 것이다." 트라이치케는 어릴 적에 군인이 되기를 열망했으나, 완전히 청력을 잃어 교수가 된 것으로 만족해야 했으며, 다른 나라들에 대한 경멸을 보여주기 위해서라면 전쟁도 불사하는 강력한 국가를 주장하는 군국주의자로 살아갔다. 이제 경멸은 존경심을 구걸하기 위한 도착적인 방법으로 보이며, 효과적인 수단도 아니다. 전쟁은 더 이상 가장 고상한 행위로 간주되지 않는다. 그러나 정치인들은 여전히 자신의 원칙을 위해 '싸우고' 경쟁자를 '패배시킨다'는 식의 비유를 포기하지 않고 있다. 존경을 '받는다'는 것에 대한 새로운 언어는 아직도 발견되지 않고 있다.

기업들은 그 필요성을 좀 더 민감하게 느끼고 있다. 과거에는 직원에게 겁을 주거나, 시키는 대로 하는 게 좋다는 확신을 주는 공격적인 관리자가 비즈니스계의 영웅이었다. 공격적이라는 말은 아직도 비즈니스계의 용어 가운데 미덕으로 남아 있다. 권력은 성형수술을 받고 더 젊어진 얼굴로 등장해서, 권력이란 누구나 노력하면 얻을 수 있는 단순한 게임에 지나지 않는다고 선언하고 있다. 그러나 관리자는 자신이 명령을 내리는 사람 또는 심지어 의사 결정을 하는 사람이라는 생각을 점점 더 꺼리게 되었고, 그 대신 직원이 스스로 해결책을 찾도록 격려하는 일이 자신의 역할이라고 믿게 되었다. 여성의 직장 진출이라는 현실에 직면한 관리자는 속마음을 감추기가 더욱 힘들어졌다. 권력의 겉모습 뒤에 숨어 있던 인간적 약점이 더 분명히 드러나게 되었다. 공적인 생활과 사생활 사이의 베일이 제거되자 권력자는 벌거벗은 몸이 되었다. 그리하여 대차대조표에서 존경심이 권력만큼이나 점점 더 중요해지고 있다.

한편 정신분석학은 권력에 굶주린 사람을 의견 차이에 알레르기 반응을 일으키는 병자로 묘사해왔다. 트라이치케의 숭배자였던 히틀러는 고전적인 경우다. 그는 의견의 불일치나 적뿐만 아니라 의심 자체를 제거하려고 애썼으며, 자신에게 확실히 복종하도록 추종자들을 설득했고, 양심이란 "할례와 같은 하나의 결점으로 유대인의 발명품"이라고 설명했다. 정치에는 신뢰의 여지가 없다고 스탈린은 덧붙였다. 그의 권위는 오직 공포에 토대를 두고 있었다. 그러나 두 독재자 가운데 누구도 자신이 축적한 태산과 같은 권력에 만족하지 못했다. 히틀러는 사람들이 자신에게 복종하지 않으며, 심지어 군대가 "내가 필요하다고 생각하는 모든 조치를 일관되게 방해한다"라고 불평했다. 그리고 스탈린은 적에게 뇌물을 주고 속이고 온갖 고문을 가해 자신이 옳고 그들이 틀렸다는 것을 인정하도록 강요했지만, 스스로가 원했던 만큼의 존경을 받는다는 확신을 가질 수는 없었다. 이들은 모두 존경심에 몹시 굶주렸다.

상호 존중이 민주주의의 가장 중요한 약속 가운데 하나다. 아테네는 모든 시민에게 투표권을 주고 추첨으로 관리를 선발해 아무리 교육 받지 못한 천한 사람이라도 하루 동안 대통령이 될 수 있도록 함으로써 그 약속을 공고히 했다. 어떤 아테네 시민도 다른 동료 시민의 피고용인이 됨으로써 자신을 천하게 하는 일이 없었다. 그러나 아테네 역시 '보호 사업'을 가지고 있었고, 그들의 놀라운 철학적 논의를 지속하기 위해 제국과 노예와 여성에 의존했기 때문에 이러한 상호 존중이 가능했다. 민주주의는 아직 돈과 교육과 외모 때문에 생기는 무례와 경멸을 퇴치할 방법을 찾지 못했다.

권력을 얻는 방식으로 존경을 얻을 수는 없다

그래서 사람들은 존경받고 싶은 마음을 충족시키기 위해 종종 종교에 관심을 돌렸다. 세계의 모든 위대한 교회들은 아무리 비천한 사람이라도 영적 권위를 갖고 있다는 사실에 동의했다. 지배자의 가혹한 요구, 고용주의 모욕, 일상생활 속의 수모가 단지 표면적인 것일 뿐이고 내면의 확신이 주는 위로에는 아무런 영향도 미칠 수 없다면, 그것들을 견뎌내기가 좀 더 수월할 것이다. 종교로도 충족되지 않을 경우에는 금욕주의, 사회주의, 진보주의, 페미니즘과 같은 신조들이 인간의 존엄성을 강화했다. 역사상의 주요한 변화는 왕을 퇴위시키는 혁명보다는 오히려 왕을 무시하고 정신적 가치에 헌신하는 개인에 의해 생겨난 경우가 더 많았다. 지금도 마찬가지다. 21세기가 종교의 세기가 되리라는 예언은 예언이 아니라 과거에도 규칙적으로 그래왔던 사실을 인정하는 것에 지나지 않는다. 그것은 성직자가 정치인을 대신한다는 의미가 아니라 사람들이 스스로 통제할 수 없는 엄청난 세속적 압박들에 대해 관심을 두지 않는다는 뜻이다. 대신에 사람들은 그 에너지를 사생활로 돌린다. 이로 인해 사람들이 때때로 더 이기적으로 될지 모르지만, 더 많은 돌봄과 너그러움과 상호 존중을 추구함으로써 이 거대한 세계의 적의에 대응할 수 있는 것이다.

로마제국은 안정과 능률과 가치가 서서히 붕괴되는 과정을 보여준 사례다. 황제는 계속 군림했지만 개인은 절대적인 절망으로부터 자신을 보호해줄 종교에 은밀히 헌신했다. 기독교가 세례를 통해 자동적으로 사람들이 자신의 가치를 마음속으로 확신할 수 있도록 해준 것은 아니었다. 그랬더라면 훨씬 많은 사람들이 기독교로 몰려들었을 것이다. 처음 몇 세기 동안 기독교는 각 세대에서 단지 50만 명 정도만을 개종시켰을 뿐이다. 종종 병을 고치는 기독교의 기적이 이교의 기적보다 더 놀라워 보였던 까닭에 사람들이 개종했고, 그래서 많은 기독교도들은 자신이 신이나 동료 교인들에게서 진정으로 존중받는지 확신할 수 없었다. 개종한 사람들의 모임에서 우애와 격려를 나누며 일정 기간을 보낸 뒤에야 기독교도들은 자신의 가치에 대해 느끼기 시작했다. 그러나 그 후 그들은 서로 싸우기 시작했다. 그들은 의견의 불일치에 알레르기 반응을 보였고, 존경을 받기 위해 힘을 사용했으며, 박해자나 권력을 가진 사람들의 동맹자 또는 그 모방자가 되었다. 교회가 지나치게 권력을 탐하고 정부처럼 행동할 때마다 신자들은 흥미를 잃고 새로운 이상주의나 위안거리로 관심을 돌렸다.

오늘날 인류가 일용할 존경심이라는 양식이 어디에서 유래할지는 확실하지 않다. 사실 이는 전례가 없는 일이 아니다. 존경심의 공식적인 재원이 바닥나고 사람들이 과거의 믿음으로 허둥지둥 되돌아가거나 새로운 이데올로기에 흥미를 보이는 것은 새로운 현상이 아니다. 위대한 종교들은 오늘날 일어나고 있는 것과 아주 흡사하게, 인생의 의미에 대한 추구에서 비롯되었다. 그 위대한 종교들은 지금은 잊힌, 수없이 많은 분파들과의 경쟁에서 살아남은 것이다. 인간의 권리와 성 평등과 환경의 존엄성을 주장하는 현대의 운동은 25세기 전에서 13세기 전까지 위대한 종교들이 충족시키려 했던 것과 똑같은 열망에서 솟아났다. 그러나 그런 운동이 의심으로부터의 완전한 자유를 가져다주는 것도 아니고, 단지 지도자의 뒤를 고분고분 따르고 우세한 편에 가담하기만 하면 존경받을 수 있다는 확신을 주는 것도 아니다. 또 언젠가 '존경할 만한 것'에 대해 모든 사람의 의견이 일치하는 그런 사회가 도래하리라는 희망을 가져다주는 것도 아니다. 왜냐하면 의견의 불일치는 피할 수 없는 것이며 심지어 미덕으로까지 여겨지기 때문이다. 이것은 과거 성직자의 독단론과는 공통점이 거의 없는, 가장 현대적인 종류의 종교다. 민주주의가 권력을 다루는 완전히 새로운 방식을 찾는 데 실패한 것이 제일 실망스러운 점이라고 말하는 스트라스부르 시장이, 이와 같은 현대화된 종교와 남녀 사이에 존경심을 찾는 일을 그 토대에서부터 서로 결합시키고 있다는 사실은 의미심장하다.

존경심이란 권력과 똑같은 방법으로 얻을 수 없다. 그것은 우두머리를 요구하는 것이 아니라 중재자, 지지자, 상담자 또는 아이슬란드의 영웅담에 나오는 '평화의 베를 짜는 사람'을 요구한다. 그들은 모든 불행을 치유할 수 있다고 주장하지 않는다. 또 그들의 야망은 개인들이 서로의 진가를 인정할 수 있도록 도와주고, 의견이 완전히 일치하지 않을 때도 그 논쟁이 자멸적으로 되지 않도록 배려하며 함께 일하도록 도와주는 것으로 제한된다. 과거의 불행은 이런 사람들이 흔히 너무 큰 대가를 요구했으며, 결국 복종을 요구하게 되었다는 점에 있다.

전통적인 정치에 입문했던 여성들은 대부분 어느 정도 실망을 했고, 아무리 고위직에 올라도 진정한 권력은 자신을 비켜가며, 권력을 즐기기 위해 정상적인 생활을 포기하는 남성들이 조종하는 게임에 참여해야 하고, 시민을 섬긴다고 하지만 결국 좌절을 양산하는 공장, 즉 비인간성을 이상으로 생각하던 19세기의 공장 관리자들을 상대해야 한다고 느꼈다. 숙련된 권력의 조종자는 똑같은 체제를 영속시키는 숙련된 권력의 조종자에 의해서만 제거될 수 있다는 것이 여러 번 반복해서 증명되어왔다. 오늘날 구태의연한 정치에 대한 염증은 공공의 이익에 관심이 없어서가 아니라 공공의 이익에 기여하는 일이 힘들다는 사실, 즉 권력 투쟁은 무자비하며 따라서 연대 없이는 싸울 수 없기 때문에 이상주의적인 지도자들이 종종 자신의 의지와 어긋나게 위선자들과 협상하고 자신의 원칙과 어긋나게 독단론자들과 타협하고 마는 현실에 대한 절망에 가까운 심정을 나타내는 것이다. 일단 그 투쟁에 참여하면 아무리 경건한 가톨릭 주교나 불교 승려, 유학자라고 하더라도 신성하거나 사심이 없는 채로 남아 있을 수가 없게 된다.

그래서 너그러움의 가치를 추구하는 사람에게는 새로운 법을 만들거나 적을 물리치기 위해 싸우는 것이 성공적인 전략도 적절한 계획도 아니었다. 평범한 사람이 과거의 실수를 반복하지 않고 상대를 존중하기 위해 무엇을 할 수 있는지 다음 장에서 살펴보도록 하자.

명령하거나 명령받기를
거부한 사람들은 중재자가 되었다

중재자는 어떤 거만한 요구도 없이
사람들을 서로 만나게 함으로써
그들의 삶을 변화시킨다.

테레즈는 스트라스부르의 라비에유 알자스 레스토랑에서 손님에게 자리를 안내하고 주문을 받는다. 그녀는 활달하고 걸음걸이도 활기차다. 시선도 똑바르고 친절하게 배려하고, 어떻게 말하고 행동해야 할지 정확하게 안다는 인상을 준다. 만약 당신이 전에 이곳에 온 적이 있다면 테레즈는 당신이 말해준 것보다 당신에 대해 더 많은 것을 기억한다. 사람들은 그녀가 막연히 더 나은 형편을 바라는 단순한 웨이트리스가 아니라는 것, 팁을 얼마나 받을지 가늠하고 있지 않다는 것, 예술사 석사학위를 가지고 있다는 것을 알지 못한다. 테레즈는 어떤 뚜렷한 목적을 가지고 이 일을 15년째 해오고 있다.

그녀는 자신감이 넘쳐 보인다. 그러나 그녀는 소심하기 짝이 없는 응석받이 외동딸로 자랐다. 소심함은 그녀에게 중요한 문젯거리 중 하나였다. 열한 살이나 많은 남자와 사랑의 도피 여행을 떠나면서 그녀에겐 완전히 다른 인생이 펼쳐졌다. 그들은 함께 '병기고 L'Arsenal'라는 레스토랑을 열었다. 그곳은 관광객들에겐 전혀 알려지지 않은 거리에 있었다. 얼마 지나지 않아 작고 어두운 두 개의 방은 그 지역의 지식인과 예술가, 언론인들이 즐겨 찾는 휴식 공간이 되었다. 그녀는 할 줄 아는 요리가 하나도 없었고 심지어 커피 한 잔도 끓일 줄 몰랐다. 그가 요리를 했고 그녀는 시중을 들며 배웠다. 무엇보다도 그녀는 손님들을 반겼고, 그곳에서 매우 겸손한 스타가 되었으며, 그곳의 독특한 분위기를 만드는 데 일조했다. "지금의 나는 가장 깊은 내면에서 이끌려 나왔어요. 나한테는 두 가지 측면이 있거든요." 소심함은 유쾌함 뒤로 숨었다. 레스토랑을 운영하면서 그녀는 늘 상냥하고 너그럽고 첫인상으로 손님을 판단하지 않고 아첨하지 않으며 호감을 표시하는 법 등을 배웠다. 그 덕분에 그녀는 사람들의 호감을 산다고 느끼게 되었다. 그러나 정작 원하는 만큼 인정이나 사랑을 받지 못한다는 느낌이 그녀의 고민이다. 겉으로는 평안하고 고요해 보이지만 속으로는 불안감이 그녀를 갉아먹고 있었다. 하루 종일 손님들을 대하고 나면 그녀는 혼자 조용히 물러나 책 읽기를 좋아한다. 자기만의 공간에서는 훨씬 더 신중하고 말수가 적은 편이다. 그녀의 말을 빌리자면 '까다롭다.'

자신이 하고 있는 일의 의미가 점점 분명해졌다. 그녀는 사람을 무기력하게 만드는 소심함을 치료하는 데 시간을 바쳐왔다. "사람들은 늘 누군가를 만나고 싶어 해요. 난 그 만남을 주선할 사람이 필요하다는 것을 발견했어요." 그녀는 누가 누구와 어울릴지를 알아내는 기술을 개발하기 시작했다. 예를 들어 두 명의 뛰어난 화가를 함께 있도록 하는 것은 현명하지 못하다. "그건 전쟁이에요." 예술가들은 제대로 평가받고 있다고 느끼는 법이 없는데, 그녀는 그 억누를 수 없는 갈증을 정확히 이해하고 있다. '병기고'에 자주 들르는 손님 중에 토미 웅제레Tomi Ungerer가 있었다. 그는 전 세계에서 전시회를 열었지만 그의 가장 큰 야망은 고향인 알자스에서 인정받는 것이었다. 그 야망은 지금 실현되었다.

테레즈는 이 도시의 역사적인 기념물에 관해 두 권의 책을 출판했고, 그녀 자신이 화가이기도 하다. 그녀는 뭔가 창조적인 일을 하고 싶지만 자신의 재능이 '아주 대단한 것'은 아니라는 결론을 내렸다. 그래서 그녀는 말한다. "다른 사람들의 예술성을 찾아내서 그들이 제대로 평가받고 있다고 느끼게 만드는 것을 더 좋아해요." '미를 인식하는 것'이 그녀의 전공이다. 사업에는 중개자가 있고 과거에는 결혼 중개자도 있었지만 친교의 중개자는 아직 유아기에 있는 직업이다.

그녀가 성장하고 스스로 뭔가를 발견하게 되었을 때 그녀의 연인은 더 이상 신이 아니었다. "그는 권위를 잃어버렸어요." 그녀는 따로 이사를 나왔지만 '병기고' 일은 계속했다. 친구들은 그녀에게 왜 깨끗이 헤어지지 못하는 거냐고 물었다. 그녀는 의리, 고마움, 초연한 우정 같은 것을 중요하게 여겼다. 그리고 갑자기 그가 죽었을 때도 과거는 사라지지 않았다. 그는 여전히 그녀 안에서 살고 있다. 그가 아니었다면 그녀는 지금 박물관 안의 조용한 쥐처럼 살고 있을지도 모른다. 그녀는 그와 정반대되는 성향의, 두 살 연하의 남자와 결혼했다. 그녀의 친구들 모두 두 번째 결혼은 연하의 남자와 했다. 사람에게는 많은 종류의 관계가 필요하다.

그녀가 진정한 우정을 맺고 있는 사람은 열다섯 명 정도 된다. 몇몇은 대학 시절부터 사귄 친구이고, 손님으로 만나서 친구가 된 이들도 있다. 그들은 한 달에 한 번 우정을 돈독히 할 목적으로 그 레스토랑에서 식사를 한다. 서너 명의 친구들과는 낯선 도시로 여행도 다닌다. 그러나 비록 존경은 하지만 성격이나 경제력의 차이 때문에 함께 여행을 할 수 없는 사람들도 있다.

그녀에게는 사생활이 곧 일이다. 그것은 의식적이고 창조적인 노동이지만, 남들과 다르게 사는 것을 못마땅하게 여기는 지방 도시에서는 쉬운 일이 아니다. 자신의 소유는 아니지만 시 한가운데 위치한 웅장한 레스토랑을 운영하는 방식 때문에 테레즈는 유명 인사가 되었다. 그러나 그녀는 자신이 '외부인'이자 '주변인'이라고 뚜렷하게 의식하고 있다.

예술가들과 무리 지어 아름다움을 창조하며 외국으로 여행하는 꿈, 균형 잡힌 삶(미소를 지으며 하루에 열세 시간씩 서 있지 않아도 되는)에 대한 꿈, 자기 소유의 레스토랑을 운영하는 꿈, 시청에 부서 하나를 만들어 서로 만난 적이 없는 사람들을 함께 모으는 꿈, 이런 꿈들이 그녀에게서 떠나지 않는다. 내면에 상처가 있다는 것이 그녀가 하는 모든 일의 출발점이다. 그러나 단순히 그 상처를 받아들이는 것만으로는 충분하지 않다. 그녀는 적극적으로 무엇인가를 함으로써 그것을 바꿔야만 한다.

그녀는 다른 사람들이 소심함에서 벗어나도록 돕는 중재자의 역할을 통해 자신의 소심함으로부터 벗어났다. 그러나 소심함 때문에 고통 받는 사람만이 중재자라는 직업을 찾는 것은 아니다.

카트린 델라크루아는 사람들과 현실 사이의 중재자가 되었다

높은 파도가 출렁이는 북해 한가운데서 프랑스 기술자 팀이 유정 굴착 장치를 세우기 위한 작업을 하고 있다. 작업 주임이 20대 초반의 여성에게 60미터 높이의 탑 꼭대기에 문제가 있다고 말한다. 그녀는 그가 자신을 시험하고 있으며, 그것이 일종의 신고식이라는 사실을 알고 있다. 그녀는 그 도전을 받아들인다. 그녀의 야심은 '산업 엘리트'의 일원이 되는 것이기 때문이다. 최고위직에 있던 그녀의 할아버지와 아버지는 오직 사내만이 엔지니어가 될수 있다고 말했다. "난 그들이 틀렸다는 것을 보여주고 싶었어요." 카트린 델크루아Catherine Delcroix는 소심함 때문에 고통을 겪은 적이 없다.

그녀의 남편 역시 대규모 전자공장을 관리하는 엘리트다. 여섯 살된 딸은 벌써 엘리트 집단에 합류할 조짐을 보이고 있다. 딸은 일류학교에서 일등을 하기 위해 열심히 경쟁하고 있다. 그 학교에 딸을보낸 것은 "엘리트를 만들기 위해서였죠. 딸이 인생에서 더 좋은 기회를 가질 수 있게 해주고 싶어요." 큰 토목 회사의 전무이사가 되고나서 그녀는 이렇게 고백했다. "난 돈을 벌기 위해 일했어요. 그러나무엇보다도 사회적으로 인정받고 싶어요. 가정주부는 인정받지 못하죠. 사회를 위해 아무리 유용한 일을 해도 실업자일 뿐이에요. 월급을 받지 못하면 아무것도 아니죠." 그녀는 남편에게 생활비를 받는 것은 참을 수 없는 일이라고 생각하며, 누구도 자신을 대신해 결정을 내릴 수 없다고 말한다. 그녀가 원하는 것은 하고 싶은 일을 할수 있는 권리와 자신의 말에 남들이 경청하도록 하는 그런 권리다. 그녀의 경력은 "오직 정상에 있는 사람들만이 진정으로 자유롭다"라고 말하는 것 같다.

"난 여자라서 사는 데 제약을 받는다는 생각을 거부해왔어요." 해양공학을 공부한 그녀는 모빌사의 헬렌데일 유전에서 신기술을 개발하며 4년을 보냈다. "마치 서부 카우보이들 속에서 사는 것 같았어요. 나는 그 일을 정말 좋아했죠. 이 분야에서 여자는 보기 드문 일이지만 그 특성을 좋은 쪽으로 살리기로 했죠. 이 말은 누구도 내 인생에 영향력을 행사할 수 없고 또 남자들의 존경심도 얻는다는 뜻이에요."

엘리트의 일원이 되기 위해서는 무엇이 잘못되었는지 알아야 하고 아울러 그 문제를 해결할 수 있다고 굳게 믿어야 할 뿐만 아니라, 예상하지 못했던 재난을 만나도 낙담하지 말아야 한다. 무에서 유를 창조하는 것이 엔지니어의 기쁨이다. "고객의 한 아이디어에서 시작해서 2~3년 후에는 그것을 실현시키는 거죠. 심지어 그 고객조차 자기가 정말로 원하는 것이 뭔지 모르는데도 말이에요. 그런 매력 때문에 이 일을 계속할 수 있었죠." 그녀에게는 기술에 대한 확신이 있다. 엔지니어들이 예를 들면 아랄해를 망쳐놓은 것은 사실이다. "어떻게 저런 끔찍한 실수를 했는지 사람들은 묻습니다." 그녀는 이렇게 답한다. "똑같은 실수를 반복하지 말아야 합니다. 산업의 성장은 냉정하고 돌이킬 수 없어요. 그 목적은 이윤이지만 동시에 생활수준도 높이고 통신 수단도 개선하고 매혹적인 새로운 지식을 일구어내는 것이기도 하죠." 심리적 관점에서 본다면 산업의 성장으로 인해 사람들이 더 나아진 것은 결코 아니지만, 그렇다고 해서 더 나빠진 것도 결코 아니다. 그러나 파도 아래 석유를 내버려두고 육지로 되돌아가는 것, 기술 개발 이전의 과거로 되돌아가는 것은 불가능하다. 단순하게 말해 사람들은 지성을 잘 이용해 좋은 의도를 가진 복잡한 계획들이 재난으로 끝나지 않도록 해야 한다. 기술적으로 가능한 해결책들이 있다. 창의성에 정부가 꼭 장애가 되는 것도 아니다. 좋은 면도 있다. 정부는 이윤을 우선시하지 않는다. 기술 덕분에 저녁에 공연하는 연극표를 사기 위해 아침부터 줄을 설 필요가 없다. 온라인으로 예약하면 된다.

가장 높은 자리에 있다는 것은 이제 명령을 내린다는 의미가 아니라 중재자가 된다는 의미다. 관리자로서 그녀는 많은 시간을 노동조합과 협상하는 데 보내고 있다. "과거에는 진실이란 기술적인 진실뿐이라고 믿었어요. 이제는 인간적인 진실이 있다는 것을 알고 있죠." 그녀는 인간의 행동에 관한 어떤 특별한 교육을 받은 적이 없다. 한두 쪽에 중요한 말을 다 요약하는 경영학 책을 통해서가 아니라 실제로 경영을 해봄으로써 그녀는 경영을 배웠다. 경영 엘리트의 일원이 되면 거기에 속한 다른 사람들과 사이가 나빠진다. 그녀가 보기에 권력자들은 이 세계가 개인이 아니라 시스템의 연속으로 구성되어 있다고 보도록 훈련받은 사람들이다. 그래서 그들은 문제가 발견되면 시스템을 바꾸는 해결책을 내놓는다. 이것이 엔지니어가 아니라 국립행정학교 출신들이 기업을 경영하는 이유다. 그녀는 임기응변을 좋아한다. 귀를 기울이고 반응하는 것이 그녀의 방법이다. "나는 마음에서 우러나오는 인간관계를 바랍니다. 사람들은 내가 때때로 조금 거리를 둔다고 말하지만 사실은 그렇지 않아요. 복도를 걸어갈 때 딴생각을 하기 때문에 생기는 오해죠."

3년 후에 나는 그녀가 그룹 전체의 기술 이사로 승진해 경제 위기에 직면한 그룹을 더 효율적으로 만드는 임무를 맡고 있다는 사실을 알게 되었다. 이제 문제는 회사 구성원들의 생각이 저마다 다르다는 것이다. "엔지니어들이 정말 자유롭게 이야기하는 것을 보고 놀랐어요. 우리가 젊었을 때만 해도 그렇지 않았죠. 지금 그들은 각자 자기 의견을 말하지만 우리는 그렇지 못했어요. 젊은 엔지니어들은 곧장 관리자가 되고 싶어 하고, 다른 사람들이 자신을 위해 실무를 처리해주기를 원합니다." 기술공학은 점점 더 기술뿐만 아니라 사람들과 밀접한 관계를 맺게 되었다. 카트린 델크루아는 마지막으로 사람들과 현실 사이의 중재자가 되었다. 그녀는 엔지니어들의 사기를 북돋아주고 불경기 때문에 멋진 모험의 기회가 줄어든 젊은 엔지니어들이 낙담하지 않도록 돕고 있다.

여성이라는 사실이 때때로 장점이 된다고 그녀는 말한다. 여성이기 때문에 "농담을 할 수" 있다는 것이다. 그러나 "여성에게는 권위가 별로 없기 때문에" 불리할 때도 있다. 미국 텍사스에서 온 한 고객은 그녀를 비서로 생각해서 다른 사람들과 다 악수를 나눈 뒤 그녀에게 아주 바보 같은 질문을 했다. "그가 기술적으로 얼마나 무식한지 드러내는 질문이었어요. 나중에 그는 자기의 무례함을 깨닫고는 사과했죠. 하지만 내가 정말 비서였다고 하더라도 인사말을 건너뛰면 안 되는 거잖아요?"

그녀는 정상에 올랐지만 이에 따른 대가도 치러야 한다. 오랜 시간 근무해야 하고 모든 것이 일 중심이라는 점이다. 그녀는 매력적인 일자리 제안을 받았을 때 수락하는 대신 남편과 4년 동안 떨어져 살아야 했다. 그녀는 파리에서, 남편은 낭트에서 지냈다. "딸과 함께 보낸 시간이 거의 없어요." 불평해봐야 소용없다. 만약 파트타임으로 일했다면 직업에서의 성취는 이루지 못했을 것이기 때문이다. 가족을 돌볼 수 있는 여성은 자신에게 단지 심리적 문제만 있다는 사실에 감사해야 한다. 가족을 돌볼 여유가 없는 사람에게는 달리 어떻게 해볼 해결책이 없다. 그녀는 가족에게 늘 미안한 마음을 가지고 있다. 그러나 그것이 인생이다. 다행스럽게도 일보다는 아이들을 돌보는 일을 더 좋아하는 여성도 있다. "우리 모두가 다 똑같지 않아서 다행이에요."

지나치게 자신감에 차 있지도 않고 지나치게 회의적이지도 않은 카트린 델크루아는 종교가 없는 것이 유감이다. "더 많은 것들에 대해 확신을 갖고 싶어요." 하지만 딸을 가톨릭계 사립학교에 보낸 것이 약간 마음에 걸린다. "딸이 그 학교에서 여러 가지 일에 대해 지나친 확신을 배우지 않기를 바라고 있죠." 그러나 가톨릭은 다른 많은 종교와 마찬가지로 "희생과 같은 영적인 가치"를 가르치고 있고, 그녀 또한 영적인 가치의 중요성을 믿고 있다. 한 여성이 그녀에게 말했다. "우리한테 신앙이 있어서 얼마나 다행인지 몰라요! 그렇지 않으면 우린 아무 일도 할 수 없을 거예요."

카트린 델크루아의 성공에 대한 믿음은 기술공학의 진정한 위업이라 할 수 있는 해저 유정 굴착 장치만큼이나 완벽하게 균형이 잡혀 있다. 거기에는 불합리하거나 불가능한 것은 하나도 없으며, 우아하게 보일 정도로 자기만의 것이 있다. 그녀는 아직 해보지 않은 것 가운데 어떤 일을 하고 싶어 할까? 책 쓰는 일이 그것이다. 그녀의 확신이 한계에 부딪히는 부분이 이 일이다. "재능이 부족한 것 같아요. 번득이는 아이디어도 없고요. 쥘 로맹처럼 쓰고 싶지는 않아요. 아무 생각 없이 그저 달콤한 인생에 대해서만 써대는 콜레트만큼도 못할 거예요. 제가 책을 쓴다면 별 가치가 없을 거예요." 그러나 그녀는 "글쓰기는 가장 흥미롭고 창조적인 예술이죠"라고 덧붙인다. 엔지니어 스쿨에 입학한 첫해에 그녀는 프루스트를 석 달 만에 독파했다. 그 이후로는 한 번에 한 작가씩 고전을 읽어왔다. "세상을 이해하는 데 도움이 됐죠." 휴일에 스키를 타거나 버섯을 따는 동안에도 "발견할 새로운 뭔가가 늘 있어요." 그러나 "1년 내내 자유롭게 살 수 있을지는 모르겠어요."

오늘날 엘리트들은 국가 사이의 중재자다. 프랑스 남부의 도시 툴루즈에서 자랐기 때문에 사람들은 카트린 델크루아를 툴루즈 출신으로 알고 있지만 그렇지 않다. "난 프랑스의 특정 지역 출신이 아니에요. 난 어떤 지역에도 속하지 않아요. 할아버지와 아버지도 일을 따라 돌아다니셨기 때문에 마찬가지죠." 그녀의 남편은 프랑스 북부에 깊게 뿌리내리고 있는 집안 출신이다. 그래서 남편과 결혼했을 때 처음에는 자신이 외국인이라는 느낌이 들었다. 문화와 언어가 자신을 유럽인이 아니라 프랑스인으로 만든다고 그녀는 말한다. 그녀는 무엇보다도 스스로를 유럽인이라고 부르는 그런 사람을 한 번도 만나본 적이 없다. 그러나 외국인과 만나는 데 아무런 어려움도 느끼지 않는다. "사실 그런 교류가 없으면 사람은 화석이 되는 거죠. 난 뉴욕이나 팀북투에 가서 일한다 해도 걱정하지 않을 거예요. 외국에 살아도 상관없어요. 사실 난 외국인들과 일하는 것을 좋아해요. 재미있고 새로운 것을 발견하게 되죠." 7년 동안 그녀는 독일계 회사에서 일했다. "난 독일 문화를 좋아하고 독일어도 할 줄 알아요."

때때로 엘리트는 불운한 사람들을 도와주는 중재자 역할을 하기도 했다. 50년 전에 공장 지배인과 결혼한 그녀의 어머니는 시간이 나면 가난한 사람들을 위해 일했다. 그런데 오늘날 그것은 '온정주의'라고 의심받고 있다. 현재 카트린 델크루아의 사무실 바로 밖 교외에는 빈민가, 문맹, 거리 폭력이 있다. 그러나 이런저런 약속으로 바쁘게 움직이는 기업의 이사에게는 사회 문제의 해결은 고사하고 거기에 관심을 가질 시간조차 없다. "회사에서 우리는 시급한 업무를 처리하죠. 사회 문제에 대해 무엇을 할 수 있는지 생각해보지 않았어요. 동료들과 이야기해본 적도 없고요." 그러나 최근에 회사 회장이 산업계와 정부 사이의 회의를 주선했다. 의회만이 시민과 국가 사이의 중재자 역할을 하는 것은 아니다. 부유층은 가난한 사람들과의 관계에서 소심하며 좀처럼 그들에게 말을 걸지 않는다. 부유층에게 가난한 사람들은 이방인이다.

'촉매'의 새로운 위상

　　　　　소심한 사람과 용감한 사람이 얻을 수 있는 것은 아주 다르다. 모든 자랑스러운 보상은 명령을 내리는 사람에게 돌아갔고, 반면에 남들이 시키는 대로 일을 하는 사람은 다소 경멸을 받았다. 그러나 소심한 사람이나 용감한 사람이나 대등한 관계가 될 수 있는 제3의 활동이 있다. 중재자는 자신이 가진 재능으로 할 수 있는 것보다 훨씬 많은 것을 성취할 수 있다. 쥐도 때로는 산을 옮길 수 있는 것이다. 그래서 중재자가 되는 것이 남을 지배하려거나 자신의 장점을 인정받으려고 싸우는 것보다 더 큰 희망의 근원이 된다. 빠져나오는 것이 치열한 경쟁에 대한 유일한 대안은 아니다. 그러나 중재자임에도 불구하고 자신을 중재자로 생각하는 사람이 그렇게 드문 이유를 이해하려면 야심의 뿌리 주위를 더 깊이 파고들어 갈 필요가 있다.

　최근까지 대부분의 평범한 사람들은 농부이거나 장인이거나 둘 중 하나였다. 그것이 "하느님을 기쁘게 하는" 가장 좋은 길이라고 루터는 말했다. 그러나 성직자 스스로가 다른 일을 시도한 셈이었다. 성직자들은 최초의 중재자가 되었으며, 특별히 용감하지 않을지라도 인간의 나약함과 신의 힘을 중재하며 엄청난 권위를 얻었다. 그런 다음에는 상인이 중재자의 역할을 맡았다. 그러나 그렇게 성공적이지는 않았다. 상인에게는 마술적인 힘이 없었고, 또 평범한 사람들의 상상력에 영감을 불어넣을 줄 몰랐기 때문에 상인은 오랫동안 의심의 대상이 되었다. 기근이 들 때는 식량을 터무니없이 비싼 값으로 팔아서 비난을 받기도 했다. 상인들의 신 헤르메스는 사기꾼이자 도둑이었다. 플라톤은 그의 아카데미가 상인들의 후원으로 설립되었음에도 불구하고 상업에 종사하면서 동시에 덕 있는 사람이 되는 것은 불가능하다고 말했다. 성 토마스 아퀴나스는 상인이라는 직업 자체에 죄를 저지르려는 유혹이 내재되어 있으므로 상인은 구원받기 힘들다고 말했다. 중국에서 상인은 최하위 계층으로 천시되었고 농부나 도공보다도 비천한 존재였다. 인도에서는 천대받는 카스트에 속한 사람만이 돈놀이라는 더러운 사업에 종사할 수 있었다. 물건을 파는 사람은 고객이 누구이든 그들에게 아첨해야 했기 때문에 모든 곳에서 경멸의 대상이 되었다. 나폴레옹이 영국을 구멍가게 주인의 나라라고 부른 것은, 포주의 나라라고 부른 것과 마찬가지였다. 중재자들이 인정받는 데는 2500년이 걸렸다.

인정은 비교적 돌발적으로 이루어졌다. 그렇게 되기 위해서는 새로운 우주관이 필요했다. 중재자는 어떤 문제를 다른 맥락에서 보게 되면 사람의 태도가 어떻게 바뀌는지를 보여주는 또 다른 예다.

19세기가 될 때까지 성질이 다른 두 물질이 어떤 과정으로 결합해 제3의 물질을 만드는지 알려져 있지 않았다. 사람들은 그 물질들이 친화력이나 공감 같은 뭔가를 공유하고 있다고 추측했다. 물질은 마치 살아 있는 것처럼 논의되었다. 뉴턴은 이러한 친화력을 '사교성'이라고 불렀다. 마치 물질들이 연애를 한다는 식이었다. 괴테는 화학 용어를 빌려와 자신의 책에 '선택적 친화력'이라는 제목을 붙였다. 부부는 서로를 위해 창조되었다는 뜻이다. 퐁트넬Bernard le Bovier de Fontenelle은 하나의 물질이 다른 물질과 결합한 후 다시 분리되어 제3의 물질과 결합하는 방식에 놀라움을 금치 못했다. 물질의 간통은 인간의 간통만큼이나 신비로워 보였다. 1835년이 되어서야 베르셀리우스Jons Jacob Berzelius 남작이 이러한 결합에 제3의 존재가 필요하다는 것을 발견하고 촉매라는 용어를 화학에 도입했다. 그는 촉매가 어떤 방식으로 작용하는지는 알지 못했다. 그러나 그 제3자가 갑자기 아주 중요한 존재가 되었다.

촉매라는 개념이 중재자에게 새로운 위상을 부여했다. 이전에 중재자는 단순히 남들이 필요로 하는 것을 제공해주는 연결고리이거나 하이픈(-)에 지나지 않았다. 이제 중재자는 하나의 촉매로서 독립적인 존재가 되었고 목적을 갖게 되었다. 중재자는 새로운 상황을 만들어낼 수 있으며, 어떤 거만한 요구도 없이 사람들을 서로 만나게 함으로써 그들의 삶을 변화시킬 수 있다. 이 세상이 끊임없이 변화한다고 믿는 사람들에게, 그리고 이 세상을 통제하겠다는 생각 없이 세상이 나아가는 방향에 선한 영향을 미치고 싶어 하는 사람들에게 촉매가 되는 것은 가장 적절한 야망이다.

그런 창조적인 역할로 여겨지기 전까지 사업가는 더 권위 있는 사람들의 뒤를 쫓아다니고, 부자가 되면 곧 야망을 잊어버리고 시골로 은퇴해 지주가 되어서는 딸들을 귀족에게 시집보낼 꿈이나 꾸고, 예술품 수집가인 체하고, 자신의 직업보다 남들의 직업을 더 선망하는 속물적인 존재였다. 그에게는 자신과 가족의 번영이 중요한 목표였다. 사업가가 공적인 역할을 맡게 되었을 때조차 조금은 우쭐해졌을지 몰라도 독립적인 중요성을 부여받지는 못했다. 그의 선택은 여전히 일관성이 없었다. 청교도들이 고리대금업도 괜찮다고 말했기 때문에 그들은 청교도를 후원했다. 그러나 때로는 자신과 같은 모든 벼락부자들의 적인 귀족에 대항해 절대왕권을 지지했다. 정부의 비위를 맞추기 위해, 그토록 증오하는 세금이지만 만약 깎을 수만 있으면 세금 내는 것에 대해 적의를 보이지 않았다. 일본에서는 사업가들이 연합해 거대한 회사를 만들었지만 오직 간접적으로만 정부에 대해 영향력을 행사하고자 한다. 모든 경우에서 사업가는 신중하다.

최초로 상업에 열정을 보인 종교는 이슬람교였다. 예언자 무함마드는 교역에 종사했으며, 그의 첫 부인은 메카라는 상업 도시에서 잘나가는 사업가였다. 코란에는 "상인은 이 세계의 사자使者이며 지상에 존재하는 신의 수탁자다"라고 기록되어 있다. "시장은 신의 식탁이다"라고 알-가잘리Al-Ghazali는 덧붙였다. 이슬람교도는 상업을 찬양하는 책을 처음으로 만들어냈다. 12세기의 이슬람 상인 자파르 알리 알디마시키Jafar Ibn Ali al-Dimashqi는 교역이 "모든 수지맞는 일 가운데 최고이고, 행복을 가장 잘 전달한다"라고 주장하며《교역의 미Beauties of Trade》라는 책을 저술했다. 이슬람교도가 지구의 거의 절반에 해당하는 지역으로 엄청난 속도로 팽창해나간 것은 종교적인 승리였을 뿐만 아니라 상업적인 승리이기도 했다. 유럽의 중세 암흑시대에 바그다드와 카이로는 가장 화려한 도시가 되었으며, 그곳을

여행하는 것은 5세기 뒤에 파리의 환락을 맛보는 것과 똑같은 일이
었다.

이슬람 상인들은 상업적인 가치를 수호하기 위해 종교와 대립할
필요가 없었다. 그들은 울라마ulama(이슬람교의 법학과 신학의 지도자—옮긴
이)들과 결혼했으며, 울라마들 역시 상업에 종사했다. 예를 들어 압
달라 알-사르카위Abdallah al-Sarqawi(1793년에서 1812년까지 카이로, 아즈하르의
교구장)는 가난한 집에서 태어났지만 울라마라는 지위와 사업가를 병
행해 엄청난 부를 쌓았다. 한편 그의 아내는 부동산, 가게, 목욕탕 등
에 투자하는 데 탁월한 수완을 발휘했다. 이슬람 사회에서 상업은
사교의 일부분으로 금전적인 이익뿐만 아니라 인간적인 교제와 대
화와 흥정의 즐거움을 맛보는 것이었다.

18세기 유럽에서도 상인의 이미지가 바뀌기 시작했다. 이제 지식
인들은 상인을 귀족에 대항하는 동맹자로 여겼다. 볼테르는 영국의
사업가를 모험심과 정직함의 모델로 묘사했다. 극작가들은 상인을
교역으로 국가들을 묶어주는 비단실, 평화와 번영을 가져오는 진정
한 '보편인'으로 소개했다. 프랑스 혁명의 대가로 상인들은 정부의
간섭에서 자유로워졌다. 그러나 그 이후에도 아주 부유한 사람들을
제외한 상인들은 자식을 공직이나 전문직에 취직시키는 것을 선호
했다. 다만 최근에 이르러서야 서비스 분야(그것은 중재자들의 또 다른 현신
이다)의 팽창으로 말미암아, 10세기에 백과사전을 편찬한 '바스라의
진실한 친구들Sincere Friends of Basra'이 약간 과장해서 "모든 사람은
기술자 아니면 상인이다"라고 말했을 때 그들이 자신들의 세계에서
보았던 것이 서구에서 실현되었다. 오늘날 서구 여러 나라에서 대부
분의 직종은 서비스업이며 이 중 절반 이상을 여성이 차지하고 있

다. 중재자가 된다는 생각은 이제 그리 낯설지 않다.

그러나 과거의 왜곡이 여전히 사라지지 않고 있다. 귀족적인 가치가 배격되고, 목사의 설교가 사업적이었다고 말하는 것이 칭찬으로 받아들여지고, 미국의 사업이야말로 말 그대로 사업이라고 즐겨 말하는 미국에서조차 중재자는 국가적인 영웅이 되기 힘들다. 그 이유는 돈 버는 재주를 가진 사람들이, 미국이 원래 자립농과 소규모 사업가들의 땅이었으며 또 그렇게 만들려고 했다는 사실을 잊어버리고, 걸맞지 않은 상상력을 발휘해 대제국을 건설하는 왕을 자신의 모델로 삼고 있기 때문이다. 대규모 사업이 그렇게 바꿔놓았으며 대다수 사람들은 월급쟁이 신세가 되었다. 미국인들은 본래 검소했다. 대기업들은 미국인들을 만족할 줄 모르고 부유하지만 취약한 소비자로 변모시켰다. 실업계의 거물들은 "미국인은 강도질이나 살인만 아니면 무슨 일이든 할 수 있다"라고 설교했고, 《뉴욕 그래픽New York Graphic》은 그런 식으로 코넬리어스 밴더빌트Cornelius Vanderbilt라는 무자비한 백만장자를 옹호했다. 1882년 그의 아들 윌리엄 밴더빌트는 대중을 위해 철도를 운영하느냐는 질문을 받았을 때 이렇게 대답했다. "대중에게는 관심이 없다. 물론 인류의 이익을 위해 무슨 일이든 하고 싶지만 우리에게 가장 중요한 것은 이익이 되느냐다."

미국에서 백만장자는 신이 아니라 단지 누구나 부자가 될 수 있다는 증거로 취급되었고, 그런 의미에서 민주주의에 대한 믿음을 정당화했지만 그 민주주의는 불행하게도 모든 사람을 부유하게 만드는 것과는 아주 거리가 멀었다. 단순한 부의 창조만으로는 부족했다. 이상적인 미국인들은 또한 박애주의자가 되어야 했다. 그러나 1937년에 존 록펠러가 죽었을 때 그의 엄청난 자선 기부금에도 불구하고 그가 천당으로 갔을지에 대해 공공연한 토론이 벌어졌다. 뭔가 다른 것이 추가로 필요했다. 사업가는 정부에 영향력을 행사했지만 사업가로서 대통령에 당선된 사람은 없었다. 허버트 후버Herbert Hoover가 가장 근접한 인물인데 그는 채광 기술자였다. 1930년대의 대공황은 기적을 만들어내는 사람이라는 기업가의 이미지를 산산조각 냈다. 2차 세계대전이 끝난 후 기업가들은 역사상 최대의 광고 캠페인을 벌여야 한다고 느꼈고, 자신들이 자유시장 경제의 이념을 구현했다고 전 국민을 설득하는 데 1억 달러를 들였다. 그러나 캠페인은 실패로 끝났다. 미국인들은 안정 또한 원했기 때문이다. 1958년에 대중에게 확신을 주기 위해 700개의 기업이 모였다. 장애인에서 오케스트라에 이르기까지 모든 사회 문제에 관심을 기울이는 '기업의 책임'이라는 새로운 이미지를 표방하며 미국경영협회는《경영 신조와 철학Management Creeds and Philosophies》이라는 책자를 발행했다. 이제 사업가들은 상충하는 이해의 조정자라는 새로운 역할의 필요성을 느꼈다. 그러나 그들에 대한 의심은 쉽게 사라지지 않았다.

미국의 경영학은 사업상의 이상보다 더 높은 것을 끊임없이 추구했다. 더 큰 이윤을 보증하는 다양한 공식이 발명되었지만 항상 그것을 넘어서는 잘 잡히지 않는 목표가 있었다. 다국적 기업은 웬만한 국가들보다 더 강력해졌기 때문에 위상 강화와는 다른 어떤 목적을 찾아야 했다. 무자비한 강도와 같은 대기업의 소유주는 전문 경영인 또는 영감을 주는 리더로 대체되었고, 그다음에는 지금까지 불가능했던 여론의 일치를 이룩할 수 있는 네트워크의 조정자로 대체되었다. '목표에 따른 경영'(1950년대), '조직과 발전'(1960년대), '기업 문화'(1980년대)라는 슬로건이 일체감을 조성할 목적으로 제시되었다.

그러나 1990년대 들어 명령을 통해 기업을 통제하는 식의 왕족 스타일은 신뢰를 잃었다. "모든 개인은 자신이 유일무이한 존재라고 느껴야 한다." 개별적인 소모임의 자율성이 더 생산적인 것으로 드러났다. 통제할 수 없는 무질서의 세계에서 오히려 번영하는 것이 관리자의 역할이다. 관리자는 마침내 중재자가 되는 것을 기꺼이 받아들이게 된다.

물론 역사에는 감추고 싶은 추악한 비밀이 있다. 중재자는 빈번하게 타락하고 죄를 범하고 탐욕을 부렸으며, 거의 모든 직업에 대해 비난하고 거의 모든 계층을 착취했다. 중재자를 이상화하는 것은 어리석은 일이다. 결함이 없는 역사를 가진 직업이나 인간관계는 없다. 심지어 자신의 영향력을 이용해 다른 사람들을 조종하려고 하는 성인도 있었다. 개인적인 미덕 없이 정직한 제도는 있을 수 없고, 그 미덕도 언제든 죽을 수 있는 귀한 식물처럼 조심스럽게 가꾸어야 하는 것이다. 그러나 중재자가 된다는 것은 세상에 뭔가 보탬이 되고 싶지만 재능이나 수단이 제한되어 있다고 느끼는 사람들에게, 특히 모든 사람을 동등하게 존경하려고 노력하는 사람들에게 어떤 기회를 제공하는 일임에 틀림없다.

중재자는 종종 박해나 배척으로 인해 다른 직업을 가질 수 없었기 때문에 그 일을 택했고, 그래서 오랫동안 그들의 운명은 바람직한 것으로 보이지 않았다. 예를 들어 아르메니아인들이나 레바논 사람들은 엄청난 고통을 치르고 나서야 최고의 중재자들을 배출했다. 그리스인들은 오스만제국에 가로막혀 육상으로 진출할 수 없게 되자 세계 최고의 선단船團을 갖게 되었다. 유대인들은 중세에 기독교와 이슬람교를 분리시켰던 장막을 넘어 이념과 상품을 수입, 수출하는 데 중요한 역할을 했다. 대부분의 서구인들은 이슬람이 스페인과 북아프리카뿐만 아니라 인도의 펀자브 지방까지 아우르는 아시아를 지배했던 어마어마한 세력이었다는 사실을 예언자 무함마드가 죽은 지(632) 1세기도 안 되어 잊어버렸다. 유대인들의 기술이 두 문명 모두에 이익을 주었다는 사실도 잊어버렸다.

마이모니데스Moses Maimonides(1135~1204)는 스페인 코르도바에서 태어나 옛 카이로 지역에 오랫동안 거주하며 술탄 살라딘과 그의 아들 열일곱 명의 건강을 돌보는 궁정 의사직을 맡고 있었다. 그는 유대 신앙의 가장 존경받는 해석자였을 뿐만 아니라 신앙과 과학, 신성한 창조와 영원한 세계를 연결시키는 가장 이성적이고 정중한 중재자였다. 이슬람교의 판관들은 그에게 의견을 구했고, 기독교 대학들은 그의 저술을 교재로 사용했다. 그는 《곤경에 처한 사람들을 위한 안내서Guide for the Perplexed》라는 책에서 '우유부단함'에서 탈출하는 법을 제시했다. "인격이란 어리석은 자의 길에서 벗어나는 데 있지 그를 정복하는 데 있지 않다. (…) 나는 내 영혼의 명예를 위해 승리를 구하지 않는다"라고 그는 썼다.

이러한 겸손, 적을 섬멸하겠다는 군사적 야망의 거부가 중재자의 근본적인 태도다. 마이모니데스는 격렬한 언쟁을 피하는 것을 원칙으로 삼았다. "사람들이 나를 모욕할 때도 나는 개의치 않고 우호적인 말로 예의 바르게 대답하거나 침묵을 지킨다. (…) 내가 결코 실수하지 않는다는 말이 아니다. 그와는 반대로 내 실수를 발견하거나 내 잘못이 남들에 의해 확실히 드러나면 나는 나의 저술이나 행동 또는 심지어 내 본성까지도 고칠 준비가 되어 있다." 그는 책―이것 또한 당연히 중재자다―을 인류에게 필수적인 자양분으로 보고 여성들에게도 공부하라고 격려했다.

세계의 서구화는 두 문화, 두 경제권 사이에서 살아가는 중재자들을 양산했다. 동방의 포르투갈령에서는 콤프라도르comprador라고 불리는 원주민 중개인(중동에서는 통역, 중국에서는 매판買辦으로 불렸다)에게 제국의 경영을 의존했다. 1842년 아편전쟁에서 영국이 중국을 이겼을 때, 영국 또한 중국에서의 사업 경영을 위해 피진 영어pidgin English(상업상의 편의로 영어 단어를 중국어 또는 말레이어 어법에 따라 쓰는 엉터리 영어—옮긴이)를 구사하는 중국인을 고용해 '현지인과의 업무를 처리하는 전문가'로 활용했다. 이 중국인 전문가들의 특징은 상인 신분에 만족했다는 점이다(전통적인 중국 상인들은 돈으로 '지주 - 상인'의 신분을 사고자 했다). 이들은 아들을 서양식 학교에 보내고 딸의 전족을 거부하고 서양 옷을 입고 유교 경전을 무시했으며, 비록 그 사상의 활용에 있어서는 창조적이라기보다 모방적이었지만 새로운 사상에 대해 개방적이었다. 이들은 쑨원에게 자금을 대주었고 1911년 청제국을 전복하는 데 일조했다. 그러나 이들은 유럽인이 되지는 않았다. 서구 자본주의에 봉사하면서도 강력한 민족주의를 고수함으로써 균형을 이루고 있었다. 그들은 역사상 중요한 역할을 수행했지만 드러나지 않게 했다. 물론 정부는 그 이해관계가 국경을 넘어서는 중재자들을 의심했고, 심지어 어떤 시기에는 외국인에게 말을 거는 것조차 금지했다. 그러나 이제 여행이 보편적인 여가 활동이 됨에 따라 중재자를 위한 새로운 시대가 열리고 있다.

과학에서 이루어진 대부분의 진보는 자신이 다루는 분야의 경계나 패러다임을 넘어서서 여러 다른 지식의 왕국에서 유래한 통찰을 통합하는 중재자에 의해 이루어졌다. 음악가는 아마 가장 중요한 감정의 중재자일 것이다. 그/그녀는 말이 갈라놓은 사람들을 한데 모은다.

화학에서 촉매는 아직도 하나의 신비로 남아 있다. 촉매가 서로 다른 두 물질을 상호작용하게 만드는 과정은 정확하게 알려져 있지 않다. 과거에는 반응이 일어나는 동안 촉매는 변하지 않는 것으로 여겨졌으나 지금은 변화시키는 물질을 소량 흡수해 반응이 일어나는 데 필요한 에너지의 양을 줄이는 것으로 보고 있다. 1926년이 되어서야 살아 있는 세포 안의 촉매―신체 내의 화학 반응을 통제하는 데 없어서는 안 되는 존재로 음식물 소화와 에너지 방출에 관여하는 효소―가 단지 세포에 들어 있는 성질이 아니라 실질적인 물질이라는 사실이 증명되었다. 효소들이 어떻게 작용하는지 서서히 발견되는 과정에서 때때로 어떤 효소는 전혀 활동하지 않다가 다른 효소의 작용에 의해 깨어나는 것으로 드러났다. 피가 응고하는 방식이 그러한데 이때는 두 개의 효소가 결합해야만 한다.

중재자에게는 자신을 움직이게 만드는 다른 중재자가 필요할지도 모른다. 세상을 다른 사람과의 미세한 상호작용의 연속으로 보는 것은 세상을 보는 새로운 방식이다. 그것은 더 이상 힘이 전적으로 지배력을 행사하지 않는다는 뜻이다. 또한 누가 더 우월한가에 지나치게 신경 쓰지 않으며, 소심한 사람이나 비천한 사람 역시 위대한 모험에 공헌할 수 있다는 뜻이다. 긍정적인 결과뿐만 아니라 부정적인 결과도 가져올 수 있지만, 중재자로 인해 인간사에 예상하지 못한 요소가 첨가되었다. 중재자는 자신의 노력에 대해 지나치게 높은 대가를 요구하고픈 유혹에 빠지기 쉽다. 그러나 중재자는 모든 당사자를 똑같이 만족시키고, 누구도 억압하지 않을 때 번성한다.

모든 사람이 지도자가 될 수는 없지만, 중재자가 될 수는 있다

역사적인 중재자의 모델은 마에케나스Maecenas다. 그는 기원전 8년에 죽었는데 그의 이름은 '관대함'과 동의어가 되었다. 그는 로마의 부유한 사업가였다. 정부와의 연줄을 이용하고, 황제의 결혼을 주선하고, 경쟁자와 화해하고, 적들과 평화 협상을 벌이고, 매력과 검소함과 충정을 이용하고, 그가 존경하는 모든 사람을 동등하게 대우함으로써 큰 부를 쌓았다. "위기 상황에서는 잠도 자지 않고 조심했고, 일에서 벗어나 쉴 때는 여자보다도 더 사치스럽고 여성스러웠다"라고 그와 동시대를 살았던 사람은 말했다. 비록 자신의 문학적 노력은 사람들에게 놀림감이 되었지만 그는 당대의 시인들을 격려하는 것을 즐거움으로 삼았다. 또한 자신의 부가 황제와의 친분 덕택이라는 것을 알고 있었기 때문에 죽을 때 모든 것을 황제에게 돌려주었다. 그의 방식은 본질적으로 개인적이었다. 그리고 그는 자기가 도와준 사람들과 함께 있는 것을 즐겼다. 그것은 서로 주고받는 관계였다. 이것이 다른 사람과 구별되는 중재자의 차이점이다. 중재자는 개인적인 차원에서 일한다. 의견의 불일치를 일소하기 위해 중재자가 군대를 조직하는 일은 불가능하다. 모든 사람이 지도자가 될 수는 없지만, 중재자가 될 수는 있다.

그러나 마에케나스는 불완전한 모델이었다. 수학자이자 기술자였던 시라쿠사의 아르키메데스(기원전 287~212)가 그의 이름과 함께 언급되어야 한다. 아르키메데스는 자신의 몸이 물속에서 더 가볍게 느껴진다는 것을 깨달았다. 그는 너무나 기쁜 나머지 '유레카'라고 외치며 알몸으로 목욕탕에서 뛰쳐나와 시라쿠사 거리를 질주한 일화로 유명하다. 그러나 그는 수학 이외에도 여러 면에서 기억할 가치가 있는 인물이다. 그는 어려운 작업을 쉽게 만들기 위해 이성적으로 사고했다. 그는 무거운 물체를 움직이기 위해 나사못, 지렛대, 투석기, 톱니바퀴와 같은 조그만 도구를 발명했다. "내게 서 있을 장소만 준다면 지구를 움직여보겠다"라고 그는 말했다. 중재자는 그런 원리를 따른다. 약자가 강자를 움직이는 일은 힘으로 되는 것이 아니라 그들 사이의 관계를 수정하고 접근하는 각도를 바꿈으로써 가능하다. 로마인들이 시칠리아를 침략했을 때 한 병사가 그를 체포하기 위해 그의 집으로 들어섰다. 이 수학자는 문제 하나를 풀 때까지 기다려달라고 요구했다. 인내심이 없던 병사는 그를 칼로 찌르고 말았다. 중재자의 방법이 가진 문제점은 대단한 인내와 무엇보다도 공포에 맞설 수 있는 능력이 요구된다는 것이다.

공포에서 자유로워지기 위해
사람들은 새로운 공포를 찾아냈다

오직 두려움에서 벗어날 수 있을 때만
사람은 자신이 원하는 삶을 살 수 있다.

부드러운 지방시 니트웨어로 몸을 감싼 여성들은 거기에 닿은 니나의 손길을 느끼지 못한다. 그러나 그 옷을 짜고 단추를 단 것은 그녀였다. 그들이 지방시라는 위대한 디자이너의 전시실을 찾아간다 하더라도 흘끗이나마 니나를 볼 가능성은 없다. 그녀는 320킬로미터나 떨어진 공장에서 일하기 때문이다. 모델들이 그녀가 만든 옷을 입고 뽐내며 걷는 모습을 와서 보라는 초대장 한 번 받아본 적이 없다. 아니, 파리에 가본 적도 없다. "설령 패션쇼에 갈 기회가 생겨도 좀 거북할 거예요. 왜냐하면 전 아무것도 아니거든요. 그저 노동자일 뿐이죠. 월급은 최저 수준이고, 돈 많은 사람들 앞에서는 열등감을 느껴요. 그들이 나보다 우월하니까요. 돈이 제일 중요해요. 저는 교양도 없고 대화하는 법도 몰라요. 패션쇼에는 상류 사회 사람들이나 가는 거죠." 그러나 니나는 우아한 여성이고, 그 다소곳한 태도에서는 온기와 활력이 느껴진다.

니나는 칙칙한 공장을 떠나고 싶어 한다. 그녀는 열일곱 살에 이 공장에 들어왔고 어느새 스물아홉 살이 되었다. "저는 완전히 지쳤어요." 그녀는 일에서 아무런 즐거움도 느끼지 못하는 것일까? 막연하지만 위대한 이름과 연결되어 있다는 자부심 외에는 별다른 즐거움이 없다. 사회학자들은 노동자들도 공장에서 나름의 사회생활을 즐긴다고 말할지 모른다. 그러나 공장에서는 인간적 접촉이 전혀 없다고 니나는 분명하게 말한다. 그녀는 달리 갈 데가 없기에 꾹 참고 이 공장에 다닌다. "학교 졸업장이 하나도 없어요. 다른 일을 구할 능력도 안 되고, 공부를 좋아한 적도 없어요. 성적이 아주 우수한 학생은 아니었지만 그래도 재능이 있는 편이었고, 아마 대학도 갈 수 있었을 거예요. 그랬으면 지금 다른 일을 하고 있을지도 모르죠." 돈을 벌기 위해 일찍 학교를 떠난 것이 그녀에게는 참으로 유감이다. 그러나 그녀는 다시 움츠린다. "대학에 갔다면 정말 힘들었을 거예요. 아마 감당할 능력이 없었을 거예요." 그녀는 심리학에 관심이 있어 책을 많이 읽는다. "어려운 책은 읽지 못하지만 적어도 쉬운 책"은 많이 읽는다.

심리학 책은 다들 이해하기 어렵다고 나는 말해주었다.

"그런 줄 몰랐어요." 그녀의 말이다.

"그 책들을 못 읽는 게 당신의 잘못은 아니에요." 나의 답변이다.

"저는 그렇게 생각하지 않았어요." 그녀는 글을 쓰는 데 어려움을 느낀다. "생각하면서 동시에 글 쓰는 일은 정말 못하겠어요. 학교 다닐 때도 못했어요. 사람들은 나한테 상상력이 부족하다고 했어요. (선생님한테 받은 모욕은 결코 쉽게 잊을 수 없다.) 글을 쓸 때면 시간이 많이 걸렸어요. 실수할까 봐 두려웠거든요."

자기에게는 아무런 야심도 없다고 니나는 말한다. 그러고는 그렇게 말하는 자신을 증오한다. "저는 평범해요." 그녀의 어머니 또한 의류 공장에서 일한다. 어머니는 딸에게 현재 가진 것에 만족할 줄 알아야 한다고 가르쳤다. 많은 사람들이 처지를 좀 더 낫게 만들려고 애썼지만 실패했기 때문이다. "저는 실패가 두려워요. 실패가 머릿속에서 떠나지 않아요." 만약 불가능한 꿈이 현실이 되어 심리학을 공부했다면, 그런데 실패했다면 그녀는 어떻게 되었을까? 직장을 그만두고 실업자가 된다면 그녀는 무엇을 할까? 옛날 공장들은 문을 닫고 새로 문을 여는 공장은 거의 없는 로안에서 직장이란 거의 생명줄이나 다름없다. "어쩔 수 없이 저는 현재에 만족해요."

그러나 직장에 다니는데도 돈이 없어 옷가게를 그냥 지나쳐야 할 때 니나가 어떻게 만족할 수 있겠는가? "사고 싶지만 여유가 없어요." 그녀가 꿈꾸는 것은 큰 재산이 아니다. 그녀는 최저임금을 받는다. 지금의 두 배만 되어도 만족할 것이다. 그러나 평균적인 임금을 받게 되면 만족할까? 그녀는 '돈만 있으면 무엇이든 할 수 있다'고 생각하며 학교를 그만두고 공장에 다녔다. 그러나 이제 그녀는 말한다. "그건 잘못된 생각이었어요."

그녀는 새장 속의 새와 같다. 날개를 파닥거리고 창살에 부딪혀 주저앉았다가는 다시 날아가려는 시도를 반복한다. 야심에 대해 이야기한 후, 자기에게는 야심이라는 것이 애초에 허용되지 않았다는 사실을 그녀는 기억해낸다. 왜냐하면 그녀는 항상 걱정하고 또 늘 그래왔기 때문이다. "저는 아주 사소한 일을 곰곰이 생각해요. 똑같은 일을 계속 생각하고 두려움과 죽음의 공포에 대해서 생각해요. 저는 죽는 게 몹시 두려워요. 어렸을 때는 더 심했어요. 왜 우리가 이 세상에 왔다가는 또 떠나야만 하는 것일까? 전 계속 물었죠. 왜죠? 그건 공정하지 않아요. 저는 그 사실을 받아들일 수 없어요. 그러나 그게 인생이죠. 사랑하는 사람을 잃는다는 건 끔찍해요. 저는 가톨릭 신자예요. 이렇게 말하면 안 되지만 내세가 있다는 걸 믿지 않아요. 2년 전에 할아버지가 돌아가셨어요. 처음으로 상실의 고통을 느꼈죠. 할아버지를 다시 볼 수 없다는 게 끔찍했어요."

다행스럽게도 부모님은 살아 계시다. 그러나 심리학 책을 읽고 나서는 부모님이 근심이 많은 사람이라 자기도 그렇다고 확신하고 있다. "모든 건 어린 시절에서 비롯되는 거예요." 그녀의 아버지는 미장공으로 일하다가 은퇴했다. 정말 고생을 많이 했고 고된 일을 하느라 몸과 마음이 망가졌다. 몇 달 동안 의자에 앉아 말 한 마디 하지 않은 적도 있었다. "끔찍했어요." 아버지는 오랫동안 병원에 입원해야 했다. 이 때문에 그녀는 또 충격을 받았다. 그러나 "나보다 불행한 사람들도 있기 때문에 전 불행하지 않아요." 그녀는 주장한다. 왜 어떤 사람은 남들보다 더 행복하게 사느냐는 질문에 그녀는 아무 대답이 없다.

니나는 가정을 꾸리고 싶었다. 그러나 자신은 "조심스럽고 의심이 많고 질투심이 강하다"고 말한다. 그녀가 꿈꾸는 남자는 전적으로 의지할 수 있는 사람이다. 그녀가 클럽에 가면 남자들은 같이 춤추자고 하고 마실 것을 사고 자기가 어떠어떠한 사람이라고 자랑한 뒤 침대로 가자고 말한다. "저는 거리의 여자가 아니에요. 그런 남자들은 나한테 관심이 있는 게 아니라 섹스에 관심이 있는 거죠." 남자는 거짓말쟁이다. 그것이 남자의 문제점이다. 어떤 남자는 결혼했으면서도 아닌 척한다. 그녀에게는 안 그런다고 약속하고서도 다른 여자애들과 싸돌아다닌다. "나만의 남자를 원해요. 그리고 용서는 없어요. 원한을 품지요. 아직 전 평생의 반려를 만나지 못했어요. 제 인생에 등장하는 첫 번째 남자와 결혼할 생각은 없어요. 결혼이란 인생 전체가 달린 문제니까요." 남자가 가난하다는 것은 개의치 않는다. 연예계 주변에 있는 어떤 사람으로부터 돈이 많은 남자는 방탕하다는 말을 들었기 때문이다. 그녀가 원하는 것은 "성실, 친절, 헌신"이다. 만나는 친구들은 있지만 아주 소수에 지나지 않는다. 그녀에게 친구란 단지 심심해서 만나는 사람이 아니라 어려울 때 도와주는 사람을 의미한다. 이 친구들은 그녀를 믿고 "가장 은밀한 비밀"을 털어놓고, 그녀에게서 위안을 얻는다. 그녀는 그것이 자랑스럽다. 정직하고 마음이 통하는 대화는 영혼을 따뜻하게 해준다. "부모님은 말이 별로 없었어요." 그녀는 나에게 말하는 것을 두려워하면서도 털어놓고 싶어 했다. 그리고 내가 다른 사람들과 이야기를 마칠 때까지 긴 시간 동안 기다려주었다. 그러나 "내 인생은 실패예요"라는 것이 그녀의 결론이다. 나는 그 말을 이렇게 해석한다. "오직 두려움에서 벗어날 수 있을 때만 사람은 자신이 원하는 삶을 살 수 있다."

바이킹은 경멸에 대한 두려움 때문에 용감해졌으며 두려움이 다른 모든 두려움을 잊게 만들었다

공포의 역사를 추적해보면 공포로부터의 자유가 때때로 두 가지 방법에 의해 성취되었음을 알 수 있다. 첫 번째는 공포 그 자체의 도움으로 하나의 공포에서 다른 공포로 도망치는 방법이다. 이 방법이 좀 더 희망적이다. 두 번째는 아주 이질적인 어떤 것에 대한 호기심을 이용하는 방법인데, 이 방법은 일시적으로 위험에 대한 생각 자체를 지워버린다.

두려움을 몰랐다는 바이킹은 그 초기의 예에 해당한다. 바이킹은 8세기부터 12세기까지 유럽에서 가장 두려운 폭력주의자들이었다. 물론 그들의 마음속에도 스칸디나비아의 기나긴 밤의 외로움이 있었고, 가난한 농부들이 갖는 온갖 일상적인 두려움이 있었다. 하지만 그들은 용감하게 바다를 건너 콘스탄티노플에서 리스본, 더블린에 이르기까지 약탈하고, 몸값을 요구하고, 쑥대밭을 만들어놓았다. 이 위험스러운 모험의 항해를 떠난 것은 그들이 뒤에 남은 이웃보다더 견딜 수 없는 두려움을 갖고 있었기 때문이다. 그것은 육체와 영혼뿐만 아니라 이름과 명성 모두가 결국에는 덧없이 사라질 것이라는 생각이었고, 그들은 그 생각 때문에 끊임없는 고통을 느꼈다. 전투와 향연을 번갈아 계속 제공하는 낙원으로 물러나 칩거하기 위해서만 사는 것은 별로 보람 있는 일이 아니었다. 모든 인간은 죽게 마련이다. 그것은 그들의 최고신 오딘의 말씀에 적혀 있다.

부술가 죽고
일가친척이 죽고
너 역시 죽을 것이다.
그러나 나는 알고 있다,
결코 죽지 않는 한 가지 사실을.
그것은 모든 죽은 자에 대한 평결.

불멸의 명성은 바이킹의 목표가 되었다. 잊히는 것보다 더 나쁜 것은 없었다. 남들로부터 받는 존경이 그들에게는 가장 달콤한 재산이었다. 전투에서의 죽음은 더 이상 두렵지 않았다. 그것은 위험 앞에서 자제력을 보일 수 있는 기회였기에 태연히 받아들여졌으며, 또 품위 있는 죽음이 얻을 수 있는 영광에 비하면 사소한 일에 지나지 않았다. 바이킹은 경멸받는다는 것에 대한 두려움 때문에 용감해졌으며, 그 한 가지 두려움이 다른 모든 두려움을 잊게 만들었다.

그러나 이로 인해 또 다른 공포가 생겨났다. 그것은 잘못된 말에 대한 두려움이었다. 바이킹들은 성인이나 현자가 됨으로써 존경을 받는 데는 관심이 없었기 때문에 죄를 짓는 것은 두려운 일이 아니었다. 그들은 신을 믿지 않았다. 그들은 신이 자기 일에만 몰두한다고 상상했다. 스스로에 대한 신뢰, 온갖 도전에도 아랑곳하지 않는 완강함과 금욕주의, 그리고 냉정함이 그들의 이상이었다. 그래서 말을 삼가라는 것이 그들의 첫 번째 계명이 되었다. 잔인왕 해럴드King Harald the Ruthless(1015~1066)는 누군가에게 최고의 찬사를 보낼 때면 "돌발적인 사건에도 전혀 동요하지 않는 사람"이라는 표현을 썼다. "위험이나 구원 또는 어렴풋이 드러나는 어떤 재난 앞에서도 그는 결코 기분이 좋아지거나 우울해지지 않는다. 잠을 더 자거나 덜 자지도 않으며 그저 평소 습관에 따라 먹고 마신다." 두려움을 겉으로 드러내는 것은 아무 쓸모가 없으며, 오히려 자립심을 잃어버렸다는 표시일 뿐이라고 바이킹들은 믿었다.

노르망디에 도착했을 때 바이킹들은 원하는 게 뭐냐는 질문을 받았다. 그들은 이렇게 대답했다. "우리는 덴마크에서 왔고 프랑스를 정복할 것이다."

"우두머리가 누구냐?"

"우리에겐 우두머리가 없다. 우리는 모두 똑같은 권위를 갖고 있다."

그들이 당시 프랑스 왕이던 샤를마뉴에게 충성을 맹세했을까?

"우리는 누구에게도 복종하지 않는다. 우리는 어떤 노예 상태도 받아들이지 않는다."

252

사실 바이킹들에게는 롤로Rollo라는 지도자가 있었다. 그러나 그는 동등한 구성원 가운데 가장 뛰어난 사람으로 여겨졌을 뿐이며, 그가 전투에서 승리하도록 가장 잘 이끌 것이라고 생각해서 자발적으로 그를 지도자로 선택했다. 아이슬란드에서 안식처를 찾았을 때 그들은 일찍이 알려진 가장 놀라운 공화국, 자존심을 잃어버리는 것 — 왕에게 복종하는 것도 포함된 — 에 대한 두려움과 타인을 존경하는 마음을 조화시킨 일종의 민주주의 사회를 건설했다. 그들 가운데 누가 소유물의 4분의 1이나 그 이상을 잃게 되면 다른 사람들이 그 반을 보충해주지만, 각 개인은 자기 재산의 1퍼센트만 내놓는 것으로 제한했으며 세 번 이상은 도와주지 않았다. 그들은 전체 회의에서 의사 결정을 했으며, 아내(결혼 전 성을 그대로 가지고 있는)와 아이들도 참석할 수 있었다. 그들은 왕이 이래라저래라 명령하는 게 싫어 스칸디나비아를 떠났다. 그래서 명령받는다는 것에 대한 두려움과 누구나 영원한 명성을 얻을 수 있다는 평등주의에 대한 깊은 확신을 기반으로 새로운 사회를 창조했다.

아이슬란드의 풍요로운 문학은 바이킹들이 각자 서로 다른 개인으로 남아 있겠다는 목적을 어떻게 성취했는지 보여준다. 그렇다고 믿는 사람도 있고 반박하는 사람도 있지만, 만약 '바이킹Viking'이라는 단어가 '물러나다'라는 말에서 유래한 것이 사실이라면 그들은 '주변인'이 되는 것을 자랑으로 여긴 최초의 인류였다. 그들은 자유를 위해 폭력이 뒤따르는 큰 대가를 치렀다. 남자들은 격렬한 열정, 불행한 사랑, 명성에 대한 질투에 시달렸고, 칼이나 풍자로 자신에 대한 비판을 막고자 항상 노력했다. 여자들은 명예에 관한 끝없는 논쟁의 와중에서 '평화의 베를 짜는 사람'으로 처신했지만 자부심에 차 있었고 보복도 마다하지 않았으며 피를 흘리라고 남자들을 부추기기도 했다. 바이킹들은 유명해지기 위해서 아름답거나 무적이 될 필요는 없다는 사실을 확립했다. 그들의 신 오딘은 아름답지도 않았고 무적도 아니었다. 외눈박이에다 연약하고 완고하고 야비하고, 생존을 위해 힘뿐만 아니라 책략과 마술에 의존했다. 심지어 때로는 그 남자다움조차 의심스럽고, 세상이 어떻게 돌아가고 있는지 알기 위해 여자들의 도움을 받는 존재였다. 오딘은 또 예견할 수 없는 일을 일으키는 근원이었다. 바이킹들은 반항자로서 예견할 수 없는 것에 대한 본능적인 공포를 영감의 원천으로 바꾸는 법을 터득했다. 그 덕분에 궁극적으로 다른 모든 공포와 맞설 수 있었다. 이것이 바이킹들이 물려준 수수께끼를 푸는 실마리였지만 아무도 그것을 눈치채지 못했다.

평판, 체면, 질병, 재해, 사탄
공포의 끝없는 후계자들

오늘날 바이킹의 공포는 전염병이 되었다. 조상이 하늘에서 내려다보며 무슨 생각을 할지, 역사에 자신이 어떻게 기록될지에 대해서가 아니라 남이 자신을 어떻게 생각할지, 자기를 알거나 또는 모르는 사람이 자신의 모든 행동이나 하루하루를 어떻게 평가할지 걱정하는 사람이 점점 더 늘고 있다. 오늘날의 악몽은 남에게 나쁜 인상을 주는 것이고, 평판은 현대의 연옥(가톨릭에서 천국과 지옥 사이에 있다고 하는 곳—옮긴이)이다. 사회가 민주적이 될수록 평판은 더욱 중요해지고, 아무리 사소하더라도 비판받는 것에 대한 두려움이 사람들의 마음을 사로잡는다. 미국의 한 조사에 따르면 사람들을 가장 괴롭히는 것은 두려움이다. 선전과 광고가 사업, 정치, 연예, 나아가 종교의 토대로 변한 것은 결코 우연이 아니다.

해럴드 맥밀런Harold MacMillan은 1차 세계대전 중에 일어난 일을 회상했다. 그는 온갖 위험을 다 무시하는 사람이었다. 그러던 어느 날 부대원들과 떨어져 혼자 고립되자 자신이 용감했던 것이 부대원들이 옆에 있었기 때문이었음을 갑자기 깨닫게 되었다. "전투 중에는, 특히 부하들을 책임져야 하는 상황에서는 적절한 행동, 심지어 용감함까지도 보여주기 위한 것이다. 한 팀의 구성원으로서 또는 무대 위의 배우로서 거의 자동적으로 움직이고 행동한다. 그러나 이제 그것이 모두 끝났다. 나는 혼자였고 누구도 나를 볼 수 없었다. 체면을 차릴 필요가 없었다. 나는 겁에 질렸다."

물론 탄로 나는 두려움만이 전부는 아니다. 현대 사회는 범죄, 강도, 강간, 혼자 밤길을 걸어가는 것에 대한 공포와 실업, 질병, 마약, 이민, 전쟁 등에 대한 공포로 고통을 겪고 있다. 그래서 이 공포의 깊은 뿌리를 파헤쳐보는 것은 가치 있는 일이고, 그 와중에서 예상하지 못했던 다른 뿌리를 만날 수도 있다.

역사적으로 공포 때문에 비참해진 사람은 용기가 없거나 용기를 드러낼 기회가 거의 없었던 것으로 이해되었다. 용기란 기사나 순교자에게서 볼 수 있는 예외적인 능력으로 간주되었고, 평범한 사람은 가난에 시달리느라 나약해졌기 때문에 공포와 싸워 이길 수 없다고 여겨졌다. 일상생활의 평범한 재난과 싸우면서 드러내는 영웅적 태도는 인정받지 못했다. 인간이 지금까지 문명사회의 일원으로서 성취한 것은 기껏해야 몇 가지 공포에서 자유로워진 것이 전부였다. 문명사회란 늘 적대 세력에 둘러싸여 있는 것처럼 보였고, 각각의 문명사회는 각기 다른 방식으로 몇 가지 위험으로부터의 보호를 약속하면서 그 위험에 관심을 집중시키는 데는 전문적이었지만, 그 위험을 아주 없애지는 못했다. 그 위험에 대해 그럴듯하거나 또는 그럴듯하지도 않은 설명을 제공하며 불안을 조금 줄이는 역할을 했을 뿐이다. 결핵과 매독이 줄어들자 암과 에이즈가 등장한 것처럼 유행이 지난 공포를 대신해 새로운 공포가 끊임없이 생겨났다.

다정하게 속삭이는 바다를 악마와 괴물이 사는 곳으로 바꾸고, 파도와 검은 폭풍이 곧 인류를 휩쓸어버릴 것이라고 예언한 것은 문명사회였다. 이것이 뒤러Albrecht Dürer가 그린 지상의 모든 생명이 종말을 맞는 끔찍한 그림이다. 물론 사람이 바다를 두려워하는 데는 몇 가지 이유가 있었다. 1854년 한 해 동안 영국의 함대에서만 832건의 난파 사고가 있었다. 그러나 문명사회는 상상력을 길들여 가끔 있는 재난을 늘 있는 악몽으로 바꾸어놓았다. 지식도 불합리한 공포를 불식시키지 못했다. 지식 또한 미래의 파국과 관련해 새로운 견해를 제공했기 때문이다. 죽은 사람이 상상 속에서 불려 나와 산 사람의 의식을 괴롭히고 복수를 해댔다. 그것이 일이 잘못되어가는 이유였다. 그래서 영혼을 제대로 달래지 않았다거나 전통을 지키지 않았다는 공포가 끊임없이 퍼졌던 것이다. 박식한 전문가는 무시무시한 설명을 덧붙였다. 그러나 그는 "분노로 창백해진 차가운" 달이 인간을 미치광이로 만든다는 생각을 자신에게는 적용하지 않았다.

초자연적 힘에서 비롯된다고 해석되면서, 자연 재해는 더욱 끔찍한 것이 되었다. 악마에 대한 공포는 이 세상이 돌아가는 방식을 이해한다는 사람들에 의해 의도적으로 공들여 조장되었다. 유럽에서는 11세기에 악마의 책략 때문에 생긴 광범위한 공포에 대한 전염병이 있었고, 14세기에 또 한 번의 전염병이 있었으며, 16세기에는 정도가 더 심한 거의 공황이라 할 만한 사태가 있었다. 그런데 바로 이 16세기에는 특히 독일인들이 많이 희생되었다. 1561년에 어떤 사람은 "독일보다 악마가 더 폭압적인 힘을 행사한 나라는 이 세상에 없다"라고 말했다. 불운을 악마 탓으로 돌리면 사람들은 불운을 이해하는 것 같은 느낌을 가질 수 있었다. 그러나 고개를 어느 쪽으로 돌리든 악마를 너무 자주 보게 되면 악마의 존재 자체가 정서적 위기를 만들어낸다. 무고한 사람들이 악마의 대리인이라는 이유로 박해를 받았다. 악마가 부리는 술책을 상상하기만 해도 위험은 훨씬 더 커진다. 오늘날의 세계가 5세기 전보다 훨씬 인구 밀도가 높아 보이겠지만, 그것은 지상에 끊임없이 출몰했던 악마, 땅귀신, 도깨비, 괴물과 사악한 요정들의 수가 엄청나다는 사실을 잊고 있는 것이다. 사람들은 비난해야 할 대상이나 두려워하고 공격해야 할 사악한 세력이 늘 있어야만 한다는 어떤 기질을 갖게 되었다. 영국인의 37퍼센트, 프랑스 기독교도 가운데 실제 예배에 참석하는 57퍼센트와 예배에 참석하지 않는 20퍼센트에게 사탄은 아직 실존하고 있다. 사탄이 마르크스주의에서 그 모습을 드러냈다고 보는 사람들은 다음에는 누가 그 후계자가 될지 결정해야 할 것이다.

연옥은 새로운 공포를 통해 공포를 치유하는 방식을 잘 보여준다. 지옥에서의 저주에 대한 두려움을 줄이기 위해 12세기부터 가톨릭교회는 죄인이 비교적 덜 무서운 곳에서 죄를 씻을 수 있다고 제창하기 시작했다. 그러나 그것은 단지 근심을 연옥의 고통으로 바꾸어놓은 것에 지나지 않았다. 그 후 교회는 연옥에서 머무는 시간을 줄이는 은혜를 베풂으로써 연옥에 대한 공포를 줄였다. 그렇게 해서 목회자들은 엄청난 권력을 갖게 되었다. 수요가 공급을 초과해서 협잡꾼들이 면죄부를 팔기 시작했다. 그러자 사람들은 이 면죄부가 효용이 있을지 걱정해야 했다. 자연스레 연옥의 고통을 더 자주 생각하게 되었다. 이러한 공포를 이용해 교회는 성령의 발현, 신도 모임, 성체 강복식, 귀신 쫓는 의식을 장려했다. 점점 더 많은 성자들이 특정 질병을 물리치는 데 효험이 있는 것으로 여겨졌다(예를 들어 성병을 치료하려면 결국 열 명의 성자들에게 빌어야 했다). 14세기 이래로 개인은 아무리 많은 죄를 지어도 수호천사가 자기를 굽어보고 있다고 믿게 되었지만, 이 모든 보호 장치는 오히려 그 위험을 더 의식하게 만들었을 뿐이다.

긴장이 극에 다다르자 폭발이 일어났다. 종교개혁은 일격에 공포를 없애기 위해 공포에 대한 이 모든 보호 장치를 폐지했다. 회개한 신자는 천당에 자신의 자리가 있다고 확신하게 되었다. 공포에 대항한 이 혁명은 이 세상의 가장 중요한 혁명 가운데 하나였으며, 여러 세기 동안 계속되었다. 기독교 신의 형상은 완전한 복종을 요구하는 무시무시한 성난 독재자에서 자비롭고 한없이 친절한 아버지로 변모했다. 영원한 형벌의 위협은 폐기되었다. 대부분의 기독교도들은 지옥과 연옥 모두를 쓰레기통에 버렸다.

그러나 종교가 겁주는 일을 그만두게 되자, 공포가 없으면 살아 있음을 느낄 수 없다는 듯 사람들은 스스로를 겁주기 위한 새로운 공포를 발명해냈다. 이것이 사람들이 상상할 수 있었던 유일한 삶의 방식이었다.

18세기 이래로 '안전'이 거의 보편적으로 이 세상 삶의 공식적인 목표가 되었다. 그러나 그것은 달성될 수 없는 목표로서 의심의 구름 속에 숨어 보이지 않는, 어디 있는지 찾기가 더욱 어려워진 낙원 같은 것이었다. 미국 헌법은 안전에 대한 권리를 선언하고 있다. 그것은 공포로 고통당하지 않을 권리를 의미하지만 헛수고에 지나지 않는다. 정신분석학자들은 정상 상태를 회복하기 위해 안전이 필요하다고 선언했지만 자신을 완전히 정상이라고 믿는 사람은 거의 없다. 불안이 우리 시대의 가장 흔한 현상이 되었다. 예측할 수 없는 신, 오딘 신은 더 이상 존경받지 못하고 있다.

1762년 런던에 최초의 보험회사인 에퀴터블 라이프Equitable Life가 설립되어 자연 재해로 인한 물질적 피해에 대한 공포를 덜어주었다. 밤에는 가로등이 켜지는 도시에서 경찰의 보호를 받고 사는 것은 (일시적으로) 폭력에 대한 공포를 감소시켰으며, 번영과 국가의 복지제도 덕택에 기근, 무주택, 질병, 실업, 고령에 대해 공포를 느끼는 사람들의 숫자도 줄었다. 그럼에도 불구하고 오늘날의 세대는 조상들이 교회나 마술사에게 바쳤던 것보다 훨씬 더 많은 돈을 이런 공포로부터 자신을 보호하기 위해 쓰고 있다.

아이들의 악몽을 보면 과거의 공포가 아직 잊히지 않고 있으며 밤 도깨비가 여전히 살아 있다는 사실을 알 수 있다. 어른들도 새로운 도깨비에 빠져 있다. 문명화된 사람들은 문학과 의학의 도움으로 과거 그 어느 때보다 더 미묘해진 불안, 자신의 무능에 대한 더 큰 자의식, 실패와 성공 둘 다에 대한 두려움, 세련된 자기 고문의 기술을 개발해왔다. 한 종교나 정치적 신조가 붕괴되고—최근 소련의 경우처럼—사람들이 정신적으로 벌거벗은 상태가 되면 사람들은 그 어느 때보다도 공포에 취약해진다.

　새로운 질병이 발견될 때마다 과대망상증 환자들이 느끼는 공포의 명단은 길어진다. 의과 대학생들이 그 주역을 맡아왔으며, 최악의 희생자로 남아 있다. 그리고 대중적인 건강 지침서가 죄악처럼 틈새마다 숨어 있는 질병의 복음을 퍼뜨린다. 하버드에서 의학을 공부한 코튼 매더Cotton Mather(1663~1728)는 세일럼의 마녀사냥(1692년 미국 매사추세츠주 세일럼에서 일어난 마녀재판 사건—옮긴이)에 연루되기 전 "공부하면서 읽은 각종 질병 때문에 걱정이 되어, 상상의 병을 치료하기 위해 나 자신에게 약을 주입했다"라고 고백했다. 19세기에는 보이지 않는 병균이 보이지 않는 유령을 대신했다. 부유한 환자에게 의존하는 의사들은 그들 수입의 6분의 5를 있지도 않은 병을 치료해서 번다고 한다. 심지어 가장 재능 있는 사람들조차 심기증hypochondria(신경쇠약의 하나로 자신이 큰 병에 걸렸다고 느끼는 증세—옮긴이)이 억제할 수 없을 정도의 위안을 준다고 믿었다. 톨스토이의 아내는 "아침부터 밤까지 그는 자신의 몸과 그 몸을 돌볼 방법만 생각했다"라고 적었다. 이런 과정에서 아내가 끝없이 모성적일 수 있었던 다윈의 경우처럼 많은 결혼생활이 더욱 공고해졌다. 공쿠르 형제는 질병을 일종의 감수성의 표시로 인식하며, "같은 질병을 앓고 있었기 때문에 우리는 서로를 진정 좋아한다"라고 말했다. 심기증은 희망으로 공포를 희석시켰고, '너 자신을 알라'는 말에 대한 한 가지 대안을 제공했다. 결코 절망하지 않고 226명의 의사와 42명의 의학도를 548번 찾아가 164개의 진단을 받은 한 미국 여성의 이야기가 교과서에 실렸을 정도다.

공포에서 자유로워지기 위해 사람들이 택한
또 하나의 방법은 공포 자체를 제거하는 것이었다

공포를 다른 공포로 대체하지 않고 공포 자체를 제거하려는 노력은 예상치 못한 결과를 낳았다. 지난 100년 동안 사람들이 도시로 이주해온 것과 동시에 시궁쥐는 연구소의 영원한 거주자가 되었다. 300세대가 넘게 주의 깊게 교배시켜온 결과로 이 쥐는 유순하면서도 두려움을 느끼지 않는 생물이 되었다. 스트레스로 고통을 당하고, 미로를 뛰어다니고, 전기 충격을 피하기 위해 버튼을 누르고, 신체의 일부를 절단당하는 것이 현재 이 쥐의 유일한 기능인데도 불구하고 그렇게 되었다. 그래서 위험이 더 끔찍해져도 공포가 줄어들 수 있다는 사실이 증명되었다.

그러나 이 쥐가 공포를 덜 느끼게 된 결과로 주목할 만한 신체적 변화가 일어났다. 이 쥐는 1년 중 아무 때나 짝짓기를 한다. 이 쥐가 야생에서 공격성이 살아 있을 때는 이런 일이 없었다. 위험에 대처하는 것이 교미로 대체되었다. 곁콩팥의 크기가 절반 또는 약 4분의 1로 줄어들었으며, 그 기능을 성 분비선이 대신 차지했다. 적대감에 대한 대안으로 성적 활동을 하는 것은 쥐에게서만 나타나는 현상이 아니다. 몇몇 원숭이에게서도 같은 일이 발견되었다. 교미를 화해의 방법으로 이용할 경우 이 원숭이들은 사정하지 않는다. 마치 사람이 피임을 하고 성관계를 맺는 것과 거의 같다. 그러나 더 많은 교미가 쥐를 더 행복하게 만들지 않는다는 것은 분명하다. 새끼가 많으면 많을수록 서식지의 밀도가 높아지고 그만큼 살기 힘들어진다. 그리고 수컷은 경쟁적인 위계질서를 고집하기 때문에 암컷이 수컷보다 더 공포에서 해방되었다. 암컷은 위계질서와 관계가 없다. 암컷은 수컷이나 다른 암컷들과 싸우는 법이 거의 없다. 수컷 쥐는 단호하게 지배하려 들지만 거의 언제나 승자에 대한 복종 또는 승자에 대한 두려움을 받아들여야 하기 때문에 그 집단의 희생자로 남게 된다.

이와 대조적으로 위계질서 없이 독립적으로 살아가는 고양이들은 두려움을 느끼는 데 있어서 수컷과 암컷 사이에 아무런 차이가 없다. 침팬지나 인간의 경우처럼 위계질서가 수컷과 암컷 모두를 포함할 때만 암컷은 수컷만큼, 아니면 그보다 더 두려움을 느끼게 된다. 비록 시궁쥐가 호텔에서 사는 것처럼 규칙적인 식사를 제공받으며 연구소에서 살고, 겉보기에는 "전쟁이 아니라 사랑을"이라는 원리를 스스로 발견한 것처럼 보일지라도, 그 나름의 사회생활을 영위하기 위한 권리를 스스로 포기하지는 못했다. 따라서 스트레스 없이 살기 위한 공식을 찾지도 못했다.

우리 몸에서 위는 감정의 자리라고 믿어지곤 했지만, 공포를 느낄 때—토하거나 조마조마할 때 또는 위가 일으킬 수 있는 많은 불쾌한 느낌 가운데 어느 하나를 느끼게 될 때—위에서 어떤 일이 벌어지는지는 1950년대에 이르러서야 분명해졌다. 이 발견의 영웅—용기 있는 환자도 기억될 만한 가치가 있다 — 은 톰Tom이라는 이름만 알려진 아일랜드계 미국인이었다. 그는 1895년 아홉 살에 펄펄 끓는 대합조개 차우더 한 사발을 마셨다가 식도가 다 타버렸다. 이후 음식을 삼킬 수 없게 되자 위에 반영구적인 구멍을 내어 그 구멍으로 음식을 넣어야 했다. 그는 재미로 음식을 씹었지만, 씹고 나서는 이 '관 모양의 기관'에 끼워진 깔때기에다 음식을 뱉었다. 사람들 앞에서 식사할 수 없는 것을 제외하고는 무대 매니저로, 배관공으로, 기술자 및 하수관 노동자로 정상적인 삶을 살았다. 그는 나중에 이 구멍을 주의 깊게 관찰해온 오클라호마의 스튜어트 울프Stewart Wolf 교수의 주선으로 병원에서 일하게 되었다. 1세기 넘게 특히 부상당한 군인을 대상으로 이와 유사한 관찰이 이루어졌지만, 톰의 사례가 위와 감정의 관계에 관한 최초의 연구였다. 울프 교수는 톰의 사생활을 세세히 추적했고 그가 느끼는 기분이나 생각에 대해 토론했다. 그 결과 위는 감정의 자리라고 여겨졌던 심장, 그 단조로운 박동이 특별히 인간적으로 보일 이유가 전혀 없는 심장보다 훨씬 더 흥미로운 것으로 드러났다.

모든 공포의 흔적이 즉시 톰의 위에서 발견되었다. 예를 들어 그의 딸이 전화를 들여놓았을 때 그는 요금 걱정을 했는데 즉각 위 출혈이 나타났다. 위를 격렬하게 움직이게 하거나 또는 작동을 거부하며 겁에 질린 사람처럼 얼굴을 창백하게 만드는 것은 두려운 사건뿐만이 아니었다. 단지 불쾌한 사건에 대해 이야기를 나누거나 오래전 기억을 떠올리는 것만으로도 그렇게 만들 수 있었다. 위는 인간이 엄청난 양의 감정을 감추고 있으며 그 감정이 내부에서 소용돌이치고 있음을 보여주었다. 위는 산을 내뿜어 위벽을 녹여버림으로써 빈번하게 자살을 기도했다. 또 감정이 약의 효과까지 없애버리는 것으로 관찰되었다. 화가 나면 위가 그 약의 흡수를 거부했다. 톰과 똑같은 종류의 '관 모양의 기관'을 갖고 있던 다른 환자들도 위의 주권과 예민함을 확인해주었다. 예를 하나만 들자면, 이탈리아의 한 세무원은 분노, 흥분, 공포를 오가는 그의 개인 생활의 부침과 위산의 폭포 사이에 완벽한 일치를 보여주었다. 위는 그 사람이 겁을 먹으면 겁먹었다는 사실을 확실히 알도록 해준다.

그러나 때때로 위는 가만히 있을 수 있으며, 또한 그렇게 만들어져 있기도 하다. 기원전 8~7세기, "모든 공포에는 근거가 없다"라고 기록한 《거대한 숲의 가르침》(《브리하드라냐카 우파니샤드Brihadaranyaka Upanishad》)에서 인류는 처음으로 위에 대해 승리를 거둘 수 있는 전망을 보는 듯했다. 공포에 대항해 싸운 인도의 전쟁은 그 전술을 완전히 개발하는 데 거의 2000년의 세월이 걸렸다. 10세기에서 12세기가 되어서야 훗날 용맹스러운 구르카족(네팔 지역의 한 종족—옮긴이)의 군대로 유명해진 북부 지역에서 신체 운동을 중심으로 하는 하타 요가가 발명되었기 때문이다. 요가는 심신 수련법에 기초한 예방 의약 체계로서, 통상 자동적으로 작동하는 신체나 정신의 기능을 통제할 수 있게 해준다. 요가는 또한 힌두교나 불교의 영적 원리의 일부분으로서 자의식을 무화시키는 길을 열었다. 그 책에 따르면 "공포는 다른 사람이 있을 때 생긴다." 그러므로 이 세상에 다른 사람이 없다면 공포도 없다. 정신적 구루의 가르침에 따라 행해지는 훈련을 통해 제자는 자신의 개성이 환상에 지나지 않으며, 자신의 영혼이 우주적인 영혼의 일부분이라고 배웠다. 바꾸어 말해 공포를 제거하는 대가는 정상적인 의미에서의 인간이기를 멈추는 것이다. 참된 제자는 모든 소유를 포기하고, 거의 굶주리는 상태에서 살아가며, 위의 욕구를 이겨내고, 숨을 들이쉬고 내쉬는 사이에 호흡을 멈추는 시간을 거의 5분까지 늘리고, 정신이 '용해'되어 사라질 때까지 명상하는 한 가지 대상에 집중한다. 요가는 약한 사람들을 위한 것이 아니지만 수백만 명의 사람들이 좀 더 단순화된 형태의 요가를 통해 신경과 위를 진정시켜왔다. 이렇게 공포의 증상을 완화시키는 일은 앞으로 느끼게 될지도 모를 공포를 더 쉽게 해결할 수 있도록 도와준다.

신비주의나 윤회설을 연상시킨다고 해서 서구에서는 이런 생각의 수입을 제한했다. 그리고 1960년대에는 이런 생각이 지나치게 단순화되어 신용을 잃었다. 그러나 지금은 마비환자들의 재활에 사용되고 있다. 그들은 의지대로 심장 박동 수나 혈압을 조정하는 법을, 다시 움직이는 법을 배울 수 있다. 그리하여 정신과 육체의 관계, 공포와 위의 관계는 한때 사람들이 믿었던 것만큼 불변으로 여겨지지 않게 되었다.

공포가 동물의 자연스러운 반응이며 어떻게 해볼 수 없는 것이라는 생각은 어떤 동물에게는 적절하지 않다. 많은 동물이 때때로 놀라울 정도로 공포를 느끼지 않기 때문이다. 어떤 사람은 태어날 때부터 유난히 겁이 많다. 또 사람의 기질이 아주 이른 시기에 결정된다는 것은 거의 진실에 가깝다. 예를 들어 최근의 연구에 따르면, 푸른 눈을 가진 아이들은 특히 '내성적'인 경향이 있는데, "그것은 태아 때 부신수질호르몬이 많았기 때문일 가능성이 높다." 이들은 소년기 이후에도 "근거 없는 근심"이 많고 내성적이다. 그러나 어떤 아이가 다른 아이보다 지능이 더 높다는 1세기 전의 발견과 마찬가지로, 이것도 절망의 이유가 될 수는 없다. 지능지수 자체만으로는 불충분하며, 성공은 지능을 어떻게 사용하느냐에 달려 있다는 사실을 발견하는 데는 좀 더 시간이 걸렸다. 이와 비슷하게 외향적인 사람이 내성적인 사람보다 창조성이 더 뛰어난 것도 아니고 그 반대도 아니라는 결론이 났다. 창조성에는 두 가지 기질이 다 필요하며, 한 사람이 반드시 그 두 가지를 다 겸비해야 하는 것도 아니다. 두 사람의 만남이 한 명의 천재보다 훨씬 더 뛰어난 독창성을 낳는 계기가 되기도 했다. 우연한 만남이나 아주 사소한 일들이 똑같은 범주에 속한 것으로 보이는 사람들의 운명을 완전히 바꿔버리는 일이 계속해서 있어왔다.

한 심리학자는 다음과 같이 기록했다. "지난 몇 년 동안 인간의 공포를 줄이는 우리의 능력은 대단히 진보했다. 상황을 통제함으로써 만성적인 공포나 심지어 평생에 걸친 공포를 30분 이내에 상당 부분 지속적으로 줄이는 것이 가능해졌다." 그러나 현대 의학은 공포를 치료하는 가장 좋은 처방에 대해 의견 일치를 보지 못하고 있으며, 의약품이나 습관의 억제 또는 무의식적 갈등의 해소 사이에서 머뭇거리고 있다. 그리고 의심할 바 없이 천연두를 다루었듯 현대 의학이 공포를 다룰 수는 없다. 때때로 현대 의학은 두려움을 희석시킬 수는 있다. 그러나 각 개인은 각기 다른 처방을 필요로 하며, 그 처방이 효험이 있을지는 누구도 알 수 없다. 더욱이 의학은 사람들이 새로운 공포를 발명하는 것을 막을 수 없다. 공포에 대해 축적되어온 엄청난 양의 과학적 정보—영어로만 10년마다 1만 개 이상의 새로운 연구가 이루어진다—에도 불구하고 마술이나 비정통적인 치료사에 대한 수요가 감소하지 않았다는 사실은 전혀 놀라운 일이 아니다. 많은 사람들이 무지에 빠진 채, 또 그들이 알고 있는 공포에 사로잡힌 채 마땅히 두려워해야 할 것이 무엇인지 가르쳐주는 통계에 기꺼이 눈을 감아버린다.

필라델피아의 심리학자 마틴 셀리그먼Martin Seligman의 전공은 비관주의자를 낙관주의자로 바꾸는 것이다. 그는 공포란 본질적으로 희망의 상실 또는 무력감이며, 낙관주의를 가르치는 일은 가능하다고 주장한다. 그러나 그는 모든 사람이 다 낙관주의자가 되기를 원하는 것은 아니라는 사실을 깨달았다. 권력을 가진 사람들, 특히 최고위층 바로 밑에 있는 사람들이 비관주의자가 되는 경향이 있는데, 그렇게 하는 것이 더 유리하기 때문이다. 지금보다 훨씬 더 끔찍한 일이 일어날까 봐 두려워 자신의 공포를 영속시키려고 하는 이를 고칠 수 있는 사람은 아무도 없다. 좀 더 온건한 형태의 어떤 공포는 유리하게 이용될 수도 있다. 밀실 공포증을 가지는 것은 불편한 일이지만, 지적인 밀실 공포증은 독창성의 원천일 수도 있다.

공포에 관한 가장 중요한 과학적 발견

　　　　　그러나 공포에 관한 과학의 발견 가운데 가장 중요한 것은 신체를 보호하기 위해 분비되는 화학물질의 경우를 보면 공포에 대한 신체적 징후와 호기심에 대한 징후가 오직 그 강도에서만 다를 뿐이라는 사실의 발견이다. 그래서 공포에 사로잡힌 사람이 호기심이나 용기를 내게 만드는 어떤 목표를 가질 때 어떻게 공포를 잊을 수 있는지 좀 더 쉽게 이해할 수 있게 되었다. 공포의 깊은 뿌리가 호기심의 뿌리와 연결되어 있고, 실제로 삶의 모든 영역에서 한결같이 용감하게 행동하는 사람은 없으므로 사람들이 영원히 소심함의 낙인에 갇혀 지내야 할 필요 또한 없는 것이다. 자신을 놀라게 하는 일도 얼마든지 가능하다. 가난한 사람이 귀족과 동등하다고 믿는 것이 황당무계하게 여겨졌던 것처럼 옛날 같았으면 이런 견해도 황당무계하게 들렸을지 모른다. 오직 보편화된 교육과 여행의 시대에서만 호기심의 중요성이 이해될 수 있다. 이에 대해서는 다음

장에서 살펴볼 것이다.

1991년에 남성과 여성의 우울증을 비교한 연구에 따르면, 남성은 주로 오락거리에서 위안을 찾아 고통을 더는 데 반해 여성은 곰곰이 생각하는 것을 더 좋아해서 고민의 미로 속을 헤매다가 결국 자신을 더 비참하게 만든다고 한다. 감정적이라고 여겨지는 여성이 이성적이라는 남성보다 생각하는 시간이 더 많은 것이다. 공포를 줄이는 문제에 대한 여성의 기여는 이제 막 시작되었다. 왜냐하면 곰곰이 생각한다는 것이 같은 자리를 맴돌며 어떤 두려움에 대한 예감으로 단순한 위험을 임박한 재난이나 공포와 뒤섞음으로써 우울 상태나 발작적인 공포 상태에 이르게 하는 것은 아니기 때문이다. 심사숙고함으로써 거리를 두고 공포를 바라볼 수도 있으며, 자신의 깊은 생각에 따라 선택할 수도 있다. 이러한 선택권을 가지고 있지 않은 사람은 누구도 자유로울 수 없다.

호기심은
자유의 열쇠가 되었다

??? ─

호기심의 한계는
절망의 경계와 맞닿아 있다.

"자기 자신에 대해 말할 수 있다는 건 대단한 특권이죠." 모리세트의 말이다. 그만큼 그녀는 남을 만나는 일을 흥미롭게 여긴다. 예순일곱 살의 그녀는 자동차 정비업소를 운영하다가 은퇴했다. 그녀의 할아버지는 파리에서 마차를 몰았다. 그녀는 할아버지가 틀림없이 흥미진진한 모험적인 삶을 살았을 것이라고 확신한다. 모르는 사람을 만나 예측도 할 수 없는 목적지로 데려다주는 것보다 더 흥미로운 일이 어디 있겠는가? 아버지 또한 선구자였다고 자랑한다. 그녀의 아버지는 전구를 팔러 다니던 사업가였는데, 1919년에 자동차 부품을 파는 최초의 가게 가운데 하나를 열었다. 그녀가 20대 초반일 때 아버지가 돌아가셨다. 그녀는 아버지의 회사를 맡기 위해 쓰고 있던 철학 논문을 팽개쳤다. 아마 최초의 여성 자동차 정비사 가운데 한 사람으로서 그녀는 회사의 규모를 두 배로 키우고 정비소를 증설했다. 그녀에게는 호기심이 최고의 영감이었다.

그러나 40년 동안 사업을 하고 난 후, 매일 고객을 만족시켜야 하는 일에 대해 의욕을 잃기 시작했다. 직원들이 그녀에게 변화를 권했을 때—전에는 항상 그녀가 직원들에게 변화하라고 재촉했고, 계속해서 상품 진열장에 변화를 시도했다—그녀는 자신이 더 이상 개척자가 아님을 깨달았다. 한때 충실했던 고객들이 몇 푼을 아끼기 위해 다른 슈퍼마켓에서 부품을 사기 시작했고, 아침에 일어나면

"빌어먹을! 또 일하러 나가야 하나?"라는 생각부터 들었다. 이제 그녀는 인생의 한 단계가 끝났음을 알았다.

그래서 모리세트는 회사를 처분하고 예순세 살에 두 번째 인생을 시작했다. "난 은퇴라는 말이 싫어요. 그 말은 사람을 자신의 거품 속에 완전히 혼자 버려두는 느낌을 줘요. 나는 모든 것에 호기심을 느끼는, 말하자면 나비 수집가 같은 사람이라서 그런 것에는 어울리지 않지요. 나는 활동적인 사람이라서 장사가 천직이에요. 가끔 하루가 길게 느껴지는 날도 있지만 그렇다고 해서 그냥 흘려보내지는 않아요. 난 늘 뭔가를 배웠어요. 고객과 만나는 것도 즐거웠어요. 젊었을 때 직업교육 같은 게 있었다면 철학 공부를 시작하지 않았을 거예요. 물론 후회하지는 않아요. 철학이 시야를 넓혀주었어요. 난 모든 직업에 도전해보고, 모든 것을 다 알고 싶었죠. 회사는 오직 낮 동안의 인생일 뿐이었죠. 난 요리도 배우지 않았고, 쇼핑도 하지 않았어요. 집에는 늘 도와주는 사람이 있었고, 저녁때는 외출했어요. 나는 남들과 어울려 즐기는 것, 먹는 것, 직접 손쓰는 일을 좋아합니다. 그러나 정신도 써야지요. 철학과 종교에 관해서도 알고 싶은 게 많아요."

이제 모리세트는 자신의 일을 몇몇 뚜렷이 구분되는 친구들의 모임으로 대체했다. 그녀의 가장 오랜 친구는 미용사다. 그녀는 처음에는 아주 조그맣게 시작했지만 서서히 사업을 확장해 이 도시에서 가장 크고 인기 있는 살롱을 만들었다. "그녀는 진짜 보스예요." 모리세트는 자기와 다른 면이 많은 그녀를 존경한다. 그녀는 완벽하게 옷을 입고 화장을 한다. "내가 스카프를 하면 그저 목을 감을 뿐이지만, 그녀의 손이 닿으면 마치 스카프가 구름 같아요. 놀라울 정도로 우아하죠. 내가 보기에 그녀는 여자다움 그 자체지요. 그런 모습에 매력을 느껴요. 대신에 나는 그녀에게 진지함과 안정을 대표하는 사람으로 받아들여집니다.” 모리세트는 이 친구와 함께 중국, 일본, 스리랑카, 미국 등 전 세계를 여행했다. 자기 나라에는 별로 흥미가 없다. 익숙한 것에서 탈출해 놀라움을 경험하는 것이 여행의 목적이기 때문이다. 하지만 지금은 “텔레비전 때문에 놀랄 수 있는 능력이 다 시들어서” 예전처럼 쉬운 일이 아니다. 최근에 이 미용사도 은퇴하고는 많이 변했다. 더 이상 맵시 있고 사교적인 사람이 아니라 밖에 나가기 싫어하는 은둔자가 되었다. 모리세트는 그 이유를 알 수가 없다. 그녀는 그 어느 때보다도 밖으로 많이 나다니고 있다.

또 한 무리의 친구들은 레스토랑에서 함께 외식하거나 벨기에로 여행을 가는 등 즐기기 위한 모임이고, 또 다른 친구들은 진지한 주제에 관해 이야기를 나누는 모임이다. 이들과는 책을 읽고 토론하기 위해 규칙적으로 만난다. 현재는 테이야르 드 샤르댕Teilhard de Chardin의 책을 읽고 있다. “고민으로 괴로워하는 건 아니지만 난 어떤 정신적인 탐색을 계속하고 있어요.” 그녀는 가톨릭 집안에서 자랐지만 신앙은 피상적이었고 사교를 위한 구실이었다. 이제 시간이 더 많기도 하고 또 동시에 적기도 해서 그녀는 영원에 대해 생각하기 시작했다. “죽음을 두려워하는 건 아니지만 아직 준비는 안 되어 있어요. 성장이 끝나가는 것도 아니고, 신에 대한 추구나 다른 사람에 대한 발견을 다 마친 것도 아니에요. 자선자매단Sisters of Charity에 속해 있는 것도 결코 아니고요. 그러나 적당하게 사람들을 좋아해요. 사람에 대한 호기심도 많고요.”

자선활동을 하면서 새로운 사람들을 만나는 게 즐겁다고 해서 그녀가 이기적인 동기로 그 일을 하고 있다는 뜻일까? 그녀는 가끔 그런 걱정이 들기도 하고, 가끔은 가난으로 가득한 이 세상에서 자신이 편안하게 살고 있다는 사실에 마음이 불편해지기도 한다. 그러나 그녀는 자신의 호기심이 다른 사람에게 유용한 것이 되도록 노력하고 있다. 형태심리학 — 사람들에 관한 학문 — 을 공부하기 위해 대학으로 돌아간 후, 그녀는 젊은 학생들이 가난과 실업 문제에 짓눌려 있음을 알게 되었다. 그녀는 도서관에서 시각장애인을 도와주는 일을 하고, 도서관을 이용하는 사람들과 즐거이 이야기도 나눈다. 다른 날에는 기차역에서 노숙자들을 돕는 봉사활동을 한다. 그러나 그녀는 매춘부 수용 시설에 갔을 때 가장 큰 성취감을 느낀다. "그전에는 매춘부들에 대해 전혀 몰랐고, 신경 쓴 적도 없었어요. 우연히 이곳을 알게 되었는데, 그들이 어쩌다 이곳까지 흘러들어오게 되었는지, 어떻게 1인 2역의 인간이 되는지 흥미를 느꼈어요. 내가 거기에서 돌봐준 사람은 둘이었는데, 부양할 식구가 너무 많다는 이유로 부모가 아이들을 집에서 내쫓는다는 사실을 알게 되었지요. 그런 아이들이 결국 가게 되는 곳이 성매매 업소라는 걸 알면서도 말이죠. 난 그녀들을 인간으로 대해주었고, 절대 판단하지 않았습니다. 그중 한 명이 내게 말했어요. 당신은 웃는 눈을 가지고 있어서 참 좋다고요. 그것이 내가 행복하다고 느끼는 이유예요. 많은 사람들이 행복할 이유를 갖고 있는데도 그걸 모르고 있죠."

모리세트는 봉사활동이 자신의 얼굴을 바꿔놓았다고 말한다. "예전에는 얼굴 표정이 딱딱했어요. 그러나 이젠 잘 웃습니다. 정비업소를 운영할 때도 웃었지만, 그건 고객에게 싹싹하게 대하려는 가게 사장의 가면이었지요. 그러나 지금 내가 웃는 건 가면이 아니에요.

오히려 이제는 웃지 않을 때가 가면을 쓰고 있는 셈이지요. 그건 예전에 내게서 딱딱한 모습만 보았던 사람들 앞에서 쓰는 이기적인 가면이죠. 그 인상을 바꾸기란 정말 어려운 일일 겁니다. 장사판은 이기적이에요. 이제 와서 과거를 돌아볼 때 후회스러운 점은 태만이라는 죄를 범했다는 겁니다. 나를 폭발하게 만들었을 많은 일들을 그냥 지나쳤어요. 지금은 나아지려고 노력하는 중입니다."

모리세트의 친구들은 모두 남편과 사별했거나 독신녀 아니면 이혼녀다. 그녀는 결혼하지 않았다. "가끔 만난 적도 없는 영혼의 짝을 생각하죠." 그러나 어떤 남자도 그녀가 꽃피게 도와줄 능력을 가진 것처럼 보이지 않았다. "남자들과 외출하는 걸 좋아하지만 얽히는 건 싫어해요. 한 남자를 열정적으로 사랑해본 적도 없어요. 말할 필요도 없겠지만 물론 난 처녀도 아니고 순교자도 아니에요." 그녀가 지금도 행복하지만 남자였다면 더 좋았을 것이라고 말하면 친구들은 충격을 받을 것이다. 그녀가 그렇게 말하는 것은, 예를 들어 섹스를 할 때 남자들은 무슨 생각을 하고 무엇을 느끼는지 알고 싶기 때문이다. 남자들의 행동은 믿을 수가 없고 그들의 감정은 이상야릇하다. 어떻게 나치들은 모차르트를 연주하며 사람들을 죽일 수 있었을까? 남자들은 또 종종 겁쟁이다. "그들은 다른 여자와 함께 있고 싶으면서도 아내와 헤어질 용기가 없어요." 그녀는 때때로 만약 결혼했는데 남편이 못되게 굴면 어떻게 행동했을까 생각해본다. "정절을 지키지 않는 남자를 말하는 게 아니에요. 물론 그것도 불쾌하겠지만, 도덕적으로 나를 속이는 사람, 나를 이용하고, 내 시야를 가리는 사람을 말하는 거예요. 난 그를 죽일 수 있을까, 나를 파멸시키려고 하는 사람, 내 인생을 방해하려는 사람을 파멸시킬 수 있을까, 속으

로 물어봅니다." 완전한 삶을 사는 것이 여자에게는 더 어렵다고 그
녀는 말한다. 사회는 남성 위주로 만들어졌고, 그러므로 여자들에게
는 더 큰 의지가 필요하다.

외로움은 문제가 되지 않았다. 자식이 없는 것도 후회하지 않는
다. 가게가 그녀에게는 자식이었다. 17세기에 지어진 집에서 그녀는,
한때 거기서 살았고 또 어떤 의미에서는 아직도 거기에서 살고 있
는 모든 사람들과의 만남을 즐긴다. 그녀의 기억은 자신의 과거보다
는 다른 사람에 관한 것들이다. 그녀는 저녁때 가족사진을 보지 않
는다. 사진이 차가워 보이기 때문이다. 자신의 과거 또한 생각하지
않는다. 그 대신 매일 밤 자기 전에 한두 시간씩 책을 읽는다. 여행,
전기, 역사, 심리학. 이 모든 것이 그녀를 모르는 세계와 연결해준다.
"우리는 모두 여러 면을 갖고 있지만 그 가운데 일부만이 빛을 보게
되지요. 죽을 때 난 이렇게 말할 거예요. 나의 다른 면들은 어디에 있
었는가?"

자기 자신을 발견하기

인생은 점점 더 가게처럼 변한다. 누구나 그 안으로
들어가 "그냥 구경해보고", 돈이 없어도 옷을 입어보기도 한다. 배
우는 자신과 관객을 위해 바로 그런 일을 하면서 시간을 보내는 사
람이다. 다른 사람이 되면 어떤 느낌이 드는지 알아보고, 또 자기 안
에는 다른 사람의 일부가 존재한다는 것을 깨닫는 존재이기 때문이
다. 모든 사람이 다 어느 정도는 배우다. 그러나 많은 역할을 할 기회

를 가진 사람은 드물다. 전문 배우는 자유가 가장 소중하게 대우받는 곳에서 가장 존경을 받는다. 그 이유는 연기란 일종의 자유를 위한 도구로서, 사람들이 자기 내부에 갇혀 있지 않으며 또 남들을 이해할 수 있고 남들에게 이해받을 수 있다는 것을 깨닫게 해주기 때문이다.

샬로트 카디Chalotte Kady는 아직 햇병아리 스타다. 그녀는 베르트랑 타베르니에Bertrand Tavernier의 영화에 출연하면서 알려지기 시작했다. 이전에는 프랑스 텔레비전의 어린이 프로그램 사회자로 활동하면서 지역에서 높은 인기를 누렸다. 하지만 그녀는 더 유명해지기를 바란다. 그래야 더 많은 역할을 선택할 수 있기 때문이다. 그러나 어떤 역할을 연기할 수 있을까?

지금까지 그녀는 발랄하고 행복한 소녀의 이미지였다. "나 자신이 그런 이미지를 만들어냈어요. 해맑은 얼굴로 모든 면에서 건강하고 아무 문제도 없는 것처럼 가장했죠. 그러나 내면에는 고뇌가 있었어요." 그녀의 어린 시절은 가시 철조망 같은 것에 둘러싸여 있다는 느낌을 제외하고는 행복한 편이었다. 그녀의 아버지는 알제리에서 태어났다. 프랑스에서 공부해 의사가 되었고 리옹에 정착해 의학도인 프랑스 여성과 결혼했다. 알제리 독립전쟁 때문에 폭동이 일어나자 9개월 동안 숨어 지내야 했는데 그때 샬로트가 태어났다. 학교에서 그녀는 아이들이 자신과 다른 사람들 주위에 쳐놓은 인종주의의 울타리를 경험했다. "저는 거짓말을 했어요. 알제리인이 아니라 터키인인 척했죠. 러시아계 터키인 할머니가 있었어요. 들통 날까 봐 마음을 졸이기도 했죠. 나를 자기네 편이라 생각하고 아랍인들을 욕할 땐 정말 괴로웠어요." 외가에서도 딸이 아랍인 남자와 결혼하는 것을 인정하지 않았다. 그러나 배우로서 두 개의 혈통을 갖고 있다는 것은 물론 유용하다.

샬로트는 배우가 될 자유를 위해 투쟁해야 했다. 어려서는 위장과 모방이라는 게임을 즐겼다. 그러나 당시 점잖은 지방의 중산층 세계에서 배우가 되겠다고 말하는 것은 창녀가 되겠다고 선언하는 것과 거의 다르지 않았다. 선생님들은 그녀가 수학자가 될 것으로 생각했다. 그러나 그녀는 온갖 배우들의 전기를 읽으며 여가 시간을 보냈다. 그래서 진작부터 그녀의 몸 안에는 두 사람이 살고 있었다. 다른 무엇이 될 수 있는지, 자기 안에 다른 무엇이 있는지 알아보기 위해, 그녀는 파리에서 공부하고 싶다고 부모님에게 말씀드렸다.

모든 대도시는 거대한 극장이다. 지방 출신은 가면을 쓰고 와서 새로운 역할을 시험해본다. 그런 면에서 파리는 특히 성공적이었는데, 그것은 파리 시민들이 새로운 역할을 만들어내도록 늘 고무했기 때문이다. 《라루스 백과사전Grand Larousse Encyclopedique》에도 나오듯이, 파리의 '고급문화'는 "지속적인 이종 교배와 혼합"의 산물이었다. 오늘날에도 여전히 파리 시민 네 명 가운데 한 명만이 파리 태생이다. 샬로트는 파리에서 의회 공무원인 언니와 함께 살게 되었다. 혼자였다면 허락하지 않았겠지만, 부모님도 샬로트의 뜻에 동의했다. 그러나 그녀는 대학에서만 공부(러시아어, 독일어, 영어를 유창하게 구사하게 되었다)한 것이 아니라 연극 학교도 다녔다. 대학을 졸업한 뒤에는 광고, 극장, 방송 쪽으로 나가게 되었다. "아직도 내 재능이 어느 정도인지, 그저 평범한 배우가 될지 아니면 뛰어난 배우가 될지 모르겠어요. 더 많은 경험을 쌓을 때까지는 모를 일이겠죠. 저는 내 안에 모든 것이 있다고 느껴요. 그러나 나 혼자만의 힘으로 그것들을 다 이끌어낼 수는 없어요. 남들의 인정을 받을 필요가 있죠. 어느 정도는 운도 따라줘야 하고요." 실제로 그녀는 우연히 첫 직업을 얻게 되었다. 친구를 따라 오디션에 갔다가 감독의 눈에 든 것이다. "모든 게 우연이었어요."

그녀는 학생으로서만 양면적인 생활을 한 것이 아니다. 남자와의 관계에서도 남편과 아내의 역할을 다 했다. 처음 함께 살았던 남자는, 자기는 실패를 거듭하는데 그녀가 성공하는 것을 지켜볼 수 없었다. 그는 수입을 공유해야 한다고 주장했다. 사실 수입은 전부 그녀가 번 것이었다. 그가 더 열심히 노력하기로 약속하고 그녀도 동의해주었다. 그러나 그는 점점 더 그녀에게 의존했다. 그녀의 돈을 마음대로 쓰고, 온갖 사치품을 사고, 그녀의 신용카드를 쓰고, 그녀의 은행 계좌를 적자로 만들어놓았다. "그제야 저는 맹목적인 사랑에서 깨어나게 됐죠. 더는 그를 사랑하지 않게 되었어요." 그녀가 "당신을 사랑하지 않기 때문에 떠나겠다"고 통고하자, 그는 6층 난간에 서서 뛰어내리겠다고 위협했다. 결국 그녀가 떠나지 않겠다고 약속하고서야 내려왔다. 일 때문에 3개월 동안 떨어져 있게 되었을 때 그녀는 그와 헤어질 수 있다는 자신감을 갖게 되었다. "그는 저 없이는 살 수 없다고 하면서 내 목을 움켜쥐었어요. 저는 비명을 질렀죠. 다행히 사람들이 듣고 저를 구하러 왔어요." 4년이 지난 지금 그는 다른 사람이 되었다. "저는 늘 그에게 우리가 함께 있는 한 당신은 아무것도 하지 않을 것이고 그저 침체될 뿐이라고 말했어요. 그러니 헤어지는 것이 당신에게도 좋을 거라고 했어요. 그게 효과가 있었죠."

두 번째 사랑은 좀 더 조심스러웠다. 그는 의학도로 다른 도시에 살고 있었고 다른 세계에 속해 있었다. "저는 전형적인 부부 생활에 휩쓸려 들어가고 싶지 않았어요." 그러나 그는 그녀를 과시하고 싶어 했고, 가끔씩만 부업을 하는 주부가 되어주길 원했다. "그는 일이 저의 모든 열정을 사로잡는다는 사실을 이해하지 못했어요. 우리는 주파수가 달랐죠."

매일 텔레비전에 나오고, 길거리에서 사람들이 알아보고, 신문에 기사가 실리는 것 때문에 그녀는 자만하게 된 것이 아니라 오히려 성숙해졌다. 그녀가 진행하던 프로그램의 상대인 에마뉘엘 바타유Emmanuelle Bataille(그녀 또한 나중에 타베르니에의 영화 〈이 어리석은 일들These Foolish Things〉에 출연했다)는 가장 가까운 친구가 되었다. 그들의 관계는 "사랑이라고 해도 좋은, 부부만큼이나 가깝지만 성적인 관계는 아니에요. 그래서 저는 남자와의 관계도 성적인 것 이상이어야 한다고 생각해요." 에마뉘엘은 샬로트와는 전혀 다르다. 부모에게서 버림받았고, 힘든 유년 시절과 이혼으로 끝난 결혼 때문에 기진맥진한 상태가 되었다. 그녀는 비관적이고 자기가 못생겼으며 재미도 없는 사람이라고 믿는다. 그녀는 샬로트의 명랑함과 장밋빛 소녀 이미지 뒤에 숨은 소심함과 고뇌를 알아챘다. "내가 너의 가면을 벗겨줄게"라고 그녀는 말했다. 그 대가로 샬로트는 에마뉘엘이 자신의 침울함과 싸우는 것을 도와준다. "우리는 자매 같아요. 아주 친하죠."

샬로트는 가톨릭의 가르침을 따르고 실천한다. 그러나 에마뉘엘의 영향을 받아 그녀의 종교도 이중적이 되었다. 에마뉘엘은 가톨릭교도인 동시에 불교도다. 샬로트는 어릴 때부터 전생이 있다고 믿었다. 역사책을 읽는 것은 마치 자기가 살았던 과거를 되살리는 것 같았다. 특히 그녀는 자기가 루이 14세의 궁정에서 코르티잔courtesan

이었다고 믿고 있다. "모차르트가 다섯 살에 작곡을 할 수 있었다면, 그 안에는 틀림없이 다른 사람의 영혼이 있었을 거예요. (…) 소녀 시절에는 제가 전생에 파리였을지도 모른다고 생각했어요. 파리가 된다는 것이 너무 끔찍했기 때문이죠." 배우로서 영감을 얻는 데는 한 번의 인생으로는 부족한 모양이다. 그러나 전생이 있다는 것이 그녀의 인생이 이미 결정되어 있다는 뜻일까? "우리가 이 세상에 존재하는 것은 어떤 목적이 있기 때문이에요. 우리에게는 성취해야 할 임무가 있죠. 우리는 또 개발할 수 있는 특질들을 타고났어요."

그녀는 미신적이다. '직관적'이라고 말하기를 더 좋아하지만 그녀는 즉시 자기가 대단히 미신적이라고 동의하면서, "점을 믿어요"라고 덧붙인다. 몇 년 전 한 점쟁이가 그녀에게 한 말이 그대로 이루어졌다. 최근에는 또 다른 점쟁이가 아무도 모르는 자신의 사생활에 대해 자세히 말해서 그녀를 놀라게 했다. "점쟁이들은 우리가 이해할 수 없는 것을 본다고 확신해요." 몇 년 전의 그 점쟁이는 그녀에게 아주 나이가 많은 남자를 만날 것이라고 예언했다. 지금 그녀와 함께 살고 있는 베르트랑 타베르니에는 스무 살이나 연상이다.

타베르니에는 하나같이 가톨릭교회에 대해 인상을 찌푸리거나 으르렁대는 영화를 만들었다. 샬로트가 그에게 자신의 신앙에 대해 말할 때, 그는 아무 말 없이 듣기만 했다. 그녀가 성당에 기도하러 들어가면 그는 밖에서 기다리곤 했다. 그런데 그의 아버지가 돌아가신 뒤 한번은 타베르니에가 초를 켜들고 그녀 옆에서 기도를 했다. 그는 아버지와 아주 가까웠다. 그와 아버지의 관계에 대해서 이들은 전혀 이야기하지 않는다. 타베르니에가 그녀보다 훨씬 더 유명하지만 그녀는 자신이 그와 대등하다고 본다. 어떤 사람들은 그녀가 그에게서 아버지를 찾고 있는 것이 틀림없다거나 또는 그가 그녀 위에 군림할 것이라고 말한다. 그러나 그렇지 않다. 그녀는 "단지 무명 배우라고 해서" 무시당한다고 느낀 적이 전혀 없다. "어떤 경우에는 제가 그이보다 더 강해요. 그가 약한 면에 저는 더 강해요." 그녀는 그에게 부족한 것을 채워준다. 그의 자제력은 그녀의 개방적인 성격과 균형을 이룬다. 타베르니에는 그녀에게 많은 것을 빚지고 있다고 말한다. "평등하기 때문에 우리는 안정을 유지하고 있죠." 콜로 오헤이건Colo O'Hagan과 이혼한 후 그가 만난 여자들은 하나같이 그는 유명한데 자신은 그렇지 않다는 사실을 받아들이지 못했다. 만약 샬로트가 순회공연을 다녀야 하는 극단과 3개월짜리 계약을 하면 그들의 관계가 힘들어지지 않을까 하고 그는 염려했다. 그러나 그녀는 자신의 힘으로 경력을 쌓아가겠다고 결심했다. 그들은 매일 전화 통화를 했다. 그들은 떨어져 지내면서 서로의 가치를 더 소중하게 인식할 수 있었다. "두 개의 인생을 산다는 건 서로에게 할 말이 두 배 이상 많아진다는 것을 의미해요."

배우는 자신이 지나치게 복잡한 사람이라고 불평할 수 없다. 상상력을 지탱하기 위해 대체로 그들은 복잡해야 할 의무를 갖고 있다. 여배우는 다양한 삶에서 자양분을 얻어야 한다고 샬로트는 말한다. 그녀는 자신과 언니를 비교한다. 그녀의 언니는 중요한 직책을 맡고 있고 정부 일에 관해서 이야기할 때는 눈부시지만, 대화가 사생활에 이르면 할 말이 거의 없다. 행정이라는 세계는 높은 벽을 세워 내밀한 감정의 세계와 스스로를 차단한다. 이러저러한 자유를 선포하는 법률을 통과시키는 것과 진정 자유로워지는 것 사이에는 큰 차이가 있다.

호기심, 공포에 대한
가장 성공적인 치료제

공포에 대한 가장 성공적인 치료법은 호기심이다. 그러나 어떤 종류의 호기심이든 다 공포를 치료하는 것은 아니다. 자신의 일, 몇 가지 취미, 소수의 사람에게만 흥미를 느끼는 것은 우주에 너무나 많은 블랙홀을 남겨두는 일이다.

호기심이라는 빛을 발하는 등대는 한 아기가 태어날 때마다 새롭게 등장하고, 그러면 세상은 다시 흥미롭게 변한다. 1993년에 세계는 7800만 개의 새로운 등대를 반갑게 맞아들였다. 그러나 이들 가운데 얼마나 많은 등대가 20년, 30년, 40년 후에 그 빛을 잃게 될까? 과거에는 어릴 적 재능을 어른이 돼서 실현시킨 사람이 거의 없었고, 자기 능력을 제대로 발휘하며 산 사람도 드물었다. 사람들은 호기심을 억제하기 위해 언제나 눈가리개를 하고 자기 주위에 벽을 쌓는다. 자신의 독립성을 주장하고자 하는 개인은 늘 호기심에 방해가 되는 걸림돌을 깨부수어야 했다. 호기심이 자유의 조건 중 하나라면, 자유 또한 나무에서 쉽게 따먹을 수 있는 과일이 아님은 분명하다.

호기심의 첫 번째 걸림돌은 그것이 위험하다고 보는 전통이다. 신화는 알려고 하는 사람들에 대한 신의 처벌로 가득 차 있다. 성경에는 "지식을 늘리는 사람은 슬픔을 늘리는 것이다"(《시편》 1장 18절)라고 적혀 있다. 심지어 동시대의 유럽인이 영웅으로 선택한, 명랑한 사생아에다 세계주의자이고 모든 독단론과 전쟁의 적이었던 로테르담의 에라스무스Erasmus(1466~1536)도 호기심이 엘리트 계층에 제한되어야 하며, "말 많은 여자들"을 오염시키도록 해서는 안 된다고 주장했다.

호기심의 첫 번째 권리 선언은 데카르트(1596~1650)에 의해 이루어졌다. 그는 불안증이 심한 사람이었으며, 마음의 안식을 찾아 도시에서 도시로 또 지방에서 지방으로 계속 이사를 다녔다. 그러나 그는 또한 침대에 누워 있는 즐거움에 깊은 애착을 갖고 있던 사람이었다. 그는 몸이 허약해서 학교로부터 늦게 일어나도 된다는 독특한 특권을 부여받았다. 그는 이 습관을 평생 간직했고 침대를 사색하기에 가장 좋은 장소로 생각했다. 그래서 그는 사고가 인간의 본질이라고 생각했는지 모른다. 그는 모든 사람들이 다 호기심을 갖고 있으며, 어떤 것도 호기심을 막을 수 없고, 지식이 증대됨에 따라 호기심도 필연적으로 증대된다는 역사적이고도 이단적인 선언을 했다.

몽테뉴(1533~1592)는 일상생활에서 호기심을 이용하는 법을 설명하면서, 독자들에게 "일상생활의 신비"를 잘 살펴보고, 여행할 때 "알 수 없는 공기의 전염"을 두려워하지 말라고 권고했다. 토머스 홉스(1588~1679)는 "호기심은 정신의 욕망"으로서 "짧고도 격렬한 육체적 욕망"과는 다르며, 사람이 호기심을 즐기면 즐길수록 더 호기심에 사로잡힌다고 덧붙였다.

그러나 대부분의 사람들은 호기심에 대해 조심스러운 태도를 취했다. 19세기 후반에는 미국에서조차 순수과학 연구를 위한 '순수한 호기심'은 불필요한 사치로 간주되었다. 사업가들은 대중에게 유용한 응용과학 외에는 좀처럼 지원하려 하지 않았고, 나머지는 모두 '한가로운 호기심'으로 치부되었다. 나아가 1950년대 미국의 여성들은 과학을 연구하는 사람은 바람직한 남편감이 아니라고 생각했다.

그들이 돈에 관심을 갖지 않아서가 아니라 다른 사람들과 똑같은 취미와 흥미를 가진 '정상적인 사람'이 아니었기 때문이다.

호기심이 승리하는 것은 아직 멀고도 먼 일임을 거미의 역사는 보여준다. 거미는 2억 5000만 년 전부터 지금까지 변하지 않은 채로 살아남은 몇 안 되는 생물 가운데 하나다. 거미의 여섯 개의 눈과 여덟 개의 다리에 익숙해질 수 있었던 그토록 긴 시간이 있었음에도, 사람들은 아직도 거미가 제기하는 흥미로운 문제에 관심이 없다. 인간은 호기심을 피하기 위해 할 수 있는 모든 일을 다 했다. 처음에 인간은 거미를 숭배하는 쪽이었다. 아프리카인들과 잉카인들에게 거미는 신이자 별의 창조주이고 유한한 것과 신적인 것 사이의 중재자였다. 인도인들은 뛰어난 상상력을 바탕으로 거미를 자유의 상징으로 만들었다. 거미는 스스로 자신의 몸을 들어올릴 수 있는 유일한 생물이기 때문이었다. 시베리아와 베트남 그리고 콜롬비아에서 거미는 죽은 사람의 영혼을 하늘로 데려다준다. 그러나 유대의 예언자들은 거미에게 등을 돌렸다. 욥은 거미줄이 너무 약하다고 생각했고, 이사야는 거미의 독을 좋아하지 않았다. 15세기에 이르러 거미에 대한 경멸은 공포로 변해 이탈리아 사람들은 거미를 보면 히스테리를 일으켰다. 그때 이래로 대다수의 인류는 거미가 인정받지도 못하면서 해충을 억제하는 역할로 인류의 생존에 공헌하는 필수불가결한 존재라는 사실을 알려고도 하지 않았다. 심지어 자유라면 만사 제쳐놓는 미국에서조차 여성의 70퍼센트가 거미를 보면 공포를 느낀다. 거미가 벌처럼 길들여졌다면 사정이 많이 달라졌을 것이다. 실제로 거의 길들여질 뻔했다. 한 프랑스인은 거미줄로 양말과 장갑을 짰다. 또 다른 프랑스인(인공 부화기를 발명한 레오뮈르René Réaumur)은 거미를 기르기 시작했는데 너무 비싸서 포기했다. 거미는 다른 거미를 가만두지 못하기 때문에 각각 다른 우리에 넣어야만 한다. 암거미는 수거미 없이도 살아갈 능력이 있다. 암거미는 정자를 18개월까지 보관할 수 있기 때문에, 수거미가 역할을 다하면 수거미를 잡아먹는 경향이 있다. 그러나 이것이 인간 남성이나 여성에게는 별 호기심을 일으키지 못했다. 레오뮈르는 자유주의자 디드로조차 곤충들(물론 거미는 곤충에 속하지 않지만)은 백과사전에 실릴 가치가 없다고 생각한 시대에 살았다. 빅토르 위고가 거미를 구원하고자 했을 때 그것은 호기심이 아니라 관대함 때문이었다. "나는 거미 무리들이 증오의 대상이기 때문에 거미를 사랑한다"라고 그는 말했다.

동물에 대한 호기심을 기르기 위해서는 우선 동물에 관한 온갖 무시무시한 신화를 제거해야 한다. 또 태곳적부터 싸워온 동물과의 전쟁을 중지하고, 무엇보다도 모든 살아 있는 것들이 오직 인류의 이익을 위해서만 존재한다는 생각을 그만두어야 한다. 그것은 인간보다 더 흥미로운 것은 없다는 생각을 버려야 한다는 뜻이다. 그래야만 인간이 동물에게 잔인한 행동을 해서는 안 된다는 생각이 가능해진다. 아이들이 동물에게 잔인하게 구는 일도 있긴 하지만, 아이들과 자신의 유년 시절을 잊지 않고 있는 사람들이 그런 생각의 탄생에 미친 공헌은 제대로 인정받지 못했다. 쥐에 대한 파리 사람들의 태도를 알아본 한 설문 조사는 성인의 80퍼센트가 쥐를 두려워하는 데 비해 아이들은 오직 6퍼센트만이 그렇다는 사실을 보여주었다. 그러니 호기심의 성쇠에 관해 더 큰 호기심을 보일 때가 왔는지도 모른다.

지식과 권위라는 거미줄

어떤 사물이나 인간에 대해 이미 갖고 있는 생각에 방해받지 않으면서 호기심을 갖는 것보다 더 힘든 일은 없다. 때때로 사물이나 인간에 대한 베일이 벗겨지고, 그 베일을 벗긴 사람은 천재라 불린다. 그러나 사실 그 베일을 벗기는 일은 보통 사람들이 그 과정을 볼 수 있었을 정도로 흔히 일어났다.

인간이 풀고자 했던 최초의 신비 가운데 하나는 왜 심장은 끊임없이 뛰는가였다. 인간이 아주 어리석지는 않다는 사실이 곧 드러난다. 인간은 기원전 2000년경에 심장이 피를 온몸에 순환시키는 펌프라는 사실을 알아냈다. 그러나 이 사실은 중국에서만 이해되었다. 중국의《황제내경黃帝內經》은 지나칠 정도로 세밀하게 스물여덟 가지 맥박을 구분하고 있다. 그렇지만 이런 지식은 복잡한 중국 전통의학으로 포장되어 일반인의 호기심이 다가갈 수 없게 가려져 있었다. 어리석지는 않다 하더라도 인간은 고집스럽게 과거의 생각에 집착한다. 낯선 것에 대한 두려움 때문만이 아니라 과거의 생각이 거미줄 같은 사고체계의 일부분을 이루기 때문이다. 사고의 모든 부분이 서로를 지탱하고 있어 일단 그 체계 안에 들어가면 벗어날 수 없게 된다. 그런 까닭에 중국에서의 발견은 나머지 세계 대부분에서 무시되었다. 그들은 그들대로 다른 거미줄 안에 갇혀 있었으며, 심장이 하는 일에 대한 과장된 이야기를 17세기까지 계속해서 믿고 있었다. 카이로의 교수였던 이븐 알나피스Ibn al-Nafis(?~1288)가 이 중국의 발견을 어떤 책에다 기록했다. 그 책은 라틴어로 번역되었지만 그것을 듣거나 보려는 사람은 거의 없었다.

기독교도와 이슬람교도 모두 갈레노스Galenos(130~200)가 짜놓은 거미줄에 갇힌 채 벗어나지 못했다. 알렉산드리아에서 교육 받고 소아시아의 검투사 학교에서 의사로 일했던 갈레노스는 심장이 펌프가 아니라 신체의 열을 내는 화로 같은 것이라고 주장했다. 약 1000년 동안 서양과 중동의 의사들은 그의 교과서를 암기해왔으며, 그들이 환자에게서 발견한 어떤 징후도 다른 해석을 내리고자 하는 호기심을 자극하지 못했다. 그렇게 된 이유는 갈레노스의 생각이 일관된 하나의 체계를 이루고 있었기 때문이다. 갈레노스는 철학자로서도 훈련받았기 때문에 의사들에게 신체를 관찰하는 방법과 영양, 성장, 활력에 관한 일관된 조언법을 제시해주었고, 인간이자 의사로서 어떻게 처신해야 하는지도 알려주었다. 참으로 그는 의사의 모범이었다. 그는 학생이나 환자에게 보수를 요구한 적도 없다. 자기는 "인류에 대한 사랑 때문에 (…) 환자뿐만 아니라 연구 자체의 아름다움을 위해 잠자는 시간도 아껴가며 진료한다"라고 말했다. 그는 검소하게 살았다. 그가 가진 것은 두 벌의 옷과, 두 벌의 가정용구, 그리고 두 명의 노예가 전부였다. 물론 많은 의사들이 이러한 사욕 없는 헌신적인 삶을 모방하지는 않았지만, 그 이상만은 간직했고 또 필요로 했다. 그리하여 그들의 자존심은 갈레노스의 가르침과 밀접한 관계를 맺게 되었다.

비록 갈레노스가 노예처럼 고대의 책을 무조건 따라서는 안 된다고 가르치기는 했지만 그의 잘못은 그대로 살아남았다. 제자들이 그의 말을 좀 더 주의 깊게 들었더라면 그의 생각에 마비되지는 않았을 것이다. "내가 천천히 움직였기 때문에 사람들은 내가 아주 의심 많은 사람이라고 생각해서" 자기를 비웃었다고 그는 말했다. 그는 의심 많은 사람이었고 남들에게도 그렇게 되라고 권고했다. "나는 어떻게 그렇게 되었는지, 기적인지 아니면 신성한 영감에 의해서인지 아니면 흥분 속에서 그랬는지 어쨌든 무엇 때문이었든 간에, 어릴 때부터 대중의 의견을 경멸하고 진실과 지식을 갈망했다. 인간에게 그것보다 더 고귀하고 신성한 소유물은 없다고 믿었다. (…) 우리는 과감하게 진리를 추구해야 한다. 진리를 발견하지 못한다 하더라도 적어도 현재보다는 진리에 더 가깝게 다가갈 수 있을 것이다." 스스로 생각하려고 애쓰는 사람은 자기가 짠 거미줄이 약하고 불완전하다는 것을 알고 있다. 그러나 제자로 만족해서 남이 짜놓은 거미줄에 갇혀 있는 사람은 그것이 얼마나 약한지를 잊어버리고 자신이 굳건하고 안정된 땅 위에 있는 것으로 상상한다. 빌려온 생각은 덧없는 것이 되기 쉽지만 결국은 딱딱해지고 화석이 된다. 이념은 도그마가 되고, 바람처럼 자유롭게 불어야 할 호기심은 갑자기 움직임이 없어진다. 그러나 반드시 그렇게 되어야 할 필요는 없다. 호기심이 으레 그 자유를 잃게 되는 것은 아니다.

몇몇 과학자들은 심장을 관찰하고 그것이 어떤 기능을 하는지 알아보고 싶은 호기심을 느꼈지만, 견고하게 짜인 생각의 망을 벗어나기가 얼마나 힘든지 알게 되었다. 예를 들어 브뤼셀의 안드레아스 베살리우스Andreas Vesalius(1514~1564)는 인체 해부에 평생을 바쳤으며, 스스로의 힘으로 사고하겠다고 결심했다. "스승 없이 공부했다"고 자랑스럽게 주장했지만, 그는 루뱅, 파리, 볼로냐, 파도바 등의 대학에서 여러 해를 보냈다. 처형된 죄수의 시체를 찾아 길거리를 뒤지기도 했고, 새들이 반쯤 쪼아 먹은 시체를 밤에 조각조각 집으로 옮겨와 연구하기도 했다. 지금은 사라진 파리의 인노상 묘지Cemetery of

Innocents(중세부터 18세기 후반까지 사용되었던 파리의 가장 크고 오래된 공동묘지─옮긴이)에서 "들개들 때문에 심각한 위험에 처하기도" 하면서, 오래된 뼈를 뒤적이며 많은 시간을 보내기도 했다. 제자들은 조수도 쓰지 않고 직접 시체를 해부하는 그를 존경했다. 제자들 ─ 그는 "내 연구의 귀중한 동료들"이라고 불렀다 ─ 은 너무나 열광적으로 베살리우스를 존경해서 한번은 "어떤 수도사의 아름다운 정부"의 시체를 훔치기도 했다. 매장 직후에 시체를 훔쳐 알아볼 수 없도록 피부를 다 벗긴 후 스승에게 갖다 바쳤다. 악취가 심했지만 시체를 도르래에 매달고 이루어지는 베살리우스의 해부는 아주 극적인 공연이었다. 여기에 참석했던 한 판사는 깊은 감명을 받아 그가 범죄자의 시체를 쓸 수 있도록 허락했고, 때로는 그가 필요로 하는 시기에 맞추어 사형 집행을 연기하기도 했다.

베살리우스는 갈레노스의 인체 해부 묘사가 종종 틀리다는 것을 보여주었다. 갈레노스의 인체 해부는 주로 개나 원숭이의 사체에서 이끌어낸 추리에 기초한 것이었다. 베살리우스는 그 차이를 분명히 보여주기 위해 원숭이의 해골과 "한 프랑스 신부의 뼈로 조립한" 인간의 해골을 나란히 단 위에 세워놓았다. 그리고 그는 일곱 권으로 된 아름다운 책 《인체의 구조에 관하여》를 저술했으며 티치아노의 제자들이 그린 충격적인 자세들을 그 책에서 다 보여주었다. 그러나 많은 사람들이 그를 믿지 않았다. 만약 갈레노스가 틀렸다면 그 것은 번역의 실수 때문이거나 그의 시대 이래로 "인간이 타락했기 때문"이라고 생각했다. 베살리우스 자신도 갈레노스의 거미줄을 완전히 벗어나지는 못했다. 인간의 신체에는 아직 그가 볼 수 없는 것들이 있었고, 갈레노스가 있다고 말했기 때문에 존재한다고 상상되는 것들이 남아 있었다. 그는 심장이 만들어낸다고 갈레노스가 말했던 '그을음 같은 증기'설을 폐기하지도 못했고, 혈액의 순환을 발견하지도 못했다. 심지어 혈액이 순환한다는 사실을 확증한 윌리엄 하비William Harvey조차 피 속에 '영혼'이 존재한다는 낡은 아리스토텔레스식의 개념에 얽매여 있었다. 그는 자신의 몇 가지 생각이 "너무나 새롭고 지금까지 한 번도 언급된 적이 없기 때문에, 그런 생각을 말하게 되면 몇몇 사람의 악의로 고통당하게 될 뿐만 아니라 모두가 내게서 등을 돌리게 될까 봐 두렵다. 이미 확립된 관례를 따르는 것은 제2의 천성이 되며, 그것을 가르치는 것은 처음 뿌려진 씨를 더욱 깊이 뿌리내리게 한다. 그만큼 사람들은 고대의 저자들을 향한 관대한 존경심에 좌우된다"라고 기록했다.

모두가 쓰고 있는 눈가리개는 사람들이 좀 더 과학적으로 변한다고 해서 그냥 벗겨지지 않는다. 토머스 쿤Thomas Kuhn은 대부분의 과학자들이 어떻게 그 시대의 지배적인 사상 체계를 강화하는 방향으로 연구하는지, 그들이 어떻게 새로운 사실을 기존의 체계 또는 '패러다임paradigm' 혹은 거미줄에 적합하도록 만드는지 보여주었다. 그 사상 체계가 무너지는 데는 수 세기가 걸린다. 그리고 최근 들어 과학이 더욱 호기심을 제한하고 있음이 분명해지고 있다. 연구소는 무지에 대한 전쟁을 치르는 전초 기지의 역할만을 하는 것이 아니다. 연구소는 또한 전문가들이 다른 분야의 지식으로 관심을 분산시키는 것을 막는 요새이기도 하다. 인정받고자 하는 경쟁이 너무 치열해서, 자신이 하고 있는 연구의 가설을 검토해볼 수 있는 과학자는 거의 없다. 권력을 가진 사람들의 도움 없이는 계속 연구할 수가 없고, 권력을 가진 사람들은 연구뿐만 아니라 정치활동에도 전문가들이기 때문이다.

한 내분비학 연구소를 방문한 두 명의 인류학자는 과학자가 어떤 식으로 자신을 옭아매고 있는지 묘사했다. 두 사람은 그 연구소에서 이루어지는 모든 활동을 마치 어느 부족의 종교의식의 일부인 것처럼 기록했다. 그들은 그곳에서 나폴레옹의 출정에서 연구 방법의 영감을 얻었다고 주장하는 한 과학자를 만났다. 여러 다른 나라의 경쟁 팀이 8년 동안 한 문제를 풀기 위해 치열하게 경쟁했는데, 그 과학자는 자신의 "분야"를 "경쟁자의 시체가 즐비한 전쟁터"로 묘사했다. 이 팀에 합류한 한 내과의사는 단지 돈을 더 벌기 위해서가 아니라 "아주 귀한 상품, 즉 동료로부터의 인정"을 받기 위해 의사로서의 역할을 포기했다고 말했다. "나의 뛰어남을 증명할 수 있는 적극적인 반응, 적극적인 의견을 원한다. 이런 점에서 환자는 별로 유용하지 않다." 그러나 쉽게 인정받을 수는 없는 일이다. 이 팀이 간행한 64편의 박식한 논문 가운데 오직 8편만이 세상의 누군가에 의해 인용되었다. 엄청난 수의 과학자들이 아무도 읽지 않는 논문을 쓰는 데 시간과 노력을 바치고 있다. 이들이 어떤 특정한 분야에 몸담는 것은, 꼭 그 분야가 더 매력적이라서가 아니다. 그 분야에는 연구자가 붐비지 않아 성공의 기회가 더 많기 때문이기도 하고, 또 그들에게 연구비를 대줄 후원자들이 있기 때문이기도 하다. 과학이 더 조직화되고 비싸지고 전문화될수록 개인적인 호기심은 더욱더 속박을 받게 된다. 과학 그 자체가 두려움을 쫓아내지는 못한다.

공포에 대항하는 효과적인 동시에 그 영역에 한계가 없는 것은 오직 호기심뿐이다. 그러나 18세기가 시작될 무렵 호기심이라는 대안은 포기되었고, 전문화가 백과사전적 지식이라는 이상을 대체했다.

제한된 지식의 성채로 후퇴하는 것은 자신의 본거지에서 자신을 방어할 수 있다는 의미다. 그로 인해 제한된 의미에서의 자신감을 얻을 수는 있지만, 삶의 방대한 영역에서, 특히 정서적 부분에서는 어쩔 줄 모르는 지경에 이르게 된다. 이제 전문화에서 비롯된 침묵으로 인해 아무 소리도 들리지 않는다. 전례가 없을 정도로 정보가 대기를 가득 채우고 있다. 그러므로 이런 질문이 가능해졌다. 전문화의 성채에서 나와 전문화 너머로 가는 길을 다시 찾아나서야 하지 않을까? 우주를 하나의 전체로 보고자 노력해야 하지 않을까? 그러면 많은 사람이 더 잘 살 수 있지 않을까?

그칠 줄 모르는 호기심,
훔볼트가 보여준 삶

최초로 호기심에 대해 깊이 생각하고 분석한 사람은 알렉산더 폰 훔볼트Alexander von Humboldt(1769~1859)였다. 생리학, 동물학, 식물학, 인류학, 고고학, 기상학, 지리학(그는 지리학의 창시자 가운데 한 사람으로 여겨진다) 분야에서 그가 이룬 발견은 그 폭넓음에 있어 전례가 없는 것이었다. 그런데 그가 자신의 지식을 갖고 한 일은 훨씬 더 흥미롭다. 자신의 천재성을 자신을 두렵게 만드는 불확실성과 싸우는 데 사용한 아인슈타인이나, 그의 아내에 따르면 자신 이외에는 신을 대신할 아무것도 발견하지 못했다는 스티븐 호킹―이들은 평범한 사람들의 삶의 목적이나 태도에는 별다른 영향을 끼치지 않았다―과는 달리 훔볼트는 자신의 연구(그중 몇 가지는 추상적으로 보이기는 하지만)로부터 새로운 삶의 방식을 이끌어내려고 노력했다. 이것은 지극히 드문 일인데, 왜냐하면 전문화의 규율과 상충하기 때문이다. 전문화는 훈련받은 전문가가 아니면 어떤 분야에 대해서도 입을 다물 것을 요구한다. 그리고 누구도 삶의 기술에 대해서는 전문가가 될 수 없기 때문에 그것에 대해 이야기하는 것은 위험한 일이다. 지성인은 그런 까닭에 점점 더 현대의 가치 부재를 한탄하는 식으로 자신을 제한했다. 훔볼트의 중요성은 그가 지식과 감정, 사람들이 공적으로 느끼고 행동하는 것과 사적으로 집착하는 것 사이를 과감하게 연결하려고 시도했다는 점에 있다.

훔볼트는 전 지구적 사고의 선구자다. 그는 자신의 목적이 전체로서의 우주를 이해하는 것일 뿐만 아니라 그에 못지않게 우주가 일으키는 비극에서 비롯되는 고통을 피하는 것임을 감추지 않았다. 그의 《자연론 Views of Nature》(1808)은 "근심으로 억압받고 (…) 인생의 폭풍을 피하려는 사람들"에게 헌정되었다. 그는 "적대적인 나라 간의 충돌에 싫증이 난 사람들은 식물의 고요한 생활로 관심을 돌리고 (…) 지구가 새로운 생명으로 계속 충만함을 기억하라"고 덧붙였다. 그러므로 존재의 비극을 극복하는 길은 더 길고 먼 전망 속에서 그 비극을 바라보며, 그 비극들을 서로 연결시키고 그리하여 자신이 하나의 보편적 과정에 참여하고 있다는 느낌을 개발하는 것이었다. 탁월한 언어학자였던 그의 형 빌헬름이 말했던 것처럼, 알렉산더는 "개별적 사실에 대한 공포"를 갖고 있었으며, "어떤 하나를 탐구하기 위해서는 모든 방면에서 접근할 필요가 있다"라고 믿었다. 그 보상은 "세계 전체와 접촉"하는 느낌이라고 했다. 훔볼트에게 인생에 대한 낭만적 이상화는 부질없는 것이었다. 인간이 자연에 갇힌 죄수들이라는 견해도 그는 받아들일 수 없었다. 그의 목표는 자유로 향하는 길을 가리키는 것이었다. 예를 들어 보편적 관점을 가진다는 것은 인종차별주의를 거부하는 것이다. 인종차별주의는 1945년 이후에도 대다수 교육 받은 서구인들의 정신을 구속했다. 훔볼트는 "열등한 인종이란 없다. 모든 인간은 동등하게 자유를 누릴 운명을 타고났다"라고 단호하게 기록했다.

그가 주장했던 또 다른 비상한 견해는 의견의 다양성 없이는 진리를 발견할 수 없다는 것이었다. 우리가 진리를 알아야 하는 이유는 "권력이 아니라 삶의 즐거움"을 위해서였다. 그런 까닭에 그의 연구는 "매력적인 모든 것을 이해하기 위한 각성"을 지향했다. 존재의 비극은 조화의 발견으로 보상된다. 그는 "역사로부터 출현할 유일한 사상"은 "편견과 종교의 울타리를 무너뜨리는 쪽으로 나아갈 인간화라는 개념, 타고난 능력을 개발할 수 있는 하나의 거대한 공동체로서의 인류에 대한 믿음"이라고 확신했다. 훔볼트는 그가 속한 시대의 거미줄 — 천진난만한 낙관주의 — 에 갇혀 있었고, 역사가 전진할 뿐만 아니라 후퇴할 수도 있다는 사실을 보지 못했다. 그러나 이러한 소박함을 제외하면 그의 사상은 귀중하고 강력하다.

훔볼트는 당대에 가장 존경받는 사람 가운데 하나였다. 미국인 여행자들은 그의 조그만 흉상을 기념품으로 사갔다. 그것은 그가 미지의 영역(남미와 시베리아)을 탐험했다거나 새로운 지식과 수천 가지의 알려지지 않은 식물을 가지고 돌아왔기 때문이 아니라 사람들이 세상을 다른 방식으로 볼 수 있도록 해주었기 때문이다. 예를 들어 그는 산맥은 우연히 생긴 것이 아니며 왜 대륙이 지금과 같은 모습이 되었는지를 설명해주었다. 그는 화산에 올라갔을 뿐만 아니라 화산이 전 세계적인 지질학적 균열과 연결되어 있음을 보여주었다. "내 삶의 행로를 결정한 것이 젊은 시절에 탐독한 그의 책《신대륙의 적도 지역 여행Personal Narrative》이었음을 결코 잊지 않을 것"이라고 다윈은 말했다. 훔볼트는 단순히 사실에 대한 호기심뿐만 아니라 호기심을 집중시키는 방법에 대해서도 관심을 가졌다. 그의 탐험과 연구의 절정은 50년에 걸친 사색 끝에 나온《코스모스Kosmos》였다. 이 책은 온갖 물리적 현상을 동원해 모든 것이 어떻게 다른 모든 것과 연결되어 있는지 설명하면서 이 세상을 묘사했다.

그는 "적도 지역 국가에 대해 내가 뿌리 깊은 갈망을 갖게 된 최초의 충동이 무엇인지 묻는다면, 나는 다음과 같은 것들을 열거해야 할 것이다. 조지 포스터George Forster의 남태평양에 위치한 태평양 제도에 대한 묘사, 런던의 워런 헤이스팅스Warren Hastings의 집에 있는 호지스Hodges가 그린 갠지스 강둑의 그림, 그리고 베를린 식물원의 오래된 탑 안에 있는 거대한 용혈수dragon tree"라고 썼다. 이런 개인적 경험으로부터 그는 (《코스모스》 2권에서) 현대에 이르러 문학과 미술, 서술적인 시, 풍경화 및 외래 식물 재배 등을 통해 개발된 상상력이 호기심을 자극했기 때문에 호기심이 증대되었다고 일반화했다. 모든 발견은 상상력을 더 열어주고 더 많은 발견으로 이끈다. 그것은 "이념의 영역을 확장하고", 탐구심을 자극하며, 아울러 관찰을 위한 새로운 도구의 창조는 지성을 증대시킨다. 그는 호기심이 전염병과 같다는 데카르트의 생각에서 더 나아가 호기심이 어떻게 유행성 질병이 되는지 보여주었다.

그러나 저술과 그림만으로는 충분치 않다. 훔볼트의 삶은 그의 저술이나 애정 어느 하나에 의해서가 아니라 이 두 가지의 비상한 결합에 의해 이루어졌기 때문에 더욱 중요하다. 어린 시절 그와 "그를 사랑하고 그에게 친절을 베풀었던 사람들" 사이에는 "최소한의 공감도 없었다." 그는 어린 시절이 불행했다고 기억한다. 어머니는 그에게 "낯선 사람"처럼 보였다. 그러나 그는 일련의 남자들과 아주 강력한 유대관계를 맺었고 이들은 대부분 지적 동료들이었다. 훔볼트가 그들 가운데 한 사람에게 보낸 편지를 통해 그 감정의 격렬함을 측정해볼 수 있다. "지난 2년 동안 당신의 유쾌함, 당신과 함께 있었던 일, 그리고 당신에게서 볼 수 있었던 만족의 기미보다 이 세상에서 내게 더 큰 기쁨은 없었습니다. 당신에 대한 나의 사랑은 단순히 우정이나 형제애가 아니라 존경이자 순수한 감사이고 나의 가장 고귀한 원칙으로서의 당신에 대한 나의 헌신입니다." 그의 사랑을 받았던 사람들 가운데는 프랑스의 탁월한 과학자 게이뤼삭Joseph Louis Gay-Lussac과 프랑수아 아라고François Arago가 있었다. 게이뤼삭은 에콜 폴리테크니크(파리의 이공과 대학—옮긴이)에 다닐 때 룸메이트였다. 그리고 프랑수아 아라고는 그에게 다음과 같은 말로 화답했다. "가족 이외에 당신보다 더 깊게 애정을 느끼는 사람은 없습니다. 당신은 내가 어려움에 처했을 때 의지할 수 있는 유일한 친구입니다." 몇몇 사람의 주장처럼 이것이 동성애적인 애착이었건 아니었건 간에 훔볼트는 게이뤼삭과의 관계를 이렇게 설명했다. "그는 최고의 친구다. 그와 함께 있으면 위안이 되고 격려가 된다."

격려에 대한 강조가 열쇠다. 훔볼트를 여러 번 만난 괴테는 "그와 함께 있는 것은 참으로 흥미롭고 격려가 된다. 그가 한 시간 동안 전해주는 것은 8일 동안 책으로 읽어도 배울 수 없다. 그라는 존재는 삶 전체를 흥미롭게 만들고, 화학, 물리학, 생리학에 관한 모든 흥미를 자극하기에 충분하다. 그는 샘물과 같다. (…) 영원히 신선하다" 라고 썼다. 빌헬름 훔볼트는 동생이 "쉽게 애정 관계를 맺고 (…) 다른 사람을 위해 희생하는 것"을 나약함과 낮은 자존감 때문이라고 여겼다. 알렉산더 훔볼트가 가끔 '우울'의 발작을 일으켰던 것은 사실이다. 그의 처제가 그에 대해 "매력, 허영, 부드러운 감정, 차가움과 따뜻함의 믿을 수 없는 혼합물"이라고 말한 것은 옳은 지적이었다. 그는 실제로 "자화자찬이 일의 일부분"이라고 말했다. 그러나 그는 정글에 있을 때는 "문명사회의 사회적 요구 때문에 끊임없이 생겨나는 정신의 분산"으로부터 자유롭다고 기뻐했다. "자연은 가장 새롭고 매혹적인 배움의 대상을 끊임없이 제공한다. 이 고독한 삶의 유일한 단점은 유럽에서 이루어지고 있는 과학적 발견의 진보에 관한 정보가 없다는 점과 사상의 교류에서 비롯되는 온갖 이점이 없다는 것뿐이다."

충만한 삶을 누리고 그칠 줄 모르는 호기심을 갖는다는 것은 두 가지 방식으로, 즉 "우리 주위의 세상으로부터 직접적으로" 그리고 "지적인 정신이라는 수단"을 통해 사상을 획득하는 것을 의미한다. 훔볼트는 늘 자신의 감수성을 예민하게 해주고 상상력을 자극해줄 누군가를 필요로 했다. 그래서 그는 20년 동안 파리에서 살았다. 당시 파리는 세계 지성의 수도였다. 남미의 정글에서 갑자기 재규어를 만났을 때를 제외하고는(그러나 그는 마치 아무 일도 없다는 듯 아주 조용히 지나갈 만큼 침착했다) 그가 공포를 경험한 적이 없다는 주장이 있다. 그러나 그도 공포와 근심을 포함한 온갖 인간적 약점을 갖고 있었다. 다만 그칠 줄 모르는 호기심으로 그 공포를 우주의 신비 안으로 흡수할 수 있었고, 공포에 대해 범지구적 전망을 가질 수 있었으며, 공포를 개인적 위협에서 자연적 현상으로 전환시켰다고 말하는 편이 진실에 가까울 것이다. 만약 그가 부모님이 바라던 사람, 즉 한 분야의 전문가가 되었다거나, 부모님이 왜 자신을 좋아하지 않는지 고민하는 길로 들어섰다면 결코 쉽게 그렇게 할 수 없었을 것이다.

한 파티에서 훔볼트는 나폴레옹을 만났다. 나폴레옹은 그에게 이 말 말고는 아무 말도 생각해낼 수 없었다. "당신이 식물학에 관심이 많다고 하던데, 내 아내도 그렇소." 그리고 황제는 지나쳐 갔다. 아내가 흥미를 느끼는 것에 무관심한 남편은 이제 더 이상 용서가 되지 않는다. 호기심의 한계는 절망의 경계와 맞닿아 있다. 그리고 인간은 늘 자신을 절망하게 만드는 것과 싸우고자 했다. 이제 나는 싸움을 일으키는 문제들로 넘어갈 것이다.

적을 쳐부수기가
점점 더 어려워지는 이유

정확하게 말해 그것은 적에 대해
알고 싶지 않기 때문에 생긴 일이다.

자신이 생각하는 바가 무엇인지를 안다는 것이 앙투아네트 푸크Antoinette Fouque의 강점이자 카리스마의 원천이다. 그러나 동시에 많은 사람들이 그녀에 대해 격렬하게 논쟁하는 이유이기도 하다. 그녀에 관한 모든 이야기는 열광적인 지지 아니면 비난이다.

그녀는 자기와 의견이 다른 사람들을 어떻게 생각할까? "사람들이 나를 어떻게 평가하는지에 정신이 팔린 적은 없었어요"라고 때때로 그녀는 말한다. 실제로 그녀는 온갖 입방아에도 불구하고 지난 25년 동안 가장 일관되고 활동적인 여성운동의 지도자였다. 중요한 것은 자신의 진실한 의견을 표현하는 것이며, "사람들에게 그 의견을 강요하는 것은 일종의 폭력"이라고 그녀는 말한다. 그러나 그녀의 이야기에는 '전투'라는 단어가 자주 등장한다. 그녀는 자신을 차별과 폭력으로부터 여성을 해방시키고, 여성의 평등뿐만 아니라 남성과는 다른 방식으로 여성이 문명에 기여하고 있다는 사실을 인정받기 위한 "정치적 전투"에 종사하고 있는 "투쟁적 이론가"라고 설명한다. 군사적 비유가 단순히 말버릇인 것만은 아니다. 거기에는 원하는 것을 얻어내는 방법에 대한 그녀의 견해가 내포되어 있다.

외모만 보면 앙투아네트는 투쟁적인 것과 거리가 멀다. 그녀는 가냘프고 연약하다. 열여섯 살 때부터 서서히 진행된 병 때문에 몸을 움직이는 게 자유롭지 못하다. 장기간에 걸친 투병 끝에 지금은 휠체어에 의지해야 하는 신세다. 그러나 그녀의 웃음은 생기가 있고, 심지어 경박스러워 보이기도 한다. 그녀는 인기 있는 디자이너들이 만든 옷을 입는다. 정신분석가로서 그녀가 가진 호기심과 독서의 폭과 신념의 견고함은 매력적이다. 우수한 교육을 받은 여성들의 상당수가 그녀의 열렬한 숭배자가 되었다. 개인으로서, 여성으로서, 시민으로서 느끼는 그들의 문제를 한꺼번에 해결해주는 것처럼 보이는 해답을 그녀가 갖고 있기 때문이다. 그녀의 제자 가운데 한 사람은 부유한 상속녀. 그 덕분에 그녀는 국제적인 규모로 정치활동을 하고 여성 문학의 주요한 출판업자가 되는 데 재정적 문제를 전혀 겪지 않았다.

육체적으로 아무것도 두려워하지 않고 또 일상의 반려가 된 질병의 고통을 더 이상 두려워하지 않는다고 해서 그녀가 자신을 투사로 생각하는 것은 아니다. 스스로는 부인하지만 그녀는 비판에 민감하다. 오해를 받거나 자기의 의견이 잘못 전달될까 봐 걱정한다. 적의를 눈치채면 초조함 때문에 표정이 굳어지고, 맹렬한 주장을 퍼부어 자신을 방어한다. 적들은 그녀가 공격적이라고 말한다. 공격적인 것은 그들이며 자기는 오직 방어할 뿐이라고 그녀는 항변한다. 이렇게 해서 전쟁이 시작된다. 그러나 거기에는 그 이상의 무엇이 있다.

여성이란 본질적으로 어머니라는 것이 앙투아네트의 기본적인 생각이다. 임신은 모든 사회적 경험 가운데서 가장 중요하다. 임신 중인 어머니는 자기 안에 있는 다른 인격체와 평화롭게 산다. 어머니와 자식 사이의 유대는 가장 귀중하다. 어머니에게 반발하는 남성은, 무의식의 깊은 밑바닥에는 어머니에 대한 애착이 여전히 살아 있지만, 병적으로 자기도취에 빠져 있고 폭력적이며 거세 공포증을 갖고 있다. 그 자기도취(나르시시즘)를 제거하고, 지배에 집착하는 욕망이 유일하게 가능한 욕망은 아니라는 사실을 남성들에게 깨닫게 해주는 것이 여성의 할 일이다. 여성은 느끼거나 "몸으로 생각하는" 다른 방식을 갖고 있다. 생물학적 차이를 제거하면 여성은 남성의 창백한 복사판이 될 뿐이다. 앙투아네트는 언니가 약혼하자마자 열렬한 축구광이 되는 것을 보고 충격을 받았다. 그러기보다 여성은 무의식 속에 자리 잡고 있는 남성적 편견을 의식하고, 여자가 된다는 것을 더 잘 이해함으로써 자신을 해방시키려고 노력해야 하며, 여성학과 여성의 언어를 개발하고, 여성의 차이점을 개발해야 한다. 현재 존재하는 민주주의는 부적합하다. 그것은 아버지의 지배라는 군주제를 형제애를 강조하는 동시에 서로 죽이려고 하는 형제의 지배로 바꾼 데 불과할 뿐, 어머니가 갖는 결정적 중요성을 무시하고 있기 때문이다.

앙투아네트는 어머니와 있을 때 가장 편안하다고 느꼈다. 그녀의 어머니는 이탈리아 남부 칼라브리아 출신으로 "늘 나를 이해해줬으며", "강한 여성"이었다. 남편의 반대에도 불구하고 일하러 나갔고, 남편이 "법을 정하는 것"을 인정하지 않았으며, 문맹이었지만 늘 "생각했고", 딸에게 "너는 자유로운 존재가 되어야 한다"라고 반복적으로 말해주었다. "만약 다시 태어난다면 내가 키우고 있는 조그만 개(암컷)가 되고 싶어요. 이 개는 어머니의 환생 같아요. 아주 사랑스럽고 위안을 주죠. (…) 그러나 어머니 역할 — 난 그 역할을 못하고 있지만 — 을 맡은 사람들은 누구나 혐오의 대상이 되고 있어요." 그녀의 말에 따르면 그녀는 자신을 위해 싸우는 것이 아니라, 어머니가 스스로를 돌보지 않고 아이들을 보호하는 것처럼 여성운동과 그녀의 출판사 '여성Des Femmes'을 방어할 뿐이다.

몇 년 동안 거울이 없는 아파트에서 살았고, 어릴 적 사진이 거의 없는 정신분석학자에게는 어떤 놀라운 면이 있을까? 그녀가 좋아하는 문구 중 하나는 "혐오감 없이 나의 마음과 몸을 볼 용기를 달라"는 것이다. 앙투아네트는 카트린 드뇌브와 함께 텔레비전에 출연했지만 "그녀 옆에 있으니 내가 더 못나 보인다"라고 생각하지 않았다. 이런 초연함 덕분에 그녀는 평생 동안 이 세계를 마비 상태에서 치료하기 위해 몇 가지 전쟁을 동시에 치를 수 있었다.

앙투아네트의 첫 번째 전쟁은 99퍼센트의 인류를 상대로 한 전쟁이었다. 그녀는 이 세상에는 여자를 싫어하는 사람이 99퍼센트 정도 된다고 추산한다. 그 이유는 대부분의 여성이 스스로를 폄하하도록 세뇌되었기 때문이다. 남성 자체는 그녀의 적이 아니다. 그녀의 싸움은 오직 "남근 제국주의"와의 싸움이다. 그녀는 남자와 함께 있는 것을 좋아하고, 아버지를 존경했으며, 남편과 사랑에 빠졌고, (의사의 만류에도 불구하고) 딸 하나를 낳았고, 지금은 별거 중이지만 이혼은 하지 않고 있다. 아직도 그와의 우정을 소중하게 여기기 때문이다.

그녀의 생애에 가장 큰 영향을 미친 사람은 정신분석학자 라캉이다. "그는 나를 사랑했고 나도 그를 사랑했습니다." 5년 동안 그녀는 라캉에게서 정신분석을 받았다. 그 후 그녀는 헝가리 사람인 그룬베르거Bela Grunberger라는 다른 분석가에게로 옮겨갔다("그땐 몰랐지만 그는 라캉의 대단한 적수였어요"). "라캉과 함께 작업했다는 것은 내가 남성에게서 차단되어 있지 않았다는 의미죠. 덕분에 난 남성을 증오하는 일군의 페미니스트들로부터 분리될 수 있었어요. 그런 증오는 자신에

대한 증오를 나타낼 뿐이에요." 그녀는 라캉의 추종자임을 부인한
다. 라캉은 여성에 대해 불쾌한 이야기들을 했지만 "그는 아름다운
사람이에요. 아마 사랑은 맹목적인 모양입니다. 그는 의견이 일치하
지 않아도 나를 이해했어요." 전략을 숙고하기 위해 여자는 남자와
떨어져 지낼 필요가 있다고 생각한다. 그래서 그녀는 여성 제자들과
한 집에서 산다. 그러나 여성 동성애나 양성애에 대해서는 반대한
다. 라캉이 실제로 양성적인 여자를 좋아했던 것은 정말 유감스러운
일이었다. 그녀는 주장한다. "난 남자가 아닙니다. 남자가 되기를 원
하지 않아요. 남자처럼 생각하지도 않죠."

　이 여성운동 지도자가 벌인 두 번째 전쟁은 '페미니스트'와 맞선
것이었다. 그녀는 자신을 페미니스트라 부르기를 거부한다. 여성 참
정권자들의 유산을 거부하기 때문이다. "여성은 태어나는 것이 아니
라 만들어진다"라는 시몬 드 보부아르의 말을 "금세기의 가장 바보
같은 선언"이라고 여긴다. 아이도 없고 "정신적으로 불감증인" 보부
아르는 모델이 될 수 없으며, 사르트르("거짓말쟁이에다 위선자")와의 관
계도 전혀 바람직하지 못하다. 보부아르의 생각은 전쟁 이전 시대의
것이다. 그녀는 엘리자베트 바댕테Élisabeth Badinter가 최근에 쓴 책을
읽지 않았다. "바댕테는 보부아르의 제자이고 (…) 보부아르가 내게
전쟁을 선언했기 때문이죠."

　앙투아네트 푸크가 지성적이라는 것은 많은 페미니스트들도 인정
한다. 그러나 그들은 그녀를 과대망상증 환자에다 '사기꾼'이고 '협
잡꾼'이라고 비난한다. 그녀가 '여성 해방 운동(MLF)'이라는 명칭을
상표로 등록해 다른 어떤 집단도 그 이름을 사용하지 못하게 했기
때문이다(그녀는 자신이 이 운동을 죽음에서 구했다고 말한다). 최근 그녀는 플롱

출판사가 《여성의 역사Historie des Femmes》라는 책을 출간하며 표지에 'F'자를 사용한 것 때문에 그 출판사를 고소했다. 그 글자 역시 그녀 출판사의 등록 상표이기 때문이다(그녀는 사르트르와 보부아르가 카뮈를 파멸시키려고 했던 것처럼, 페미니스트들이 자기를 파멸시키려 하고, 심지어 그녀의 출판사도 파괴하려 한다고 대답한다). 페미니스트들은 앙투아네트의 추종자들이 통일교 신자들처럼 파벌로 조직화되어 그녀의 말을 반복하는 앵무새가 되었다고 비난한다. 과거에 그녀의 추종자였던 한 사람은 자신이 지도자와 이견을 보이자 이런 소리를 들었다고 기억한다. "당신이 우리를 충분히 사랑하지 않기 때문에 그렇게 말하는 거야." 양쪽이 서로 상대방의 그릇된 신념과 자신만만한 야심을 의심한다. 역사적으로 다른 교파나 이단에 대한 적대감은 적에 대한 적대감보다 훨씬 더 지독했다.

물론 프랑스 지성인들 사이에서 개인적인 불화나 권력 투쟁은 풍토병과 같은 것이다. 여기에 앙투아네트 푸크는 정력적으로 참여하고 있고, 이번에도 그녀는 군사적인 비유를 들어 설명한다. 그녀가 이론가가 되려고 처음 시도했을 때 만난 최초의 적은 사르트르였다. 그녀는 그를 "문학계의 프랑스 국영은행"인 갈리마르출판사에서 책을 펴내는 "고대인들"의 지도자로 간주했다. 사르트르에 반대하는 사람들은 "현대인"으로 분류되었다. 이 현대인들은 세계대전 중에 레지스탕스 활동의 일환으로 설립된 쇠유출판사에서 책을 낸다("왜 보부아르는 레지스탕스에 가입하지 않고 추문을 일으키며 지방으로 돌아다녔죠?"라고 그녀는 묻는다). 양쪽이 다 "믿을 만한 무기"로 사용되는 자신들의 잡지를 갖고 있고, 서로 비방하고 "총에 대검을 꽂고" 있다. 양쪽이 다 그들의 이론을 요약하는 공식들을 개발해냈고, 그 공식들은 마치 전투할 때 적을 제압하기 위해 질러대는 함성과 같다. 문학과 사상의 애호가들은 "거의 불가해할 정도로 잘 꾸며진 언어를 완전히 이해하지 못하면서도 (…) 이 이론의 전쟁"에 빠져 있다고 그녀는 말한다. 그녀 자신도 이 전쟁이 너무 힘들다고 느끼지만, 이해하기 힘든 라캉의 말놀이의 영향을 받아 그녀 또한 이해할 수 없게 되어버렸다는 비난은 거부한다. 그녀에게 사르트르와 보부아르는 "전제군주들"이었고, 사르트르와 보부아르의 적들은 의견이 다른 사람들에게 "공포정치"를 펴는 "소수의 독재자들"이었다. 보들레르는 "예술이란 패배하기 직전에 고통으로 울부짖는 예술가들이 벌이는 전투"라고 말했다. 솔레르스Philippe Sollers는 아직도 "문학은 전투의 기술"이라고 말하고 있다.

젊었을 때 앙투아네트 푸크는 '아방가르드'라는 주제로 박사 논문을 쓰기 시작했다. 그리고 그것이 아직도 위대한 거장들이나 모든 파벌로부터 독립해 그녀가 취하고 싶은 입장이다. "파라오와 같은 권력을 가진 솔레르스의 아내"인 줄리아 크리스테바Julia Kristeva를 예로 들면서, 남성의 그늘 아래서 명성을 얻는다고 생각되는 모든 여성을 공격한다(솔레르스의 저술《여성Les Femmes》을 그녀는 여성 혐오 선언문이라고 부른다). "모든 사람들이, 엘렌 시유Hélène Cixous는 좀 덜했지만 심지어 여성들까지도 나에게 유죄 선고를 내렸어요." 그러나 그때는 그녀가 시유의 작품을 출판하고 있을 때였고, 시유를 프랑스어권뿐만 아니라 실로 전 세계에서 가장 위대한 작가라고 부르고 있을 때였다. 엘리자베트 바댕테가 시몬 드 보부아르의 죽음을 애도하며 "모든 여성은 그녀에게 빚을 지고 있다"라고 썼을 때, 앙투아네트 푸크는 경멸을 보냈다. 그녀는 시몬 시뇨레Simone Signoret의 장례식에 조문객이 다섯 배나 많았다고 반박했다. 철학자 알튀세르Louis Althusser 가 아내를 살해했지만 친구들 덕택에 기소를 면하게 되었을 때 앙투아네트 푸크는 그 친구들이 알튀세르의 죽은 아내에게 더 미안한 마음을 가졌어야 했다고 선언함으로써 그들을 괴롭혔다.

"적들은 내가 늘 옳다는 식으로 끝낸다는 핑계를 대면서 나와 논쟁하는 것을 피합니다." 고립감과 모욕감을 동시에 견디는 것은 "정말 고통스러웠고", 결국 그녀는 1980년대 초반 캘리포니아의 바닷가에서 4년간의 회복기를 가졌다. 그리고 싸우기 위해 다시 돌아왔다. 지금 그녀는 원로 여성 정치가 같은 존재로서, 레지옹 도뇌르 훈장으로 치장하고 있으며, 파리 제8대학에서 정치학 박사학위를 받았다. 그녀의 학위 논문은 어떤 논문과도 달리 긴 세월에 걸친 연설, 선언, 인터뷰, 신문 기고문을 다섯 권으로 모아놓은 것인데 거기에는 '종합'이라는 간단한 서론이 붙어 있을 뿐이다. 그러나 이 학문적이지 않은 선언문들 안에는 다른 박식한 논문들보다 더 많은 사색이 담겨 있다. 그녀는 자신의 글이 중요하다는 사실을 알고 있고, 그래서 그 논문을 통해 공적인 인정을 받기로 결심했다.

그녀는 자기가 말을 탄 몇 명의 사람들과 더불어 하나의 대륙을 정복할 수 있는 신판 코르테스라고 상상하는 것일까? 아니라고 그녀는 말한다. 그녀는 자신을 보물처럼 소중히 아끼는 귀한 사진 속의 세 살 반 정도의 어린 소녀로 여긴다. 그 소녀는 이미 성숙한 모습을 하고 있고, 익히 우리가 알고 있는 그녀의 모습 그대로다. 그녀의 적들은 결코 그녀를 소심함과 연결 짓지 않는다. 그러나 그녀의 대담함과 준엄함의 밑바닥에는 연약함, 남들에게 짓눌릴지도 모른다는 두려움이 있다. 그녀가 자신의 모임 외에는 어떤 모임에도 가입하기를 거부하는 데는 "아주 위협적인" 복종을 강요하는 제도들에 대한 공포가 있었다. "내 첫 번째 대답은 '예'입니다. 두 번째 대답은 '예, 그러나'입니다. 호전성은 일정 기간의 공감을 거친 후에 나타나죠." 코르시카 출신 노동자였던 아버지가 "나를 겸손하게 만들었고 그것이 내 소심함의 한 근원이에요. (⋯) 젊었을 때 난 위압적이지 않았고, 독창성을 싫어했으며, 두드러진 사람이 되고 싶지 않았어요. 난 경쟁적인 시험을 싫어했죠. 물건을 사러 가면 다른 사람이 슬쩍 새치기를 해도 내버려둡니다. 시몬 드 보부아르가 그렇게 했고, 나는 그녀가 내 앞에서 가도록 내버려두었죠. (⋯) 나는 도전적이고 싶지 않아요. 내가 갖고 싶은 이미지는 개방적이고 우호적인 사람이라는 이미지입니다. 내가 무엇보다도 높게 평가하는 자질은 감사와 용기고요. 이상적인 의미에서의 용기가 아니라 매일 아침이면 자리에서 일어나는 그런 용기 말이죠."

그녀가 내린 몇 가지 결론은 저메인 그리어Germaine Greer의 것들과 유사하다. 저메인 그리어는 아들들이 이 세상 어떤 여인보다도 어머니를 가장 사랑하는 한 인도인 가정에서 자신의 이상을 발견했다. 그리고 자신이 키우는, 새끼를 밴 고양이를 연구하면서 만족의 의미를 밝혀냈다. 소심함으로 인한 고통과 관련해서는 글로리아 스타이넘Gloria Steinem의 경험에 같은 내용이 되풀이되고 있다. 그러나 앙투아네트 푸크는 결코 책을 내지는 않았다. 자신이 쓴 것에 만족한 적이 없을뿐더러 "글 쓰는 것이 두렵고, 내가 저지르지도 않은 잘못 때문에 공격을 받았기 때문이죠." 자신의 기억들을 글로 기록하고 출판하겠다고 발표했다가 결국에는 출판하지 않기로 결정했다.

"내게도 증오가 없지는 않아요. 내가 증오의 대상이 되면 내 안에 있는 증오가 보입니다. 정신분석 덕분에 나는 그 증오를 창조적이거나 투쟁적인 활동으로 승화시킬 수 있죠. 나의 내면에는 좌절도 있어요. 내가 가장 의식하는 것은 질투입니다. 예를 들면 사랑처럼 남들이 내게 주려 하지 않는 것 또는 남들은 될 수 있지만 나는 될 수 없는 것에 대한 질투 말이죠. 그런 질투가 증오 밑에 숨어 있어요. 만약 당신이 어떤 것을 창조한다면 남들이 질투하겠죠. 창조적이 될수록 당신에게는 더 많은 적이 생깁니다. 창조적이 되면 사람들에겐 더 많은 긴장이 생겨요. 우리는 야만적인 자기도취의 세상에서 살고 있고, 모든 사람이 첫째가 되기를 원합니다. 끔찍한 자기도취의 전쟁을 향해 나아가고 있는 거죠. 왜냐하면 더 많은 여성이 성공을 하면 분명 더 많은 반발이 따를 것이기 때문입니다." 그래서 낙관주의자임에도 불구하고 그녀는 금세기가 끝나기 전에 종말론적인 "여성에 대한 대량학살"이 있을 것으로 예언한다. 유고슬라비아 사태에서 벌어진 강간 행위들은 앞으로 다가올 공포에 대한 경고다.

파벌적이고 독단적이라고 비난받고 있지만 그녀는 자신이 가장 증오하는 것이 분파주의와 독단론이라고 단언한다. "내 자아는 대단히 연약합니다. 그러나 충격을 받고 나면 곧 잊어버리죠. 내가 호감을 주지 못하는 사람이라고는 생각하지 않습니다. 학교 선생님이었을 때 난 아이들의 사랑을 받았어요. 난 아주 행복한 사람입니다." 추종자들에게 둘러싸여 있었기 때문에 자신을 알리는 데 지속적인 관심을 기울이지 못했는지도 모른다. 때때로 가장 뛰어난 광고 대행업자들에게 자신을 도와달라고 청했지만, 그들이 한 일은 거의 없다. "돌이켜보면 난 언론과의 관계에서 어리석었어요. 언론 매체를 이해하지 못했죠. 그 힘을 제대로 평가하지 못했어요. 나의 소심함은 프랑스 지성의 소심함입니다. 내가 관심을 기울인 것은 지식이었어요."

칼뱅과 루터는 둘 다 신교도였지만 그들의 추종자들 사이에 불신이 사라지는 데는 4세기가 걸렸다. 공산주의자와 사회주의자들은 둘다 노동자 계급의 옹호자였지만 서로의 죽음을 앞당기기 위해 최선을 다했다. 프랑스 대혁명 200주년과 유고슬라비아에서 벌어진 강간 행위를 계기로 앙투아네트 푸크는 공동의 항의를 표명하기 위해 자신의 설득권 밖에 있는 많은 여성들을 결집시키는 데 성공했다. 그러나 어떤 사람들은 그녀에게 인사도 하지 않았고, 또 어떤 사람들은 은밀하게 인사할 뿐이라는 사실을 그녀는 알아챘다. 정신분석가로서 만약 파시스트와 맞닥뜨렸다면 그녀는 어떻게 했을까? 설사 그렇다 해도 증오를 해롭지 않은 방향으로 돌리도록 노력했으리라는 것이 그녀의 대답이다. 그러나 그녀를 그토록 성가시게 하는, 그녀를 향한 개인적인 적의를 없애는 방법은 무엇일까? 그녀는 곧바로 대답하지 못한다.

서로를 증오하면서도 그 사실을 감추고 미봉책으로 정치적 제휴를 맺는 것이 전통적인 처방이지만, 그 처방은 물려받을 만한 가치가 없다. 미래에 대한 전망이 전혀 다른 여성들 사이에서 벌어진 해묵은 논쟁의 기억이 어떤 공통의 적을 상정한다고 해서 사라질 것이라고 기대한다면, 그것은 처방도 아니다. 적을 대하는 태도에 대해 완전히 다시 생각할 필요가 있다는 것이 나의 견해다.

앙투아네트 푸크는 전형적인 여성운동 지도자는 아니다. 누구도 전형적이지 않기는 마찬가지다. 그러나 내가 그녀를 선택한 이유는 그녀가 정신분석학에는 그토록 박학함에도 불구하고 적을 대하는 태도라는 문제에 대해서는 시치미를 떼고 있기 때문이다. "적은 아마 내 안에 있겠지만 그 적에 대해 알고 싶지 않아요"라고 그녀는 말한다. 나는 이와는 다른 접근법에 대해 연구해보고 싶다. 이 전쟁의 깊은 뿌리는 그녀의 심리 상태나 소심함 너머에까지 뻗어 있다. 그녀는 정의를 실현하는 방법은 압제자에게 선전포고를 하는 것이라는, 고전적이고 왕권적이고 군사적인 전통을 자신에게서 제거할 수 없었다. 그 전통은 노동자 계급의 운동이 채택했고, 여성운동이 계속 고집하고 있다. 이 두 가지 운동의 승리는 똑같은 이유에서 오직 부분적일 뿐이다. 역사적으로 목적을 달성하는 데 전쟁이 완전하고도 효과적인 수단이었던 적은 없다.

첨단기술에도 불구하고
적을 쳐부수기는 점점 더 어려워진다

지금까지 인간은 적을 다루는 데 세 가지 전략을 사용해왔다. 쳐부수기 위해 싸우거나, 도망치거나, 어떻게 해서든 사랑하는 것이다. 그러나 이 중 어떤 것도 성공적이지 못했으며, 세계는 아직도 적으로 가득 차 있다.

적을 쳐부수려고 할 때, 문제는 첨단기술의 기적에도 불구하고 승리하는 것이 점점 더 어려워진다는 점이다. 사람들이 마녀를 믿고 주문을 걸 수 있었을 때는 모든 불행의 주범을 찾는 아주 단순한 방법들이 있었다. 1829년에 멘에루아르에 사는 푸아리에라는 농부는 아내가 아픈 원인이 뭔지 알기 위해 점쟁이를 찾아갔다. 점쟁이는 물을 채운 물병 앞에서 기도하면 적을 알 수 있다고 말했다. 그는 물병 속에서 처남의 얼굴을 보았다고 상상했고 바로 그를 죽여버렸다. 같은 시기에 카르니carney에서는 아우스터리츠 전투에 참여했던 한 퇴역군인이 아무리 해도 벌레들이 사라지지 않자 이웃이 자기에게 주문을 걸었다고 믿고서는 이웃을 공격했다. 아르드레(파드칼레)에서 한 남자는 어떤 노부인이 길에서 알은체하자 무슨 해를 끼치려는 뜻으로 오해해 그녀에게 심한 부상을 입혔다. 주술은 사람들이 모든 곳에서, 심지어 모르는 사람의 시선 속에서도 적의를 발견한다는 표시였지만, 일종의 방어책이기도 했다. 그러나 오늘날 이웃의 앙심이나 말다툼을 벌이는 가족들 간의 분노나 동료의 질투는 더 이상 마법으로 없앨 수 없다. 불행은 이제 정확하게 포착할 수 없는 사회적·경제적 힘이 낳은 결과이고, 그 앞에서 개인은 당혹감을 느끼게 된다. 이것은 개인적이거나 비개인적인 숨겨진 위협과, 기대에 어긋난 결과를 낳는 각종 제도, 규제, 기계 장치들이 그 어느 때보다도 더 많다는 의미다.

개인적 다툼을 힘으로 해결하는 것이 단순히 개인적인 문제였던 때도 있었다. 그러나 법률이 그런 자유에 종지부를 찍었다. 최초로 국유화된 산업은 적을 쳐부수는 일과 관련된 것이었다. 그때 이후로는 국왕과 국가만이 그들의 심기를 건드린 사람들을 처벌할 수 있었다. 그토록 장구한 세월 동안 싸움을 치렀기에 이제 온 우주의 적들을 모두 제거했다고 상상하는 사람도 있을지 모르지만 그런 일은 일어나지 않았다. 전쟁이 삶의 방식이 되었기 때문이다. 위대한 정복자가 평범한 개인에게 전해줄 말이 있다면 그것은 정복하면 할수록 더욱더 새로운 적을 찾게 된다는 것이다. 기원전 4세기에 이미 인도의 저술 《카우틸랴 아르타샤스트라Kautiliya Arthasastra》(카우틸랴의 실리론) 는 자신보다 약한 모든 것과 전쟁을 벌이고 모든 이웃을 적으로 보 라고 국왕들에게 권고했다. 마키아벨리가 "군주는 전쟁 이외에는 어 떤 다른 생각도 해서는 안 된다"라고 말했을 때 그는 이런 생각을 강 화한 셈이었다. 더 많은 대포와 병사를 지휘하면 할수록 다음 적을 상대하는 데 더 큰 힘이 필요하다고 느끼게 되는 법이다. 1945년 연 합국이 독일에게 승리하기 몇 주 전 미국의 CIA는 소련과 전쟁을 치르게 될지도 모른다고 생각해 전쟁 계획서를 준비하고 있었다. 국 가는 군주와 마찬가지로 항상 새로운 적을 찾아낸다. 군사 역사학자 퀸시 라이트Quincy Wright는 전쟁 기간과 군대의 규모, 전체 인구와 군 인, 사상자 수의 비율을 고려해서 유럽에서 다음과 같이 전쟁의 규 모가 커져왔다고 계산했다.

12세기: 18

13세기: 24

14세기: 60

15세기: 100

16세기: 180

17세기: 500

18세기: 370

19세기: 120

20세기, 1945년까지: 3080

2차 세계대전은 그 끔찍함으로 인해 인류의 전쟁벽을 치료해줄 것으로 기대되었으나 1945년부터 1990년까지 지구의 여러 지역에서 160회의 무력 분쟁이 있었다. 전쟁을 일으키는 것은 전제군주만이 아니다. 1776년 건국 이후 1965년까지 미국의 육군이나 해군이 어떤 곳에서 실질적인 작전을 벌이지 않은 기간은 통틀어 20년에 불과하다. 영국은 유럽의 어떤 다른 국가보다도 더 많은 전쟁에 참여했으며, 1480년부터 1945년까지 75회에 이른다. 프랑스가 그다음으로 많은 72회다. 절대왕정 시절의 스페인이 64회, 러시아가 61회다. 16세기와 17세기에 걸쳐 유럽의 강대국들은 65퍼센트에 해당하는 기간 동안 서로 전쟁을 벌였다. 이후 3세기 동안 그 비율은 38, 28, 18로 떨어졌지만 식민 전쟁을 고려한다면 전투가 멈췄던 적은 거의 없었다. 전쟁 일수나 전체 인구 대비 사망자 비율은 떨어졌지만, 적의를 가진 사람들과 부상당한 시민들의 비율은 증가했다.

1898년에 미국의 세인트피터즈버그에서 출판된 《미래의 전쟁The War of the Future》이라는 책에서 이반 블로흐Ivan S. Bloch는 전쟁은 비용이 너무 많이 들고 너무 파괴적이고 너무 복잡하게 변해서 승리 자체가 불가능해졌다고 하면서 전쟁은 결국 무용한 일이 될 것이라고 주장했다. 1991년에 마르틴 반 크레벨트Martin van Creveld는 또 다른 《미래의 전쟁On Future War》이라는 책에서 그 예언을 수정해, 국가만이 승리할 힘을 잃게 될 뿐이라고 말했다. 이론적으로는 서로를 파괴할 수 있지만, 사실상 국가가 대담하게 치명적인 무기를 사용할 수는 없으며 또한 비전통적인 전쟁을 치르는 테러리스트들을 다룰 능력도 없기 때문에, 각 국가의 "어마어마한 무기와 방대한 군대는 먼지가 되어버릴 것이다." 식민주의의 패배는 적들과의 전투에서 한 시대의 종지부를 찍었다. 소규모 반군들이 거대한 제국을 패배시켰다. 그래서 미국은 자신의 의지를 베트남에 강요할 수 없었고, 소련은 아프가니스탄에서 그렇게 할 수 없었다. 유엔은 유고슬라비아의 전쟁을 멈추게 할 수 없었다. 첨단기술이 동원되는 대규모 전쟁이 소규모 분쟁, 다수의 게릴라전, 부족 사이의 간헐적인 박해로 바뀌고 있다. 따라서 조직화된 국가는 낭패를 보게 될 것이다. 무기를 쌓아두는 것은 쓸데없는 일이다. 미래에는 작은 집단이 큰 집단에 저항해 잠복해 있다가 저격하고, 격퇴시키지는 못해도 지치게 하고, 삶을 불편하고 위험하게 만들 것이다. 개인 생활에서 결혼 제도와 같은 거대한 제도들을 폐기하려는 거창한 전쟁은 사라졌다. 그 대신 개인 사이의 이혼, 동거, 별거 등이 분류할 수 없는 대립의 모자이크 문양을 만들고 있다.

싸움 그 자체가 목적이 될 때

적과 싸우는 것과 관련한 두 번째 어려움은, 싸움 그 자체가 목적이 되어버린다고 점점 깨닫게 된다는 점이다. 최고의 군사 이론가로 꼽히는 손자(기원전 5세기에 쓰인 그의 《손자병법》은 아직도 장군들의 필독서다)는 "싸우지 않고 적을 굴복시키는 것이 최선"이라고 조언했다. 그러나 역사적으로 이 세계는 자신을 가장 고상한 직업에 종사하는 사람으로 여기는 직업군인들에 의해 통치되어왔다. 미국 독립전쟁의 영웅인 로버트 리 장군이 "전쟁이 이처럼 끔찍해서 다행이다. 그렇지 않다면 우리는 전쟁을 너무나 사랑하게 될 것"이라고 고백했을 때, 그는 군인들에게 적들이 맞이할 최후의 운명보다 더 중요한 것이 전투 그 자체, 전투가 요구하는 기술, 전투가 제공하는 짜릿한 전율이라는 사실을 분명히 한 셈이다. 그들은 원수보다도 자신에 대한 불만을 죽이고 싶어 했다. 모험과 명예가 그들의 목표였다. 중세 기사들은 신과 영주와 사랑하는 여인의 인정을 받고, 누구도 자신을 경멸할 수 없다는 것을 증명하기 위해 싸웠다. 싸우는 과정에서 돈을 벌고 전리품을 노획하고 더 많은 토지를 소유하게 된다면 그것도 좋겠지만, 어쨌든 그것들은 수단에 지나지 않았다. 전쟁이 모든 흥밋거리 가운데서 가장 위험한 것으로 여겨지는 한 전쟁의 명성은 결코 사라지지 않을 것이다.

두 차례에 걸친 세계대전의 참상에도 불구하고 참전을 원하지 않았던 징집병들조차 흔히 그 기간을 인생의 가장 행복했던 시기로 회상한다. 단조로운 일상 속에서 찾고자 했지만 찾을 수 없었던 것을 전쟁터에서 발견했기 때문이다. 생존 자체가 위험에 처하게 되자, 그들은 삶을 둘러싼 온갖 허영보다도 그 가장 단순한 형태의 삶이 얼마나 귀중한지 알게 되었다. 적과 마주치면 친구가 얼마나 귀중한지 깨닫게 된다. 참호 속에서 또는 위험에 처했을 때 그들은 끈끈한 전우애를 확인한다. 때때로 모든 위험을 잊고 자신과 똑같은 위험에 직면해 있는 그 전우들을 위해 무엇이든 할 것이고, 그들 또한 그렇게 하리라는 믿음 속에서 위안과 격렬한 사랑, 소속감을 느낄 수 있다. 목숨을 건 전우의 믿음에 걸맞게 행동하겠다는 결심 때문에 함께 이루어내는 성취에 대한 자부심이 유지된다. 이기심이나 신분에 대한 질투가 사라진다. 전에는 몰랐던 자신의 특질들을 드러내고, 그들이 가능하다고 생각했던 것보다 더 영웅적이고 헌신적이고 자부심에 차고 심지어 더 평등주의적으로 행동하는 것, 자신을 위해 그리고 얼마 전에는 모르는 사람이었지만 갑자기 형제가 된 사람들을 위해, 단순한 생존 말고는 어떤 근심도 그들을 괴롭히지 않도록 정신을 집중하는 것 이외에는 그들에게 어떤 선택도 없었다. 어쨌든 전쟁의 공포가 물러난 상황에서 사람들은 이런 식으로 전쟁을 회상하고, 조국과 조국의 이념을 수호하면서 더 고차원적인 인생의 의미를 발견했다는 믿음으로 자신들이 치른 희생을 위로한다. 용감한 병사들은 귀족처럼 똘똘 뭉쳐서, 전선에서 멀리 떨어진 곳에서 안전한 직업을 갖고 있는 겁쟁이들과 꾀병 부리는 사람들을 적보다 더 미워한다. 의견의 일치를 볼 수 없었기 때문이기도 했지만, 전쟁이 만들어내는 흥분되는 감정을 사랑했기 때문에 인간은 계속 전쟁을 해왔다. 적에 대한 원한은 의심할 여지가 없는 인생의 목표에 대한 변함없는 대용물이 되어왔다.

"증오란 신성한 것"이라고 에밀 졸라는 말했다. 그가 드레퓌스의 적들과 싸운 것은 정의에 대한 사랑 때문만은 아니었다. 싸움을 즐겼기 때문이기도 하고, 공격당하지 않으면 진정으로 사는 것이 아니라고 믿었기 때문이다. 그래서 그는 "자부심과 증오를 나의 두 친구로" 만들었다고 기뻐했다. "나는 이 시대의 진부함에 반항할 때마다 내가 더 젊어지고 더 용감해진 것처럼 느낀다. (…) 지금 나에게 어떤 가치가 있다면 그것은 내가 홀로 서 있고 또 미워하는 법을 알기 때문이다." 증오가 심할수록 쌍방이 공유하는 것도 더 많아진다. 그러나 그 사실은 무시되었다.

인류학자들은 결코 싸우지 않고 소심함을 찬양하는 부족들을 발견했지만 이 부족들이 모범이 될 수는 없다. 이들은 폭력의 공포에 사로잡혀 있기 때문이다. 늘 싸움만 하는 부족들도 발견되었다. 이들은 마약이나 다른 자극을 통해 그 공격성을 유지한다. 식인종조차 자신들의 잔인성에 겁을 먹고, 역설적으로 들리겠지만 자신을 진정시키고 호랑이가 된다는 느낌에서 벗어나기 위해 희생자의 피를 마신다.

서서히 분노를 일으키는 것은 한때 거의 예술의 한 형태였다. "꿀보다도 달콤한 것이 분노"라고 호메로스는 말했다. 신의 분노는 영웅적인 것으로 숭배되었다. 지난 2세기 동안 분노는 그 명성을 잃어버렸다. 분노가 줄어서가 아니라 사람들이 분노를 수치스럽게 느끼기 시작했기 때문이다. 그럼에도 불구하고 오스트레일리아의 한 조사 ― 이 방면에서는 유일한 것이다 ― 에 따르면 사람들은 동정심보다 분노를 다섯 배 이상 자주 느낀다.

그러니 적과 대결하는 기술에서 진보는 거의 이루어지지 않은 셈이다. 일단 적이 누구인지 확인되면 사람들은 자신의 견해가 확증되기를 바라기 때문에, 적의를 강화하기 위해 적의 악행을 증명하는 선전을 하게 된다. 예를 들어 냉전 시기에 미국 국무장관이었던 존 포스터 덜레스는 소련에 관한 새로운 정보들 가운데서 상대가 무자비하고 정직하지 않은 적이라는 자신의 판단에 부합하지 않는 정보는 조직적으로 묵살했다. 적의 견해에 전혀 귀 기울이지 않도록 조장하는 전통이 굳게 확립되어 있다. 이러한 토대에서라면 전쟁은 영원히 계속될 수 있다. 국가와 마찬가지로 개인도 계속 적을 찾는 정신 자세에 갇혀 있고, 그래서 전쟁의 지속에 공헌하고 있다.

만약 당신을 경멸하고 당신에게 해를 입히려는 사람들이 있다고 믿고 있고, 그들에 대한 공포도 조금은 있지만 그들을 보기만 해도 지독한 혐오감이 폭발할 것 같은 감정을 느낀다면, 그리고 그들과는 절대로 양립할 수 없다고 확신한다면, 당신의 가장 깊은 근원은 고대 페르시아에까지 뻗어 있으며, 당신은 자기도 모르는 사이에 기원전 10세기에 살았던 예언자 자라투스트라의 제자가 된 셈이다. 그는 자신이 창시한 조로아스터교의 사제였던 동방 박사(마기)들이 아기 예수를 찾아간 일로 주로 기억되고 있지만, 적에 대응하는 법에 관한 그의 권고는 특히 서구에서 아직도 광범위하게 추종되고 있다. 자라투스트라가 오직 하나의 진정한 신이 있을 뿐이며 모든 다른 신은 사악하고 증오에 찬 마귀라는 생각을 가지고 등장하기 전까지는 적의 개념이 달랐다. 당시에는 모든 일이 신과 조상의 영혼의 변덕과 그들에게 적절한 의식을 치렀는가에 따라 일어난다고 믿었다. 따라서 무자비한 적을 상상하는 것은 어리석은 일이었다. 자기에게 해를 끼친 사람들을 증오해야 할 이유가 없었다. 마술이나 희생, 기도가 그들을 다루는 더 실질적인 방법이었다. 가장 오래된 고대의 신들은 도움을 주기도 하지만 가끔 심술을 부리기도 한다고 여겨졌다. 그래서 많은 일이 그 신들을 잘 섬기느냐에 달려 있었다. 자라투스트라는 이런 생각을 인생은 영원한 전쟁이며, 모든 사람은 사탄의 지배를 받는 적에 둘러싸여 있다는 믿음으로 바꾸어놓았다. 사탄은 인간의 행실과 무관하게 단지 인간이라는 점 때문에 인간을 증오하는 적의 괴수였다.

자라투스트라는 그의 예언에 대한 모든 비난을 사탄의 탓으로 돌렸다. 사악함만이 자신에 대한 반대를 설명할 수 있다고 생각했다. 사탄은 그를 이해하려고 하지 않았으며 오히려 거짓말을 했다. 사탄은 거짓말의 화신이었다. 이렇게 해서 다목적용 희생양이 태어나게 되었다. 그리고 희생양을 찾는 것보다 지성을 더 마비시키는 일은 없다. 일단 적에게서 사탄을 발견하고 적을 증오하게 되면, 적의 동기나 어려움에 대해서는 알 필요가 없다. 많은 위대한 종교가 동의하지 않는 사람들 뒤에 숨어 있는 사탄과 싸우는 일을 하나의 의무로 받아들였다. 영국의 추기경 뉴먼John Henry Newman(1801~1890)은 "사람은 사랑하는 법을 배우기 전에 미워하는 법을 배워야 한다"라고 썼다. 자라투스트라는 증오의 올바른 대상, 모든 불행의 탓을 돌릴 대상을 찾는 법을 알려주었다. 다른 면에서 그는 관대한 본능을 가진 예언자였고, 사람들이 평화롭고 화목하게 사는 것이 그의 이상이었다. 그러나 그는 자기 생각을 거부하는 사람을 이해할 수 없었다. 의견의 차이를 용납하지 못했던 것이다.

학자들은 그의 교리로 알려진 것 가운데 실제로 그가 창조한 것이 얼마나 되는지 논쟁하고 있다. 그의 종교는 공식적으로 거의 사라졌다. 오늘날 주로 뭄바이에서 볼 수 있는 채 6만 명이 안 되는 파시교도(이슬람교의 박해를 피해 8세기에 인도로 이주한 조로아스터교도의 자손—옮긴이)들만이 그를 숭배하고 있다. 그러나 상당히 수정된 교리를 물려받았다. 교육과 열심히 일하는 데 전념해서 그들은 인도의 지도적인 기업가들이 되었으며 적에 대한 자라투스트라의 집착을 거의 잃어버렸다. 본래 조로아스터교도들이 번창했던 이란은 이슬람 국가가 되었다. 교양 있는 이란인들은 세련되고 정교한 문명을 발전시키면서 자라투스트라의 단순한 가르침을 가장 철저하게 변모시켰다. 이란의 신비주의자들은 사탄을 시의 발명자로 보았다. 이란의 시인들은 어떤 것도 겉모습 그대로 받아들여서는 안 된다는 사실에 큰 위안을 받았으며, 두 가지의 모순된 가치가 병존하는 것을 억압자들에 대항해 자신을 보호하는 수단으로 이용했다. 메카로 순례하는 길에 신자들이 사탄에 대한 증오의 상징으로 돌을 던지는 의식은 적을 다루는 법에 대한 코란의 가르침 가운데 일부만을 보여줄 뿐이다. 자라투스트라는 지구의 어떤 특정 지역에 사는 것이 아니라 어떤 기질 속에 살고 있다.

적과 적 사이의 침묵

자라투스트라는 무엇보다도 불확실성을 가장 증오하는 사람들, 의심으로 고통당하고 그것을 고문이라고 생각해서 의심을 완전히 제거하고 싶어 하는 사람들의 예언자다. 그는 또한 적도 따지고 보면 하나하나의 개인이라는 사실에 전혀 관심이 없고, 적이 그렇게 전심전력을 기울이는 것은 아니며 겉보기처럼 적의에 차 있는 것도 아니라는 사실을 알고 싶어 하지 않는 사람들의 영감의 원천이다. 그는 이 세계를 친구와 적으로 갈라놓았다. 이 때문에 개인적으로는 완벽하게 온화한 사람들이 다른 사람들을 결사적으로 비난하고, 성전을 벌이고, 만나보지도 않고 그들을 공포로 몰아넣고, 처벌하고, 설명에 귀 기울이지 않는 일이 생겼다. 정확하게 말해 그것은 적에 대해 알고 싶지 않기 때문에 생긴 일이다.

결과적으로 대결의 역사를 통해 가장 선명하게 드러나는 것은 적과 적 사이의 침묵, 즉 의사소통의 부재다. 그러나 침묵은 깨질 수 있다. 서로의 나약함을 몰랐기 때문에 적이 된 사람들은 분노나 증오의 감정밖에 나눌 수 없었다. 본능적으로 사랑에 빠지는 것과 똑같은 방식으로 인간은 증오를 지속해왔다. 아니면 적의란 이 세상이 본래 그렇게 만들어졌기 때문에 생기는 필연적인 결과로 받아들여졌다. 그러나 적을 만들어내는 것은 가장 오래되고도 번성한 인류의 산업이며, 그 산업의 원료는 상처 입은 자존심이나 분노다. 그 원료는 서서히 굳어져 마침내 적을 만들어내는 산업에 종사하는 사람들을 증오 안에 갇힌 죄수로 만들었다. 그들이 직접 적을 고르지 않으면 다른 사람들이 대신해준다. "가장 위대한 국가 지도자의 기술은 기본적으로 국민의 관심을 쪼개지 않고, 하나의 적에 집중시키는 데 있다"라고 히틀러는 썼다. 이런 종류의 사고가 영원히 계속될 것이라고 믿을 이유는 없다.

1990년 동독이 붕괴되었을 때 비밀경찰이 전체 인구의 3분의 1이 넘는 600만 명에 대한 비밀 서류를 가지고 있었다는 사실이 드러났다. 가까운 친구나 심지어 가족끼리도 서로를 적으로 고발했다. 이런 행태가 편집증에 걸린 한 국가의 탈선행위로 보일지 모르지만, 다른 국가들도 누가 누구에 대해 은밀한 전쟁을 치르고 있는지 통계 조사를 해보면 놀라게 될 것이다.

그 대안은 무엇인가? 그 대안을 살펴보기 전에 먼저 적에 대처하는 두 가지 서로 다른 오래된 방식을 살펴보아야 한다. 도망치는 것과 사랑으로 포장하는 것이 바로 그것이다.

도피의 기술은 발전했지만
도피할 곳은 잘 모르는 이유

도피의 기술은 더욱 세련되게 변한다.

어떤 목적을 원하는 사람은

도피 그 너머를 보아야만 한다.

가난을 극복하고 명성을 얻은 남매의 이야기를 하고자 한다. 그러나 이 이야기는 평범한 성공담이 아니다. 그들이 명성을 얻은 것은 명성을 추구해서가 아니라, 참을 수 없는 현실로부터 도피할 다른 방법이 없어서였다. 도피하고 나서도 그들은 여전히 참을 수 없는 현실의 한가운데에 있었다.

그들은 자신들이 살았던 아파트를 '지옥'이자 '저주'로 기억한다. 그곳에서는 시끄러운 말다툼과 싸움과 술 취해 벌이는 구애의 소음, 술과 섹스의 냄새가 결코 사라지지 않았다. 아버지는 공장 노동자였다. 그러나 그는 자신의 현실에서 벗어나려고 애썼으며 저녁때는 공부하러 다녔다. 그는 장부를 정리하는 사무원이 되었고, 나중에는 고아원의 관리인이 되었다. 그러나 집을 한 채 사는 바람에 모든 기회를 잃게 되었다. 집을 사느라 대출받은 돈 때문에 그는 그 어느 때보다도 더 가난해졌다.

제라르 콜레Gerard Cole는 열 살 때 그런 아버지를 보며 어른이 되면 절대로 돈에 쪼들리며 살지 않겠다고 맹세했다. 어른이 될 때까지 기다리지도 않았다. 졸업할 때 그는 아무 자격증도 따지 못했지만, 도축장으로 가서 죽기만을 기다리고 있는 말들을 샀다. 이 가운데 몇 마리는 혈통이 좋았지만 경주에서 많이 이기지 못한 죄로 끌려온 말이었다. 그는 정말 말을 타고는 싶지만 그럴 형편이 아니라고 느꼈다. 자기 같은 사람이 많다는 데 생각이 미친 그는 가난한 사람들을 위한 승마장을 세웠고, 결국 열일곱 마리의 말을 소유하게 되었다. 그는 처음으로 가난으로부터 탈출했다.

이제 그는 머리를 쓰지 않아도 되는 이런 인생에서도 탈출해야 한다고 생각했다. 《뉴욕 타임스》는 한 번도 프랑스인을 고용한 적이 없었다. 하지만 그는 자기를 사환으로 써달라고 파리 통신원을 설득했다. 그렇게 해서 그는 기자가 되었고, 방송인이 되었으며, 결국 성공적인 광고업자가 되었다. 그러나 "난 부가 막다른 길이라는 걸 알았어요. 물론 가난은 끔찍합니다. 좋은 옷을 입고 잘 먹는 건 좋은 일이죠. 그러나 이제 남은 인생의 단 하루도 돈 때문에 포기하고 싶지는 않아요"라고 그는 말한다. 그래서 그는 돈의 세계에서 권력의 세계로 탈출했다.

그는 당시 낙선해 야당에 몸담고 있던 프랑수아 미테랑이 결국 프랑스에서 가장 강력한 인물이 될 것이라고 생각했다. 그래서 미테랑의 홍보 담당이 되어 그의 '이미지' 관리를 책임지게 되었다. 호화스러운 100평짜리 아파트에서 열두 평짜리 아파트로 옮기고, 재규어를 팔고 경차를 구입했다. 그는 미테랑이 대통령에 당선되고 재선되는 데 중요한 역할을 했다. 그 승리를 위해 그가 이용한 기술들은 자신이 "마음속으로부터", "민중의 한 사람"으로 남아 있었다는 사실에서 비롯되었다고 그는 믿고 있다. 그는 엘리트에 속한 적도 없고 속하고 싶은 마음도 없다. 자신이 대단한 사람이라는 허세, 유권자와 접촉하지도 않고 아무도 자신의 말을 더 이상 듣지 않는다는 사실을 깨닫지 못하는 그들의 무능함 때문에 그는 엘리트에 속한 사람들에게 연민을 느낀다. 그는 권력자들의 사교생활에 전혀 매력을 느끼지 못했다.

그래서 그는 다시 한번 탈출한다. 이번에는 프랑스 복권위원회 회장이 되었다. 그는 일상에서 벗어나고픈 사람들을 위한 프랑스 최고의 도피 알선가가 되었다. 그의 목표는 이 회사를 세계에서 가장 큰 도피를 위한 공장으로 만들어, 행운의 도움 없이는 일상생활에서 벗어날 수 없는 수십억 인구에 봉사하는 것이다. 그는 벌써 중국에서부터 카자흐스탄, 독일, 세네갈에 이르기까지 스무 개 국가로 회사를 확장했다.

꼬리표를 거부하기

한편 그의 여동생인 미셸 블롱델Michèle Blondel은 조각가로 유명해졌다. 남매가 다른 길을 간 것처럼 보이겠지만, 평생 도피의 기술을 탐구했다는 점에서 비슷하다. 다만 그녀는 더 은밀한 세부적인 면, 특히 여성이 어떤 것에서 탈출할 필요가 있는지를 탐색했다. 그녀는 열일곱 살에 집을 나와 열아홉 살에 엄마가 되었다. 그녀에게 아들은 큰 기쁨이었다. 아들과는 친구처럼 지냈지만, 아들은 열여덟 살에 집을 떠나 밀라노에서 디자이너로 독립했다. 어쨌든 아이가 사람들의 시선으로부터 그녀를 보호해줄 수는 없는 일이다. "시선보다 잔인한 건 없어요." 대기는 술과 섹스의 냄새뿐만 아니라 신념에 구멍을 내고 치유하기 힘든 상처를 내는 칼날 같은 시선으로 가득 차 있다. 어렸을 때 미셸 블롱델은 자기가 매력이 없다고 여겼다. 남자아이처럼 머리를 짧게 깎고, 바지를 입었으며, 동성애자인 남자와 사랑에 빠졌고, 자신을 남자아이 취급하는 무리와 어울렸다. 그렇게 그녀는 남자들 세계의 욕망을 엿보았지만, 괴롭힘을 당하지는 않았다. 가장 괜찮은 남자친구들은 아직도 동성애자들이다. 물론 그녀는 그들이 자기를 정확하게 이해한다고 생각하지 않는다. 오직 여성들만이 그녀를 깊게 들여다볼 수 있었다. 그래서 그녀의 예술 주제는 사물이나 사람을 어떻게 볼 것이냐가 아니라 그것들이 어떻게 보일 것이냐가 되었다.

외부의 시선과 관련해 그녀가 가장 못마땅하게 느끼는 점은 그 시선이 곧바로 그녀를 하나의 상자 안으로 몰아넣는다는 사실이다. "난 여성이에요. 그것이 하나의 상자입니다. 난 엄마예요. 그것도 하나의 상자입니다." 그녀는 그런 규정을 거부하면서 "나라는 존재는 보이지 않아요"라고 말한다. 사람들은 그녀의 진정한 모습을 볼 수 없었다. 그녀가 그린 초기의 그림들은 모두 흰색과, 흰색의 다양한 음영으로 그려져 있다. 흰색은 모든 색을 포함하지만 보이지 않는 색이다. 그 그림들은 그녀 자신에 관한 것이었다. 그녀는 이런 방법을 통해 성공적으로 자신을 감추었다고 믿었다. 그러나 나중에 그녀는 그 그림들이 오히려 자신을 더 적나라하게 드러내고 있으며, 자신을 드러내는 것은 쓸데없는 짓이라는 결론을 내렸다. 그녀가 자기 자신에 관해 한 말을 남들이 믿는 것보다 더 짜증나는 일은 없다. 그것은 자신이 만든 상자 안에 스스로를 가두는 것과 같다. 그래서 그녀는 내부가 거의 보이지 않고 그 깊이를 측정할 수도 없지만 빛과 시선에 따라 천 가지 색채를 은은히 발하는 수정으로 조각을 만들기 시작했다. 그녀는 바카라(수정 유리 제품의 산지로 유명한 프랑스의 도시—옮긴이)에서 새로운 방법으로 자기만의 수정을 특별히 제작한다.

그녀는 과거의 어떤 수정보다도 더 순수한 수정을 만들기 위해 원료를 잘 배합하라고 기술자들을 다그치고, 그 수정이 어떤 모습을 가지게 될지는 모르지만 밤새 그 수정이 태어나는 것을 지켜보고, 그 암석 덩어리를 조그만 조각으로 잘게 부수었다가 다시 그것들을 머릿속에 연상되는 형태로 배열한다. 그러면서 사람들이 현재의 모습이 된 과정과 여전히 파악하기 힘든 존재로 남아 있게 된 전 과정을 추적한다. 운수 사납게 부서질 때마다 수정의 모양이 달라진다. 이것은 어떤 사람을 영원히 똑같은 상자 안에 가두어놓고 분류하려는 이들에 맞서 대항하고자 하는 희망을 확인시켜주는 것이다.

그녀는 또한 분수 제작자, 물의 마술사로 알려져 있다. 물은 투명하게 다 들여다보이지만 잡을 수도 없고 언제나 빠져나간다. 파리 동역에서 기차로 출근하는 사람들은 역 앞에 있는 그녀의 분수를 지나간다. 그녀는 사람들이 잠시 멈춰 서서 그 분수를 바라보았으면 한다. 때때로 그녀는 이곳에 와서 사람들이 그렇게 하는 것을 본다. 어느 날 그녀는 폴라로이드 카메라로 사진을 찍고 있는 남자를 보았다. 그는 그녀가 바라던 대로 그 분수를 이용한 최초의 사람이었다. 그는 분수의 물보라 안에 서 있던 처음 보는 소녀에게 사진을 찍고 싶다고 제안했고, 곧 그녀를 끌어안고는 함께 떠났다. 그녀의 조각을 그저 바라보는 것이 아니라 사람들이 서로 만나 이야기하고 물처럼 섞이게 하는 것, 즉 사랑하게 만드는 것, 그것이 그녀의 야심이다.

그러나 그 사진을 찍던 남자가 그 후에 행복하게 살았을 것 같지는 않다. 어떻게 하면 남자들은 소유하지 않고 여자를 사랑하는 법을 배울 수 있을까? 그것이 그녀의 분수가 노래하는 후렴이다. 그녀는 어릴 적 부잣집 아이들이 가는 학교에 다녔지만 다른 아이들처럼 호화스러운 옷을 입을 여유는 없었다. 그녀는 자신이 친구들과 다르다고 생각했지만 좌절하지 않고 소중하게 독립심을 가꾸었다. 그러나 그녀가 알았던 대부분의 남자들은 좌절감에 사로잡혀 있었고 자신의 매력을 증명하려고 계속 애를 썼지만 스스로도 그것을 확신하지 못했다. 그래서 폭력과 지배와 경멸을 삶의 수단으로 이용했고, 늘 그녀보다 자신에 대해 더 관심이 많았다. 그들은 아무도 해독할 수 없는 석기시대의 신비스러운 기념비인 브르타뉴에 있는 선돌(멘히르)처럼 그녀를 이해할 수 없다고 말했다. 그녀가 자신을 너무 직접적으로 드러내고 싶어 하지 않는 것은 사실이다. 그녀는 연인에게 자신에 관해 말할 수 없었다. 그것을 발견하는 것은 그의 몫이다. 서로에 대한 발견, 그것이 사랑이다. 그녀는 자신의 연인이 그녀가 창조적인 예술가라는 사실을 발견하고, 그녀 안에 여성뿐만 아니라 남성도 있다고 해서 겁먹지 않기를 소망한다. 물론 사랑을 받을 때면 그녀는 액체처럼 녹아버린다. 그것은 아주 만족스러운 상태이고, 완전히 수치를 잊게 해준다. 그러나 나중에 그녀는 자신이 그저 욕망의 대상에 지나지 않으며 어느 누구와도 다른 한 인간으로 이해받지 못하고 있다는 사실을 깨닫는다. "어떤 범주 안에 있는 것은 관 속에 있는 것과 마찬가지죠." 조각가라는 사실조차 범주화되는 것이다. 탈출하기 위해 그녀는 책을 쓰고 영화를 만든다. 그러나 세상은 한 상자에서 다른 상자로 건너뛰는 사람들을 제대로 평가해주지 않는다. 지금까지 어떤 연인과도 6년 이상 관계를 지속하지 못했다. 그녀가 의존해주기를 바라거나 아니면 그 연인이 의존적으로 변하기 때문이다. "나는 비누 같아요." 그녀가 만든 분수의 물방울들은 그녀 같은 여자들이다. 그들은 결코 잡히지 않는다.

때때로 그녀는 소통의 가능성에 절망한다. 아마 인간은 안개 속에서 가끔씩 멀리 떨어져 있는 서로의 희미한 불빛을 흘끗 보고 지나가며 인사나 나누는, 바다에 떠 있는 배 같은 존재인지 모른다. 그러나 외로움은 견딜 수 없고, 그녀는 외로움에서 벗어나려는 노력을 그만둔 적이 없다. 그녀는 우울하게 만드는 것을 거꾸로 뒤집는 방식으로 외로움에 저항한다. 만약 그녀의 육체가 충분히 아름답지 못하거나 병들어 괴롭다면 그녀는 그 사실을 인정하고 그 사실을 즐거움으로 바꿈으로써, 또는 최소한 정직과 발견의 즐거움으로 바꿈으로써 그 고통을 피한다. 예술가들이 필연적으로 그런 것처럼 만약 자신이 잠시 동안이라도 과대망상증에 빠지게 되면 그녀는 그 느낌을 너그러움으로 바꾸려고 노력한다. 만약 사람들이 이해하지 못하면 그녀는 도발적이고 호전적으로 변한다. 그렇게 하면 적어도 사람들이 무관심하고 공허한 시선으로 반응하지는 않을 것이다. 그녀는 사람들이 자기 작품이 거기 있다는 것을 모르고 지나치는 것보다는 그 작품을 증오하기를 바란다.

그래서 그녀는 공장에서, 현대 미술을 전혀 이해하지 못하는 노동자들 사이에서 조각 작품을 만드는 것을 즐긴다. 한번은 도자기 공장에서 나오는 폐기물을 이용했다. 그녀는 기계에서 빠져나오는 따뜻한 흙을 성기 이미지로 변형시켰다. 처음에 노동자들은 혐오감을 느꼈다. 그들은 그녀가 두 팔과 두 다리를 가진 작은 입상을 만들 것으로 예상했던 것이다. 그러나 차차 그들은 그녀가 어떻게 흙에서 생명이 나오는지 보여주려고 시도한다는 사실을 이해하게 되었다. 그러자 그들은 질문하기 시작했다. 마침내 한 여성 노동자는 세계를 보는 자기의 눈이 달라질 것이라고 말했다. 교회를 다시 치장하는 일을 맡았을 때, 그녀는 가톨릭교도들을 에로티시즘과 화해시키고 또 사랑 속에서 성이 차지하는 위치를 찬미하기 위해 액체 상태의 정자를 상징하는 수정 조각품을 만들어 붙였다.

지금 그녀는 뉴욕에도 스튜디오를 갖고 있다. 그녀는 해마다 일정한 시간을 그곳에서 보내며, 조각하고 전시하고 도발적이 되기도 하고 그녀의 작품에 어떤 꼬리표를 달려는 사람에게 저항하기도 한다. 19세기 이래로 많은 프랑스의 위대한 예술가들은 고국에서보다 미국에서 더 인정받기 쉽다는 것을 알았다. 그러나 미셸 블롱델은 루이즈 부르주아Louise Bourgeois라는 프랑스 여성 미술가에게 특별한 친근감을 느끼고 있다. 그녀는 레제Léger의 제자이자 르코르뷔지에의 친구이고, 한때 이사도라 덩컨의 집에 머문 적도 있었다. 루이즈 부르주아는 1938년에 미국으로 이민 갔고, 그곳에서 상자나 집 또는 사회적 상황에 갇혀 끝없이 탈출하고자 애쓰는 여성이라는 주제를 더 자유롭게 표현할 수 있었다. 미셸 블롱델의 오빠는 여동생이 적어도 10년은 더 일찍 미국에 갔어야 했다고 말한다. 한 유명한 미술상은 "당신이 마녀로 화형당하지만 않는다면 당신 작품을 위한 거대한 전시회를 열어주겠다"라고 약속했다. 그러나 예술가들은 악당이나 살인범만큼 흥미로운 존재로 인정받기 전에 보통 화형에 처해진다.

소형 오토바이를 타고 파리 거리를 돌아다니며 개똥을 치우는 어떤 사람은 자기도 일에서 즐거움을 얻는다고 그녀에게 말했다. 미움받는 개를 사랑하고, 독립적인 상태를 귀중하게 여기기 때문에 그 일이 적성에 맞는다고 했다. 그녀는 자신의 문제에 대해 이처럼 단순한 해결책을 찾을 수 없었다. 그러나 작업실에서 그녀는 도저히 참을 수 없는 인간의 약점으로부터 일시적으로 탈출하는 데 성공했다고 느낀다. 오빠와 마찬가지로, 실험에서 무엇이 나올지 또 깨진 수정이 어떻게 보일지도 모르면서, 작업실에서 그녀는 우연과 씨름한다. 자신이 반복하고 있지 않으며, 계속 나아가고 있음을 안다는 것은 어쨌든 큰 위안이 아닐 수 없다.

인간은 본래 도피주의자다

모든 인간은 본래 도피주의자들이다. 모든 사람들이 아프리카와 아시아에서 이주해간 조상들의 자손이다. 모든 종교는 지저분한 현실로부터의 도피였고, 고통스러운 육체로부터 안전한 영혼의 안식처로 물러나는 것이었다. 종교가 너무 관습적이고 피상적이 되면, 현실에서 벗어나 신비주의나 근본주의로 도피하게 된다. 지금은 그것이 일에서 여가나 취미, 운동으로의 도피로 바뀌었다. 그러나 여가활동에 몰두하는 문명생활에도 적은 있게 마련이다. 그래서 도피의 기술은 더욱 세련되게 변한다. 근심거리에 너무 심각하게 몰두하는 것을 막기 위해 초연함, 유머, 풍자가 개발되고 장려되었다. 결혼에서 이혼으로 그리고 다시 결혼으로 이어지는 도피로는 계속 새로운 길이 덧붙여지는 고속도로와 같다. 적과 싸우는 사람보다 적으로부터 도피하는 사람이 더 많다. 도피는 인정받지 못한 기술이었다. 도피의 형태가 하도 다양해서 그것이 인생에 대한 단일한 반응으로 여겨지지 않았기 때문이다.

1946년에서 1966년 사이에 태어난 미국인을 대상으로 실시한 설문 조사에 따르면 공격적인 '경쟁자'로서 자신의 일상적인 문제를 해결하는 사람은 겨우 10퍼센트에 지나지 않았다. 훨씬 많은 사람들이 도피의 기술 주변에서 자신들의 삶을 꾸렸다. 25퍼센트는 '쾌락을 찾는 사람들'이었고, 15퍼센트는 덫에 걸렸다고 생각하지만 어떻게 탈출해야 될지 모르는 사람들이었다. 28퍼센트는 '살아남았기' 때문에 만족해했다. 오직 20퍼센트만이 균형 잡힌 삶을 살아가고 있기 때문에 완전히 만족하고 있다고 답했다. 이 조사를 실시한 하버드대학 경영학과 교수에 따르면, 응답자들이 더 정직했다면 훨씬 많은 사람들이 덫에 걸렸다고 인정했을 것이라고 말한다.

어쨌든 1992년에 출판된 한 미국 회계법인의 사례 조사에 따르면, 회원들의 6퍼센트만이 고발이나 항의를 통해 불만을 표출했다. 21퍼센트는 말없이 고통을 참는 것을 선호했다. 대다수는 적들로부터 도망쳤다. 31퍼센트는 적들을 '일시적으로 피했고', 14퍼센트는 '전략적 소외'라는 태도를 채택했으며, 8퍼센트는 상담을 택했다. 영국에서는 전 국민의 오직 18퍼센트만이 가게에서 말로 불평을 드러낸 적이 있으며, 오직 2퍼센트만이 데모나 보이콧에 참여한 적이 있었다.

도피에도 철학과 신봉자가 있고, 그것은 전쟁이나 반역의 경우 못지않게 흥미롭다. 삶의 방법으로서 도피를 가장 큰 소리로 옹호한 사람은 현대에 가장 널리 쓰이는 신경 안정제인 클로르프로마진Chlorpromazine을 개발한 앙리 라보리Henri Laborit라는 과학자였다. 그 약은 고통과 근심으로부터의 근사한 도피로였다. 그 후 그는 자신의 화학적 발견에서 나오는 특허권 사용료를 가지고 호전성에 대한 대안을 찾는 연구에 자금을 댔다. 알랭 레네Alain Resnais는 자신의 영화 〈나의 미국인 삼촌Mon Oncle d'Amérique〉에서 도망치는 것이 진정한 지혜라는 고대 현자들의 주장이 과학을 통해 확인되었다고 공공연하게 말했다.

경쟁을 피하라고 라보리는 말한다. 경쟁이란 단지 짝짓기 서열을 정할 때 원숭이들이 그러는 것처럼 지배 질서를 확립하려는 것 이외에 아무것도 아니기 때문이다. 일단 우월해지기 위한 경쟁에 끼어들면 독립성을 잃게 된다. 삶의 목적 — 그는 생물학자로서 말한다 — 은 생존이고, 생존을 위해서는 침착하게 스트레스를 피해야 한다. 연구소에서 그는 자기가 괴롭히는 쥐의 스트레스를 측정해보았다. 다른 칸으로 도망가도록 허용된 쥐들은 일주일 만에 정상적인 혈압을 회복했다. 그러나 도망가지 못하게 한 쥐들은 한 달이 지난 후에도 여전히 혈압이 높았다. 출구를 찾지 못하면 암이 생겼고 체중도 줄어들었고 희망도 잃었다. 나중에는 우리를 열어놓아도 겁을 먹고 도망가지 못했다. 세 번째 쥐의 무리는 우리 안에 짝을 지어놓고 서로 싸우도록 내버려두었다. 똑같은 고통을 겪고 나서도 쥐들은 정상적인 혈압을 유지했다. 싸우는 것과 도망가는 것이 스트레스에 대항하는 방법이라고 그는 결론을 내렸다. 그러나 싸우는 것은 성공적인 경우 습관성이 되고, 경쟁적인 삶의 스트레스에 빠지게 된다. 또한 싸울 경쟁자가 없는 수도 있고, 그러면 자신과 싸워야 하는데 그것이 스트레스를 줄 수 있다. 요컨대 그의 주장은 도망치라는 것이다.

상황이 허락하지 않아 몸이 도망갈 수 없다면 생각만으로도 그렇게 할 수 있다. 그 누구도, 어떤 집단도 건드릴 수 없는 유일한 영역이 상상이다. 힘이 없어도 상상 속에서는 세상을 바꿀 수 있다. 일상의 현실과 위계질서의 속박에서 빠져나오는 문제에서, 예술가는 자신을 동아줄로 묶은 다음 거기서 탈출하는 묘기를 부리는 최고의 곡예사와 같은 존재다. 예술가는 자신만의 세계를 창조하고 자신의 독립성과 독창성을 표현한다. 라보리는 감정으로부터의 도피는 옹호하지 않는다. 그렇게 되면 인생이 무미건조해지고 그저 평범하게 된다. 모든 예술가는 만족하지 못하는 사람, 심지어 초조한 사람임에 틀림없지만, 예술가가 된다는 것은 그러한 고뇌를 생산적이고 아름다운 것으로 만드는 법을 찾는 데 골몰한다는 의미다.

물론 야비하고 추잡한 상사 밑에서 일하는 사람들이 늘 도피할 수는 없을 것이다. 그렇게 되면 실업자 신세를 면치 못하기 때문이다. 그들이 늘 싸울 수도 없다. 그들을 마비시키기 위해 조직된 위계질서가 있기 때문이다. 그래서 그들은 "아무것도 하지 못하는 억압 상태"에 처해 있다. 위협에 대처하는 법에 대해 아무 정보가 없는 사람은, 너무 많은 정보를 가진 사람들이 그런 것처럼, "아무것도 하지 못하는 억압 상태"에 처하게 된다. 억압은 기억에 각인되고, 과거의 실패에 집착해 행동하지 못하게 해서 결국 또 실패하게 만든다. 비록 새로운 문제들이 생겨나긴 했지만, 라보리는 억압을 억압하는 화학물질을 발견한 셈이었다. 한편 그는 사람들에게 이야기하거나 글을 쓰거나 화를 내거나 자기를 괴롭히는 사람을 모욕하는 등, 가능한 모든 방법을 통해 억압에서 탈출하라고 권고했다. 그렇지 않으면 억압이 면역체계를 억압해서 건강을 해치게 되고 신경성 질환을 일으킬 것이라고 했다. 이는 남들이 자기를 이해해주지 못할 때 자신에게 대신 벌을 내리는 방식이다.

그러나 라보리는 자신의 해결책이 행복을 위한 공식이라고 주장하지는 않는다. 자신의 삶을 반추하며 자기에게도 탈출하는 데 어려움이 있었다고 인정한다. "나에게는 일할 때 누군가가 어머니처럼 돌봐주고 보호해줘야 하는 병리학적 필요가 있다"라고 그는 말한다. 자기보다 우월한 사람들과의 길고도 간단없는 투쟁이 그의 일이었다. 그들은 그가 싸우기 좋아하고 반항적이라고 생각했다. 그는 직업적인 성취에 의해서가 아니라 제도에 아첨하고 그것의 가치에 순응하는 데 따라 승진이 이루어진다고 항의했다. "기사도 시대에 살았으면 좋았을 것"이라고 그는 말하지만 프랑스 해군의 외과의가 된 것이 그의 소망에 가장 근접한 것이었다. 그의 주장에 따르면 프랑스 해군에는 아직도 기사도 정신이 살아 있다고 한다. 그러나 그를 고용한 사람들은 그의 능력을 충분히 평가해주지 않았고, 연공서열에 따라 진급시키지 않고 그를 일찍 퇴역시켜버렸다(그는 자기가 마땅히 되어야 한다고 생각한 의무병과의 최고 지휘관인 의무감이 되지 못했다). 그는 어찌어찌해서 군 병원의 연구직으로 자리를 옮겼다(그러나 그는 군인이나 상인, 그 외 여러 범주의 사람들을 좋아하지 않았다).

스스로 고백한 것처럼 그는 어릴 때부터 호전적인 기질을 갖고 있었다. 그가 기분 전환을 위한 약이나 진통제 연구에 몰두한 것도, 그의 다른 발명품에 인위적인 동면을 이용한 마취법이 포함되어 있다는 사실도 결코 우연이 아니다. 그는 여전히 프랑스의 의료체계가 자기 일의 중요성을 인정해주지 않는다고 깊이 분개하고 있다. 오직 다른 나라들만이 그에게 래스커상(미국의 광고 전문가이자 자선사업가인 앨버트 래스커가 의학 연구를 후원할 목적으로 1942년에 제정한 상—옮긴이)을 포함해 여러 상을 수여했다. 래스커상을 수상한 마흔다섯 명이 곧이어 노벨상을 받았지만 그는 노벨상을 받지 못했다.

그에게 친구를 사귀는 무슨 탁월한 소질이 있었던 것은 아니다. 그의 우정은 모두 어린 시절에 비롯되었다고 그는 말한다. 그 이후로는 오로지 경쟁자만을 알고 지냈다. 하지만 엄밀하게 말해 그것은 사실이 아니다. 그의 주변에 숭배자의 모임이 생겨났기 때문이다. 예를 들어 알랭 레네는 라보리의 저술을 통해 우울증을 치료했고, 그 인연으로 그에 대한 영화를 만들었다. 라보리는 또한 70대에 훨씬 연하의 여성과 사랑에 빠졌고, 현재 그와 그의 아내, 그 여성이 일종의 트리오를 이루고 있다. 그 관계는 "완전히 만족스럽지도 실망스럽지도 않다." 그가 생각하는 자신의 가장 큰 단점은 자신이 여성이 아니라는 사실이다. 여성은 우뇌와 좌뇌를 다 사용할 줄 알고, 그래서 더 균형 잡힌 삶을 살 수 있기 때문이다. 어쨌든 그가 도피할 수 없는 것들도 있다. 도피는 완벽한 해결책이 아니라고 그 스스로도 인정한다. 그러나 도피를 통해 일시적인 유예를 얻을 수는 있다.

인간은 상상 속으로 도피한 오랜 경험을 갖고 있다. 인류에게 최초의 적은 굶주림이었다. 굶주림을 몰아낼 음식이 모자랄 경우에는 마약을 통한 도피가 이루어졌다. 중세 유럽에서 가장 흔한 마약은 양귀비 씨였다(광대한 지역이 양귀비 재배에 이용되었는데 거의 산업적인 규모에 가까웠다). 양귀비 씨는 대마 씨와 마찬가지로 고수풀과 아니시드와 커민과 깨로 양념을 해 빵을 만드는 데 사용되었다. 이런 마약의 도움을 받아 가난한 사람들은 꿈같은 상태로 도피했다. 종종 그들은 도깨비나 흡혈귀 또는 무서운 형상에 쫓기기도 했지만, 적어도 그 공포가 굶주림처럼 사람을 쇠약하게 만들지는 않았다. 잠을 자지 못하는 아이들은 양귀비 우려낸 물을 마시게 해서 진정시켰다. 굶주림이 기근으로 변하게 되면 메뚜기 떼를 연상시키는 "곤충 인간"이 삼킬 수 있는 것이면 무엇이든 먹어치웠다. 그들은 쓰레기더미를 뒤지거나 심지어 배설물을 먹고는 멍한 마비 상태로 빠져들었으며, 혼수상태와 신경증 사이를 오가며 뭔가 먹고 있는 꿈을 꾸었다.

진정 상태나 흥분 상태와 같은 변화된 의식 상태로 도피하는 것은 모든 세기에 걸쳐 모든 곳에서 추구되어온 변함없는 열망이었다. 알코올, 담배, 차, 커피, 그 외 온갖 종류의 식물의 도움으로 정상 상태에서 도피하고자 시도하지 않은 문명은 하나도 없다. 특히 우울한 인생관을 가지고 있던 아즈텍족에게는 400마리 토끼라고 불렸던, 도피를 도와주는 400명의 음주와 만취의 신들이 있었다. 그들은 어디로 도피했을까? 술에서 깨면 그들은 자유롭게 자신이 본 환상에 대해 이야기했다. 그들은 야생 짐승에게 잡아먹히거나 전투에서 포로가 되거나 간통으로 기소되어 머리가 깨지는 벌을 받는 모습을 보거나 아니면 부자가 되어 많은 노예를 부리는 상상을 했다. 어떻게 보면 술도 그들을 평소의 선입견에서 해방시켜주지는 못한 셈이다. 그러나 술 덕택에 공포 영화나 공상 영화를 반복해서 보는 것과 비슷한 방식으로 자신들의 선입견을 반추할 수 있었다. 그들이 먹는 선인장이나 버섯은 며칠 동안 "끔찍하거나 우스운 환상들"을 보게 해주는 효과가 있었다. 그 환상들은 이후에도 쉽게 사라지지 않았다. "이런 방식으로 그들은 전투나 갈증 또는 굶주림을 두려워하지 않는 용기를 얻었고, 모든 위험으로부터 자신들이 보호받을 수 있다고 믿었다."

술이나 마약 같은 자극물의 위험을 강하게 의식했기 때문에 그들은 법을 처음 어긴 주정뱅이는 사람들이 보는 앞에서 머리를 깎이고 야유를 받게 하는 식으로 처벌했다. 그러고도 계속 법을 어기면 사형 선고를 받았다. 관리와 사제는 위에서 말한 처음 어겼을 때 적용되는 처벌을 받았고, 귀족은 비공개적으로 교살되는 특별 취급을 받았다. 그러나 정말로 심각한 문제가 생겼을 때 그들은 2500만 명이 술과 마약을 먹으며 죽어가는 것을 막을 길이 없었다. 결국 100만 명만 남게 되었다. 유럽의 질병이 들어와 촉진된 것은 틀림없는 사실이지만, 이것은 역사상 최대 규모의 대량 자살이었다. 그러나 스페인의 침략 때문에 사기를 잃어버린 것이 진짜 원인이었다. 스페인의 침략은, 공산주의가 파산 선고를 받은 것과 흡사하게 그 문명 전체에 파산 선고를 내렸고, 그것은 진정 파괴적이었다.

유럽에서는 스위스의 의사 파라셀수스Paracelsus(1493~1541)가 아편을 알코올과 섞어 아편 약을 만든 이래로 아편이 고통과 권태에서 도피하는 가장 인기 있는 방편이 되었다. 18세기 영국의 한 손꼽히는 내과의는 아편을 계피와 정향과 사프란으로 향을 낸 칵테일에 섞어 그것을 "세상에서 가장 귀중한 약 가운데 하나"라고 불렀다. 1854년 영국 표준 의학 교과서는 아편을 피우는 것이 "신체적, 도덕적으로 위험하고, 특히 하층민에게 그렇다"라는 판단을 내리기는 했지만, 아편이 "의학 물질 가운데 일상적으로 발생하는 질병에 가장 중요하고 가치 있는 처방전"이라고 되풀이해서 말하고 있다.

하나의 마약에서 다른 마약으로, 하나의 도피법에서 다른 도피법으로 이동하는 신속함과 융통성에서 미국은 정말 주목할 만하다. 19세기 초반 미국에서는 알코올 소비가 두 배로 늘었다. 그것이 그들에게는 평등주의의 상징이었다. 술병 앞에서는 모든 인간이 평등하다. 누구도 이 사실을 부인할 수 없었다. "그들은 자유롭기 위해 술을 마신다." 술집 바닥에 누워 "나는 내 조국 미국처럼 독립적인 존재"라고 외친 사람은 비록 서 있을 수는 없었지만, 심지어 금주운동 조차도 감히 부인할 수 없었던 어떤 정서를 표현한 것이었다. 금주운동 회원들도 독립기념일인 7월 4일에는 술에 취할 수 있었다.

그러나 1830년에서 1850년 사이에 급격한 변화가 일어났다. 알코올 소비가 반감했고 그때부터 오직 소수만이 술에 의존하게 되었다. 그러나 다량의 아편이 첨가된 특허 약품에 대한 열기가 일었고, 1900년에는 그 절정에 이르러 국민 1인당 아편 수입량이 네 배나 증가했다. 그 시점에서 의사들이 그 특허 약품에 대해 의문을 제기하기 시작했다. 그 결과 1900년대 초반 10년 동안은 아편을 피우는 것이 유행했지만 1909년에 아편 수입이 금지되었고, 1차 세계대전이 담배 소비를 촉진한 것에 발맞춰 이번에는 담배가 득세했다. 남부와 서부에서 시작해 전국적으로 금주가 확산되자 코카인을 가미한 콜라 음료가 구세주로 등장했다. 코카인은 알코올, 아편, 모르핀 중독에서 벗어나는 최선의 방법이자 탁월한 강장 음료로 인정받았다. 육군 의무감이었던 윌리엄 해먼드William Hammond는 식사 때마다 포도주 잔으로 코카인을 복용한다고 자랑스럽게 말했다. 코카인은 건초열(꽃가루로 인한 알레르기성 질환—옮긴이)협회의 공식적인 처방이었다. 술집에서는 위스키에 코카인을 섞어 내놓았다. 가게에서는 그것을 강장제 형태로 팔았다. 코카인은 또한 광부와 막노동꾼들에게 공급되었다.

미국 의사들은 경쟁적으로 코카인을 칭찬했다. 펜실베이니아대학의 의학 교수이자 미국철학협회 회장이던 조지 우드George Wood 박사는 순수하고 종교적인 미국인이 되기를 바라는 모든 사람들에게 코카인을 추천했다. 그는 코카인이 "우리의 우수한 정신적 특징들을 고양시키고, 따뜻한 박애의 빛, 오직 고귀하고 자비로운 방식을 통해 위대한 일을 성취하려는 성향, 고차원적인 헌신의 정신과 함께 더 강한 자긍심과 힘"을 제공하고, "사람들은 코카인을 통해 일시적으로라도 더 훌륭한 사람이 된다"라고 믿었다. 평범함과 단조로움에서 도피하기 위한 탐색은 수단과 방법을 가리지 않았다.

프랑스인들은 오랫동안 주류 소비에서 세계 기록을 갖고 있었다. 최근 그 월계관에 진정제와 수면제 소비 기록이 보태진 것을 보면 프랑스에서 최고급 포도주가 생산되기 때문에 음주 기록이 생긴 것은 아닌 듯하다. 프랑스 문명이 예술만큼이나 인공적인 것을 존중하는 문명이기 때문이라고 둘러대는 것이 더 신빙성 있게 들린다. 정원의 나무 울타리를 이상한 모양으로 다듬고 아주 독특하게 옷을 입고 잘 다듬은 문장으로 말하는 것 모두가, 인간은 완벽해질 수 있으며 있는 모습 그대로 방치하는 것보다는 갈고 윤을 내야 한다는 한결같은 믿음의 일부분이다. 프랑스인들은 망각 속으로 도피하기보다는, 자신들이 사교적이고 재미있고 인생의 위험에 대처할 능력이 있는 인간이라는, 그들이 생각하는 이상에 더 가까워질 수 있는 어떤 조건 속으로 도피해왔다.

프랑스인 열 명 가운데 세 명은 주로 커피에(특히 중년 기혼 여성), 두 명은 커피와 담배에(주로 젊은이들), 또 두 명은 진정제에만(특히 노년층의 돈 없는 사람들) 의지하고, 한 명은 가끔 담배를 피우고 술도 마시지만 주로 차를 마시고(주로 고등교육을 받은 젊은이들), 또 한 명은 차만 마시고(주로 고등교육을 받은 젊은 여성), 그리고 한 명은 포도주나 맥주를 주로 마시지만 담배는 피우지 않는다. 100명 가운데 다섯 명만이 담배를 피우고 술과 커피를 마신다. 오직 1.5퍼센트만이 술, 담배, 커피, 차, 진

통제, 수면제, 아무것도 이용하지 않는데 이들은 좀 의아스러운 존재로서 불신의 대상이 된다. 프랑스의 고상한 야만인noble savage들은 정신이 맑을 때가 거의 없었다.

목적으로부터의 도피

그런데 문제는 도피할 곳을 아느냐 하는 것이다. 불행에서 행복으로 도피하는 것은 성취할 수 없는 목표이기 때문에 불가능하다고 라보리는 말한다. 오늘날 터키에 해당하는 에페소스 지역의 세습적인 왕권을 포기했던 고대 그리스인인 헤라클리투스Heraclitus(기원전 552~487)는 우주가 끊임없이 변화하고 있기 때문에 어디로도 도피할 곳이 없다고 말했다. "인간의 본성은 고정된 목적을 갖고 있지 않다." 전 우주가 과거에서 도망치는 일에 열중하고 있었다. 기원전 2세기 중국에서는 일상적인 근심과 야심으로부터 도피하는 데 전문가인 도교도들이 등장했다. 그들은 남자, 여자, 젊은 사람, 늙은 사람 모두가 불행에서 도피할 수 있으며, 죽음을 피할 수는 없지만 헛된 죽음은 피할 수 있다고 말한 점에서 독창적이었다. 정력을 증진시켜주지만 서서히 몸을 망가뜨리는 마약의 도움을 받아 그들은 술 취해 웃고 자연의 리듬에 맞춰 춤추며 시들어가려고 했다. 그러나 평등하고 남성과 여성이 "함께 호흡하고" 자연스럽고 자발적이고자 했던 그들의 꿈은 마술적인 공식 속으로 사라졌다. 그들이 불로장생의 연단술을 통해 지복에 이르는 지름길을 추구했기 때문이다.

일본의 작가 미시마 유키오三島由紀夫가 자살했을 때 그는 도피를 그 궁극에 이르기까지 추구한 셈이었다. 그는 오사카에서 대를 이어 요리키与力(에도 시대에 경찰 업무와 서무를 담당하던 하급 관리들을 지휘하던 관리一옮긴이)직을 맡았던 오시오 헤이하치로大塩平八郎의 예에서 영감을 받았다고 말했다. 서른일곱 살에 헤이하치로는 부패와 싸우는 데 지쳐 관직을 그만두었다. 그는 인생의 성공이 영웅적인 행위보다 중요하지 않다는 결론을 내렸다. 사람은 사소하고 조잡한 일에서 탈출해야 하고 그것은 누구나 할 수 있는 일이었다. 그래서 하루 종일 들에서 노동하는 문맹인 여자 농부도 성인이 될 수 있는 것이다. "중요한 것은 목적지에 이르는 것이 아니라 여행 그 자체"이며, 사람은 "미친 사람처럼" 여행해야 한다(보들레르는 거의 비슷한 시기에 "언제나 취해 있어야 한다"라고 썼다). 자발적으로 자신을 희생시킨다면 남들의 비판이나 영향을 받지 않게 된다. 그래서 헤이하치로는 "이 세상에서 버림받은 비참한 사람들"의 반란을 조직했고, 자신의 집을 불태워버림으로써 그 반란을 시작했다. 반란이 맥없이 실패하자 그는 스스로 목숨을 끊었다. 죽은 후에 그는 "정부를 비판한 죄"로 유죄 선고를 받았고, 시체를 소금에 절여 공개적으로 매달아놓아야 한다는 판결을 받았다. 그래도 그는 고귀한 실패자로서 일본의 영웅이 되었다. 그의 자살은 "진실한 행위였고" 위선으로부터의 도피였기 때문이다. 비록 자살을 통해 이룬 것이 하나도 없었지만 미시마 유키오는 그 자살을 모방했다. 이것은 도피를 위한 도피다. 적은 여전히 존재한다.

제도의 손아귀로부터, 대중의 여론으로부터, 그리고 실로 일상생활 그 자체로부터 도피하기를 바라는 사람들이 현대 사회 특유의 부적응자들인 것만은 아니다. 그들의 뿌리는 저 먼 고대, 전사의 시대로까지 거슬러 올라간다. 그들은 고대 중국에서 이렇게 노래했다.

나는 홀로 이르러, 홀로 앉아 있다.
사람들이 나를 몰라도 후회는 없다.
도시 남쪽 고목의 영혼만이
내가 지금 이곳을 스쳐 지나가는 영원임을 알고 있을 뿐.

도피의 실질적인 결과가 무엇이냐고 묻는다면 도피의 핵심을 놓치게 된다. 도피에는 목적으로부터의 도피도 포함되어 있기 때문이다. 따라서 어떤 목적을 원하는 사람은 도피 그 너머를 보아야만 한다.

척박한 땅에서도
연민이 꽃피는 이유

연민의 가장 교활한 적은
인류에 대한 냉소적이거나
절망적인 생각이다.

그녀는 열두 살 때부터 사람들이 서로를 대하는 태도에 대해 의혹의 눈길을 보냈다. 그녀는 그런 의심을 갑자기 몇 달동안 부모와 말 한 마디 나누지 않는 것으로 처음으로 드러냈다. 그녀는 어른들의 나약함에 대해서, 그들의 철저한 좌절에 대해서 생각하기 시작했다. 어른들의 세계는 위선이라는 접착제를 통해 유지되고 있는 것으로 보였다. 알자스 출신인 그녀의 아버지는 고용주에게 복종해야 한다는 생각을 갖고 있었는데, 그 고용주는 "아버지를 희생양으로 삼으려는 혐오스러운 인물"이었다. 아버지가 잘못된 길을 선택했다는 것이 그녀가 내린 최초의 결론이었다. 부정을 보고도 내버려두어서는 안 된다. 그러나 누가 부정에 대항해 그녀의 동맹자가 될 수 있었겠는가? 그녀는 아버지가 반발하지 않는 이유를 이해할 수 없었다. 그녀의 언니도 반발하지 않았다. 지금 그녀가 일하는 빈민가에서도 몇몇 사람은 모욕에 반발하지만 다른 사람들은 반발하지 않는다. 그녀는 그 이유를 이해할 수 없다.

마리-테레즈 가브Marie-Thérèse Gaab는 외로운 소녀였다. 바이올린이 유일한 피난처였다. "아무도 저를 이해하지 못했어요. 부모님은 내게 콘-벤디트(1960년대 프랑스 좌파 정치운동의 지도자―옮긴이)라는 별명을 지어주고는 나를 기숙학교로 보냈어요. 거기서 바이올린에 푹 빠져 수업을 많이 빼먹었어요. 남자애들이 싸우는 걸 보면 말리려고 했어요." 그녀는 독일인 어머니에게 어느 정도 애정을 갖고 있었고 어머니의 강한 성격을 존경했지만, 어른과의 의사소통은 어려웠다. 학교에서는 어떤 선생님도, 스트라스부르대학의 어떤 교수도 그녀에게 도움의 손길을 내밀지 않았다.

키가 큰 금발의 미인인 그녀는 미셸 크리거Michel Krieger와 결혼했다. 미셸은 세 살 때 류머티즘성 질환으로 몸이 거의 망가졌고, 병원에서 8년을 보낸 뒤 지금까지 휠체어를 타고 살아왔다. 그러나 그에게는 고통을 극복해낸 데 대한 승리감, 지성, 감수성이 있다. 그는 전혀 복종적인 사람이 아니다. 그들은 나름의 방식으로 불의에 항거해왔다.

이른바 정상인의 세계로 다시 돌아온 불구자에게 향하는 차가운 시선을 자신의 작품 세계에 반영하면서 미셸은 이제 미술가로서 국제적인 관심을 받고 있다. 예를 들어 그는 조그만 문이 있는 거대한 벽을 그린다. 자세히 살펴보면 그 문이 안에 있는 사람에게 나가라는 것인지, 밖에 있는 사람에게 들어오라는 것인지 분간하기 어렵다. 그는 인간을 몸 주위를 껍질로 둘러싸서 미지의 위험으로부터 자신을 보호하려고 애쓰는 연체동물로 묘사한다. 그의 작품에서 인간들 사이의 울타리는 장애물이라기보다는 풀어야 할 수수께끼 같은 것이고, 별것도 아니지만 동시에 머릿속에서 떠나지 않는 편견에 대한 심문 거리가 된다. 이제 결혼했고 아이들이 있고 인정도 받았기 때문에 때때로 자신의 차가운 인상이 많이 누그러졌다고 그는 느낀다. 그러나 그것도 가끔 그럴 뿐이다.

마리-테레즈는 그가 자기보다 추방되었다는 느낌에서 더 많이 치유되었다고 말한다. 그녀가 근무하는 학교의 학생들은 90퍼센트가 빈곤선 아래 가정 출신이다. 아이들은 출구가 전혀 없는 상황에 처해 있다. 높다랗게 솟아 있는 이 동네의 건물은 사막에 흩어져 있는 나무 같다. 이곳에서의 탈출은 불가능하다. 할일도 없고 갈 곳도 없고 극장도 없다. 경찰서와 슈퍼마켓을 지키는 경비원 외에는 문명의 표시랄 것이 전혀 없다. 스트라스부르의 수준 높은 문화는 이곳 르뇌오프 교외의 황무지 위에서 증발해버린다. 이곳에서는 인구의 반이 사회보장제도에 의존해 살고 있다. "아이들이 매일 아침 가방을 메고 학교에 오는 것만도 기적이에요. 그렇게 하는 데도 용기가 필요해요. 내가 할 수 있는 일도 별로 없고요. 아이들 앞에 놓여 있는 장애물들을 극복할 길이 없어요. 오빠들은 마약 중독자이고 집에 돈 한 푼 없는 여자아이가 도움을 청해도 내가 그 집안을 바꿀 수는 없잖아요. 저녁때면 그 아이는 알코올 중독자인 아버지와 우울증에 빠진 엄마에게 돌아가야 해요. 학생들은 자격증 하나 없이 학교를 떠납니다. 그러니 직장을 구할 수도 없어요. 그나마 이 학교만이 이곳에서 유일하게 조금이라도 쓸모가 있다고 할 만한 기관입니다. 학교가 없다면 아이들은 완전히 길을 잃을 거예요. 아이들은 부자 동네에서 말썽을 일으키며 여름 방학을 보내죠. 이민을 와서 직업도 없는 아버지들은 가정을 부양할 능력이 없어 모멸감에 빠지게 되고, 종교적인 권위에 기대서는 신의 대변인인 양 아내와 딸들에게 복종을 요구합니다. 그러나 딸들은 엄마처럼 되고 싶어 하지는 않지요. 이 아이들은 학교에서 남자아이들보다 더 열심히 공부하고, 열여덟 살이 되면 자유를 찾아 떠나죠."

어머니에게 버림받고, 방 두 개짜리 아파트에서 술주정뱅이 아버지와 네 명의 형제들과 살고 있는 한 소년을 위해 마리-테레즈가 무슨 일을 할 수 있겠는가? 그녀에게 더 큰 아파트가 있었다면 그 아이를 데려다 같이 살았을 것이다. "이 아이는 학교에서 하루에 적어도 다섯 번 날 찾아옵니다. 그저 무슨 말이라도 듣고 싶어서죠. 이 아이는 선생님에게 수영 교습비가 없다는 말을 차마 하지 못하는 거예요. 이 아이한테도 자존심이 있습니다. 늘 싸우지요. 이 아이가 말을 거는 사람은 나밖에 없어요. 이 아이에게 엄마를 찾아주기 위해 같이 법정에도 갔는데, 그 애 엄마는 자식들도 보고 싶지 않다고 하더군요."

아버지는 교도소에 있고 엄마는 일곱 명이나 되는 동생들을 돌보라며 밖에 나가지도 못하게 하는 집시 소녀를 위해 마리-테레즈가 할 수 있는 일이 무엇이겠는가? "자기들 사는 게 힘들다고 자식들을 망치는 부모들을 보면 정말 화가 나요. 다른 부모를 만났더라면 어떤 아이들은 크게 성공할 수 있었을 거예요."

마리-테레즈는 이런 아이들을 만날 때마다 마음이 동요한다. 그저 이 아이들에 대해 이야기만 해도 눈물이 맺힌다. 비록 이들을 위해 해줄 수 있는 일이 거의 없다고 느끼지만 그녀는 아이들의 권리를 위해 계속 싸운다. 아이들은 부모에게는 말을 걸 엄두를 못 내도 그녀에게는 속마음을 털어놓는다. "만약 1년 동안 한 아이와 계속 이야기해서 그 아이가 학교에 나오도록 한다면 그건 대단한 일이겠지요. 하지만 나 역시 고립되어 있다고 느끼기 때문에 그렇게 하기가 힘들어요. 다른 선생님들은 내가 너무 관대하고 이야기를 너무 잘 들어준다고 말합니다. 경제적·사회적·정치적 문제에 대해 내가 할 수 있는 일은 아무것도 없어요. 난 그저 촉매제에 불과해요. 그들 스스로 자유를 얻어야 합니다. 난 반항자로 남아 있어요. 내가 할 수 있는 일은 안으로부터 뭔가를 변화시켜주는 겁니다. 난 아이들이 사물을 보는 방식을 바꿉니다. 그 정도는 내가 잘할 수 있다고 믿어요."

결코 이길 수 없는 전쟁을 치르기 위해 매일 전투를 다시 시작하려면 엄청난 에너지가 필요하다. 그녀는 그 힘을 미셸에게서 얻는다. 학교에서 돌아와 그가 스튜디오(그들 아파트의 뒷방)에서 평화롭게 그림 그리는 모습을 보면 "근심은 사라지고 난 공상에 잠기죠."

노숙자 수용시설의 간호사인 바버라가 하는 일은 노숙자들의 친구가 되어주는 것이다

나는 대서양을 건너 아스팔트 바닥이 갈라지고 쓰레기가 여기저기 나뒹구는 거리에 와 있다. 이 길에는 지나가는 자동차도 거의 없다. 건물들은 금방 무너질 것 같고 판자로 막아놓았다. 빈 터들은 사라진 집들의 묘비다. 공장의 잔해들로 보아 한때 이곳에 노동자들이 살았으며 봉급을 받아 집으로 가져갔으리라는 것을 짐작할 수 있지만 현재 이 거리의 사람들은 일을 하지 않는다. 그들은 그저 서서 또는 앉아서 기다리고 있다. 때때로 그들은 허수아비처럼 보인다. 구부정하고 퉁퉁 부어오르고 속살이 다 보이는 몸 위에 옷을 걸치고 있다. 나는 이 세상에서 가장 부유한 나라, 희망으로 기적을 일구어낸 나라에 있지만, 나를 보는 사람들의 눈에는 아무런 희망의 기색이 없다. 아니면 이들은 먹이를 기다리는 독수리일까? 두려워할 필요는 없다. 그들은 희생자이지 독수리가 아니다. 그들은 노숙자들을 위한 숙소가 밤에 다시 문이 열리기를 기다리는 중이다.

파인스트리트인Pine Street Inn(뉴잉글랜드 지역의 유명한 자선기관―옮긴이)은 물론 보스턴의 관광 명소가 아니다. 우아한 이탈리아식 탑이 있는, 한때는 아름다웠을 이 건물 주변에는 오직 황량함이 있을 뿐이다. 건물 내부는 거대한 주차장이 되었다. 그러나 차 대신 한 칸마다 침대가 있는 수백 개의 긴 줄이 차지하고 있다. 이곳의 이른바 손님들은 낮 동안에는 바깥세상으로 나가야만 한다. 그들 중 많은 수가 숙소 밖 길거리에 서서 다시 숙소 문이 열리기를 기다리고 있다. 잠자는 동안 그들의 옷은 연기로 소독이 된다. 오직 병자들만이 계속 머무를 수 있다. 가끔 자신에 대한 성난 중얼거림이 있을 뿐 그들은 더러운 머리를 거친 손으로 감싸 쥐고 반 고흐처럼, 정물화의 대상처럼 그저 앉아 있다.

바버라 매킨니스Barbara McInnis는 17년 동안 이곳에서 간호사로 일했다. 그녀는 고통을 몰아내기 위해 무던히 애를 써보았지만, 그것은 더운 나라에서 아무리 파리를 쫓아봐야 소용없는 짓만큼이나 가망이 없는 일이었다. 처음 이곳에 왔을 때 그녀는 세상에는 오직 폭력뿐이라고 믿는 배관공과 살고 있었다. 그는 강도를 만날까 겁이 나서 늘 총을 가지고 다녔다. 거친 서부가 이곳에서 도시화되고, 아름다움과 문화로 가득 찬 이 도시의 뗄 수 없는 한 부분을 이루고 있었다. 낮에는 파인가에서 친절에 둘러싸여 지내고 밤에는 남자의 폭력이 기다리는 집으로 돌아가야 하는 이중적 생활을 바버라는 더 이상 견딜 수 없었다. 그녀는 그와 헤어졌다. 그리고 10여 명의 친구들과 함께 자메이카플레인에 있는 싸구려 집을 빌려 검소하게 살았다. 그들은 (이 사람에게는 홍당무를 빌리고 저 사람에게는 감자를 빌리고…) 십시일반으로 수프를 만들어 차에서 사람들에게 나누어주었다. 보통 그들은 약 다섯 명 정도의 집 없는 사람들과 함께 지냈다. 지금 그녀는 수백 명을 24시간 돌보고 있다.

어떤 방법으로 그들을 도울 수 있을까? 그녀는 이 도시 보건과에 고용된 간호사였다. 보건과 간호사는 의사의 지시를 따라야 한다. 그러나 파인가에서 그녀는 나름의 방식을 고안해냈다. 이 시설이 처음 문을 열었을 때 설립자들은 이런저런 계획을 세웠지만 계획대로 되는 건 아무것도 없었다. 바버라는 아무런 계획도 세우지 않는다. 손님들에게 이렇게 저렇게 행동하라고 지시하는 건 말이 안 된다. "난 그들의 친구예요. 그렇게 하는 것이 내 일이고요. 목표라고 해봐야 점심나절에 본 사람이 저녁때 약 타러 돌아오기를 바라는 정도죠. 이곳에서 일하다 보면 목표를 계속 낮출 수밖에 없어요. 그래야 제정신을 유지할 수 있고요. 난 내 일을 반창고 요법이라고 불러요. 다른 사회에 대한 꿈은 없어요. 그런 건 생각하지 않아요. 이곳의 손님들과 마찬가지로 나도 그저 살아남기 위해 여념이 없어요. 무슨 새로운 방식을 도입할 줄도 몰라요. 처음 이 일을 시작했을 때는 손님이 240명이었는데 지금은 780명입니다. 역부족이에요. 난 분 단위로 일합니다. 사람들이 변하리라는 희망 같은 건 없죠."

과거에는 그녀에게도 희망이 있었다. 1960년대 초반 급진주의자의 한 사람으로서 그녀는 테드 케네디Ted Kennedy가 위선자라고 생각했다. "그래서 그의 적을 위해 일했어요. 나중엔 그 사람도 나을 게 하나 없다는 걸 알게 되었죠." 그때가 그녀가 정치에 참여했던 유일한 시기였다. "내가 대통령을 정하는 것도 아니고, 사회 개혁 같은 건 잘 못해요. 난 직관적이에요. 판단하지 않으려고 노력합니다. 내 믿음을 누구에게 강요하지도 않고 개종시키지도 않아요. 누구에게나 자기가 믿는 것을 선택할 권리가 있죠. 그러나 사람들의 의지를 망가뜨려놓는 사교 집단은 참을 수 없어요. 그렇다고 내가 어떻게 할 수 있는 것은 물론 아니지만요." 아직도 희망을 버리지 않고 노동자 계급의 한 여성을 매사추세츠 주지사로 당선시키려고 노력하는 급진주의자들을 존경한다고 그녀는 말한다. 그러나 "누군가가 그녀에게 당신은 돈을 모을 능력도 없고 따라서 이길 가망도 없다고 말해줘야 해요"라고 덧붙인다.

한때는 페미니즘이 해결책으로 보였다. 한번은 그 지역의 페미니스트들에게 그녀의 시설에서 자원봉사자로 일하며 도와달라고 부탁했다. "그들은 우리와 얽히고 싶지 않아 했어요. 집 없는 여자들을 접해본 경험이 없어서 여성상담소에도 도움을 청했죠. 약속은 많이 했지만 정말로 누가 찾아온 적은 한 번도 없었어요. 페미니즘도 나름의 입장이 있겠지만 나는 페미니스트가 아니에요. 여성의 권리를 지지하지만 투쟁적인 사람은 아닙니다." 미래 계획을 세운다는 것은 동화를 쓰는 것과 마찬가지다.

최종적으로 파인가까지 오게 된 이 실패자들이 무슨 도덕에 대한 강의를 듣기 위해 여기 있는 것은 아니다. "몇몇 사람들에게는 도덕이라는 게 없어요. 그들은 도둑질이 무슨 직업인 것처럼 이야기해요." 그녀가 그들에게 하는 이야기는 무엇일까? "구걸을 얼마나 했느냐고 물어보죠." 그녀는 일요일이 아니면 절대로 거지에게 돈을 주지 않는다. 그녀와 함께 있는 이 사람들에게는 "돈이 중요한 것이 아니에요." 어떤 이들은 알코올 중독자이기 때문에 돈이 필요하다. 그러나 그들의 고독에는 대화가 돈만큼 좋은 것이다. 돈에 신경을 쓰는 세상은 바깥의 다른 세상이고, "그 세상도 당연히 나름의 권리가 있죠. 만약 내가 그 세상에 있다면 나도 똑같이 할 거예요. 소비사회에 혐오감을 느끼지는 않아요."

이 일을 계속할 힘을 그녀는 어디에서 얻는 것일까? 이곳 손님들에게서 얻는다고 볼 수밖에 없다. 손님들이 그녀를 필요로 하기 때문이다. 또한 아시시의 성 프란체스코(1182~1226. 프란체스코회의 창시자. 겸손과 청빈 그리고 가난한 사람과 동물들에 대한 사랑으로 유명하다 — 옮긴이)한테서도 힘을 얻는다. 그녀는 이 성인을 연구했다. 시간이 나면 그녀는 이 성인을 추종하는 청년 가톨릭 모임에 참석한다. 이들 대부분은 보수가 낮은 직업에 종사하는 사람들이다. "영적으로 나는 이 사람들과 같은 부류입니다." 그들은 미사를 올린 뒤 토론하고 바에서 술을 한잔 마시고 춤추러 간다. 그러나 이제 이들과의 교제도 어렵게 되었다. 안전상의 이유로 성당이 문을 다 잠가놓는 데다가 그녀도 일 때문에 시간에 맞추어 가기가 힘들기 때문이다.

비록 아무런 장기적 계획 없이 매 순간 살아간다고 하지만 바버라 역시 세상 모든 사람들이 그런 것처럼 기다리고 있다. "난 아직도 1970년대에 살고 있어요. 내겐 변화가 필요하고 변화하지 못하면 살아남지 못할 거예요." 지난 20년 동안 그녀가 유일하게 새로 배운 것은 컴퓨터 사용법이다. 어머니의 병수발을 드는 게 몹시 힘이 든다. "어머니가 돌아가시면 나도 변화할 수 있을 거예요." 그녀도 (모든 사람과 마찬가지로) 변화를 위한 계획을 세우는 데 시간이 필요하지만, "모든 것이 다 불확실할" 때만 변화할 수 있을 것이라고 믿고 있다. 지금 그녀가 하는 일은 너무 절박하고 너무 필요한 일이라고 확신하고 있다. 그녀가 틀에 박힌 일과를 떨쳐버리기 위해서는 엄청난 정신적 충격이 필요할 것이다. 한편 세상은 늘 그랬던 것처럼 계속 흘러가고 있고, 그녀는 얼마 전까지 이 도시의 평범한 시민들과 다를 바 없었던 한 노숙자의 상처에 붕대 감아주는 일을 계속하고 있다. 한 사람은 전직 변호사로 그의 아버지는 최고 법원 판사였다. 또 한 사람은 술로 망한 의사다. 또 다른 이들은 사람들이 현관 문 열쇠를 잃어버리는 것처럼 기술, 직업, 가족, 가정을 잃어버렸다. 그들은 바나나 껍질에 미끄러졌고, 어떤 외로운 행성으로 날려가 버린 것이다.

보스턴 파인가에서 나는 또 한 명의 알자스 출신 집안의 후예를 만났다. 그의 집안은 옛날에 미국으로 이민 와 번창했고, 자손 가운데 한 명은 하버드와 옥스퍼드에서 공부했다. 그 교육은 19세기 프랑스 사회주의(이것은 물론 전부 희망에 관한 것이다)에 관한 탁월한 박사 논문으로 절정에 이르렀다. 그러나 그 논문의 저자는 전통적인 학자의 길을 걷는 대신 세상을 지금처럼 만들어놓은 세력들과 싸우며 인간의 고통을 일상생활의 차원에서 줄여보고자 했다. 지금 그는 검소하고 초라하게 살면서 이 집 없는 사람들을 보살피고 있다. 만병통치약을 믿기에는 배운 것이 너무 많았다. 대화가 미래에 대한 계획에 이르자 그는 당황해하고 이마에 주름살이 잡힌다. 그는 심지어 며칠 뒤의 일을 약속하는 것조차 주저한다. 그러나 상처 입고 괴로워하고 쓰러질 것 같은 손님들 사이를 돌아다니면서 마침내 이곳에서 모든 환상과 위선이 벗겨졌다고 느끼는 것처럼 보인다. 그는 더 나은 사람인 양 가장할 필요도 없고, 자기의 가치가 무엇인지 의심할 필요도 없다. 그의 얼굴 표정은 부드럽고 점잖고 쾌활해 보인다. 그 표정에서는 고통 이면의 어떤 존엄성을 읽을 수 있다. 그리고 절망에 빠진 사람에게 친절한 말 한 마디를 건넬 수 있음이 그가 얻는 보상이다.

연민의 여섯 가지 방해물

　　　　　　1944년에 시인 예브게니 옙투셴코Yevegeny Yevtushenko (1932~2017)의 어머니는 시베리아에서 모스크바까지 여행했는데, 그 곳에서 2만 명의 독일군 포로들이 길거리를 지나가는 것을 보았다. 행렬의 맨 앞에 선 독일 장군들은 경멸하는 표정을 지으며 아직도 자기들이 더 우월하다는 것을 보여주기로 작정한 것처럼 거들먹거리며 걸었다. "저 놈들에게서 향수 냄새가 난다"라고 누군가가 소리쳤다. 군중은 소리를 지르며 증오심을 드러냈다. 여인들은 분노하며 움켜쥔 주먹을 휘둘러댔고, 경찰들은 이들을 제지하느라 애를 먹었다. 그러나 더럽고 완전히 지친 데다가 절망에 빠져 있고 또 많은 수가 목발에 의지해 절름거리는, 불쌍할 정도로 마르고 초라한 독일 병사들을 보자 거리가 조용해졌다. 그때 한 노부인이 저지선을 넘어가서 한 병사에게 딱딱한 빵 한 조각을 건넸다. 그러자 여기저기에서 다른 부인들도 음식과 담배 등 가지고 있는 것을 다 건네주었다. "그 병사들은 더 이상 적이 아니었어요. 그들은 민중이었죠." 그러나 그런 자연스러운 연민의 폭발이 하늘의 무지개 그 이상이 된 적은 거의 없었다. 무지개가 날씨를 바꾸는 것은 아니다. 지금까지 무지개 때문에 적의 말을 경청하게 된 적은 없었다.

　세상이 시작된 이래 연민은 가장 많이 좌절을 겪은 감정이고, 성性보다도 더 그랬다. 사람들은 보통 소수의 이성에게만 마음이 끌리지만, 누군가가 고통을 겪고 있는 것을 보면 종종 마음이 움직이게 된다. 그렇지만 사람들은 대개 연민의 감정이 다른 우선적인 일들을 방해하지 않도록 온갖 노력을 기울여왔다. 철학이나 편견이 일종의 정조대처럼 연민을 철저히 통제했고, 부족이나 국가 또는 집단 속에서 너그러움을 향한 충동은 계속 시들어왔다. 어떤 기인의 예를 통해, 낯선 사람들을 경계해야 한다거나 자기 가족에게만 연민의 정을 쏟아야 한다는 전통이 깨질 때, 연민을 향한 충동이 갑자기 되살아나는 경우도 있다. 그러나 수 세기에 걸쳐 연민의 정을 느끼지 못하도록 만드는 장애물들이 쌓여왔고, 사람들은 점점 더 적이나 이방인들을 개인적으로 친밀하게 알기를 꺼리게 되었다.

첫 번째 장애물은 그럴 필요가 없는 사람에게는 연민의 정을 품지 못하게 하는 금기다. 공자(기원전 551~479)는 개인을 중심으로 점차 강도가 떨어지는 일련의 동심원들을 그려놓고, 아버지를 가장 성심껏 사랑해야 하고 그다음이 가족, 그리고 중심에서 바깥쪽으로 갈수록 정도를 낮추어가며 다른 사람들을 사랑해야 한다고 가르쳤다. 효심은 "사랑하는 법과 증오하는 법"을 동시에 가르친다. 다른 문명에서도 '좋은 가문 출신'이라는 것은 연민의 정을 느낄 때와 연민의 정을 억제할 때를 분명하게 안다는 의미였다. 모든 대륙에서 광범위하게 공자의 태도를 볼 수 있다. 그 태도를 대체할 만한 완전히 만족스러운 대안은 없는 것처럼 보인다. "만약 세상의 모든 사람이 차별 없는 사랑(자신을 사랑하는 것처럼 모든 사람을 사랑하는 것)을 행한다면 (…) 도둑이나 강도가 있겠는가? 가문들이 서로 다투겠는가? 국가들이 서로 공격하겠는가?"라고 고대에 공자만큼이나 유명했던 묵자(기원전 480~390)는 물었다. 그러나 모든 사람을 다 사랑하는 이는 없었다. 연민이란 한 개인이 특정한 개인에게 느낄 때만 진정 강력한 힘을 발휘했다. 모든 사람에게 연민을 베푸는 것은 결국 아무에게도 연민을 베풀지 않는 것과 같다. 묵자나 그와 비슷한 생각을 가지고 있던 많은 이상주의자들은 연민이 하나의 감정이 아니라 선택이자 의무이고 당연한 인식이기를 소망하면서, 연민을 느끼기 위해서는 개인적인 애정이 필요하다는 점을 부정했다. 묵자는 감정이 정의를 위한 믿음직한 토대가 아니라고 생각했기 때문에 감정을 불신했다. 그래서 오늘날 연민은 조심스럽게 공급이 제한되고 있다.

단순히 슬픔이 인류 공통의 적이라는 이유로, 다른 사람이 겪는 고통에 마음을 쓰고 아무런 대가도 바라지 않은 채 병자나 슬픔에 빠진 사람을 도와준 경우에 대한 통계는 전혀 없다. 만약 그런 통계가 있다면 여러 문명들은 그들의 기념비들만큼 그렇게 웅장하게 보이지 않을 것이다. 그러나 여러 시대에 걸쳐 병자들이 어떤 보살핌을 받았는지 살펴봄으로써 제한된 정도로나마 연민이 늘어나거나 줄어들고 또 변모해온 것을 관찰할 수 있다. 성적 문란이나 금욕주의에도 기복이 있었던 것처럼 환자들을 존중하며 병원이 융성하던 시기가 있었고 병원이 환자에게 무관심하던 시기도 있었다.

환자를 수용하는 병원이 늘 있었던 것은 아니다. 1800년 미국에는 오직 두 개의 병원이 있었고, 1873년에도 178개에 불과했다. 겨우 1세기 전에야 미국은 건강을 위한 사원을 대규모로 건설하기 시작했다. 1923년에는 4978개의 병원이 있었다. 그전까지 환자를 돌보는 것은 가족의 책임이었다.

연민의 정을 막는 두 번째 인위적인 장벽은 질병, 기형 및 온갖 종류의 신체 장애였다. 고대의 병원은 가난한 사람들과 고아들을 위한 것이었다. 병자, 미친 사람, 간질 환자, 불치병 환자나 "수치스러운" 성병 환자는 병원에 갈 수 없었다. 아시리아인들 — 그리고 실질적으로 그 이후의 모든 문명들 — 은 병이 죄에 대한 벌이며 오직 참회와 마술에 의해서만 치유될 수 있다는 소문을 퍼뜨렸다. 그래서 병자들의 물질적인 필요를 돌봐주는 사람은 거의 존경을 받지 못했고, 과부나 타락한 여자 또는 일이 없는 농부가 그 역할을 맡았다. 간호사는 종종 일한 대가를 받지도 못했으며 그저 있을 곳과 먹을 것만을 제공받으며 노예처럼 취급되었다. 로마 시대 테오도시우스 황제의 법전(438)은 "후안무치하고 추잡하고 사납다"라는 이유로 간호사의 극장 출입을 금지했다.

비록 드물었지만 세상의 잔인함에 저항해 의도적으로 연민을 일종의 미덕으로 실천한 사람들도 있었다. 두 번의 이혼 경력이 있는 귀족 파비올라Fabiola는 기독교도가 되어 로마에 병원을 설립함으로써 자신의 불행을 치유했다. 그녀 스스로 그 병원에서 일했으며 길거리에서 환자들을 불러 모았다. 온화하고 쾌활했던 카이사레아의 주교 성 바실리우스Basilius the Great(329?~379?)는 한 교외 지역 전체를 개발해서 온갖 불행한 사람들을 돌보았다. 그는 나병 환자들을 안심시키기 위해 그들에게 입을 맞추었고 몸소 그들의 어려움을 보살펴주었다. 이런 사람들은 세상의 관습을 뒤집어엎으려고 노력했던 것으로 보인다. 이런 노력 이면에 있는 동기는 자기희생이었다. 그러나 자기희생은 연민의 세 번째 걸림돌이 되었다. 대부분의 사람은 육체보다 영혼을 더 중시하는 순교자나 수도사 또는 수녀가 되기를 원하지 않았기 때문이다.

1633년에 프랑스에서 자선자매단이 설립되어 유럽과 아메리카 두 대륙에서 너그럽고 개방적인 마음을 가진 평민 간호사의 전형이 되었다. 이들은 수녀원에서 살지 않았고 묵상의 신성함도 추구하지 않았다. 자기 지방의 옷을 입고 프랑스 전역으로, 나중에는 외국으로 돌아다니며 가난하고 병든 사람들에게 실질적인 도움과 위안을 주었다. 그러나 이들조차 자신의 일을 회개와 순교의 한 형태로 생각했다. "이웃에 대한 사랑과 자비의 마음이 흘러넘쳐, 악취와 전염병 속에서 죽어가는 사람들에게 기꺼이 달려가는 이들은 진정 신성한 희생자였다."

이 간호단을 창립한 사람들은 정신적 사랑으로 결합된, 한 쌍의 놀라운 성인들이었다. 뱅상 드 폴Vincent de Paul(1581~1660)은 원래 농부 출신이었는데 해적들에게 납치되어 튀니스에서 1년 동안 노예생활을 하다 탈출했다. 한편 루이즈 드마리약Louise de Marillac(1591~1660)은 귀족과 하녀 사이에서 태어난 사생아로 "남자이자 여자처럼" 양육되었고, 철학과 미술 교육을 받았다. 왕족의 시종관과 결혼했지만 남편을 버리고 뭔가 유용한 일을 해야 한다는 생각으로 괴로워하던 여성이었다. 그들 두 사람은 모든 거지는 지상에 온 또 다른 그리스도이며 모든 병자는 십자가에 매달리는 고통을 겪는 것이라고 믿었다. 그런 까닭에 이들을 겸손하게 섬겨야 했다. "외국에서 행복한 사람은 없다"라는 믿음에 따라 간호사는 겸손해지기 위해 낯선 곳에서 일해야 한다 — 이방인이 되는 것은 필수적이다 — 고 그들은 말했다. 자신의 행복은 그들의 목표가 아니었다. 그 대신에 그들은 자매단원들에게 모르는 사람들에게 즐거움과 따뜻한 우정을 널리 퍼뜨리고 역경 앞에서도 쾌활해야 한다고 가르쳤다. 성 루이즈는 단 하루도 고통 없이 지나간 적이 없다고 말했다. 대단히 실질적이면서도 열정적인 이상주의자였던 이 비범한 두 사람은 간호하는 일과 관련해 앞으로 생길 모든 어려움을 예견했다. 그들은 간호사들 사이에 어떤 권력 투쟁이나 자만이나 증오가 있어서는 안 되며, 서로 돌아가며 직책을 맡고 누구도 다른 사람보다 위에 있어서는 안 된다고 믿었다. 미래의 사심 없는 간호사의 모범은 그들에 의해서 세워진 것이다.

그러나 결점도 없지 않았다. 본래 남자 간호사는 남자 환자를, 여자 간호사는 여자 환자를 돌보았다. 그러나 17~18세기에 이르러 간호는 오직 여성만의 직업이 되었다. 이로 인해 여성들에게 엄청난 기회가 열렸지만 예상하지 못했던 불행한 정서적 결과를 낳았다. 사람들은 오직 여성만이 간호 일에 적합하며, 그 일은 집안 살림살이와 비슷해서 남성들의 통제 아래 종속되어야 한다고 믿게 되었다. 뉴욕 병원의 한 외과의는 1860년에 "남성은 최고의 자질을 가지고 있는 경우라도 환자들의 요구를 충족시킬 수 없다. 남성은 천성적으로 이 일에 맞지 않는다"라고 썼다. 친절이란(비록 수도사들도 이를 개발했지만) 여성의 독점물로 여겨졌다. 그래서 연민으로 나아가는 길에 네 번째 인위적인 걸림돌이 세워졌다. 전형적이라고 여겨지는 남성은 제외되었다.

흰 십자가를 상징으로 쓰는 거창한 중세의 성 요한 간호단을 만든 것은 종교적 열기였다. 적십자는 십자군 운동과 관련된 템플 기사단에서 유래했다. 한편 흑십자 깃발은 십자군 원정에 참여했던 독일인들이 조직한 튜턴 병원 기사단(이 기사단은 1차 십자군 원정 무렵에 십자군 부상병과 성지 순례자의 구호와 보호를 위해 예루살렘에서 결성되었다—옮긴이)에 의해 휘날렸다. 이들은 모두 전쟁과 병자를 돌보는 일을 병행한 셈이다. 16세기에 성 요한 기사단은 세계에서 가장 웅장한 병원 가운데 하나를 지중해 몰타 섬에 세웠다. 이 병원은 700명의 환자를 수용할 수 있었다. 병동은 밑면 가로 약 150미터, 세로 약 10.5미터, 높이 약

9미터 크기의 건물이었고, 원뿔 모양의 천막에 침상이 하나씩 있었다. 침대보는 하루에 몇 번씩 갈았고, 음식은 그들이 기울인 열성만큼이나 훌륭했다. 쌀과 베르미첼리(스파게티보다 가는 국수의 일종―옮긴이), 나물, 다진 고기, 닭고기, 쇠고기와 송아지 고기, 신선한 달걀, 아몬드와 설탕을 넣은 비스킷 등이었다. 기사들에게는 2인분이 배당되었다.

그러나 1786년에 영국의 개혁가 존 하워드John Howard가 이곳을 방문했을 때, 그는 향수로 감춘 악취와 더러움과 간호사들을 보고 질색을 했다. 그는 간호사들을 "내가 만난 가장 더럽고 초라하고 감정도 없는 비인간적인 자들"이라고 묘사했다. "한번은 이들 간호사 여덟, 아홉 명이 헛소리를 하며 죽어가는 환자를 보고 재미있어 하는 것을 보았다." 마구간의 말들이 더 나은 보살핌을 받았다. 이런 일이 병원에서 반복해서 일어났다. 병원의 이익이 결국 환자의 이익을 짓밟게 되었다. 이것이 연민으로 가는 길의 다섯 번째 장벽이 되었다.

과거에 병원은 본질적으로 사설 구빈원으로서 내과의를 고용하는 법이 거의 없었다. 수습 외과의가 새 환자를 살펴보았지만 그것은 병이 너무 심해 수용하기에 적합하지 않은 사람을 쫓아내기 위한 목적이었다. 간호사는 환자에게 음식을 제공하는 일에만 관심을 기울였다. 가난한 사람들에게는 무엇보다도 음식이 가장 필요한 것으로 여겨졌기 때문이다. 그러나 18세기 후반에 의사들은 과식이 환자의 힘을 회복시키는 좋은 방법이 아니라고 반박했다. 이때부터 서서히 의사들이 병원 운영을 맡기 시작했다. 이제 병원은 환자의 정신적인 필요에 부응하기보다는 기술적으로 병을 치료하는 일에 관심을 기울이는, 의료 연구 시설로 탈바꿈했다. 침상 옆에서 돌보는 일보다 의술이 더 권위를 갖게 되자 관리자들이 우위에 서게 되었다. 연민이 사라진 것은 아니었지만 그것은 능률에 종속되었다.

플로렌스 나이팅게일Florence Nightingale은 "나는 모든 병원이 폐지되기를 바란다"라고 말했다. 집에서 이루어지는 간호가 그녀의 이상이었다. 그녀는 지나치게 많은 의학적 지식 탓에 간호사들이 무감각해질 것이라고 걱정했다. "훌륭한 여성이 되지 않고는 훌륭한 간호사가 될 수 없다." 지금 전 세계 사람들은 거의 초인적인 간호사의 친절에 감탄하지만 간호사들은 어느 때보다도 좌절감을 겪고 있다.

에든버러대학이 간호사의 사기와 관련해 최근에 실시한 설문 조사에 따르면 자신의 일에 완전히 만족하는 간호사는 전체의 5분의 1이 안 되고, 4분의 1은 확실하게 불만을 느끼고 있었다. 이것은 간호직에 비교될 만한 다른 직종에 종사하는 노동자들의 불만보다 훨씬 정도가 심한 것이다. 불만의 원인은 임금이 낮아서가 아니라 환자를 제대로 보살필 수 없도록 간호사들이 방해받고 있기 때문이다. 병원 체계와 간호사들의 가치 체계 사이에는 갈등이 있다.

오스트레일리아의 한 설문 조사를 통해, 간호사들이 직업적으로 요구되는 감정적인 초연함 때문에, 성과 배설물과 죽음에 대한 금기를 어기는 괴로움 때문에, 그리고 자신들의 친절함 뒤에 숨어 있는 지속적인 긴장을 남들이 이해하지 못하는 것 때문에 고통 받고 있다는 사실이 드러났다. 간호사직이 훈련을 필요로 하는 직업으로 승격되어 간호사들의 수가 증가 ― 1861년 영국에는 1000명의 간호사가 있었지만 1921년에는 5만 6000명으로 늘었다 ― 하자, 문제를 해결하기 위해서는 간호사들 스스로가 의사, 관리자, 국가에 대항해 싸우는 길밖에 없다고 많은 사람들은 생각했다. 그러나 간호사직은 본질적으로 여느 직종과 다른 만큼 싸움이 문제의 해결책이 될 수는 없었다.

고용 조건이 아무리 가혹해도 많은 사람들이 기꺼이 간호사가 되기로 결심했다는 사실은 연민이라는 감정이 아무리 차가운 물을 뿌려도 꺼지지 않는 불과 같다는 증거다. 그렇긴 하지만 때때로 그 깜부기불들이 꺼진 적도 있었다. 10세기 말경에 그 훌륭했던 고대 인도의 병원들이 하나씩 문을 닫았다. 1160년에 페르시아를 찾아갔던 어느 방문객은 한 도시에서 체계가 잘 잡힌 60개의 병원을 보았다. 15세기 유럽에서 가장 세심한 보살핌을 제공한 병원들은 이탈리아 피렌체에 있었다. 그러나 모든 병원들이 결국 그 열정을 잃어버렸다. 18세기에 유럽에서 가장 병원이 많은 나라는 프랑스였는데, 당시 병원이 2000개가 넘었다. 영국의 60배에 해당하는 숫자였다. 모든 나라가 박애와 무감각의 시기를 번갈아 가며 경험했다.

연민의 가장 교활한 적은 인류에 대한 냉소적이거나 절망적인 생각이다. 미국의 경우가 이 사실을 증명하고 있다. 미국은 본래 서로 전혀 모르는 사람들이 모여 세운 나라다. 그래서 미국인들은 매사추세츠의 첫 주지사였던 존 윈스럽John Winthrop의 말처럼 낯선 사람들을 사랑하는 법을 배워야 했다. "모두가 서로에게 기쁨이어야 한다." 그러나 미국인들은 그 목표를 절반 정도 성취했을 뿐이다. 오늘날 미국 성인의 45퍼센트는 자원봉사 활동에 참여하고 있으며 이들은 일주일에 적어도 다섯 시간씩 남을 돕고 있다. 그러나 54퍼센트의 더 많은 사람들은 고통이 개인의 잘못에서 비롯되며 자선은 해결책이라기보다는 '미봉책'에 지나지 않는다고 믿고 있다. 미국인 다섯 명 중 네 명은 개인적인 문제는 스스로 해결해야 한다고 생각하고 있다. 사람들의 관대함에도 불구하고 미국은 아직 이방인들의 나라다.

비록 42퍼센트의 미국인들이 "남들의 이익을 위해 기꺼이 봉사하고 싶다"라고 말하지만, "남들의 이익을 위해 나 자신을 희생하고 싶다"라고 표현을 조금 바꾸면 오직 15퍼센트만이 그렇다고 말한다. 알베르트 슈바이처는 연민은 시간과 정력뿐만 아니라 일상의 즐거움까지 희생시킬 것을 요구한다고 주장했다. 그것은 가난한 사람들의 고뇌에 찬 얼굴과 병자들의 신음에 영원히 시달려야 한다는 뜻이다. "마음속으로부터 세상의 비애를 경험한 사람은 누구도 인간의 본성이 갈망하는 표면적 행복을 다시는 느낄 수 없다." 그러나 그 정도까지 나아가기를 바라는 미국인은 거의 없다.

프린스턴대학의 최근 연구에 따르면 방대한 수의 자발적 기구들이 자비심을 제한하는 결과를 초래하는 것으로 나타났다. 그것은 그 기구들이 일의 특성상 늘 불행을 목격할 수밖에 없는 봉사자들이 불행감에 빠지는 것을 막기 위해 해야 할 임무를 분명히 규정하고 있는 데서 비롯된 것이다. 미국인의 3분의 2는 다른 사람의 일에 지나치게 관련되지 않는 것이 중요하다고 말한다. 우선 자신을 돌보고 힘이 남으면 그때 남을 도와야 한다는 것이다. 착한 일을 하고 나면 사람들은 관심을 거두게 되며, 일상적인 관계에서 온화함이나 동정심을 반드시 유지하게 되는 것도 아니다. 교회에 다니는 사람들이 교회에 다니지 않는 사람들보다 연민의 정을 더 느끼는 것은 아님이 밝혀졌다. 교회를 다닌다고 해서 더 자주 자기 차를 세우고 고장 난 차를 고쳐주는 것도 아니고, 나이 많은 친척들에게 더 많은 관심을 보이는 것도 아니다. 오직 미국인의 4분의 1 정도만 자기 나라에서 가난한 사람을 위한 순수한 배려가 베풀어지고 있다고 믿고 있다. 많은 자원봉사자들은 자신들이 제공하는 도움보다 봉사활동의 대가 때문에 일을 한다고 인정한다. 어떤 사람들은 자신이 너그럽고 영웅적이라고 느끼는 '자아 여행'을 즐기기 위해 우연히 봉사활동을 하게 된 모험주의자라고 인정한다. 그들이 좋아하는 것은 모험이다. 자선활동을 통해 자신이 속한 계층 바깥의 사람들을 알게 되었다고 말하는 이들도 좀처럼 그렇게 해서 맺은 인간관계를 계속 유지하지는 않는다.

과거 미국인들은 신의 명령에 따라 동정심을 가지려고 노력했다. 하지만 지금 그들은 자신들의 동기를 설명하기 위해 신의 말씀보다 의학 용어를 더 자주 사용하고 있다. 그렇게 하는 것이 기분이 좋아지고 자긍심도 높여준다. 그러나 남을 돕는 일은 자긍심을 높여주는 일들의 목록 맨 아래에 위치해 있다. 물론 이런 미국인들의 모든 자기비판이 미국의 특징이라 할 양적으로 엄청난 박애주의를 완전히 지워버리지는 않는다. 그러나 많은 미국인들이 동정심 많은 사람으로 스스로 내세우거나 그렇다고 느끼지 못하고 있으며, 자신의 동정심이 설득력 있게 보이기 위해서는 자신을 낮추어야 한다고 생각하고 있다. 연민의 여섯 번째 걸림돌은 인간이라는 존재에 대해 사람들이 갖고 있는 생각이다. 다른 걸림돌과 마찬가지로 그것은 바뀔 수 있다.

1977년에 평균 수명이 가장 길었던 나라는 스웨덴이다. 그때 이후로는 일본이 가장 길다. 장수를 누리기 위해 그들은 연민을 표현하는 다양한 방식을 발전시켜왔다. 스웨덴은 완벽하게 연민을 민주화시켰다. 그들은 모든 사람에게 무료로 요람에서 무덤까지 모든 종류의 보살핌을 제공했다. 그러나 일본의 경우는 현대적인 방법과 고대의 방법, 서양적 관행과 동양적 관행을 결합시킨, 진실로 다양한 동정심의 포푸리(일종의 방향제용으로 단지 안에 향료와 꽃을 섞어 넣어둔 것—옮긴이)에 해당한다. 장수 기록(1977년 세계보건기구 통계)을 세웠을 당시 일본인의 평균 병원 입원 일수는 42.9일이나 되었다. 미국은 8.1일, 독일은 16.7일, 스칸디나비아, 영국, 이탈리아는 16.7일이었다. 세계 어디서와 마찬가지로 일본의 환자들은 의사와 간호사들로부터 현대적인 진료를 받는다. 그러나 동시에 그들은 친척들의 보살핌도 받는다. 친척들이 병원에 찾아와 시간을 같이 보내고, 병원에서 나오는 세 끼 식사를 보충해줄 음식까지 싸간다. 입원은 의학적인 경험일 뿐만 아니라 사회적인 경험이기도 하다. 친지와 친척들이 선물을 들고 찾아와 불행한 일을 당했음에도 불구하고 환자가 아직 세상으로부터 존중받고 있다는 확신을 준다. 환자 1인당 총 방문자 수는 114명이다. 먹을 것 다음으로 인기 있는 선물은 잠옷이다. 미국의 병원들은 의학적 관점에서 환자들에게 살균된 똑같은 병원복을 입히지만, 일본인들은 입원을 일상생활의 획일성과 혹독함으로부터의 휴가로 보며, 환자들 또한 자신만의 잠옷을 입고 평상시에는 억압되어 있던 개성을 강조한다. 그들은 병을 치료하는 현대의 의약품에만 의지하지 않는다. 각 개인에게 다른 처방을 내리고, 환자를 하나의 전체적인 인간으로 보는 중국 전통의학도 즐겨 이용한다. 일본인들은 종종 종교적인 의학을 첨가하기도 해서 자동차를 신사에서 '정화'하기조차 한다. 이런 식으로 그들은 여러 종류의 동정심을 얻고, 그것을 기뻐하고, 아무리 사소한 질병 증상이라도 터놓고 토론하며 즐긴다. 88

퍼센트에 이르는 일본인들이 이런저런 질병으로 고통을 겪는다고 주장하고 있다.

세 가지 정서적 접착제

성 해방 이후, 아마 이제는 연민이 해방될 차례일 것이다. 그러나 원초적이고 기본적인 선한 본성이 해방될 날만을 기다리고 있으며, 그렇게 되면 모든 사람들이 자신을 희생하는 어머니처럼 자애로움을 드러낼 것이라고 상상한다면, 그것은 지나치게 단순한 생각이다. 감정은 늘 다른 감정들과 경쟁해야 했다.

처신에 관한 조언을 담고 있는 약 4000년 전 바빌로니아의 한 책에서는 다음과 같이 말하고 있다.

말다툼한 사람에게 악행을 하지 마라.
악행을 선행으로 응답하라.
못되게 구는 사람도 정의롭게 대하라.
적에게 상냥하게 대하라.
비방하지 마라. 사람들을 칭찬하라.
추잡한 것을 말하지 마라. 우호적으로 이야기하라.

실질적으로 모든 종교는 이와 똑같은 메시지를 수놓은 셈이었지만, 순결을 지키라고 설득했던 것만큼이나 별다른 성공을 거두지 못했다. "모든 생물에 대한 적의로부터 자유로운 존재가 되라"는 것이 힌두교의 신 크리슈나의 명령이다. 부처와 그리스도는 자신에게 해를 끼치는 사람에게조차 연민을 느끼는 것이 가능함을 보여주었다. 유대교는 복수가 속 시원한 해답은 아니라는 메시지를 담고 있다. "동료에게 자비로운 사람은 모두 아브라함의 자손이다." 이슬람의 신은 자비와 연민의 신이다.

이러한 숭고한 가르침들은 다음과 같은 이유로 그 효과가 제한적일 수밖에 없었다. 하나는 대다수의 교인들이 자기 영혼의 구원을 최우선적인 관심사로 만들기 위해 끈질기게 그 내용을 축소했기 때문이다. 다른 하나는 연민 그 자체를 행하는 것보다 연민의 정을 느끼는 대가로 내세에서 보상을 받는 데 더 관심이 있었기 때문이다. 이단을 인정하기 위해 그것을 자기 종교의 일부분으로 이해한 교인은 거의 없었다. 심지어 자선을 베푸는 사람과 수혜자 사이의 인간적인 관계도 늘 애매했다.

그러나 오늘날 새로운 정서적 접착제라고 할 만한 세 가지 혁신의 결과로 인간들 사이에 다양한 관계가 가능하게 되었다. 첫째, 심리학에 대한 관심으로 인해 "자기가 하는 일을 알지 못하니 저들을 사하여주옵소서"라는 예부터의 명령에 새로운 의미가 추가되었다. 호전적인 적들은 이제 적대감만큼이나 두려움 때문에 호전적이 되는 것처럼 보인다. 또 오직 자신을 방어할 뿐이라고 상상하며 적들과 싸우지만 동시에 자신과도 싸우는 것처럼 보인다. 마음의 혼란이 다 노출되는 까닭에 인간이 기본적으로 이기적이라는 가정은 이제 지나치게 단순한 것이 되었다. 적들은 우연히 서로 상충하는 목적을 좇는 그런 '열정'을 함께 갖고 있는 것으로 밝혀졌다. 반대편에서 서로 싸우는 광신자들은 사실 많은 것을 공유하고 있으며 서로 나눌 말 또한 많다. 금세기 내내 인류는 어리석거나 심지어 끔찍한 죄악을 저지른 사람들에게 연민을 보여주어야 할 이유를 찾아왔다. 모든 지역의 법은 더 자비롭게 변하고 있다. 그래서 그전이라면 생각할 수도 없었던 전혀 다른 사람들 사이의 정서적 애착이 꽤 타당한 것처럼 보이게 되었다.

둘째, 의사소통 과정에 대한 새로운 관심으로 인해, 서로를 완전히 이해하고 황홀함 속에서 하나로 결합하는, 즉 문자 그대로 공감하는 두 영혼이라는 낭만적인 꿈 이외의 새로운 선택이 가능하게 되었다. 외로움에서 필사적으로 도피하려는 시인에게는 이러한 낭만적인 꿈이 달콤해 보이겠지만, 일상생활 속에서의 완벽한 조화는 보통 숨 막히는 것이다. 적합성 이론Theory of Relevance(의사소통 과정은 기호화, 해석 이외에도 암시, 맥락과 같은 많은 다른 요소들을 포함한다는 이론—옮긴이)은 의사소통이 단순히 기호화나 기호의 해석에 관한 문제라는 믿음을 붕괴시켰다. 사람들은 언제나 자신이 보는 것을 과거 경험에 비추어 해석하며, 또 어느 정도 비슷하게 번역해낼 뿐이고 완전히 확신하지는 못한다는 사실이 드러났다. 한 사람을 다른 사람의 마음속에 완전히 들어갈 수 있게 하는 열쇠는 없다. 개인의 존엄성과 신비는 고스란히 남아 있다. 의사소통이란 유동적이고 유연한 접착제에 지나지 않는다.

셋째, 세계에는 현재 방대한 수의 교육 받은 여성들이 존재하며, 이들 때문에 낡은 관계가 불가능해지고 있다. "원수를 사랑하라"고 말한 선교사들이 이성 간의 전쟁을 염두에 두었던 것은 아니겠지만, 더 이상 지배와 의존에 기초하지 않는 남성과 여성 사이의 친밀한 관계 안에서 연민은 새로운 의미를 얻고 있다. 누구는 가졌고 누구는 갖지 않은 단순한 자연의 선물이 아니라, 연민은 각 배우자가 그 관계를 유지하기 위해 개발해야 할 본질적인 특성이 되었다. 이상적인 관계가 평등하고 주고받는 관계라면, 연민은 조심스럽게 그 불을 밝혀놓아야만 한다. 서로에게 온화하게 행동하고자 노력하는 부부는 당연히 낯선 사람이나 심지어 적에 대한 태도도 바꾸게 된다. 어떤 권위의 명령이 아니라 개인적 경험이 점점 더 공적 생활의 자극제가 되고 있기 때문이다.

그래서 비록 대부분의 신문 보도를 보면 사람들은 아직 과거에 그랬던 것처럼 잔인하고 인정 없어 보이지만, 온갖 잔인한 행위에 대한 반감은 의심할 바 없이 증대되었다. 가끔 흐려져 하늘에서 잘 보이지 않는 경우도 있지만 연민은 떠오르고 있는 별이다. 그러나 그 별은 사람들이 밀어 올릴 때만 떠오르게 될 것이다. 그러기 위해서는 양심을 깨끗이 할 목적으로 남을 돕는 낡은 연민의 방식에 만족할 것인지(이 경우에는 도움을 필요로 하는 사람들에게 말을 걸 필요도 없다. 그들 앞으로 수표를 보내는 것으로 충분하다) 아니면 다른 사람을 한 개인으로 발견하고 그들과 이해를 주고받는 새로운 방식에 만족할 것인지 결정해야 한다. 모든 사람이 동등한 권위를 갖고 있다고 보는 세계에서 유일하게 받아들여질 수 있는 연민이란 누구나 무엇인가 공헌하고 있음을 느끼면서, 양쪽이 서로에게 귀 기울이는 것이다. 최소한의 연민도 없는 만남은 불완전하고 시간을 허비하는 만남에 불과하다.

실업수당을 받기 위해 늘어선 실업자의 행렬은 이런 가능성을 염두에 두고 고안된 결과가 아니다. 그것은 세상의 재화를 독점하고 있는 사람들의 거만 때문에 고통당하고 있는 사람들을 돕기 위한 어쩔 수 없는 장치일 뿐이며, 그런 장치에 의해 주어지는 익명성은 반쪽의 승리에 지나지 않는다. 새로운 친근함, 만남의 새로운 방식을 일구어내는 일이 다시 필요해진다. 그러나 오랫동안 개인들은 혼자 있고 싶은 욕구, 그리고 서로에게 관대해지기만 하면 갈등이 종식되리라는 희망에 더 몰두해왔다.

이제 관용이 왜 사람들의 기대만큼 성취를 이루지 못했는지에 대해 살펴볼 차례다.

관용만으로
불충분한 이유

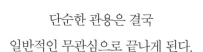

단순한 관용은 결국
일반적인 무관심으로 끝나게 된다.

영국 북부 지방에 갈 때면 수는 자연스럽게 사투리를 쓴다. 그곳이 그녀의 고향이기 때문이다. 이탈리아 남부 지방에 있을 때도 역시 그녀는 편안함을 느끼고, 그 지역 사람들이 그녀한테 외국인이라고 부르면 기분이 좋지 않다. 그곳은 남편의 고향이다. 대부분의 사람들에게 외국의 생활방식은 견디기 어렵다. 그런데 어떻게 그녀는 서로 다른 두 지역을 제대로 이해할 수 있을까? 관용의 뿌리는 외국인뿐만 아니라 동포를 대하는 태도에서도 찾아볼 수 있다.

수의 아버지는 침례교 목사의 아들로 은행 지점장이었으며, 토리 당식 체통을 중시하는 인물이었다. "약속한 일은 실천하라. 그러나 평지풍파를 일으키지는 말라"라고 그는 말했다.

기성 사회를 지지하긴 했지만, 그가 자신을 사회의 일원으로 느끼며 만족해했던 것은 아니다. 그는 대학 교육을 받고 싶었으나 그렇게 할 수 없었다. 그가 생각하기에 마땅히 했어야 할 진급도 하지 못했다. 그의 중산모 아래에는 이런 분개하는 마음이 숨어 있다. 수는 그 모자를 놀렸고, 그의 정치관에 동조하지 않았으며, 언쟁할 때도 아버지가 근거도 없이 말한다고 항의했다. 그녀는 외동딸이었고 독립심이 강한 아이로 성장했다. 열두 살 먹은 딸과 외로움에 대해 이야기하며 어머니는 죽음과 마찬가지로 외로움도 인생의 일부라고 말했다.

　전통과 전통에 대한 반대 둘 다로 이루어진 영국 개신교(영국 국교회는 종교개혁 신앙의 근본주의를 바탕으로 하면서도 중세 영국 교회와 앵글로색슨의 전통을 계승한다. 따라서 신앙은 개신교에 가깝지만 교회 행정이나 전례 관습에서는 로마 가톨릭교회의 전통을 따른다―옮긴이)라는 배경이 어떤 식으로 나타날지는 아무도 모를 일이다. 마거릿 대처 총리 시절 세 정당의 지도자들은 모두 비국교도였다. 수의 경우는 전통에 대한 반대가 외국에 대한 열광의 형태로 나타났다. 대학 시절 카리스마 넘치는 좌파 성향의 강사가 실존주의와 제3세계 문화의 중요성을 역설하며 모든 것을 사상으로 체계화하는 데 감명받아 그녀는 영문학에서 불문학으로 전공을 바꾸었다. 그리고 데모로 명성을 떨쳤다. 그러나 1967년부터 1968년까지 파리에서 1년 동안 지내면서 그녀는 프랑스 사회의 일원으로 인정받는 것이 쉽지 않다는 사실을 깨달았다. 물론 수가 프랑스어를 완벽하게 구사했기 때문에 그녀가 프랑스인이 아니라는 사실을 아무도 몰랐다.

　프랑스인들은 시위대 속에 어김없이 등장하는 그녀를 환영하지 않았고, 그녀의 국적을 알고서는 그녀를 외국인위원회로 보냈다. 거드름을 피우던 당국자들에게 그녀는 정말 돌멩이를 던지고 싶었지만 결국 그렇게 하지는 못했다. 콘-벤디트의 웅변도 그녀를 움직이지 못했다. 군중이 흥분하는 모습이라든가 그들이 열광과 회의 사이를 오가는 것이 그녀에게는 당혹스러웠고, 결국 자신이 이들에게 속해 있지 않다고 느끼게 되었다. 프랑스는 그녀를 내쳤다. 좌파는 더 냉소적으로 더 교활하게 변모해야 하고, 이상주의는 전혀 소용이 없다는 것이 그녀가 얻은 교훈이었다. 개인적인 차원에서 볼 때 그녀는 혁명가가 될 수 없었다. 그녀는 돌 던지는 법을 몰랐다. 혁명가에게 필요하다고 생각되는 독단론이 그녀에게는 없었다. 그때 이후로 이 문제는 계속 그녀에게 남아 있다. 세월이 흐르면서 그녀는 자기와 의견이 다른 사람들에게 더욱 매혹되었다.

그녀는 아는 사람이 한 명도 없는 이탈리아로 갔고, 거기에서 자기에게 맞는 외국을 발견했다. 이것을 일종의 사랑이라고 말할 수 있을까? 이탈리아인들의 모든 바람직한 특성들, 유쾌함과 강한 가족적 유대 때문에 그녀가 이탈리아인들을 좋아한다는 사실을 그들이 받아들일까? 이탈리아인들은 수가 거만하다고 여긴 프랑스인들보다 더 너그럽게 그녀를 자기들 사회로 받아들였을까? 북쪽 지방 출신인 그녀에게는 런던이나 파리는 잘 맞지 않았다. 이와 비슷하게 그녀는 이탈리아에서도 꾸밈없는 사람들 사이에 있을 때에만 편안함을 느낀다. 그녀의 남편은 이탈리아인인데도 불구하고 사람들이 조금 쌀쌀맞은 지역으로 가면 자신을 외국인이라고 느낀다. 그들의 친구는 스코틀랜드 출신들과 남부 이탈리아 사람들이다. 가정생활이 오아시스 같기를 그녀가 바라는 것은 아니다. 그녀의 남편은 전원적인 고향으로 돌아가 과거의 자신이 그랬던 것처럼 아들을 길거리에서 맘껏 뛰어놀게 하면서 키우는 것이 꿈이다. 그러나 그것은 꿈이다. 그의 진정한 관심사인 대체 의약품 분야의 박사가 되는 것과 흡사한 꿈이다. 어디에 있건 그 토양이 모든 곡식에 적합할 수는 없다. 만약 어떤 사람에게 오직 자기 가족의 뿌리만 의미가 있다면, 그 뿌리는 너무 꽉 끼는 신발 같을 것이다. 정말 좋아하는 친척들이 있고, 그들의 유연함과 다채로운 성격에 감탄할 수 있으니 수는 운이 좋은 셈이다.

여기 세 개 국어에 능통한 사람이 있다. 그녀는 자기가 결코 유럽인이 아니며, 이른바 국제적인 사람들은 싫다고 말한다. 친구들은 모두 외국인이고 7개국 사람들이 결혼식 하객으로 참석했는데도, 그녀는 국적을 버린 사람이라는 생각을 정말 싫어한다. 그녀는 아이를 이탈리아인으로 키우고 있다. 영국적인 특성은 나중에 더해질 것이다. 그녀는 뿌리가 필요하고, 그 뿌리는 현재 이탈리아에 있다. 그러나 지중해의 열정적인 색채가 그녀에게 꼭 맞지는 않는다고 덧붙인다.

그녀가 국외로 이주하게 된 정확한 경위는 무엇일까? 대학에 다닐 때 그녀는 프랑스어와 역사(주로 영국사) 교사가 되는 과정을 이수하고 있었다. 맨체스터의 한 종합학교에서 교생 실습을 하는 동안 그녀는 곧 예의 그 독립심 또는 불편함 같은 것을 느꼈다. 그녀는 평범한 아이들보다 기피당하거나 조롱당하는 아이들과 더 잘 어울렸다. "난 남들이 좋아할 것 같은 사람들은 좋아하지 않아요." 그녀는 고학년 학생들을 어른처럼 대우해주었고, 그들에게 인기 있는 선생님이었다. 그것이 여자 교장 선생님의 비위를 건드렸다. "사람들을 생각하게 만들고, 자신의 내면을 스스로 들여다보게 만들면 자동적으로 그들의 신경을 건드리게 되죠. 비슷한 생각을 갖고 있다면 조금 다르겠지만 그런 경우는 드물어요." 사실 그런 경우는 드물다. 교장 선생님과의 충돌이 싸움으로까지 가지는 않았다. 수는 싸우지 않겠다고 결심했다. 그녀는 교생 실습을 그만두고 나폴리로 갔다. 그러면서도 언제든 돌아올 수 있다고 생각했다. 몇 년 동안 이탈리아에서 사는 동안에도 그녀는 귀국 가능성을 완전히 배제하지 않고, 고집스럽게 영국의 대학에 박사 논문을 써내기 위해 노력했다. 결국 그녀는 학위를 받았다. 그래서 돌아갈 필요가 더욱 적어졌다. 그러나 방대한 연구 작업을 하는 동안 이탈리아식 어머니로서의 역할은 상당히 방해를 받았다.

대학에 들어간 첫해에 그녀는 철학자들 사이에서도 의견이 갈리는 것을 보면서 누구도 자신이 옳다고 주장할 수 없다는 것을 깨달았다. 그때부터 그녀에게는 망설임이라고 부를 만한 어떤 정신적 습관이 생겼다. 그것은 '일종의 해방'이었고, 그녀의 자신감을 위해서도 바람직한 일이었다. 그녀 자신도 남들이 들을 만한 가치 있는 의견을 가질 수 있다는 의미였기 때문이다. 그러나 의문이 끝이 없었기 때문에 그것은 불안이기도 했다. 두 번째로, 그녀는 교육을 통해 사람들에게 계속 책을 읽고, 명백한 혼돈을 억지로 질서로 전환시키고, 사물이 조화를 이루는 방식에 대해 계속 토론하겠다는 욕망을 불어넣을 수 있다는 지적 바이러스에 감염되었다. 그러나 다시 의문이 생겼다. 자신의 발견에 흥분하기도 했지만, 그녀는 종종 자신이 위대한 사상가는 아니라는 결론을 내렸다. "항상 나보다 남들이 내 지적 능력을 더 높게 평가해주었죠."

그녀가 사교적인 사람인 이유는 무엇보다도 활기찬 태도, 크게 소리 내어 웃는 웃음, 따뜻함, 사람들에 대한 기민한 판단과 그들의 약점을 어루만져주는 감수성 때문일 것이다. "사람들은 내가 다정하다고 생각해요. 사실 난 극소수의 사람들하고만 친하게 지내요. 걱정이 있거나 화가 나면 말이 없어지죠." 처음 만났을 때 그녀는 화산이 폭발하듯 심정을 토로하는 것처럼 보였다. 그러나 그녀는 "속마음을 다 드러내는 사람을 좋아하지 않아요"라고 말한다. 겉으로 보이는 매력 이면의 그녀는 외로운 사람이다. 생각이 깊은 사람, "자신의 내부에서 일하는" 생각이 깊은 사람에게 매력을 느낀다고 그녀는 말한다. 그것은 자신에 대한 묘사다.

그녀에게는 자신과 남들 사이에 놓여 있는 다리를 건너는 것이 항상 강박관념이었다. 어렸을 적에 그녀는 길거리에서 모르는 사람들의 걸음걸이를 몰래 흉내 내면서 자기가 아닌 다른 사람이 되는 연습을 했다. 극장은 그녀에게 새로운 세계를 여는 마법의 주문 같은 것이었다. 10대 때부터 그녀는 연극 연출을 했다. 연기는 그녀가 다른 사람들의 피부 속으로 들어가는 최고의 수단이었다. "연기를 통해 다른 사람의 관점을 볼 수 있고, 자신과 다르게 보고 느끼는 방식을 이해하게 되죠. 연기를 하면 어떤 공통적인 것을 건드리게 돼요. 배우는 자신에 대한 한 가지 정의에 집착하지 않는 유동적인 사람이라고 생각해요." 이탈리아 학생들이 영국 희곡을 공연할 때, 그녀는 그 학생들이 자신의 감춰진 부분을 발견하도록 도와주었다. 일상생활에서도 그렇고, 사람들이 영국인과 달리 더 과장된 몸짓으로 살아간다는 점이 이탈리아인의 매력 가운데 하나일 것이다.

그녀는 강의하는 것을 즐긴다. 모든 에너지를 거기에 쏟아붓고 자기가 이룬 "놀라운 결과"에 기뻐하고, 학생들을 사랑하고, 또 그 사랑에서 빠져나오기도 한다. 연구에 몰두해야 한다는 결심에도 불구하고 자신이 가장 좋아하는 일은 가르치는 일이라고 다시금 깨닫는다. 그녀가 사람들과의 접촉을 추구하는 데는 끝이 없고 고갈되지 않는 열정이 있다. 그러나 자신이 남들에게 그렇게 해주는 것처럼 그녀를 한계까지 밀어붙이는 지도자를 만나지 못한 것이 그녀로선 아쉬울 따름이다.

수는 자신이 다음에 어디로 향할지 정확히 모른다. 젊은 시절의 이념은 그 광채를 잃었다. 그녀는 아직도 반항자일까? 아니 그녀가 진정 반항자였던 적이 있는가? "난 사람들과 부딪쳐요. 그럴 의도는 없지만 어떤 위계질서 안에 있는 사람들의 신경을 건드리죠." 아이를 키우느라 이제 저항할 에너지도 많이 남아 있지 않다. "목적을 추구하는 일은 끝났어요. 난 이제 평온함을 원해요." 남편이 전원생활의 즐거움을 강력하게 주장하고 나온다면, 그녀도 마음이 흔들릴 것이다. 그러나 그 역시 지식인으로서 불완전하나마 도시가 주는 자극을 필요로 한다.

수는 이중적인 사람이다. 한 부분은 늘 다른 사람들의 살갗 안으로 공감하며 들어가려고 애를 쓰지만, 다른 한 부분은 저항하고 특정한 사람들이나 특정한 관계에 대해서는 불편함을 느낀다. 그녀는 관용의 국경 지역에 살고 있다. 그곳은 미세한 뉘앙스를 통해 사람들을 끌어당기기도 하고 밀어내기도 하는 소외라고 알려진 나라의 국경 지역이기도 하다. 이렇게 관대한 사람이 유럽인이나 아니면 심지어 한 나라 또는 한 도시의 주민이 되기 힘들다면, 그녀를 위해서는 어떤 새로운 종류의 여권이 만들어져야만 하는 것일까?

관용은 증오와 경멸에 대한 온전한 치료제가 아니다

인종적·정치적·종교적 관용의 정신이 서서히 전 세계로 퍼지게 되면 사람들은 서로 자극하고 증오하고 싸우는 일을 그만두게 될까? 오직 기억이 짧은 사람만이 그렇다고 믿을 수 있다.

관용이란 늘 여름 한철 같은 것이었고, 여름이 지나면 추위와 폭풍이 몰아쳤다. 관용의 햇빛은, 예를 들어 하룬 알라시드의 제국 시대나 심지어 칭기즈칸 시대에 전쟁의 구름을 뚫고 지구를 따뜻하게 덥혔다가는 마치 언제 그랬냐는 듯이 사라져버렸던 것처럼, 장구한 시대에 걸쳐 왔다가는 사라지곤 했다. 관용은 모든 일이 잘되고 희생양이 필요하지 않은 행복과 번영의 시기에 퍼지는 불빛이다. 아니면 피와 투쟁의 시기가 지난 후 피로감과 함께 찾아오는 걸으로는 고요해 보이는 가을철 같은 것이다. 관용이 증오와 경멸에 대한 영구적인 치료제가 되었던 적은 없다. 성난 사람들, 절박한 사람들 또는 모욕당하는 사람들에게 관용을 설교하는 것은 늘 쓸모없는 일이었다. 그러나 관용과 박해의 되풀이되는 주기를 깨고 나오는 일은 가능하지 않을까. 관용과 박해 이외의 더 흥미로운 제3의 길이 있다. 관용은 그저 그것을 위한 준비에 지나지 않는다.

오늘날 프랑스 국민의 39퍼센트(우파의 33퍼센트, 좌파의 45퍼센트)만이 관용이 중요한 미덕이라고 믿고 있다. 똑같은 비율의 영국인들은 피부색이 다른 사람들과 아무런 문제없이 같은 지역에서 살 수는 없다고 말한다. 관용은 열정이 아닌 까닭에 대중의 상상력을 사로잡는 데 실패했다. 내키지 않는 부담을 진다든가 어쩔 수 없이 견디는 일은 흥미로울 수 없다. 교육도 큰 도움이 되지 못했다. 1933년 유럽에서 가장 교육 수준이 높았던 나라(독일―옮긴이)의 국민들이 갑자기 가장 옹졸하게 돌변해버린 사실이 이를 증명하고 있다. 감기에 걸리는 것만큼이나 옹졸함에 전염되기 쉽기 때문에 교육 받은 사람들도 무지한 사람들과 마찬가지로 관용에 있어서는 성적이 나쁘다. 낯선 사람들에게 가장 개방적이었던 나라나 도시가 번영이라는 보상을 받

은 경우가 비일비재한데도, 부자가 되기를 원하는 사람은 질투가 무
서워 늘 옹졸함의 유혹을 받았다. 지난 20년 동안 미국에서는 흑인
의 29퍼센트와 백인의 16퍼센트가 피부색이 다른 사람을 더 이상 견
딜 수 없다고 말하고 있다.

관용은 원인을 근본적으로 치료하는 현대의 의약품 같은 것이어
야 하지만 실제로는 단기적인 효과밖에 없는 민간요법에 지나지 않
는다. 어떤 문명에서는 서로 다른 인종이 평화롭게 사는 게 가능한
적도 있었다. 그러나 외국인이나 소수인종에 대한 분노의 불꽃은 되
풀이해서 타오르고 또 부지불식간에 그런 일이 일어난다. 오랜 세월
에 걸친 경험에도 불구하고 관대한 사람은 아직도 의심의 대상이 되
고, 도덕적으로 해이해졌다는 비난을 받고 있다. 4세기경 로마의 호
노리우스 황제가 게르만족이 입던 바지를 입을 정도로 관대했던 로
마의 멋쟁이들에게 추방령을 내린 이래로, 변한 것은 거의 없다. 로
마 군인들은 짧은 치마를 입었다. 그것이 관용의 한도였다.

인간의 권리를 선언했다고 프랑스가 자동적으로 관용적인 나라로
변하지는 않았다. 19세기 초 새로운 방직공장에 일자리를 잡기 위한
경쟁이 벌어졌을 때 영국과 독일에서는 이민 노동자들을 반대하는
소요 사태가 일었다. 루베와 같은 도시에 실업 사태가 닥치자 이번
에는 이 도시 인구의 반을 차지하고 있던 벨기에 이민자들이 표적이
되었다. 오스만Haussmann이 파리를 재건할 때 외국인들의 수가 두 배
로 늘었지만, 호경기가 끝나자마자 환영이 적대감으로 변했다. 오늘
날 알제리인들에 대한 공격은 1881년 '마르세유 저녁 기도'의 반향
에 지나지 않는다. 그 당시 1만 명의 군중이 이 도시를 사납게 돌아
다니며 이탈리아인들과 그들의 재산을 공격했다.

그렇다고 해서 인류가 근본주의와 독단론 앞에서 아무 힘도 없다는 의미는 아니다. 관용의 정신을 꼭 조상에게서 물려받는 것은 아니지만 관용에 대한 취향 역시 깊은 뿌리를 가지고 있다. 그 뿌리는 고대 인도로까지 거슬러 올라간다. 인도는 세계에서 가장 오랜 관용의 전통을 갖고 있는 나라다. 그곳에서는 여러 종교가 정도의 차이는 있지만 1000년이 넘는 세월 동안 화목하게 공존했다. 그러나 1948년에 인도는 광신적인 옹졸함의 끔찍한 폭발(힌두교도와 이슬람교도의 충돌—옮긴이)을 경험했고 이때 100만 명 이상이 살해되었다. 필연적으로 그래야만 했던 것은 아니었지만, 인간의 죄를 정화한다는 갠지스강에서 얼마나 멀리 떨어져 살건 또 그 강물을 어떻게 생각하건 모든 인도인의 삶 속에 이 일의 전말에 대한 이야기는 다만 얼마라도 남아 있다.

　힌두교는 본질적으로 독단적이지 않다. 유일신을 믿거나 여러 신을 믿거나 또는 신이 존재하지 않는다고 믿어도 훌륭한 힌두교도가 될 수 있다. 고대 힌두교의 성가집인 《리그베다》는 의심에 대한 너그러움으로 종교 서적 가운데서 돋보인다.

　자신의 창조이건 아니건 간에,
　가장 높은 하늘에서 만물을 살펴보는
　그는 알고 있다, 만물의 근원이 어디인지.
　그러나 그조차 모를 수도 있고.

　비슈누를 숭배하는 힌두교도도 있고 시바를 숭배하는 힌두교도도 있다. 이들은 각각 자신의 신을 최고로 여기지만 상대방의 신도 숭배받아 마땅하며 궁극적으로는 내남없이 다 옳다고 믿는다. 힌두교는 5000년 전에 사물은 겉보기보다 더 복잡하고, 이성만으로는 진리를 발견할 수 없으며, 진리에 다가가기 위해서는 지식뿐만 아니라 참된 인간성과 도덕적인 삶이 요구된다는 전제에서 시작되었다. 새로운 종교를 대하는 힌두교도의 태도는, 음식을 요리하는 것처럼 그 안에도 당연히 흡수할 가치가 있는 진리가 존재하지만 흡수 과정에서 변형될 수도 있다는 생각을 갖고 그 종교에 접근해가는 것이다. 사람들의 의견을 모은 결과가 상충되면 이들은 삶의 모순을 받아들일 수밖에 없다는 견해를 취한다. 정치인들이 그동안 반대하던 안건을 만장일치로 통과시키는 것처럼, 전혀 만족스럽지 못한 결과가 생겨도 어쩔 수 없는 일이다.

　인도의 철학자 가운데 가장 영향력 있었던 석가(?~기원전 483?)는 자신이 신이라고 주장하지도 않았고, 한 분파의 우두머리가 되는 데도 관심이 없었다. 인도 북부에서 그는 비슈누의 열 개 화신 가운데 아홉 번째에 해당한다는 식으로 그곳의 종교생활에 흡수되었다. 대부분의 평범한 사람은 그의 가르침을 존경할 가치가 있고 상호 배타적이지 않은 여러 신앙 가운데 하나로 믿고 있다. 석가는 다른 종교를 공격하지도 않았고 박해를 당하지도 않았다. 모든 살아 있는 것에 대한 호의와 자비가 그의 가르침이었다. "어머니가 살아 있는 동안 자신의 유일한 아이를 돌보듯, 사람은 모름지기 모든 인간에게서 모든 것을 포용하는 사랑을 느껴야 한다. 사람은 위와 아래와 가운데를 포함하는 이 세계 전체에 거리낌 없이, 미워하는 마음 없이 무한한 사랑을 느껴야 한다. 서 있건 걸어가건 앉아 있건 누워 있건 (…) 사람은 사랑을 늘 생각하며 흔들림이 없어야 한다. 이것이 선정Sublime Mood이라고 하는 것이다." 석가는 의견이 다른 것을 높게 평가했으며, 만장일치를 통해 결정을 내리는 승려들에게조차 복종의 절을 요구하지 않았다.

극락과 현세에 관한 자유로운 생각이 아직도 인도에 널리 퍼져 있다. 3억에 달하는 신과 무수한 힌두교의 정신적 구루들은 셀 수 없을 만큼 많은 행동과 믿음의 모범을 제시한다. 기원전 6세기부터 시작되어 오늘날까지 남아 있는 무신론 종교인 자이나교는 '추측과 가능의 교리'에 토대를 두고 있으며, 이 세계를 정확하게 알거나 묘사하는 것은 불가능하다고 주장한다. 이 종교는 존재하는 모든 것에 대해 폭력을 사용해서는 안 되며, 심지어 돌과 벌레도 존중해야 한다고 가르친다.

신앙에 대한 이런 거의 끝없는 관용과 자유로운 사회적 접촉을 허용하지 않는, 세계에서 가장 오래된 옹졸함이라고 할 만한 카스트 제도가 나란히 존재해왔다. 관용이란 사람들을 가만히 놔두는 것을 의미한다. 카스트란 자기를 오염시킬지도 모르는 사람들과 거리를 유지하고, 그들과 함께 식사하지 않고, 그들과 결혼하지 않는다는 의미다. 이 두 가지 생각은 서로 연관되어 있다. 관대하다고 해도 사람들은 고립된 공동체를 이루어 자기들끼리만 결혼하고 오직 자신들에게만 관심을 갖고 살 수 있다. 그러나 그 고립 때문에 그들은 주변에 친구가 없고 주변 사람들에게 관대함을 기대할 수 없게 되었다는 사실을 갑자기 깨닫게 되는 것이다.

아소카 황제는 종교적 관용을 장려했던 세계 최초의 지배자였다. 그는 기원전 264년부터 228년까지 인도의 거의 전역을 통치했다. 그러나 그는 다른 전제군주들처럼 그저 자신의 의무를 다하려 애쓰는 약점투성이 인물은 아니었다. 형과 다른 많은 경쟁자들을 살해하고 아소카는 스물네 살에 황제 자리에 올랐다. 거대한 궁궐을 가진 전형적인 군주로서 그는 매일 식탁에 올리기 위해 수백 마리의 동물과 새를 도살하고, 고문을 목적으로 지은 끔찍한 감옥에서 신하와 백성들을 고문했다.

그런데 전설에 따르면 그는 자기에게 가해지는 어떤 고통도 전혀 개의치 않는 것처럼 보이는 한 젊은 불교 승려를 만났다. 아소카 황제는 그에게 깊은 감명을 받아 불교 신자가 되었고 통치의 목적에 대해 근본적으로 다시 생각했다. 그는 전쟁을 멈추고 "안전, 절제, 정의와 행복"을 증대시키는 일에 전념했다. 박애주의, 채식주의, 모든 생명에 대한 자비를 가르치는 그의 법령은 거대한 바위 벽면에 새겨졌으며 아직도 남아 있다. 그 법령은 개인적인 고백의 형태로 기록되어 있으며, 과거 자신의 잔인성과 맹목에 대한 후회 그리고 새로운 시각으로 사람들이 서로를 대할 수 있도록 진력하고자 하는 그의 소망을 말하고 있다. 그는 '청렴 강직한 관리'라는 새로운 계층의 관리들을 양성하고 그들이 더 올바르게 처신하도록 격려했다. 사악하고 충동적인 기질 때문에 본래 그는 '사나운 아소카'라고 불렸다. 그러나 틀림없이 못생겼고 또 그 이유 때문에 아버지의 미움을 샀지만, 그는 아름다운 아소카가 되었다. 그는 사냥이라는 왕의 오락도 그만두었다. 그리고 순례 여행을 통해 기쁨을 얻으라고 신하와 백성들을 독려했다. 그는 도로에 약 8킬로미터 간격으로 휴게소를 세우고 인간과 동물 모두를 위한 병원과 약초 정원을 만들라고 명령했다. 그는 불교도였지만 경쟁 관계에 있는 다른 종파도 장려했다. 그의 칙령 12호는 신앙을 가진 사람들은 존중되어야 한다고 선포하고 있다. 모범을 보임으로써 세상 모든 왕들의 통치 방식을 바꾸는 것이 그의 궁극적인 목적이었다. 그는 옹졸한 다섯 명의 그리스와 중동의 군주들에게 자신의 원리를 받아들이도록 설득했다. 전설에 따르면 그의 어머니는 그리스계 시리아인 공주였다. 어쨌든 칸다하르에 있는 그의 법령 가운데 하나는 그리스어와 아람어로 새겨져 있다. 물론 실생활에서는 그의 관용이나 평화주의에도 한계가 있었다. 군대를 해산하지도 않았고 사형제도를 폐지하지도 않았다. 그러나 중요한 사실은 인도인들이 그를 가장 위대한 군주로 기억하고 있다는 것, 그리고 현재 인도공화국의 인장印章이 그의 기념비 가운데 하나의 모습으로 되어 있다는 것이다.

이슬람이 인도로 진출해 이슬람교도들이 지배 계급이 되었을 때 (1021~1858), 또 기독교도들이 상인으로 선교사로 그리고 마지막으로 지배자로 인도에 이르렀을 때도 힌두교도들은 직접적인 대결을 피했고, 조금 모호하지만 신앙이나 의식의 교환을 선호했다. 서로에게서 조금씩 빌려온 세 개의 종교가 그들의 전통 속에 섞여 있다. 성 프란체스코와 성 토마스는 힌두교 신전에 치료자로 모셔졌으며, 힌두교 성인들은 이슬람교나 기독교의 순교자로 변형되었다. 기독교도들은 힌두교의 제식 행렬에 참가했고, 힌두교 통치자들은 성당을 후원했다. 이슬람교로 전향한 인도인들은 이슬람교의 군사력에 감명받아 그것을 새로운 형태의 신의 보호라고 보았지만 자신들의 오랜 신을 버리지 않았다. 이슬람교도들은 새로운 카스트로 취급되었다. 개종과 정복의 초기 단계에서 이런 식의 약간 모순된 신앙의 혼재는 지극히 정상적인 일이었다. 멜라네시아와 아프리카에서뿐만 아니라 유럽에서도 그랬으며, 유럽에서는 기독교 성인들을 동원해 이교적인 치료 의식을 영구히 보존하고자 했다. 세세한 신학적 사항에 관심이 없는 사람들이 공식적 교의에 대해 입에 발린 찬사를 늘어놓으면서도 개인적으로는 그것을 자기 멋대로 해석하는 것은 지극히 정상적이고도 당연한 일이었다.

모순과 더불어 사는 것은 일종의 예술로서, 모든 예술과 마찬가지로 자연스러움과 교활함을 다 필요로 한다. 모순과 더불어 사는 것이 막연한 생각에 지나지 않는다면 그렇게 사는 것은 결국 아무 의미도 없다. 결실을 맺기 위해서는 심사숙고해서 선택하고 상상력을 통해 창조해야 한다. 그러나 직선적으로 단순하지 않은 예술이나 모순에 대처하는 것을 힘들어하는 사람들이 늘 있게 마련이고, 19세기에는 그런 사람들이 인도에서(다른 곳에서와 마찬가지로) 더 영향력을 갖게 되었다. 그때까지 인도에서는 세 가지 주요 종교가 놀라운 조화를 이루며 공존해왔지만, 지도자들이 등장해 모호함과 모순의 종식과 그들이 생각하기에 양립할 수 없는 교리와의 분명한 결별을 요구했다. 박식한 종교학자들에 의해 종교 간의 적의가 생겨났다. 이들은 고대의 서적을 연구하고 좀 더 순수하다고 생각되는 교의를 재창조해서 모든 불만에 대한 치료책으로 거기에 복종할 것을 강요했다. 경제 위기가 공동체 사이의 적대감을 자극하지 않았더라면 그들은 별 관심을 끌지 못하고 사라져버렸겠지만, 결국 가난은 도덕적 타락 때문이고, 무질서는 종교적 의무를 소홀히 했기 때문인 것이 되어버렸다.

영국인들이 인도의 주인이 되었을 때 그들은 이슬람교 지배자들을 몰아내고 행정부 운영에 힌두교도들을 고용해 두 종교 사이의 분열을 조장했다(관료정치는 사람들을 분리하는 데 전문이다). 그리고 이 종교들 사이에 싸움을 붙여놓고 이득을 취했다. 힌두교도들은 영국인 학교로 빨려 들어갔다가 하급 관리로 내뱉어졌고, 이슬람교도들은 이슬람 학교에 고립된 채 그들 선생의 말씀을 들었다. 교단에 선 선생들은 학생들에게 정부 기구의 어떤 직책을 제공해주지는 못했지만, 정통적인 종교의 가르침에 따른 해방과 인격의 고결함을 가르쳤다. 이슬람교도들이 세계를 지배한다고 느꼈을 때 그들이 즐기던 (페르시아에서 유래해 아답adab 또는 품위라고 알려지게 된) 그 옛날의 예의 바른 행동에 대한 국제적인 규율들은 신성한 법에 대한 엄격한 복종(샤리아)과 다른 종교에 대한 의심에 기초한 새로운 행동 모델로 대체되었다. 대중은 이에 매혹되었다. 그들에게 새로운 권위가 주어졌기 때문이다. 무지하고 세련되지 못해서 예전에는 엘리트들의 경멸을 받았지만 이제는 누구나 신앙을 통해 이상적인 이슬람교도가 될 수 있었다. 모든 근본주의가 예외 없이 걷는 길을 따라 외국의 영향을 제거하는 일이 짜릿한 새로운 열정이자 인생의 목표가 되었다. 이들 지성인들의 상당수는 고결한 이상을 품고 있던 탁월한 학자였고 용감한 사람들이었지만, 종교 간의 차이를 강조함에 따라 비롯될 유혈극을 예견하지 못했다. 일부는 진리의 이름 아래서는 피를 흘릴 가치가 있다고도 생각했다.

간디조차 관용으로 이루지 못한 것

독자성을 강조함으로써 자신을 방어하는 사람에게서 볼 수 있는 옹졸함에 대해 어떤 해답이 있을 수 있을까? 이와 관련해 가장 흥미로운 실험은 마하트마 간디(1869~1948)에 의해 이루어졌다. 그 실험은 인도라는 맥락을 훨씬 넘어서는 의미심장한 것이었다. 관대해지기 위해서는 각자가 먼저 충분히 개인적인 힘을 가져야 한다고 간디는 믿었다. 그 개인적인 힘이란 두려움을 모르는 용기다. 어릴 적 그는 어둠과 도둑과 유령과 뱀에 대한 공포 속에서 살았다. 청년 시절에 그는 겁쟁이였다. 친구가 그를 창녀촌에 데려갔을 때 그는 말도 못하고 움직이지도 못했다. 그가 나중에 보여준 모든 용기는 늘 자신을 괴롭혔던 나약함을 극복하겠다는 결심의 결과였다. 마음의 평화가 그의 목표였다. 남들에게 마음의 평화를 찾아줌으로써 자신도 그것을 얻을 수 있다고 생각했다. 개인 사이의, 그리고 사회 사이의 조화는 내면의 근심을 치료함으로써만 가능하다. 이런 해결책은 정치를 지도자가 아니라 모든 시민의 노력에 의존하는 정신적 모험으로 바꾼다는 의미였다. 사람들은 불만을 남 탓으로 돌리지 않고 먼저 자신의 행실부터 바꾸어야 한다. 공적인 일에 영향력을 행사하는 가장 좋은 방법은 모범을 보이는 것이다.

그래서 간디는 자기의 사생활에 관해 터놓고 이야기했다. 그는 자신의 개인적 어려움들을 인정했고, 자신이 일상적인 가정의 편안함을 거부한 데 대한 아내의 불만과 검소하게 살아야 하며 기본적인 필요를 넘어서는 모든 부는 잠시 맡겨진 것으로서 공공의 복지를 위해 사용되어야 한다는 자기의 주장을 놓고 토론을 벌였다. 아들들은 자기들을 돌보지 않는다고 그를 원망했다. 그도 부인하지 않았다. 그러나 그는 사랑이 가족의 울타리 안에 제한되어서는 안 되고 모든 이웃들에게 골고루 돌아가야 한다고 주장했다. 그는 최소한 150명을 '친척'으로 보았다. '동지애'와 개인적인 우정의 확산이 종교와

국적과 계급의 장벽을 극복하는 길이라고 여겼다. 사랑은 무엇보다도 이기적인 이익을 잊고 다른 사람에게 헌신하는 봉사를 통해 표현되어야 했다.

실험 마을에서 그는 이러한 생각을 실천하려고 시도했다. 많은 힌두교도들에게는 대단한 추문이었지만, 그는 불가촉천민들, 즉 모두가 기피하는 카스트의 사람들도 그 마을의 일원으로 받아들였다. 그들과 거리를 유지해야 하고 변소 청소와 같은 천한 일들은 그들에게 맡겨야 한다고 배우며 자랐지만, 그는 직접 변소 청소를 했고 아내에게도 그렇게 할 것을 고집했다. 매일 한 시간 동안 그는 병원에서 천한 일을 도왔다. 오직 이 길을 통해서만 과거의 장벽을 제거할 수 있다고 믿었다.

그러나 모든 사람과 친구가 되는 것은 쉬운 일이 아니었다. 사교적인 인물이 아니었던 그에게는 특히 어려운 일이었다. 그에게는 대등한 친구가 없었다. 네루는 아들 같았고 고칼레Gopal Krishna Gokhale(1866~1915. 인도 독립운동 초기의 온건파 민족주의 지도자—옮긴이)는 아버지 같았다. 그를 도와준 성숙한 여인들에게서 간디는 폭넓은 정서적 지원을 받았다. 이것은 의미심장한 사실이며 결코 작은 이야깃거리가 아니다. 여성에 대한 그의 견해는 낡은 것이었고 본질적으로 성실한 아내가 이상적인 여성이라고 그는 생각했다. 그러나 비록 남성과 여성 사이의 우정이 새로운 사회의 토대가 될 수 있다는 것을 알아차리지는 못했지만, 그는 자신이 경험한 여성과의 우정을 통해 여성이 얼마나 위대해질 수 있는지 깨달았다. 여자친구 중 한 명을 그는 천치라고 불렀고, 그녀는 그를 독재자라고 불렀다. 그래도 그는 그녀의 말에 귀 기울였다. 비록 그녀 말의 일부분만 듣는 데 그치고 말았지만.

간디가 모든 관습적 차별을 폐지하려 했던 것은 아니다. 기독교도나 이슬람교도들이 궁극적으로 힌두교를 더 우월한 종교로 인정하기를 바라지도 않았다. 그가 보기에 모든 종교는 장단점이 있었다. 사람들에게 어떤 종교를 가지라고 선전한다고 해서 세상이 개선되는 것은 아니었다. 대부분의 사람이 그 종교의 가르침을 제대로 실천하지 않기 때문이었다. 그는 결코 사람들을 개종시키려 하지 않았다. 대신 각자 자신의 종교가 가르치는 자비를 실천하기 위해 노력하라고 독려했다. 진리는 다면적이다. 진리를 단 하나의 신조로 단순화할 필요는 없다. 그러나 결과적으로 이런 태도로 인해 그는 자신의 종교를 눈가리개로 사용하는 과격한 근본주의자들을 방관한 셈이었다.

그는 한 개인이 일시적이라도 6억 명의 태도를 바꿀 수 있다는 것, 그런 기적에 가까운 일이 일어날 수 있다는 사실을 증명해 보였다. 1947년 파키스탄으로 달아나던 이슬람교도들이 "기차 하나 가득씩 도살당했을 때"—"우리는 짐승으로 변했다"라고 그는 논평했다 — 이슬람교도들이 이에 보복하고, 캘커타가 폭동에 휩쓸리고, 학살 사건에 대한 뉴스가 새로운 학살 사건을 일으키고 있을 때, 힌두교도였던 간디는 이슬람 지역의 무슬림 집에서 경찰의 보호 없이 지냈다. 이는 두려움을 모르는 화해의 상징적인 몸짓이었다. 몇 시간이 안 되어 이슬람교도들과 힌두교도들은 얼싸안았고 심지어 서로의 사원에서 기도를 드렸다. 그러나 다시 폭동이 일어났다. 간디는 단식에 들어갔고 사람들이 제정신을 찾을 때까지 단식을 중단하지 않겠다고 발표했다. 다시 한번 폭력이 멈췄고 사람들은 무기를 반납하기 시작했다. 마운트배튼 총독은 "네 개 사단의 힘으로도 해내기 힘든 일을 그는 도덕적인 설득을 통해 성취했다"라고 말했다. 그러나 그의 성취는 일시적일 뿐이었다. 편견에도 불구하고 민중은 평화를 위해 기꺼이 목숨을 바치려 한 그의 노력에 깊이 감동했다. 그러나 오래지 않아 증오가 다시 표면 위로 떠올랐다.

그래서 간디는 성공했지만 또 실패했다. 적의를 극복할 수 있음을 보여주었다는 점에서 그는 성공했다. 그것은 실제로 이룬 성공이었다. 그러나 일시적이었다. 증오의 깊은 뿌리는 그대로 남아 있었다. 그는 이슬람교도를 충분히 이해하지 못했기 때문에 실패했다. 그는 사람은 모두 똑같고, 각 개인의 영혼은 우주적인 영혼의 일부라고 말했다. 그에게는 모든 사람을 관대하게 대하는 것이 당연했다. 그러나 경험을 통해 그는 인류 전체에 대한 일반적인 선의나 '동지애'가 갑작스러운 분노의 파도에 휩쓸릴 수도 있다는 사실을 알게 되었다. 그의 실험 마을에서도 말다툼과 오해가 다반사였다. 소식과 특이한 식사 — 그는 한때 과일만 먹고도 살 수 있다고 생각했다 — 를 하면 가능하다고 생각했던 것처럼 그가 만약 120세까지 살았더라면, 그는 막연한 선의를 널리 퍼뜨리기보다는 개인 사이에 관계를 구축하고 다른 사람의 믿음과 사고방식에 개인적으로 더 흥미를 느끼는 데 주력했을 것이다. 그는 자기가 만나는 사람들의 건강과 그 가족들에 대해 늘 염려했지만 그들의 마음을 꿰뚫어보는 데는 그만큼의 시간을 들이지 않았다.

오히려 창피를 주어 사람들이 좀 더 관대하게 행동하도록 만들 수 있다고 간디는 확신했다. 그는 영국 군대가 자기를 구타하고 감옥에 가두도록 놔두었다. 그는 아무런 저항도 하지 않았고 그저 단식에 들어갔을 뿐이다. 그는 영국인들에게 자기를 죽일 수 있으면 죽이라고 했다. 그가 기꺼이 순교자가 되려고 했기 때문에 영국인들의 사기가 꺾였던 것은 분명하다. 그러나 군인들이 죄 없는 평범한 사람들을 때리지 않을 것이라고 믿은 것은 잘못이었다. 오히려 정반대로 많은 영국 군인들은 인도인들이 '응분의 대가'를 치르도록 하는 일을 서슴지 않았다. 당시 식민지 육군 원수였던 아치볼드 웨이벌은 힘과 전통적인 정치를 믿었고, 간디가 제안하는 것과 같은 정치와 전쟁의 규칙을 바꾸는 일에 흥미를 느낄 만큼 상상력이 풍부하지 않았다. "독실한 척 말은 하지만 이 심술궂은 정치가의 기질에는 부드러움이 거의 없다고 확신한다"라고 그는 기록했다. 그러나 간디 역시 적을 이해하지 못했다. 그는 사람들이 비열함을 즐길 수 있다는 사실을 이해할 수도, 믿을 수도 없었다. 분쟁이란 궁극적으로 오해 때문이며 우호적인 대화를 통해 어려움을 풀 수 있다고 확신하면서 자신이 그 '중재자'가 되기를 열망했지만, 간디는 이슬람교도만의 '순수의 땅', 파키스탄을 건국한 인도의 이슬람교 지도자 지나Mohamad Ali Jinnah(1876~1948)와는 순수하게 우호적인 대화를 나누지 않았다.

두 사람의 관계는 의회당Congress Party에서 정치적 경쟁자로 시작되었다. 간디는 자신의 승리가 지나에게는 모욕적인 패배의 경험이라는 사실을 결코 이해하지 못했고, 지나는 간디에 대해 개인적인 혐오감을 키우게 되었다. 20년이 넘는 좌절을 겪은 후 지나는 독립된 인도에서 이슬람교와 힌두교의 협력을 이끌어내려던 목표를 포기했다. 다수를 점하고 있는 힌두교도의 양보를 통해 소수파 문제를 해결하는 것이 그의 바람이었다. 소수파는 억압당하고 권력에서 배제되어 있기 때문에 양보할 것이 없다고 그는 주장했다. 그러나 지나는 자신이 모색했던 관대한 행동을 상대에게서 구할 수 없었고, 의원 선출에서 종교가 다른 다수파와 소수파 모두의 찬성표를 얻어야만 한다는 그의 헌법 제안은 거부되었다. 지나는 결코 광신적인 이슬람교도가 아니고 정중한 세계주의자였고 엄청나게 부유한 변호사였다. 이슬람 가문 출신이 아닌 독립적인 여성(백만장자 조로아스터교도 사업가의 딸)과 결혼했고, 그의 딸은 기독교로 개종한 파시교도와 결혼했다. 그는 공개적인 자리에서만 햄 샌드위치와 돼지고기 소시지를 좋아한다는 사실을 감췄다. 그의 개인적 야심은 "올드빅 극장(런던에 있는 셰익스피어 극의 공연으로 유명한 극장―옮긴이)에서 로미오 역할을 해보는 것"이었으며, 정치에서 물러나 쉬고 싶을 때는 셰익스피어를 소리 내어 읽곤 했다. 인도인으로서 그의 경력이 최저점에 이르렀을 때 그는 런던에서 변호사로 개업했고, 영국의 의회의원이 되는 것을 생각해보았다. 간디는 자신과 지나가 공통적으로 가지고 있는 유대관계나 자질이나 입장을 보지 못했고, 그랬기 때문에 지나가 점점 더 이슬람 사회 내부로 향하는 것을 막을 수 없었다. 지나는 힌두교도들의 오만과 무감각에 절망해서 그렇게 했다. 그의 말에 따르면 이슬람교도들은 추방당한 사람들이었다. 파키스탄의 독립을 선포하면서 그는 이 나라가 어떤 차별도 없는 나라가 될 것이라고 약속했다. 그와 간디의 관계를 보면 어떻게 개인적인 적의가 쌓여 같은 목표를 가진 사람이 서로 등을 돌리고 결국 충돌해 공공연한 재난을 일으키는지 알 수 있다.

간디의 삶에서 우리는 관용의 한계를 볼 수 있다. 그는 다른 힌두교 현인들과 마찬가지로 자신을 존경하는 추종자들을 불신했다. 이들은 자신의 가르침을 화석화된 교리 문답으로 바꿀 위험이 있었다. 오직 그와 나란히 서서 더 나은 무엇인가를 찾아 함께 투쟁하고자 하는 "동료 과학자와 실험의 동참자"만이 환영받았다. 고대의 전원적인 행복에 대한 향수가 그를 위로해주었다. 그러나 그는 진정으로 이 세계를 변화시켜 완전히 다른 세계를 창조하고 싶어 했다. "내 영혼의 깊은 곳에서 나는 지금과 같은 세상을 허용하는 신과 끊임없이 싸우고 있다." 이상주의자였다는 것이 그의 궁극적인 약점이었다. 가족, 음식, 섹스와 같은 가장 기본적인 쾌락의 거부, 극단적인 금욕주의로 인해 그는 평범한 사람들과는 너무 멀리 떨어진 성인이 되었다. 가난을 영적인 정화라고 찬양하고 도시를 비도덕적이라고 비난하는 것은 굶주리고 직장이 없는 사람들에게는 설득력이 없었다. 그는 너무나 많은 영웅주의를 요구했다. 그리고 때때로 그것을 성취하기도 했다. 그러나 오랫동안 그랬던 것은 아니고, 평생 그랬던 것도 아니다. 그에게 고뇌로부터의 해방은 오직 자신의 몸에 고통을 가하는 동안에만 가능했다. 다른 사람들의 생각도 똑같으리라고 가정한 것은 그의 잘못이었다. 성인은 어떤 영감의 대상이 될 수는 있겠지만 본받을 만한 모델이 될 수는 없다. 사람들에게 장기간에 걸쳐 관용을 베풀라고 가르치고 설득하고 강요하는 일은 불가능하다. 간디조차 자신의 소망에도 불구하고 압제자들의 "가슴을 녹이지는" 못했다. 마음은 부드러워졌다가 다시 단단해지는 법이다. 아소카 왕역시 자기가 역사의 경로를 바꾸고 있으며 자신의 정의로움이 "해와 달처럼 영원히" 계속될 것이라고 잘못 생각했었다.

런던에서 법을 공부하던 청년 간디는 영국의 신사처럼 옷 입는 법을 배웠지만 "진리의 실험"에 점점 더 몰두하면서 서구 문명에 대한 배척의 상징으로 오직 허리에 두르는 간단한 옷만을 입었다. 사실상 그는 서양의 전통과 동양의 전통을 훌륭하게 종합한 인물이었다. 그는 불교나 자이나교뿐만 아니라 예수의 산상수훈과 톨스토이, 러스킨의 영향도 받았고, 1893년부터 1914년까지 머물렀던 남아프리카에서 인종차별에 대항해 싸운 경험에서도 영향을 받았다. 억압에 저항하던 고대 인도의 방식인 비폭력과 수동적인 저항을 전례가 없을 만큼 기술적으로 발전시켰지만 그는 힌두 사회가 타락했으며 완전한 갱신이 필요하고 똑같지는 않지만 거의 서양의 도시 문화만큼이나 퇴폐적이라고 비난했다.

인도 독립 후 그는 자신의 성취를 가장 큰 실패로 보았다. 독립 후의 인도는 그가 꿈꾸었던, 관대함으로 순화되고 영적 발전에 매진하고 폭력을 거부하는 그런 나라와 너무나 달랐기 때문이다. 이슬람교도들이 갈라져 나와 파키스탄이라는 별도의 나라를 세운 것을 그는 참을 수 없었다. 그것은 명백하게 양립할 수 없는 것들을 끌어안는 인도의 다원적인 특징과 상치하는 일이었다. 그것을 피하기 위해 간디는 자신의 적수인 이슬람교도 지나를 힌두교 인도의 대통령으로 추대하자고까지 제안했다. 그러나 오직 간디만이 이런 교묘한 해결책을 생각할 수 있었을 것이다. 그의 추종자들은 커다란 반감을 느꼈고 자신들의 야심을 결코 희생시킬 마음이 없었다. 이슬람교도들에게 너무 관대하게 보였기 때문에 간디는 힌두교 광신자에게 암살당했다. 힌두교조차 이런 옹졸함을 잉태할 수 있었다. 간디의 삶을 보면 전통적으로 관용을 옹호하는 나라에서 지극히 예외적인 인물에 의해 실천될 때도, 관용은 결국 불충분한 처방이라는 사실을 확인할 수 있다.

관용 너머에 있는 위대한 모험

서구는 역사적으로 정도의 차이는 있지만 관용을 인정하지 않았고, 오직 종교개혁과 종교전쟁의 시기에만 관대해지는 것을 진지하게 고려했었다. 그 당시 각국 정부는 이교에 대한 처벌이 아무리 엄해도 모든 백성에게 똑같은 생각을 갖게 할 수는 없다는 사실을 깨달았다. 박해가 결국 박해자들을 지치게 했다. 자신이 진리를 독점하고 있는 게 맞는지, 또 진리가 분명하게 드러날 수 있는 것인지 그들은 더 이상 확신할 수 없었다. 그래서 관용이 채택되었다. 그러나 그것은 다른 사람의 생각을 존중하거나 다른 사람의 믿음을 깊이 이해했기 때문이 아니라 확신을 갖지 못하는 것에 대해 절망했기 때문이었다. 그것은 남들의 믿음에 눈을 감는다는 뜻이었다.

그것만으로는 이제 부족하다. 관용의 대상이 되는 사람들은 자신을 무시하지 말고 올바로 평가해달라고 점점 더 요구하고 있고, 겸손한 태도 뒤에 숨은 경멸에 민감해졌다. 그들은, 다르다는 것은 중요하지 않으며, 다만 생각이 다르더라도 드러내지 말고 다수에게 피해만 주지 않으면 된다는 식의 이야기를 바라지 않는다. 게다가 소수에게 너그럽게 행동할 다수가 더 이상 존재하지 않는다. 다수는 분해되어 점점 더 많은 소수로 변하고 있다. 단순한 관용은 결국 일반적인 무관심으로 끝나게 된다.

관용이라는 이상은 이제 목표가 아니라 초석으로 생각되어야 한다. 다른 사람들을 이해하는 것은 관용 너머에 있는 위대한 모험이다. 그것은 정복에 대한 고대의 집착보다도 더 야심 찬 모험이다. 다

른 사람의 생각이나 감정의 신비를 탐험하는 일은 새로운 영적 추구
이며, 공감은 교류를 통해 얻을 수 있는 새로운 보상이다. 오늘날 남
성과 여성은 그 어느 때보다도 평등의 토대 위에서 서로를 이해하려
고 노력하고 있으며, 그 덕분에 이해와 공감을 향한 열망의 길이 역
사상 처음으로 활짝 열리게 되었다. 그런 까닭에 세상이 방향 감각
을 잃어버렸고, 다시는 잃어버린 방향 감각을 찾을 수 없으며, 돌아
가는 길 이외에는 어떤 방법도 없다고 단언하는 것은 잘못이다. 과
거의 습관은 남아 있지만 이제 새로운 모험이 시작되었다.

성 해방과 소비사회의
풍요에도 불구하고 삶이 우울한 이유

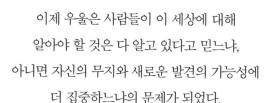

이제 우울은 사람들이 이 세상에 대해
알아야 할 것은 다 알고 있다고 믿느냐,
아니면 자신의 무지와 새로운 발견의 가능성에
더 집중하느냐의 문제가 되었다.

어떤 화가라도 아닉 제이유Annick Geille의 초상화를 그려달라는 부탁을 받으면 주저 없이 그 일을 맡을 것이다. 세상은 세련된 파리 여성에게 감탄하는 데 질리는 법이 없다. 그러나 그는 곧 난관에 부딪히게 될 것이다. 그녀를 "나는 여기 최고의 사람들과 같은 부류에 속한다"라고 선포하는 듯한 도도한 모습으로 그려야 할까, 아니면 숨 막히게 흐트러진 옷차림을 하고 "나는 다른 사람들과 구별될 아무것도 걸치고 있지 않다"라고 말하는 듯한 여인으로 그려야 할까? 칭찬에 무장해제되어 수줍어하는, 앞머리를 늘어뜨린 소녀 같은 그녀의 미소 짓는 모습을 그려야 할까? 그러나 프랑스 언론계의 속사정을 알고 있는 사람들은 그녀를 언론계에서 대단한 영향력을 가진 인물이자 잡지 《엘르》의 창간자인 엘렌 라자레프Helene Lazareff를 연상시키는 단호한 인물로 회상한다. 그러나 그녀의 깃털처럼 가벼운 악수와 스스로 그토록 의식하고 있는 연약함을 어떻게 동시에 그릴 수 있겠는가? 최근 사업계의 거물들이 그녀를 영입했을 때, 그녀는 무엇보다도 그들이 얼마나 대범한지 그리고 자신이 얼마나 소심한지 놀랐다.

아닉 제이유는 자신의 경험을 바탕으로 독립적인 여성이 된다는 것이 어떤 의미인지를 독자들에게 보여주는 데 평생을 바쳤다. 여성의 독립을 주장했던 전 세대의 철학자인 시몬 드 보부아르는 사르트르의 부정 때문에 겪은 자신의 불행을 변명하면서 남성과 여성의 관계가 궁극적으로는 만족스러운 토대 위에서 이루어질 수 있다고 주장했다. 그러나 아닉 제이유는 그것을 의심한다. 그녀에게는 해결책이 없다. 그녀에게 인생은 필연적으로 비극적이다.

아마 그녀의 진정한 초상은 그녀의 코를 대상으로 한 일련의 초현실주의적 연구가 될 것이다. 그녀의 코는 경계심으로 긴장한 짐승의 코보다 더 많은 무엇인가를 표현하는 것처럼 보인다. 끊임없이 그 모양이 바뀌고 황홀과 호기심과 경외감과 고통과 불만과 지루함 등을 드러낸다. '시대의 분위기'를 알아채는 재능 덕분에 그녀는 직업적으로 성공했다. 여기서 말하는 시대의 분위기란 패션 디자이너들이 느끼는 계절의 유행 같은 것이 아니다. 그것은 감정의 좀 더 지속적이고도 깊은 경향을 의미한다. 그녀는 남자에 대한 여자의 반응을 불가사의하게 바꿔놓는 날씨의 바로미터이자, 남녀가 서로를 갈구할 때의 온도를 표시하는 온도계다. 그녀가 거쳐온 성공적인 경력의 각 단계는 교육을 받고 야심적인 여성의 태도가 어떻게 변천해왔는지에 대한 일종의 논평 같은 것이다. 그녀가 편집인으로 일했던 네 개의 잡지는 각각 프랑스 정서의 역사적인 단계를 대표하며, 아직 풀리지 않은 딜레마로부터 벗어나기 위한 출구의 모색이었다. 소망하는 것을 얻고 나면 그다음에는 무엇을 할 것인가? 그리고 왜 그 소망은 그렇게 잠깐 동안만 매혹적인 것인가?

1973년 겨우 20대 초반의 나이에 프랑스어판 《플레이보이》의 발행을 맡게 되었을 때, 그녀는 즉시 이 관대해진 시대를 맞아 이제까지 없던 전혀 새로운 방식을 선보였다. 벌거벗은 여자들의 사진만으로는 지적인 프랑스 남성을 만족시킬 수 없다고 그녀는 주장했다.

그녀는 자신이 '세련된 쾌락주의'라고 부르는 어떤 것을 설명하는 글을 기고하도록 가장 존경받는 지성인들을 설득했다. 젊은 철학자 베르나르-앙리 레비Bernard-Henri Lévy라는 떠오르는 별을 발견한 것도 바로 그녀였다. 그녀는 이 젊은 철학자에게 주요 언론과의 첫 인터뷰를 주선했다. 그러나 휴 헤프너Hugh Hefner(《플레이보이》 창간자—옮긴이)는 그 인터뷰 원고를 받아보고 "도대체 이 친구가 누구야?"라고 불평했다. 그녀는 다시 텔렉스를 쳐 무명 철학자의 15쪽에 걸친 독설을 실을 수 있게 해달라고 간청했다. "저를 믿으세요. 곧 사방에서 그의 이름을 듣게 될 겁니다." 실패하면 실직이었다. 그러나 3주 후 《타임》이 그녀를 모방해 '레비와 새로운 철학자들'이라는 커버스토리를 실었다. 이제 그녀의 안목을 의심하는 사람은 없었다.

그녀의 후각은 지친 68세대의 반란을 대신할 새로운 반란의 시기가 왔다는 것을 감지해냈다. 그녀는 어떤 사람이 "나는 정치를 믿지 않는다. 나는 잃어버린 세대다. 희망도 없고 어떤 대의명분에도 무덤덤하다. 인생의 목적도 없다"라고 한 말을 기사화했다. 인간의 따뜻함마저도 그 사람은 두려워했다. 자신이 믿는 것은 오직 진실을 말할 필요뿐이라고 그는 말했다.

그 이래로 아닉 제이유는 인간의 연약함에 대한 환멸과 혁신의 기쁨을 절묘하게 다루었다. 좌파와 우파 어느 쪽도 거부하면서 좌파는 조금 더 오른쪽으로, 우파는 조금 더 왼쪽으로 가기를 바라는 사회 분위기가 마음에 든다. 그녀의 원칙은 애매모호함이 아니라 그런 모순을 직시하는 집요함이다. 그녀는 그 원칙을 남성과 여성의 격렬한 전쟁에 적용했다. "나는 남자들과 있으면 여자라고 느끼고, 여자들과 있으면 남자라고 느껴요. 좌파에 속한 사람들과 있으면 난 우파

쪽이죠. 다수파가 있으면 난 소수파의 일원이고요. 페미니스트와 있을 때도 마찬가지입니다. 난 그들의 일원이 아니에요. 그것이 자유입니다." 청소년 시절 아닉 제이유의 성경은 시몬 드 보부아르의 《제2의 성》이었다. 그러나 그녀는 보부아르에 대한 넬슨 올그런Nelson Algren의 무자비한 조롱을 기사로 실었다(보부아르는 자신이 넬슨 올그런과 낭만적인 연애 관계를 가졌다고 생각했다). 페미니스트들은 《플레이보이》를 향해 신랄한 비난을 퍼부었다. 왜 그녀는 그런 식으로 위험을 감수할까? "나도 그 이유를 알았으면 좋겠어요."

《플레이보이》가 더 이상 전위적으로 보이지 않게 되자 아닉 제이유는 《F 매거진》의 편집인 자리로 옮겨갔다. 그리고 남성과 여성의 전쟁에 염증을 느끼고 "남자가 없다면 사는 재미가 없을 것"이라고 생각하는 여성들의 '포스트-페미니스트'(페미니즘이 단순한 유행에 지나지 않았다거나 또는 페미니즘이 이미 승리를 거두었으므로 여성들은 더 이상 페미니스트가 될 필요가 없다고 주장하는 사람들—옮긴이)적인 동반자로 이 잡지를 변모시켰다. "남자처럼 살지만 여자가 된 행운을 자랑하고 싶어 하는 새로운 여성"의 느낌을 전달할 뿐이라고 그녀는 주장했다. 말하자면 이 잡지는 안내자가 아니라 동반자였다. 그녀는 크리스틴 옥크랑Christine Ockrent을 표지 인물로 싣는가 하면 기질이 완전히 다른 부부들을 근거로 삼아 사람을 매혹시키는 새로운 기술에 관해 토론을 벌였다. 다시 한번 그녀는 알랭 핑켈크로트Alain Finkielkraut 같은 인기 있는 철학자를 끌어들여 서로에 대한 찬사만으로는 불충분하다는 점을 설명했다. 현재 필요한 것은 "자신을 독창적으로 만드는 재능이에요. 다른 사람을 놀라게 해야 하고, 남들과 달라야 하고, 재미있어야 해요." 거기에는 어떤 단일한 공식도 없다. 그녀는 남성과 여성 모두 이성에게 기대하는 최고의 자질은 지성이라고 주장하는 여론 조사 결과를 소개했다. '성적 매력'은 맨 아래쪽에 있었다. 그녀 잡지의 헤드라인들을 요약하자면 여성에게 길을 비켜주라는 것이었다. 우리는 월급도 많고 책임도 따르는 남성의 직업을 원한다, 어떻게 승진할 것인가 등등. 그러나 이후 다음과 같은 기사들이 뒤따른다. "활동적이고 정력적인 당신은 무쇠팔을 가지고 경력을 관리할 수 있다. 그러나 밤에는 분위기를 좀 바꾸면 어떨까? 거들과 실크스타킹을 신고 요부, 어린아이 같은 여자, 여자다운 여자가 돼라." 그녀가 동시에 좌파도 되고 우파도 되는 기술에 감탄했던 것처럼, 이제 그녀는 여성이 매력과 힘을 번갈아 발산하고 싶어 한다고 생각한다.

그러나 여성이 점점 직업의 정상에 도달하고 있는데도 여전히 뭔가 부족하다고 그녀는 직감했다. '교양'이 없다면 여성은 불완전하다. 자크 랑Jack Lang(프랑스의 전 문화부장관—옮긴이)이 그녀의 예언자였다.

그녀는《팜므Femme》라는 미려한 잡지를 창간했다. 비싼 광고료를 받았지만, 거기에 실린 글은 가장 교양 있고 존경받는 저자들이 쓴 것이었다. 문학, 심리학, 예술이 피임만큼이나 본질적인 것이 되었다. 동시에《팜므》는 비용을 아끼지 않고 가장 세련된 방식으로 욕망을 충족시키는 쾌락과 향락주의와 사치를 찬양했다.

다시 움직일 때가 되었다. 남자들이 능장을 부리고 있었다. 그녀 세대의 이혼녀들은 제대로 된 상대를 만나기가 점점 더 어려워진다는 것을 깨닫기 시작했다. 1990년에 그녀는 또 다른 잡지를 시작했다. 그러나 벌거벗은 여자 대신에 여성들에게 제공한 것과 똑같은 묘방을 남성들에게 제공했다. 그것은 교양이었다. 이제는 남성에게 교양이 필요할 때라고 생각했다. 남성 잡지들은 남자의 감수성을 키우고, 남성과 여성 사이의 문화적 심연을 메우고, 세련된 남자에 대한 새로운 기준을 세울 필요가 있었다.

이 모든 것은 그녀가 낙관주의자임을 암시한다. 그녀의 잡지는 언제나 독자에게 남녀 영웅을 예로 제시한다. 그런데 문제는 이 모델들이 현실의 사람들과 거의 닮지 않았다는 사실이다. 모델들은 조금 떨어져서 보면 완벽해 보인다. 그녀는 상류 사회에서 활동하고 파리의 가장 인기 있는 동네에 살고 있으며 부유한 사업가와 결혼했지만, 모든 면에서 만족하고 있는 것은 아니다. 그녀는 집에 돌아오면 밤늦게까지 책상 앞에 앉아 소설을 쓴다. 이 소설에는 그녀의 경험에 대한 좀 더 내밀한 회상이 들어 있다. 잡지에서 그녀는 '인생이란 멋있지 않은가. 이 모든 놀라운 사람들이 멋진 일들을 하고 있다, 당신도 마찬가지이고⋯' 하고 말하는 것처럼 보인다. 그러나 그녀의 소설은 그녀가 생각하는 잃어버린 고리를 보여준다. 소설의 주제는 언제나 실패한 사랑이다. 잡지사에서 일했기 때문에 그녀는 사람들의 살아가는 모습과 관련된 자료들을 수집할 수 있었다. 그녀의 잡지와 달리 소설은 슬프다. 소설가로서의 자신과 기자로서의 자신은 의견의 일치를 보지 못한다고 그녀는 말한다.

《밤으로의 여행La Voyageuse du Soir》에서 여주인공은 기쁨에 넘쳐 집에 있는 남편에게로 달려간다. 여주인공은 막 자기 직업에서 최고의 상을 받았다. 그러나 남편은 너무 바빠 축하해줄 시간이 없다고 말한다. 소동을 피우는 이유도 모르겠고 그녀에게 영광을 안겨준 거창한 사람들의 이름을 들어본 적도 없다는 것이다. 이것이 아닉 제이유가 처한 인생의 딜레마다. 일은 그녀의 열정이자 최대의 연애 사건이다. 그녀는 종종 하루에 열두 시간 일한다. 많은 남자들이 그녀의 성공에 분개하는 것처럼 보인다. 그녀의 소설에 등장하는 한 인물은 "직업적으로 성공한 여성을 인정하는 남자라도 개인적으로는 그 여성에게 금세 싫증을 느낀다"라고 불평한다. 그녀의 책들은 성공한 여성들로 가득 차 있다. 그러나 그 성공한 여성들에게는 "엄청난 수입에도 불구하고 말을 건넬 사람이 없다." 일을 할 때 그녀의 목소리는 편집장의 목소리다. 여성으로서 사람들을 마치 섬세한 도자기처럼 대할 때 내는 그녀의 부드럽고 주저하는 듯한 어조와는 사뭇 다르다. 사무실에서의 권력이 여자를 약하게 만든다고 그녀는 말한다. 집에서 그녀는 무너져 내리고 싶고, 남자가 결정하도록 내버려두고 싶다. 그러나 남자들도 집에 오면 피곤하다. 그녀는 때때로 어린아이가 되어 자신의 승리에 대한 자랑을 들어줄 사람이 있으면 좋겠다고 생각한다. 1978년에 그녀는 이런 점을 이해하고 있고, 해방된 여성이 원하는 모든 특징들을 구비하고 있고, 여성에게 아무것도 요구하지 않는 '새로운 남성New Man'의 도래를 알리는 책을 출판했다. 지금 그녀는 그것을 후회한다. 그 전망은 신기루였다.

　"만약 어떤 남자가 다른 누구보다도 그 여자를 좋아하지만 관계를 갖고 싶어 하지는 않는다면, 여자는 실패했다고 느낍니다. 여성은 자신이 해방되었고 강하다고 느끼지만, 그럼에도 언제나 사랑받고 선택받는 사람이기를 원하죠." 그녀는 사랑에 대한 믿음을 갖고 싶지만 슬프게도 자신이 원하는 사랑은 없다는 결론을 내렸다. 그녀가 원하는 사랑의 방식은 목가적이고 그래서 현실적으로 불가능하다. 사랑에 빠지는 것은 그녀에게 언제나 꿈과 같은 것이었다. 깨고 나면 사랑은 사라져버린다. 사랑은 원래 평등하지 않기 때문에 지속적일 수 없고, 지속되는 동안에는 파괴적이다. 사랑은 우정을 파괴하고 갈등을 불러온다. 언제나 한쪽이 상대방보다 더 사랑에 빠지고 그래서 불리한 입장이 될 수밖에 없다. 사랑받는 쪽은 상처 없이 헤어질 수 있다. 남자는 체질적으로 성실하지 못하다고 그녀는 믿는다. 온갖 형태의 부정이 그녀 책의 변함없는 주제다. 이런 식의 남녀 사이의 비극적인 불화와 "여성의 참을 수 없는 운명"을 인정한다면, 그것은 자신과 남을 더 이상 속이지 않는다는 뜻이다. 마치 "나는 신을 믿지 않는다"라고 말하는 것처럼 "난 사랑을 믿지 않아요"라고 그녀는 도전적으로 말한다. 그러나 사랑은 그녀 안에 계속 머물고 있다. 때때로 그녀는 영혼의 동료를 찾는 것이 사랑이라고 넌지시 내비치지만, 불행하게도 "당신을 사랑하는 사람은 당신을 이해하지 못하고, 당신을 이해하는 사람은 당신을 사랑하지 않아요." 때때로 그녀는 다음과 같은 악순환에 빠져든다. 자기를 사랑해주는 이를 사람들은 사랑한다. 그러나 그다음에는 자기를 사랑하기 때문에 연인이 어리석어지는 것이 틀림없다고 느낀다. 너무 친해지면 사생활이 침해될 수 있고 그 자체가 하나의 위협이 될 수 있다. 너무 솔직하면 사랑을 망칠 수 있다. 사랑에 빠질 때 사람들은 조심해야 한다. 그녀의 소설 속 한 인물은 "사랑한다"고 말하지만 "그 말은 이제 너무 흔해졌어"라고 덧붙인다.

우정으로만 만족하면 문제는 거의 사라진다. 물론 그녀는 그렇게 할 수 없다. 그렇지만 우정이 종종 인생에 어떤 의미를 주며, 적어도 안전하고 든든하다는 느낌을 준다고 생각한다. 그녀가 어렸을 때 경험한 어떤 연애는 끊임없는 말다툼이 전부였다. 그것이 우정으로 바뀌자 요구할 권리가 없어졌고, 그래서 지금 그 관계는 완벽하다. 물론 이런 식으로 우정을 찬양하는 데는 단순한 이상화의 측면이 있다. 일로 바쁜 여성은 친구들을 자주 만날 수 없기 때문이다. 언젠가 새 책이 출판되었을 때, 그녀는 가까운 유명 저자에게 추천사를 몇 줄 써달라고 부탁했다. 그는 너무 바빠 쓸 시간이 없다며 미안하다고 말했다. 그녀는 그가 자신의 저술에 몰두하고 있기 때문에 다른 생각을 할 여유가 없다는 점을 이해하려고 했다. 그래도 화가 나서 연락을 끊고 지내다가 결국 화해했다. 우정에서는 단점 때문에 친구를 원망할 수 없다. 단점을 받아들여야만 한다. 그러나 친구의 가치를 인정하면서도 그녀는 이런 결론을 내린다. "주위에 사람이 많지만 나는 홀로 남아 있어요. (…) 인생은 서로 만나지 않는 외로운 세계들로 이루어져 있죠."

시몬 드 보부아르는 섹스가 신속하고 즉각적인 의사소통을 달성하는 한 방법이라고 인정했다. 그러나 《플레이보이》의 전직 편집인에게 섹스란 처음부터 실패한 즐거움이자 자연의 또 다른 사기에 지나지 않는다. "여자들이 저항하기 힘든 애무"도 있고, "취하게 하는" 남성적인 향기도 있고, "남자가 없다면 여자라는 존재가 사라질 위험도 있다." 그녀의 작중 인물들은 침대를 들락날락하고, 남자 인물들은 살아 있다는 환상을 심어줄 여러 명의 여자를 필요로 한다. 그러나 열정이 그 짧은 순간을 좇는 일에 지나지 않는다면 너무 애처롭다고 그녀는 생각한다. 관대한 시대라는 꿈은 아직 실현되지 않았다. 섹스는 이미 함께 있는 사람들만을 모을 뿐이다. "사람은 누구나 홀로 사는 거죠."

아닉 제이유는 브르타뉴 지방에서 태어났다. 어머니는 은행가의 딸이었고, 아버지는 선원이었다. 장학생이었던 소년이 배의 기관사가 된 것이다. 이로 인해 그녀는 두 개의 세계 사이에서 분열된 것처럼 느끼게 되었다. 한편으로는 사치품을 사랑하고, 다른 한편으로는 자기가 진짜로 속해 있는 곳은 혜택 받지 못한 계층이라고 느낀다. 단지 여자라는 이유로 카페에 갈 수 없고 집에서 허드렛일이나 해야 한다고 여겨졌던 것에 대해 그녀는 몹시 분개한다.

그녀는 동네 책방 주인에게서 자신의 열정을 발견했다. 그는 스무 살이나 많았지만 그녀의 첫 번째 친구였고 독서에 대한 열정을 지펴주었다. 독서는 아직도 그녀의 진정한 열정으로 남아 있다. 그녀는 어디를 가든지 항상 책을 갖고 다녔고, 거의 모든 현대 문학 작품을 읽었다. 그녀를 반쯤 입양하다시피 한 어느 자식 없는 아주머니가 그녀의 지지자가 되어주었다. 그 아주머니는 그녀의 부모에게 그들이 딸을 너무 심하게 다루고 있으며 딸의 재능을 알아보지 못하고 있다는 사실을 알려주려고 노력했다. 좋은 남자를 만나 결혼해서 아이를 낳는 일이 어머니가 소망하는 전부라고 아닉 제이유는 생각했다. 고향 도시 로리앙에서 그녀는 자신이 지방의 부르주아 의식에 갇힌 죄수처럼 느껴졌다. 책을 통해 그녀는 다른 삶을 어렴풋이 보았다. 그 세계는 파리의 저술가들이 주재하는 세계였고, 그녀는 그들을 신으로 숭배했다. 파리의 명사가 되기를 꿈꾸는 발자크류의 지방 언론인들, 이 도시의 좌절한 주변인들, 남편으로 적절하지 못한 인물들이 반란의 공모자들이었다. 그녀의 가장 친한 친구들은 언제나 출신이나 기질이나 성적 지향에 있어서 주변인이었다. 그녀는 기자가 되었다. 그것이 그녀의 신들을 직접 만나볼 수 있는 방법이었기 때문이다. 파리의 주요 문필가들 대부분이 지금 그녀의 주소록에 있다. 그녀는 그들에게 경외감과 존경심과 애정을 느낀다. 그녀에게 한 권의 책은 단순히 하나의 생각이 아니다. 그것은 상대를 껴안는 것이며, 또 상대의 포옹을 받는 것이다. 저술은 전혀 모르는 사람들이 그들을 갈라놓는 모든 것에도 불구하고 서로의 마음을 건드릴 수 있다는 가장 좋은 증거다.

때때로 이 우아한 파리의 여성은 언론인들의 파티에 10대 아들을 동반하고 나타난다. 여자가 자식을 위해 희생해서는 안 된다는 것이 젊었을 적 그녀의 원칙이었다. 그녀는 아직도 그렇게 믿고 있다. 아이를 가졌을 때 그녀는 부모들이 흔히 하는, "우린 널 위해 모든 걸 다 했어"라는 말이 잘못되었다고 생각했다. 자식을 위한 일을 할 때 부모는 즐거움을 느낀다. "아이가 부모에게 빚진 것은 아무것도 없어요. 아이에게 삶의 즐거움을 빚지고 있는 것은 바로 부모입니다. 부모는 아이에게 감사해야 해요. 아이가 부모를 가르치는 거죠. 아이는 부모에게 언제나 더 나아지라고 요구하니까요." 아들에 대한 그녀의 사랑은 대단하다. 자식을 잃는 것보다 더 큰 슬픔을 그녀는 상상할 수 없다. 그래서 자식을 잃어버린 여자들에게 끔찍하면서도 거의 미신적인 호기심을 느낀다. 자식에 대한 사랑은 영원히 지속되는 유일한 사랑이라는 것이 그녀가 고집하는 유일한 환상이다. 그러나 그녀에게 프랑스의 '첫 소설 상First Novel Prize'을 안겨준 《은밀한 사랑의 초상Portrait of a Guilty Love》은 어머니와 딸 사이에 놓인 몰이해의 벽 앞에서 지르는 긴 고통의 외침이다.

일 때문에 남편과 함께 보내는 시간이 적어 아쉽긴 하지만, 가끔은 혼자 있기를 바라기도 한다. 사교적 접촉이 지나치게 많으면 그녀는 갑자기 냉담해져 자신을 외부와 단절시킨다. 마치 셔터 문이 닫히는 것처럼 코의 모양이 바뀐다. 여자는 남자가 자신에게 욕정을 느끼는지 알고 싶어 한다고 그녀는 말한다. 그러나 그녀가 말한다고 해서 그녀 마음속의 모든 생각을 다 알 수 있다고 쉽게 단정할 수는 없다. 그녀가 쓰는 향수의 모든 성분을 어떻게 다 알 수 있겠는가?

"세계는 자기가 가는 길을 알고 있는 사람들의 것"이라고 그녀는 썼다. 그러나 그녀의 도로 표지판은 마음속에 있다. 그녀는 느낌으로 어디를 가고 싶은지 결정한다. 욕망이란 불변의 것도 아니고 충족될 수도 없기 때문에, 언젠가는 목표에 도달할 것이라고 기대하지 않는다. "언제나 놓쳐버리는 뭔가가 있죠." 그녀는 순진하다고 일컬어질 어떤 위험에도 빠지지 않는다. "여성은 낯선 사람이나 이방인으로 남아 있어야 하고, 신비스러움을 지켜야 하고, 예측할 수 없어야 하죠." 이런 식이라면 여성은 완전히 패배하는 법이 없다. 그러나 이제 그녀는 또 다른 소설, 그녀에게 가장 중요한 소설을 끝냈다. 그 소설의 결말은 슬프지 않다. 이제 그녀도 대기 가운데서 희망의 냄새를 조금 맡은 것 같고, 궁극적으로 사람들이 슬픔으로 인한 충격보다는 인생의 가능성에 더 비중을 두고 있다는 사실을 느끼게 된 것 같다.

10세기 일본의 자유로운 성 문화는 삶의 무상함에 굴복했다

여성이 해방된 것은 처음이 아니다. 흥미로운 삶의 냄새를 맡는 선구적인 여성들이 이미 10세기 일본에 있었다.

물론 이것은 귀족과 관련된 이야기다. 그렇지만 오늘날 해방된 여자들 역시 귀족으로서 소수에 지나지 않는다. 당시 일본의 황궁이 있었고 '평화의 수도'라고 불렸던 교토의 여성들은 평상시에는 어둠 속에서 보이지 않던 것들을 순간적으로 보여준 후 갑자기 꺼져버린 투광 조명처럼 자신들의 느낌을 기록해 인간의 감정을 드러내 보였다. 남자들이 평민들은 이해할 수 없는 문자(유럽의 라틴어에 해당하는 일본 학자들의 문자였던 한자)로 전쟁, 법, 종교라는 의례적인 주제에 관해 박식한 저술을 쓰는 동안, 여자들은 일상적인 일본어로 소설을 쓰기 시작했고, 그 과정에서 일본 문학을 창조했다. 약 100년 동안 소설은 여자들에 의해서만 쓰였다. 이들은 자신에게 흥미로운 주제들, 즉 다양한 감정에 관해 토론했다. 세계 최초의 심리 소설은 11세기에 한 20대 여성이 쓴 《겐지 이야기》였다. 그녀보다 두 배나 나이가 많은 남편은 결혼한 지 몇 년 안 되어 죽었다. 일본인들이 모방만 한다고 말하는 사람들은 프루스트의 선구적 작품이라고도 할 수 있는, 이 지적이고도 진정 읽을 만한 가치가 있는 무라사키 시키부紫式部(978~1016)의 소설을 알게 되면 대단히 놀랄 것이다.

　소설가란 자신의 경험에 너무 감동되어 그 경험이 망각 속으로 사라지는 것을 참을 수 없는 존재라고 그녀는 말했다. 그녀는 황궁에서 목격한 혼란스러운 사랑의 유희에 감동했고, 처음에는 희망으로 나중에는 절망으로 거기에 반응했다. 살아가는 기술에 관한 그녀의 결론과 상반되는 어떤 증거도 있을 수 없다는 듯 그녀의 소설에는 하인들을 제외하고도 430명의 인물이 등장한다.

　무라사키 소설의 남자 주인공은 아닉 제이유의 '새로운 남성'처럼 이상적인 남성이었다. 그는 물론 감탄스러울 정도로 잘생겼지만 그것이 이상적인 이유는 아니었다. 그는 무엇보다도 감수성이 풍부한 사람이었다. 그는 왕자였지만 무라사키는 그가 가진 권력이나 무사로서의 칼 솜씨 또는 그의 육체적 힘에는 관심이 없었다. 그의 공적인 경력에 대해서는 한 마디도 언급하지 않는다. 그는 끊임없이 연애를 하지만, 돈 후안과 달리 여자를 잊거나 버리지 않는다. 여인 모두를 하나의 개인으로 대우하고 각자의 독특한 기질에 따라 반응하는 것이다. "로쿠조 부인과 연애할 때는 대단한 귀족이었지만, 유가오에게는 악마적인 연인이었으며, 소심한 아카시 부인에게는 독단적이지 않고 부드러웠고, 다마카주라에게는 아버지 같았다." 그는 이상적인 아내를 발견하지만, 저자는 마치 모든 형태의 사랑을 예시하고 싶다는 듯이 그가 다른 여자들을 버리도록 허락하지 않는다. 그는 사랑의 예술가인 까닭에 여자를 정복하는 것은 그의 목적이 아니다. 정부들은 다만 조금이라도 그의 애정을 받는 것으로 만족한다. 그가 주는 기쁨을 잊을 수 없기 때문이다. 그는 어떤 경우에도 여자를 완전히 버리지 않으며, 여전히 사랑하는 것처럼 과거의 불꽃을 부드럽게 보살핀다.

이 당시에는 귀족 여성이 재정적으로 남편에게 의존하는 것은 수치였다. 결혼을 해도 남편과 살기 위해 집을 옮기지 않았다. 각자가 자기 집에 살았다. 남편은 가끔씩 아내를 방문했다. 아내는 남편이나 시어머니에게 시달릴 일도 없었고, 여가와 교육의 혜택을 자유롭게 누릴 수 있었다. 이때는 딸이 아들보다 더 귀중하게 여겨졌던 역사상 유일한 시기였다. 그러나 모든 것이 완벽하지는 않았다. 여자들은 집에서 남자의 방문을 기다리며 은둔하듯 살아야 했다. 그들의 삶은 늘 기다림뿐이었다. 그들은 병풍 뒤에 숨어 살았다. 교육을 받았다고는 하지만 자신의 재능을 온전히 발휘할 수는 없었다. 여성들이 받는 교육은 예술에 한정되어 있었고 역사, 철학, 법률은 제외되었다. 오히려 그런 것에 대한 지식은 수치였다(비록 무라사키는 알아서 안 될 것을 많이 알고 있었지만).

그들에게는 가정이 세계의 전부였다. 그들은 여가 시간을 어디에 다 써야 할지 몰랐고, "고통스러운 여가"라든가 "여가의 해방"에 대해 이야기했다. 그러나 그들에게는 남자와의 관계를 생각해볼 시간과 능력이 있었다. 성관계가 자유로웠기 때문에 남녀 관계도 특이했다. 1960년대 훨씬 이전에 기혼, 미혼을 불문하고 가능한 한 많은 상대와 관계를 갖는 것이 위신의 원천이라고 주장하며 난잡한 성행위를 완전히 허용하는 한 사회(아니면 한 계층)가 거기에 있었다. 남자들은 여러 명의 아내(열 명인 경우도 있었다)를 둘 수 있었고, 그보다 더 많은 첩을 거느렸다. 그것이 딸이 더 바람직한 단 하나의 이유였다. 딸은 아들보다 좋은 결혼을 하거나 적어도 권력자와 어울릴 기회가 훨씬 많았다. 부인들은 능력이 닿는 한 많은 정부를 둘 수 있었다. 순결은 흠이었으며 처녀는 귀신에 씌었다고 여겨졌다. 정부가 많은 것보다 잘 어울리지 않는 색의 옷을 입는 것이 더 비난을 받았다. 중요한 것은 세련된 취미였다.

이것은 이 사람들이 자유로웠다기보다는 관행을 따르는 데 집착했다는 의미다. 취향을 누리기 위해서는 불문율을 잘 지켜야 했다. 흔히 남자들은 매일 밤 다른 침대에서 잠을 잤지만, 동이 트기 전에 몰래 빠져나와 즉시 그 여인에게 아침 문안의 시를 보내야 했다. "남자에 대한 여자의 애착은 남자가 얼마나 우아하게 여성의 동의를 구하느냐에 달려 있다." 연애는 종종 감정이 배제된 의식 같은 것이 되었다. 남자들은 육체 때문에 여자들을 숭배한 것이 아니었다. 무라사키는 "벌거벗은 몸은 진정 추악해서 매력이라곤 하나도 없다"라고 말한다. 자연스러운 치아조차도 매력이 없었다. 그래서 그것을 감추기 위해 검게 물들였다. 긴 머리가 유일하게 가치 있는 신체적인 특징이었다. 여자들의 아름다움은 그들이 하는 행위, 옷을 고르고 입는 기술, 예술적인 솜씨, 미를 창조하고 향기로운 향수를 만들고 달콤한 음악을 연주하는 능력에 따른 것이었다. 남자들은 단지 여자의 소맷자락이나 붓글씨만 보고도 사랑에 빠졌다. 서예가 중요한 예술이었기 때문이다. 그날의 분위기나 날씨에 맞는 적절한 종이를 고르는 것도 예술이었다. 결혼을 위한 구애도 하나의 의식이었으며, 거기에는 만난 적이 없는 여자에게 31음절의 시를 써 보내고, 그 답장을 보고 그녀의 성격을 추론하는 일도 포함되어 있었다. 그 결과가 긍정적이면 실험적으로 3일 밤을 같이 보낸 후 마음을 정해야 했다. 성적 욕망을 일으키는 것은 편지와 시였다. 여성들에게는 감정을 자극하는 능력이 있다고 신비화되었고, 남자들은 열정을 느끼면 수치스럽게 생각했다. 자제력을 잃었다는 의미이기 때문이다. 심지어 난잡함에도 규칙이 있었다. 거기에는 미묘한 뉘앙스가 있었고, 결혼 법령을 따르듯 쉽게 따르는 척할 수 없었기 때문에 그것은 더욱 어려운 일이었다.

긴 기간 동안이든 또는 일시적이든 배우자가 정조를 지키리라고 아무도 기대하지 않았다. 아내들은 남편에게 여자가 많을지라도 남편이 자기를 좋아한다면 더 흥미롭고 애정에 찬 관계를 유지할 수 있다고 진실로 믿었다. 그것은 끊임없는 도전이었다. 그러나 이 놀랄 만큼 우아한 사람들이 끝내는 불확실성을 참을 수 없게 되면서 이 체제는 악몽이 되었다. 질투는 훌륭한 예절에 흠이 되는 것이었지만, 남녀 모두 병적으로 질투심이 강했다. 안정된 삶에 따분해하면서도 그들은 모두 안정을 갈망했다. 사랑하는 사람을 잃지는 않을까? 누군가에게 너무 깊이 빠지지는 않을까? 소문은 어떻게 날지? 자신과 아이들의 미래는 어떻게 될지? 그들의 근심은 끝이 없었다.

그래서 특권과 아름다움에 둘러싸여 있었지만 그들은 종종 비참했고, 그렇지 않으면 적어도 고상한 우울증에 빠져 있었다('의식하다'라는 단어가 이 소설에서 1000번 넘게 나오는데, 그것은 삶의 아름다움과 끔찍함을 동시에 느낀다는 뜻이다). 소설의 3분의 2 정도 되는 시점에서 갑자기 주인공이 죽어버린다. 무라사키는 돌연 "겐지가 죽었다"라고 말하고, 그 뒤로는 겐지처럼 완벽하지는 않은 사람들 사이의 끝없이 이어지는 상호 이해의 실패 사례들을 살핀다. 저자의 불교적 측면이 다시 강하게 나타난다. 모든 고통의 원인인 욕망을 끊는 것이 불교의 궁극적인 목적인만큼, 비록 오랫동안 사랑의 끝없는 아름다움에 매혹되었지만 결국 그녀와 작중 인물들은 젊음, 사랑, 권력, 사회적 지위 등 모든 것이 덧없다는 생각에 압도된다. 세계의 아름다움과 슬픔을 동시에 인식하는 것은 슬프고도 우아한 일이라고 그들은 말할 뿐이었다.

무라사키의 개성은 일본의 전통적인 절망의 해석에 굴복한 셈이었다. 그 전통적인 해석이란 절망을 하나의 심미적인 경험으로 이해하면서 오직 영원하지 않은 것에서만 아름다움을 찾고, 아름다움과 사랑이란 깨지기 쉽고 결국 사라질 뿐이며, 그렇지 않으면 아름다움도 없다고 주장하는 것이다. 요시다 겐코吉田兼好는 《도연초徒然草》(1330~1332)에서 "만약 인간이 아다시노(유명한 묘지)의 이슬처럼 사라지지 않는다면, 도리베이야마(화장터)의 연기처럼 흩어지지 않는다면, 우리가 세상 만물에 어떻게 감동할 수 있겠는가. 인생에서 가장 귀중한 것은 그 불확실성이다"라고 썼다. 불확실성에 대한 이런 매혹은 현대적인 느낌을 주고, 그것을 반영한 일본 예술이 현대 유럽 예술에 영감을 주었던 이유를 설명해준다. 그러나 치유할 수 없는 고통의 대가로 감동받고자 하는 갈망은 현대적이라기보다는 지극히 고대적인 것이다. 세상의 잔인함 앞에서 무력함을 느끼는 것이 특별히 일본적인 것은 아니다. 그것은 모든 문명 건설의 토대가 되었던 우주적 슬픔에 대한 느낌의 일부분이다. 아니 제이유의 우울한 브르타뉴의 지평선은 지구 전체 지평선의 일부분이다.

그렇게 해서 10세기경 일본의 여성은 기다림 너머로 나아갈 수 없었다. 결국 실망할 것이며 사랑은 영원히 지속되지 않는다는 것을 어느 정도 의식하고 있었지만, 그들은 여전히 자기를 사랑해줄 이상적인 남자를 기다렸다. 그 기다림은 10세기 동안 계속되었다. 사람들은 여러 가지 형태의 남녀 관계를 시도해보았지만, 세상은 실패와 퇴락과 실망의 유령이 계속 출몰하는 집일 뿐이었다. 인생의 불공평함에 대해 항변하거나 인생의 부조리를 비웃어봐도 달라지는 건 없었다.

헤이안 시대(794~1192)의 또 다른 비범한 젊은 여성이 쓴 《벌레를 사랑한 아씨》는 초기 여성 문인의 모습을 묘사한다. 그녀는 이를 검게 하거나 눈썹 뽑기를 거부했으며, 오직 "존재하는 모든 것을 탐구하고 그 근원을 밝히는 것"에만 관심이 있다고 주장했다. 물론 어떤 남자도 그녀를 사랑하지 않을 것이다. 우주적 슬픔을 믿는 모든 사람들에게 필연적으로 그렇듯 그 결말은 불행하다.

그 당시 또 다른 재기 넘치는 여성으로 황후의 시녀였던 세이 쇼나곤清少納言(965~?)은, 전문가들이 일본 문학을 통틀어 가장 기지 넘치는 문체상의 걸작이라고 평하는 《마쿠라노소시枕草子》에서 "만약 내가 사람들의 애정을 받는 데 첫 번째가 되지 않는다면 차라리 사랑받지 않는 편이 더 낫다. 나는 차라리 증오나 학대를 원한다. 두 번째나 세 번째로 사랑을 받느니 죽는 것이 더 낫다. 그렇다. 나는 첫째가 되어야 한다"라고 썼다. 거기에 더해 "모든 사람의 사랑을 받는 것만큼 즐거운 일은 없다"라고도 적었다(그럴 가망은 전혀 없었다. 그녀를 알고 있던 무라사키는 그녀가 "지극히 독특한 자기만족의 분위기를 가지고 있다"라고 말한다). 이외에도 "연인의 방문은 이 세상에서 가장 기쁜 일"이며, "나는 남들이 질색하는 것을 좋다고 하고, 남들이 좋아하는 것을 혐오하는 그런 종류의 사람"이라고 자신을 평했다. 그녀는 또한 "큰 죄라는 것은 알고 있지만 내가 싫어하는 사람이 불행한 일을 당하면 즐거움을 참을 수 없다"라고 고백했다. 재치나 섬세한 감수성을 통해서도 그녀가 진정 원하던 것을 얻을 수는 없었다.

몇 세기 후 일본의 새로운 상인 계층은 귀족의 쾌락을 장애물 없이 누려보려고 시도했다. 그들은 자신들만의 처신법('조닌도町人道')을 개발하고자 했고, 전통이나 의식과 같은 우회적 방식을 통하지 않고 직접적으로 개인의 행복을 찾으려 했다. 사랑을 여자의 일로 일축하면서 사후의 영광을 동경하던 사무라이 방식도 그들에게는 맞지 않았다. 특히 오사카 사람들은 돈을 버는 데 전념하며 현재를 위해 사는 것을 목표로 삼았다. 1601년 주화가 처음 도입되었을 때 그들은 그 새로움에 매혹되어 그 돈을 만지고 보는 감각적 즐거움에 탐닉했다. 소설가 이하라 사이카쿠井原西鶴(1642~1693)는 "세상에 돈만큼 흥미로운 것은 없다"라고 말했다. "돈은 이 세상에서 필수적인 유일한 것이다." 돈이 있으면 부모가 어떤 사람이든 신경 쓸 필요가 없었다. 돈이 있으면 이국적인 사치를 누릴 수도 있었다.

그러나 이 상인들은 섹스가 돈을 쓰기에 가장 좋은 대상이라는 결론을 내렸다. 그래서 그들은 "부유하는 쾌락의 세계"에서 "세상의 슬픔"을 잊고, 온갖 형태의 감각을 만족시키기 위해 "쾌락과 기분 전환"을 위한 "불야성"을 건설했다. 그 당시 영국과 네덜란드를 제외하고는 일본이 글을 읽을 줄 아는 사람이 가장 많은 나라(40퍼센트)였는데, 그들은 그 지식을 섹스에 관한 책을 읽는 데 사용했다. 기생은 이 도시 사교생활의 중심이 되었으며 엄청나게 비싼 존재였다. 사무라이의 딸이 기생이 되는 경우도 적지 않았다. 곧 거대한 재산을 기생에게 쓰는 거부의 이야기가 생겨났다. 사랑은 위험한 일이었고 간통죄는 사형으로 처벌되었다. 그러나 이러한 위험은 오히려 흥미를 더해줄 뿐이었다. 소비사회의 선구라 할 이 사회는 곧 섹스에 초점을 맞추었다. 사회적 지위라는 면에서 볼 때 상인들이 바랄 수 있는 것에는 한계가 있었지만 "육체적 쾌락에는 한계가 없다"라고 사이카쿠는 썼다.

그는 말하자면 일본의 발자크나 디킨스였다. 그는 평범한 사람들 가운데서 이런 식의 성적 집착을 갖고 있는 남녀 주인공을 찾은 최초의 일본인 작가였다. 그의 《호색오인녀好色五人女》는 구애를 받을 때까지 소심하게 기다리지 않고 먼저 다가가 스스로 결정을 내리는 여성들이 쾌락을 찾아나서는 모습을 보여주고 있다. 대담할수록 더 경탄의 대상이 되었다. 그들은 빈번하게 재난을 맞거나 죽음에 처해졌지만 그런 경우에도 그들 자신이 마지막 처형의 장면을 주도했다. 남자들을 어린 소년들에게서 떼어놓아야 할 경우도 있었다. 《남색대감男色大鑑》에서 사이카쿠는 동성애와 이성애 사이의 경쟁을 보여준다. 극장에서 여성 역할을 하는 잘생긴 젊은이들은 가장 숭배받던 스타였다.

그러나 사이카쿠가 욕망의 광란과 육욕의 세세한 점을 묘사하는데 재미를 느끼고 "세상의 어리석음"을 통해 느끼는 즐거움을 표현했지만, 세월이 흐르면서 그 역시 더욱 슬픔을 느꼈다. 그는 돈이 없는 사람들, 애초에 돈이 없으면 돈 벌기가 어렵다는 것, 젊은이들의 탈선, 아흔다섯 번 낙태를 하고 "육체적 쾌락"이 실제로 아무런 쾌락을 주지 않는데도 이에 중독된 기생들을 걱정하기 시작했다. 여성에 진정 매혹되어 있었지만 그는 "세상의 모든 남자들은 아름답다. 그러나 여자들 가운데는 미인이 드물다. (…) 우리는 모름지기 남자를 위해 여자를 버려야만 한다"라고 말한다. 그의 소설에 등장하는 인물들 가운데 한결같은 사랑을 영웅적인 미덕으로 승화시키려고 노력하는 사람들은, 최후에 가서는 자신의 운명을 스스로 통제할 수 없으며, 미덕이 당연한 보상을 받는 것도 아니고, 자신을 지탱하기 위해서는 종교적 신앙이 필요하다고 느끼게 된다. 그러나 그들은 쾌락에 가장 간섭이 적은 신앙을 선택한다. 그것은 당시 인기 있던 아미타 불교의 하나로서, 잘못된 행실도 벌하지 않았고 행실을 바르게 하라고 요구하지도 않았으며 조금만 기도해도 그 대가로 속죄를 약속했다.

지적인 낙관주의

무라사키와 아닉 제이유 사이의 1000년 동안 인간이 우울함에서 벗어나는 데는 거의 아무런 진전이 없었던 것으로 보인다. 그 느낌은 반복해서 돌아온다. 결국 인간은 만족할 수 없는 존재이며, 영광의 순간에도 뭔가 결핍감을 느끼도록 운명 지워져 있고, 욕망은 필연적으로 쾌락과 고통의 원천이라는 미신적인 믿음에 굴복할 수밖에 없다는 결론에 이르게 될 것이다.

그러나 나는 욕망의 역사가 다른 방향으로 우리를 이끌고 있다고 본다. 쾌락에 대한 사람들의 느낌은 어떤 종류의 쾌락이 가능하다고 상상하는지, 자신에게 결핍된 것이 정확하게 무엇인지, 그리고 개인적인 문제를 넘어서 얼마나 자신의 지평을 넓혔는지에 달려 있다. 우주에 근본적 결함이 있다고 가정하는 대신에 우리는 다른 각도에서 욕망을 바라볼 수 있다. 우주의 결함이란 동양의 카펫에 있는 결함처럼 실제로는 결함이 아닐 수도 있다. 우주를 관찰하면서 과학은 무지를 정복할 것이라고 믿었던 유년기의 사고방식에서 벗어나, 모든 발견은 그다음 발견을 위한 초대장이라는 것, 그리고 실패한 실험은 해답이 없기 때문이 아니라 잘못된 질문에서 비롯되었다는 사실을 깨달음으로써 만족하는 법을 배웠다. 그것을 깨닫지 못했기에 많은 사람들이, 세상이 곧 끝날 것이라고 생각했던 시대로부터 물려받은 정신의 습관을 아직도 간직한 채 세상에는 무한한 가능성이 있다고 보는 법을 배우지 못했다. 그래서 이제 비관주의와 낙관주의는 사람들이 얼마나 멀리 볼 준비가 되어 있는가, 즉 초점 거리에 대한 논쟁으로 등장하게 되었다.

사람들은 타고난 기질이 저마다 달라서, 어떤 사람은 이 세상을 분홍빛으로 보고 또 다른 사람은 회색으로 본다는 사실을 부인할 필요는 없다. 그렇다고 해서 그들이 육체 안에 갇혀 있다는 말은 아니다. 아리스토텔레스는 감정의 자리가 간이라고 말했다. 실제로 간에서 만들어지는 당의 양이 기분을 바꾼다는 사실이 확인되었다. 저녁 때가 되어야만 완전히 깨어나는 사람과 아침의 생기가 서서히 시드는 사람 사이에는 분명한 신체적 차이가 있다. 전구가 발명된 이래로 이 세상은 올빼미와 종달새로 심각하게 나뉘어왔다. 마약을 먹으면 기분이 바뀔 수도 있겠지만 사람마다 신체 내부에 고유한 시계를 갖고 있어 하루 가운데 각기 다른 시간에 다른 수용성을 보인다. 저녁때 알코올을 먹여도 멀쩡하던 쥐들이 아침에 똑같은 양을 먹이면 죽는 수가 있다. 부신피질호르몬이 부족한 (이런 상태가 계속되면 결국 에디슨씨 병에 걸린다) 사람들은 신경이 훨씬 더(때때로 150배) 예민해져 정상적인 귀로는 들을 수 없는 소리까지 듣게 된다. 이들은 그 예민한 감각에 대처할 수 없기 때문에 고문을 당하는 것처럼 고통을 겪는다.

다른 한편 신체장애를 극복한 사람들이 늘 있어왔다. 메리 헬렌 켈러Mary Helen Keller(1880~1968)를 언급하지 않는다면 어떤 세계사도 완전할 수 없다. 그녀가 시각 장애와 청각 장애를 극복한 일은 알렉산드로스 대왕의 승리보다 더 값진 승리임에 틀림없다. 그 승리는 아직도 살아 있는 모든 사람에게 희망을 주기 때문이다. 그러나 기질적·신체적 장애를 극복한 개인사는 좀처럼 역사책에 기록되지 않는다. 인간은 아직도 내연 기관이 어떻게 작동하는지 잘 모르면서 자동차를 운전하는 사람과 같다. 그러나 모든 인간은 어떤 면에서든 예외적인 존재다.

자유를 소중하게 여기는 사람들은 특별히 낙천적 기질을 갖고 있지 않았다 해도 어쨌든 계속 희망을 간직해왔음을 기억해야 한다. 그들이 사용한 가장 중요한 수단은 지평을 넓히는 것이었다. 낙관주의자 가운데 가장 유명한 라이프니츠Gottfried Wilhelm Leibniz(1646~1716)

는, 세상 모든 것이 다 좋고 현재의 세계가 가능한 모든 세계 가운데 가장 나은 세계라고 말해 조롱을 받기도 하지만, 그가 인생의 잔인한 면들을 몰랐던 것은 결코 아니다. 그는 유럽의 국왕들에게 올바른 행실을 권고하고, 종교가 서로 싸우지 않는 법을 연구하는 데 많은 노력을 바쳤다.

그의 특별한 점은 관심의 범위가 예외적으로 넓었다는 사실이다. 그의 관심 영역은 역사, 지리, 철학, 수학, 정치학, 신학과 법학에까지 이르렀으며, 신학과 법학 분야에서는 스물한 살에 박사학위를 받았다. 선한 신이 선한 목적으로 이 세상에 악마를 허락했다고 믿었기 때문에 그가 희망에 차 있었던 것은 아니다. 그보다는 그가 오늘날의 과학자들처럼 이 세상이 무한한 수의 입자로 구성되어 있다고 보았기 때문이다. 그에게 자연의 경이로움과 이성의 탁월함은 한계가 없었다. 대부분의 어른처럼 새로운 발견을 위한 준비가 무뎌져서는 안 된다는 점이 중요하다. 라이프니츠의 야심은 "우리 안에 잠들어 있는 아이를 깨우는 것이다." 그래서 사람들이 서로에게서 여러 가지 식물로 가득한 정원이나 물고기로 가득 찬 호수처럼 복잡하고도 색다른 사람을 발견하고, 또 그 각각의 식물이나 물고기에서 또 다른 정원과 호수를 발견하도록 하는 것이었다. 현재를 넘어 무한한 거리를 볼 수 있었기 때문에 그는 민주주의가 가능하다고 믿었다. 다재다능하고 꾀가 많고 늘 다른 무언가를 찾는 할리퀸(팬터마임극의 주역—옮긴이)이 그의 영웅이었다.

라이프니츠는 미분학differential calculus을 창시했으며, 또한 일종의 쾌락원Academy of Pleasures을 설립했다. 그는 겉보기보다 더 위대한 사람이었다. 그리고 그것이 불합리한 과장이 아닌 지적인 낙관주의를 올바로 이해하는 길이다. 지적인 낙관주의는 모든 것이 완벽하다고 믿는 것이 아니라 선이건 악이건 우리 눈에 보이는 것보다 더 많은 것이 존재한다고 기꺼이 인정하는 것이다. 희망이 없는 인생은 상상도 할 수 없으며, 아무리 어두운 것처럼 보여도 언제나 빛이 반짝인다. 낙관주의란 추잡함과 어리석음 속에서도 다른 무엇이 있음을 의식하는 것이다. 반면 비관주의는 체념이고 출구를 찾을 수 없는 무능력이다.

낙관주의와 비관주의의 영원한 시소게임은 새로운 모험을 감행하기보다는 자신의 배꼽만을 살피면서 세계관을 형성한 작가들에 의해 비관주의 쪽으로 기울어졌다. 롤랑 바르트에 따르면 볼테르(1694~1778)가 마지막으로 행복한 작가였다. 그러나 그는 동시에 최초의 포스트모더니스트이기도 했다. 그는 불행에 대항해 신랄한 위트로 자신을 보호했지만 사랑받지 못한 어린 시절을 극복할 수 없었다. 자신을 영원한 고아로 생각하며 자신으로부터 도피하고자 애를 썼고, 자기가 사생아라고 상상하기까지 했다. 그는 언제나 불안정했고, 여성들과의 교제나 귀족들의 찬사에서 위로를 찾고 또 그들을 감탄시켰지만, 자기는 도저히 고칠 수 없는 "회의론자이지 의사가 아니"라고 주장하며 사교계를 늘 불편하게 여겼다. 위대하고 용감한 인권의 수호자였던 볼테르는 대단히 비판적이었기 때문에 낙관주의 취향을 좋아하기도 하고 싫어하기도 했다. 그는 문학적 지성의 한 모델이 되었다. 옳은 것보다는 잘못된 것에 더 강력하게 영향 받는다는 의미에서, 즉 한쪽 눈이 다른 쪽 눈보다 시력이 좋다는 의미에서, 그에게 사고한다는 것은 무엇보다도 비판한다는 뜻이었다. 우주적인 우울은 전망을 흐려놓는다. 지평을 좁히면 상황은 더 악화된다. 그리고 어떤 세대가 자신들의 앞 세대를 너무나 격렬하게 조롱해서 앞 세대의 실수에서 아무것도 배우지 못하게 되면 무기력한 상태에 빠지고 만다.

예를 들어 가장 최근의 사상가인 장-폴 사르트르는 자신의 전망에서 모든 '돼지'와 식물들을 배제함으로써 자신의 지평을 좁혔다. 그는 시골과 심지어 요리되지 않은 음식, 한마디로 자신이 통제할 수 없는 모든 것을 싫어했다. 그는 안락에 대한 육체적 갈망이나 꿈꾸고 몽상하는 존재의 본질적인 면을 제대로 평가하지 못했다. 현실을 통제하기 위해 마약을 남용했으니 인생의 여정이 불길하게 보였던 것도 무리가 아니다. 그러나 그런 점에만 주목한다면 그것 역시 우리의 지평을 좁히는 일이다. 사르트르는 전 세계 수많은 사람들에게 이기심이나 지나친 신중함보다는 관대함을 선호하도록 자극했다. 그의 전망이 자유를 향한 끝없는 모색의 일부라는 사실을 무시하면서 오판이나 모순으로 판명 난 그의 선택 때문에 그를 비난한다면, 그것은 배제라는 똑같은 실수를 되풀이하는 일이다. 비난이란 상상력의 결핍이다. 비난은 더 나은 것을 제안할 수 없기 때문에 생기는 것이다.

우울이란 그런 까닭에 어떻게 할 수 없는 어두운 하늘이 아니다. 평범한 사람들은 완전히 우울에 빠지는 법이 없었다. 공적인 일에 절망하면 개인적인 즐거움으로 관심을 돌렸다. 그 반대의 경우도 있었다. 우울로부터 개인적인 즐거움으로의 도피는 세계의 비밀스러운 역사다. 고대 이집트인들은 죽음을 인정하지 않고 집을 짓는 기쁨으로 무덤을 지었다. 그들은 의사의 진단을 받아들이지 않으면서 전문가들에게 계속 자문을 구했다 — 그들에게는 심지어 '항문 전문

의사'에 이르기까지 각 신체부위에 대한 의사가 있었다. 환자는 무엇보다도 자신에 대해 말할 필요가 있다는 지침을 의학 서적에 포함시켰다. "환자는 치료받는 것보다 의사가 자기 말에 관심을 기울여주는 것을 더 좋아한다." 바빌로니아 사람들이 인간과 신은 대등하게 싸울 수 없으며, 신은 자의적이라기보다는 공정하고, 불행에 처한 인간은 자신이 지은 죄를 돌아보고 책임을 느껴야 마땅하다는 결론을 내렸을 때 우울이란 오직 신의 형벌인 것처럼 보였다. 시대가 변함에 따라 우울에 대한 생각도 바뀌었다. 심지어 어떤 사람들은 우울에 어렴풋한 매력을 느꼈다. 나아가 우울은 친한 친구라는 위상을 갖게 되었다. 행복한 사람들에게는 흥미로운 이야깃거리가 없는 법이기에 아닉 제이유는 문학은 언제나 우울에 관한 것이어야 한다고 주장한다.

소비사회가 만들어낸
욕망의 요새

이제 우울은 사람들이 이 세상에 대해 알아야 할 것은 다 알고 있다고 믿느냐, 아니면 자신의 무지와 새로운 발견의 가능성에 더 집중하느냐의 문제가 되었다. 지금까지 가장 고심해서 고안된 우울에 대한 처방은 소비사회다. 그러나 소비사회가 우울을 제거하는 데 성공하지는 못했다. 지루함도 제거하지 못했다. 소비사회는 역사가 매우 짧으며, 소비사회의 미래에 대한 사람들의 확신도 부족하고, 적지 않은 사람들이 소비사회에 매력을 느끼는 것이 사실이지만 그 추악함에 대한 의심도 만만치 않기 때문이다. 소비사회는 아직 제한된 범위의 사치를 제공할 뿐이다. 사치는 지금까지 낭비, 호색, 불필요한 물건의 구입, 모든 감각의 완전한 만족, 겉치레, 단지 남들에게 보여주고 싶은 욕망 따위를 의미해왔다. 이것들은 이제 시작에 지나지 않는다. 17세기 일본 상인들의 사치에 대한 실험 역시 시작에 불과했으며, 당시 일본인들 대부분이 절약을 중시하는 농부들이었기 때문에 사치는 상인 계층에서나 가능했다. 오직 18세기 영국에서만 오늘날과 같은 대중 소비사회가 등장했다. 그때까지 많은 나라들에선 법으로 사치를 규제하고 있어 사람들은 마음대로 소비할 수 없었다. 사람들은 직업이나 계층에 맞는 옷을 입고 신분에 따라 처신해야 했다. 산업혁명이 대중에게 값싼 제품을 공급하고, 여자와 아이들이 공장에서 일해 돈을 버는 가족이 늘어난 덕분에 물건을 살 수 있게 될 때까지, 절약은 모든 사람의 신조였다.

소비 시대로 들어선다는 것은 종교를 바꾸는 것에 버금가는 일이었다. 변절을 감추기 위해 과거에 대한 향수를 일종의 취미로 가꾸었지만 영국인들은 전통 대신에 '개선'을 믿기 시작했다. 모두가 자기보다 조금 더 부유한 사람들을 모방하는 가운데 "중산층과 하층민의 사치"가 외국에서 온 방문객들에게 충격을 주었다. 1771년에 농경제학자 아서 영Arthur Young이 말한 것처럼 "보편적인 사치" 또는 "모든 계층의 풍요"가 국가적인 목표가 되었다. "새로운 스타일과 유행에 대한 열정"을 자극하기 위해 신문 광고가 곧 발명되었고, 그것은 "끊임없는 간지러움"과 "유행병과 같은 광기"를 부추긴다는 비난을 받았다.

그러나 돈만으로는 과거의 습관을 바꿀 수 없다. 사람들은 기적

없이 종교를 바꾸지 않는다. 사람들 스스로 불독과 그레이하운드를 교배시키고, 새로운 식물의 씨를 구입해서 부모 세대는 전혀 몰랐던 식물로 길러내고, 신이 창조하지 않은 형상의 새로운 동물 종을 보게 되고, 아이들이 장난감으로 현미경을 선물받고, 지식이 전례 없을 정도로 축적되자 모든 것이 가능하다는 믿음이 팽배했다. 이제 사람들은 억압보다는 욕망의 장려가 더 바람직하다는 결론을 내렸다. 사람들이 원하는 것을 가게에서 구입하는 법을 다시 배우면서 가게는 학교만큼이나 영향력을 갖게 되었다.

그러나 사회를 이끌어가는 다음과 같은 두 가지 신화를 채택했을 때 소비사회는 길을 잃게 되었다. 첫 번째는 사적인 악덕이 공적 번영의 원천이라는 신화였다. 신경병 의사였던 버나드 맨더빌Bernard Mandeville(1670~1733)은 우정과 친절보다 탐욕, 자만, 질투, 욕심이 성공적인 경제를 일구는 토대라고 말했다. 그는 네덜란드(아마 프랑스계 집안 출신이었을 것이다)에서 태어나 영국에서 활동했으며 《꿀벌의 우화》라는 베스트셀러를 썼다. 이 책에서 그는 사람들이 자신의 이익을 추구하는 대신 다른 욕망을 갖고자 하거나 남에게 친절을 베풀 때 어떤 재난이 일어날 수 있는지를 보여준다. 그는 사치에 대해 연구한 최초의 인물이었지만, 이후 드러나듯 그 연구는 결코 충분한 것이 아니었다. 히스테리나 우울증에 대한, 그리고 공창을 옹호하는 그의 다른 저술들을 보면 그가 오직 제한된 범위의 인간의 재능에만 관심을 가졌다는 것을 알 수 있다. 그 이래로 경제학은 자신의 이익을 위해 이성적으로 그리고 예측할 수 있는 방식으로 행동하는 소비자들의 편협한 견해에 그 토대를 두게 되었다.

두 번째 신화는 미국 최초의 공상과학 소설가인 프랭크 바움L.

Frank Baum(1856~1919. 《오즈의 마법사》를 쓴 소설가—옮긴이)에 의해 발명되었다. 그는 무엇이든 가능하고 환상이 현실로 변할 수 있는 오즈의 나라의 창조자였다. 1897년에 그는 진열창 장식을 전문적으로 취급하는 잡지 《진열창 The Shop Window》을 창간했다. 가게 진열창 너머로 보이는 물건은 "보는 사람에게 그 물건을 소유하고 싶다는 욕망을 불러일으켜야 한다"라고 그는 말했다. 욕망을 느끼는 것이 그가 가장 즐기는 일이었다. 그의 아버지는 석유로 재산을 모았고 어머니는 페미니스트였지만, 그는 다른 삶을 원했다. 근면과 대의명분은 고리타분했다. 그는 동화 쓰기를 즐겼으며, 우리는 내일 죽을 것이므로 먹고 마시고 즐기자고 말했다. 그는 절약을 종교(비록 강신술에는 흥미가 있었지만)만큼이나 경멸했고, 욕망에 장애가 되는 모든 금기에 질색했다. 극장, 사진, 영화에 열광했으며, 여행을 최고의 즐거움으로 여겼다. 그는 호텔에서 호텔로 여행하면서 호텔을 낙원의 전초 지대, 진정한 요정의 세계로 생각했다.

필라델피아에 있는 새로운 형태의 백화점 New Kind of Store(전문 상점들을 한곳에 모아놓은 미국에서 가장 큰 백화점 중 하나로, 1875년 철도청 화물 창고를 사들여 개조했다—옮긴이)의 소유주였던 존 워너메이커 John Wanamaker는 바움의 꿈을 1906년에 정식화했다. 미국은 욕망의 땅이라고 그는 말했다. 과거에 미국은 단지 편안한 땅이었다. 그러나 이제 소비는 필요의 충족이 아니라 욕망의 충족이라고 정의되었다. 쾌락의 숭배가 더는 비미국적으로 여겨지지 않았고, 기독교 선교사들은 곧 성적 욕망의 충족 역시 신성하다는 새로운 기독교로 미국을 개종시키려고 노력했다.

소비사회로 들어서자 처음에는 무슨 욕망이든 일단 충족되면 이 세상은 자동적으로 더 나은 곳이 된다고 여겨졌다. 소비사회는 사람들에게 사치 이상의 것을 제공했기 때문에 너무나 성공적이었다. 물건을 사고 소비함으로써 사람들은 거의 종교에 버금가는 소속감을 느끼게 되었다. 리처드 시어스Richard W. Sears(미국과 남미에 소매점과 통신 판매망을 둔 세계 최대의 잡화 소매상인 시어스로벅의 설립자―옮긴이)가 누구나 그의 카탈로그 안에 있는 물건들(1928년에 그 카탈로그에는 3만 5000가지 물건들이 있었다)을 살 수 있도록 가격을 인하하자, 이제 물건을 싸게 사는 것이 꼭 폭리를 취하는 사람들에 대한 승리를 의미하지 않게 되었다. 고객들은 무엇보다도 "당신도 다른 사람들이 다 갖고 있는 물건을 사라"는 그의 권고에 호응했다. 물건을 살 때 그들은 인생의 즐거움에서 배제되는 느낌으로부터 벗어날 수 있었기 때문이다. 소비는 가난의 극복에 대한 축하였고, 집을 일터에서 받는 모욕감으로부터 안전한 개인적 요새로 만드는 길이었다. 비록 값싼 모조품에 불과하고 모든 것을 다 살 수 없기에 끊임없이 좌절하게 마련이었지만, 그 집은 자신이 직접 선택한 물건들로 가득 차 있었다.

이제 소비의 대상은 물건이 아니라 인간관계가 되고 있다

그러나 네 가지 변화가 소비사회의 환경을 완전히 변모시켰다. 첫째, 본래는 노동자 계층의 단지 15퍼센트만이 제조업과 농업을 제외한 다른 분야에서 수입을 올렸던 데 반해 오늘날 선진국에서는 3분의 2에 해당하는 사람들이 물건의 생산보다는 서비스의 제공으로 돈을 벌어 생활하고 있다. 둘째, 이것은 오늘날 소비자들이 물건보다 서비스, 즉 개인적인 접촉이나 도움 또는 조언에 기꺼이 돈을 지불하고 욕망한다는 것을 의미한다. 셋째, 물건 값은 내렸지만 서비스 가격은 내리지 않았다. 얼마 동안은 자신의 일을 스스로 하는 것이 해결책으로 보였지만 그렇게 되자 시간이 가장 귀중한 상품이 되어버렸다. 물건의 소유가 시간을 자유롭게 하지는 않았다. 오히려 시간을 소비할 새로운 일과 기회가 늘어날 뿐이었다. 넷째, 사치의 개념이 확장되어 가장 바람직한 사치는 돈으로 살 수 없는 것, 즉 소유물이 아니라 인간관계가 되었다.

소비한다는 것은 지금까지 어떤 물건을 그것이 소용없게 될 때까지 사용한다는 뜻으로 여겨졌다. 그러나 사람을 더 이상 사람이 아닐 때까지 사용할 수는 없는 일이다. 노동자들을 자동 기계로 대체하는 실업계의 거물이 한때는 혁신적인 인물이었지만, 지금 그런 사람은 당연히 실패하게 된다. 사람들은 소비보다는 점점 더 소통을 추구하고 있다. 단순히 자유로운 시간을 즐기는 것이 아니라 쾌락을 그 극단까지 누리고자 한다. 의미 있는 경험을 하며 시간을 보내고자 한다면 대부분의 경우 다른 사람이 개입하게 마련이다. 녹색운동 1세대의 조언은 소비를 절제하라는 것이었다. 그러나 그것은 고대 금욕주의의 유물로서 세상은 반복해서 이를 거부해왔다. 불평등이 남아 있는 한, 포만감을 느껴보지 못했기 때문에 가난에서 탈출하려고 노력하는 사람들이 남아 있는 한, 앞으로도 계속 그럴 것이다. 인간 욕망의 모든 영역이 아니라 기본적으로 천연자원에만 관심을 갖는 한 녹색운동은 주요 정치세력이 될 수 없을 것이다. 녹색운동의 퇴보는 인간의 열망을 그 전체로서 충분히 넓게 보지 않아서 이륙하지 못하는 또 하나의 이상주의다.

사랑이나 사치에 대한 욕망은 자극에 대한 욕망 또는 마약류가 제공하는 자극의 대용물에 대한 욕망일 뿐만 아니라, 문화에 대한 욕망 또는 유용한 것에 대한 욕망을 다 포함하는 욕망 전체의 일부분에 해당한다. 영국인들이 소비사회를 만들어낸 것과 동시에 그 어느 때보다도 술에 중독되어 있다는 것, 그리고 미국이 그 선례를 따르고 있다는 것을 기억할 필요가 있다. 그러나 지난 세대 동안 발효된 것이면 무엇이든 대량 소비하는 대신 좋은 포도주를 절제 있게 마시는 방향으로 술을 대하는 태도에 근본적인 변화가 있었다. 텔레비전은 물론 중독성이 있지만 서서히 분별력도 배우게 해준다.

소비는 그렇게 해서 언제나 더 복잡한 것으로 진화해간다. 탐욕과 이타주의는 한때 서로 적이었고, 욕망과 절제는 한때 서로에 대한 유일한 대안이었다. 그러나 욕망은 너그러움에서, 탐욕은 호기심에서 완성된다. 문제는 무엇이 가장 귀중한지 아는 분별력이다. 인간은 욕망과 함께 놀면서 욕망을 세련되게 다듬어왔으며, 인간이 단순히 욕망의 수동적인 희생자였던 적은 없었다. 우울을 즐기는 것은 예술에 약간의 보탬이 되었지만 다른 면에서는 에너지 낭비였다. 안절부절못함에 대처하는 법은 아직도 많이 남아 있다. 여가가 사회의 유일한 목표인 것은 아니다. 그래서 나는 이제 인간 사이의 더 만족스러운 연결 관계를 찾는 과정에서 탐구한 다른 통로들로 관심을 돌려보고자 한다. 첫째, 나는 여행을 다룰 것이다. 여행은 세상이 위험하고 비우호적인 곳이며 오직 이기심에 의해 지배된다는 생각으로부터 벗어나는 가장 인기 있는 방법이 되었다. 그리고 남자와 여자는 너무나 다른 존재라서 전쟁을 끝낼 수 없다든가(18장), 사람은 변하지 않는다든가(19장 '운명'에 대하여), 사람들이 너무나 많은 일을 하고 싶어 하고 너무나 많은 곳에 가고 싶어 하기 때문에 스트레스가 늘고 있다든가(20장 '시간의 부족'에 대하여), 가족이 붕괴하고 있기 때문에(21장과 22장) 이러한 모든 노력이 실패할 수밖에 없는 운명이라는 느낌에 대해 살펴보고자 한다. 나는 이러한 명백한 장애물의 역사가 새로운 선택의 가능성을 열어주는 긍정적인 요소도 포함하고 있다는 사실을 보여줄 것이다. 마지막 세 장에서는 인간의 상상력이 아직 고갈되지 않았으며, 인간의 모험은 채 시작도 되지 않았다는 결론을 제시하고자 한다.

여행자는 세계에서
가장 큰 국가의 국민이 되었다

국가와 가정의 역사 다음에
써야 할 역사가 또 하나 있다.
태어난 곳에서 멀리 떨어진 지역에서
새로운 친화력을 만들어내는 사람들에 관한 것이다.

철도 회사의 가장 큰 장점은 안정성이고, 쉰다섯 살부터 나오는 연금은 천국을 보장하는 것이다. 비비엔의 부모는 모두 철도 회사에 근무했고, 아버지 쪽으로는 3대에 걸쳐서 그렇다. 이것이 그 집안사람들에게 어떤 영향을 주었을까?

비비엔의 아버지에게 세상은 그 모든 보장에도 불구하고 여전히 위험과 불확실성으로 가득한 곳이다. 아버지는 일하다 한쪽 눈을 잃었고, 그 때문에 기관사 일을 그만두고 사무원이 되었다. 아버지에게는 일곱 명의 형제가 있고, 자식은 다섯 명이다. 사는 것은 언제나 힘들었으며 가난의 공포에서 벗어난 적이 없었다. 혹시 닥칠지 모르는 재난에 대비해 매달 약간의 돈을 저축하는 것이 그의 가장 큰 성취였다. "동전 하나도 돈"이라는 것이 그의 철학이다. "아버지처럼 사는 건 사는 게 아니에요." 비비엔이 말한다. "아버지는 지나치게 현실적이에요. 기차를 공짜로 탈 수 있는데도 불구하고 이 나라가 어떻게 생겼는지조차 제대로 모르시죠." 지금은 은퇴해서 1년에 석 달 동안은 바닷가에서 보내지만 항상 같은 장소에서 야영하며 공놀이와 카드놀이를 한다. 그는 무슨 생각을 할까? "저야 모르죠"라고 비비엔은 말한다. "물어본 적이 없어요."

그녀의 어머니도 프랑스 밖으로 나가본 적이 없다. 그러나 "꿈속에서는 모험적이에요." 책을 많이 읽기 때문이다. 상상 속에서 모험을 하는 것이다. 다섯 명의 자녀가 모두 아버지와 정반대로 된 데는 어머니의 영향이 크다. 비비엔을 제외하고 모두 외국인과 결혼했다. 독일인, 아프리카인, 미국인, 러시아인. 아버지는 몹시 화가 났다. 특히 아프리카인 사위를 보게 되었을 때 그랬다. 그래도 딸이 자기 말을 듣지 않자 딸과 말도 하지 않았다. 2차 세계대전 때 독일의 포로수용소에 갇힌 경험이 있기 때문에 그는 독일인도 좋아하지 않는다. "정말 힘들었어요. 그러나 서서히 아버지는 그를 받아들였죠." 지금은 일흔다섯 살인데 여전히 "국수주의자"다. 아버지는 변화를 좋아하지 않는다.

그러나 비비엔은 호기심으로 산다. "난 꿈꾸는 걸 좋아해요. 천성적으로 그래요." 낚시가 그녀의 취미다. "혼자 있을 수 있기 때문이죠. 혼자 있으면 미래에 대해 생각해요. 난 몽상가예요." 그녀가 좋아하는 작가는 프루스트이고, 특히 "묘사가 치밀한" 이야기를 좋아한다. 영화를 보다가 재미없으면 딴생각에 빠져 미래 계획을 세운다. 현재 그녀는 노인을 위한 시설에서 일하고 있는데, 그녀의 야심은 그곳 관리자나 부관리자가 되는 것이다. 그렇게 되면 거기에서 살아야 하는데 그것은 원하지 않는다. "나는 독립을 원해요." 그래서 그녀는 망설이고 있다. 그녀의 남편도 지방자치단체에서 일하며 운동장과 수영장의 보수 유지를 맡고 있다. 그들은 부모보다 더 가난하고, 별로 인기 없는 지역의 공영 주택에 살고 있지만 생활은 안정되어 있다. 그러나 그녀의 마음은 딴 곳에 가 있다.

"난 여행을 좋아해요"라고 그녀는 말한다. 그러나 스페인이나 아프리카보다 더 멀리 갈 엄두는 내지 못한다. "퇴직하면 내가 모르는 곳을 여행할 거예요. 프랑스보다는 잘 모르는 세계에 더 흥미를 느껴요." 그녀는 외국에서 살아도 상관없다고 생각하지만 남편은 그렇지 않다. 남편은 페르시아만에서 건설 일을 한 것이 외국 생활 경험의 전부다. 휴가 때면 그녀는 캐러밴을 이용해 캠핑을 한다. 캠핑을 하면서 외국인들도 만날 수 있다. "외국어는 전혀 못하지만 의사소통에는 꽤 재능이 있어요. 그들과 생각을 나누고 싶어요." 그녀는 어릴 때부터 캠핑을 자주 했기 때문에 호텔은 재미가 없다. "호텔에서는 사람들이 서로 말을 주고받지 않아요." 그러나 캠핑장에서 사람들은 빨래를 하며 서로 말을 건넨다.

아이들도 다 커서 그녀는 자유롭게 미래 계획을 세울 수 있다. 한 아이는 군복무 중이고, 다른 아이는 국제 무역 자격증을 갖고 있다. "내가 꿈꾸는 일들을 하게 될 거예요."

일이 삶의 전부인 캐롤린은 그런 인생이 그다지 나쁘지 않아서 탈출할 절박한 이유를 못 느끼는지도 모른다

전문직에 종사하는 사람들에게 자신의 일을 좋아하느냐고 물어보면 그들은 불만이 있더라도 대부분 그렇다고 대답할 것이다. 그러나 그 일이 그들에게 무엇을 해주었고, 삶을 어떻게 변화시켰느냐고 물어보면 대답하는 데 꽤 뜸을 들인다.

캐롤린은 정보기술 분야에서 학위를 받은 지 5년 만에 후회를 했다. 지식이 그녀를 더 나은 사람으로 만들어주지는 않았다. 컴퓨터 모니터에 코를 박고 있는 것은 그저 기계에 대해서 잘 안다는 느낌만 줄 뿐이었다. 결국 직업을 바꿨지만 두 번째 선택도 실수로 판명되었다. 세 번째 직업은 엔지니어들이 많은 회사였는데 여행을 가거나 사람들을 만날 기회가 더 많았다. 그러다가 우연한 기회(그 일을 맡을 다른 사람이 없었다)에 자동화 설비를 갖춘 저장 시설들의 건설을 책임지게 되었다. 그녀는 토목 기사 훈련을 받은 적이 없지만 프로젝트를 맡아 직접 계약도 하고 중요한 의사 결정을 내리며 두 배나 나이 많은 사람들과의 회의를 주재하고 있다.

그녀는 잘 대처하고 있다. 처음에는 고객 측의 한 기사가 여자가 책임자라는 것을 알고 불평했지만 그녀는 단호하게 묵살했다. 그 기사가 일방적으로 회의 안건을 바꿔버렸을 때는 회의실에서 나가버렸다. 사람들을 다루는 데는 여성이 남성보다 뛰어나다고 그녀는 믿는다. 그러나 배워야 할 것이 더 있음을 알기에 경영 과정에 지원했다. 현재 그녀는 고객 및 동료들과 완벽하게 잘 지내고 있다. 자신감도 커지고 있다. 그녀를 지원해줄 훌륭한 팀을 구성했고, 일이 순조롭게 진척되고 있으며, 새로운 일을 배우는 것은 고무적인 일이다.

그러나 그녀는 장시간 근무하고 주말도 없이 일한다. 압박감이 적은 회사로 옮기고 싶은 마음이 들다가도 하루 일곱 시간 내내 컴퓨터 앞에서 일하며 지겨워했던 것을 생각하면 차라리 열 시간 일하는 편이 낫다는 결론을 내렸다. "일이 내 삶의 전부예요. 심지어 꿈속에서도 일해요. 하지만 한 번도 충분하다고 생각한 적이 없기 때문에 늘 스트레스를 받지요. 10년 이상 버틸 수 있을지 모르겠어요. 아마 한 3년 정도 아닐까요. 마흔이나 마흔다섯 살쯤 되면 왜 이 일에 내 삶을 바쳤을까, 단지 이만큼 승진했다고 말하기 위해 더 많은 권력과 돈을 갖는 것이 무슨 소용일까 자문할지도 몰라요. 미친 짓이에요. 친구들도 날 보고 미쳤다고 말해요. 그러나 어쩔 도리가 없어요. 우리는 그저 현실을 받아들이고 게임을 하는 거지요. 주말에도 일해요. 늘 재촉하는 고객 때문에 어쩔 수 없어요." 일자리가 없는 사람들을 생각하면 이것은 더욱 부조리한 일이다. 실업자의 곤경을 생각하면 그녀는 마음이 아프고 죄의식을 느낀다. "아마 우리는 그들과 일을 나누고 월급을 덜 받고 더 적은 시간 일하고 좀 더 지각 있게 살아야 하겠죠. 하지만 어떻게 그게 가능하겠어요?"

사무실에서 안절부절못하는 사람은 캐롤린뿐만이 아니다. 대부분의 젊은이들은 몇 년 지나면 이직을 한다. 그녀에게는 그런 야심이 없다. 화려한 경력이 그녀의 목적은 아니다. "학교를 졸업했을 때 뭘 해야 할지 몰랐죠. 여기까지 온 것도 성공이라고 생각해요. 이사가 되고 싶은 마음은 없어요. 내게는 배경도 없어요. 만약 내가 최고의 대학을 나왔다면 거기에 걸맞게 야심을 키웠을지도 모르지만 지금의 직책에 만족합니다."

불행하게도 일터에서 만나는 사람들은 그녀를 자극하는 부류의 사람들이 아니다. 엔지니어들은 '진지한' 경향이 있다고 그녀는 말한다. 그러나 그들이 무슨 깊은 생각을 자극하는 일을 하는 것은 아니다. 그녀는 한 영국인 엔지니어와 함께 휴가를 간 적이 있었다(이 일은 약간의 이국적인 기분을 자아냈다). 그러나 그에게는 상상력이 없었다. "그는 거의 슬픔에 잠긴 것 같았고, 금지된 것에 대한 그의 태도는 지나치게 전통적이었죠." 프랑스인은 그 정도로 원칙적이지 않다. 그러나 정말 원칙에서 자유로운 프랑스인을 찾는 것도 쉬운 일은 아니다.

그녀가 동료들과 이야기를 나누지 않는 주제들이 있다. 세상을 바꾸는 일은 불가능하다고 말하는 현실적인 사람들과 토론해봐야 무슨 소용이 있겠는가? 그녀가 좋아하는 부류의 사람들은 엔지니어가 아니라, 자유로운 직업을 갖고 있고, 여행을 많이 하고, 다양한 주제를 놓고 대화할 줄 아는, '틀에 박히지 않은' 남자들이다. "그러나 내가 그렇지 않기 때문에 그런 사람들은 날 재미없다고 느낄 거예요." 퇴근해서 집으로 돌아오면 그녀는 완전히 다른 사람이 되어 "남들을 놀랠" 수 있기를 바란다. 전문직에 종사하게 되면 세상이 좁아진다. "학교 다닐 때는 온갖 계층의 친구들을 만날 수 있었죠. 지금은 대학을 나온 사람들밖에 모릅니다. 다들 같은 업계에 있는 사람들이죠. 진정한 선택이 없어요. 예술과 회화의 세계에 대해서 난 아무것도 모릅니다. 자신의 인생을 통제할 줄 알고 나와 생각이 비슷한 사람을 만나고 싶어요. 가정을 꾸리면 좋겠지만, 내가 올바른 방향으로 가고 있는 건지는 잘 모르겠어요. 난 사람들과 있는 걸 좋아해요. 사람은 혼자 있도록 만들어진 존재가 아니에요. 그래서 내 일에 완전히 만족하지는 못하죠."

컴퓨터 모니터를 다시 보는 것도, 생장드뤼즈(인구 1만 5000명)로 돌아가는 것도 불가능하다. 그곳에서는 시간이 천천히 흐르고, 점심때와 저녁때면 해변에도 가곤 했지만, 흥미로운 직업은 거의 없다. 지방도 나아지고 있고 조금 큰 도시에는 기회도 더 많아졌지만 역시 파리보다는 직업을 바꾸는 게 힘들다. 외국어 때문에 외국으로 나가는 것도 불가능하다. 빈부 격차가 너무 큰 미국은 매력적이지 않다. "그래서 우리는 이 일을 할 운명을 타고난 거죠. 그렇다고 내가 감옥살이를 하고 있다는 이야기는 아닙니다."

이 이야기에서 우리는 두 가지 결론을 이끌어낼 수 있다. 하나는 그다지 나쁜 인생이 아니어서 탈출할 절박한 필요성을 못 느끼고 있다는 것이다. 다른 하나는 그녀를 가로막는 벽이 없기 때문에 자유롭게 도피할 수 있지만, 그전에 어디로 갈지 결정해야 한다는 것이다.

여행의 가장 흥미로운 점은
사람을 발견하는 것이다

100여 년 전에 역사학자 이폴리트 텐Hippolyte Taine(1828~1893)은 여섯 종류의 여행자가 있다고 말했다. 첫 번째는 돌아다니는 게 좋아서 여행하는 사람들이다. 그들은 자기들이 돌아다닌 거리를 계산하느라 정신이 없다. 두 번째는 여행 내내 안내서를 손에서 놓지 않는 사람들이다. "이들은 안내서가 추천하는 식당에 가서 송어 요리를 먹고 안내서에 나온 것보다 숙박비가 비싸다고 여관 주인과 말다툼을 한다." 세 번째는 꼭 무리를 짓거나 가족들과 여행하면서, 이상한 음식은 피하고 비용을 아끼는 데 몰두하는 부류다. 네 번째 부류는 오직 하나의 목적만 갖고 있다. 맛있는 음식을 먹는 것이다. 다섯 번째는 사냥꾼이다. 그들은 희귀한 골동품이나 식물 같은 특정한 대상들을 찾아다닌다. 마지막으로 여섯 번째는 "호텔 창문 밖으로 산을 바라보고 (…) 낮잠을 즐기고 의자에 앉아 신문을 읽으며 빈둥대다가 돌아와서는 피레네산맥을 보고 왔다고 말하는" 사람들이다. 물론 이런 틀에 박힌 여행을 바라는 여행자도 있을 것이다.

그러나 다른 가능성도 있다. 여러 장소와 사물을 보는 데 만족할 수도 있겠지만, 여행의 가장 흥미로운 점은 사람을 발견하는 것이다. 그것은 힘든 일이고 노력이 필요하지만 그 대가로 방문자와 주인 모두가 변화될 수 있다. 그래서 나는 여섯 사람의 예 — 여행으로 인생이 바뀐 수천 명 가운데서 — 를 들어 여행과 낯선 사람과의 만남이 주는 영향에 대해 살펴보고자 한다.

"인생은 영원한 여행"이라고 뱅상 르블랑Vincent Le Blanc은 말했다. 그는 1554년 마르세유에서 태어나 열네 살에 바다로 도망쳤다가 일흔 살이 될 때까지 돌아오지 않았다. 알려진 모든 대륙을 다 가본 후 마침내 브라질에서 아내를 찾았지만, 그의 말에 따르면 그녀는 "이 세상에서 가장 끔찍한 여자"였다. 단순한 관광객으로 만족할 수 없는 여행자들의 첫 번째 특징은, 여행하면서 예상이나 편견 없이 새로운 사실을 볼 줄 안다는 것이다. 대부분의 사람들은 보고 싶은 것만 보기 때문에 새로운 것을 접했을 때도 그것을 알아차리지 못한다. 놀라움이 즐거움이 될 때 여행은 예술이 된다.

"사막에서는 여행자를 유혹해 굶주림과 절망 속에서 죽게 하려는 많은 환상과 도깨비를 볼 수 있다"라고 르블랑은 불평했다. 현대의 정신분석학자라면 여행이 무의식 속에 있던 공포를 드러내준 것이라고 말할 것이다. 그러나 베두인족은 르블랑에게 그것은 두려운 존재나 환상이 아니라 이슬람의 정령들이라고 말했다. 그리고 만약 누군가와 마주치면 그 정령들은 모습을 감춰버린다고 주장했다. 그러나 두려움의 제거는 여행하는 목적의 채 반도 안 된다. 두려움이 사라지고 나면 기대하지 않았던 친구를 만나게 된다.

모든 종교는 여행이 영혼을 위해 좋다는 믿음을 갖고 여행을 장려했다. 비록 정부는 일관되게 그 반대로 생각해 세금과 관료주의로 여행을 방해했지만 말이다. 여행의 시작은 순례였다. 가장 체계적으로 여행의 의무를 성문화한 이슬람교는 메카 순례(하즈) 말고도 더 많은 것을 요구했다. 종교를 자유롭게 믿을 수 없는 지역에 사는 이슬람교도는 마음 놓고 믿을 수 있는 곳으로 옮겨가라(헤지라)는 권고를 받았다. 그리고 지역의 성지를 찾아가는 것(지야라)이 세 번째 의무였다. 억압받는 사람들은 그곳에서 일시적이나마 남녀 할 것 없이 모든 인간이 신 앞에 평등하다고 느낄 수 있었다. 지식을 찾아 세상의 모든 현자를 만나기 위해 여행하는 것도 장려되었다.

그러나 여행이 자동적으로 또는 적어도 기대했던 방식대로 영혼을 살찌우는 것은 아니었다. 때때로 지식의 추구로 말미암아 독실한 신자가 전복적인 생각에 빠진다는 불평이 있었다. 순례는 속죄, 재생, 물질주의나 증오나 질투로부터의 해방으로서뿐만 아니라 사회적 지위를 높이고 교역이나 밀수를 위한 기회로도 다양하게 활용되었다. 사람을 육체적, 정신적으로 변모시켰던 느리고도 힘든 중세의 여행 — 메카 순례는 몇 년이 걸릴 수도 있었다 — 이 정부의 후원을 받는 4주짜리 일괄 여행으로 대체되자 순례자가 위대한 범세계적인 공동체에 소속되어 있다는 느낌을 갖기가 어려워졌다.

여행이 그 사람의 영혼과 정신과 습관에 어떤 영향을 미쳤는지, 예를 들어 약 12만 킬로미터의 거리를 여행하며 오늘날의 44개국에 해당하는 지역을 찾아다녔던 이븐바투타(1304~1368)가 여행을 통해 자신과 남들의 삶을 얼마나 향상시켰는지 알아보기 위해서는, 과거에는 없던 지도를 그린다거나 알려지지 않은 사실을 보고하는 것과 같은 탐험가의 기술적 업적 이상의 것을 살펴보아야 한다. 원래

"자신을 압도하는 충동에 휩쓸렸던" 이 법관의 아들은 공부를 끝내고 법관의 자격을 갖추기 위해 스물한 살에 메카로 떠났다. 새로운 것을 찾고 싶어 좀이 쑤셨는지 아니면 단순한 허세 때문이었는지, 그는 똑같은 길로는 절대로 다시 가지 않기로 결심했다. 여행 중에 그는 학자가 자신의 천직이 아니라는 것을 알았다. 일상생활을 관찰하고 소문을 듣고 희한한 구경거리와 관습을 전해주면서 사람들이 놀라움에 입을 다물지 못하게 만드는, 걸어 다니는 신문이 되는 일에 더 재능이 있다는 것을 발견한 그는 직업적인 여행가가 되었다. 책을 통한 전통적인 방식이 아니라, 단지 인품의 힘으로 모르는 사람들에게 깊은 인상을 주고 그것을 통해 지식을 쌓고자 노력한 것은 실로 용감한 행동이었다. 그러나 6년이 지나서야 그는 영혼의 동료라고 할 수 있는 인도의 술탄 무함마드 투글루크Muhammad Tughluq(1325~1351)를 만날 수 있었다.

국내의 현실보다는 먼 외국의 문화에 더 흥미를 느끼고 페르시아어와 아랍어를 배우고 시를 쓰고 서예 공부를 하고 그리스 철학을 연구하고 힌두교의 현자를 초청해 토론을 벌였던 이 별난 몽상가는 자신의 제국을 경영할 외국인들을 모집했다. 술탄은 멈출 수 없는 여행가 정신의 소유자였다. 이븐바투타는 델리에서 행정부 관리로 임명되어 자신만의 이슬람 사원을 짓고 호화스럽게 살았지만 결국 정치도 적성에 맞지 않다는 것을 깨달았다. 권력을 가진 사람은 강한 척 자신을 가장할 필요가 있었고, 이븐바투타는 결국 허식적인 사치로 자신을 망치고 말았다. 여행이라는 길을 피하는 것은 불가능했다. 그는 다시 여행을 시작했다. 도중에 가진 것을 모두 강탈당하고 몇 번이나 도적들의 손에 죽을 고비를 가까스로 모면하기도 했지만 계속해서 전혀 모르는 사람들에게서 극진한 환대를 받았다. 30년 동안 떠나 있다가 그는 고향 모로코로 돌아왔다. 경험을 구술해달라는 요청을 받기는 했지만 그는 사람들의 큰 관심을 끌지는 못했다. 그리고 스물두 살 때 곧장 고향으로 돌아왔으면 그렇게 되었을 '어느 조그만 도시'의 이름 없는 법관이 되어 여생을 보냈다.

이븐바투타가 모든 것을 다 알고 싶어 했던 것은 아니다. 차라리 모르고 지나치기를 원했던 것도 많이 있었다. 그는 머물던 곳에서 다시 여행을 떠날 때까지 여러 여자와 결혼했고, 그중 어떤 결혼은 불과 몇 주 만에 끝났으며, 잊힌 자식도 많았다. 그러나 그가 삼킬 수 있었던 새로움에는 한계가 있었다. 말리에서 한 아프리카의 이슬람교도가 여자친구들이 있는 앞에서 그를 영접했다.

"우리는 여자들과의 교제를 즐겁게 여기고 훌륭한 행실의 일부분으로 생각합니다. 여자들과 교제한다고 무슨 의심을 사는 것도 아닙니다. 이들은 당신 나라의 여자들과는 다릅니다"라고 그 주인은 말했다. 이븐바투타는 즉시 그 집을 떠났고, 다시 들러달라는 청을 여러 번 받았지만 결코 받아들이지 않았다.

짧은 기간 어떤 임무로 중국에 갔던 것을 제외하고는 그는 이슬람세계를 떠난 적이 없다. 항저우에서조차 그는 이집트인 가족과 함께 있었다. 수피교도로서 어디에서건 그는 수피교도의 환대를 선호했다. 메카를 네 번 이상 순례했음에도 불구하고 그의 영성은 아직 개화하지 못했다. 아바단의 늪지대에서 오직 물고기만 먹고사는 수피교 은자를 만났을 때 이븐바투타는 깊이 감동해서 "잠시 동안 이 이슬람 지도자를 섬기며 평생을 보낼까 하는 생각을 했다." 그러나 겸손이 오랫동안 그의 흥미를 끌 수는 없었다. 빵 세 조각, 튀긴 쇠고기한 점, 요구르트 한 사발로 그를 환영한 한 아프리카의 왕에 대해 그는 "천하고 지적이지 못하다"라고 경멸했다. 그는 경멸적으로 이렇게 말했다. "저는 세상의 여러 나라를 여행했고 그 나라 왕들을 만났습니다. 지금 이 나라에서 넉 달을 머물렀는데 당신은 제게 환영 선물이나 그 밖의 어떤 것도 주지 않았습니다. 다른 술탄들을 만나면 당신에 대해 뭐라고 말해야 하겠습니까?"

여행을 통해 이븐바투타는 안정적인 직업에 대한 집착에서 벗어날 수 있었다. 여행자들이 아직 너무 드물었고 그래서 즐거움의 대상으로 귀중하게 여겨졌으며 선물과 대가 없는 환대를 받았기에 그는 단지 계속 나아감으로써 여행 경비를 마련할 수 있었다. 그는 방랑하는 사람이 고향에 있는 것보다 더 흥미로운 인생을 살 수 있다는 사실을 알게 되었다. 그것이 그가 원한 모든 것이었다.

마음의 속박을 풀고
정신을 자유롭게 하기 위해

그보다 덜 유명하지만 좀 더 심오하게 자신을 해방시키기 위해 여행한 사람들이 있었다. 셰익스피어가 여행자들을 "자신의 출생에 기뻐하지 않고" 자신을 그런 모습으로 만든 것에 대해 "거의 신을 책망하는 수준"의 반역자들이라고 부른 것은 옳았다. 그와 동시대에 살았던 중국인 도륭屠隆(1542~1605)은 그렇게 평범하게 살기를 거부한 결과를 보여주었다. 《명료자유冥寥子游》는 위선에 질리고 "하고 싶은 이야기가 그토록 많은데도" 자유롭게 대화할 수 없는 데 질린 한 남자에 관한 이야기다. 그는 "소유에 대한 욕망과 그 상실에 대한 두려움"에 지친 사람이었으며, 스스로를 너무 좁아서 "이가 물어 간지러워도 긁을 수 없는 우리 안에 갇힌 원숭이"와 같다고 느꼈다. 그래서 "마음의 속박을 풀고 의지를 자유롭게 하기 위해 초연의 땅으로 여행을 시작했다." 돈 100냥이 그가 가지고 떠난 전부였다. 선물을 받아 수중의 돈이 100냥을 넘으면 그 초과분을 가난한 사람들에게 나눠주었다. 그에게 여행은 "사람들이 쉽게 매몰되는 이 세상의 부와 권력과 영광"으로부터의 탈출이었고, 내일에 대한 근심으로부터의 해방이었다. 재난을 만나면 죽을 수도 있고 용케 살아남기도 할 텐데, 만일 죽지 않는다면 여행을 계속할 작정이었다. 그의 목적은 마음을 닦아 인생의 비극에서 벗어나고, 자연과 사귀는 법을 배우고, 모든 식물과 곤충에게서 자기가 보고 싶은 것을 보고 하루 종일 꽃의 암술을 세며 지내는 데 만족하는 것이었다. 인간이 아니라 이들이 그의 영혼의 동료였다. 이들과 함께 있으면 그는 외롭지 않았다. 진정한 마음의 평화를 얻는다면 고향으로 돌아가 오두막을 짓고 다시는 떠돌아다니지 않을 작정이었다.

여럿이 함께 여행하면 찾아가는 나라보다 같이 간 동료에 대해 더 많은 것을 알게 된다. 덴마크 국왕의 명에 따라 1761년부터 1767년까지 아라비아에 대한 유럽 최초의 탐험이 이루어졌다. 그 여행은 지리적 발견 때문만이 아니라, 정신의 독립이 여행자에게 어떤 영향을 미치는지 극적으로 보여주었다는 점에서 중요했다. 이 탐험대의 구성원들이 서로에게 관대해지기가 그렇게 힘들었던 것은 그들이 각각 덴마크, 스웨덴, 독일 등에서 온 과학자였기 때문은 아니었다. 탐험대의 지도자였던 식물학자 페터 포르스칼Peter Forsskal은 "모든 위험과 장애와 궁핍을 우습게 여겼다. 그러나 논쟁적이고 고집 세고 화를 잘 내는 게 그의 단점이었다." 그는 시민의 자유에 관한 논문을 썼고, "직책과 지위와 부를 통해 그들의 나라에서 전능한 힘을 가지게 된 사람들이 인간의 자유에 대한 유일한 위협"이라고 주장하면서 제한 없는 표현의 자유를 요구했다. 웁살라대학의 교수진은 그의 논문 출판을 금지했다. 그럼에도 불구하고 그는 그 논문을 출판해 학생들에게 배포했고 계속 항의했다. 결국 스웨덴은 1766년에 검열을 폐지했다. 그는 나중에 청년문화라고 불릴 만한 것의 선구자였지만 젊음이 지나치게 오만해질 수도 있다는 점을 인정하지 않았다. 그는 탐험 참가를 수락하면서 조건을 내세웠다. 탐험대의 구성원이 모두 동등해야 하며, 자신은 비록 스물일곱 살밖에 되지 않았지만 교수라는 직함이 주어져야 하고, "덴마크도 마찬가지겠지만 스웨덴에서 볼 수 있는 것 같은 지극히 제한된 사상과 표현의 자유 속에 결코 나를 구속시킬 생각이 없으므로" 돌아오면 자기가 어느 나라에 살든 상당한 액수의 연금을 지급하라는 요구였다. 그의 요구는 모두 받아들여졌고, 그는 떠나기 전에 자기 초상화를 하나 그리게 했다.

과학은 지금껏 알려지지 않은 식물들의 발견과 지도 그리고 온갖 종류의 정보로 보상을 받게 마련이지만 이 탐험대원들은 서로 참는 법을 배우지 못했다. 대원 중 한 명인 인류학자 폰 하벤Von Haven은 교양 있는 사람으로 탐험 도중에 프랑스 외교관들을 찾아가 볼테르의 사상이나 사생활과 같은 세련된 주제에 관해 대화하기를 즐겼는데, 그의 동료들로부터 스스로를 보호하기 위해 "두 개의 연대 병력을 전멸시키기에 충분한 비소"를 지니고 갔다. "우리는 엄청난 위험 속에 살고 있다"라고 탐험대원들은 고국으로 보고서를 보냈다. 그 이유는 아라비아가 그들에게 적대적이었기 때문이 아니라 그들끼리 서로 죽이겠다고 위협하고 있었기 때문이다. 이 탐험을 조직한 국왕 측근의 답신이 코펜하겐으로부터 왔다. "내게는 모든 사람들과 더불어 이해와 평화와 조화 속에서 사는 것처럼 쉬운 일이 없다. 필요한 것은 누구나 그런 삶을 가로막는 편견을 버리고 이성의 소리에 주의를 기울이는 것뿐이다." 그러나 설상가상으로 음식 속의 모래와 오염된 식수 때문에 괴로움을 겪고, 아랍인들이 연구를 방해하고 모세의 발자취를 쫓아가도록 허락하지 않는데, 폰 하벤이 어떻게 이성적일 수 있었겠는가? 탐험대의 일원이었던 한 의사는 늙고 지친 이슬람교 촌장들에게 최음제를 조제해주며 사귀었지만, 한 명만 남기고 탐험대원이 모두 병으로 죽는 것을 막을 만큼의 솜씨는 없었다.

유일한 생존자였던 카르스텐 니부어Carsten Niebuhr는 그들 중 유일하게 겸손한 사람이었다. 그는 교수 직함을 마다했고 쉽게 화를 내지도 않았다. 철학과 시가 그의 유일한 관심사였고, 자기가 본 것을 기록하고 측량하는 것이 그의 즐거움이었다. 모든 도시의 지도를 만들었고, 감정에 치우침 없이 다섯 권 분량의 정보를 모아두었다.《명료자유》의 주인공처럼 그는 세상의 명예를 구하지 않았고, 덴마크의 황량한 늪지대에 있는 한 마을의 평의회 서기 자리가 그가 보상으로 요구한 전부였다. 그 고요한 마을에서조차 "그는 동양의 기품 있는 평화에 대한 갈망으로 인해 큰 고통을 겪었다." 아카데미 프랑세즈는 그를 종신회원으로 선출했지만 그는 명성을 즐기고 싶은 마음이 없었기에 파리 방문을 거절했다. "단지 우리가 추위에 대해 조금만 더 조심했더라면, 처음 떠날 때부터 전반적으로 동양의 관습을 좀 더 따르면서 생활하려고 노력했더라면, 그리고 탐험대원들이 서로에 대해 조금만 더 믿음을 갖고 여행 중에 의심과 싸움으로 인한 좌절을 겪지 않았더라면, 아마 우리 모두가 행복하게 유럽으로 귀환할 수 있었을 것이다"라고 그는 결론을 내렸다. 이 결론은 그의 모험 말고도 아주 많은 일에 적용될 수 있다.

여행의 궁극적인 목적은 다른 문명에 조화롭게 참여하는 데 있다

　　　그 지방의 관습에 따라 사는 것, 그것이 문제 해결의 실마리일까? 이 여행자들 대부분이 아랍어를 할 줄 몰랐다. 그러나 외국어에 대한 지식이 다른 종류의 여행을 가능하게 하는 길이었던가? 그 대답은 리처드 버튼 경Sir Richard Burton(1821~1890)에게서 얻을 수 있다. 그는 모든 시대를 통틀어 가장 재능 있는 언어학자였다. 스물다섯 개 국어에 능통했으며 방언까지 치면 마흔 개 언어를 완벽하게 구사해서 어디에서든 그 나라 사람으로 통했다. 언어를 익히는 데는 두세 달이면 족했다. 전문가들에 따르면 그는 두 개의 언어에 취약했다. 이유는 알 수 없지만 러시아어에 약했고, 발음 때문에 짜증나는 독일어에 약했다. 그는 "자기네 사투리로 말을 건네는 것만큼 사람을 기쁘게 하는 것은 없다"라고 믿었다. 그는 들리는 그대로의 언어를 배우기를 좋아했다. 그런 까닭에 옥스퍼드 학생이라는 기준으로 볼 때는 실패작이 될 수밖에 없었다. 그는 교수들에게 라틴어 발음이 우스꽝스럽다고 말했다(사실이 그랬다. 라틴어 발음은 종교개혁 이후에 인위적으로 만들어진 것이다). 그래서 그는 교수가 되는 운명을 피할 수 있었고, 지식보다 더 포착하기 어려운 무엇인가를 찾아 자유롭게 자신의 재능을 이용할 수 있었다.

나중에 실망하기보다는 경력 초반에 자신이 '별 볼일 없는 사람'이라는 사실을 깨닫는 것이 꼭 해로운 일은 아니다. 버튼의 경우는 그가 (사람들이 추측하는 것처럼) 아일랜드로 보내진 루이 16세의 사생아의 자손이어서 그렇게 깨달았던 것은 아니었다. 또 자신들에게나 자식에게 어떻게 해야 할지 몰랐던 부유한 부모의 아들이어서도 아니었다. 그의 부모는 그를 영국이 아닌 프랑스 투르에서 길렀고, 그는 우울증을 겪었다. "우리는 결코 완전하게 영국 사회를 이해할 수 없었고, 영국 사회도 우리를 이해하지 못했다"라고 그는 약간의 만족감을 느끼며 기록했다. 그는 타고난 여행가였으며, "여행은 승리"라는 확신을 갖기 위해 노력했다.

그러나 그는 자족적인 인물은 아니었다. 그에게는 환호할 청중이 필요했다. "어떤 조그만 지역에 속해 있으면 큰 이점이 있다. 당신이 어떤 전쟁에서 승리하거나 중앙아프리카를 탐험하고 난 뒤 고향으로 돌아왔을 때, 고향을 빛내주었다는 이유로 당신의 모험에 대해 자부심을 느끼는 지구의 조그만 귀퉁이에서 환영받는다면, 그것은 얼마나 멋진 일인가." 그렇게 되기 위해서는 그 조그만 귀퉁이에 대한 존경심과 그곳의 권위에 대한 경의가 필요했지만, 버튼은 부모에게는 말할 것도 없고 누구에게든 존경을 표하기에는 너무 회의적인 인물이었다. 소년 시절에 그는 능숙한 거짓말쟁이였다. 진실을 말하는 데 자신을 바쳤지만 그로 인해 오히려 문제만 생겼다고 훗날 그는 말했다. 펜싱 경기가 "내 인생의 가장 큰 위안"이었다는 사실은 꽤 상징적이다(펜싱이란 말에는 '말을 잘 얼버무리거나 교묘하게 받아넘기는 솜씨'라는 뜻도 있다―옮긴이).

　인도에서 군생활을 하면서 그는 대여섯 개 언어를 배울 수 있었다. 그는 즉시 옷감과 보석을 파는 페르시아 상인으로 가장했고, 그렇게 해서 폐쇄적인 여자들의 세계나 심지어 하렘에까지 들어갈 수 있었다. 한 민족을 제대로 알려면 그곳 여자들을 알아야 한다고 그는 주장했다. 그리하여 성과학sexology에 대한 그의 평생의 헌신이 시작되었다. 그 과정에서 《카마수트라》, 《향수의 정원Perfumed Garden》, 《천일야화》를 번역했다. 그러나 그는 박학다식함에도 불구하고 여자에 대해서는 잘 알지 못했다. 인도에서의 그의 이력에서 가장 실망스러운 점은 그가 사랑에 무능했다는 것이다. "수천 명의 유럽인들이 현지의 여인들과 동거하거나 가정을 이루었지만 그들이 진정으로 사랑받는 경우를 나는 단 한 번도 보지 못했다." 빅토리아 시대건 자유분방한 1960년대건 성과학이 "여자들을 이해하는" 열쇠는 아니었다. 여자들이 말하는 것, 생각하는 것, 그리고 감히 말하지 못하는 것을 듣는 일은 그의 관심사가 아니었다. 그의 여성관은 결혼을 통해 드러났다. 그가 결혼한 여인은 여자를 경멸했다. 그녀는 남자이고 싶었지만 그럴 수 없었기 때문에 자신이 그의 일부분이라고 상상하면서 그의 즐거움을 위해 평생을 바쳤다. 그녀는 그의 단점이 드러나지 않게 숨겼고, 결코 그를 비난하지 않았으며, 그가 트집을 잡을 때도 절대 말대꾸하지 않았다. 그의 심기를 건드릴까 봐 자신의 병을 감추었고, 그에게 어떤 것도 요구하지 않았으며, "그를 포함한 많은 남자들이 오직 정부에게서만 찾을 수 있다고 상상하는 것을 자신에게서 찾을 수 있도록" 하는 처세의 규율을 스스로 만들었다.

　버튼의 가장 유명한 일화는 아프가니스탄의 의사이자 탁발승으로 가장해 호두 즙으로 얼굴을 검게 칠하고 수염을 덥수룩하게 기르고 머리를 깎은 채 메카를 여행한 것이었다. 사람들은 그를 알아보지 못했다. 그는 할례를 받았지만 그것이 "유대교식이 아니라 이슬람교식으로 보이게끔 주의를 기울였다." 그는 이슬람교의 제식이나 기도에 익숙했으며, 대화할 때는 늘 코란을 인용했다. 더위(그는 이 열기를 화산의 숨결에 비유했으며, 여러 명의 동행자들이 더위로 탈진해 쓰러져 죽었다)와 끔찍한 도적들(도적들은 동행자 한 사람의 배를 가른 뒤 독수리와 재칼이 그를 죽이도록 방치했다)의 습격에도 불구하고 그는 절대로 정체를 드러내지 않았다. 그는 아마 어떤 기독교도보다도 무슬림들에게 순례가 어떤 의미인지 가장 가까이에서 느꼈던 사람일 것이다. 그러나 장애가 하나 남아 있었다.

마침내 그가 가장 신성한 메카의 제단에 이르렀을 때 그는 깊이 감동했다. 그러나 "나의 진실을 고백하자면" 그의 동료 순례자가 경험하는 감정은 "종교적 열정이라는 고귀한 감정이었지만 나의 감정은 자부심의 충족에서 나온 환희였다." 중요한 것은 종교에 대한 통찰이 아니라 책략이었다. 이슬람에 대한 그의 잘 꾸며진 존경심은 표피적인 것이었다. 그의 정체를 알게 된 한 아랍인은 "그는 단지 우리처럼 수염을 기른 채 속으로 웃고 있었을 뿐"이라고 말했다.

이것이 버튼의 삶의 의의다. 비록 그가 동양에 대한 가장 위대한 해석자로 존경받고 있고 많은 정보들을 전해준 것은 맞지만 여행의 궁극적인 목적인 다른 문명에 조화롭게 참여하는 법을 찾지는 못했다. 인도인들은 속으로 자신들을 경멸하는 영국인 지배자들보다 자기들이 더 우월하다고 생각한다고 그는 말했다. 따라서 그가 인도를 무력으로 정복하고 철권으로 통치해야 한다고 주장한 것은 당연한 결과였다. "동양의 기강이란 두려움에 기초한 개인적인 존경"으로 유지되기 때문에 자유주의는 약하다는 오해만 살 뿐이라고 했다.

여행을 결혼에 대한 일종의 대안으로 보았던 까닭에 아마도 몇몇 여성 여행자들이 국경을 없애는 일에 가장 가까이 다가갔을 것이다. 그들에게 여행은 전통과 위험 둘 다를 무시하는 행위였다. 오스트리아 빈 출신의 이다 파이퍼Ida Pfeiffer(1797~1858)는 이웃들에게 그저 착실하고 솜씨 있는 가정주부로만 보였다. 그녀는 스물네 살이나 많은 홀아비와 억지로 결혼했는데, 남편은 곧 재산을 모두 잃어버렸다. 힘겹게 아이들을 기른 후 그녀는 여행가로서 새로운 삶을 찾았다. "나는 부모님을 사랑하기보다는 두려워하도록 배웠다"라고 그녀는 썼다. 이제 그녀는 다른 종류의 관계를 찾아나섰다. 혼자서 최소한의 비용을 들여 지구를 두 번 돌았고, 어떤 유럽인도 가본 적이 없는 땅을 찾아갔다. 그녀는 "만나는 사람들에게 공감을 불러일으키고, 그것으로부터 이익을 얻는 재능" 말고는 가진 것이 아무것도 없는 자그마하고 전혀 위협적이지 않은 노부인이었다.

국가와 가정의 역사 다음에 써야 할 역사가 또 하나 있다. 그것은 국가나 가정에 적응하지 못하고, 그 속에서는 불충분하다고 느끼고 태어난 곳에서 멀리 떨어진 지역에서 새로운 친화력을 만들어내는 사람들에 관한 것이다. 여행자는 국경이 없는 특별한 국가의 시민이며, 이제 여행이 단순한 기분 전환이 아니라 맛볼 수 있는 모든 먹을거리 중에서 가장 본질적인 것이기 때문에 세계에서 가장 큰 국가의 시민이 되었다. 오늘날 해마다 4억 명이 넘는 사람들이 대륙 사이를 여행하고 있다. 여행의 역사에서 가장 존경할 만한 인물들은 그들이 여행한 나라에 가장 유익한 일을 한 사람들이다. 마치 배우가 자신이 맡은 역할 속에서 자신의 내면을 발견하면 가장 성공적인 것처럼, 여행자가 여행한 나라의 대사가 되어 돌아오면 그 여행은 성공한 것이다.

여행이 반드시 먼 곳으로 가는 것일 필요는 없다. 나는 이제 모든 목적지 가운데서 가장 은밀한 곳, 남자와 여자가 서로의 마음속을 향해 떠나는 여행에 대해 살펴보고자 한다.

남자와 여자 사이의
우정이 깨지기 쉬운 이유

우정을 위협하는 것은 섹스가 아니라
타인에 대한 두려움이다.

압사는 학교에 다닌 적이 없다. 그래서 열일곱 살
난 딸(딸은 자기 반에서 일등이다)이 시험에 통과한 것은 그녀 인생에서 큰
사건이 아닐 수 없었다. 그들은 학교 친구 10여 명을 초대해 파티를
열기로 했다. 케이크와 레모네이드 등 먹을 것을 잔뜩 차려놓았지만
초대에 응한 친구는 두 명뿐이었다.

네 아이를 둔 서른네 살의 압사 은다이는 보르도에서 10년 동안
살았다. 이 세월 내내 그녀는 이웃과 한 번도 대화를 나눈 적이 없다.
그녀는 세네갈 출신이다. 같은 층에 프랑스인 네 세대와 포르투갈인
한 명이 살고 있는데, 이들이 서로 이야기하는 것도 본 적이 없다. 그
들은 그녀를 만나도 아침 인사를 하는 법이 없다. "아침 인사를 먼저
건네는 건 나예요. 인사해도 대꾸를 안 하는 경우도 있어요. 한번은
누가 엘리베이터에 갇혀서 내가 소방대를 불렀죠. 그런데도 고맙다
는 한 마디가 전부였어요. 언젠가는 가스 냄새가 나서 내 딸이 신고
전화를 했는데 사람들한테 욕만 먹었어요. 바로 옆집에도 애들 둘이
살지만 우리 애들한테 말을 건 적은 없어요."

그러나 그녀의 가족도 거의 대화를 나누지 않는다. 남편은 과자
공장에 다니는데 월급은 최저 수준이고 늘 해고의 위협을 느끼고 있
다. 그는 퇴근하면 녹초가 되어 텔레비전만 본다. "우리는 각자 구석
에 조용히 앉아 있어요. 남편은 침울한 표정을 지은 채 애들한테 말

도 안 해요. 나도 남편하고 별로 말을 안 해요. 그러나 아이들하고 말하는 데는 아무 문제가 없어요. 아들은 나한테 잘해줘요. 아들은 엄마, 엄마는 왜 말이 없어 하고 물어봐요." 그녀는 웃는다. 아이들이 그녀의 즐거움이다. 그러나 아이들에게 옷을 입히고 학교 준비물을 사줄 돈을 구하는 일은 폭풍 속에서 우산을 들고 있는 격이다.

그녀의 남편은 1976년에 프랑스로 왔고, 그녀는 세네갈에서 아이들과 1983년까지 살다가 남편에게로 왔다. 처음 두 해 동안 그녀는 프랑스어를 읽고 쓰는 법을 배우는 데 전념했다. 그리고 나서는 일자리를 찾았지만 헛수고였다. "무슨 일이든 하려고 했어요. 청소부도 상관없고요. 매주 일자리만 찾아봐요. 버스 타고 알아보러 가는 데 한 시간씩 걸려요. 양식에 맞춰 서류를 써내면 나중에 연락해주겠다고 하지만 전화는 안 와요. 일을 찾으려고 별짓을 다했어요. 왜 일을 구할 수 없는지 모르겠어요. 신문 광고를 내려고 돈도 썼죠. 난 완전히 혼자예요. 아는 사람이 하나도 없어요."

세네갈에서도 형편이 더 나았던 것은 아니다. 비록 옷을 수선해 돈을 조금 벌었지만 거기 역시 일자리는 없었다. 그녀는 프랑스 정부가 제공하는 직업훈련 프로그램에 등록했다. 그 프로그램에는 공장 수습 과정이 포함되어 있다. 공장 주임은 그녀가 일하는 것을 보고 만족스러워했지만 당장은 빈자리가 없다고 말한다. 그녀는 조그만 옷 수선 가게를 열고 싶다. 여섯 명의 식구가 조그만 방 세 개에서 살고 있다. 집에는 빈 공간이 없다. 그러나 어찌어찌해서 가게를 연다고 하더라도 세금을 감당하지 못할 것이다. "나는 일을 좋아해요. 아무것도 하지 못하는 게 정말 싫어요."

큰딸에게는 학교에서 사귄 친한 친구 한 명이 있었다. 그 친구는 수학 선생님의 딸이었고 세네갈 음식에 관심을 보였다. 그게 너무나 기뻐서 압사는 딸 친구를 위해 정성스럽게 저녁을 차려주기도 했다. 그러나 그 선생님이 다른 지역으로 전근 가는 바람에 그 우정은 점점 약해졌고 이제는 가끔 전화만 올 뿐이다. 압사의 딸은 세네갈로 돌아가는 것을 생각 중이라고 한다.

압사도 아프리카에서의 가족생활이 그립다. "세네갈에서는 모두 함께 살아요. 밥도 함께 먹죠. 모든 것을 잊어버리고, 생각이라는 걸 안 해요. 이곳에서는 완전히 혼자이고 생각을 해야 해요. 애들이 학교에 가고 남편이 일하러 나가면 나는 혼자 많은 것을 생각하다가 울어요. 아버지가 돌아가셨을 때는 일주일 동안 울었어요. 난 완전히 혼자였어요. 세네갈에서는 가족들이 도와줘요. 그러나 이곳에서는 아무도 내게 말을 걸지 않아요. 남편이 야간 근무하러 나가고 애들하고만 있으면 난 생각해요. 왜 나를 도와줄 사람이 없을까. 만약 무슨 일이 일어난다면…."

압사가 등록한 그 직업훈련 프로그램을 만든 사람(그러나 그는 프로그램에 참가한 사람의 5분의 1만이 직업을 갖게 될 것이라고 인정한다)은 북아프리카의 커바일족 출신이고 저명한 경제학자다. 그 역시 파리에 살면서 이웃들에게 아침 인사를 해도 아무도 받아주지 않았다고 말한다.

만족스러운 우정의 형태

더 부유하거나 교육을 잘 받은 사람들은 친구를 쉽게 사귈까? 유명한 건축가이자 디자이너인 마르틴 버댕Martine Bedin

은 보르도의 중산층 가정 출신이다. 어렸을 때 친구들의 어머니가 첫 번째로 하는 질문은 언제나 "아버지는 무슨 일을 하시니?"였다. 사회적 체통이라는 것이 여전히 미묘한 등급 매기기에 의해 유지되고 있다. 그래서 마르틴 버댕은 우연한 만남의 기회를 통해 친구를 사귀려고 시도했다. 물론 그렇게 해서 친구를 만나는 게 쉽지는 않겠지만, 기본적으로 정성을 들이며 친구 관계를 계속 유지할 사람을 선택할 수는 있을 것이다. 그녀는 가정의 연고가 아니라 물려받은 독립심과 기인 같은 기질을 강조한다. 그녀의 어머니는 지중해 코르시카 섬 집안의 자손으로 베네수엘라에서 태어났는데, 아버지를 만났을 때는 무일푼의 연극학도였다. 코르시카인은 선원의 피를 조금씩은 갖고 있다고 그녀는 주장한다. 그녀가 파란 눈과 금발을 가진 것도 그 때문이다. 그리고 유대인의 피도 조금 섞여 있다고 생각한다. 친할머니는 보르도 상업학교에 들어간 최초의 여성이었으며, 기업가로 큰 재산을 모았다. 이 억센 정신을 가진 여인은 마르틴 버댕에게 용기를 불어넣었고, 정치가라든가 어쨌든 지도자가 되라고 그녀를 독려했다.

그러나 마르틴 버댕은 남들의 복종보다는 호감을 받기를 더 원하고, 집 밖에서도 그렇다. 그녀는 네 개 국어를 배웠다. 런던에서 영어 공부를 하고 있던 열세 살 때 그녀는 영화감독 비스콘티의 조카를 만났다. 그는 호텔에서 지내면서 같은 어학원에 다니고 있었다. 그와의 우정을 계기로 그녀는 자연스럽게 이탈리아와 연을 맺게 되었다. 그녀는 이탈리아에서 건축을 공부했으며 나탈리니의 수업을 듣고 그의 카리스마 넘치는 언변에 매혹되었다. "난 여러 가지 일들을 성취한 사람들에게 매혹됩니다." 그런 사람들에게 용감하게 말을 걸

정도로 그렇다. 그녀는 나탈리니에게 자기가 도울 일이 없느냐고 물어보았다. 생계를 위해 웨이트리스로 일하면서 그녀는 몰래 그의 사무실에서 잠을 잤다. 그 사실을 알게 된 그는 그녀를 자기 집으로 데려갔다. 그리고 올리베티 사무 가구의 디자이너였던 에토레 소트사스Ettore Sottsass가 전시회에서 그녀가 그린 집 설계도를 보고는 "우리는 이 집을 꼭 함께 지어야 합니다"라고 그녀에게 말했다. "그 설계도에 서명을 하세요. 그러면 가능할 겁니다"라고 그녀는 대답했다. 젊은 제자들은 저항하기 힘든 법이다. "난 네 아버지와 다름없는데"라고 나탈리니는 항의했고, 소트사스 또한 "그렇지만 내가 하는 일은 지루해"라고 경고했다.

스물세 살에 그녀는 소트사스의 멤피스 디자인 그룹의 창립 멤버가 되었다. "나와 함께 일하려면 용기가 있어야 해"라고 그는 말했다. 그러나 그녀와 그녀의 동료들이 오히려 그에게 용기를 주었다. 이들은 거의 젊은 외국인이었고 자기 나라에서는 꿈도 꿀 수 없는 일들을 밀라노에서 하고 있었다. 소트사스는 그들에게 아버지 같은 존재였지만, 사실은 오히려 그들이 그를 입양한 셈이었다. "그는 질투가 심했고 우리가 자기를 버릴까 봐 걱정했어요." 마르틴 버댕은 "미친 듯이 그림 그리기"에 몰두했다. 아름다움에 대한 이들의 급진적인 비전, 아무도 주의를 기울이지 않는 일상적인 대상에서 아름다움을 발견할 수 있다는 이들의 주장, 비싼 소재와 값싼 소재를 섞는 기법, 강렬한 색채의 사용, 공인된 취향의 의도적인 파괴 등으로 국제적인 관심을 끌었지만 이들은 7년 후에 더 이상 아이디어가 없다고 선언하고는 해산했다.

예술가와 기술자가 이런 식으로 함께 일하는 것이 가장 만족스러운 우정의 형태일까? 독립적으로 일하면서도 서로 너그럽게 돕는 밀라노의 디자이너들 사이에는 진정한 의미의 동지애를 발견했다는 느낌이 여전히 남아 있다. 그러나 마르틴 버댕에게는 너무 젊은 나이에 유명해진 것이 문제가 되었다. 그녀는 가구, 주택, 버스, 공공 화장실에서 보석, 스탠드, 카펫, 수도꼭지, 비스킷, 핸드백, 선글라스에 이르기까지 디자인을 계속하고 있다. 세상의 가장 권위 있고 화려한 회사들에 자문을 제공하고 있으며, 그들의 일을 맡기도 했다. 그러나 그녀는 자기 물건을 사용하는 사람들과 좀 더 친밀한 관계를 맺고 싶어 한다. 그래서 '마뉘팍튀르 파밀리알La Manufacture Familiale'이라는 회사를 설립했다. 이 회사는 가구를 보러 오는 사람들에게 직접 가구를 만들어 판다.

이 디자이너는 고객의 친구가 될 수 있을까? 작업을 끝내기 전에는 그 일을 잘 설명하지 못하고, 마찬가지로 고객들도 자기가 무엇을 원하는지 잘 모른다. 그래서 마르틴 버댕은 고객의 취향과 상관없이 자기가 좋아하는 것을 디자인한다. 디자이너는 일종의 평화를 애호하는 테러리스트라고 그녀는 생각한다. 디자이너는 아무도 기대하지 않는 것, 누구도 예상하지 못했던 것을 창조하는 사람이기 때문이다. 그것이 독창성의 요점이다. 그러나 하나의 디자인을 창조하고 나면 이해받지 못하리라는 두려움, 그녀가 어떻게 각각의 대상에 그것만의 개성과 독자적인 권위를 부여하는지 고객이 이해하지 못하리라는 두려움이 있다. 그들로부터 이해를 받는 유일한 방법은 기생물처럼 사람들이 의식하지 못하는 가운데 그들의 의식 속으로 스며드는 것이라고 그녀는 생각한다. 똑같은 일을 하려고 시도해본 전문가들만이 다른 전문가의 작품을 이해할 수 있다. 그것이 현대 예술 작품이 대중에게 팔리지 않는 이유다. 그녀는 충격을 주거나 놀라게 하면서 "진지하게 개성적으로" 남아 있기를 원한다.

대조적으로 그녀의 두 남편은 성공한 산업 디자이너들이다. 그들의 작품은 슈퍼마켓에 흘러넘치고 있다. 그들과 그녀의 우정은 두 가지 유형이었다. 첫 번째 남편은 연상의 이탈리아인으로 내향적인 사람이었다. "내가 그를 이해한다고 확신하진 못해요. 그는 다른 사람들과의 소통을 필요로 하지 않았어요. 그는 내게 혼자 일하는 법을 가르쳐주었죠." 12년의 만족스러운 결혼생활 후에 그들은 동시에 다른 사람과 사랑에 빠졌고 좋게 헤어졌다. 그러나 12년의 과거를 헛되게 할 수는 없었던 까닭에 친구로 남아 있다.

두 번째 남편의 딸과 전 부인도 약간 주저하기는 했지만 친구가 되었고 그녀의 집에 와서 머물기도 한다. 두 번째 남편의 이름은 피오트르 시에라코프스키Piotr Sierakowski다. 그는 한창 상승세를 타고 있던 미국에서의 경력을 포기하고, 그녀와 함께 지내기 위해 좋아하는 도시를 떠나 지롱드의 평화로운 전원에서 살고 있다. 그들은 스타일도 다르고 생각도 다르다. 그녀의 일에서 핵심은 색채인데, 그는 색맹이다. 멤피스의 예술에 대해서도 아무런 공감이 없다. 그들은 정서적으로 함께 있지만 지적으로는 독립되어 있다. 그들의 아이, 그들이 손수 현대적으로 바꾼 아름다운 18세기 저택, '마뉘팍튀르'에서의 사업상의 협력관계가 그들이 만나는 영역이다. 그러나 그들이 어느 예술학교로부터 강연 청탁을 받았을 때 그녀는 함께 한 과정을 이끌어가자고 제안했다. 그는 따로 하고 싶어 했다. 그는 절대로 거짓말을 하지 않는다. 그런 성격은 일하는 데 걸림돌이 되기도 한다. 디자이너는 기업가로부터 일을 맡아야 하고, 기업가는 디자이너가 자기와 생각이 같은 척해주기를 원하고, 미지의 영역으로 모험을 감행하기보다는 과거의 성공을 반복해주기를 바라기 때문이다. 반면에 그는 사물의 본질을 파고드는 것을 좋아한다. 나무에 관해 모차르트가 되는 것, 발명과 놀라움으로 가득한 어떤 스타일을 갖는 것이 그의 이상이다.

마르틴 버댕은 때때로 마뉘팍튀르가 코르시카의 일족 또는 과거 장인 가족의 일터를 부활시키고 있다고 생각한다. 그러나 또 어떤 때는 말한다. "남자들과 일하는 게 항상 좋은 건 아니에요. 오늘은 일을 집어치우고 모두 시골로 가자고 말하고 싶죠. 그러나 그런 일은 여자들하고만 가능해요. 난 여성들과 일하면서 아주 친밀한 관계를 맺어왔고, 일을 일종의 여성적인 행위로 바꾸면서 일과 삶의 구별을 없앴어요. 내가 함께 일했던 남자들은 모두 여성적인 면을 갖고 있었고, 그들은 여자들과 있는 것과 여성적인 주제를 놓고 이야기하는 것을 좋아했어요. 창조성이란 남성 안에 있는 여성적인 면을 끄집어내는 것이기 때문이죠. 가구를 디자인할 때면 나는 마음의 눈을 통해 가정에서의 한 장면을 상상해요. 소트사스 역시 가구를 어떤 장면이나 일화로 설명했어요. 그에게도 여성적인 면이 있고, 감정적이고 울고 화내고 했지요. 남자와 여자는 사고 리듬이 달라요. 나는 마음이 완전히 자유롭다고 느낀 적이 없어요. 늘 뭔가에 갇혀 있다고 느껴요."

교육 받은 남성과 여성의 만남도 그저 부분적인 만남에 지나지 않았던 것처럼 보인다.

우정을 위협하는 것은 섹스가 아니라
타인에 대한 두려움이다

왜 남자와 여자 사이의 우정은 그렇게 드물고 어려울까? 보통은 섹스 때문이라고 말한다. 그러나 남자 사이의 우정도 결코 쉽지는 않다. 역사에 기록된 최초의 우정은 기원전 2000년경 바빌로니아인 길가메시와 엔키두의 우정이다. 그러나 이들의 우정은 즉시 난관에 봉착했다. 기질이 너무 달랐기 때문이다. 엔키두는 '거친 사람'이었다. "함께 이 세상의 악을 없애자"라는 의견의 일치를 보기 전까지 그들은 수없이 타협하고 절충해야 했다. 우정을 위협하는 것은 섹스가 아니라 다른 사람에 대한 두려움이다.

1936년에 미국인들은 《데일 카네기 인간관계론》에 열광했다. 그것이 그들의 좌절에 대한 해결책이라고 보았기 때문이다. 이 책은 20년 동안 500만 부가 팔려 나갔다. 거의 성경과 같은 폭발적인 반응이었다. 비록 천국의 문을 열어준 것은 아니지만, 그 책은 모르는 사람의 문을 두드리고 자기 앞에서 그 문이 다시 쾅 닫히지 않게 하는 법을 가르쳐주었다. 데일 카네기Dale Carnegie(1888~1955)는 외판원이었고, 키가 작아서 고민이 많았다. 그러나 그는 저녁때 하던 화술 강연을 통해 그런 열등감을 극복하고 성공했다. 그는 이 이민자들의 나라에서 사람들을 억누르고 있는 게 뭔지 간파했다. 그것은 입을 열었을 때 조롱당하지 않을까 하는 두려움이었다. 그의 처방은 간단했다. 웃어라, 말다툼하지 마라, 누가 틀렸다고 말하지 마라, 트집 잡지 마라, 성격 좋은 사람이 돼라, 남들과 다르게 보이지 마라, 그러면 남들이 당신의 친구가 될 것이다. 다른 말로 하면, 당신 자신이 되지 말라는 조언이었다. 우정의 가장 큰 장애물은 사람들이 서로 다르다는 것이고, 그것을 감추기 위해 응분의 노력을 하지 않는다는 것이다. 카네기는 계속해서 여성들의 경우도 사정은 마찬가지라는 요지의 책《남편이 출세하도록 돕는 비결How to Help Your Husband Get Ahead in His Social and Business Life》을 펴냈다. 그들 역시 어떤 역할을 연기하는 법을 배워야 했다. 공포를 치료하는 가장 쉬운 방법은 공포를 또 다른 공포로 전환시키는 것이라는 원칙에 따라 그는 남들의 조롱에 대한 두려움을 남들한테 들키는 것에 대한 두려움으로 바꾸었다.

카네기의 처방에 특별히 미국적인 것은 없다. 우정이란 "주로 가장하는 것"이라고 셰익스피어는 썼다. 유럽인과 마찬가지로 미국인도 반은 기독교도, 반은 이교도였다. 성공에 대한 그들의 집착과 위선에 대한 암묵적인 관대함은 명백하게 이교적이었다. 만약 미국인들이 원하는 것이 성공이라면 그는 그들에게 성공하는 법을 보여준 셈이었다. 그는 사람들의 개인적인 생각에 대해서는 관심이 없었다. 역사상 우정이란 애정과 실로 아무 관계가 없는 것이다. 친구란 무엇보다도 자신이 받은 특혜에 대한 보답으로, 그 특혜가 지속되는 동안 특혜를 준 사람의 보호자임을 자처하거나 그에게 유용한 일을 해주는 사람일 뿐이다. 자기가 상대하는 거의 모든 사람을 친구라고 불렀던 고대 로마인들은 수치심도 없이 친구를 세 부류로 나누었다. 집으로 환영해 들이는 사람들, 아침 인사를 할 수 있도록 무리를 지어 집 앞마당으로 들어오도록 허락하는 사람들, 그리고 하인들이 지켜보는 가운데 밖에서 기다리는 천한 손님들.

세상에 이상이 부족한 것은 아니다. 부족한 것은 그 이상을 엉터리나 거짓으로 만들지 않는 방법이다. 우정에 관한 전문가인 프란체스코 알베로니Francesco Alberoni는 아직도 이탈리아에는 '우정'이라는 단어에 속임수라든가 음흉한 수단으로 특권을 산다는 뜻이 들어 있다고 말한다. 출세가 친구의 친구를 아는 데 달려 있는 곳에서는 그 친구를 진심으로 좋아하는 것은 일종의 사치였다. "그는 내 친구다. 그리고 나는 그를 경멸한다"라고 아첨의 전문가는 말한다. 아주 최근에야 관리, 은행가, 변호사, 호텔 경영자나 보험업자의 호의를 개인적인 은혜가 아닌 형태로, 자존심을 희생시키지 않고 얻을 수 있게 되었다. 사람들이 아첨에 굶주려 있는 한 그들은 계속 카네기의 달고도 쓴 처방을 사용할 수밖에 없다. 그리고 친구의 범위를 힘 있는 사람으로 제한한다면 실제로는 전혀 선택의 여지가 없는 셈이다.

우정과 두려움의 연결 관계는 마야인들, 아니면 적어도 과테말라의 마야의 후손들 가운데서 분명하게 볼 수 있다. 이들의 머리 위에는 400년에 걸친 피정복의 역사를 통해 항구화된 불신의 분위기가 영원한 안개처럼 드리워져 있다. 젊은 남자들은 카마라다camarada(친구)가 됨으로써 그 불신과 싸우려고 시도했다. 그들은 분리될 수 없는 짝을 이루어 돌아다닌다. 공공연하게 서로를 껴안고 함께 춤추고, 심지어 상대가 여자라면 기꺼이 결혼하겠다고 말한다. 이것은 성적인 관계가 아니다. 그들은 서로 여자에게 접근하는 것을 도와준다. 그러나 친밀함의 관점에서 볼 때 결혼만으로는 불충분하다. 정서적인 외로움을 겪지 않으려면 남자 카마라다가 필요하다고 느끼도록 되어 있다. 카마라다를 고르는 일은 구애와 같은 것으로 공식적인 계약을 통해 그 결합을 공고히 했다. "누구나 카마라다가 있고 서로 똑같이 행동했다. 그러나 평생 카마라다와 계속 사귈 수는 없다"라고 한 노인은 설명했다. 마치 사랑하는 것처럼 그들은 서로에게 헌신적이지만, 그들에게는 사회 전체를 관통하고 있는 불신을 피해갈 능력이 없었기 때문이다. 누구나 친구가 있다고 자랑하면서도 자기 짝이 다른 사람에게 조금이라도 관심을 보이면 격렬하게 질투를 느꼈다. 다른 사람의 독점적인 즐거움에 주의를 기울이지 않는 모든 행동은 위협으로 보였다. 비록 비밀까지 털어놓곤 했지만 친구가 잠재적인 적이라는 생각을 머릿속에서 완전히 없애지는 못했다. 그래서 완전하게 털어놓을 용기도 좀처럼 없었다. 그들의 낭만적인 이야기는 흔히 비난으로 끝났다. 친구는 적으로 돌변했다. 친구에게서 불가능한 완전함을 바라고 친구로부터 진심에서 우러나오는 칭찬을 요구했기 때문에, 그들은 다른 사람과 우정을 공유하느니 차라리 우정을 깨버리는 편을 선호했다. 그 노인이 이끌어낸 도덕률은 "사람은 남을 완전히 믿을 수도 없고, 믿어서도 안 된다"는 것이었다. 그래서 의심의 안개는 걷힐 수가 없었다.

그리스인들도 마찬가지였다. 그들도 열정적으로 우정에 흥미를 느꼈다. 그러나 그들은 칭찬받는 데 훨씬 더 예민했고 거기에 더해 공명정대함을 요구했다. 그래서 모든 사람들은 이 우정과 칭찬과 공명정대함이라는 세 가지 기쁨의 공정한 몫이 자기한테는 돌아오지 않을까 봐 늘 걱정했다. 아리스토텔레스는 오직 자신처럼 선한 사람하고만 친구가 될 수 있다고 말했다. 그래서 선택의 폭이 지극히 좁아졌다. 그는 소수의 친구를 사귀는 것을 최선으로 보았다. 민주주의가 시민들 간의 거대한 우정이 될 수도 있다는 것은 그가 제기한 이념이었지만 그는 곧 이를 폐기했다. '두 친구가 완전히 동등하지 않다면 어떤 일이 일어나겠는가?'라고 그는 물었다. 더 유덕한 친구가 응분의 칭찬과 존경을 더 받는지 덜 받는지 그들이 어떻게 결정할 수 있겠는가? 똑같은 문제가 그리스인들의 동성애 관계 속에서 그들을 괴롭혔다. 그들에게 동성애는 제우스의 경우처럼 "허벅다리에 의해서 불붙는" 단지 육체적인 욕망의 문제만은 아니었다. 젊은이의 사랑을 얻은 어른은 무엇보다도 자신의 장점과 경험이 숭배될 가치가 있음을 증명한 데 자부심을 느꼈다. 젊은이가 거부하면 할수록 그 젊은이에게 구애하는 사람이 더 많아지고, 그만큼 그의 사랑을 얻는 자는 더 자부심을 느끼게 된다. 그래서 우정은 자부심과 혼동이 되고 경쟁심과 충돌했다. 아리스토텔레스는 의심할 바 없이 가장 지혜로운 사람 중 한 명이었고, 우정에 관한 예리한 통찰이 담긴 글을 썼을 뿐만 아니라, 하늘 아래 거의 모든 문제에 대해 인상적으로 (생각하기 위해 오랫동안 말을 멈추면서) 이야기할 줄 알았지만, 만년에 이르러 따뜻한 올리브유로 목욕하는 것을 즐기면서 "내가 더 외롭고 고립될수록 나는 신화를 더 사랑하게 된다"라고 말했다. 우정은 그렇게 신화로 남아 있었다.

페르시아인 알타우히디 Abu Hayyan Al-Tawhidi(932~1023)의 《우정론 Epistles on Friendship》 역시 예외적인 정직성으로 쓰인 자서전이지만, 그도 자신의 다른 소망과 우정을 어떻게 조화시켜야 할지 몰랐다. "나는 안정에 대한 욕망에 좌우되는 사람"이라고 그는 썼다. 그러나 우정이 안정을 주지는 못했다. 왜냐하면 그는 (2000년 동안 우정이라는 주제에 대해 생각하는 일을 막아왔던 견해의 소유자 아리스토텔레스를 좇아) 친구란 "두 몸 안에 있는 하나의 영혼"으로서 가능한 한 서로 비슷해야 한다고 믿었기 때문이다. 그가 생각한 이상적인 친구 — 철학자 술레이만과 판관 이븐 사이야르 — 는 똑같은 욕망, 똑같은 열정, 똑같은 두려움을 갖고 있었고, 심지어 꿈조차 일치했다. 그들은 "상대가 마치 자기 자신인 양" 모든 것에 대해 이야기하고 모든 것을 공유하고 서로에게 결코 화를 내는 법이 없었다. 그러나 그 모델이 알타우히디 자신의 사회생활에는 도움이 되지 못했다. 그는 필경사에다 서예가였고 더 나은 사람이 되기를 열망했다. 야심에 저항하기 위해서는 심오하게 종교적이어야 하고, 이 세상의 즐거움은 전혀 개의치 말아야 하는데 "그것이 어렵다"라고 그는 한탄했다. 그는 관직과 영예를 위해 사귀려고 애썼던 총리대신과 친교를 맺을 수 없었다. 그들은 기질적으로 너무나 달랐다. 아들을 먼저 보내고 교우하던 문인들마저 세상을 떠나자 그는 깊은 외로움을 느꼈다. "기운이 쇠하고 정신은 틀에 박히고 언변은 사라지고 망상이 들고 나는 모든 인간에게 절망한다." 그래서 그는 끔찍이 아끼던 서재를 불살라버렸다. "그것은 살인과 같았다. (…) 그러나 이 책들을 조롱하고 나의 무지와 단점을 지적할 사람들에게 이 책들을 남기고 싶지 않다." 우정은 그에게 '위안'을 주었지만 결국은 처음의 불안정한 상태로 돌아가게 했다. 완전한 조화라는 이상 때문이었다. 그것은 우정을 불가능할 정도로 귀한 것으로 만들고, 만약 그 이상이 성취된다 해도 결합된 두 사람은 나머지 인류와 단절된다.

우정과 결혼을 통합하려는 시도는 부분적인 해결책에 불과했다

만약 친구들이 서로 비슷해야 한다면 남자와 여자가 친구가 되는 것은 불가능할 것이다. 그러나 아프리카의 몇몇 지역, 예를 들어 카메룬의 방와족이나 가나의 은제마족 사회에서는 남자와 여자가 평생 지속되는 밀접한 우정을 맺는다고 보고되었다. 함께 있을 때면 "여자는 평상시 남자 앞에서 보이는 거의 연기에 가까운 복종적인 태도에서 벗어나 서로 농담하고 솔직하게 말하고 심지어 함께 식사하는 것도 가능하다. 식사를 같이 하는 것은 남자와 여자 사이, 특히 남편과 아내 사이에는 보통 금기시되는 관행이다." 다른 사람과 결혼하고 나서도 우정은 계속된다. 이들은 부부 싸움에도 개입해 편을 들어준다. 이븐바투타가 14세기에 말리를 방문했을 때 그는 남자들과 여자들이 결혼의 제약을 벗어나 함께 즐기는 것을 보고 놀랐다.

여자에게 접근할 때 남자가 꼭 성적 관계에 집착했던 것은 아니다. 12세기의 기사들은 숭배하는 여인에게 헌신적이었지만 꼭 성적 결합을 바라지는 않았다. 17세기 영국에서 결혼은 20대 후반까지 미뤄졌지만 사생아 출생률은 단 3퍼센트에 지나지 않았다. 이 비율은 피임이 보편화된 오늘날과 비교해볼 때 극히 적은 숫자에 지나지 않는다. 새뮤얼 피프스Samuel Pepys는 성욕이 넘치는 남자였는데, 그는 여자들과의 희롱을 일기에 자세하게 기록했다. 그는 만나는 거의 모든 여자와 입 맞추고 애무도 했지만 그 이상 나아간 적은 거의 없었다. 그 당시에는 구애하는 남자가 여자의 초대를 받아 여자의 침대에서 옷을 입은 채로 껴안고 이야기하고 같이 자는 '번들링'이 관례였다. 때때로 여자가 허리까지 옷을 벗는 경우도 있었고, 신발과 양말을 벗는 경우도 있었다. 그러나 남자와 여자는 "순수한 애정의 표시가 지나쳐서는 안 된다는 점을 분명하게 이해"하고 있었다. 이러한 관습은 "응접실에서 둘이 이야기하는 것만큼이나 위험하지 않다"고 여겨졌고 따뜻함을 주기 때문에 더 선호되었다. 번들링은 오직 겨울 동안에만 가능했고 종종 일요일 예배 후에 이루어졌는데 약혼한 사이로 제한되어 있지는 않았다. 남편은 자기 아내나 딸들과 '번들링'하라고 손님을 청할 수도 있었다. 그것은 영국, 미국, 네덜란드(네덜란드에서는 크위스텐Kweesten이라고 알려져 있다)에서 흔했고, 외관상으로는 아프가니스탄에서도 그랬다. 프랑스인인 라로슈푸코La Rochefoucauld는 번들링을 믿지 않았고, 매사추세츠 인구가 많은 것이 번들링 때문이라고 생각했다. 매사추세츠에서는 이 관습이 1827년까지 지속되었으며, 케이프코드 지역은 응접실 소파에 앉아 있는 것이 더 격식에 맞다는 점잖은 견해에 마지막까지 저항했던 곳이다. 서로 만지는 것에 대한 금기가 확립되고 성교가 친숙함의 상징으로 자리 잡은 것은 지난 2세기 동안의 일이다.

세월이 흐르면서 친숙함의 의미도 바뀌었다. 그것은 본래 공간이나 물건―예를 들어 소란한 친척과 이웃을 피해 혼자 있을 수 있는 친숙한 방이라든가 머리타래와 같은 주술적인 의미가 있는 무척 아끼는 친숙한 선물이나 유물―과 관련된 것이었다. 결혼과 관련해서는 친숙함이 가정적인 것을 의미했다. 친구들은 서로의 팔에 안기거나 가슴에 기댐으로써 친숙함을 표현했다. 여전히 과거의 관습이 우세한 나라에서는 만지는 것이 친숙함의 표지로 남아 있다.

낭만주의자들은 이것이 불충분하다고 생각했고, 다른 종류의 친숙함을 발명해냈다. 이것은 진정 혁명적이었다. 왜냐하면 낭만주의는, 고대인들이 동경했으나 오직 남성으로만 제한됐던 두 영혼의 결합이 사랑하는 남녀 사이에 가능하다고 주장했기 때문이다. 낭만주의자들은 성교가 그러한 결합을 이루는 수단이라고 덧붙였다. 그전에는 사랑에 빠진 남자가 상대 여성을 부양할 수 있을 만큼 부유하다는 사실을 보임으로써 진지함을 증명해야 했다. 그는 실용적이어야 했고, 기꺼이 결혼하겠다는 의사를 선포함으로써 열정—열정은 본질적으로 결혼 관계 밖에서 표현되는 것이었다—에 예의를 더해야 했다. 여자는 성관계를 맺기 전에 남자와 사랑에 빠지는 것으로 여겨졌다. 그에 반해 결혼한 후에도 섹스를 통해 계속 행복할 수 있다는 낭만주의자들의 생각은 대단히 혁신적인 것이었다. 이제 연인들은 서로에게 할 말이 없어도 걱정할 필요가 없었다. 영혼의 결합은 너무나 미묘해서 의사소통을 초월한다고 선언되었다. 그 과정에서 두 사람은 이상적으로 자신의 개별적인 정체성을 잃게 된다. 그러니 상대방을 한 개인으로 사랑할 필요가 없었다. 사랑의 대상이 사랑 그 자체, 즉 사랑하고 사랑받는 것이 되었기 때문이다.

　이 모든 것은 남녀 간의 의사소통의 어려움에서 비롯된 것으로 남녀관계의 역사에서 볼 때는 과도기에 해당한다. 남녀가 서로를 알아가는 과정은 불필요해졌다. 이제 불안정한 관계도 재미있고 이기적이지 않은 것으로 경험될 수 있었다. 무엇보다도 이로 인해 사랑은 반항적이고 설명할 수 없는 것이 되었다. 사랑받는 상대가 이상화되었다. 누구하고든 사랑에 빠질 수 있게 되었다. 사랑은 영원히 끝나지 않는다는 주장이 힘을 얻었다. 이로써 사랑에 대한 모든 전제조건이 철폐되었다. 이것은 인류의 가장 놀라운 발명 가운데 하나였다. 친밀함은 한 쌍의 날개 같은 것이 되었는데, 나는 법을 배울 필요는 없었다. 그러나 이러한 이상을 일상적인 결혼의 스트레스 안으로 통합시키는 데 성공한 사람은 실로 드물었다. 18세기에는 우정과 열정적인 사랑 중 어느 것이 남성과 여성을 더 견고하게 결합시키는가에 관한 긴 토론이 있었다. 섹스가 조화의 가장 확실한 보증이라는 생각을 받아들임으로써 그 문제는 일단락되었다.

그러자 이제는 세 번째의 또 다른 친숙함이 상상되었다. 그것은 책을 읽고 사색하고 남과 자기 자신 모두를 관찰하는 사람, 인생이 하나의 탐험인 사람을 위한 정신적 친밀함이었다. 끊임없이 서로에게 "당신은 아직도 나에게 빠져 있는가?"라고 묻는 대신에 "내가 변해가고 성장해가는 동안에도 당신은 여전히 나에게 관심을 갖고 나를 자극하고 나를 도와주고 나를 편안하게 해주고 나를 돌봐줄 것인가? 나 역시 당신에게 똑같이 할 수 있는가?"라고 묻게 되었다. 이러한 친숙함은 진리를 찾기 위한 협력관계로서, 세상을 자신의 눈과 상대방의 눈으로 두 번 볼 수 있게 해준다. 상대의 마음을 아는 데는 복종도 지배도 필요 없다. 이들은 상대의 말을 귀담아들으려 노력한다. 그러나 이 협력자들은 친밀함이 갈등의 원인이 될 수도 있으며 너무 가까워지면 서로를 질식시킬 수도 있고 너무 방어적이 될 수도 있다는 것을 의식하면서, 여전히 각자 별개의 인간으로 남아 있다. 그것은 적대적인 세상으로부터 완전히 안전하게 은거할 수는 없으며, 두 사람이 완전히 서로의 필요를 충족시킬 수 없다는 것을 시사한다. 그러나 서로 다르기 때문에 혼자서는 시도할 수 없는 것들을 함께 또는 개별적으로 탐험하도록 도울 수는 있다.

어떻게 이 세 가지 친숙함을 결합시켜 최선의 세상을 만들 것인가? 적어도 2세기 동안, 그리고 아마 가난한 사람들 사이에서는 이보다 더 오랜 기간 동안 결혼과 우정을 하나로 통합하려는 시도가 있어왔다. 한 영국 판사가 자기 엄지손가락보다 두껍지 않은 몽둥이로 남편이 아내를 때리는 것은 적법한 행위라고 주장했던 1782년에,

한 영국 여성은 다음과 같이 대답했다. "아내를 가장 소중한 친구라고 찬양할 정도로 남편이 아내의 이해력과 원칙과 마음의 고결함을 평가해주는 것이 행복한 결혼생활의 필수 조건이라고 믿는다." 어마어마한 편견이 장애가 되었다. 아리스토텔레스처럼 같은 정신을 가진 남성에게서 느끼는 애착에 지배되었던 몽테뉴는 아내와의 우정은 가장 완벽한 협정이 되겠지만 여자들은 "보통 그럴 능력이 없다"라고 생각했다. "여자의 영혼은 그렇게 견고하고 영구적인 매듭의 긴장을 지탱할 만큼 굳건해 보이지 않기" 때문이다. 그럼에도 불구하고 미국의 대통령들은 선거운동 때 아내의 손을 잡고 등장했으며, 1980년 한 조사에 따르면 미국 기혼 남성의 60퍼센트와 기혼 여성의 50퍼센트가 배우자를 아주 가까운 친구로 묘사하고 있는 것으로 드러났다.

그러나 우정을 바탕으로 한 우애 결혼companionate marriage은 연약한 구조물로 판명되었으며, 흔히 이혼으로 무너져버렸다. 그 이유는 우정이 단지 내부적으로만 그 결혼을 지탱해주었기 때문이다. 배우자 아닌 이성과의 우정을 위한 준비가 되어 있지 않았고, 그래서 질투의 바람이 슬쩍 불기만 해도 쉽게 무너졌다. 다른 이성과의 우정은 여전히 의심스러운 것이었으며 많은 사람이 불가능하다고 공공연히 말하고 있었다. 여성과 남성은 우정에 대해 근본적으로 양립할 수 없는 태도를 갖고 있다는 통념이 자리 잡았다. 우정이란 남자들에게는 함께 행동하면서도 가장 내밀한 생각들(만약 그런 것을 가지고 있다면)은 혼자 간직한다는 의미였지만, 여자들에게는 친밀함과 감정을 나누고 자신이 진정으로 열중하고 있는 문제를 터놓고 이야기하는 것을 의미했다. 그러나 이것이 불변의 사실이라고 연구를 통해 확인된 바는 아니었다.

여성 역사학자들은 여자들의 우정의 풍요로움과 강렬함을 밝혀
내는 한편 그 우정이 불평을 주고받는 식이 되면 종종 '심리적인 우
울증'이나 '심리 요법에 대한 의존'을 조장한다는 것을 보여줌으로
써 우정의 이상화에 대해 경고했다. 사회학자들은 여자들의 우정 가
운데 절반 정도만 순수하게 서로에게 도움이 되는 것으로 추산한다.
나머지는 에너지 낭비로서 친구가 없는 것이 두려워 참고 견디는 것
으로 보인다고 그들은 말한다. 한 설문 조사는 많은 기혼 여성들이
남편에게 모든 것을 터놓고 싶어 하지만 남편이 들으려 하지 않기
때문에 여자친구들을 찾는다는 사실을 보여주었다. 과거에 수녀였
고, 여자들의 우정을 특별한 탁월함과 박식으로 찬양하는 작가인 재
니스 레이먼드Janice Raymond는 여자들 사이의 우정이 바람직하기는
하지만 근본적인 개혁이 필요하며 좀 더 '사려 깊은' 것으로 변해야
한다고 말한다. 여자들의 우정은 직관적인 열정이라기보다는 섬세
하게 고심해서 만든 일종의 예술품인 것으로 드러났고, 그런 까닭에
본질적으로 유동적이다.

상당수의 남성들은 오랜 동성 친구들과 우정을 나누고 있으며, 여
성과의 관계는 자식과 섹스를 위한 것이라고 말하면서 여성과의 우
정을 원하지 않는다는 주장을 반복하고 있다. 그러나 19세기 미국의
평범한 남성 노동자들의 편지를 연구 조사한 캐런 한센Karen V. Hansen
에 따르면, 남자들의 우정이란 생각만큼 변하지 않는 것도 아니고
변할 수 없는 것도 아니다. 그들의 개인적인 편지를 보면 그들이 중
산층 여성의 우정과 다르지 않은 가깝고 친밀한 우정을 나누고 있으
며, 감정을 억누르는 것이 남자다움을 보여주는 본질적인 요소도 아

니라는 사실을 알 수 있다. 서로 방문하고 일을 도와주고 따스한 관심으로 아픈 사람을 돌보고 남들을 대접할 준비를 하는 것이 그들이 흔히 하는 일들이며, 그들은 종종 누이들과 따뜻한 관계를 맺고 있었다. 다만 이런 것들이 전형적이라고 말할 수 있을 정도로 편지가 많지는 않았다. 그러나 이 편지들은 무엇이 가능한지, 어떻게 유행이 옷뿐만 아니라 태도까지 바꿀 수 있는지 보여주었다. 남성들은 결혼을 위해 낭만적인 사랑에 빠져야 했고, 그러고 나면 거의 낭만적이라 할 남자들 사이의 우정은 쇠퇴하고 말았다. 나약해 보일까 두려운 마음에 남자다움을 더 과시하게 되는 것도 이때였다.

남성이 정서적 자양분을 어디에서 얻으며 누구를 자주 찾아가고 주로 무슨 이야기를 하는지에 관한 최근의 연구 조사들은 소수지만 무시할 수 없는 숫자의 남성들이, 특히 미혼 남성들이 서로 친밀하고 속마음을 드러내는 대화를 나누고 있음을 보여준다. 그 문을 닫게 만드는 것이 결혼이다. 이후 남자들은 결혼의 사생활 속에서만 위선의 옷을 벗는다. 현대의 전기 작가들에 의해 역사적으로 남성적이었던 영웅들이 연민의 정을 불러일으킬 정도로 외롭고 나약하고 초라한 인물로 바뀜에 따라, 설령 그것이 우정과 결합되어 있다 하더라도 결혼이 남성들을 지탱하는 데 충분한지는 불확실해졌다. 우정에 기초한 우애 결혼은 부분적인 해결책에 지나지 않았다.

그것이 해결하지 못한 부분은 배우자 아닌 이성 간의 우정의 신비다. 그것이 인류가 토론해야 할 다음번 주제다. 새로움이 일종의 신성 모독으로서 두려움의 대상이었을 때는 자신과 거의 똑같은 사람이 이상적인 친구였다. 그러나 권태가 큰 위협이 되고 독창성이 그것에 대한 유일한 보호 장치가 되자 우정은 권태를 없애는 협력관계가 되어야 했다. 혼자서는 자신이 무엇을 원하는지 모르는 사람들에게 우정은 서로 짝을 이루어 어떤 목적을 찾는 수단으로서의 잠재력을 갖고 있다. 친구들이 서로 생각이 다르고, 성性이 다르고, 차이를 즐기고, 상대의 독특한 면에 흥미를 갖게 되면 호기심은 그들의 관계를 움직이는 힘이 될 수 있다. 서로에 대한 호기심으로 시작하면, 그것은 그들 외부의 것에 대한 호기심으로 자라 혼자서는 시도해보지 못한 경험을 하게 될 수도 있다. 호기심은 그것의 충족 자체가 목적이 아닐 경우 그것으로부터 하나의 목적이 생겨날 수 있는 에너지다.

우정은 안정의 추구가 아니라 하나의 탐험이다

호기심은 과거, 현재, 미래가 하나의 거대한 눈덩이처럼 새로운 경험과 이상을 끊임없이 쌓아가고 우주처럼 계속 팽창해가는 인생관을 암시한다. 이성 간의 우정은 모든 것을 다 잊고 단지 열정만을 꿈꾸면서 덧없는 순간에 집착하는 낭만주의적 태도를 초월하는 것이다. 만약 열정이 유일한 현실이라면 인생은 어떤 다른 의미도 가질 수 없겠지만, 열정은 언젠가 식어버리는 것임을 누구나 알고 있다. 자신과 꼭 맞는 상대를 찾지 못하는 까다로운 사람들 가운데 점점 더 많은 수가 배타적인 한 쌍이 서로에게 해주는 칭찬 이상의 무엇인가를 추구하고 있다. 그들은 겉으로는 조화시킬 수 없어 보이는 야심을 실현하려고 노력하고 있으며, 사후 강직처럼 뻣뻣해

지지 않는 관계를 필요로 한다.

그러나 이성 간의 우정을 위해서는 상투적인 생각을 버려야 하고, 상대가 애인이나 친구나 가족이 되어야 한다고 요구하지 말아야 하고, 그런 범주 중 어느 하나로 크게 치우치는 법이 없어야 한다. 룩셈부르크공국 총독의 아내였던 랑베르 후작 부인The Marquise de Lambert(1647~1733)은 자신의 경험으로부터 어떻게 사랑과 나란히 이성 간의 우정이 개화할 수 있는지 이해하려 노력했다. 그녀는 이성 간의 우정에는 동성 간의 만남에서는 볼 수 없는 '생기'가 있다고 확신했다. 뇌와 마찬가지로 마음도 교육을 받을 필요가 있으며, 애정이 기술의 한 형태로 연구되어야 한다는 게 그녀의 결론이었다. '연애 같은 우정'은 실로 새로운 형태의 기술이며 우애 결혼만큼 흥미로운 것이다.

그녀의 저술이 나온 후 곧 몇몇 남성과 여성이 우정을 목적으로 의도적으로 함께 있어보고자 했다. 1765년 런던에 최초의 남녀 클럽인 올맥Almack 클럽이 생겼다. 남자 회원은 여자들에 의해, 여자 회원은 남자들에 의해 선출되었다. 종종 남녀를 갈라놓기도 했지만 운동이나 취미 클럽은 이따금씩 남녀가 함께 모이는 계기를 제공했다. 베를린 장벽이 무너질 때마다 인간관계의 새로운 가능성이 나타난다.

혼성 우정 관계와 관련해 가장 성공적이고 가장 흥미로운 결과를 보여준 사례는 종교친우회Society of Friends(퀘이커교의 공식 명칭)의 실험이었다. 종교친우회는 각자가 자기 삶의 방식을 결정해야 한다는 원리에 기초한다. 거기에는 교의도 없고 계율서도 없고 사제도 없다. 결혼 의식에는 어떤 복종의 서약도 없다. 민주적 원리에 따라 운영되고, 회원들은 모임에서 자신의 생각을 말하고, 모두가 동의할 때까지 아무런 결정도 내리지 않는다. 그들은 지위와 신분을 무시했고, 모든 사람을 '당신'이라고 불렀다. 박해자를 대하는 그들의 방식은 개인적으로 만나 얼굴을 보고 이야기하는 것이었다. 사회의 토대자체에 도전하는 그런 방식은 때때로 놀랍게도 사나운 적대자들에게조차 효과를 발휘했다.

그들의 성공은 구두 수선공의 조수였던 창립자 조지 폭스George Fox(1624~1691)와 판사의 아내였던 마거릿 펠Margaret Fell의 우정으로 설명될 수 있다. 이성 간의 평등은 기본적인 믿음이었으며, 동등한 교육에 의해 강화되었다. 그래서 이 모임은 몇몇 걸출한 여성을 배출했다. 그중 한 명인 메리 피셔Mary Fisher는 오스만 술탄에게 통치 방식을 바꾸라고 촉구하기 위해 약 2500킬로미터를 걸어서 여행했다. 오스만 술탄은 그녀를 환대했다. 그녀가 그에게 자신의 말을 이해했느냐고 물었을 때 그는 "다 이해했으며, 다 옳다"라고 대답했다. 그러나 물론 오스만제국에서 변한 것은 아무것도 없었다.

몇몇 사람이 우정을 실천한다고 어떤 일이 바뀌리라고 기대하는 것은 어리석게 보일지 모른다. 우정은 언제나 개인적인 문제이지 공적인 일에는 중요하지 않은 것으로 여겨져 왔다. 종교친우회는 300년 넘게 존속했지만 현재 회원은 25만 명도 안 된다. 이들은 전 세계에 약간씩 퍼져 있으며 볼리비아, 미국, 케냐와 영국이 그래도 강세를 보이는 나라다. 그러나 이 모임은 막강한 제국을 포함한 어떤 나라의 정부보다도 사람이 서로를 대하는 방식에 더 큰 영향을 미쳤다. 힘이나 명령으로 이 모임이 이룬 것은 없다. 이 모임이 산을 움직였던 것은 아니다. 그러나 그들은 적어도 모범적인 행동을 통해 어떻게 산이 조금씩 무너지는지 보여주었다.

퀘이커교도들은 최초로 반노예협회를 조직했고, 이로 인해 노예제도에 도전하는 최초의 법이 제정되었다. 영국에 발을 들여놓은 노예는 모두 자유인이 되었다. 18세기에 그들은 노예제가 있는 나라에서 생산된 물건을 사지 말자는 최초의 불매운동을 조직했다. 또한 최초로 사형제 폐지를 주장했다. 18세기에 존 벨리John Belley는 인도와 아메리카의 의학을 연구해 유럽의 의학을 보완하자는 제안 이외에도, 무료 의료 보장 제도를 제안했다. 엘리자베스 프라이Elizabeth Fry(1780~1845)는 교도소 개혁을 주창한 사람 가운데 하나다. 이 모임의 참석자들은 인간이 기본적으로 선하다거나 악하다고 주장하지 않는다. 과거에 저지른 죄와 무관하게 인간 내면에 있는 선한 면을 이끌어내도록 최선을 다해야 한다고 주장했다. 전쟁으로 인해 고통을 겪는 민간인들에게 인도주의적 도움을 제공해야 한다는 생각을 처음 한 것도 그들이다. 이들은 프로이센-프랑스 전쟁(1870~1871) 때 양측에 식량과 의복과 의약품을 제공했다. 이들은 1914년에 양심수의 권리를 주장하기 위해 교도소로 갔다.

19세기 미국 페미니즘의 지도자 다섯 명 가운데 네 명이 퀘이커교도였다. 교도소 개혁 선구자들의 3분의 1, 노예제 폐지론자의 40퍼센트가 퀘이커교도였다. 미국의 남녀평등 헌법수정안Equal Rights Amendment을 작성한 것도 그들이었다. 국제사면위원회도 그들의 작품이다.

그러나 그들은 자신들이 정치에는 무능하다는 것을 알았기 때문에 자신들이 만든 인도주의적 기구를 통제하려고 시도하지 않았다. 퀘이커교도들의 거주지로 건립된 펜실베이니아에서는 원주민들에게 보기 드물게 평화로운 태도를 취한 예외적으로 민주적인 정부가 있었지만 명령을 내리는 일과 우정이 양립할 수는 없으며, 우정이 많은 집단들을 위한 체제가 될 수 없다는 점이 드러났다. 전쟁에 쓰일 수도 있는 세금의 납부를 거부했다는 이유만으로 퀘이커교도들이 펜실베이니아의 지배권을 잃은 것은 아니다. 퀘이커주의는 사업 분야에서도 서서히 자취를 감추었다. 퀘이커주의가 완벽한 믿음을 주었기 때문에 처음에는 사업 분야에서 큰 성공을 거두었지만, 종업원과 고객 사이의 인간관계가 이윤보다 더 중요하다는 그들의 입장은 어떤 희생을 치르더라도 확장을 도모하고자 하는 사업과 양립할 수 없었다. 대부분의 퀘이커교도들은 서비스 분야나 사람들에게 봉사하는 직종으로 옮겨갔다.

내부의 의견 불일치에 대해 놀라울 정도의 관대함을 보이는 퀘이커교도들의 경험은, 만약 우정이 안정의 추구가 아니라 하나의 탐험이며 각각의 상대가 동등한 존엄성을 지니고 있다고 인정한다면 친구들이 똑같은 생각을 가질 필요는 없다는 사실을 암시한다. 스스로 결정하면서도 친구들의 의견을 경청하는 것이 그들의 본질적인 방식이었으며, 그 친구들에는 남녀 모두가 포함된다는 것이 특히 중요하다.

새로운 우정의 역사는
아직 쓰이지 않았다

국가나 도시나 가정과 같은 다른 집단들 안에서의 우정의 역사는 아직도 쓰이지 않은 상태다. 그러나 그것이 쓰인다면 우정의 장애물과 앞으로의 전망을 더 잘 이해할 수 있을 것이다. 예를 들어 폴란드는 풍요로운 우정의 역사를 갖고 있다. 폴란드는 유력한 귀족들이 만장일치로 동의하지 않으면 어떤 법도 통과될 수 없다는 독특한 헌법으로 유명했다. 그때까지 고안된 어떤 경우보다도 이것은 우정의 완벽한 정치적 표현이었지만 이로 인해 혼돈이 일어났다. 그러나 궁극적인 결론에 이르기까지 각 개인을 존중해주는 이런 유산 속에는 뭔가 귀중한 것이 있다. 오늘날 폴란드의 정당들은 친구들의 정당이다. 아마 정당의 연륜이 짧기 때문일 것이다. 다시 혼돈이 일어났지만 그 분위기는 생각할 수 있는 다른 경우보다는 그렇게 해롭지 않다. 가족, 친구, 동료, 지인 등으로 구성된 사회적 집합체를 의미하는 스로도비스코środowisko는 통상 국가의 규제를 교묘하게 피하는 방식으로 영향력과 봉사를 주고받으며 타락하지만, 거기에는 고귀한 측면도 있다. 소년, 소녀들이 함께 논다고 자동적으로 성인들의 관계가 수월해지지는 않는다.

우정은 아직 기대되는 열매를 맺지 못했다. 그것은 마치 서리 때문에 싹이 계속 죽어버리는 나무와 같았다. 전제정치와 가난은 때때로 우정을 파괴했지만 종종 우정을 고무하기도 했다. 우정을 창조하기 위한 5개년 계획 같은 것은 분명 있을 수 없다. 우정은 이데올로기가 아니며, 그런 까닭에 기존의 해결 방식에 싫증이 난 시대에 어울리는 것이다. 우정이 야기할 바람직하지 못한 결과를 미리 예견하는 것은 불가능하다. 그러나 이제 마침내 예견할 수 없는 것 자체가 사람들이 기대하는 무엇이 되었다.

우정에 대한 러시아의 전문가인 이고르 콘Igor Kon은 1970년대에 10대 후반의 러시아 소녀들이 소년들보다 두 배나 더 이성과 우정을 맺고 있다고 보고했다. 다른 면에서 러시아가 아무리 폐쇄되어 있었다 하더라도 러시아인들은 남녀평등을 확립하기 위해 노력해왔다. 이 소녀들은 그런 노력의 부분적인 실패와 부분적인 성공에서 비롯된 열망을 표현하고 있다. 오늘날 젊은 여성들은 결혼을 거부해서가 아니라 전통적인 집착을 친밀함과 주고받음으로 바꾸었기 때문에, 결혼에 초점을 맞추지 않고 '관계'를 확립하는 것에 대해 이야기하고 있다. 그것은 러시아와 똑같은 진행 과정에 있는 세계의 모든 다른 나라에서 러시아 소녀들의 열망이 메아리치고 있다는 증거다.

남녀 사이의 우정에 대한 가장 최근에 이루어진 미국의 조사는 아직도 많은 남성들이 이성과의 우정이라는 생각에 어려움을 느끼고 있다는 사실을 보여준다. 모방할 모델이 없기 때문에 주춤거리는 것이다. 그러나 남녀 사이에 일어나는 모든 일의 중심에는 우정이 관련된 문제들이 있다는 것이 사실이다. 남녀가 평등을 확인하고, 다시 남녀 사이의 차이를 확인하는 두 단계가 지나고 나서야 다음 단계에서 새로운 종합이 가능하다. 남녀 사이의 우정은 이제 사생활에서뿐만 아니라 공적인 생활에서도 전위에 서 있다.

프랑스인들은 최근에 다음 항목들 중에서 가장 중요하게 생각하는 것이 무엇이냐는 질문을 받았다. 우정, 가족과 자녀, 자유와 독립, 정의, 성실, 일, 의무감, 사랑, 명예, 성공과 계층 상승, 돈, 희생과 헌신, 결혼, 성, 애국심, 종교. 이러한 이상들에 대한 상대적인 선호도는 각종 여론 조사 때마다 약간씩 차이가 나지만 대체로 비슷하다. 우정은 언제나 아주 높은 점수를 받았고, 한 여론 조사에서는 96퍼센트나 차지했다. 그 나머지들이 위에서 나열한 순서대로 중요하게 여겨졌고, 종교가 51퍼센트로 맨 마지막이었다. 그것도 물론 다수이기는 하다. 오직 프랑스인들만이 이런 추상적인 질문을 이렇게 추상적인 방식으로 스스로 물어볼 수 있다. 그러나 다시 한번 그들은 1789년 혁명에서 그랬던 것처럼 인류를 대신해 아니면 적어도 자신들이 어디로 향하고 있는지 알고 싶어 하는 사람들을 대신해 말하고 있는 셈이다.

인류가 향하는 길에 놓여 있는 가장 큰 장애물 가운데 하나는, 언제나 극복하기에는 너무나 거대한 힘들이 있으며 운명은 거역할 수 없다는 믿음이었다. 그러나 다음 장에서 보게 될 것처럼 때때로 그러한 금제들을 빠져나갈 수 있었다.

점성가조차
자신의 운명에 저항한다

세상이 너무 빠르게 변하고 있으며
이 세상에서는 원하는 것을 찾을 수 없다고 느낄 때,
사람들은 과거의 관념들을 끄집어내어
다시 한번 시도해본다.

인생의 목표를 갖는다는 것은 결정을 의미하는 것
이지만, 확고하고 완전히 만족스러운 결정만큼 어려운 것도 없다.
심지어 시트로엥 자동차 회사의 탁월한 경영자들조차 새 모델을 언
제 출시해야 할지 결정할 수 없었다. 그래서 그들은 점성가에게 물
어보았다. 미쉐린 타이어 회사는 수많은 입사 지망생들 중에서 누구
를 고를까? 그들도 점성가에게 물어본다. 결정을 내리지 못해 고민
만 하고 있다면 자신에게 문제가 있다고 생각하기 쉽다. 그래서 전
직 철학 교사인 파리의 한 여자 점성가는 고객을 '환자'로 생각하며
완전히 성숙하지 못한 것이 그들의 병이라고 말한다. 그들은 "어린
애처럼 구는 일을 그만두어야" 한다. 한편 한 개신교 목사는 장애가
심한 아들을 가지게 된 것은 오직 윤회로만 설명될 수 있다는 결론
을 내리고 목사직을 그만두고 점성가가 되었다. 지금 그는 다시 목
사직으로 돌아가 두 가지 직업에 종사하고 있다.

지슬랭 부르고뉴Ghislaine Bourgogne는 한 여인이 어떤 과정을 통
해, 알려진 것과는 전혀 다른 이유들을 감추고 있는 이 세상의 중요
한 결정들 뒤에 숨어 지내는, 이 그림자 같은 사람들의 무리에 합류
했는지를 보여준다. 점성술은 운명에 관한 것으로 여겨진다. 그러나
그녀의 전체 인생은 운명에 대한 반항이었고, 심사숙고한 끝에 내린
개인적인 선택이었다. 그녀가 사람들의 미래에 대해 조언할 수 있는

가장 중요한 자격은 자신의 삶이 불행했다는 것이다.

그녀는 부르주아의 체면이라는 가면을 쓰고 자랐다. 그러나 학교에서는 거의 공부와 담을 쌓았고, 대학에서 들어가서도 전공인 약학을 거의 공부하지 않았다. 부모가 이혼하고 아버지의 재혼도 실패로 끝나자 그녀는 집을 나와 조부모의 집으로 갔다. 열여섯 살에 혼자 살기 시작한 그녀는 "철저한 외로움 속에서 미래에 대해 자문했죠." 그런데 누가 그녀에게 점성술에 관한 책 한 권을 주었다. 물론 자신의 개인적인 문제에 꼭 맞는 답은 아니었지만, 적어도 약대 교수들의 강의보다는 더 와닿았다. 강의를 빼먹으면서 그녀는 하루에 여덟 시간씩 점성술을 공부했다. 그러나 그녀는 "어떤 유형의 인간"으로 규정되고 싶지 않았다. 더욱이 그녀의 천궁도에 따르면 그녀는 지적이고 예민하고 예술적이고 직관적이지만 정서적인 관계에 문제가 있었다. 너무나 명백한 사실이었다. 거기에서 어떤 희망도 볼 수 없었기 때문에 그녀는 괴로웠고, 무엇보다도 두려움을 느꼈다.

미래에 대해 고민하던 그녀는 점성가를 찾아갔지만 막연히 갖고 있던 두려움만 확인했을 뿐이다. "아주 불쾌한 사건들"로 인생이 순탄치 않을 것이며, 스물네 살이 되면 모든 것이 다 파탄 난다는 것이었다. 좋은 직업을 마다하고 좋은 운세를 허비하고 있다는 소리도 들었다. 별로 사이가 좋지 않은 남자친구가 그녀에게는 유일한 사람이었으며, 미래의 사랑은 모두 실패할 것이라고도 했다. "내가 당신을 중상한다고 생각하지 말아요." 그 점성가는 말했다. "내게는 그렇게 보입니다. 그리고 그건 당신의 잘못입니다. 지금처럼 살겠다고 선택했을 때 당신은 이미 그 의미를 알고 있었어요."

지슬랭은 돌아와서 이틀 동안 앓아누웠다. "내가 재수 없는 패를

뽑았다고 생각했어요. 난 절대로 행복할 수 없는 운명이었죠." 지금
그녀는 그 점성가가 비인간적이었다고 생각한다. 게다가 "30년 후의
인생을 내다보는 건 불가능해요." 그녀는 그 점성가가 틀렸다는 것
을 증명하기 위해 본격적으로 점성술을 연구하기로 결심했다. 당연
히 약학은 영원히 포기했다.

어쨌든 그녀에게 점성술의 목적은 자신의 운명을 아는 것이 아니
었다. 때때로 혼잣말로 "이렇게 사는 게 내 운명이라면 그것을 받아
들이겠다"라고 중얼거리는 것은 사실이다. 그러나 그녀는 그것을
받아들이지 않았다. "우리의 인생은 결정되어 있기도 하지만, 자유
의지에 따라 바뀌는 것이기도 해요. 나를 도울 사람은 나 자신뿐이
란 걸 깨달았죠. 나는 더 나은 기회를 기다려야 했어요." 그녀는 점
성술 덕분에 자신을 발견했다고 주장한다. 그러나 자신의 발견 이상
을 원했다. 그녀는 저 멀리서 평온해진 자신을 본다. 그러나 지금까
지 평온함을 느낀 적은 아주 드물었다. 인생의 모든 시기가 다 어려
웠다. 대화를 나누기 위해 찾아갈 때마다 그녀는 언제나 "어려운 시
기"를 겪는 중이라고 말했다.

자신에 대한 지슬랭의 진단은 "다른 유형의 두 남자 사이에서 선
택을 못해요"라는 것이다. 남편은 그녀가 오직 자기에게만 관심을
가져주기를 바랐다. "그럴 수 없었죠. 나에게는 다른 사람들과의 접
촉이 필요했거든요. 그는 다른 남자들을 만나지도 못하게 했죠. 마
치 내가 도망이나 칠 것처럼 겁을 냈어요. 그 점에 대해 생각해보았
죠. 그리고 난 그에게 전념할 마음이 없었고, 그랬기 때문에 그를 선
택했다는 사실을 깨달았어요."

운명 안에 갇히는 것은 진부한 인간이 되는 것만큼이나 좋지 않

다. 그녀의 일면은 진정 비관주의적이다. "우리는 다른 사람들을 만난다는 환상을 갖고 있죠. 그러나 실은 그들에게서 그저 우리가 찾고 있던 것만 볼 뿐이죠. 두 사람이 진정으로 만난다고 할 때조차 그들 사이에는 거리가 있어요. 서로에게 자신을 열어 보일 수 없어요. 우리는 오직 자기 자신만을 만나는 겁니다. 그래서 외로움을 피할 수 없어요." 그래도 그녀는 비록 "녹아 하나가 되겠다"는 것은 아니지만, 일관성 있는 사람을 원한다. 그녀에게는 자신뿐만 아니라 다른 사람 또한 필요하다. 그러면 그들은 각자 "자신의 진실을 찾을" 수 있을 것이다. 독립도 필요하다. 운명적인 것은 오직 그 너머의 더 큰 자유로 이끄는 경우에만 받아들인다. "무슨 화학적인 친화력이 있는 것처럼 이끌리는 운명적인 만남도 괜찮아요. 나는 내 자유가 그런 식으로 제한된다면 행복하겠어요. 그러면 남자들을 소비하면서 나 자신을 소모시킬 필요가 없을 테니까요." 그리고 그녀는 선택을 한다.

지슬랭은 5년 동안의 결혼생활에 종지부를 찍었고, 지금은 아이와 살고 있다. 그 아이는 때때로 소란스럽고 충동적이지만 그녀에게 많은 것을 가르쳐주었고 많은 행복을 주었다. 그러나 그녀는 덧붙인다. "남자에 대한 사랑은 본능적인 거예요." 점성술이 자신을 표현하고 싶은 그녀의 욕구를 충족시켜준다. 그녀는 또한 춤도 추고 노래도 부른다. 점성술은 이처럼 자기치유의 의미를 가진다.

남들에게 유익하면 더욱 좋은 것이다. 그녀가 쏟아내는 말은 정말 박학해서 사람들에게 명쾌한 느낌을 주고 위안이 되기도 한다. 광고는 필요 없었다. 모든 계층의 고객, 경영인, 의사, 예술가, 현장 주임, 비서가 다 알아서 찾아온다. 그녀는 약학을 포기하고 아무런 사회적 지위가 없는 주변인이 되는 위험을 감수했던 것이 올바른 선택이었다고 확신한다. 그런 용기에 대해 약간의 자부심을 느끼며, 한때 남들이 하는 일에 행복이 있을 것이라고 생각했지만 이제는 그렇지 않다고 말한다. 행복은 자긍심을 갖고 접근해야 하는 것이다. 그녀의 고객들도 그것을 알고 있다. 그들이 무엇보다도 원하는 것은 "자신을 만나는 것입니다. 그래야만 남들을 만날 수 있죠." 달리 말해 그들은 자신의 능력을 자각하고 싶은 것이다. 그녀가 가진 재능은 이야기를 듣지 않고도 "직관적으로" 그들에게 일어난 일을 예감하는 것이다. 그녀는 단지 자신이 "보는" 것을 그들에게 전해줄 뿐이다. 만약 거기서 그들이 자신을 알아볼 수 없다면 그녀의 말을 중지시켜야 한다. 그들이 자신에 대해 어떻게 생각하는지는 말할 필요가 없다. "그건 듣고 싶지 않아요." 그녀는 그들이 말하지 않아도 "듣는다." 이 듣는 것이 그녀 점성술의 핵심이다. 그녀는 별에 대해 아주 많은 것을 알고 있다. 그러나 별에 의지해 길을 찾을 생각은 없다. 그것은 아주 개인적인 선택이다. 그녀의 결론은 "인간의 수만큼이나 많은 진실이 있다"는 것이다. 그녀의 대화는 별들과는 아무 관계가 없는 경구로 가득 차 있다. "현재 속에서 사는 법을 배우라. 마음이 하는 말에 귀 기울여라. 다른 사람들과 소통하라. 다른 사람들의 말을 경청하라." 그런데 그녀 스스로가 자신의 충고를 따르지 못하는 것은 말이 되는가? 그녀 스스로 인정하는 것처럼 소심하고 상처받기 쉽고 외로운 상태로 남아 있다는 것은? 성공적인 점성가들의 특징은 고객을 판단하지 않는다는 것, 그리고 자신들도 사적인 개인으로 판단되지 않는다는 것이다. 역설적이지만 불확실성에 압도되어 있는 사람들이 결정을 내리도록 돕는 것이 그들의 가치다.

점성술이라는 낡은 신비

　　　　　인생에서 새 장을 여는 결정을 내리는 데는 두 가지 어려움이 따른다. 과거의 습관을 청산하는 것, 그리고 자신이 행복하거나 불행하게 태어났다는 느낌과 그것을 바꾸는 것이 불가능하다는 생각에서 벗어나는 것. 기원후 10년에 한 북아프리카 출신의 로마 시민은 "운명이 이 세계를 지배한다"라고 말했다. "우리의 끝은 우리의 시작에 달려 있다. 거기에서 부와 권력과 가난이 흘러나온다. 모든 사람은 자신의 기량과 성격을 타고난다. (…) 누구도 자기에게 주어진 것을 거역할 수 없다. 누구도 자기에게 주어지지 않은 것을 소유할 수 없다. 그리고 누구도 기도로 자기에게 배당되지 않은 재산을 얻을 수 없다. (…) 각자가 자신의 운명을 견뎌내야만 한다." 오늘날의 사람들은 이런 양상이 바뀔 수도 있다고 말은 하지만 운명에 대한 이런 생각은 여전히 남아 있다.

　이렇게 고집스럽게 서성대고 있는 낡은 생각을 어떻게 처리해야 할까? 이를 알기 위해서는 가장 낡은 생각 가운데 하나를 좀 더 자세하게 검토해보는 것이 좋을 것이다. 점성술은 그 모든 잘못된 예언에도 불구하고, 그리고 종교와 과학과 정부의 비난을 받아왔음에도 불구하고 살아남았다는 생각이 그런 것이다. 이것은 낡은 생각이란 간단히 일소될 수 없으며, 그렇기 때문에 새로운 생각만으로 사람들의 행동을 변화시키는 것이 지극히 어렵다는 사실을 암시한다. 점성술은 지난날 낡은 생각과 새로운 생각이 서로 다투었던 방식은 물론이고 결합했던 방식 또한 보여준다.

　1899년에 소르본대학의 한 교수는 "이제 점성술이 완전히 죽었기 때문에 점성술의 역사를 쓰는 일이 가능하다"라고 말했다. 그러나 1975년에 열아홉 명의 노벨상 수상자를 포함한 192명의 탁월한 과학자들이 한 하버드대학 교수의 주창 아래 다음과 같은 선언문을 발표했다. "우리는 세계의 여러 지역에서 점성술이 더 많이 받아들여지고 있음을 우려한다. (…) 점성술은 현대 사회에 널리 퍼져 있다. 이는 오직 불합리와 반계몽주의가 번성하는 데 기여할 뿐이다." 이것은 단지 과학자들과 그 나머지와의 싸움만이 아니었다. 서명인 가운데 한 사람인 캘리포니아대학의 한 교수는 자기 강의를 듣는 학생의 3분의 1이 점성술을 믿으며, 심지어 자신의 아내조차 그렇다고 불평했다. 버클리대학의 폴 파이어아벤트Paul Feyerabend는 서명을 거부했다. "과학은 인간이 발전시킨 여러 형태의 사고방식 가운데 하나일 뿐 반드시 가장 좋은 것은 아니다"라는 것이 그의 주장이었다.

오늘날 지구상의 모든 사람에게 물어본다면 점성술을 믿는 사람이 당연히 다수를 차지할 것이다. 심지어 그들 모두에게 장학금을 주어 하버드대학에서 공부하게 해도 사정은 다르지 않을 것이다. 명석함이 국가적 미덕으로 여겨지는 프랑스에서 인구의 4분의 3은 미신을 믿지 않는다고 말하지만, 45퍼센트는 나무를 만지는 미신적 행위(사람들에게 무슨 자랑을 하고 나서는 복수의 여신의 벌을 피하기 위해 주위에 있는 나무로 된 물건을 만진다)를 하고, 적어도 3분의 1은 점성술을 믿는다(똑같은 수의 영국인도 점성술을 믿는다고 인정한다). 프랑스인의 경우 누구의 질문에 답변하느냐에 따라 때때로 그 비율은 3분의 2까지 올라간다. 90퍼센트는 자신의 별자리를 알고 있는 것이 분명하다. 과학자들이 당혹스러워하는 것은 이들이 글도 모르는 늙은 농부들이 아니라는 점이다. 젊은이의 다수(55퍼센트)가 과학적으로 설명할 수 없는 것들을 믿는다고 말하고, 많은 일반교양 과정 이수자와 69퍼센트의 생태학자도 그렇다고 답한다. 오늘날 프랑스에는 신부보다 점성가와 점쟁이가 두 배 더 많다. 미국에서도 사정은 마찬가지다.

오늘날 서양인이 믿는 점성술은 바빌로니아인들의 흥미를 자아냈던 그것과는 다르다. 바빌로니아인들은 개인의 운명에 관심이 없었고, 기원전 410년에 처음 등장한 천궁도를 발명하지도 않았다. 그들은 신이 세세한 일상생활에 신경을 쓰리라고는 믿지 않았다. 아무도 그들에게 관심이 없었기 때문에 평범한 사람들은 애초에 운명 같은 것도 없는 셈이었다. 최초 점성가들의 관심은 전쟁과 추수의 결과와 예언의 비밀스러운 규칙이었고 그것은 오직 그들만 이해할 수 있었다. 세상이 점점 더 복잡해짐에 따라 그 규칙도 더 복잡해졌다. 마야인들은 바빌로니아인들보다 더 나아가 난해하기 짝이 없는 수학적 계산과 더불어 여러 사건을 설명하기 위해 37만 4440년으로 이루어진 주기를 발견해냈다. 그러나 그것은 길거리 노예의 개인적인 문제를 푸는 데는 별 소용이 없었다. 점성술의 발명가들은 불확실성에 대해 끔찍한 공포를 느꼈지만 어떤 경우에도 확실성을 얻었다는 느낌은 가질 수 없었다. 그래서 모든 형태의 예견 방법—애매모호한 신탁, 6000가지나 되는 경고의 징후를 알아보기 위해 닭의 간을 살펴보는 식의 번잡스러운 예언법—이 다 시도해볼 만한 가치가 있었다. 서로 꼭 어울리는 것은 아니었지만 처음부터 점성술은 안도감을 주는 다른 방법과 결합되어 있었다.

개인에 관심을 가졌던 그리스인들은 올림포스 신들에 대한 신앙이 쇠퇴하자 점성술로 관심을 돌렸다. 그러나 그들이 하나의 체계에서 다른 체계로 단순히 옮겨간 것은 아니다. 그들은 낡은 생각과 새로운 생각을 혼합했다. 그래서 그들은 소량의 점성술을 당대 최고의 의약품에 첨가하기 시작했다. 이들에게 점성술을 소개한 바빌로니아 남부 지역에 있던 칼데아왕국의 피난민 베로수스는 코스 섬에 정착했는데, 그곳은 유명한 의사 히포크라테스의 고향이었다. 그렇게 해서 의학은 진단의 수단으로 점성술을 이용하게 되었고, 점성술을 엄밀한 예언을 제공하는 것이 아니라 개개인에 따른 가능성을 해석해주는 임상 기술로 변형시켰다.

점성술을 국제적 지침으로 만든 사람은 모든 시대를 통틀어 가장 훌륭한 교과서의 저술가인 알렉산드리아의 프톨레마이오스(정확한 연대는 알 수 없지만 대략 127~151년에 살았던 인물이다)였다. 수학, 천문학, 지리, 역사, 음악, 광학에 대해 알려진 모든 것이 프톨레마이오스의 저술 속에 망라되었고, 그의 저술들은 1400년 동안 지식에 관한 독학 안내서였다. 점성술은 과학의 한 분야로 포함되었다. 그는 모든 것을 너무나 깔끔하게 서로 연결시켰기 때문에, 그가 그려놓은 세계의 맥락을 벗어나 생각하거나 그의 도움 없이 어떤 기술적 발견을 시도하거나 바다를 항해하거나 지도상에서 어떤 장소를 찾는 일은 불가능했다. 그가 고대 세계에 존재하던 과학 기구들을 가장 종합적으로 기술해놓았기 때문에 더욱 그러했다. 물론 그도 자기가 무슨 이야기를 하는지 모를 때가 종종 있었고, 다른 책들에서 지식을 훔쳐왔고, 가보지도 않고 소문에 의존해 유명한 세계 지도를 그렸다. 그러나 그가 이 모든 것을 합리적으로 보이게 만들어놓았기 때문에 사람들은 그를 믿었다. 점성술은 비합리적인 것으로 의도되지 않았다. 그는 환상을 정교한 수학적 계산과 더불어 정성스럽게 사실과 섞어놓았다. 그리고 그의 저술만큼 그럴 듯한 실수가 많이 들어 있는 저술도 없다. 예를 들어 그는 유럽과 아시아 사이의 거리를 경도 50도에 지나지 않는다고 판단했는데, 이 때문에 크리스토퍼 콜럼버스는 나중에 아메리카로 밝혀지는 곳을 향해 용감하게 출항할 수 있었다.

그럼에도 불구하고 점성술은 일종의 과학 기술로 제시되었다. 그것은 엄연한 인생의 사실에 경외감을 불러일으키는 동시에 머릿속에서 떠나지 않는 신비스러움이자 실질적으로 유용한 것이 되었다. 점성술은 또한 신탁의 전통에 접목되어 있었고 이국적인 것에 대한 매혹을 자극했기 때문에 천문학적 지식이 없는 사람들에게도 흥미로운 것이었다. 미래는 사실상 지도 위에 그려진 하나의 외국인 셈이었고, 그것을 설명하려면 외국인의 눈이 필요했다. 그래서 점성술이 서구에서는 동양의 발견으로 알려졌지만, 동양에서는 서구의 과학으로 보급되었다. 2세기경 그리스어로 기록된 프톨레마이오스의 체계는 약 500년경 인도에 이르렀다. 그곳에서 점성술은 그 지역의 관습과 결합한 뒤 오늘날까지 남아 있는 별에 대한 신앙의 근간으로 받아들여졌다. 8세기에 프톨레마이오스의 저술은 산스크리트어에서 아랍어로 번역되었고 이슬람 문화의 일부분이 되었다. 그러한 적응의 과정에는 으레 외국에 대한 호기심을 가진 중재자들이 개입한다. 이슬람의 경우 그것은 아부 마샤르Abu Mashar(805~885)에 의해서 이루어졌다. 그는 바그다드에 정착한 아프가니스탄 사람으로, "도시의 어머니"라고 불리던 발흐 또는 박트라(한때 바빌론, 니네베와 경쟁했으며 조로아스터교의 수도였다)라는 이름의 도시 출신이다. 그 도시에는 불교도, 힌두교도, 유대인, 네스토리우스교도와 마니교도도 많이 살았으며, 그리스와 유대와 인도와 페르시아의 이념들이 자연스럽게 혼합되어 있었다. 점성술은 아라비아에서 과학의 일부분이라는 명성을 얻었다. 그 지위가 강화되고 영역이 확장되어 광범위한 근심 걱정에 대한 조언을 제공하게 되자 점성술은 12세기에 유럽으로 수입되었다. 프톨레마이오스는 동양을 여행한 영국 배스, 스페인 세비야, 오스트리아 카린티아의 여행자들에 의해 라틴어로 번역되었다.

어디에서든 점성술은 이국적인 것으로 남아 있었다. 만약 그것이 공식적인 경전이었다면 사람들은 더 이국적인 대안을 찾았을 것이다. 마음을 정할 수 없을 때면 사람들은, 그들을 괴롭히는 일상적인 고역으로부터 돌연 벗어나게 해주는 힘을 가진 항소 법원인 양 완전히 그들의 정상적인 생활 밖에 있는 어떤 것인 점성술에 의존했다. 점성술사는 이교 신앙을 현대화한 사람들이었으며, 선택의 여지가 늘어나는 것에 압도되고, 한편으로는 어떤 하나의 신이나 하나의 강령에만 집착하기를 바라지 않는 이교도적인 도시인들을 위해 점성술을 변형, 적응시켰다. 점성술을 믿는다고 해서 다른 믿음을 포기할 필요는 없었다. 예를 들어 프톨레마이오스는 점성술을 금욕적인 스토아 철학과 결합시켰다. 이 철학은 당시 미몽에서 깨어난 사람들이 애호하던 철학이었다. 고뇌에서 벗어나는 것이 그들의 열망이었고, 그래서 다가올 재난에 대한 경고는 중요한 것이었다. 그들은 자연에 순응해 살아야 한다고 믿었으며, 프톨레마이오스는 그들에게 자연이 어떻게 움직이는지에 대해 말해주었다. 프톨레마이오스의 신상에 관해서는 확실하게 알려진 것이 없다. 그는 단지 교과서였으며, 그래서 더욱더 사람들의 믿음을 얻었다.

원래 기독교와 이슬람교는 신의 절대적 권능에 위배된다고 해서 별들의 영향을 받아들이지 않았지만 결국에는 점성술이 신의 의지에 종속된 천문학의 일부분이라고 인정했다. 1348년 파리대학 의대 교수들은 흑사병에 당황한 나머지 점성술을 약간 가미해 스스로를 방어했다. 즉 그들은 이 재난을 화성, 토성, 목성의 영향이 결합된 것이라고 설명했다. 점성술이 고전적인 학문이라는 최신 유행의 옷을 입고 있었을 때, 교양 있는 유럽인들도 점성술에 빠져들었다. 13세기부터 16세기에 이르기까지 거의 모든 군주나 심지어 교황들까지도 별들의 과학을 신형 대포인 양 비밀 병기로 사용했다.

그러나 결국 프톨레마이오스의 신용은 무너졌다. 지구를 우주의 중심이라고 했기 때문이었다. 그의 지도에 따르면 아프리카를 돌아 항해하는 것은 불가능했다. 그러나 항해가 성공하자 그의 지도와 모든 저술이 폐기되었다. 이후 3세기에 걸친 고독한 비웃음이 뒤따랐고, 점성가들은 거의 사라졌다. 마치 과거의 관념들을 완전히 폐기 처분한 것 같았다. 그러나 아니었다. 그것들은 사라지지 않았다. 위기에 처했을 때, 희망이 없어 보일 때, 방향을 잃어버렸을 때, 또는 세상이 너무 빠르게 변하고 있으며 이 세상에서는 원하는 것을 찾을 수 없다고 느낄 때, 사람들은 과거의 관념들이 책상 맨 아래 서랍에 보관되어 있다는 사실을 기억해낸다. 그리고 그것들을 끄집어내기로 한다.

이성과 비이성의 화해를 위한 토대

현대의 점성술은 산업혁명 시기에 다시 태어났다. 영국은 산업혁명과 점성술 모두에서 선구였다. 무어Moore의 《연감Almanach》은 1803년에 39만 3750부가 팔렸고, 1839년에는 56만 부가 팔렸다. 점성술만을 전문으로 다루는 세계 최초의 주간지《점성술사Straggling Astrologer》는 1824년에 처음 등장했다. 계몽주의에 환멸을 느낀 프랑스는 1890년에서 1941년 사이에 170명의 점성술 관련 저술가를 배출했다. 독일은 세계에서 가장 강력한 산업 국가로 변모한 것과 동시에 가장 깊이 점성술에 빠져든 나라였다. 히틀러가 등장한 것도 과학적으로 설명할 수 없는 것들에 대한 관심이 절정에 이른 때였다. 히틀러의 개인 부대인 SA(나치당 돌격대)의 우두머리였던 에른스트 룀Ernst Röhm은 다음과 같이 말하며 자신의 별점을 봐달라고 했다. "그렇다면 내가 어떤 사람인지 알 수 있겠군. 솔직히 나는 잘 모르겠거든." 점성술사가 아니면 누가 그에게 말할 수 있었겠는가? 총통은 회의주의자였고 게다가 점성가의 일소를 명령했다. 그러나 헤스와 괴벨스를 비롯한 많은 다른 나치들이 점성술에 관심을 갖고 있었고, 나치즘을 반대했던 많은 사람들도 마찬가지였다.

물론 오늘날 미국은 천문학에 엄청난 돈을 투자하고 있으며, 누구도 그것을 비미국적이라고 말하지 않는다. 레이건 대통령이 할리우드의 점성술사 조앤 퀴글리Joan Quigley의 고객이 되었을 때, 고르바초프에 대한 퀴글리의 별점이 냉전의 종식을 결정했을 때, 이 대통령은 신성로마제국의 황제이자 시칠리아와 예루살렘의 왕이었던 프리드리히 2세(1194~1250)가 걸었던 중세의 발자국을 되밟아가고 있었던 것이다. 프리드리히 2세는 영국 존 왕의 딸과 결혼하고 나서 "점성가가 적합한 시간을 알려줄 때까지 그녀와의 동침을 거부했다." 종교가 지배하는 세상에서 살았던 이 황제는 사제들의 상충하는 조언으로는 결정을 내릴 수가 없었다. 그래서 종교적 갈등 없이 당시 그가 과학자라고 믿었던 사람들을 찾아갔던 것이다. 미국의 대통령 또한 과학은 너무 복잡해서 결정을 내려줄 수 없다고 보았으며, 게다가 감정을 충족시켜주지도 못한다는 사실을 알아챘다. 그는 몇몇 과학자들이 점성술의 주장을 지지함으로써 어떤 과학적 발견을 설명해냈다는 데 안심하는 한편, 동시에 경건한 기독교도로 계속 남아있었다. 이렇게 다소 혼란스러운 방식으로 과거의 이념인 점성술은, 표범은 자신의 타고난 기질을 바꿀 수 있으며 소련도 반드시 영원한 적은 아니라는 새로운 이념을 받아들일 수 있게 만들었다.

국가의 수장들은 점성가들의 발견을 비밀로 하려고 노력하면서도, 암살되거나 파멸할 것이라는 예언이 두려워 직접 고용하지 않은 점성가들을 박해했다. 그러나 1930년 마거릿 공주가 태어났을 때 《선데이 익스프레스》가 그녀의 별점을 보도해 엄청난 대중적 관심을 끌었다. 이후 발행 부수가 많은 대중 잡지들은 민주주의의 점성술사가 되었다. 이제 다수의 사람들은 세상의 변화에 대한 끊임없는 정보에 지쳐, 최소한 자신의 생활 속에서 무엇이 변하지 않고 남아있는지 알기 위해 별점을 본다. 노벨상 수상자들이 이런 현상을 중세의 미신과 비합리성의 재래라고 지칭한 것은 지나치게 단순한 생각이었다. 뇌로 쏟아져 들어오는 잡동사니 같은 정보들이 증가함에 따라 사람들은 더 모순적으로 변해갔다. 그래서 이 풀 수 없는 갈등을 해결하기 위해 '직관'에 관심을 돌리게 되었다. 점성술은 사람들이 확실한 것을 찾지만 동시에 자신들이 원하지 않는 확실한 것들과는 싸움을 벌이고 있으며, 모든 방면에서 기대를 걸 만한 것들을 찾고 있다는 사실을 보여준다. 점성술은 희망의 암시장이 되었다.

점성술의 역사로부터 이끌어낼 수 있는 한 가지 결론은, 인류의 습관을 바꾸는 데 여념이 없는 개혁가들이 새로운 정신의 습관은 깨끗한 속옷으로 갈아입듯이 갈아입을 수 없다는 사실을 잊은 채 똑같은 실수를 반복한다는 사실이다. 셀 수 없이 많은 역사적 선례를 고려하면 러시아의 공산주의자들이 적어도 어떤 면에서는 자기들이 제거했다고 생각한 차르처럼 행동할 것임을 미리 알 수 있었다. 이교의 유물은 그 박멸을 주장하는 엄격한 종교 아래에서도 늘 살아남는다. 편견의 역사에 비추어 볼 때 고대 남성들의 편견은 갑자기 사멸했다기보다는 잠복하고 있을 가능성이 더 높다.

씨앗으로 쉽게 번식시킬 수 없는 식물들이 있다. 과거의 습관이 자리 잡고 있는 곳에 새로운 습관이 자라기 위해서는 원예술의 접붙이기가 더 적절하다. 오래된 것과 새로운 것은 흔히 마찰을 일으키게 되고 서로 고통스럽게 한다. 그러나 접붙이기는 "공통의 상처 속에서 함께 치료되는 것"으로 정의된다. 비이성적인 것과 이성적인 것 사이의 화해와 평화로운 공존을 위한 가장 좋은 토대는 언제나 공통의 괴로움을 발견하는 것이다. 그 밖에도 새로운 습관이 뿌리내리는 데는 시간이 필요하다. 그래서 나는 이제 시간이 없다는 문제에 대해 살펴보고자 한다.

사람들에게 다양한 인생을 살아볼 시간이 없는 이유

아무것도 하지 않아도 되는 시간을
가질 수 없고, 늘 시간에 쫓겨 허둥대야 한다면
어떻게 자유롭다고 말할 수 있겠는가?

"가식을 벗어던질 때만 내 인생은 시작될 것입니다." 세상은 그녀가 외과의사라고 알고 있다. 그녀는 온갖 시험을 다 통과했고 많은 경쟁에서 승리했으며, 자신의 일을 능숙하게 처리한다. 그러나 그녀는 계속 외과의사로 살아가고 있는 자신을 겁쟁이라고 생각한다.

외과의사가 되기 위해서는 그 역할을 다해야 한다. 동료들은 무자비하다. 약점을 보여서는 안 된다. 만약 실수를 했다면 어떤 동정심도 기대하지 말아야 한다. 환자들은 당신의 손이 한 번이라도 미끄러지거나 당신이 한순간 다른 데 정신을 팔면 자기들이 마비되거나 죽으리라는 것을 알고 있다. 그들은 당신이 오류가 없는 신처럼 행동하기를 기대한다. 그래서 수술실에서 그녀는 완전히 다른 사람이 된다. 환자들에게 그녀는 언제나 침착하고 믿음과 격려를 주고 모든 환자의 문제에 관심을 기울이며, 더는 해줄 게 없는 환자에게도 소홀하지 않은 의사다. "나는 몇몇 다른 의사들처럼 회진 때 죽어가는 환자를 빼먹은 적이 없습니다."

그러나 사생활에서 그녀는 초조하고 주저하고 이룬 것이 아무것도 없다고 생각한다. 한 마디로 냉정한 공적 자아와는 정반대의 자신을 본다. 그녀가 개인적인 생활 영역으로 들어오면 얼마나 소심해지는지를 알기 때문에 그런 것만은 아니다. "나는 가게 주인에게 말거는 것을 정말 싫어해요. 여자 종업원이 조금 불친절하게 말하기만 해도 기분이 정말 안 좋아요. 난 스스로에게 말하죠. '나는 의사다, 나는 이런 식으로 반응해서는 안 된다.' 난 실제로는 전혀 성장하지 못한 모양이에요." 한참 망설인 끝에 구두 한 켤레를 샀지만 나중에 후회할 때처럼 인생의 불확실성은 그녀를 당황하게 만든다. 그것은 그녀가 어디에서나 애매모호함을 보기 때문이라고 남편은 말한다. 사실 그녀는 유행에 아주 민감하게 옷을 입는다.

그녀의 공적인 생활은 연기로 꾸며져 있다. 그녀는 자신이 의사로서 실제로 일하는 것이 아니라 의사의 세계라는 영화가 촬영되는 현장에 있는 것처럼 느낀다. 동료들은 그녀가 연장자들을 존경하며—그들은 위계질서를 대단히 의식한다—농담도 가끔 하지만 일정한 거리를 유지한다고 여겼다. 그녀에 따르면 동료들과의 관계는 진정한 관계가 아니다. 남편은 그녀가 내면의 불안을 덜어보려고 일을 이용한다고 말한다.

그러나 그것이 이 세상의 방식이다. 그 일부가 무대 위에서 드러나도 사생활의 비밀은 여전히 간직된다.

소녀였을 때 그녀에겐 친구가 없었다. 하지만 선생님이 그 사실을 알아차리지 못하게 다른 아이들과 어울리는 척했다. 그리고 여덟 살 때부터 시를 쓰기 위해 자기 방에 틀어박혔다. 그녀가 의학을 공부한 것은 무슨 절박한 이유나 특별한 직업의식이 있어서가 아니었다. 그러나 일단 의학 공부를 하게 되자 그녀는 멈출 수 없었다. "평범한 상태"에 만족할 수 없었고, 일반 개업의에 그칠 수도 없었으며, 부모님과 선생님들을 실망시키고 싶지도 않았다. 지식이란 언제나 발견의 흥분과 더 많은 지식에 대한 자극이다. 전문 지식을 바탕으로 이제 그녀는 더욱 새로운 기술을 이용할 수 있다. 그리고 수술할 때 손으로 하는 부분, 그 "손재주를 부리는 부분"을 즐긴다. 그녀는 말한다. "수술은 밀가루 반죽을 빵 만드는 틀에 짜 넣는 것과 같아요."

그러나 궁극적으로 수술은 기술적인 것이다. 감정이 개입할 여지가 없다. "아무리 삶이 권태로워도 우리를 죽지 못하게 만드는 것은 감정인 거죠. 감정이 없다면 우리는 아무것도 아니에요. 감정이 없다면 사는 데 아무런 흥미도 느끼지 못할 겁니다." 감정과 관련해 그녀가 고민스러운 것은, 인간와 감정이 외부의 힘에 의해 이리저리 움직이는 꼭두각시 같은 것에 불과한지, 감정이 인간의 운명을 바꿀 수 있는지, 바꾼다면 얼마나 바꿀 수 있는지, 감정이라는 것이 선천적인지 판단할 수 없다는 점이다.

그래서 시간이 나면 그녀는 단편소설을 쓴다. 그 순간에는 자신이 창조하는 인물의 운명을 결정하는 힘을 느낄 수 있다. 그녀의 소설 속 인물들은 대부분 자신의 운명으로부터 탈출하고자 싸우는 사람들이다. 무엇보다도 그녀가 원하는 것은 자신의 삶, 그녀를 이리저리 헝클어뜨리는 그 모든 근심과 걱정들을 잘 통제하는 것이다. 대단한 힘과 격정으로 쓰인 그녀의 소설들은 자유로운 상상력과 언제나 놀라운 결말, 그리고 예측할 수 없는 것에 대한 매혹을 보여준다. 때때로 그녀는 사무실에서 글을 쓴다. 그럴 때면 문에다 명패와 학위증을 걸어놓고 의사로 가장하고 있는 것은 아닌가 하는 죄의식을 느낀다. 그녀의 마음이 딴 데 가 있다는 것을 사람들이 알면 어떻게 생각할까? 그녀의 다음번 책은 사기꾼에 관한 것이다. 출판업자들은 흔히 무명작가의 소설을 읽지도 않고 돌려보내지만 한 출판사가 흥미를 보였다. 문학에 완전히 전념할 수 있을 때까지 그녀는 질식당하는 것처럼 느낄 것이다.

　그녀는 또한 독특한 스타일을 가진 화가로서 자기 소설에 들어가는 삽화를 직접 그렸다. 그녀의 초상화에는 종종 화폭 밖으로 신체의 일부분이 나가 있는 사람들이 등장한다. 그들은 틀을 벗어나려고 애쓰는 사람들이다. 그녀는 또 작곡가로서 자신이 쓴 시에 곡을 붙였다. 의학도였을 때 그녀는 바에서 재즈 피아니스트로 일했다. 이것은 그녀의 어머니도 전혀 모르는 사실이다. 다른 사람들에게 즐거움을 주는 것이 기쁘기도 하고 예술적 재능을 인정받고 싶었기 때문이다. 오직 예술 속에서만, 외부 세계가 그렇다고 생각하고 심지어 그녀의 상급자들도 "당신은 결코 초조한 법이 없다"라고 말하며 속아 넘어가는 완벽한 자기 통제라는 그녀의 겉모습, 그 냉정이란 가면이 녹아내린다. 지금과 같은 조직 세계에서는 사람들이 스스로를 꽃피울 여지가 거의 없다. 그래서 그녀는 승진을 원하지 않으며, 더 많은 책임도 원하지 않는다. 그녀는 그저 하루가 48시간이었으면 좋겠다고 생각한다. 그녀의 공허감은 갈증이나 배고픔보다 더 괴롭다. 그 공허감은 지금 이 세상의 시간보다 더 많은 시간으로만 채워질 수 있다. 감정은 만족을 모른다.

　개인적인 성취를 이룬 다음에 아이를 갖겠다고 스스로 약속했기에 그녀는 임신을 미루어왔다. 대부분의 어머니들에게 아이들은 자기만의 걸작이지만, 그녀는 아이가 생기더라도 아이 때문에 글을 쓸 수 없다거나 아이가 인생의 목적이 되어서는 안 된다고 결심했다. "나는 아이들에게서 아주 진한 기쁨을 느껴요. (…) 아이들에게서 시와 유머와 상상력을 보죠. 아이들을 사랑해요. 그러나 나는 아이의 버릇을 버려놓을 그런 엄마는 아닙니다. 아이와 함께 있으면 좋기는 하지만, 여자라서 아이에게 시간을 더 들여야 한다는 점은 유감입니다."그녀는 또한 다른 존재의 운명을 바꿔놓을 수 있는 힘에 대해서도 걱정이다. 그저 아이들이 스스로에 대한 확신을 갖도록 해줄 수 있기를 바란다.

그녀의 남편은 여성운동이 이런 모든 가능성을 열어놓음으로써 오히려 여성을 죽이는 것이 아닌가 생각한다. 그러나 물론 남성도 자신에게 기대되는 모든 것, 자신이 하고 싶은 모든 것을 따라가느라 기진맥진해 있다. 그녀와 마찬가지로 남편도 일에서 한 1년 정도 벗어나 있을 가능성은 전혀 없다. 왜? "불가능하죠." 궁극적으로 자신의 위치를 잃어버리고, 습관을 깨뜨리고, 문제를 일으킴으로써 상급자를 화나게 할까 봐 두렵기 때문이다. 그녀는 감히 출산 휴가를 신청할 엄두도 내지 못한다. 하나의 습관을 바꾸기 위해서는 다른 많은 습관도 따라서 바꿀 필요가 있는 것이다.

이 외과의사의 이름은 밝히지 않겠다. 그녀는 나에게 만나자고 요청했다. 그리고 환자나 병원장이 자기네 의사가 감정을 갖고 있지 않기를 바라는 요즘 같은 세상에서, 예상했던 것보다는 훨씬 많은 이야기를 들려주었다. 나는 언젠가 그녀가 작가이자 화가로 유명해지기를 바라므로 그녀가 누구인지 말하고 싶었다. 그러나 그때가 되면 나는 자유롭게 그녀의 이름을 밝힐 수 있을 것이고, 그녀의 직업적인 기술로 혜택을 받은 사람들은 단순한 직업적 능력보다 훨씬 뛰어난 능력을 가진 사람에게 치료받았다는 사실에 자부심을 느끼게 될 것이다.

시간의 독재

　　　　　　　　잠시 할 일을 내려놓고 아무것도 하지 않아도 되는 그런 시간을 가질 수 없다면, 늘 시간에 쫓겨 허둥대야 한다면 어떻게 자유롭다고 말할 수 있겠는가? 2세기 전에 소인국의 난쟁이들은 걸리버의 신이 그의 손목시계였고, "시계를 보지 않고 그가 하는 일이란 거의 없고 인생의 모든 행동이 시계에 따라 이루어지는"것을 보았다. 몽테스키외는 영국인들이 무례하다는 이론을 내세웠다. "그들은 하도 바빠서 서로 만날 때 모자를 들 시간조차 없다." 느슨하다고 여겨지던 그 시대에도 심지어 시간이 모자랐다. 그러니 오늘날 이 시간의 압박감에서 어떻게 벗어날 수 있겠는가?

　《왜 슈퍼우먼들은 지쳤는가 Why Superwomen are Fed Up》라는 책을 쓴 미셸 피투시 Michelle Fitoussi(《엘르》의 인기 있는 칼럼니스트)는 그들을 대신해 결론을 내린다. "우리에게 가장 모자라는 것은 시간이다." 그러나 그녀에게도 아무런 해결책이 없다. 실업계의 남성 거물들은 사업을 위해 기꺼이 가족을 희생시킬 수 있는 반면에, 슈퍼우먼들은 자신의 모든 역할에서 찬사를 받기로 작정했기 때문에 아무것도 포기하지 못한다고 그녀는 말한다. 그녀들은 남들에게 도움을 주고 아름답고 지적이고 재미있고 열심히 일하고 비즈니스에서는 강인한 모습을 보여주고자 한다. "감옥의 창살이 바뀌었다. 과거에는 남성에게 매여 있었고 (…) 우리는 정당한 대의명분을 위해 싸웠다. 오늘날 우리는 스스로를 묶고 있다. (…) 남들을 감탄시키고 싶은 욕망이라는 마약에 우리는 심각하게 중독되었다." 그녀는 자신의 세대에 대해, 그리고 딸 세대에 대해 아무런 희망이 없다. 손녀들은 어떤 생각을 갖게 될는지….

시계가 발명되기 전 좌절은 다른 모습을 하고 있었다. 그 당시 시간은 분이나 시간의 작은 조각으로 이루어지지 않았고, 절약하고 내역을 따져야 하는 것도 아니었다. 그것은 지구를 둘러싼 거대한 구름과 같았으며 인류는 그 구름이 걷히기를 기다려야 했다. 과거는 현재의 일부였다. 개인은 조상과 신화 속 영웅에 둘러싸여 있다는 상상 속에서 살고 있었으며, 살아 있는 것과 마찬가지로 그 조상과 영웅은 살아 있는 존재였다. 또 사람들은 자신이 정확히 몇 살인지 몰랐다. 그들은 시간보다는 죽음에 더 마음을 빼앗기고 있었고, 시간이란 영원히 지속될 또 다른 삶을 알리는 음악에 지나지 않았다. 모든 문명은 각각 영원에 이르는 시간을 추정했다. 힌두교도들은 3억 년 정도 걸린다고 생각했고, 그래서 당장에는 고통이 별로 없었다. 중국인들은 시간이 순환한다고 주장했고(북송의 유명한 유학자인 소옹 邵雍은 12만 9000년의 주기를 갖는다고 말했다), 그래서 실제로 아무것도 바뀌지 않았다. 조로아스터교도들은 신이 세상을 창조하는 데 3000년이 걸렸다고 했다.

그런데 유대인들이 현대 사회가 채택한 것과 같은 새로운 시간관을 고안해냈다. 그들은 과거와 현재를 분명하게 구분했다. 그들은 신과 계약을 맺었고, 그 계약이 미래에, 천국이 아니라 이 세상에서 이루어지리라 기대했다. 그들은 정의가 확립되고 사막이 비옥해지고 모든 사람에게 먹고 마실 것이 풍족해질 때를 처음으로 상상했다. 이런 전망이 박해에 대한 그들의 대응이었고, 그것은 〈다니엘서〉에서부터 중세의 이교들, 사회주의적인 이상향, 산업혁명과 공상 과학 소설에까지 뻗어 있는 미래에 대한 새로운 꿈꾸기라는 전통의 시작이 되었다. 강력하고 안정된 교회를 갖게 될 때까지 초기 기독교도들은 지상에서 더 나은 미래를 약속하는 유대인의 방식을 따랐다. 그러나 431년에 이르자 그들은 천년왕국에 대한 믿음 — 현세에서의 더 나은 삶 — 을 미신으로 비난했다. 대신에 그들은 이 세상이 단지 6000년 동안 지속되도록 창조되었으며 틀림없이 곧 종말이 올 것이라고 주장했다.

그래서 지금까지 살았던 대부분의 사람들은 시간의 흐름에 대해 그다지 괘념치 않았다. 현대의 시간관은 독특하다. 한 번 일어난 어떤 일은 영원히 지나가버리며, 시간은 변화를 의미하고, 따라서 불안정을 의미한다는 새로운 감각이 들어 있기 때문이다. 사람들은 시계의 규칙적인 소리, 바꿀 수 없는 습관과 시간의 독재를 환영했다. 그것이 이 새로운 불안정에 대한 위안이 되었기 때문이다. 다른 많은 독재가 그런 것처럼 시간의 독재도 해방에서 시작된 독재였다. 중세 수도원들은 게으름에 대한 유혹과 무엇을 해야 할지 모르는 고통으로부터 사람들을 해방시키기 위해 최초로 밤과 낮, 분 단위로 정해진 의무를 부과했다. 그러나 일부 사람들은 안정감의 대가가 너무 크다고 생각했다. 라블레는 "나는 결코 시간에 종속되지 않겠다. 인간을 위한 시간이지 시간을 위한 인간인 것은 아니다"라고 항변했다. 그는 '시간hour'이라는 말을 사용했는데, 그것이 당시 사람들이 막 의식하기 시작한 시간time의 단위였기 때문이다. "나는 시간을 등자(말 안장에 달린 발 받침대 — 옮긴이)처럼 취급해서 내 마음대로 늘였다 줄였다 한다." 그는 편하게 지내는 것과 규칙적으로 지내는 것 사이의 투쟁을 선언한 셈이었다. 이 싸움은 이후 몇 세기 동안 계속되었고, 결국에는 시간이 승리했다. 그러나 지금 그 승리는 도전받고 있다.

1481년에 프랑스 리옹의 일부 시민들이 도시 안에 시계를 세워달라고 청원했다. 그 시계의 도움으로 "좀 더 질서 정연한 생활을 하고" 그래서 "행복해지고 만족하고 싶다"는 것이었다. 도시의 상인과 기업가들은 정확한 시간 지키기의 주된 옹호자였다. 성당을 건립하고 나서 그들은 이 세상에 질서가 존재한다는 사실을 보여주겠다는 똑같은 목적으로 시계탑을 세웠다. 스트라스부르의 시계탑은 1527년에 건설되기 시작해 27년 만에 완성되었다. 아마 그 시계탑이 주민들의 규칙적인 생활에 도움을 준 것은 사실일 것이다. 그러나 1770년대에 이르러서야 분 단위까지 정확하게 지킨다는 의미의 '시간 엄수'라는 말이 사용되기 시작했다. 시간을 지키는 것이 미덕이라고 공장 노동자들에게 설득하기 위한 엄청난 노력이 이루어졌다. 산업혁명 초기에 한 스코틀랜드 출신의 기업가는 "사람들이 규칙적인 시간이나 규칙적인 습관을 몹시 혐오"하고 있으며, "마음대로 들어왔다 나갔다 할 수도 없고 원하는 대로 휴가도 낼 수 없다는 사실"을 이해하지 못한다고 썼다.

그러나 규칙성이 시간 관리에 대한 완전한 해답이 된 적은 없었다. 시간 절약도 마찬가지였다. 일본 천황은 17세기에 내린 칙령에서 백성들에게 처음으로 시간 절약을 촉구했다. 유능한 사람들조차 너무 많은 일정에 끊임없이 시달렸기 때문이다. 시간과 싸우는 일, 영원한 젊음을 유지하는 일은 승리하지 못했다. 시간을 죽이는 일도 마찬가지였다. 권태를 느끼는 사람이 더 많고, 또 항상 시간이 사람을 죽이는 것으로 끝나기 때문이다. 충분한 시간이란 결코 있을 수 없으며, 늘 일이 늘어나 가용 시간을 채우게 된다는 파킨슨의 법칙을 강요하기 위해 오늘날의 관료 제도는 존재한다. 성교를 자주 하면 장수한다는 고대 중국인들의 생각은 18세기 런던에서 여전히 매춘부들에 의해 보급되고 있었다. 이들은 "내가 시계를 되감아드릴까요?"라는 말로 손님을 끌었다. 그러나 쾌락으로 시간을 보내든, 장수하든, 더 적게 일하든, 현대인들은 시간과 완벽한 관계를 맺지 못했다.

암소는 하루에 스물두 시간을 먹는 데 소비한다. 이것이 시간을 소비하는 자연의 방식일까? 집파리들은 시간의 3분의 1만을 먹는 데 쓰고, 40퍼센트는 쉬고, 12퍼센트는 한가하게 이리저리 걷거나 날아다니고, 14퍼센트는 몸단장하는 데 쓴다. 이것은 암컷 파리의 경우다. 수컷은 더 적게 쉬고 더 빨리 먹는다. 그래서 산책이 가능한 시간은 24퍼센트나 되고, 자신을 돌보는 일에는 20퍼센트를 할애한다. 이렇게 되면 여가 시간이 44퍼센트다. 몇 세기에 걸쳐 노력했지만 서구인들은 이보다 더 나아지지 못했다. 그들은 잠자는 시간을 줄일 수 없었다. 잠자는 시간은 아직도 전체 생존 기간의 40퍼센트를 차지하고 있다. 일하는 시간을 약 10퍼센트 정도 줄이는 데는—다 합해서 약 6만 시간, 즉 7년에 해당하는 시간을 일하는데, 이는 1945년 때의 절반이다—성공했지만 일할 자격을 얻기 위한 교육 시간이 12퍼센트 증가했고, 일터로 출퇴근하는 데 상당한 시간(8퍼센트, 총 6년)이 소비된다. 이렇게 되면 여가 시간, 걷고 날고 아무것도 하지 않는 시간은 30퍼센트가 못 된다.

프랑스인들이 시간을 어떻게 사용하는지를 연구한 윌리엄 그로신William Grossin은 그들의 3분의 2가 시간과의 관계에서 긴장을 느끼고 있으며, 교육을 많이 받고 부유한 사람들이 가장 불만스러워한다는 것을 발견했다. 선택의 폭이 넓을수록, 욕망이 다양할수록 그 하나하나에 할당할 시간이 적어진다. 조직화되고, 놓치기에는 너무 아까운 기회들로 가득 차 있기 때문에 여가 활동이 꼭 자유를 주는 것도 아니다. 가능한 한 집약적으로 살고 싶은 소망 때문에 사람들은 물벼룩과 같은 난관에 봉착하게 되었다. 물벼룩은 섭씨 8도에서 108일을 살지만, 섭씨 28도에서는 26일밖에 살지 못한다. 물벼룩의 심장 박동 수는 총 1500만 번 정도 되지만, 섭씨 28도에서는 박동 수가 네 배나 빨라지기 때문이다. 기술은 빠른 심장 박동과 같아졌다. 집안일과 여행과 오락을 압축시키고, 더 많은 여러 종류의 일을 각각의 할당된 시간에 억지로 밀어 넣는 것이다. 기술로 인해 삶의 속도가 너무 빠르다고 느끼게 되리라고는 아무도 예상하지 못했다.

또 다른 사회학자 스토에첼J. Stoetzel은 프랑스인들의 시간을 대하는 태도가 훨씬 느긋하다고 주장했지만, 그의 조사에는 일하지 않는 사람도 포함되어 있었다. 직장을 가진 사람들만 조사한 그로신은 오직 7퍼센트만이 완전히 긴장을 풀고 있다고 보았다. 그는 긴장, 엄격함, 일의 단조로움이 사람들이 다른 시간을 보내는 데 결정적인 영향을 미친다는 결론을 내렸다. 어떤 사람들은 수동적이 되어 여가시간을 통제할 능력을 잃어버리고, 또 어떤 사람들은 일하는 동안 억지로 받아들이는 긴장에 대해 격렬히 저항한다. 이 저항자들은 젊은이들이다. 이들은 학교의 엄격한 통제에 굴복하지 않았다. 이들은 예상 밖의 사건이나 기회를 열렬히 환영함으로써 자신들의 저항을 표현한다. 프랑스 국민 전체를 놓고 볼 때 42퍼센트는 예상하지 못했던 사건을 환영하지만 38퍼센트는 그렇지 않다. 나머지는 모른다. 이렇게 나뉘는 것은 별로 놀라운 일이 아니다. 그러나 20~25세의 68

퍼센트는 예상하지 못했던 것들을 좋아한다. 이러한 경향을 보이는 두 번째 범주의 사람들은 여성들이다. 남자들은 세 명 중 한 명이 그러는 데 비해 여자들은 두 명 중 한 명이 그런 경향을 보인다. 즉흥적인 것을 선호하고 피할 수 없는 고정된 계획을 세우는 것에 반대하는 일에 이렇게 여성과 젊은이가 연합한 것은 진정 새롭고 폭발력 있는 결합이다. 그러나 선택의 자유가 열려 있기를 열망한다 해도 그것이 어떤 목적의식과 결합되지 않는다면 폭발하지 않을 것이다.

더욱이 그들이 변화에 흥분한다고 해서 그들 자체가 변화하는 것은 아니다. 나이를 먹어감에 따라 이들 가운데 상당수가 더 습관적, 규칙적으로 변한다. 프랑스 독신자들의 절반과 아이가 없는 부부들은 규칙적으로 정해진 시간에 식사하지 않지만, 아이가 많을수록 그들은 더욱 규칙적이 된다. 규칙적인 습관이란 억압을 받아들이고, 더 현실적으로 변하고, 기대가 작아지고, 근본적으로 더 나은 미래에 대한 희망이 줄어드는 것을 의미한다고 그로신은 주장한다. 자신에게 요구되는 일에 능숙해질수록 사람들은 그런 요구를 전제적이라고 보지 않는다. 오히려 그들은 다른 사람들이 자기만족이라고 비난하는 것에서 어떤 종류의 자유를 찾는다. 그로신의 통계에 따르면 45퍼센트의 프랑스인들이 질서 정연한 생활을 하고 있으며, 22퍼센트는 지극히 질서 정연한 생활을 하고 있다. 이런 다수를 감안한다면 '너무나 바쁘다'라는 고통에 대한 새로운 해결책이 진지하게 검토되지 않았음은 놀라운 일이 아니다. 프랑스인의 3분의 2는 일주일에 30시간 이하로 일하는 것을 상상도 못한다. 이들에게는 집파리와 경쟁하고 싶은 욕망이 전혀 없다.

그렇지만 시간을 부드럽고 유쾌하고 감각적으로 흐르게 만들려는, 시간을 짜는 법에 대한 새로운 감수성이 일고 있다. 사람들은 자신에게 알맞은 리듬을 갖고 일하거나 직업에 따라 리듬을 조정함으로써 자신의 일을 즐기고 싶어 한다. 산업혁명은 개인의 리듬이라는 관념을 공격하고 파괴하려 했다. 그 경위는 주말에 관한 잊힌 역사를 통해 살펴볼 수 있다. 'weekend(주말)'라는 영어 단어는 거의 모든 언어에서 채택되어 사용되고 있지만, 그것은 영국인들이 인류에게 안겨준 독이 든 선물을 상징한다.

18세기 버밍엄의 장인 작업장에 들른 한 방문객은 다음과 같이 기록했다. "이들은 비상할 정도로 근면하다. 이들의 특이한 생활방식은 주목할 만하다. 이들은 마치 스페인 사람들처럼 사는 것 같기도 하고, 동양인의 관습을 따르는 것 같기도 하다. 새벽 3시나 4시에도 일한다. 정오가 되면 휴식을 취한다. 많은 이들이 낮잠을 즐긴다. 다른 사람들은 작업장에서 먹고 마시며 시간을 보내고, 작업장은 종종 술집으로 변해 견습생들은 술집 점원이 된다. 또 다른 사람들은 구슬치기를 하거나 구주희 놀이를 즐긴다. 서너 시간이 그렇게 '노는 데' 소비되고, 다시 일을 시작해 밤 8시나 9시, 심지어 10시까지 일한다. 이런 방식이 1년 내내 계속된다." 그들은 금요일에 가장 열심히 일했고, 토요일에는 일을 마무리 지었다. 일요일뿐 아니라 월요일까지 놀았고, 종종 화요일에도 놀았으며, 때때로 수요일까지 놀았다. 술을 깨기 위해서이기도 했고, 개나 닭싸움 또는 권투를 하며 놀았기 때문이기도 했지만, 그보다는 "이들이 가족의 소비와 자신들의 필요에 따라 일했기 때문이다. 필요 이상 일하지 않는다는 것은 잘 알려진 사실이었고, 이들 중 많은 수가 그랬다." 달리 말해서 그들은 인도의 농부들과 똑같은 원리를 따랐다. 인도 농부들은 어떤 생활수준이 자신에게 맞는지 결정하고는 그렇게 사는 데 필요한 만큼만 일했다.

반공일半空日(토요일)은 공장주들이 이런 변칙을 일소하기 위해 창안한 것이다. 그들은 술수를 부려 성 월요일Saint Monday을 권좌에서 몰아내고, 월요일에 온종일 일하는 대가로 토요일 오후에 일을 세 시간 줄여주었다. 노동자들은 해고될까 두려워 이를 받아들였다. 그러나 동시에 "사악한" 놀이에서 그들을 떼어놓기 위해 새로운 "합리적 놀이"가 제공된 것이 더 큰 이유였다. 1841년 버밍엄에서 최초의 철도 소풍이 조직되었는데 소풍날은 월요일이었다. 클럽 축제도 월요일 밤에 열렸다. 토요일은 서서히 장보는 날이 되었다. 잘살기 위해서는 더 많은 돈이 필요했다. 주택조합은 더 열심히 일해 집 살 돈을 저축할 것을 장려했다. 성 월요일의 지지자와 반대자 사이의 길었던 전쟁은 노동과 여가가 분리되면서 끝났다.

시간에 대한 새로운 태도

그러나 오늘날의 사람들은 일이 무엇보다도 흥미로워야 한다고 주장하고 있다. 시간에 대한 새로운 태도가 요구되고 있다. 일주일에 한 번씩 술 깨는 시간이 아니라, 생애에 몇 번 누리는 아주 긴 휴가라는 완전히 달라진 형태로 성 월요일이 부활할지도 모른다. 은퇴나 주말이라는 것이 최근에 생긴 현상이라는 것을 사람들이 잊어버렸기 때문에 인생을 나누는 현재의 방식이 영원히 변하지 않는 것처럼 보인다. 주말이라는 말(이 단어는 19세기 말부터 사용되기 시작했으며, 프랑스에는 1906년에 수입되었다)을 발명해낸 영국인들은, 16세기와 17세기에 공휴일 수가 급격히 줄어들었다는 사실과 오늘날 그들의 법정 월요휴일Bank Holiday Monday은 성 월요일의 치세가 상징적으로 남아 있는 것이라는 사실을 잊고 있다. 세계는 영국이 한때 가장 부유한 산업 국가였기 때문에 영국의 일주일week 개념을 모방했지만, 그것은 일종의 유행에 지나지 않으며 유행은 변한다는 사실을 아마 잊지 않고 있을 것이다.

주말이란 안식일의 반에 지나지 않는다. 신은 유대인들에게 7년마다 안식 휴가를 가지라고 명령했다. 이때는 땅의 경작을 중지하고 빚을 탕감하고 노예를 풀어주어야 했다. 안식년은 21세기 인간의 권리가 될 것이다. 1971년 이래로 프랑스인들은 기술을 향상시키거나 새로운 기술을 습득하거나 또는 단순히 사고를 넓히기 위해 법적으로 안식년에 대한 권리를 갖게 되었다. 그러나 실제로 그렇게 한 사람은 거의 없다. 이제 평균 수명이 두 배로 늘어났기 때문에 인생이 단 하나의 직업에서 단 한 번의 기회만 제공한다고는 볼 수 없게 되었다. 한 가지 이상의 분야에서 쌓는 경험이 성공의 열쇠가 되었다. 지식은 늘 새로워져야 하고, 사람들은 자신의 재능이 직업에서 사용되지 못하고 낭비되면 불행하다고 느끼기 때문에, 안식년은 앞으로 더욱 유망해질 것이다. 그리하여 방향을 바꿀 기회라든가 바빠서 할 여유가 없는 일, 즉 생각하거나 긴 산책을 할 기회 따위를 제공하게 될 것이다.

물론 주당 40시간 노동의 경우처럼 법으로 강제되지 않으면 안식년이 실제로 존립할 가능성은 없다. 강제적인 것이 아니라면 경쟁에서 지게 되리라는 두려움이 너무 커지기 때문이다. 만약 모든 사람이 주말에 쉬는 것처럼 안식년을 갖게 된다면, 안식년이 불성실이나 헌신하는 마음이 부족하다는 암시를 주는 경우는 없을 것이다. 모성 또는 부성 휴가에 대한 반대도 없어질 것이다. 퇴직에 대한 생각을 완전히 바꾸지 않으면 안식년과 관련한 재정적 지원은 불가능할 것이다. 안식년을 고려한다면 퇴직금은 직장을 그만둘 때 한 해에 다 받을 필요가 없다. 영국에서는 퇴직 연금의 일부를 미리 받고 그것을 보충하기 위해 퇴직을 한두 해 연기하는 것이 이미 법적으로 가능하다. 현재는 쉰 살이 될 때까지 기다려야 하지만 40대들도 곧 그 매력을 발견하게 될 것이고, 한 번, 두 번, 세 번 또는 그 이상의 안식년이 점점 일반적인 규범이 되고, 그 시기도 앞당겨질 것이다. 이런 시대를 위한 보험 사업은 아직 발명의 초창기에 있을 뿐이다. 모든 사람에게 상근직이 충분히 돌아가지 못하는 현실을 감안할 때, 안식년은 그 문제의 해결책 이상의 의미를 갖게 될 것이다.

가끔 1년씩 휴식을 취한다는 생각이 자연스럽게 보일 때, 비로소 사람들은 눈치를 보거나 자신을 합리화할 필요 없이, 이력서 중간에 가정생활이란 항목을 끼워 넣을 수 있을 것이다. 7년을 쉬는 것도 자연스러울 수 있다. 시간을 조정하는 데는 꼭 하루나 한 주의 계획만이 아니라, 적어도 7년 주기로 생각하는 것도 포함되어야 한다. 습관이란 편안한 것이지만 화석화되면 인간성이 서서히 고갈된다.

부모와 자식 사이에
서로에 대한 기대가 변해가는 이유

가정이란 사랑의 포옹, 안식처,
죽음조차 파괴할 수 없는 추억을 의미한다.
그러나 가정은 또한
모험적인 실험실이기도 했다.

첫 번째 이야기는 중국에서 시작된다. 남자는 공산주의자이고, 마오쩌둥 군대에 최초로 가담한 사람 가운데 하나다. 한편 여자는 전 재산을 몰수당하고 강제로 농사짓는 일을 하게 된 부유한 지주의 딸이었다. 아름다운 그녀는 여배우를 꿈꾸었지만 공산주의자들과 화해하고자 하는 아버지를 기쁘게 해드리기 위해 마음에 없는 결혼을 했다. 애초에 사랑이 없는 결혼이었기에 그녀는 곧 다른 남자들을 만나고 다녔다. 매일 부모가 다투는 소리를 들으며 자란 그들의 딸 웨이링은 더 이상 참을 수 없게 되어 열두 살에 기숙학교에 들어갔다. 그렇다고 해서 부모에 대한 애정이나 존경심이 줄어든 것은 아니었다. 웨이링은 말한다. "남녀 간의 영원한 사랑은 믿지 않지만, 자식과 부모 사이에는 그런 것이 있다고 믿어요. 부모님은 먹여주고 아프면 병원에 데려가고, 가르치고 제게 많은 것을 투자했어요. 저는 첫 월급을 몽땅 부모님께 보냈어요. 부모님은 자식들이 뜻대로 살아가도록 내버려두었지만, 저희는 부모님에 대한 존경심을 늘 갖고 있습니다. 부모와 자식 사이보다 더 강한 건 없어요."

웨이링이 부모 말에 늘 순종하는 여성으로 자란 것은 아니다. 그녀는 부모님의 싸움 때문에 스스로 자신을 돌보게 되었다고 설명한다. 부모가 늘 싸우면 그 자식들은 독재정권에 대항해 싸운 위대한 투사들 못지않게 자유롭게 된다는 것은 전 세계적으로 사실일 것이다. 그러나 자유가 살아가는 법을 가르쳐주지는 않는다. 웨이링은 자신이 아는 단조로운 세계보다 더 나은 세상을 찾기 위해 외국어를 공부하고 프랑스 영화를 보고 프랑스 사람들을 만나고 프랑스식 사고를 흡수했다. 그동안에 그녀는 늘 감시를 받았다. 학교를 졸업하자 그녀가 다니던 학교의 '정치 지도원'은 그녀를 먼 북쪽 지역의 교사로 추천했다. 그것은 시베리아 추방에 해당했다. 어떻게 이 사태를 피할 것인가? 그녀는 명문 대학원 입학시험에 통과했다. 그러나 거기에서도 그녀는 자유를 찾을 수 없었다. 학교 측은 "여러분은 군복을 입지 않은 군인입니다"라는 말로 신입생들을 환영했다. 완전한 복종을 요구하는 말이었다. 외국인과의 접촉은 일체 금지되었다. 웨이링은 외국인 친구가 많았고, 외국인을 통해서 삶의 숨결을 느낄 수 있었기에 프랑스어를 공부했다. 오직 출세에만 관심이 있는 새로운 동료들과는 성격이 잘 맞지 않았다. 그녀는 공산당에 가입하기를 거부했다. 그것은 성공의 열쇠일 수도 있었지만, 한 손을 들고 당을 위해 충성을 맹세하는 것은 도저히 할 수 없다고 생각했다. 사람들은 그녀가 "이기주의자"이고 "개인주의자"라고 말했다.

그녀의 오빠에게는 그녀가 가진 문제나 불편함이 없었다. "극단적인 평등 사회에서 내가 느끼는 불편이 오빠한테는 없었어요. 이 사회에서는 모든 사람들이 다 똑같은 일을 해야 해요. 남들보다 더 많이 일을 하면 질투만 살 뿐 보상은 없어요. 보상은 언제나 공유해야 하죠. 이 사회에서는 종종 멍청한 상급자들이나 당원들 또는 연줄이 있는 사람들과 타협해야 돼요. 그들은 복종하기로 동의했고, 자신들에게 주어지는 일만 하기 때문에 지도자로 선출되지요. 공산주의자들은 사람의 성격을 판단할 줄 알아요. 체제 순응자들에게만 직업을 줘야 한다는 것도 알지요."

중국에서 태어났다는 사실 때문에, 웨이링은 아무리 의견이 맞지 않아도 충성을 다하고 감사해야 하는 국가라는 거대한 가정의 일원이다. 국가에 대해 "수치스러운 일들"을 하는 불충한 사람들도 결코 이 점을 잊어버릴 수 없다. "평생 동안 오명을 지고 다녀야 해요. 저는 용감해요. 나아갈 때와 물러설 때를 알죠. 순응하지 않는 사람들은 물론 싸워야 해요. 그러나 조국과의 관계를 끊는 것은 잘못이에요." 웨이링은 일주일 동안 오후에 한 번 정치 토론이 있는 비교적 관대한 분위기의 직업을 찾는 데 성공했다. 그녀는 시인들, 영화 제작자들과 접촉했고, 프랑스를 방문했다. 천안문 사태 후에 그녀는 프랑스에 머물기로 결정했다. 그러나 그녀는 중국인 교수들과 좋은 관계를 유지하고 있다. 어떤 뒷말도 나오지 않도록 그녀는 중국을 떠날 때 비행기표를 자기 돈으로 샀다. 그녀는 가족을 만나기 위해 규칙적으로 조국을 방문하고 싶어 한다.

웨이링은 프랑스 남자와 결혼할 예정이다. 그러나 그녀가 미친 사랑에 감동한 것은 아니다. 그녀는 새로운 종류의 가정을 꾸리고자 한다. "프랑스인과 중국인의 관계에는 한계가 있어요. 만약 내가 약혼자에게 중국식으로 행동했다면 벌써 헤어졌을 거예요. 그는 완전히 프랑스식이죠. 더 노력하고 프랑스 여자처럼 행동해야 하는 것은 내 몫이고, 그래서 가끔 짜증도 나요. 나는 설명하려고 노력하지만, 사소한 일들이 쌓이는 법이잖아요. 그는 치즈를 좋아하니까 그를 위해 치즈를 사죠. 그러나 그가 장을 볼 때는 내가 중국인이고 콩과 쌀이 필요하다는 사실을 잊어버려요. 시아버지는 외국에서 일하고, 시어머니는 300킬로미터나 떨어진 곳에서 혼자 살고 있어요. 나라면 일주일에 한 번씩 전화하고 휴일이면 어머니를 부르고 선물도 사드리겠지만, 그는 한 달에 딱 한 번만 전화해요. 그래서 그는 내가 어머니한테 편지를 받고 기뻐하는 걸 이해하지 못하죠. 직장에 있는 남편에게 전화해서 어머니께 어떤 선물을 사드리면 좋겠느냐고 물어봐요. 그러면 그는 '지금 일하는 중이야. 앞에 고객이 앉아 있어'라고 대답해요." 그녀는 그가 친척이나 친구들에게 더 예의 바르게 대해야 한다고 생각한다.

정의라는 이상을 공유하고 있기 때문에 그녀의 옛 가정과 새 가정은 결합할 수 있다. 그녀가 약혼자를 존경하는 것도 그 때문이다. 중국인들은 더 기회주의적이고, 더 기꺼이 타협하고자 하고, 상황에 자신을 맞추려 한다고 그녀는 주장한다. 그래서 열렬한 공산주의자들임에도 불구하고 자본주의 사업을 시작할 수 있었다. "중국인들은 적응을 잘해요. 서양인들은 할 수 없는, 동양에만 존재하는 그런 방식이죠. 그건 중국인들이 하나의 신을 갖고 있지 않기 때문이에요. 이 마을에는 돼지, 저 마을에는 말을 갖고 있기 때문이죠. 중국인들의 신은 안정, 협상, 순응을 우선시해요. 물론 프랑스인 가운데도 오직 돈에만 관심을 쏟는 지극히 현실적인 사람들이 있지만, 신앙심이 깊은 사람들도 있어요. 난 거기에 감동하죠."

웨이링은 종교가 없었지만 약혼자를 따라 기독교도가 될 작정이다. 그녀는 말한다. "종교는 문명의 토대죠. 만약 내가 문명을 이해하고 싶다면 종교를 이해해야 해요." 그녀가 보기에 개신교의 매력은 가톨릭과 달리 신에게 나아가는 길이 여러 개이며, 신에 대한 사랑이 부모와 자식 간의 사랑과 같다고 주장한다는 점이다. "개인적인 경험 때문에 일종의 신앙심이 생겼어요."

중국에 있을 때 그녀는 결코 완전한 중국인이 아니었다. 늘 자신을 개발하고 배우고 태도를 바꾸어갔기 때문이다. 그녀가 배신했다고 생각하는 중국인들도 있다. 그러나 "나는 중국인이냐 프랑스인이냐 하는 질문을 받으면 불편해져요. 난 그냥 나 자신이 되고 싶어요." 물론 이것은 점점 더 많은 사람들이 공유하는 열망이다. 웨이링은 누군가에게 완전히 속해 있지 않은 수없이 많은 새로운 사람들 가운데 한 명이다.

중국인의 기준에서 보면 그녀의 약혼자는 '이기주의자'이기 때문에 바람직한 남편감이 아니라고 그녀는 말한다. 중국에서 훌륭한 남편의 조건은 아내에게 부드럽게 대하고 좋은 직장과 경제적 능력이 있고 정직해야 한다는 것이다. 그러나 약혼자의 장점들을 열거할 때 그녀는 그가 지적이라는 점을 첫 번째로 꼽는다.

가족과 상사로부터의 독립

상드린은 어린 시절부터 집에서 도망치고 싶어 했다. 그녀의 이야기는 웨이링과는 아주 다르지만 그들의 열망에는 공통점이 있다. 어머니는 그녀가 여섯 살 때 돌아가셨다. 아버지는 재혼했지만 새어머니는 그녀를 싫어했다. "나는 늘 방해가 되었죠." 그래서 그녀는 그들로부터 도피했다. 그녀는 아버지를 1년에 서너 번 정도만 만난다. 그녀는 아버지가 편하지도, 잘 맞지도 않는다고 생각한다. 나쁜 사람은 아니고, 용기가 없을 뿐이다. "아버지는 골치 아픈 일을 싫어해요. 자신의 삶을 꽉 닫아걸었다는 표현이 적절할 거예요. 물론 스스로는 그렇게 생각하지 않죠. 아버지는 내가 보고 싶다고 말합니다. 그러나 구체적으로 애정을 드러내지는 않아요. 나를 돕기 위해 어떤 모험도 하고 싶지 않은 거죠." 상드린은 분명한 애정 표현을 원한다. 때때로 그녀는 더 이상 아버지와 아무런 관계도 없다고 생각한다.

그녀도 웨이링과 마찬가지로 다른 종류의 가정을 이루리라 결심했다. 그녀는 한 노부인을 어머니로 '입양'했다. 그것이 그녀의 독립에 장애가 되지는 않는다. 그러면서도 그녀는 정서적 독립을 시도하지 않는다. 남편이 자신의 인생에 장애가 되자 그녀는 이혼했다. 그리고 4년 동안 혼자 살았지만, 함께 나누고 함께 일하고 말을 들어줄 사람이 없어 허전했다. 지금은 그녀가 함께 있고 싶은 남자와 살고 있다. 그는 해외 파견 기자로 종종 외국에 나간다. "전화가 있어 정말 다행이에요." 그는 그녀의 정신적 지주이자 용기의 원천이다. "그가 최우선이에요. 난 주위로부터 애정을 필요로 해요. 일에 모든 것을 희생시킬 수는 없죠. 돈이나 권력에는 집착하지 않아요."

그러나 종종 상드린은 남편보다 동업자와 더 많은 시간을 보낸다. 그 동업자에 대해 그녀는 말한다. "우리는 똑같은 윤리적 태도, 어떻게 협상하고 무엇을 하지 말아야 할지에 대한 똑같은 확신, 원하는 것을 갖기 위해 거짓말하지 않겠다는 똑같은 결의를 갖고 있어요. 내가 없어도 그녀가 무슨 문제든 다 처리할 수 있죠. 난 믿을 만한 사람들과 함께 나누고 싶고 그들에게 기대고 싶어요." 그녀의 동료는 사실상 입양된 자매나 마찬가지다.

상드린은 프랑스 문화가 아시리아나 마야 또는 다른 사라진 문명과 함께 잊힌 채 평화롭게 잠들어 있는 공동묘지에 생매장되는 일이 없도록 정부를 도와 일했다. 할리우드 영화 중독자가 되지 않도록 사람들을 구제하기 위해, 이해하기 어려워도 가끔 프랑스 영화를 보라고 설득하는 것이 그녀의 일이었다. 그러나 윗자리에 있던 여성이 권위주의적인 부모처럼 그녀를 지배했다. "난 그녀의 노예였어요. 그녀는 피그말리온(자신이 상아로 만든 처녀상 갈라테아를 사랑한 키프로스의 왕—옮긴이)이 되고 싶어 했어요. 심지어 옷 입는 것까지 이래라저래라 간섭하고, 사생활에 대해 물어보고, 남편과 불화가 있을 때면 한쪽 편을 들곤 했죠. 그녀는 나를 바꾸고 싶어 했어요. 한번은 나에게 '내가 없으면 당신은 아무것도 아니야'라고 했어요. 어느 날 그녀에게 더 이상 참을 수 없다고 말하고 일을 그만두었어요. 도피한 거죠."

상드린은 지금까지 여러 번 도피했다. 그녀가 믿는 단 한 가지, 그녀가 가진 유일한 안전책은 도피하는 능력이다. 주변의 분위기가 질식할 것만 같고, 자신의 가장 본질적인 면과 어울리지 않으면 그녀는 도피한다. 그녀가 좋아하는 책은 라보리Henri Laborit의《도피에 대한 찬양Eloge de la fuite》이다. 버튼 하나만 누르면 현실에서 탈출하도록 도와주는 TV와 영화의 세계는 인류 역사 전체에 걸쳐 시골에서 도시로, 구세계에서 신세계로, 늘 예상할 수 없는 목적지로 도망쳤던 방랑자들의 정신적 후손들을 위한 것이다.

서른 살이 되어서야 그녀는 자신의 도피 본능의 의미를 깨닫게 되었다. 그녀는 결혼 전의 안전하고 편안한 직업으로 돌아가느냐, 아니면 전혀 새로운 모험을 향한 위험한 초대를 받아들이느냐 하는 선택의 기로에 서 있었다. 그녀의 상사는 "어떻게 직장과 연금이 보장되는 직업과 불안정한 TV 방송일 사이에서 주저할 수 있어?"라고 말했다. "그가 내 운명을 결정했죠"라고 이제 그녀는 말한다. "결코 변하지 않고, 평생 똑같은 일을 하고 스스로 선택한 일이지만 결국 화석이 되고 마는, 내가 아는 모든 사람들과 똑같이 될 거란 생각에 너무 두려웠어요."

TV 방송일에 완전히 숙달하게 되자 그녀는 더욱 도전적인 일을 원했다. 그래서 영화 제작에 참여할 기회를 주겠다고 약속한 신생 회사로 옮겼다. 그 일은 실망으로 끝났다. 새로운 상사는 그녀의 경험이나 재능을 충분히 활용하지 않았다. 그는 권한을 위임할 줄 몰랐고, 주말에도 일하는 것을 당연하게 생각했다. 흥미로운 소규모 팀에 속해 일했기 때문에 그녀는 기꺼이 그렇게 했다. 그러나 그녀가 꼭 필요해서 하루 쉬는 것조차 상사는 용납하지 않았다. "그는 나를 어린 소녀처럼 부려먹었어요. 안경을 어디 두었는지 깜빡하고 안경을 찾아보라고 하고, 약속에 늦으면 택시를 불러달라고 했죠." 이번에도 그녀는 도피했다. 그녀는 월급쟁이가 되는 일을 포기했다. 직장을 그만두고 남편과 이혼하고 부모와 헤어지는 것 모두가 우선순위를 새로 정립하려는 똑같은 목적의 일환이다.

그녀는 자신의 회사를 차렸다. 마침내 그녀는 더 이상 사생활을 희생하도록 요구하는 조직 안에서가 아니라, 최소한 그녀 자신의 필요에 따라 일에 전념하고 또 휴식을 취할 수 있는 곳에서 재능을 활용할 수 있게 되었다. 이 회사의 기본 원칙은 일이 유일한 기쁨의 원천이 아니라는 것이다. 그녀는 (함께 일하는 다른 모든 사람들과 마찬가지로) 독서하고 여행하고 애정을 가꿀 시간을 원한다. 상드린에게는 애정이 최우선이다.

지난 수 세기에 걸쳐 가정의 목표는
계속 바뀌어왔다

　　　이제 부모는 자녀에게 인생의 사실에 대해 이야기 해줄 때가 되었다. 자식들이 흔히 스스로 발견하게 되는 사실뿐만 아니라, 사람들이 과거에 가정을 이루어 함께 살았던 결과로 일어난 사실에 대해서까지. 과거의 경험에 비추어 보건대, 가정은 예상치 못했던 것을 만들어내기 위해 존재한다. 가정에 대한 기대를 가정이 정확하게 수행해낸 적은 없다. 물론 가정이란 사랑의 포옹, 안전한 안식처, 죽음조차 파괴할 수 없는 추억을 의미한다. 그러나 가정은 또한 모험적인 실험실이기도 했다. 특히 가정은 인생의 불확실성에 대처하는 기술을 연마시켜준다. 그러나 불확실성이란 자유의 전제조건이다. 불확실성이 없다면 모든 것이 필연적이 되고, 아무것도 꿈꿀 필요가 없을 것이다. 그러므로 가정이 연약한 지반에 뿌리내리고 있다는 사실에 대해 알아보는 것이 중요하다.

　스웨덴의 극작가 스트린드베리Johan August Strindberg(1849~1912)가 가정은 편하게 살려는 여성의 은거지이며 남성에게는 감옥이고 아이들에게는 지옥이라고 비난했을 때, 그는 단지 가정이 사람들이 기대했던 것을 제공하지 못한 데 대한 절망, 그리고 세 번이나 결혼한 뒤에도 "스스로 원하는 그런 사람이 될 수 없는 것 때문에 당하는 고통"에 대한 절망을 표현했을 뿐이었다. 그러나 가정에 대한 사람들의 기대는 지나치게 단순했다. 그들은 과거를 잊어버렸기 때문이다.

　인생과 관련한 첫 번째 사실은, 아버지들이 자신이 모든 것을 다 장악하고 있다고 느낀 적이 한 번도 없었다는 점이다. 애초 아버지와 자식 사이의 관계에는 두려움이 존재했다. 죽은 아버지들이 살아 있는 아버지들보다 더 두려운 존재였다. 조상들이 세상에서 벌어지는 대부분의 일을 조정한다고 여겼기 때문이다. 아버지들은 본질적으로 언젠가 그 영혼을 달래주어야 할 조상이 될 것이기에 두려움을 일으키는 존재였다. 중국인들이 죽은 아버지들이 가진 지고의 권한을 살아 있는 아버지들에게 옮겨놓았을 때, 그들은 세계 최초로 감정의 혁명을 일으킨 셈이었다. 중국의 아버지들은 죽은 사람들에 대한 두려움과 싸웠고, 그리고 승리했다. 그 자리에 그들은 효도라는 종교를 세워놓았다. 이것은 더 단순했고, 사제들의 도움이나 죽은 사람들의 요구가 정확히 무엇인지 걱정할 필요 없이, 누구나 효과적으로 실행할 수 있는 것이었다. 전지전능한 신과 절대적 복종을 요구하는 경전이 존재했기 때문에 기독교, 이슬람교, 유대교의 아버지들은 중국의 아버지들처럼 막강한 권한을 갖지는 못했지만, 전 세계 대부분의 아버지들은 어느 정도 다 중국 아버지들의 어슴푸레한 모방자들이었다.

아버지들은 신과 같이 대우받기를 원했지만 자식들은 좀처럼 시키는 대로 하지 않았다. 그래서 자식에 대한 실망에서 오는 짜증을 줄일 방법들이 고안되어야만 했다. 중국인들은 치료약이 아니라 일시적인 완화제를 발견했다. 그들의 해결책은 효도를 예절 속에 포함시켜 체면을 유지하는 것이었다. 공자는 맹목적인 복종이 불가능하다는 사실을 알고 있었다. "아들은 아버지에게 반항하는 법"이라고 그는 썼다. 그래서 그는 아들에게 아버지가 불합리하게 처신하더라도 존경의 표시를 두 배로 하면서 계속 간언하라고 조언했다. 만약 화해가 불가능하다면, 아들은 지혜로운 사람이라는 아버지에 대한 세간의 평판을 손상시켜서는 안 되며 공개적으로 아버지를 망신주기보다는 차라리 떠나야 했다. 존경이나 존경을 가장하는 것이 하나의 의식으로 변했다. 그래서 외국인이 보면, 중국에서 부모에게 복종하지 않는 것은 가장 큰 죄이고 모든 잘못은 효심의 부족에서 나온다고 말할 수 있지만, 또 한편 "중국 아이들은 버릇이 없고 흔쾌히 순종한다는 생각도 없다"라고 말하기도 하는 것이다.

부권은 항상 어느 정도 곤경에 처해 있었으므로, 아버지들은 자식들에 대한 지배권의 토대를 두려움에서 감사하는 마음으로 바꾸려고 노력했다. 그렇게 해서 꽤 오랜 기간 동안 — 영원히 붙어 있는 접착제는 없다 — 가정의 붕괴를 막는 데 부분적으로 성공했다. 그러나 서구의 경우 신조차 감사의 대상이 될 수 없게 되자 아버지들의 상황도 나아질 수 없었다. 냉소주의, 질투, 위트로 인해 감사하는 마음의 붕괴가 촉진되었다. 어떤 사람들은 감사가 더 큰 은혜를 은밀히 바라는 데서 비롯된다고 비난했다. 또 다른 사람들은 인간은 열등한 존재가 되는 것을 아주 싫어하기 때문에 감사란 일종의 복수라고 주장했다. 은혜를 갚는 것도 즐거워서가 아니라 그 은혜에 따르는 의무가 괴롭기 때문이라고 주장하는 사람도 있었다. 버나드 쇼는 이렇게 물었다. "감사를 좋아합니까? 나는 좋아하지 않습니다. 연민이 사랑에 가깝다면, 감사는 그 반대에 가까운 것입니다."

인생의 첫 번째 사실은, 복종은 언제나 보증된 것이 아니었으며 감사는 언제나 예상할 수 있는 것이 아니었다는 점이다. 아버지들이 스스로 꿈꾸는 것을 얻지 못한다고 해서 가정에 문제가 생기는 것은 아니다. 오히려 그들이 그것을 얻는다면, 그게 더 놀라운 일이다.

인생의 두 번째 사실은 부모와 자식 사이에 끼어들어 간섭하는 외부인이 늘 있었다는 점이다. 이로 인해 그들의 관계는 그만큼 더 불확실해졌다. 예를 들어 기독교는 자식들에게 부모를 공경하라고 권고하면서도, 또한 신을 아버지로 숭배하고, 그들의 자연적인 아버지의 나쁜 예를 버리라고 권한다. 교회는, 로마인들이 그들의 법 제도를 통해 신성시했고 또 많은 나라에서 오랫동안 잔존했던 '아버지는 전능한 인간'이라는 생각에 반대한다. 영적인 아버지들은 영향력을 놓고 자연적인 아버지들과 경쟁했다. 대중 앞에서 이루어지던 공적인 행사였던 고해가 8세기부터 서서히 개인적인 윤리에 대한 심문으로 바뀌었다(아일랜드의 수도사들이 최초로 그런 방식을 선보였다). 사제들은 가장 개인적인 주제에 대해서도 조언하기 시작했고, 부모가 아니라 성인의 이름을 따서 아이들의 이름을 지어야 한다고 주장했으며, 모방해야 할 다른 모델을 제공하기 시작했다. 대부, 대모들에게 부모에게 부족한 점을 보강할 책임이 주어졌고, 아이들은 가정의 구성원이자 교구의 구성원이 되었다. 집안을 자신을 숭배하는 종교 집단으로 바꾸려는 아버지들의 야망을 좌절시키기 위해 사촌 간의 결혼이 금지되었다.

신대륙에서 선교사들은 아이들을 "우상 파괴를 위한 대리인"으로 간주했다. 그들은 선물로 아이들의 환심을 샀고, 아이들이 보는 앞에서 부모에게 모욕을 주었으며, 조직적으로 아이들을 이교도인 부모에게서 등 돌리게 했다. 그들이 사용하는 개종 수단 가운데는 '거세'도 있었다. 그것은 고통 때문에 쓰러질 때까지 남자들의 고환을 꽉 잡고 있는 것이다. 그들은 전통적인 노동 분담 방식을 바꾸어 이전에는 남자들의 일이던 옷 짜는 일을 여자들에게 시키고, 여자들의 일이었던 집 짓는 일을 남자들이 하게 해서 아내가 남편을 비웃도록 만들었다. 교회는 스스로를 만인의 어머니로, 그리고 어머니들의 보호자로 내세웠다.

유럽에서는 16세기 이래로 아버지들의 반격이 있었다. 교회에 대항해 권력을 유지하려는 황제들이 아버지들을 지지했지만, 아버지들이 아들들을 지배하려고 애쓰면 애쓸수록 전제정권에 반대하는 사람들이 아이들을 위해 더 거세게 저항했다. 프랑스 인권선언은 효도의 의무를 삭제했다. "공화국이 루이 16세의 목을 쳤을 때, 그것은 모든 아버지의 목을 친 것이다"라고 발자크는 썼다. 비록 나폴레옹이 전제정치를 부활시켜 아버지들의 권리를 다시 세우려고 노력했지만 아이들의 권리를 옹호하는 사람들은 다시 반격했다. 전쟁은 150년 동안 계속되었다. 그 결과는 예상하지 못했던 것이었다. 비록 아버지들이 하나씩 권리를 잃어 대부분의 권리를 잃게 되었지만, 그렇다고 해서 아이들이 승리한 것도 아니었다. 아이들에 대한 권력은 주로 교사, 의사, 법정과 사회사업가들에게 이양되었다. 그러자 또 다른 놀라운 일이 일어났다. 자신들의 의견을 주의 깊게 들어달라는 아이들의 저항 운동이 전문가들의 영향력을 제한했고, 전문가들의 개입 결과를 전혀 예측할 수 없게 만들었다.

그러자 아버지들은 잃어버린 권위를 자식들의 애정을 얻음으로써 회복하려고 시도했다. 이제 또 다른 불확실성이 도입되었다. 애정이란 바람처럼 원할 때만 불고, 어떤 의식적인 가식도 애정의 대용물이 될 수 없었기 때문이다. 아버지와 자식이 의견도 다르고 성격도 다르다는 사실을 의식하게 되면, 애정의 바람은 폭풍으로 변한다. 그럼에도 불구하고 아이들의 독재자가 아니라 친구가 되려는 부모의 시도는 가장 위대한 인류의 모험이며, 이 모험에서 가난한 사람들은 종종 부유한 사람들보다 더 성공적이다. 부유한 사람들은 보통 다른 우선적인 일들이 있고 또 자신의 야심을 위해 아이들을 이용하기 때문이다. 비록 부모들 스스로 아이가 되어 아이들과 노는 일을 즐기지 않았던 문명은 실질적으로 하나도 없었다 하더라도, 아이가 밥벌이를 할 수 있는 나이가 되면 엄격함이 대개 승리를 거두었다. 그러나 최소한 표면적으로는 냉담하고 소원한 아버지였다고 오늘날 악명을 떨치고 있는 빅토리아 시대 사람들 가운데서도 정반대로 과장된 친밀함을 보이고 장난을 치면서도 진심으로 애정을 드러내는 사람들이 많이 있었다. 개인적으로는 규칙을 어기는 가정이 늘 있는 법이다. 그래서 사생활이 중요하다. 빅토리아 시대 사람들이 따랐던 엄격함의 모범이라 할 로마 시대의 아버지들은 어떤 때는 형식이나 법률적인 엄밀함에 갇힌 죄수처럼 보이기도 했지만, 때때로 딸들과 아주 가깝고 부드러운 관계를 맺었고, 딸들은 남편보다 아버지를 더 좋아했다. 이런 점에서 그들은 에트루리아인들이나 아테네인들이 몰랐던 우정의 형태를 고안해낸 셈이다.

아버지들이 단순히 전통을 따르기만 한 것은 아니었다. 그들은 또한 발명가였기에 그들이 새로운 아버지상을 고안하는 일을 그만두리라고 생각할 이유는 전혀 없다. 유전이 의미하는 것이 더 이상 과거와 같지 않기 때문에 더욱 그러하다.

"천치는 천치를 낳는다." 이것이 최근까지 성 토마스 아퀴나스와 대다수 사람들의 의견이었다. 그게 사실이라 하더라도 달라질 것은 거의 없다. 그러나 프랜시스 골턴Francis Galton(1822~1911)은 천재의 자식들을 면밀히 살펴보았고, 대체로 그들이 전혀 천재가 아니라는 것을 발견했다. 지난 150년 동안 유전 형질에 대한 관념들은 완전히 바꿰었지만 대부분의 사람들은 사생활에 대해 달리 생각하는 만큼 그 바뀐 관념을 쫓아가지 못했다. 부모를 유전자와 분자를 담고 있는 가방으로 보게 되면 부모란 아주 다른 존재가 된다.

사람들은 자식들이 다음 세 가지 가운데 한 가지 방식으로 부모를 닮는다고 믿었다. 어떤 사람들은 어머니와 아버지의 특징이 혼합된다고 말했다. 다른 사람들은 정자에는 아버지의 축소판이 담겨 있어서 자식은 아버지의 완벽한 재현이라고 말했다. 반면에 아주 극소수의 사람들은 축소판이 어머니의 난자 속에 있다고 주장했다. 그럼에도 불구하고 왜 자식이 부모와 다른지는 사람들이 풀고자 하는 신비가 아니었다. 2세들의 반란이 자연에 의해 미리 예정되어 있다는 생각을 용납할 수 없었기 때문이다.

아버지에 대한 새로운 이해는 1850년에 비롯되었다고 볼 수 있다. 그해에 한 농부의 아들이 교사 자격시험에 떨어졌다. 인류는 시험에 떨어진 실패자들, 이단자들, 시험에서 오답을 쓴 사람들, 그리고 때때로 역사의 방향을 바꾼 사람들에게 많은 빚을 지고 있다. 그레고르 멘델(1822~1884)은 독학을 했다는 이유로 저명한 빈Wien 대학의 교수들에 의해 낙방의 고배를 마셨다. 또한 그는 당시로서는 예외적인 인물이었다. 수도사였음에도 불구하고 창조의 역사가 끝나지 않았으며, 이 세계가 과거의 모습 그대로 남아 있지 않을 것이라고 믿었기 때문이다. 실로 그는 세상 사람들을 그렇게 진지하게 취급하지 않았다. 그는 낙방을 무시하고 자격 없는 교사 생활을 계속했다. 수업할 때도 농담을 서슴지 않았다. 그는 얼굴을 붉히기도 하고, 자기가 한 농담에 웃기도 하고, "장난꾸러기처럼 눈을 빛내며, 누구에게도 쌀쌀한 태도를 보이지 않고", 쉬운 말로 성性에 대해 이야기하고,

누가 킥킥 웃으면 "바보같이 굴지 마라. 그건 자연스러운 거야"라고 말했다. 그의 유일한 두려움은 바람이었다. 정원에서 경고하는 듯한 바람 소리가 들리면 그는 즉시 모자를 썼다. 더 큰 두려움으로부터 보호해준다면 약간의 두려움은 유용한 것이다. 멘델은 자신의 생각이 당시 유행하고 있던 생각과 조화롭지 않다는 사실을 두려워하지 않았다.

"인간은 왜 창조되었는가?" 그는 운문 형식으로 물었다.
"끝없는 수고로
에너지를 개발하고 고귀해지는 것.
그것이 이곳 지상에서의 인간의 운명이다."

이러한 낙관주의 덕분에 멘델은 텃밭에 심은 완두콩으로 실험을 계속할 수 있었다. 그 실험은 유전적 특성이 골고루 섞일 수 없다는 사실을 증명했다. 이단적으로 수학과 식물학을 결합함으로써 그는 세대를 거치며 나타나는 우성인자와 열성인자의 댄스 스텝과 같은 유전 법칙을 밝혀낼 수 있었다. 현대의 유전학은 바로 그 생각에 뿌리를 두고 있다.

1세기 후인 1953년에 왓슨과 크릭은 부모가 자식들에게 어떤 틀을 물려주는지 밝혀냈다. 멘델과 마찬가지로 그들 역시 낙방의 세례를 받았다. 왓슨은 하버드대학 입학을 거절당했으며, 크릭은 런던 유니버시티칼리지에서 우등상을 받는 데 실패했다. 왓슨은 고독한 사람이었지만, 크릭은 외향적이었다. 그들은 이구동성으로 이중나선 구조를 발견한 것에 대해 자기들이 서로 너무 달라서 비판하고 보충하고 자극했기 때문이라고 말했다. 전통적으로 사람들 사이의 차이점은 불온한 것으로 간주되었다. 그러나 차이가 소중하다는 사실이 이제야 분명해지고 있다. 과학의 분야를 갈라놓는 경계로 인해 서로를 이해하지 못하는 전문가들이 배출되었지만, 지식은 이러한 경계에 구멍을 뚫음으로써 점점 더 진보하고 있다. 물리학자 에르빈 슈뢰딩거의 《생명이란 무엇인가》를 읽고 왓슨과 크릭은 물리학과 화학의 개념을 이용해 생물학이 진보할 수 있으며, 살아 있는 것과 생명이 없는 것 사이의 경계에는 심연만 있는 게 아니라 다리도 있다고 확신하게 되었다.

생명이 그 자체로 반복되지 않는다는 것은 이제 분명한 사실이다. 생명의 불규칙성과 놀라움은 그것이 물질에다 새겨 넣는 매력이다. 각 개인의 차이들은 각 세대마다 다시 짜이고, 뚜렷한 이유 없이 돌연변이들이 더해진다. 부모들은 평생 동안 획득한 특성을 자식의 신체에 물려줄 수 없다. 아주 가까이서 확대된 모습으로 보일 때, 부모들은 이제 훨씬 덜 두려운 존재가 되었다. 그들은 더 이상 옳고 그름을 아는 권위자가 아니라, 다소 맹목적으로 더 많은 DNA를 생산하려고 분투하는 DNA 덩어리로 보이게 된다.

네 번째 사실은 "가정의 가치"들이 몇 세기에 걸쳐 너무 변해서 그 의미가 점점 더 불분명해졌다는 것이다. 아이들은 때때로 하인들과 거의 구별되지 않았고, 걸을 수 있게 되자마자 일을 해야 했으며, 19세기에는 아이들이 한 집안 수입의 3분의 1이나 절반 정도를 담당했다. 아동 노동이 금지되고 대신 아내가 일터로 나가게 되자 또 다른 정서 혁명이 일어났다. 돈을 버는 것이 아니라 부모의 돈을 쓰는 것으로 아이들의 역할이 바뀌었다. 현재 프랑스인의 70퍼센트는 부모가 자식에게 희생을 요구할 권리가 없다고 말한다. 62퍼센트는 자식들의 수입을 조금도 공유하지 않겠다고 말한다.

경제적 도움이 아니라 사랑을 가정의 기본적인 가치로 만드는 일은 결코 쉽지 않았다. 미국에서 목사 일을 하고 있는 커H. J. Kerr 박사의 《어린이 설교집 Children's Story-Sermons》(1911)에는 브래들리라는 아이가 어머니에게 계산서를 가져다주는 이야기가 나온다. "엄마는 브래들리에게 심부름 값 25센트, 착하게 행동한 것 10센트, 음악 수업을 받은 것 15센트, 기타 5센트, 총 55센트를 빚지고 있음." 어머니는 브래들리에게 55센트를 주고 자신의 계산서를 브래들리에게 주었다. "브래들리는 엄마에게 착하게 행동한 것 0센트, 성홍열로 오래 앓을 때 병간호해준 것 0센트, 옷과 신발과 놀이 기구 0센트, 식사와 아름다운 방 0센트, 총 0센트를 빚지고 있음." 브래들리의 눈에는 눈물이 고였다. 이어 어머니에게 "엄마를 사랑하고 엄마를 위해 많은 일을 하겠어요"라고 말하며 돈을 돌려주었다.

이기적이지 않고 계산적이지 않은 가정이라는 이 설교자의 꿈은, 비록 현금으로 바꿀 수는 없지만 사랑이 돈으로 측정되는 한, 단지 꿈에 불과했다. 거의 비슷한 시기에 미국의 사회사업가들은 이민 온 부모들에 대해 불평을 늘어놓았다. "아이들을 사랑하기는 하지만 올바른 방식으로 사랑하지 않는다." 종류를 가리지 않고 사랑이 인정되는 것은 아니다. 그럼에도 불구하고 사랑할 대상이 점점 더 필요해졌다. 그래서 아이들을 기르는 데 더 많은 돈이 들어갔지만 아이들의 가치는 점점 더 높아졌다. 《미국 학술원 연감 Annals of the American Academy》(1908)에는 "어린이는 부모의 희생을 받을 자격이 있다"라고 규정되어 있다. 그 이전에는 사생아를 10달러에 팔아넘기려 하는 사람들이 있었다. 1920년경에는 어린아이를 입양하기 위해 1000달러를 지불해야 했다. 멤피스의 조지아 탄Georgia Tann 부인은 입양 기관을 운영해 백만장자가 된 세계 최초의 여성이었다. 1970년 대 미국의 한 설문 조사에 따르면 어머니가 아이들에게 들이는 시간 은 일주일에 50시간인 데 비해 아이들은 세 시간 반을 가사노동에 기여하는 것으로 나타났다.

그러나 가정이 오로지 사랑에만 토대를 두고 있었을 때, 아이는 자신이 받는 사랑에 대해 어떻게 보답해야 할지 정확히 몰랐다. 자 신이 돈을 벌어 살림에 도움이 된다면 어린아이는 자신의 가치를 그 것으로 판단할 수 있었다. 그러나 경제적으로 아무런 도움이 안 되 고 돈을 쓰기만 할 때 어린아이는 부모의 사랑과 칭찬에 자존심을 의존하게 되었다. 하지만 그 칭찬은 이 세상의 다른 사람들도 동의 하는 칭찬이라는 보증이 전혀 없었다. 때때로 어린아이는 부모가 꿈 꾸었던 이상적인 사람이 되어 부모에게 보답하라는 요구를 받았다. 때때로 어린아이는 자립적이고 '행복한' 사람으로 성장하라는 격려 를 받기도 했지만, 그렇게 자란 결과가 너무 충격적이라면 사랑은 철회될 수도 있었다. 그러자 어떤 부모들은 자식의 행복이 자신들의 유일한 존재 이유가 될 수는 없으며, 그들이 기꺼이 치르고자 하는 희생에도 한계가 있고, 비록 자식이 왕이지만 그 왕관을 벗길 수도 있다고 생각했다. 이혼하는 경우를 보면 아이들이 언제나 최우선적 인 고려 대상이 아님을 알 수 있다. 의무로서의 사랑이라는 가정적 인 가치와 자연발생적이고 늘 새로워야 하는 것으로서의 사랑 사이 에는 큰 차이가 있었다.

지속성이라는 가정적인 가치와 끝없는 갱신의 추구 사이에는 늘 갈등이 있어왔다. 누이들과 결혼했던 고대 이집트의 파라오를 제외하고는 대부분의 가정에서 결혼이란 이방인에게서 새로운 피를 도입한다는 의미였다. 배우자란, 그들이 재난의 원인이건 아니건 간에 반드시 있어야 하는 신선한 공기의 유입이었다. 자식들이 부모의 기대대로 행동하지 않는다고 해서 그것이 가족 제도의 붕괴를 의미하지는 않는다. 또 자식들이 어머니에게서 유일하고도 완전한 관심을 받지 못한다고 해서 그것이 전통과의 단절을 의미하는 것도 아니다. 가정이란 가장 탄력성 있는 제도이기 때문에 인간의 모든 제도 가운데 가장 오래된 것이다. 지난 수 세기에 걸쳐 가정의 목표는 계속 바뀌어왔다. 아이들이 한두 명밖에 없는 핵가족은 각 세대의 친척들과 세 들어 사는 사람, 하인, 사생아들까지 함께 살았던 대가족과는 공통점이 거의 없다. 핵가족을 선도했던 프랑스에서조차 1세기 전에는 모든 아이들의 절반 정도가 적어도 두 명의 형제나 누이를 갖고 있었다.

가정이 스스로 되고자 하는 것과 그것을 달성하는 방법에 관한 생각이 바뀌어왔다는 것은 엄연한 사실이다.

가정은 최소한의 안정이자
모험의 발판이다

마지막으로 큰 변화는 가정이 고용 조직에서 여가 시간에 주로 관심을 기울이는 곳으로 변했다는 것이다. 고용을 제공하는 조직으로서의 가족 제도의 이력은 변변치 않다. 부모들은 신중하게 행동했으며, 직업이 확실히 이어지도록 필요 이상의 아이들을 낳았고, 여분의 아이들은 도시나 외국에서 스스로 문제를 해결하도록 내버려두었다. 그리하여 고아나 고아에 준하는 아이들에게서 현대성이 등장했다. 그들에게는 선택의 여지가 없었다. 교육의 확대로 젊은이들은 이전 세대보다 더 잘해나갈 수 있었지만, 드물게 번영한 기간을 제외하고는 자유로운 상상력을 가진 사람들을 위한 일거리나 유익한 출구는 늘 충분하지 않았다. 알프레드 드 뮈세Alfred de Musset의 말처럼 "1820년대와 1830년대에 젊은이들은 절망을 가장함으로써 일종의 배출구를 찾았다." "무엇을 해야 할지 모르는 사람에게 영광, 종교, 사랑을 비웃고 또 모든 사람을 비웃는 일은 커다란 위안거리였다." 진짜 인생이 시작되기 전의 낙원으로 발명된 청소년기는 신경증과 탈선의 번식처가 되었다. 그러자 어른들이 이 새로운 발명품에, 영원한 젊음이라는 신기루에, 상상력을 배양한다는 위험한 기쁨에 매료되었다. 이렇게 해서 다소 우연하게 가정은 최소한의 안정을 제공해주는 만큼 모험을 자극하게 되었다.

아이들이 정말 흥미로운 존재이며, 말 잘 듣는 노예 노동자가 아니라 예측할 수 없는 호기심으로 가득한 인간이 될 때 참으로 키운 보람을 느낄 수 있다는 것이 부모들의 가장 긍정적인 깨달음이었다. 아이들은 점점 더 대답할 수 없는 질문의 샘이 되었고, 부모가 된다는 일은 점점 더 도박이 되었다. 아이들의 질문은 과거의 대답을 맥 빠진 것으로 보이게 했고, 당연한 것으로 여기던 모든 것을 다시 생각하게 했다. "세상을 이해하기 위해 서두르지 마라. 너는 아직 세상을 이해할 나이가 되지 않았다"라는 말을 톰 브라운Tom Brown은 들었다. 그러나 새로운 태도는 이런 식이 되었다. "내가 바꿀 수 없는 많은 현실이 있다. 그러나 바꿀 수 있는 다른 현실도 많다."

　지난 수 세기에 걸쳐 가정을 좀 더 안정적이고 믿을 만한 미덕의 원천으로 만드는 일에 별다른 진보가 없었기 때문에 가정의 역사가 갖고 있는 이 모든 불확실성을 더 잘 이용할 수 있는 방법을 생각해 봐야 할 때가 되었다. 지금까지의 역사 전체는 불확실성을 제거하기 위한 시도였다. 불확실성이 없다면 인생이 지루해진다는 이야기는 아니다. 안정 자체를 확실하게 이룰 수 없기 때문에 안정은 더 이상 적절한 이상이 아니라는 이야기다. 계획이란 거의 언제나 어긋나기 마련이다. 그 과정에서, 설령 실패가 또 다른 기회로 이용된다고 하더라도 많은 경험이 낭비된다. 희망의 모습은 언제나 불확실하고, 불확실성은 희망의 본질적인 일면이다.

　희망만으로는 인생을 안내하기에 충분하지 않다. 그래서 다음 장에서는 어떤 예상 못한 결과가 생긴다 하더라도, 가정이 설정할 수 있는 새로운 목표를 살펴보고자 한다. 가고자 하는 목적지를 아는 것이 중요하다. 그러나 전혀 다른 곳에 이를 수도 있다. 그것을 아는 것 역시 중요하다.

가정의 위기는 너그러움의 진화를 위한
한 단계에 지나지 않는다

가깝지만 지나치게 가깝지는 않은 채로
각자가 독립생활을 유지하는 것,
그것이 위기라고 불리는
가족 제도의 변화에 일치하는 이상이다.

"자랄 때 어땠니?"라는 질문에 가시 돋친 답이 돌아왔다. "형편없었어요." 그는 열여덟 살이고, 성공한 집안이 제공해줄 수 있는 모든 특권을 누려왔다.

"부모님 얼굴 볼 시간이 별로 없었어요. 부모님은 아침 8시에 출근해서 저녁 8시에 들어오셨으니까요. 남자건 여자건 모두 광적으로 일하니까 상황이 더욱 나빠질 거예요. 아이들을 제대로 돌보지 못하게 될 테죠."

그의 아버지는 유능한 변호사로 인권 보호에 앞장서는 사람이다. 그의 어머니 모니크는 음악계에서 최고의 직업을 갖고 있다. 1970년대 초반에 그들은 반항아였고, 새로운 삶의 방식을 개척한 선구자였다. 그들은 장학금을 받아 미국에서 유학할 때 만났다. 미국은 미래를 모험으로 취급하는 모든 사람들이 현대성의 세례를 받는 곳이다. 모니크는 아주 현대적인 여성이다. 그녀는 라디오 방송국에 다니는 언론인의 딸이었고, 접시를 닦기보다는 공부하라는 소리를 들었으며, 종종 외로울 때도 있었고, 스스로 알아서 하도록 방치되기도 했다. 그녀는 프랑스 최고의 경영대학을 졸업(페미니즘 운동이 폭발하기 전인 1968년이었다)한 후 블랙 아프리카(아프리카 중에서도 흑인이 거주하는 지역. 세네갈, 카메룬, 부르키나파소 등―옮긴이)에서 가난한 아이들을 가르치며 1년을 보냈다. 나중에는 프랑스에서 미국의 흑인 인권운동가였던 앤절라 데이비스Angela Davis의 투옥에 항의하여 그녀를 석방하라는 캠페인을 조직하는 일을 도왔다. 그녀의 남편은 양심적 병역 거부자로서, 군복무 대신 역시 카메룬에서 가르치는 일을 했다. 그곳에서 아들이 태어났고, 지금 그 아들은 자신이 프랑스인이 아니라 카메룬 사람이라고 말한다.

모니크는 단지 아내가 되는 것을 원하지 않았다. 그러나 여성이 아무리 많이 배웠다고 하더라도, 남편을 내조하며 사는 것을 바람직하게 여기는 지방의 부유한 집안으로 시집을 가면, 그것은 쉬운 일이 아니다. 그녀의 시어머니는 대화에는 능하지만 수표도 쓸 줄 모른다. 유복한 가정을 관찰하고 비교하는 데 결코 지치지 않는 조그만 도시에서, 외부에서 온 새댁은 뭘 하든 간에 시선을 끌 수밖에 없다. 모니크는 파리에 가서 기분 전환을 했다. 그리고 시집으로 돌아갈 때면 언제나 눈물을 흘렸다. 그녀에게는 저명한 변호사의 아내에게 요구되는 의무가 달갑지 않았다. 그녀는 사회 변경에 있는 예술가들과 대화하기를 더 좋아했다. 남편의 동료들을 대접하거나 부부 동반으로 틀에 박힌 파티에 가는 것은 거부했다. "그는 그의 삶을 살도록 내버려두었어요." 자신의 일이 그녀에게는 "비밀의 정원"이었으며, 남편으로부터의 독립을 보증해주는 것이었다. 남편은 이 사실을 받아들였다.

두 아들을 어떻게 돌볼 것인가가 그녀의 문제였다. 사실 남편은 걱정할 필요가 없었다. "나는 늘 아이들을 구원하고 싶었어요. 부부로서의 우리 인생보다 아이들을 더 소중하게 여겼죠." 남편은 자기 몫의 궂은 집안일도 하고, 아이들을 위해 요리도 하고, 그녀가 일하다 늦는 경우에는 일찍 집에 들어왔다. "우리는 동등한 삶을 살았어요." 남의 도움을 받으며 집안일을 꾸리는 것은 그리 어렵지 않았다. 그러나 지금 그녀는 혹시 아이들을 돌보는 데 소홀하지 않았나 생각하며 죄의식을 느낀다. 좀 더 정확하게 말하자면 당황스러운 상태다. 그녀의 친구들도 모두 똑같은 문제를 갖고 있고, 그것이 대화의 주된 화젯거리다. 어릴 때 아이들은 시키는 대로 했다. 이제 아이들이 자라 독립할 때가 되자 그들은 부모에게 걱정거리를 가득 안겨주었다. "다리가 굵어지자 아이들은 우리를 거부했어요." 온갖 용감한 반란에도 불구하고 아이들이 자신들을 위해 희생했던 어머니보다 더 나아간 것은 거의 없다.

모니크는 현재 대학에 다니는 장남이 남같이 구는 것이 유감이다. 아들과 대화할 때면 언제나 긴장감이 돈다. 조사에 따르면 프랑스 청소년 다섯 명 중 한 명이 자신의 문제를 부모와 상의할 수 없다고 불평한다. "그 애는 자기 생각을 내게 이야기하지 않아요. 아무 말도 안 하는 것보다 차라리 말썽을 부리는 게 더 낫겠어요." 아들은 가족과 함께 식사하는 것도 피하고, 집을 호텔로 여기고, 한낮이 되어야 일어나고, 오후 4시쯤 밥을 먹는다. 아들은 자기가 무엇이 되고 싶은지 가족에게 절대로 말하지 않는다. 한번은 따로 집을 얻어 나갔다가 아파트에 욕실이 없어 다시 돌아왔다. 오직 편의시설을 이용하기 위해 집에 머무는 것 같은 인상을 준다. 부모는 그가 어디에 있는지 모른다. 그가 어렸을 때 어머니가 어디에 있는지 몰라서 궁금해했던 것처럼.

어머니는 자신의 독립에 대해서는 그렇게 집착했으면서도 왜 아들의 독립을 인정할 수 없을까? "그 애한텐 성취 동기가 없어요. 그 애한테 열정이 있다면 우리는 독립에 찬성할 겁니다." 그러나 사실은 그렇지 않다. 그녀는 아들이 자신과 많은 가치를 공유하고 있다고 인정한다. 아들은 가난한 사람들을 돕는 일을 하고 싶어 하고, 세계에서 가장 가난한 부르키나파소 같은 나라에 가서 그곳 사람들에게 먹을 것과 교육과 의약품을 제공하고 싶다고 말한다. 잘사는 나라에는 문제가 너무 많고 그것을 해결할 가능성은 전혀 없다. 그러니 차라리 인도주의적인 대의에 헌신하는 것이 더 낫다. "부모님이 제게 헌신하지 않았기 때문에 저는 남들에게 헌신할 겁니다."

"그럼 부모님과 다투는 건 부모님에 대한 복수인가요?"

"예, 그래요. 저라면 아이들을 최우선으로 생각할 거예요."

부모가 소홀히 한 것 때문에 약간 좋은 결과가 생긴 것일 수도 있다. 그 때문에 그는 남들에게 관심을 갖는 사람이 되었다.

"만약 부모님이 올바르게 길렀다면 이기적이 되었겠지요?"

"네, 그랬겠죠."

그는 전통적인 의미에서 말하는 어떤 야심도 없다고 말한다. 성적이 나빠도 신경 쓰지 않는다. 부모님이 그를 이해하지 못하는 게 아니다. 그들은 그가 실패자라는 생각과 부모처럼 뛰어난 학생이 되지 않겠다는 그의 의식적인 결정과 그를 있는 그대로 받아들일 수 없을 뿐이다. 집에서의 갈등이 아주 심하다고 그는 말한다.

문제는 모니크가 자신의 개인적인 능력을 꽃피우기 위해 가정생활에 덜 신경 쓰겠다고 한 결정이 그것을 정당화할 만큼 결실을 맺었느냐 하는 것이다. 그녀의 입장에서는 어떻게 달리 할 수도 없었을 것이다. 그녀는 일하는 여성의 모범으로서 존경을 받고 있다. 그녀가 많은 여성들에게 용기를 주었다는 것도 틀림없는 사실이다.

하지만 그녀의 아들도 그녀와 똑같이 인상적이다. 그 아이에게 아품을 주었다고 그녀가 믿는다면 그것은 실수다. 그녀는 한 여성으로서 충만한 삶을 살아가기 위한 올바른 방법을 자신이 찾아냈다는 사실을 고려하지 않고 있다.

훌륭한 자격 조건에도 불구하고 이른바 현대적이라는 광고 회사에서조차 그녀는 말단 보조로 시작해야 했고, "여성적인 직업" 분야에서 경력을 쌓아야 했다. 언뜻 보기에 이 직업은 많은 여성이 선망하는 직업이다. 그녀는 홍보 담당으로서 TV 방송국 설립을 돕고, 영화나 음악 축제를 조직하고, 카리스마 넘치는 지휘자 아래서 오케스트라를 관리하는 일을 했다. 지난 20년 동안 실로 훌륭한 예술가들을 만났으며, 그들과 새벽까지 대화하다 아침 일찍 사무실로 돌아왔고, 전 세계를 여행하며 연주자들을 초청하고, 후원자들이나 권력자들로부터 기금을 모으러 다녔다. 그것은 흥미진진하고 유쾌하지만 피곤하기도 하고 지칠 줄 모르는 기지를 요구하는 일이었다.

그러나 이제 40대 초반에 이른 그녀는 스스로에게 묻기 시작했다. 늘 2인자로서 인생을 보내야만 하는가? 권력을 바라거나 더 많이 인정받기를 바라서가 아니다. 함께 일하는 남성들은 그녀보다 훨씬 더 끊임없는 격려를 원한다. 그것이 그들의 기본적인 약점이다. 그녀는 찬사를 받으면 의심한다. 그래서 찬사를 남들에게 돌리고, 사람들을 매혹시키고 그 매혹의 과정을 지켜보는 것을 더 좋아한다. 그것은 단순히 남녀 간의 게임이 아니다. 그녀가 상대하는 지휘자가 오케스트라를 매혹시키는 것처럼 정치가들은 누군가를 매혹시키는 것으로 살아간다. 여성들은 무대 전면에 나서지 않고서도 엄청난 권력을 가질 수 있다고 그녀는 생각한다. 그러나 남성은 그녀처럼 야망에 한계를 두고서는 결코 만족하지 않을 것이다. 그녀는 가장 높은 곳에 오르기에는 자신이 너무 소심하다고 생각한다. 아직도 그녀는 사람들 앞에서 말하는 것이 두렵다. 미친 듯이 바쁜 생활이 기쁨을 준 것도 사실이지만, 독서하고 느긋하게 여행하고 무엇보다도 창조성을 개발할 시간을 낼 수 없었기 때문에, 그런 생활은 또한 그녀를 황폐하게 만들었다. 평생 동안 그녀는 예술가들이 창조하도록 도와주었다. 이제 그녀 스스로 뭔가 창조할 때가 되지 않았을까? 이 직업이 자신의 에너지를 고갈시킨다고 스스로 느끼고 있어서 더욱 그런 것이 아닐까? 나이를 먹어 그런 것일까? 그녀는 자신이 더욱 성숙해지고 유능해졌으며 안정적이라고 느낀다. 자신의 재능을 다 써버린 것일까? 처음 방송일을 시작했을 때 그녀의 희망은 영화감독이 되는 것이었다. 지금은 다큐멘터리 제작 같은 일을 하면서 끝없이 새로움을 추구하고 싶다. "내게 필요한 건 나 자신을 위한 시간이에요." 오케스트라는 항상 새로운 일을 한다. 학교, 공장, 교도소에서 연주회를 열고, 연주회가 끝난 후에는 멋지고도 감동적인 대화를 나눈다. 그럴 때 그녀는 자신의 일이 옳다고 느낀다. "그것은 세상을 바꿀 수도 있어요."

가족의 행복만을 추구하는 것은
희망 없는 즐거움에 지나지 않는다

왜 가난한 사람들에게 봉사하며 살겠다는 젊은이의 선택이 부모에게는 그렇거나 아쉬운 일이 되는 것일까? 당사자인 젊은이의 마음에도 아쉬움이 있는 것은 마찬가지다. 앞 장에서

언급한 열등한 삶을 선택한 역사적인 인물들은 오늘날 같으면 문제
아로 취급되어 의사에게 보내졌을 것이다. 아시시의 성 프란체스코
는 지금까지 살았던 사람들 가운데 가장 훌륭한 사람이라고 보편적
으로 인정받고 있다. 그러나 그 역시 청소년기에는 쾌락을 좇는 난
폭한 무리의 리더였다. 그런 뒤에야 "영혼이 나약한 사람들"의 편을
들고, "동물을 형제라 부르고, 발에 밟혀 죽지 않도록 조그만 벌레들
을 도로에서 치워주고", 재산을 가난한 사람들에게 나눠줌으로써 그
의 부유한 아버지를 실망시켰다. 이 잔인한 세상에서 늘 불편한 마
음이었지만, 그는 매력적이고 생기 있는 인물이었다. 그의 아버지는
그가 자기처럼 교활한 포목상이 되었으면 더 좋아했을 것이다.

　알베르트 슈바이처의 어머니는, 며느리의 기억에 따르면 "아주 엄
격하고 냉정했으며", 슈바이처 스스로 말하기를 학교 다닐 때 하도
성적이 안 좋아 어머니가 자주 우셨다고 했다. "젊은 시절의 무조건
적인 삶의 기쁨을 나는 전혀 알지 못했다. (…) 나는 결코 쾌활한 성
격이 아니었다"라고 그는 말했으며, 어린 시절 남들에게 조롱당하는
것이 자신의 악몽이었다고 회상했다. 그러나 그는 증오에 찬 사람이
되기는커녕 아프리카의 의사가 되어 "존중받는 삶"을 신조로 삼았
고, 너그러움에서 최고의 모범이 되었다. 자신의 성장 과정에 대해
불평하지 않고 "부모님은 우리에게 자유를 가르쳐주셨습니다"라고
말했다. 참으로 자유는 자유가 전혀 없는 것처럼 보이는 곳에서 흔
히 발견되었다. 너그러움이란 자유의 한 표현이다.

　이상적으로 생각할 때 가족이란 서로에게 너그러운 곳이었다. 그
러나 동시에 가족은 하나의 단일체로서 다른 사람들의 이익보다 그
자체의 이익을 우선시했으며, 가족에 대한 의무를 다하지 못한 구성

원에 대해서는 무자비했다. 대가족 제도를 종식시킴으로써 이런 긴장을 일소하려던 시도는 가족 제도와 관련한 최초의 훌륭한 생각이었다. 그래서 가족은 아이를 적게 낳았고 그들에게 애정을 쏟아부음으로써 이 세상의 야비함으로부터 스스로를 차단했다. 그러나 이것이 언제나 바람직한 결과를 낳았던 것은 아니다. 그래서 대가족이나 가문은 피붙이들의 모임이 아니라 친척보다 정서적으로 더 가까운 애정으로 결합된 개인의 모임이라는 새로운 형태로 다시 탄생했다. 그 결과 친척 아닌 사람이 친척만큼이나 중요한 역할을 하게 되었고, 아이들은 부모에게서 배우는 것만큼 동년배에게서 많은 것을 배웠다. 가정 내의 정치학—이것은 어떻게 다툼을 피하고, 비민주적이 되지 않도록 할 것인가와 연관되어 있다—은 가정의 역사의 일부분에 지나지 않는다. 그것에 대한 논의는 거의 없었지만 가정의 외교 정책, 즉 외부인을 대우하는 태도는 자유와 관대함의 성장에 결정적인 영향을 미쳤다.

부모들은 자식이 취직도 못하는 삼류 인간으로 자라도록 하는 모험을 감히 시도하지 못했다. 그들의 목적은 자식의 행복을 확실히 하는 것이다. 그러나 쾌락과 욕망의 모든 문을 다 열어놓는 식의 전통적인 방법으로는 그 목적을 달성할 수 없다는 것이 증명되었다. 남들이 불행한데 자기 혼자 행복하기란 불가능하기 때문이다. 물론 많은 사람들이 주변의 끔찍한 일들에 대해 눈감아버림으로써 제한된 의미에서 만족하는 식의 행복을 누려왔다. 또는 인간의 어리석음에 대해 분노하기보다는 웃어버림으로써 행복해지려고 했다. 그것이 필연적으로 한순간에 지나지 않음을 알면서도 환희의 순간들로 스스로를 위로했다. 그러나 행복이 이기적이라면 어떤 행복도 완전할 수 없다. 아무한테도 소용이 없다는 것은 자신에 대한 경멸이기도 하다. 의식적으로 그런 경멸을 개발하는 사람들―그들은 인간을 기본적으로 탐욕스럽고 야만적인 존재라고 보기 때문에―에게조차 그것은 희망 없는 즐거움에 지나지 않는다. 아이들의 행복이라는 것은 단지 꿈의 시작에 불과하다. 그 아이들이 이 세상에 어떤 이익을 줄 수 있어야 만족이 생긴다. 그래서 아이들을 기르는 일의 목적이나 인생의 목적이 단순하지 않은 것이다.

비록 몇몇 아이들은 거부했지만, 그들이 들은 충고는 자신의 삶에서 운명을 받아들이라는 것이었다. 나중에 그것은 자기정체성을 찾으라는 것으로 바뀌었다. 에릭 에릭슨Eric Erikson은 정체성을 "자신에 대한 편안한 느낌, 자신이 나아가는 방향에 대한 인식, 그리고 중요한 사람들의 인정을 받으리라는 내적 확신"이라고 정의했다. 이렇게 완벽하게 일관성 있는 사람들에 대한 역사 기록은 거의 없으며, 실제 그런 것들을 갖춘 사람들은 스스로 만족하고 있으므로 완벽함을 추구할 필요가 없었다. 에릭슨조차도 자신의 가르침을 이루지 못했다. 그는 아버지가 누군지 모르는 사생아였고, 그의 철학은 자신이 결코 경험해보지 못했던 정상적인 상태에 대한 동경으로 고무된 것이었다. 정체성이라는 생각은 이 세상이 더 복잡해지지 않기를 바라는 사람들을 위해 고안된 것이다. 그것에 대한 대안은 상황에 따라 다른 사람이 되어 공감의 영역을 넓히고, 자신을 이해하는 것보다 남을 이해하는 것을 더 우선시하는 것이다. 자신의 고치 속에 싸여 있는 가족은 일반적으로 그럴 준비가 되어 있지 않다.

권위주의 정부가 번성하던 시절에 장남이던 프로이트가 아버지에 대한 모반을 정신분석의 초점으로 삼은 것은 그리 놀라운 일도 아니다. 그러나 오늘날에는 부모의 권위보다는 부모의 목적 상실이 더 큰 문제가 되고 있다. 권력 투쟁보다 인생의 목적을 찾는 일이 더 중요하다. 부모들은 더 이상 자식의 상상력을 지배하지 않는다. 세상을 보는 태도와 관련해 설문 조사를 받았던 2000명의 오스트레일리아 초등학생들의 응답은 그런 변화를 보여주었다. 그들은 자신을 돌봐주고 보호해주고 자신에게 돈을 쓰고 물건을 사주는 사람으로 아버지와 어머니를 정의했다. "아빠 엄마에게는 내가 전부이기 때문에 아빠 엄마는 나를 사랑해요." 그들은 교사가 "늘 공정하지는 않지만" 어느 정도 이 세상을 보는 눈을 열어주고 설명해주는 사람이라고 덧붙였다. 그러나 그들에게는 친구가 가장 중요하다. 친구는 나를 이해해주고, 즐거움을 비롯한 여러 가지를 함께 나누고, 걱정하지 말라고 말해준다. 원하는 것을 할 시간이 충분하지 않다는 것이 이 아이들의 주된 불만이다. 자신들에게 요구되는 것이 너무 많고 흥밋거리도 너무 많아 선택하기가 어렵다는 것이다.

이 세상에서 당연히 누려야 할 것을 충분히 누리고자 하는 욕망, 궁극적으로 인간이 되고자 하는 욕망은 사람들이 서로에 대해 늘 갖고 있는 불신과 경멸 그리고 낯선 사람들에 대한 불친절로 인해 방해를 받아왔다. 너그러운 정신을 갖기 위한 지금까지의 노력을 살펴볼 때 가정에서 너그러운 것과 낯선 사람에게 너그러운 것 사이에 어떤 필연적인 관계가 있어 보이지는 않는다. 집 안에서의 너그러움과 조화에만 관심을 쏟으면서 집 밖에서 벌어지는 일은 외면하는 식의 현대적인 사고방식은 들판은 보면서 지평선은 보지 못하는 것과 마찬가지다.

아메리카 원주민이 이룬
공동체로서의 가정

"당신들에게는 지각이 없다. 당신네 프랑스인들은
오직 자기 아이들만 사랑하지만 우리는 부족의 모든 아이들을 사랑
한다." 한 나스카피 아메리카 원주민(한때는 '레드 인디언'이라고 알려졌다)은
훌륭한 행실에 대해 가르쳐주겠다던 어느 프랑스 예수회 수도사에
게 이렇게 말했다. 일반적으로 아메리카 원주민의 아이들은 체계적
인 교육을 받지 못했지만, 부모나 친척, 그 밖의 모든 사람들로부터
엄청난 사랑을 받았다. 그것은 유럽에서 온 여행자들에게 깊은 인상
을 심어주었다. 아이들은 어디를 가든 환영받았고, 누구에게서든 사
랑을 받으리라는 것을 언제나 확신했다. 어른들이나 청소년들이 하
는 여러 활동에 참여하면서도 아이들은 결코 외롭지 않았다. 애정은
적자와 서자를 가리지 않고 베풀어졌다. 고아들은 완전히 평등하게
양육되었다. 머리 가죽이 벗겨지는 일을 면한 전쟁 포로들은 부족의
일원으로 받아들여졌으며 친척이 되었다. '레드 인디언'들에게 사로
잡혔다가 그들에게 동화된 상당수의 백인들은 자유로운 몸이 되었
을 때도 '문명'으로 돌아가기를 거부했다. 모하비족에게는 처벌이라
는 단어가 없었다. 말썽을 부리는 아이는 거칠다거나 미쳤다거나 미
운 짓만 골라 한다는 말을 들었지만, 조금 화를 내는 정도로 대했을
뿐이다. 잘못된 행동은 기질적인 힘뿐만 아니라 초자연적인 힘에 의
해 생기는 것이므로 개인이 마음대로 통제할 수 없다고 믿었기 때문
이다. 그런 아이는 보이지 않는 것과 교감할 수 있는 미래의 샤먼으
로 인정되었고, 결국 존경받는 샤먼이 되는 일도 흔했다. 오직 지나

친 폭력만이 너그러움의 한계를 넘어서는 일이었다.

　아이들에 대한 이런 온화한 태도는 아이들은 부모에게 속한 것이 아니라 공동체에 속한다는 생각에서 나왔다. 그것은 재산에 대한 그들의 태도이기도 했다. 너그러움이 그들에게는 최고의 미덕이었다. 추장은 재산이 가장 많은 사람이 아니라 가장 적은 사람이었다. 그는 가진 것 대부분을 남에게 주어버리고 언제나 감사의 대상이 되었다. 그들 사이에는 사고파는 일이 없었고 오직 선물만 주고받았다. 사람이 죽으면 그에게 속한 모든 것을 파괴해버렸기 때문에 가족의 재산을 불리겠다는 유혹도 없었다. 대부분의 부족들에게 명망을 얻는 수단은 재산이 아니라 위엄과 지혜와 정신적인 숭고함이었다. 누구나 다른 사람의 집에 들어가 함께 식사할 수 있었다. 아무도 사용하지 않는 물건은 임의로 쓸 수 있었다. 그 물건이 실제로 사용되는 한에서만 누군가의 사유물이 된다는 사실을 이해하지 못했던 백인들은 레드 인디언을 도둑이라고 불렀다. 남자들은 대부분의 시간을 숲에서 보냈고 여자들과 아이들은 개간지에서 시간을 보냈지만, 남녀 모두 자기가 해야 할 일이 무엇인지 알고 있었다. 남자들은 바느질과 요리를 하고, 여자들은 짐승의 뒤를 쫓고 사냥을 했다. 어떤 계절에는 가족끼리만 오두막에 모여 살았지만 또 다른 계절에는 공동 주택에서 함께 살았다.

　그러나 애정의 폭이 넓었던 대가로 "어른들은 많은 사람들을 좋아했지만 좀처럼 누구와 깊게 사랑에 빠지거나 누구에게 속박되는 일이 없었다." 결혼은 깨지기 쉬웠다. 아파치족 사이에서 이혼은 아내가 남편의 옷가지를 집 밖에 내놓는 것으로 이루어졌다. 그것은 어머니에게 돌아가라는 표시였다. 아니면 남편은 사냥을 간다고 나

가서 다시는 돌아오지 않았다. 태평스러운 태도에다가 화내기를 꺼리고 직접 얼굴을 맞대고 대결하기를 두려워했기 때문에, 그들은 자신의 분노를 다른 부족에게 돌리고 전쟁을 일으켜 죽음을 자초했다. 전쟁은 슬픔에 대한 그들의 치료제였다. 그리고 그들은 전쟁에서 발생한 사상자를 대체하기 위해 늘 새로운 포로를 필요로 했다. 자연의 여러 힘들 사이의 균형을 숭배하고, 악이 존재한다는 사실을 부인했기 때문에 그들은 늘 '좋아'—"형제여, 당신이 옳다"—라고 대답함으로써 표면적인 평화를 찾았고, 서로 강요하기를 거부했으며, 적대적인 감정을 신체의 질병처럼 여겼다. 그러나 다른 한편 그들은 술수에 대한 두려움으로 고통을 당했다. 끝도 없고 결론도 없는 토론과 파벌싸움을 하느라 그들의 저항력이 쇠퇴했다. 그들의 문명은 광대한 영역에 걸맞게 고안된 것이었으며, 불만이 있는 사람들은 다른 곳으로 조용히 물러날 수 있었다. 1만 6000명의 체로키족이 텍사스의 약 17만 제곱킬로미터의 땅을 완전히 소유하고 있었다.

비록 가정사에서는 인상적인 정책을 발전시켰지만, 효과적인 외교 정책이 없었기 때문에 고대 아메리카 원주민 문명은 붕괴했다. 그들은 낯선 사람들을 보고 당황했다. 그들에게 갈등은 자연 질서의 일부분이었다. 하지만 무엇이 자연적인 것인가에 대해 완전히 다른 생각을 가진 공격자들이 왔을 때 그들은 대처할 수가 없었다. 질투로 가득한 대초원의 한가운데에 너그러움이라는 조그만 밭을 가꾸는 일은 가능할 수도 있겠지만 어려움도 그만큼 더 크다. 아메리카 원주민들은 그들이 가진 공동체 개념의 한계 때문에 결국 사기가 꺾였다.

호기심은 너그러움을 자극한다

오늘날 아메리카 원주민들의 자손은 아프리카와 유럽의 자손과 섞여 살면서도 여전히 침입자들의 자손을 효과적으로 상대하지 못하고 있다. 예를 들어 브라질에서 그들은 '비천함'과 '가난함'과 '정말 비참함'과 '걸어다니는 송장' 사이의 끝없는 단계적인 변화를 오가며 살고 있다. 최저임금이 한 가정이 아니라 한 사람의 생계를 유지하기에도 벅찬 북동부 지역에서는 여성들과 아이들이 뙤약볕 아래서 일한 대가로 받는 돈이 더 적을 수밖에 없고, 자신의 장례식을 치를 만큼의 돈을 모으는 것이 일 잘하는 일꾼의 가장 큰 야심이다. 부유한 나라들은 이 나라의 부자들을 더 부자로 만들어주기 위해 엄청난 돈을 투자했지만, 이 나라 인구의 절반은 문맹이다. 그러나 오히려 궁핍하기 때문에 일종의 너그러움이 있다. 배고픔 때문에 탐욕스러워지지 않을까 하고 가난한 사람들은 걱정한다. 자존심 있는 사람은 남의 도움을 바라지 않는다는 것을 그들은 알고 있다. 그래서 그들에게는 이웃의 어려움을 미리 내다보는 것이 의무가 되었다. 조그만 선물—갈색 종이에 싼 약간의 콩이나 바나나—을 나누고, 비록 자기는 아무것도 받지 못하고 울면서 집으로 돌아갈지언정 그런 물건들이 가장 형편이 어려운 사람에게 우선적으로 돌아가도록 배려한다. 이웃들은 그것을 기억했다가 다음 번에는 그런 사람에게 우선권이 돌아가도록 한다. 여성들의 38퍼센트는 자기 자식이 아닌 아이들을 기른다. 이는 먹을 것이 없어 버림받거나 집을 나간 아이들을 돌보기 위한 대책이다.

"어머니가 널 사랑하니?"

"어머니는 저를 사랑해야만 해요. 제가 어머니께 돈과 먹을 것을 갖다 드리거든요."

아홉 살 난 거지의 대답이다. 이와 비슷하게 남편도 그저 집에 먹을 것을 가져오는 사람에 지나지 않고 또 언제 사라질지 모른다. 이러한 상황에서 공식적인 결혼이란 드문 일이다.

너그러움이 쉽게 야심을 극복하는 것은 아니다. 처음에 이주민들이 도시 주변의 빈민가로 일을 찾아 들어올 때는 각자 자신만을 생각한다. 그리고 나서 그들은 협력하기 시작한다. 그러나 저축을 하게 되면서부터는 다시 자신만 생각하는 경우가 빈번하다. 부유층은 가난한 아이를 하인으로 삼음으로써 자신들이 너그럽다고 믿으며, 가난한 사람들이 계속 부자들을 선망한다는 사실에 만족감을 느낀다. 그러나 그것은 결과적으로 가난한 사람들이 희망을 잃고 지치도록 조장하는 일이다. 아직 젊은데도 그들은 '나는 끝났다'라고 말한다. 열 살 정도 된 거리의 고아도 "죽는 게 두렵지 않다"라고 말할 정도다.

오늘날 브라질에서는 약 700만 명의 어린이들이 마분지 한 조각을 침대 삼아 길고양이들과 함께 거리에서 살고 있다. 그리고 자기 자식들에게는 한없이 온화한 중산층 사람들은 종종 이 부랑아들을 못 본 체하고 지나가며, 그들을 아이가 아니라 그저 자신들의 재산을 위협하는 존재로만 여긴다. 버려진 아이들이 훔치는 것 말고 무엇으로 살아남을 수 있겠는가? "네 꿈이 뭐니?" 도둑질로 일곱 번 체포되었던 아홉 살 소녀는 "경찰관이 되는 거요"라고 대답한다. 왜? "잡히지 않고 마음대로 훔칠 수 있으니까요." 가게 주인들은 질서를 유지하기 위해 거리의 아이들을 제거할 갱을 고용하고, 한 갱단은 스스로를 "예수의 제자들"이라고 부른다. 열여섯 살 난 전문 킬러는 "나는 아무짝에도 쓸모없는 사람들만 죽였어요"라고 말한다. 이 나라는 세계에서 유일하게 '소년부'를 두고 있으며, 어린이 인권에 대한 가장 진보적인 법률을 갖추고 있다.

브라질은 19세기 영국의 경험을 반복하고 있다. 당시 영국 상류사회 사람들은 런던의 베들램병원(정신병원)을 일요일이면 구경 삼아 방문했지만 찰스 디킨스의 촉구에도 불구하고 고아원 방문은 거부했다. 최초로 산업혁명이 일어났던 도시들에는 고아들이 "메뚜기 떼처럼" 무리 지어 거리를 돌아다녔기 때문이다(한편 뉴욕의 고아들은 "어린 아랍인들"이라고 불렸다). 동화 속에서 헨젤과 그레텔은 적어도 완전히 혼자는 아니었는데, 이 이야기는 '결혼해서 오래오래 행복하게 살았다'라는 꿈에 대한 대용물로 창작된 것이었다. 이 이야기는 지금도 여전히 유효하다. 그 이유는 풍요롭다고 해서 행복한 가정의 수가 늘어나는 것도 아니고 풍요로움이 사람들을 더 너그럽게 만드는 것도 아니기 때문이다. 그래서 독재에 저항하는 이들을 납치한 정권에 대항해 뭉쳤던 아르헨티나의 어머니들은 자기 자식들뿐만 아니라 다른 모든 자식들에 대해 관심과 염려를 표현했던 것이지만, 일단 생활이 어느 정도 정상으로 돌아가자 다시 개인적인 가정사에 전념했다. 그러나 부유함이 필연적으로 자기만족밖에 모르는 막다른 골목으로 인도하는 것은 아니다. 가정과 가족의 아늑함을 즐기기 위해 재산을 모으는 것은 단지 첫 번째 단계에 지나지 않는다. 그런 다음에 가정은 그 아늑함에도 불구하고 너무 좁고 한정된 곳이 되어 활기가 부족해지는 때가 온다. 물건을 모으는 일은 "흥미로운 사람들"을 모으는 일로 바뀐다. 궁극적으로 호기심이 편안함보다 더 중요해진다.

너그러움을 자극하는 데 호기심의 역할은 아주 중요하다. 그러나 부모와 자식은 뭐든지 터놓고 말할 수 있다고 느끼는 적이 거의 없고, 그런 관계로는 호기심이 찾아내거나 이뤄낼 수 있는 것에 한계가 있게 마련이다. 예를 들어 프랑스인의 경우, 아이들은 전반적으로 부모에게 후한 점수를 주어서 열 명 가운데 일곱 명이 부모가 자신들을 도와준다고 말하지만 부모들은 여전히 미심쩍어한다. 오직 열 명의 부모 가운데 네 명만이 자신의 아이들이 귀엽다고 생각하며, 아이들이 자신을 "개방적이고 젊은" 사람으로 보고 있다고 확신한다. 26퍼센트는 자신들이 아이들에게 화를 내는 사람으로 보이고, 30퍼센트는 요구하는 것이 많고 권위적인 사람, 20퍼센트는 걱정이 많은 사람으로 보인다고 믿는다. 44퍼센트의 아이들은 부모가 자신을 게으르다고 생각한다고 믿지만, 오직 12퍼센트의 부모만이 그런 생각을 하고 있다. 달리 말해 이들은 서로의 마음속 생각을 제대로 알아맞히지 못하고 있는 셈이다.

그래서 사람들은 너그러움의 즐거움을 키우기 위해 종종 가정 바깥을 넘겨다본다. 거기에는 아무런 의무도 없기 때문이다. 이런 보편적 딜레마를 보여주기 위해 과장된 붓놀림과 격렬하게 대조적인 색채로 그려낸 한 인류학자의 끔찍한 그림 덕분에, 우리는 이렇게 되어가는 과정을 파키스탄 북부의 스와트 계곡에 사는 파슈툰족에게서 엿볼 수 있다. 그 인류학자는 이 사람들을 독립적이고 강해지기를 꿈꾸는 농부들로 묘사한다. 그들은 자신의 명예를 지키기 위해 다른 사람들과 싸우고, 자기 땅에서 나온 것만 먹을 정도로 독립적이다. 같은 부족 사람들을 위해 일하는 것을 비천하게 여기고 의사들조차 비천하게 보이지 않기 위해 무료로 진찰해준다고 한다. 서구처럼 이곳에서도 개인적인 자존심과 가족 사이의 유대는 서로 불편한 짝이다. 경쟁이 아이들을 지배하고 있고, 대화는 주로 자기 물건에 대한 긴 말다툼이라고 해도 될 정도다. "이건 내 거야." "아니야, 내 거야." 아이들은 공격적이 되고, 처벌을 피하기 위해 거짓말하고, 공개적인 모욕만을 두려워하고, 부모의 노골적인 편애를 교묘하게 이용하도록 애씀에 있어 죄의식을 느끼지 말라고 배운다. 아버지는 아들을 자랑스러워하지만 세월이 흐르면서 아들을 점점 더 싫어하게 되고 질투하는 존재로 묘사된다. 그리고 아들은 아버지의 땅을 물려받기를 초조하게 기다리는데, 땅이 없으면 그야말로 보잘것없는 처지가 되기 때문이다. 그들의 관계는 완전히 경제적인 것이 되고, 부와 권력을 위한 투쟁이 된다. 때때로 이 경쟁은 극에 이르러 살인 사건이 일어나기도 한다. 마치 모든 것이 적이나 경쟁자를 제공하도록 만들어져 있는 것처럼 보인다. 그 결과 사람들은 경쟁하지 않는 사람들 가운데서 친구를 찾게 된다.

이렇게 해서 자매들의 경우, 그들끼리는 서로 경쟁자이지만 오빠나 남동생과는 가까운 친구가 되고 그 유대관계는 이 사회에서 가장 강력한 것이 된다. 여자 형제는 어머니가 돌아가셨을 때보다 오빠나 남동생이 죽었을 때 더 슬퍼한다. 그리고 남자는 어려움에 처하면 제일 먼저 큰누나를 찾아간다. 아버지는 아내와 "전쟁 같은" 관계—서로의 집안에 대해 모욕적인 말을 주고받는 등—를 맺고 있지만, 딸에게는 애정이 듬뿍 담긴, 심지어는 교태 어린 태도를 보이기까지 한다. 어머니는 딸에게 거의 관심을 보이지 않고 아들에게 애정을 쏟으면서 아버지로부터 아들을 보호한다. 남자 형제는 보통 사이가 나쁘고, 서로의 아내와 정을 통하고 심지어 형제의 자식들조차 서로 적이 된다. 그러나 이 사람들은 한 가지 출구를 찾아냈다. 그들은 알라신을 아버지가 아니라 친구나 연인으로 본다. 조로아스터교도에게도 신이란 단어는 친구를 의미한다. 그들은 "오 신이여, 강청하지 않아도 사랑을 보여줄 진정한 친구를 저에게 허락하소서"라고 기도한다. 그들은 믿을 수 있고 헌신할 수 있고 충실하게 대할 수 있는 친구를 필요로 한다. 이상적인 친구는 부족의 외부에서 온다. 그 친구는 아무것도 요구하지 않고 지배하려고 애쓰지도 않는다. 그들은 이방인 친구를 꿈꾸고 그를 융숭히 대접하고 싶어 한다. 그것이 그들에겐 최고의 기쁨이다. 공적으로는 명예와 부를 얻기 위한 계획을 자랑하지만, 개인적으로는 가족 사이의 질투에 갇혀 있는 꼴이라고 불평한다. 그렇게 다른 세상에 정신이 팔려 그들은 기꺼이 이주한다. 그런 다음에는 새로운 곳이 옛날 고향에서 느꼈던 너그러움을 보여주지 못하며 자신들을 제대로 대접해주지도 않는다고 또다시 불평한다. 마치 몰인정이 최고의 비료인 양 너그러움은 잔인한 땅에서 가장 풍성하게 꽃피는 것처럼 보인다. 몰인정이 무한대로 가능하다는 사실을 고려하면, 이것도 그리 비관적인 결론은 아니다.

전 세계에서 형제나 누이에게 실망한 사람들은 가족 밖에서 인위적인 형제자매를 찾아왔으며 질투 없는 인간관계를 추구해왔다. 의형제 관계는 다소 기괴한 의식의 도움을 받아 보통의 형제 관계가 보증할 수 없는 의리를 만들어냈다. 예를 들어 티모르에서는 의형제를 맺을 때 결합의 상징으로 팔을 베어 거기서 나온 피와 포도주로 대나무 통을 채운다. 타키투스에 따르면 아르메니아와 이베리아의 왕자들은 엄지손가락을 함께 묶어 꿰뚫은 다음 각자 상대방의 피

를 빨아먹었다. 《브룬힐다의 노래Lay of Brunhilda》에 따르면 스칸디나
비아 사람들은 발자국에 피가 섞이게 함으로써 형제의 의를 맺었다.
어떤 나라에서는 옷을 교환하고, 다른 나라에서는 이름이나 무기를
교환한다. 또 어떤 나라에서는 상대방의 침을 자신의 몸에 문지른
다. 흔히 이 행사를 기념하기 위해 나무를 심었다. 때때로 의형제는
모든 것을 나누어 가지며, 심지어 아내를 공유하는 경우도 있다. 그
런 행위는 무엇보다도 서로 간의 유대가 깨질 수 없으며 절대적으로
믿을 만하다는 뜻이다. 때때로 그들은 자신이 똑같은 사람의 반쪽이
라고까지 생각한다.

19세기의 여행자들은 성년이 된 모든 젊은이들이 한꺼번에 형제
가 되고 서로의 아내를 똑같이 아내라고 부르고 서로의 자식을 똑같
이 자식이라고 부르는 곳이 있다고 보고했다. 몬테네그로에서 그들
은 자발적으로 의형제가 되는 세 가지 단계를 보았다. 키스를 세 번
하면 비교적 약한 의형제 관계가 맺어졌고, 더 깊은 유대관계는 사
제의 축복과 성찬식을 통해 이루어졌다. 결혼했건 독신이건 간에 여
성들도 함께 포도주를 마시고 키스하고 선물을 교환함으로써 이와
유사한 관계를 맺었고, 마지막으로 그들은 제단의 계단 위에서 결합
의 의식을 치렀다. 그러고 나면 그들은 서로를 "귀여운 언니, 동생"
(또는 "나의 황금", "나의 귀여운 사슴")이라고 불렀고, 종종 똑같은 옷을 입
고 똑같은 장신구를 착용했다. 비록 먼 과거에 더 흔했다고 하지만
이러한 종류의 의식은 이성 간에도 이루어졌다. 세르비아와 크로아
티아, 불가리아에서는 매년 새롭게 의형제 관계를 맺었다는 기록이
있다. 의형제 관계는 심지어 혼자 산에 올라간 처녀가 첫 번째 만난
남자에게 오빠나 남동생이 될 것을 청하는 방식으로도 이루어질 수

있었다. 그러면 남자는 그녀를 마치 친형제처럼 보호해야만 했다. 큰 위험에 빠진 남성도 이와 비슷한 방식으로 다른 사람에게 형제가 되어줄 것을 청할 수 있었다. 피지에서 "무장한 동료들은 남편이나 아내라고 불렸는데, 그것은 그들의 군사적 결합이 아주 긴밀하다는 사실을 가리킨다." 그러나 의형제 관계가 사람들의 관계를 둘 또는 소수의 개인들로 제한하고 전쟁 말고는 다른 세계를 대하는 아무런 수단을 갖고 있지 않다면, 장기적으로 볼 때 그것은 자기파괴적이다.

완전히 새로운 종류의 형제애

사람들에게 차별 없이 집단적으로 형제가 되라고 설득했던 수많은 노력은 큰 성공을 거두지 못했다. 예를 들어 기독교는 인종, 성, 사회적 지위 또는 신분의 차별이 없는 보편적인 형제애라는 가장 고귀한 이상을 부르짖으면서도 실제로는 이단과 이교도에 대해 끊임없이 전쟁을 벌였다. 공산주의도 마찬가지였다. 모든 신앙은 일단 권력을 맛보면 왜 권력을 원했는지 잊어버린다. 최근에 이르러서야 교회는 정치적 지위를 잃어버렸기 때문에 스스로의 이상을 되찾았다. 프랑스 혁명은 자유나 평등보다 우애에 대해 더 소극적인 태도를 취했으며, 환영의 상징으로 바람이나 비 등을 피할 수 있는 나무를 국경에 심는 몸짓 이상의 일을 해내지 못했다. 파리 법원의 배심원단에 가톨릭교도, 개신교도, 유대인과 "피부색이 다른 사람들과의 형제애를 기리는 뜻에서" 자신이 아는 가장 적합한 유색인이 포함되어야 한다고 주장하면서 형제애를 실천하려고 했던 한 변호사는 "서로 적대시하는 당파 사이를 뱀처럼 기어 다니는 인간"이라는 소리를 들었다. 그런 의심은 거의 1000년 전에 이슬람순결형제회Islamic Brotherhood of Purity(951년에 결성되었다)에 의해 촉발되었던 우려할 만한 상황을 사람들이 다시 생각해낸 결과였다. 그 단체는 모든 종교에 관심을 가졌고 모든 종교에서 진실을 찾았지만, 결국 이 단체에서 펴낸《모든 지식의 백과사전Encyclopedia of All Knowledge》은 칼리프의 명에 따라 불에 태워지는 운명에 처하게 되었다. 현대의 복지국가는 사회적·경제적 혜택을 받지 못하는 모든 사람에게 원조받을 권리를 주고 있지만 원조를 제공할 때 인간적인 따뜻함까지 줄 수는 없었다. 그리고 이제 보수적인 이론가들은 사생활과 경쟁에 위협이 된다며 형제애를 무시하고 형제애의 이상을 완전히 폐기하고 있는 중이다. "모든 인종의 보편적인 형제애"에 대한 미국의 흑인 지도자 마커스 가비Marcus Garvey의 요구는 그저 고귀한 꿈으로만 남아 있다.

그러나 한편 거대한 협동 단체가 할 수 없는 일을 하려고 애쓰는 소규모 친목회가 신중하면서도 빠른 속도로 확산되었다. 코냐 근처 농장에 살고 있는 소녀가 가족이 아니라 다른 대륙에 살고 있는 펜팔 친구에게 속마음을 털어놓는다는 사실은, 사람들이 속내를 털어놓을 영혼의 동료를 전 세계에서 찾고 있다는 표시다. 따라서 그로부터 다른 종류의 가족이나 새로운 수준의 애정이 자라날지도 모른다. 그것은 자유롭게 선택한, 어기면 벌을 받는다는 의무 조항이 없는, 진심과 상상으로 가득 찬 가정이다. 사람들이 이웃보다도 몇 킬로미터 또는 수천 킬로미터 떨어져 있는 사람과 점점 더 많이 말하고 듣고 소통하는 까닭에 이제 스스로를 자신이 살고 있는 지역의 주민이라고만 여길 수 없게 되었다. 그들은 자기 나라의 시민인 동시에 문학, 과학, 사업, 축구 또는 그들이 열광하는 취미 나라의 시민이기도 하다. 모든 개인이 자발적 구성원들로 이루어진 국제적 연방을 건설하고 있는 중이다. 점점 더 많은 사람들이 가족이라는 뿌리에서 분리될 수 없는 존재가 되기를, 즉 진흙에 박힌 당근이 되기를 거부하고 있다. 물론 아직도 가족이라는 뿌리에 매달리고자 하는 사람들은 자신의 수액만을 먹고살려고 하지만 그것은 이미 불가능해졌다. 이제 그들은 더 다양한 영양분을 찾아 몰래 자신의 수염뿌리를 먼 지역까지 뻗친다. 대기 중에는 산소뿐만 아니라 라디오와 텔레비전 신호도 들어 있어, 아무리 결속력이 강한 가정도 벌처럼 창문으로 날아 들어와 상상력을 비옥하게 하고, 이 사람 저 사람에게로 꽃가루를 옮기고, 만난 적이 없는 사람들을 친척으로 만드는 생각들을 차단할 수 없다. 이것은 완전히 새로운 종류의 형제애다. 그것은 더 순간적이고 변화무쌍하고 우연적이지만, 질식시킬 가능성은 거의 없다.

가깝지만 지나치게 가깝지는 않은 채로 각자가 일정한 독립생활을 유지하는 것, 그것이 가정의 위기라고 불리는 가족 제도의 변화에 일치하는 이상이다. 그리고 모든 위기에는 기회가 있다. 인구 고령화라는 것도 아버지나 어머니보다 더 침착하고 초연한 할아버지와 할머니가 어떤 면에서는 과거 대가족 제도에서 형과 누나들이 했던 일들을 보충하면서 젊은이들을 위한 정신적 조언자 역할을 더 많이 해줄 수 있다는 사실을 의미한다. 지난 2세기 동안 스무 살 되어도 여전히 할아버지와 할머니가 살아 계시는 사람들의 비율은 4

분의 1에서 2분의 1로 두 배 증가했다. 이혼이 가져다준 정신적 충격으로 인한 부산물로 역할의 전환이 일어나, 아이들이 때때로 부모의 조언자가 되기도 하고 부모는 아이에게 용서를 빌기도 한다. 친척들의 변덕스러운 애정 외에는 기댈 것이 없는 개인들은 새롭고 좀 더 느슨한 형태의 대가족 제도로 맺어진다. 과거 가정을 외부인과 차단시켰던 장벽들은 무너지고 있다. 질투나 탐욕이 줄어들지는 않겠지만, 혼자 사는 사람들의 수가 엄청나게 늘어난 것은 직접적인 대결의 가능성이 대폭 줄었다는 의미다. 몇몇 서구 국가에서는 전체 가정의 4분의 1이 1인 가구다. 재산을 물려주는 수단으로서가 아니라 특별한 목적이 없는 애정 행위로 아이를 입양하는 것은 아주 최근의 일이다. 아이에게 숨기지 않고 모든 것을 다 알려주는 개방적인 입양, 독신 이혼남이나 이혼녀가 하는 입양, 외국 아이의 입양도 마찬가지로 최근의 일이다. 이런 현상은 또 다른 종류의 우애의 시작으로서 친척 관계에도 선택이라는 방식이 도입된 셈이다.

전통적인 가정의 의무들이 구속력을 잃게 되자 마음과 머리에 똑같이 호소하는 새로운 관계가 때때로 그 자리를 대신하게 되었다. 너그러움의 역사의 새로운 단계는 정확하게 너그러움이 가장 큰 위험에 처하고 경쟁이 과거 어느 때보다도 더 숭상될 때 시작되었다. 과거에 너그러움은 말하자면 곤경에 빠져 있었다. 사람들은 가슴과 머리를 분리시켜, 어떻게 느끼든 또 아무리 내키지 않아도 자비로운 행동을 하는 습관만 가지면 궁극적으로 유덕한 사람이 될 것이라고 확신하면서 의무에 입각해 올바른 일을 해야 한다고 서로에게 요구했다. 그러나 베풂을 받는 사람들은 자신의 당연한 권리로서 도움을 요구했고, 그런 베풂에 대한 보답으로서 은혜를 베푼 사람들의 가치관을 받아들이는 것은 거부했다. 그 난국을 해결하기 위해서는 너그러움이 단순히 주고받는 것 이상이 되어야 한다. 전통적인 유형의 주고받음에서는 도움을 받는 사람이 채무자가 되고, 그런 까닭에 은혜를 베푼 사람과 적대관계가 되기 쉽다. 따라서 너그러움은 상대방의 입장에서 생각하는 상호 노력을 통해서만 그런 극단적인 상황을 면할 수 있다.

적정 거리를 유지하는 관계망

가정의 규모가 더 작아짐에 따라 가정에도 대외 정책의 필요성이 더욱 커졌다. 그러나 그것은 단순히 대외적인 방침을 세우겠다고 결정하면 되는 그런 수준의 문제가 아니다. 위험한 일을 처리하는 데 즐겨 사용되던 도구는 마술이었다. 예컨대 마술은 보이지 않는 것과 보이는 것의 만남을 주관했고, 그래서 두려움을 불러일으켰다. 오늘날 대부분의 사람들이 믿고 있는 또 다른 마술은 사랑이다. 그러나 모르는 두 사람이 만났을 때 그리고 서로의 품속이 아니면 살아갈 수 없다는 걸 알았을 때 그것 역시 두려움, 즉 사랑을 잃어버릴지도 모른다는 두려움을 불러일으킨다. 소가족은 바로 이 마술에 기초를 두고 있다.

그러나 너그러움이라는 세 번째 유형의 또 다른 마술이 있다. 그 순수하고 순진한 너그러움의 마술을 통해 개인들은 아무런 대가도 바라지 않고 자존심 상하지 않고 자유를 제한하지 않은 채 다른 사람을 도와주면서 이 세상이 돌아가는 방식을 바꿀 수 있다. 그러나

이 마술에는 남들에게 조롱당하거나 속을지도 모른다는 두려움이 뒤따른다. 학자들은 이런 마술이 가능하다고 믿는 사람들에 대해 아주 비판적이었다. 사람들은 언제나 대가를 바라며, 질투란 이산화탄소처럼 생존의 필연적인 부산물이라고 주장했다.

사람들은 무미건조한 관계나 마술적인 관계 가운데 어느 하나를 선택할 수 있다. 무미건조한 관계는 냉담하고 경제적이고 보증된 관계이고, 마술적인 관계는 어느 정도 현실적일 수도 있고 비현실적일 수도 있지만 뭔가 놀랍고 멋진 것을 시도하는 관계다. 이제 후자의 관계를 추구하는 사람들은 너그러움이 단순히 환상이 아님을 보여주는 과학적 발견으로 인해 더 큰 힘을 얻고 있다. 과거에 아이들은 이기적으로 태어난다고 여겨졌다. 그러나 최근에 어린아이(생후 14개월부터)들을 관찰한 결과 아이들이 다양한 종류의 너그러움을, 우연한 방식이 아니라 다른 사람의 요구에 어울리는 방식으로 보여준다는 사실이 드러났다. 아이들은 그동안 알려진 것보다 훨씬 더 일찍 다른 사람들의 감정이나 요구를 인식할 수 있다. 이와 마찬가지로 지난 세기까지 과학자들은 인종적 편견이 당연하다고 주장했다. 그러나 요즘 아이들을 대상으로 한 몇몇 연구에 따르면 인종차별은 결코 아이들 스스로 생각해낸 것이 아니라 어른들이 가르친 것이다. 또한 차별은 힘없는 소수가 힘 있는 다수와 맞설 때 가장 극심해지지만 흑인과 백인의 수가 비슷한 곳에서는 잘 받아들여지지 않는다는 사실이 드러났다.

인간 본성에 대한 생각, 즉 인간다움이란 무엇인가라는 생각뿐만 아니라 동물의 본성에 대한 생각도 바뀌고 있다. 동물들이 생존 경쟁 속에서 오직 자기 자신만 생각한다는 믿음은 도전받고 있다. 몇

몇 종의 경우 지능적으로 협력할 수도 있다는 사실이 발견된 것이다. 예를 들어 흡혈 박쥐조차 무시무시한 명성과는 달리 밤에 먹이 사냥에 성공하면 운이 없어 먹이를 못 구한 다른 박쥐에게 일부를 나누어준다. 흰꼬리딱새는 자기 새끼들만 먹이는 것이 아니고, 어미 새가 새로 낳은 새끼들을 키우는 것을 도와준다. 어쨌거나 인간이나 동물이 본래 선하다 또는 악하다는 식의 논쟁에 매달리는 것은 더 이상 가치가 없다. 더 중요한 것은 인간이나 동물이 너그러워지려고 노력하는 과정에서 배운 교훈이다.

목표를 넓힐 때마다 가정은 새로운 수단을 만들어내야 했다. 예를 들어 가까운 이웃의 도움에 만족하지 못하게 되자 지평을 넓히기 위해 대부모 제도가 고안되었다. 현대적인 것과는 동떨어진 안데스 산맥의 산중에서는 아이들에게 여섯 명이나 되는 대부모가 있고, 그들은 친부모의 부족한 점을 보충한다. 대부모가 되어달라는 요청을 받은 사람은 거부할 수 없다. 대부모는 아이들에게 중요한 행사가 있을 때—네 살이 되어 처음 머리를 깎을 때, 견진 성사 때, 결혼할 때—마다 정해지고, 종교적인 축복을 받고 나면 그들이 실질적인 부모가 되어 부모 역할을 한다. 아버지는 아이의 이력에 보탬이 될 대부를 찾으려고 노력한다. 농부는 도시의 상인들을 찾는다. 그것은 서로에게 이익이 되는 관계다.

이제 다른 사람들에 대한 이해가 큰 목표가 되었으므로 대부모, 대자매, 대형제의 개념은 새로운 의미를 갖게 된다. 과거의 전통적인 체제에서는 각 개인마다 대부나 대모가 있었으므로 다른 형제자매와 대부나 대모를 공유할 필요가 없었다. 또 대부나 대모는 대자의 가정에서 일어나는 일에 거리낌 없이 개입할 수 있었다. 그러나 이제 새로운 의사소통 기술이 발달하면서 예상치 못한 결과를 가져다주었다. 즉 이웃 도시에서뿐만 아니라 세계 어디에서든 서로 관계를 확장하고 돌보고 아끼는 사람들로 이루어진, 또한 지나치게 가깝지 않고 경쟁자가 아니기 때문에 질투보다 너그러움을 먼저 생각할 수 있는 사람들로 이루어진, 종횡으로 교차하는 관계망을 생각할 수 있게 되었다는 것이다. 이것이 인권운동이 필연적으로 지향하는 방향이다. 또 이것은 훨씬 더 원시적 형태의 의사소통의 결과로 만들어진 것이 국가임을 감안할 때 앞으로 국가의 발달만큼이나 중대한 발전으로 판명될 것이다.

서구에는 아이들에게 역할 연기를 통해 다른 사람들을 이해하도록 가르치는 학교가 있다. 그곳은 사실상 가정이란 과연 어떤 곳인지에 대한 생각의 폭을 넓히도록 이끈다. 만약 가정이 편안하고 이해받는다고 느끼는 곳이지만 한편으로는 여전히 사생활과 신비스러움을 간직할 수 있는 곳이라면, 그리고 만약 남들을 돌보고 또 남들의 보살핌을 받는 곳이면서도 한편으로는 홀로 있을 권리를 인정받는 곳이라면, 또한 가정이 모든 사람들이 세우려고 애쓰고 또 무너지는 것을 막기 위해 평생을 바치는 개인적이고도 집단적인 위대한 예술 작품이라면, 만일 그렇다면 물리적 공간으로서의 집과는 다른 의미의 가정을 일구는 기술은 아직도 가야 할 길이 멀고, 여전히 마술의 영역 속에 남아 있다. 본능이나 모방만으로는 가정을 만들기에 충분하지 않다.

사람들이 삶의 방식을 선택하는 방법과
거기에 완전히 만족하지 못하는 이유

꿈과 현실의 불일치에
어떻게 대처해야 할까?

나는 각각 다른 도시에 사는 여섯 명의 여성을 만났다. 이들은 완전히 다른 이야기를 들려주었다. 그들에게 공통되는 것은 무엇일까?

발레리나인 도미니크 르페즈Dominique Lepeze는 좀처럼 말로 자신을 표현하지 않는다. 그녀의 말은 행동이나 태도 속에서 드러난다. 손을 흔드는 동작이나 조그만 몸짓이 그녀에게는 문장을 대신한다. 그녀의 걸음걸이는 문단이다. 그러나 그녀에게는 화술 사전이 없다. 자신이 느끼는 것을 설명해보라고 하자, "내 안에 어떤 조그만 사람이 있어서 내가 입 밖으로 내뱉는 말에 놀라는 것 같아요. '도대체 무슨 말을 하는 거야?'라고 그 사람은 말하죠. 지금 선생님한테 말하면서도 난 참 말을 못하는구나 하고 생각합니다. 선생님은 대단히 교양 있는 분이지만 난 그렇지 않아요." 말없는 사람에게 수다쟁이가 가한 위협은 또 하나의 쓰이지 않은 역사다.

그녀는 열두 살에 춤을 시작했다. 그때까지는 불행했다. "나는 뿌리가 없었어요"라고 그녀는 설명한다. 모로코(그곳에서 그녀가 태어났다)에서 일했던 아버지는 릴이라는 도시에서 노동자로 일하다가 어느 날 사라져버렸다. 그 후 어머니는 다른 남자를 만났지만 이번에는 어머니가 그 남자를 버렸다. 모녀는 툴루즈에 정착했고, 도미니크는 그 도시의 예술학교에 입학했다. "춤추는 것은 내 생활의 전부였고 정말 행복했어요." 열일곱 살 때 그녀는 무대에 섰다. 열여덟 살 때 펠릭스 블라스카Felix Blaska가 춤추는 모습을 보고 스타를 동경했으며, 언젠가 그와 함께 무대에서 춤추는 것이 꿈이 되었다. 돈 한 푼 없이 파리로 가서 오디션에 참가했다. 300명의 참가자 가운데 블라스카가 직접 뽑은 세 명 중에 그녀도 포함되었다. 몇 년 동안 그녀는 매혹적인 무용단의 일원으로서 무대에 섰다. "그 무용단에서는 모두가 다 독무가예요." 그녀는 자신의 아파트를 갖게 되었고 월급도 많이 받고 여행도 자주 다녔다.

그러나 뭔가가 잘못된 것 같았다. 꿈은 실현되었지만 도미니크는 행복하지 않았다. 펠릭스 블라스카는 그 이유를 이해할 수 없었다. 그녀 자신도 이해할 수 없었다. 지금 생각해보면 공무원처럼 정규적인 직업을 갖고 집을 사기 위해 돈을 모으는 일이 그녀의 기질에 잘 맞지 않았던 모양이다. 그녀는 일을 그만두고 나서 뭘 해야 할지 몰랐기 때문에 '모색'을 시작했다. 이탈리아의 극장, 에콰도르의 국립 발레단, 로스앤젤레스에서도 일했고, 인디언 댄스("그 댄스는 이제까지와는 다른 근육을 사용해야 해서 쥐가 났어요.")를 배우려고도 해봤고, 플라멩코 그룹에도 참여했고, 현대 무용단에서 실험도 해봤다. 그러나 여전히 만족할 수 없었다. "춤은 좋아했지만 춤의 세계는 좋아하지 않았죠"라고 그녀는 결론 내렸다. 경쟁과 앞자리를 차지하려는 다툼, 개인적 편견에 사로잡힌 안무가들을 그녀는 좋아하지 않았다. "안무가들은 내게서 극적이고 진지한 면만 이끌어냈어요. 나한텐 희극적인 면도 있는데 전혀 활용하지 않았죠." 그녀에게 춤은 삶의 총체적인 아름다움을 표현하는 것이었다. "나는 공주가 아니에요. 왕자님을 기다리는 여자도 아니죠. 중요한 것은 기술이 아니고 자신을 넘어서는 일이에요. 뭔가 전달하는 것, 그게 중요해요." 그녀가 찾은 자신의 목적을 가장 가깝게 표현하는 단어는 '순수함'이다. 그러나 그것은 동료 무용수들이 이야기하고 싶어 하는 주제가 아니다. 그들은 기술에 대한 끝없는 토론과 비평가들에 관한 쑥덕공론을 더 좋아한다.

어느 날 도미니크는 자신이 더듬어 찾고 있던 그 정의할 수 없는 '순수함'을 어렴풋이 보게 되었다. 크리슈나무르티의 책에서였다. "그는 책 속에서 내게 말을 걸어왔어요." 우연하게도 원래 네덜란드인이지만 프랑스어가 유창한 그녀의 동료―나중에 그녀는 그와 결혼했다―역시 자신의 문제에 대한 해답을 동양의 신비주의에서 찾고 있었다. 그는 그녀에게 요가와 탄트라(힌두교와 불교의 경전―옮긴이), 그리고 현대의 여러 정신적 스승들에 관한 책을 빌려주었다. 피레네산맥에 한 독일인 부부가 운영하는 인도식 공동체 비슷한 단체가 그녀의 관심을 끌었지만 너무 권위적이었다. 그래서 바그완Bhagwan이란 다른 정신적 스승을 찾아갔지만 역시 만족스럽지 않았다. 그는 독일인 부부와는 정반대로 제자들에게 붉은 옷을 입으라는 것 말고는 아무것도 요구하지 않았다. 모든 것을 알아서 하라는 식이었다. 예를 들어 담배를 끊고 싶으면 담배가 입에서 떨어지기를 기다리라고 했다.

마침내 도미니크는 말을 안 해도 통하는 정신적 스승을 찾아냈다. 그는 미국인이었는데 그녀는 영어를 전혀 못했다. 그는 바그완과 달리 인도식으로 옷을 입지 않았다. 바그완은 언제나 아름답게 옷을 차려입었고 아주 잘생겼지만, 언제나 똑같은 말을 하는 것이 단점이었다. 그와는 대조적으로 이 새로운 스승은 약해 보이면서도 동시에 엄청나게 강해 보였다. 컬럼비아대학과 스탠퍼드대학을 졸업한 이

프랭클린 존스Franklin Jones라는 스승은 피지에 본부가 있고 네덜란드와 캘리포니아에 아쉬람ashram(힌두교 은둔자의 암자—옮긴이)을 두고 있는 자유 다이스트 공동체Free Daist Community의 설립자였다. 도미니크의 남편은 헌신적인 추종자가 되었지만 — "남편은 늘 나보다 한 발 앞서 나가요." — 그 스승을 직접 만날 때까지 그녀는 주저했다. 그녀는 그곳에서 영어를 모르는 유일한 학생이었고, 한 마디도 알아듣지 못했지만 강의에 참석했다. 그러나 그녀는 "직관적으로" 매혹되었다. "그는 어느 누구와도 다른 사람이었어요."

남편은 스승의 저서들을 번역하기 시작했지만, 그녀는 자신이 처한 상황을 남편처럼 편하게 받아들일 수 없었다. "나는 늘 의심해요. 넌 지금 재미로 그러는 거야. 도미니크, 도대체 어쩌려는 거야? 하고 혼자 중얼거리죠." 그녀는 끌리면서도 동시에 짜증이 났다. 그들에게는 아이가 있었는데, 남편의 관심은 온통 스승한테 쏠려 있었다. 네덜란드의 아쉬람에서는 공용어가 영어였다. 그러나 그녀는 영어를 전혀 하지 못했다. 더욱이 이 스승은 자아에 대한 지나친 집착에서 해방되려면 그들이 기숙사에서 살아야 한다고 주장했다. 음식도 그녀에게 맞지 않았다. 어쨌든 그녀는 프랑스인이었다. 그리고 그곳의 개심한 사람들은 섹스에 대해 터놓고 이야기하는 집단 토론을 벌였다. "프랑스 여자는 그렇게 못해요. 흥미롭기는 하지만 나한테는 말하라고 하지 말아요. 속이 안 좋아져요. 멋지기는 하지만 난 아니에요. 나한테는 아주 거북해요." 성적 매력이 넘치는데도 불구하고, 그녀는 결국 지방 소도시 출신의 어머니였다. 결혼생활에 긴장이 찾아왔다.

작년에 그들은 피지의 은둔지로 그 스승을 찾아갔다. "화장실은 끔찍했어요. 사방이 진흙투성이였고 개구리들이 다리로 기어 올라왔죠. 정말 싫었어요. 그런데도 마음은 행복했어요. 온갖 두려운 것들을 웃어넘기며 살았어요. 그를 보고 있노라면 마치 사랑에 빠진 것 같았죠. 아침에 일어나면 '선생님이 어디 계실까?' 하고 말하곤 했어요." 그는 방문객들을 만나기는 했지만 말은 하지 않았다. 그녀는 온몸이 마치 감전된 것처럼 소스라쳤다. "그와 있으면 완전히 빠져들었어요. 비록 난 영어를 못하지만, 그는 나를 받아들였어요. 그를 보러 갈 때면 발레 공연을 할 때와 같은 무대 공포증을 느꼈어요. 그러나 나올 때면 마치 날개가 달린 것처럼 완전히 자유로워졌죠. 난 더 이상 두렵지 않았어요. '죽음도 두렵지 않아. 이곳에서 죽어도 행복할 거야'라고 말했죠. 모든 것이 나를 행복하게 만들었어요. 한 달 동안 피지에 머물렀어요. 매일 그를 보지는 못했지만 그의 힘을 느낄 수 있었고 그가 우리와 함께하고 있다는 것을 느꼈어요. 피지에서 춤춘 것은 내게 최고의 기쁨이었어요. 이때까지 내가 한 최고의 공연이었고, 팔레데콩그레에서 공연했을 때보다도 훨씬 감동적이었죠. 그건 정말 사랑이었고 육체로부터의 탈출이었어요. 유명해진다고 해서 행복해지는 건 아니에요. 이제 난 환상이 없어요. 말을 잘 못하기 때문에 다시 춤을 시작할 겁니다. 춤으로 사람들에게 뭔가 줄 수 있겠죠. 언젠가는 선생님을 위해 춤을 추고 싶고, 그의 표정을 보고 싶어요. 나는 오직 그를 섬기는 여자들을 위해서만 춤을 추었거든요."

그러나 도미니크가 가진 문제들이 해결된 것은 결코 아니었다. 그녀는 여전히 당혹스럽고, 그럴 때면 좀 더 초연하게 행동했으면 하고 바란다. 반은 공적이고 반은 사적인 결혼생활이 그녀를 혼란스럽게 만든다. 그녀는 더 이상 남편에게 집착하지 않는다. 그는 무용수로서 그녀보다 더 뛰어난 경력을 쌓을 수도 있었지만—남편은 베자르 무용단의 초청을 받았지만 거절했다. 아마 그녀를 능가하고 싶지 않아서였을 것이다—번역가로 자리를 잡았다. 그러나 그녀는 자신의 미래를 분명하게 볼 수가 없다. "미래에 대해 다시 자신감을 갖고 싶어요."

꿈과 현실의 불일치에
어떻게 대처해야 할까

카트린은 사람들에게 성공하는 법을 가르치고 있다. 그녀가 말하는 성공은 밥벌이를 하고 이윤을 내고 번창하는 것으로, 언제나 돈과 결부되어 있다. 수수한 건물에 있는 조그만 사무실에서 그녀는 사업을 시작하고 싶은 사람들을 대상으로 강의를 한다. 카트린 자신이 관리자이자 강사다. 대부분의 수강생들은 직업이 없다. 그중 기껏해야 3분의 1 정도가 자신의 꿈을 실현할 수 있을 것이고, 또 이들 가운데 꽤 많은 수가 실패할 것이다. 그리고 비록 그녀가 제일 소심한 학생에게서도 열정을 이끌어낼 수 있을 만큼 대단한 열의를 가졌고 또 놀라울 정도로 정확하고 유창하게 프랑스어를 잘하지만, 카트린 자신도 완전히 성공한 편은 아니다. 그녀는 부자도 아니고, 이혼했으며, 논문을 끝내지 못했고, 한때 열망했던 부장으로 승진하지도 못했다. 꿈과 현실의 불일치에 대해 어떻게 대처해야 할까?

그녀의 직업적인 경력의 시작은 아주 유망했다. 권위 있는 그리스 국립은행에서 일하면서 6년 동안 국제 거래 경험을 쌓았다. 그런데 "내가 깨닫지 못했던 재능이 나한테 있다는 사실을 알게 되었어요." 심리 검사 결과 그녀는 산업 연수 전문가가 되기에 적합했다. 그녀는 은행으로부터 지원금을 받고 프랑스에 가서 인력 관리에 관한 연구를 했다. 그렇게 자격을 갖추었음에도 그녀는 승진에서 탈락했다. 그녀에게는 후원이 없었고, 후원 없이는 그리스에서 아무것도 할 수 없다고 그녀는 말한다.

그녀는 연구를 중단했다. 비록 테살로니키에서 프랑스 수녀한테 교육을 받았고 프랑스와 그리스에서 학사학위를 받았지만(그녀는 영어와 이탈리아어도 할 수 있다) 프랑스에서 그녀는 외국인이었다. 소르본대학에서 자리를 구하지 못한 그녀는 지방으로 옮겨갔다. 그러나 연구 책임자는 그녀에게도, 사업에도, 또 연수 과정이 은행의 생산성을 높이는 데 도움이 되는지에 관한 그녀의 연구 계획에도 관심이 없었다. 비록 학위를 받기는 했지만 계획했던 중요한 저술은 끝내지 못했다. 장학금은 떨어졌고, 남편은 그녀를 떠났다. 그녀는 당장 일자리가 필요했다. "나는 공부를 투자라고 생각했고, 이제 그 결실을 얻고 싶어요." 그러나 은행은 아무런 보상도 주지 않았다. 결국 그녀는 은행을 그만두고 어린 아들과 함께 다시 시작해야 했다.

그녀의 현재 직업은 당국을 설득해서 그녀가 만들어낸 것이다. 수요를 창출하는 것, 그것이 기업가가 된다는 것의 의미다. 카트린은 자신이 이룬 것에 자부심을 느끼고 있다. 왜냐하면 그것이 자신이 즐기는 직업이기 때문이다. 게다가 그녀는 캐나다의 프랑스어 사용 지역에서 시작된 새로운 훈련 기법을 도입했다. 그 기법은 경험뿐만 아니라 자신에 대한 깨달음도 강조한다. 그녀의 수업을 들으며 학생들은 그녀가 "셰익스피어식 문제"라고 부르는 것 — 사업가가 되느냐 마느냐—에 대한 해답을 발견한다. 모든 사람이 사업가가 될 수는 없다. 엘리트주의적인 생각에서 말하는 게 아니라고 그녀는 주장한다. 사업을 하려면 자기 자신에게 정직해야 하고, 모험을 감수할 생각이 정말 있는지 스스로에게 물어봐야 한다. 결국 사업은 모험이기 때문이다. 안타깝게도 여성이 남성보다 모험에 대해 소극적이라고 그녀는 말한다. 그것은 교육의 문제다. 프랑스에서 여성이 창업한 회사는 전체 신생 회사의 3분의 1에 못 미친다. 그럼에도 불구하고 그녀가 가르치는 수강생은 대다수가 여성들이다.

제조업이 장기적으로 볼 때 성공할 기회가 더 많은데도 불구하고, 여성들은 제조업보다는 상업이나 마케팅 또는 상담 분야를 더 선호한다고 그녀는 한탄한다. 여성 기술자는 많지 않다. 수강생들 중에도 독창적인 사업을 구상하고 있는 사람은 아무도 없다. 카트린이 그들에게 그런 사실을 말해줄까? 아니다, 그렇지 않다. 그녀는 신중하게 행동해야 한다는 것을 알고 있다. 그녀가 하는 일의 목적은 격려해주는 것이기 때문이다(사람들이 자신을 아는 데는 한계가 있다). 중요한 것은 야심과 의지와 대담성이다. "어려운 일은 없어요. 일을 복잡하게 만드는 건 우리 자신입니다." 그녀는 심지어 자신의 어려움에 대해 열거하면서도 그런 말을 한다.

물론 카트린 스스로도 제조업에 뛰어든 것이 아니고, 전통적인 의미에서 이익을 내는 직업에 종사해본 적도 없다. 그리고 자신의 일이 그녀를 부자로 만들어준 것도 아니다. "부자가 되려고 회사를 차리는 건 아니에요"라고 그녀는 반박한다. 빨리 돈을 벌고 싶으면 석유 사업을 하라. 그러나 사업을 지적인 즐거움과 결합시킨다는 의미에서 그녀의 경우는 만족스러운 결합이다. 그녀가 월급을 받는 고용인이라는 점이 자립이라는 그녀의 이상이나 집안의 전통과 어울리지 않는 것은 사실이다. 프랑스인의 피가 섞인 소아시아 출신의 그리스인인 그녀의 아버지는 시리아 알레포에서 프란체스코 수도사들에게서 교육을 받았다. 소아시아에서 터키인들에 의해 추방된 후에는 그리스 테살로니키에서 방직 회사를 차렸다. 그 방직 회사는 40년 동안 존속했다. 그녀의 어머니는 불가리아에서 식료품 가게를 하는 집안에서 태어났고, 옷을 만드는 작은 규모의 사업을 했다. 그러나 카트린은 비록 월급을 받는 사람이긴 하지만, 적어도 무에서 자신의 직업을 창조해냈다.

그녀에게 프랑스는 제2의 조국이다. 그녀는 프랑스에 완전히 동화되었다고 느낀다. 그녀는 자유롭게 프랑스를 선택했고, 프랑스의 논리를 좋아한다. 그리스에서 고용주들로부터 인정받지 못했기 때문에 원망하는 마음도 있지만 그리스로 돌아갈 수도 있다. 그녀의 아들은 그리스어를 모르고, 영어를 제1외국어로 배우고 싶어 한다. 영어가 사업에 더 유용하기 때문이다. "아들은 나를 닮아 야심이 있어요." 그녀의 남편은 평생을 중등학교 교사로 근무하는 데 만족했다. 그것 때문에 그들은 헤어졌다. 이익을 내는 것에 대해서는 말할 것도 없고, 그는 야심을 이해하지 못했다. 그는 "골수 공산주의자"인데 지금은 재혼했다. 그의 새 아내는 일하지 않는다. 아마 그는 야심이 많은 여자에게 겁을 집어먹은 상태일 것이다. 카트린은 전남편과 친구로 지내고 있으며, 여전히 그의 지적인 면을 존경한다. 그들은 역사와 철학에 대한 열정을 함께 나누었다. 그러나 그는 "실용적인 면이 부족"했다. 부수입을 올리기 위해 그가 할 수 있는 최선의 일은 개인 교습을 하는 것이었다. 야심이 다르다는 것을 미리 알았더라면 좋았겠지만 그리스에는 결혼 전에 동거하는 풍습이 없었다. 그들은 결혼을 하고 한참 뒤까지도 서로를 진정으로 알지 못했다. 또한 계급적 차이를 과소평가했다. 노동자의 아들인 그는 자본가인 그녀의 아버지를 좋게 생각하지 않았다. 그는 현재 아주 행복해한다. 카트린도 현재 상태에 만족한다고 말한다. 그러나 거기에 더해 꿈꾸는 것이 있다. "나와 아들을 위한 꿈을 꾸죠."

인생을 복잡하지 않게 사는 법은 계획하고 조직하는 것이라고 그녀는 말한다. 그녀는 직장 가까이에 살고 있다. 그래야 책을 읽고 요리를 하고(의무가 아니라 소설을 읽는 것 같은 방식으로) 친구들을 접대할 시간이 있다. "나는 우정에 대해 대단한 믿음이 있어요." 친구들은 무엇보다도 정직하다. 친구들이 위선자이고 아첨꾼이라면 아무 소용이 없다. "나는 나 자신에게 무척 엄격해요. 자기비판도 자주 하고요. 자신을 비판하고 남들도 그렇게 하도록 유도하는 것은 바람직한 일이라고 생각해요. 그렇게 되면 사람들에 대해 원한을 갖지 않게 될 거예요. 은행가들이 못되게 굴어 내가 실패했다고 말하지 않게 될 겁니다. 우리는 자기 힘으로 할 수 없는 일이 있다는 것도 이해하게 될 겁니다." 중요한 것은 의지다. 그러나 한편으로는 할 수 없는 일도 있는 법이다. 자신을 안다면 갈등이 없을 것이다. 그러나 그녀가 자신을 잘 알고 있을까? 카트린이 인생을 살아가는 기술은 인생의 복잡성을 깨닫고 또 피하고 하는 것이다. 그녀는 계획의 중요성을 믿지만 새로운 남자를 만나기 위해 의식적으로 노력할 마음은 없다. 그 만남이 우연히 이루어지기를 바란다. 카트린은 우정을 믿지만 가까운 친구는 거의 없다. "죽을 때까지 친구가 충실하기를 바란다면 끝내 친구를 찾지 못할 거예요."

사랑은 생각보다 훨씬 더 양면적인 것이고, 젊은이들이라면 누구나 거쳐 가야 할 단계다. "실수를 하는 것이 중요해요. 어려서부터 철학적 사색에 너무 깊이 빠지지 않는 것도 중요하죠. 실수를 하더라도 거기에서 교훈을 얻는다면 후회하지 않겠죠. 모든 경험에는 긍정적인 면이 있으니까요."

그렇다면 새로운 현대의 영웅인 기업가의 목표는 무엇일까? 그녀의 입장에서 말한다면 "세계를 다시 만드는 것"이 아니라 단지 현재의 세계에 적응하는 것이다. "지금의 세계는 다 이유가 있어 지금의 모습이 되었고, 또 그렇게 나쁘지도 않아요." 한편 그녀는 불평등으로 인해 여성이 고통 받고 있는 건 아니라고 말한다. "그건 피상적인 생각에 지나지 않아요. 문제는 의지입니다. 의지가 있느냐 없느냐가 중요하죠." 그렇다고 해서 의지 덕분에 그녀에게 무슨 기적이 일어난 것은 아니다. 그러나 그녀는 스스로의 의지대로 살고 있다고 생각한다. "자신의 열망과 생각을 인정받은 여성을 존경해요."

카트린은 그리스인일까 프랑스인일까? '유럽인'이라고 그녀는 대답한다. 그녀는 유럽인이라는 것이 현존하는 유럽의 어느 국가와도 전혀 맞지 않는 사람을 의미하는지, 자신처럼 모든 것의 양면을 동시에 보는 사람을 의미하는지 계속 생각해보고 있다. 그리고 많은 실망을 겪었지만 그 실망을 힘의 원천으로 바꾸겠다고 결심한 사람들이 사는 곳으로서의 유럽의 이미지를 마음속으로 그려보고 있다.

인종차별과
가난의 고통을 이겨낸 힘

빅토린의 가족은 모두 머리칼이 검었지만 그녀는 금발로 태어났다. 집안의 비밀이 드러날 위험에 처하게 되었다. 퐁텐블로에 사는 이웃들은 모르는 사실이지만 그녀의 어머니는 2차 세계대전 당시 이곳을 지나가던 독일군 병사의 딸이었다. 그 치욕을 감추기 위해 빅토린은 생후 2주 만에 다른 집에 입양되었다. 그녀의 양부모는 알자스 지방에서 농사짓던 사람들이었다. 그들은 친절했고 그녀를 사랑했지만 그녀가 열두 살 때 자동차 사고로 죽었다. 의붓오빠들은 그녀를 돌볼 수 없다고 말했다. 친부모를 찾아내어 그들과 살게 되었지만 행복한 생활은 아니었다. 그녀는 집을 떠날 수 있게 되자마자 집을 나왔다. 최근에 그녀가 딸 멜로디를 낳았을 때 부모가 찾아와 용서를 빌었다. "부모님께 용서한다고 말했어요. 그러나 마음으로는 용서하지 않았죠. 아마 앞으로도 그럴 거예요. 난 금발이건 빨강머리건 딸을 위해 무슨 일이든 다 할 작정입니다. 어떤 경우에도 변함없이 사랑할 겁니다."

10대에 빅토린은 사회시설에서 5년을 보냈다. 그러나 이런저런 규제 사항 때문에 그녀의 간청에도 불구하고 한곳에 머물러 있지 못하고 이리저리 옮겨 다녀야 했다. 때때로 그녀는 잠자리를 제공받는 대가로 청소와 요리도 해주지만 "사회시설을 옮길 때마다 친구를 잃어버렸어요. (…) 난 정말 외로웠습니다. 그건 아주 힘들었어요. 사회복지사들에게 말해보기도 했지만 아무 소용이 없었죠. 그들은 애정 없이 자신에게 주어진 일만 할 뿐이었어요. 특히 크리스마스 때 여자애들이 엄마 손을 잡고 가게에 들어가 선물을 사는 것을 보면 몹시 우울했죠. 난 뿌루퉁하고 성을 잘 내는 아이가 되었어요. 모든 것이 날 화나게 했고 사람들이 내게 화를 내면 무시해버렸죠. 난 혼자였어요. 만약 열여덟 살 때 당신을 만났다면 아마 한 마디도 안 하거나 문제가 있다는 것을 부인했을 겁니다. 가족이 있다고 거짓말했겠죠." 사무직을 얻기 위한 교육 과정도 이수했지만 아무런 소용이 없었다.

돈 없이 또는 가끔 정부에서 나오는 약간의 돈만으로 살아간다는 것은 범죄자가 될 끊임없는 위협 속에서 산다는 뜻이다. 기차를 탈 때면 그녀는 돈을 내지 않았다. 한번은 카페에서 돈을 내지 않았다가 48시간 동안 경찰서 유치장에 갇혀야 했다. 그녀처럼 불우한 환경에 처한 젊은 남자들로부터 잠자리 유혹을 받기도 했다. "난 싫다고 대답했죠. 20년 또는 그 이상 교도소에서 살고 싶지는 않아요. 사회시설도 거칠긴 하지만 교도소보다는 나을 테니까요. 겁이 나서가 아니에요. 이미 밑바닥인데 더 밑으로 떨어지고 싶지 않았어요. 피임약도 없었고, 임신할까 봐 너무 무서웠어요. 아이마저 불행한 삶을 사는 건 원치 않았죠."

어느 날 길거리에서 그녀는 가방을 도둑맞았다. 그야말로 아무것도 없는 빈털터리가 되었다. 그녀를 담당하던 사회복지사는 더 이상 배급 쿠폰을 주지 않았고, 사회시설에서 나가라고 했다. 그녀는 살아갈 의미가 없다고 생각했다. 삶을 끝내기 위해 루아르강의 다리 아래로 뛰어내릴 생각이었다. 그때 미소가 멋진 키 크고 호리호리한 청년이 지나가다가 멈춰 서서 그녀를 바라보았다. "수영할 줄 알아요?" 그가 물었다.

그 역시 사회시설에서 살고 있었고 직업이 없었다. "나하고 같이 갑시다"라고 그가 말했다. 그는 그녀를 자기가 머무는 사회시설로 몰래 데리고 가서 배급 쿠폰을 나눠줬다. 그들은 이야기를 나누었다. 그는 점잖고 예민했으며, 그녀만큼이나 어떻게 할 수 없는 문제들을 갖고 있었다. "우정이었어요. 우리는 단짝이 되었죠."

파리 19구의 빈민가에서 태어난 앙투안은 브르타뉴 지방 출신인 아버지를 보지도 못했다. 서인도제도의 마르티니크 섬 출신인 그의 어머니는 유방암과 천식을 앓고 있어 그를 유모에게 맡겨야만 했다. "그 유모는 얼굴색이 검은 저를 달갑게 여기지 않았어요." 크리올Creole(서인도제도나 남미 등에 이주한 백인 자손들이 쓰는 언어—옮긴이)을 쓰는 그의 할머니는 신부의 하녀였는데, 그를 돌보다가 과로로 돌아가셨다. 수녀원에서 운영하는 학교를 여섯 번이나 옮겨 다니는 동안 그는 공부하라는 잔소리에 시달렸다. "배우고는 싶었어요." 그가 말한다. 그러나 결코 성공하지 못했다. 그는 자격증이 전혀 없었고, 운전면허 시험에도 네 번이나 떨어졌다. 그러나 그는 놀랄 만큼 따뜻한 마음씨를 가졌고 잘 웃는다. 미래 계획에 대해 말할 때면 엄청난 에너지를 쏟아내면서 말이 빨라진다. 그는 수의사가 되거나, 아니면 자동차 경주 선수가 되는 첫 단계로 화물차 기사가 되고 싶다. 르노 자동차 회사에 취직하려고 해봤지만 "아무런 자격증도 없었기 때문에" 거절당했다. 아니면 말을 길러 경마로 유명세를 얻어 프랑스 대표 선수가 되고 싶다. 그래서 누구한테도 의존하지 않고, 좋은 집도 갖고 싶다. 아니면 서인도제도로 가서 조상들의 땅을 개간할지도 모른다.

앙투안의 열정과 쾌활함에서 좋은 인상을 받은 한 경마 선수가 그에게 일자리를 주었다. 그러나 이내 그의 희망이라고 하는 것들이 환상에 지나지 않았음이 드러났다. 사실 그는 말에 대해 잘 몰랐고, 결국 해고되었다. 그 뒤 운 좋게 슈퍼마켓에 일자리를 얻었다. 그는 지쳐서 집에 돌아온다. "임금이 너무 적어서 더 그래요."

빅토린과 앙투안은 결혼해서 예쁜 딸을 낳았다. 그들은 조그만 도시 외곽의 황량한 동네에 방 두 개짜리 공영주택을 제공받았다. 그 집은 너무 습해서 곰팡이가 피기 때문에 해마다 도배를 새로 해야 한다. 얼마 안 되는 가구는 다른 사람들이 쓰다 버린 것처럼 보인다. 의자의 끈은 끊어지고 덮개는 찢어졌으며 플라스틱 식탁보에는 구멍이 나 있다. 동네 아이들은 그들에게 아침 인사를 하지만 어른들은 거의 하지 않는다. 때때로 아이를 가진 부모들이 딸을 보고 말을 걸지만 딸이 없을 때는 무시당한다. 지난여름에 그들은 디스코텍에 갔다가 입장을 거절당했다. 그녀는 앙투안과 함께 투르 시내에 나가는 게 두렵다. 그들을 쳐다보는 시선들 때문에 "질식할 것" 같다. 사람들은 그들의 딸(딸은 백인이다)이 귀엽다고 하면서 "아빠는 어디 있니?" 하고 묻는다. 앙투안이 자신이 아빠라고 말하면 그들은 등을 돌린다. 앙투안은 인종차별과 르펜Jean-Marie Le Pen(프랑스의 극우 정당인 국민전선의 설립자—옮긴이)의 연설에 "깊은 상처"를 받았다.

"남들이 더 잘사는 데는 신경 쓰지 않아요. 내게는 가정이 있고 집에서는 원하는 일을 다 할 수 있어요." 빅토린은 말한다. 무엇보다도 딸 멜로디가 있어 행복하다. 멜로디는 그들 세계의 중심이고 기쁨의 원천이다. "그래도 가끔 외로움을 느껴요." 그러나 아기와 있으면 외로움도 다 잊는다. 그리고 남편이 비록 자신의 일을 싫어하긴 하지만 아기가 태어나자 "성취감"을 느끼고 있다고 그녀는 생각한다.

아이를 더 낳을 계획은 없다. 남편 혼자 버는 월급으로는 살아가기가 너무 힘들기 때문이다. "우리는 멜로디를 위해 허리띠를 졸라 맸어요. 멜로디가 제일 우선이죠."

자신에게 알맞은 세계를 창조하기

영국에서 염주비둘기는 아주 사랑받는 새다. 그러나 몇 세기 동안 이 새는 오직 아시아에서만 살았다. 20세기 초반에 이 비둘기의 표본 몇 마리가 보스포루스 해협을 건너 발칸반도에 정착했다. 1930년부터 1945년 사이에 이 새는 독일 중부에 서식했고, 1970년 무렵에는 영국과 프랑스 북부와 스칸디나비아 남부에서 흔한 새가 되었다. 이제 이 새는 대서양을 건너 서쪽으로 진출하기 시작했다. 아마 곧 미국에서도 이 새를 볼 수 있게 될 것이다. 전문가들은 세 대륙에 걸친 이 새의 번식을 어떤 유전적인 변화로 설명한다.

파르윈 마호니Parwin Mahoney 역시 세 대륙에 속해 있다. 그녀의 조상들은 원래 인도에서 살다가 동아프리카로 이주했다. 그곳에서 그녀가 태어났다. 열 살 때 그녀는 영국의 기숙학교로 보내졌고, 아프리카에 있는 부모님과는 2년에 한 번씩만 만났다. 그녀는 영국에 정착한 아일랜드의 법정 변호사와 결혼했다. 지금 남편은 프랑스 스트라스부르에 있는 유럽인권법원에서 일하고 있다. 아이들은 프랑스 학교에 다녔다. 장남은 독일어를 제1외국어로 삼았고, 지금은 주말을 제외하고는 독일어와 프랑스어를 함께 쓰는 독일 프라이부르크에 있는 학교에 다니고 있다.

새로운 곳을 찾아 떠나고 싶을 때 사람에게도 새들처럼 여권이 필요 없던 시절이 있었다. 그러나 정부 관리들이 늘어남에 따라 본인임을 확인할 증명서 없이 한 도시에서 다른 도시로 가는 데도 이의가 제기되었다. 프랑스 혁명(1789)은 개인의 자유에 모순된다는 이유로 여권을 폐지했다. 그러나 여권은 슬며시 되돌아왔다. 법에 따라 체포될 수 있다고 경고를 받았지만 19세기에 영국인들은 프랑스에 갈 때 아무 생각 없이 여권 지참을 거부했다. 얼마 동안은 그들에게 유리하게 법이 무시되었다. 1830년 7월 혁명 후에는 정말로 그 법이 폐지되었다. 혁명 당시에는 자유에 대한 믿음이 있었기 때문이다. 그러나 전쟁이 벌어질 때마다 잊혔던 스파이에 대한 두려움이 되살아난다. 그리고 여권이 다시 등장한다. 1872년에 영국인들은 다시 한번 여권을 소지할 필요에서 해방되어 국경을 통과할 때면 단지 서명만 하면 되었지만, 세계대전 때문에 여권 제도는 또다시 부활했다. 오늘날 여권 제도가 살아 있는 이유는 부유한 나라들이 가난한 나라 사람들이 몰려올 것을 두려워하기 때문이고, 독재국가에서는 노예가 된 국민이 자국을 떠나는 것을 두려워하기 때문이다. 그러나 파르윈은 여권을 새의 날개처럼 이용해 우아하게 전 세계를 돌아다녔던 드문 사람들 가운데 하나다.

"영국에 살 때 나는 영국인이라고 느꼈고 영국인으로 받아들여졌어요. 나는 내 아이들을 영국인이라고 생각해요. 우리 집에서는 영어만 씁니다." 스트라스부르에서 아이들은 빵으로 접시를 닦는다거나 빵을 커피에 적셔 먹는다거나 악수하는 따위의 프랑스 습관을 가지게 되었다. 놀 때는 프랑스어를 쓴다. 그러나 집에서는 프랑스어를 쓰지 않는 것이 규칙이다. 장차 그들은 영국의 대학으로 진학할 예정이다.

남들은 파르윈을 어떻게 생각할까? 나는 사람들이 그녀를 "스트라스부르 사람"이라고 하는 소리를 들었다. "내가 있는 곳이 고향입니다"라고 그녀는 말한다. 그들은 본래 스트라스부르에서 몇 년만 살 생각이었지만 남편이 일을 너무 좋아했고 그녀 자신도 유명해져서 훌륭한 스트라스부르 시민이 되었다. 그곳에 도착한 첫 주에 그녀는 유럽평의회에서 만난 모든 사람들에게 직업을 구할 계획이라고 말했다. 그들은 웃었다. 부인들의 경우 가끔 타이프를 치거나 교정하는 일을 맡게 되면 운이 좋은 경우였다. 그녀가 프랑스 친구들을 사귀고 싶다고 말했을 때도 그들은 웃었다. 그녀는 집에 가서 울었다. "이 도시는 아프리카보다도 더 암담한 곳인가?" 알자스 지방 사람들에게 그녀는 어디에도 소용 닿는 데가 없어 보였다. 그들과 섞이려는 온갖 노력은 허사로 돌아갔다. 그녀는 먼저 기선을 잡겠다고 결심했다. "누구도 '외국인 같은데 당신에 대해 알고 싶소'라고 말하지 못하게 할 작정이었죠."

처음에 파르윈과 남편은 이곳 사람들처럼 처신하려고 노력했다. 이곳 사람들의 주요 관심사는 음식이었다. 그들은 먹거나 그렇지 않을 때는 음식에 관해 이야기했다. "영국인들은 주로 농담을 많이 하고, 정치 이야기는 비교적 덜 하죠." 파르윈은 스트라스부르의 부인들처럼 요리를 시작했다. 그녀가 더 잘할 수 있는 것이 없었기 때문이다. "그러나 살이 찌고 돈만 많이 들어갔어요. 우리는 영국식으로 다시 돌아갔죠." 그녀에게 1970년대 중반 당시의 스트라스부르 여성들은 2류 시민으로 보였다. 예를 들어 부동산 중개업자들은 그녀를 진지하게 대하지 않았다. 그래도 그녀는 낙담하지 않고 프랑스어를 배우기 위해 대학에 들어갔다. 거기에서 영어를 가르치라고 권하는 한 여성을 만났다. 영어 수요는 아주 많았다. "말도 안 되는 소리예요. 난 한 번도 가르쳐본 적이 없어요"라고 파르윈은 말했다. 그들은 도와주겠다고 말했다. 그렇게 해서 알자스 지방의 세계가 그녀에게 문을 열게 되었다.

가르치면서 그녀는 친구를 사귀었다. 그러나 셋째 아이가 태어나자 가르치는 일을 그만두었다. 이번에는 학생들이 그냥 놔두지 않았다. 그들은 개인 교습을 받기 위해 집으로 찾아왔다. 결국 그녀는 아이들이 학교에 가 있는 동안 낮에 문을 여는 영어 공부방 같은 것을 차리게 되었다. 그녀의 집은 변호사, 의사, 칵테일파티를 위해 영어를 배우려 하는 여인들, 가격을 불문하고 한 달 만에 영어를 배우고 싶다는 남자 등 온갖 직종의 사람들이 만나는 장소가 되었다. 언어 치료사와 상담을 했던 어느 세무사는 자신이 "영어를 전혀 알아듣지 못한다"는 소리를 듣고, 그녀를 찾아와 '210시간 만'에 영어를 마스터했다.

모든 일의 중심에는 가족에 대한 애정이 있다. 가르치는 일도 가족을 돌보지 않아도 되는 시간을 이용한다. 그러나 수강생이 많아서 준비할 게 많다. 사람들은 그녀에게 피곤해 보인다거나 결혼생활에 문제가 있느냐고 묻는다. 사실 남편이 도와준 덕분에 이 모든 일이 가능했다. 만약 그가 슬리퍼와 저녁을 요구하는 이 도시의 다른 남자들과 같았더라면 이 일을 할 수 없었을 것이다. "만약 내가 저녁에 나갈 일이 생기면 폴에게 '아이들 밥 좀 먹이세요'라고 부탁하죠.

그러면 그는 '걱정 말고 잘 갔다 와' 하고 말해요. 프랑스 남편이라면 이럴 거예요. '뭐, 나하고 같이 안 나가는 거야?' 아니면 밥을 차려달라고 말할 겁니다. 프랑스 남편에게 샌드위치를 먹으라고 할 수는 없어요." (프랑스 사람들은 샌드위치에 대해 대놓고 자랑하지는 않지만 만약 샌드위치 월드컵이 있다면 프랑스인과 미국인이 챔피언 자리를 놓고 경쟁할 것이다.)

일에 욕심을 부린 것도 아닌데 이제는 일이 너무 많아 문제다. 파르윈의 유일한 소망은 가족의 성공이다. "내가 일을 해서 가족을 먹여 살리는 건 아니에요. 일에 전부를 바칠 수는 없죠. 일은 잊어버리고 가족과 지내고 싶어요. 너무 많은 것을 희생할 생각은 없습니다." 그러나 그녀 역시 과학 기술의 덫에 걸릴 위험이 있다. 돈을 투자해 시각 교보재나 슬라이드 프로젝터나 복사기를 갖추어야 할 것 같고, 가르치는 일을 진짜 사업으로 만들고, 도움을 받고, 전문가로서 조언을 해주어야 할 것 같다. 그렇게 되면 그녀가 어느 정도 자유를 갖게 될까? 걱정거리를 더는 것이 그녀가 바라는 유일한 변화지만 그녀는 사업을 확장할 생각을 하고 있다.

지금 그녀는 남편이나 남편의 동료들과 지적으로 대화하는 문제가 걱정이다. 그 일이 과학에 관한 아이들의 질문에 대답해주는 것보다 더 어렵다. 아이들의 경우는 질문을 받기 전에 먼저 어린이 과학 잡지를 보면 된다. 그녀는 지금 억지로 마틴 에이미스Martin Amis의 《돈 혹은 한 남자의 자살 노트》를 읽고 있다. "집중이 안 돼요. 그래도 끝까지 읽을 겁니다. 난 결심하면 꼭 하거든요. 또 대화를 하고 싶기 때문에 그 책을 읽을 거예요." 그전에 그녀는 《허영의 불꽃》을 읽었다. 일단 줄거리를 알고 나면 별문제가 없다. 그리고 실망스럽지만 놀랄 일도 없다. "먹고사는 일에서 벗어나고 싶어요. 일은 고달

파요. 저녁때만이라도 좀 한가했으면 좋겠어요."

파르윈은 자신에게 맞는 세계를 창조해냈다. "나는 늘 그렇게 해왔어요"라고 그녀는 말한다.

남들이 건드릴 수 없는
자아를 창조하는 일

금세기가 과거 여러 세기와 가장 다른 점은, 남편을 찾는 것보다 자신을 찾고 싶은 젊은 여성이 많다는 점이다. 윤기흐르는 긴 머리칼을 늘어뜨린 코린은 비싼 샴푸 광고 모델이 아니라 두 가지 얼굴을 가진 사람이다. 생각에 잠길 때 그녀의 얼굴은 우아한 베일이 된다. 사람들은 그 얼굴 이면에서 격렬한 정신적 곡예가 벌어지고 있는 중이라고 추측할 수 있을 뿐이다. 때때로 그녀는 웃는다. 그러나 그것은 모나리자의 반쯤 웃는 미소가 아니라 무릎을 구부리고 몸을 살짝 숙이는 여성들의 인사와 같은 것이므로, 그녀의 생각이 여러분의 생각과 함께 춤출 준비가 되어 있다고 말하는 것 같다. 그리고 자신이 어떤 생각을 하고 있는지 너무나 알고 싶었기 때문에 남들이 무슨 생각을 하고 있는지 알아내는 것이 자연스럽게 그녀의 직업이 되었다.

그녀는 특히 아이들이 무슨 생각을 하는지가 가장 흥미로웠다. 그래서 코린의 첫 직업은 심리치료사였다. 말하거나 걸으려 하지 않는 유아를 도와주는 것이 그녀의 일이었다. "걷기 위해서는 어디론가 가고자 해야 하죠"라고 그녀는 말한다. 이 말이 꼭 아이들에게만 적용되는 것은 아니다. 서서히 그녀는 왜 자신이 아이들에게 그토록 관심을 가졌는지 그 이유를 발견하게 되었다. 어렸을 때 그녀는 남의 말을 귀담아들어야 한다고 느꼈다. 그러나 누구도 그녀의 말을 들어주지 않았다. 어른들은 그녀에게 이것도 해서는 안 되고 저것도 해서는 안 된다고 말했다. 모든 것이 위험했다. 나중에야 그녀는 자신이 어른을 모범으로 삼아 훈련받아왔다는 사실을 깨달았다. 그런데 막상 어른이 되어보니 어른은 존경의 대상이 되기에는 너무 이기적이고 가치 있는 모델이 될 수 없다는 생각이 들었다. 어른들이 가르쳐준 의문의 여지가 없는 진실이라는 것은 존재하지 않으며, 그것은 텅 빈 상자와 같고, 이 세상은 어른들이 말하는 것처럼 그렇게 단순하지 않다는 사실을 깨달았다. 그녀는 어린 시절 실컷 놀지 못한 것이 후회스럽다. 지금 그녀는 깨어진 어린 시절의 조각들을 찾고 있는 중이다. 그리고 자신의 일을 통해 남들도 그렇게 하도록 도와주고 있다. "어른들이 아이들의 말을 경청하도록 만들고 싶어요."

그러나 아이들이 꼭 말해야 하는 것이 무엇인지는 분명하지 않다. "아이들은 수수께끼예요." 그녀의 견해에 따르면 세계는 수수께끼로 가득 차 있다. "타인이란 존재는 알아도 알아도 끝이 없죠." 그녀 자신도 하나의 수수께끼다. "나 자신을 들여다볼 때도 이해할 수 없는 부분이 있고, 어느 누구도 그것에 대해 내게 말해줄 수 없는 것이 있다고 느껴요. 획일성이 제일 두려워요. 마치 우리가 다 똑같은 것처럼 하나의 틀 안에 갇히고 수동적이 되고 의존적이 되어서는 안 된다고 생각해요. 내 목표는 내 안에서 무엇인가를 찾는 것인데 만일 내가 획일적이 된다면 그렇게 할 수 없겠지요. 그렇기 때문에 수수께끼가 되는 데서 에너지를 얻어요. 나 스스로 나 자신을 위한 토대를 쌓고 있다고 믿어요. 내가 뭔가 새로운 것을 창조하고 있는 중이라고 확신합니다. 과거에는 나 자신이 두려웠고, 또 남들의 동조를 얻지 못해 내 존재가 사라져버릴까 봐 두려웠어요. 그러나 지금은 남들이 건드릴 수 없는 자아를 창조하는 일이 중요하다는 것을 알고 있어요."

실패를 두려워하거나 압박감으로 상처 받은 아이들을 돌보는 일을 하면서 코린은 기적적인 치료를 베풀거나 부모가 할 수 없는 일을 할 수 있다고 증명하려 들지 않는다. "부모들을 비난하는 게 아니에요. 부모가 없다면 아이는 들짐승이나 마찬가지이므로 아이한테는 부모의 보호가 필요하죠." 그녀는 아이를 힘들게 만드는 것이 무엇인지 안다고 주장하지 않는다. 아이에게 "자, 우리 힘을 합쳐 뭐가 문제인지 알아보자꾸나. 우린 언제나 다른 길을 찾아낼 수가 있어"라고 말할 뿐이다. 아이 스스로 그 길을 찾을 수도 있다. 참을 수 없는 것이 무엇인지 아이가 말로 표현할 필요는 없다. 놀면서도 그렇게 할 수 있다.

그녀는 아이와 놀아준다. 예를 들어 아이가 엄마 흉내를 내는 것을 보면 그 어머니에 대해 많은 것을 알 수 있다. 중요한 것은 일을 여러 가지 다른 방식으로 해보려고 노력하는 것이다. "함께 노력하는 거죠. 아이가 혼자 할 수 있어서 내가 곁을 떠나도 된다면 성공한 거예요." 아이는 가능성으로 가득 차 있고, 어른들이 분명히 알고 있는 것보다 더 많은 것을 어른들에게 가르쳐줄 수 있다.

개인 생활에서도 코린은 실패에 대한 두려움에 빠져 있다. 설사 실패를 해도 그것이 치명적이 되지 않도록 조심스러운 태도를 취한다. 그녀는 한 동료와 사귀었다. 그는 각자의 목표에 누가 먼저 도달하는지 보기 위해 경쟁심을 자극했다. 그녀는 그것을 견딜 수가 없었다. 그는 그녀가 협조하지 않는다고 항의했다. 그녀는 그가 한 몇 가지 일에는 감탄했다. 하지만 "그런 일들이 내게는 낯설었고 맞지도 않았어요. 무엇보다 난 똑같은 길을 가고 싶지 않았어요. 그에게서 나 자신을 볼 수 없었죠." 하루는 그가 물어보지도 않고 어떤 회의에 함께 참석해 연설해달라는 초대를 받아들였다. 똑같은 경험을 하는 것이 중요하다고 그는 말했다. "그 일 때문에 우리 사이가 갈라졌죠. 내 목소리는 멀리까지 들리지 않아요. 나는 글 쓰는 건 좋아하지만 출판하는 건 좋아하지 않죠. 그는 청중을 상대로 연설하는 것을 즐기고 또 잘해요. 나는 달라요. 나는 다른 잠재력을 갖고 있죠. 나는 경쟁을 피하고 싶어요. 진다고 해도 진 이유를 생각하면서 계속 일해나갈 수 있어요. 승자에게는 언제나 도전하는 패자들이 있죠. 그래서 승자는 자신의 발전을 위해서가 아니라 남들과 맞서는 데, 자기 자리를 유지하는 데 에너지를 써야 해요."

모든 사람이 다 변할 수 있고 또 변하기를 원하는 것은 아니라고 그녀는 말한다. 변화는 익숙한 것으로부터 멀어진다는 의미이기 때문이다. 각자가 변화를 할지 말지를 결정하도록 내버려두어야 한다. 변화를 원하는 사람은 자신이 완벽하지 않다는 사실을 알고 있다. 그들은 혼자서는 변할 수 없으며, 도움이 필요하다는 사실을 알고 있다. 그녀의 경험에 따르면 교육을 많이 받은 사람일수록 도와주기가 힘들다. 글을 모르는 사람들과 일할 때 돌아오는 것이 가장 많다. 그것은 마치 애정을 주고받는 듯한 느낌을 준다.

"늘 똑같은 삶을 반복하는 것이 두려웠고, 또 실제로는 변하지 않았는데 변하고 있다고 생각하는 것이 두려웠어요. 확신을 잃어버리고 결국 환상마저 완전히 깨졌을 때 위기감을 느끼고 변화하고자 노력해요." 그녀의 인생에서 첫 번째 변화는 일을 시작했을 때, 두 번째 변화는 친구와 헤어져 사랑하고 일하는 능력에 대해 회의를 느꼈을 때 일어났다. 심리치료사라는 새로운 직업을 갖고 1년 동안 단련한 것이 그녀의 처방이었다. 그래서 다시 신념이 생겼지만 모든 것이 해결되지는 않았다. "성취해야 할 무엇이 있다고 느끼지만 그게 뭔지는 모르겠어요." 그녀와 마찬가지로 모든 현대인들이 그런 가사의 노래를 부른다. "우리는 늘 선택할 수 있어요"라고 그녀는 주장하지만 선택해야 할 문이 너무 많은 것이 문제다. 전에는 전쟁을 치름으로써 사람들은 공동체 의식을 다질 수 있었다. 코린의 부모 세대는 1968년의 신화를 가지고 지탱했다. 자기 세대는 명백한 목표가 없다고 그녀는 말한다. 그러나 오늘날의 학생들을 보며 그녀가 느끼는 점은, 그들이 서로 다르다는 것을 인정하고 나서 공통적인 무엇인가를 찾으려고 노력한다는 것이다. 차이를 인정하는 것, 그리고 다르다고 인정받는 것이 그녀의 출발점이다. 지금까지 그녀는 어른들보다는 아이들에게 그 사실을 더 쉽게 적용할 수 있었다. 여전히 어른들은 자기 내면에 있는 아이 같은 면을 더 강화하도록 배워야만 한다.

인생에서 무엇을 원하는지 모를 때

프랑스어판 《글라무르Glamour》에는 모델과 옷과 유행하는 것에 관한 수백 장의 사진 가운데 아주 어울리지 않는 기사가 하나씩 실린다. 그것은 철학자나 역사학자 또는 인류학자가 기고한 글로서, 삶이란 진정 무엇인가를 설명하려고 시도하는 기사다. 안 포라Anne Porat는 위대한 지성들을 찾아가서 그들이 써야 할 주제를 신중함과 유머를 섞어 말해준다. 어떻게 그녀는 독자들이 흥미를 느낄 거리를 알고 있을까? 어떻게 그녀는 독자들이 듣고 싶어 하는 이야기를 들려주는 것일까? 아니면 독자들에게 어떤 생각을 불어넣고 싶은 것일까? 그녀는 어떤 생각을 전하고 싶은 것일까? 이런 것들은 해서는 안 될 질문이다.

안 포라는 평생 여성 잡지를 사본 적이 없다. "나는 여성 잡지를 사는 사람을 별로 높게 평가하지 않아요."《글라무르》에서 독자의 취향을 알아보기 위해 설문 조사를 한 적은 한 번도 없다. 그 잡지는 예술 작품이고 그것을 이해하느냐 못하느냐는 독자의 몫이다. 그녀는 만화 잡지《아 쉬브르A Suivre》의 편집인인 장-피에르 무쟁Jean-Pierre Mougin과 살고 있다. 역시 유명한 만화 작가인 그의 친구 마르탱 베롱Martin Veyron은《글라무르》의 편집인인 안 샤르볼Anne Charbol의 남편이다. 만화 작가와의 관계는 우연이 아니다.《글라무르》의 파리판은 어떤 면에서 볼 때 독특한 프랑스 만화 잡지들의 연장선상에 있다. 이 만화 잡지들은 세상에 대한 초연한 태도에 느긋한 지혜와 위트의 결합으로 대단한 인기를 누리고 있다. 안 샤르볼은《엘르》부편집인을 지냈으며, 세상사를 너무 진지하게 대하지 않는 기술을 연구해《글라무르》의 성격을 바꿔놓았다. 이 잡지의 패션 관련 사진은 만화에 해당하는 것이다.《글라무르》에 기고하는 사람들은 결코 어떤 것도 당연하게 받아들이지 않는다.

안 샤르볼이 직접 쓴 특집 기사인 〈벌거벗은 남성Un homme mis à

nu)은 저명인사와의 인터뷰다. 허락을 받으면 나체 사진을 찍지만 그 사람의 영혼을 통째로 드러내는 것은 허용되지 않는다. 그녀의 일은 풍자와 말장난을 곁들인, 재치 있지만 의도적으로 천박한 언어를 사용하는 놀이다. 그것은 인간관계를 풍자시의 형태로 바꾸는 기술이고 파리지앵의 말투로 하는 놀이라고 볼 수 있다. 이 잡지는 최신 속어를 써서 심지어 직원들도 다 이해하지 못한다. 그것이 가진 효과는 멋진 개인의 세계, 사적이고 배타적인 집단, 꿰뚫어보아야 할 개인적인 언어가 있으며, 그것을 아는 사람은 남과 다르다는 느낌을 주는 것이다.

안 포라는 독자에게 엄격하다. 독자와 많은 것을 공유하고 있기 때문이기도 하고, 자기 자신에게도 엄격하기 때문이다. 그녀가 가진 문제는, 그녀가 교육을 받았고 지적이고 주의 깊고 자의식이 강해 고통을 겪고 있지만, 동시에 진정한 자기확신이 없다는 점이다. 만약 그녀가 프로이트를 믿는다면 부모에게 책임이 있는 셈이다. 그러나 그녀는 프로이트를 믿지 않는다. 더 이상은 믿지 않는다. 그녀의 말에 따르면 자신감이 없는 것은 누구의 잘못도 아니며, 빨간 머리를 인정해야 하듯 단순히 인정해야 하는 사실이다. 그리고 그로 인해 일어나는 재난을 줄이려고 노력하고, 확신에 찬 사람들이 그렇지 못한 사람보다 더 잘사는 건 아니라는 믿음을 갖고 자신을 위로해야 한다. "나는 거의 대부분의 시간을 두려움을 갖고 살아요. 나 자신에 대해 하루 종일 불평을 하죠. 서른 살이 될 때까지 산다는 건 영원한 도전이었고, 나 자신과 고통스러운 갈등을 겪었죠. 지금은 조금 나아졌어요."

그녀는 여러 가지 해결책을 시도했다. 그녀는 교육 수준이 매우 높은 집안 출신이었고 집안에서는 아무런 억압도 받지 않았다. 그래서 대학에 들어가는 데 전혀 어려움이 없었다. 그러나 열여덟 살 때 그녀는 심지어 지금보다도 더 자기가 인생에서 무엇을 원하는지 몰랐다. "정신적으로 큰 혼란에 빠져 있었고, 그때 페미니즘이 때맞춰 내 앞에 나타났어요." 잘생긴 외모를 의식적으로 경시하면서 그녀는 페미니즘의 대의를 위해 싸웠다. 그것이 가져다준 긍정적인 결과는 이제 여성들이 출신 성분이나 신이 내린 권리에 따라 갖는 특권이 아니라 자신의 노력과 장점을 통해 획득한 특권을 누리고 있다는 것이며, 이것은 남자가 모르는 즐거움이라고 그녀는 말한다. 그래서 여성들은 더욱 격렬하게 새로운 경험을 찾아 모험을 한다고 느끼면서 자신이 살아 있다는 사실을 즐길 수 있다. "우리는 과거에 여성 억압의 상징이었던 것들, 예를 들면 요리나 꽃에 대한 관심을 감미로운 즐거움으로 바꿔놓았죠." 그녀는 그런 섬세함이 없는 남자들이 불쌍하다.

다른 한편 그녀는 페미니즘을 통해 인간이라는 존재에는 남성과 여성 두 가지 종이 있다는 사실을 확실히 알게 되었다. "그래서 더 좋다고 생각해요. 소통이 불가능하다는 뜻은 아니에요. 두 종 사이에는 어쨌든 이해가 결핍되어 있어요. 사랑의 결합이 아무리 강해도 남성과 여성은 서로에게 남인 거죠. 오직 여성끼리만 말할 수 있는 이야기가 있어요. 그건 전혀 잘못된 것이 아니죠. 차이가 있어서 풍요로워지고 흥미로운 거잖아요. (…) 의문이 들 때면 '내가 그를 사랑한다면 그는 사랑할 만한 거다'라고 생각하며 진정하려고 하죠." 그러나 그것은 바꾸어 말하면 남성이 여성에게 확신을 갖도록 돕는 일이 쉽지 않다는 뜻이다. 이제는 여성 스스로 자신의 문제를 풀어야 하기 때문이다. 그런데 앞으로 여성이 무슨 일을 해야 하는지 그녀는 생각할 수가 없다. 여성에게는 "여성 특유의 태도가 있는데 여성은 그것에 대해 깊이 생각하지 않고 통설에 만족하며 자기들끼리 주고받는 일화나 사소한 몸짓으로 치장하려고 하죠"라고 주장하면서도, 그녀는 자신이 무엇을 하려는 것이고 어디로 가고 있는지 정식화할 수 없다는 데 대해 고민하고 있다. 오늘날 여성 문제의 해결책이 무엇인가를 숙고할 때면, 거의 조건 반사적으로 그녀는 "우리는 싸워야 한다"라고 답변한다. 그러나 "내게 힘이 있다면 싸우겠어요. 그러나 성공할 수 없을 것이기 때문에 실제로는 싸우고 싶지 않아요"라고 곧 덧붙인다.

안 포라는 존경하는 사람들의 인정을 받으려고 노력함으로써 확신이 부족하다는 자신의 문제점을 해결하려고 시도했다. "일과 관련해 고통스러운 점은 내가 직업인으로서 인정받지 못했다는 거죠." 그래서 그녀는 권위와 성취감이 자동적으로 따르는 예술 서적의 편집자가 되어 서로 찬탄을 주고받는 사교계 사람들의 소용돌이 속으로 들어갔다. 지금 그녀는 실수했다고 생각한다. 그것은 피상적인 해결책에 지나지 않았다. 사교계에서는 끊임없이 주목을 받는 만큼 쉽게 비판의 대상이 되고 늘 재치가 있어야 하며 절대로 바보같은 말을 해서는 안 된다. 그런 생활은 끊임없이 움직이지 않고는 살 수 없는 사람들, 전화가 끊긴 세상을 공포영화처럼 느끼는 사람들에게나 맞는 것이다.

"그러나 나는 달라요. 나에게는 정말로 혼자 있는 시간이 필요해요." 현재 그녀는 사무실에서 한 시간 반 정도 거리에 있는 시골의 주택으로 이사해서 일주일에 며칠만 출근한다. 꽃과 새에 둘러싸인 채 피곤한 줄도 모르고 하루에 열 시간 일할 수 있다. 아니면 적어도 과거와는 다르다. 주위에 사람들이 많을 때 느끼는 초조감이 없다. 그녀는 정원을 바라다볼 수도 있고, 가족에게 잘해주려고 노력할 수도 있다. 사회적인 자극은 파리에 있는 며칠 동안 받는 것으로 충분하다. 그러고 나서 누에고치와 나무에게로 돌아온다.

그래도 이 전원의 즐거움이 조금 걱정이 된다. 이기적으로 보이기 때문이다. 당위와 현실 사이의 괴리에 대해서는 눈을 감는 것이 우리가 할 수 있는 전부라고 가끔 생각하지만, 그것이 완전히 가능한 적은 거의 없다. 모든 것에 대해 다시 생각하고 또 유행하는 견해들을 일소하기 위해서는 폭넓은 지성이 요구되지만, 자신에게는 그것이 없다고 말한다. "만약 그런 기회가 온다면 그것도 좋겠죠. 그러나 혹시라도 그런 기회를 만들지는 않겠어요. 자신을 피고석에 앉히고 스스로 질문해대는 건 피곤한 일이에요. 예상 못했던 일에 대처하는 것도 마찬가지로 피곤해요. 아는 사람들과 함께 있어도 피고석에 있는 것은 마찬가지지만 그래도 훨씬 나아요." 스무 살 적에는 예측할 수 없는 세계에서 살 수 있었다. 그러나 이제 사람을 새로 아는 것도 피곤하다. 일을 하기 위해서는 매일 다시 적응해야 한다. 많은 것을 함께 나누며 지내는 사람들이 있는 집으로 돌아온다는 것은 얼마나 큰 위안인가. "일하면서 계속 새로운 것을 보기 때문에 새로운 것에 대한 흥미가 줄었어요. 집에서는 인생의 더 깊은 면으로 돌아갈 수 있어요. 완벽을 향한 투쟁에서 벗어나 편한 친구들과 시간을 보내면서 애정의 표시로 오후 내내 저녁 준비만 할 수도 있죠." 창조성이라는 것은 자신의 야심 밖이라고 그녀는 주장한다. 주위 사람들을 괴롭히지 않고 자기 남자와 잘 지내면 그것으로 족한 것이다.

그녀에게 집에서의 삶은 일터에서의 삶과 완전히 다르다. 파리에서는 도시의 불꽃을 터뜨리지만 그 재가 떨어지기 전에 시골로 달려간다. 현대인의 삶은 이처럼 두 세계에서 사는 것이다.

그것은 또한 《글라무르》의 편집인에게도 해당한다. 교양과 자기발전과 성취와 강력한 개성의 표현 사이의 이해관계는 불확실성에 의해 서로 균형을 유지하고 있다. 안 샤르볼은 자신의 잡지와 인터뷰하는 유명 인사들에게 단호하다. 어떤 내용이 실릴지 절대로 미리 알려주지 않는다. 그녀의 점성가만이 이 규칙에서 유일한 예외였다. 그 점성가에 대해 그녀는 거의 종교적인 존경심을 갖고 있다. 그 점성가는 옛날에 철학 교수였는데, 말하자면 시대가 바뀐 것이다.

인생을 여행하는 첫 번째 길은 복종하고 현재의 인생을 받아들이는 것이다

인간은 지금까지 고통을 줄이면서 생존하는 가장 좋은 방법을 찾으려고 시도하는 가운데 여섯 가지 교훈을 추출해냈다. 인생을 여행하는 데는 여섯 가지 방식, 여섯 가지 형태의 교통수단이 있다는 결론이 나온 셈이다. 이 가운데 어느 한 가지 방식을 뚜렷하게 선택했다는 것이 이 여섯 명 여성들의 공통점이다. 그들은 마치 버스, 기차, 비행기 등을 선택한 뒤, 그 선택을 고수하는 것이 가장 좋다는 결론을 내린 것처럼 보인다. 어떻게 살 것인지에 대해 조언해주는, 세상에서 제일 인기 있는 도덕 철학은 모두 이 여섯 가지 방식 중 하나다. 하지만 각각 자기 철학만이 올바른 해답을 갖고 있다고 믿기 때문에, 지상에서의 삶을 살아가는 여행자들에게 이 모든 가능성에 대한 선택권을 주는 여행자 안내소 같은 것이 지금까지 없었다. 수천 가지 방법이 있는 것처럼 보이고, 역사는 시도해봤다가 폐기 처분된 다양한 조언들의 거대한 쓰레기장으로 보이지만 사실상 대부분의 조언은 이 여섯 가지 가운데 하나였다.

첫 번째 길은 복종하고 남들의 지혜에 경의를 표하고 현재의 인생을 받아들이는 것이다. 과거에 아마 대다수의 인간은 이 방법으로 여행했을 것이다. 종종 그럴 수밖에 없기도 했지만, 그것이 마음에 평화를 주고 이웃들과 조화를 이루고 산다는 안도감을 주었기 때문이다. 그것을 의심하는 사람들을 확신시키기 위해 쥐 실험이 이루어졌고, 대결을 피하는 쥐들이 지배하는 쥐들보다 더 건강하고 스트레스를 덜 받는다는 사실이 드러났다. 지배하는 쥐들은 마치 착취당하는 쥐들이 복종하기를 그만둘까 봐 걱정하고 있는 것처럼 경직되어 있다. 인간들 또한 제대로 숙면을 취하려면 스스로 내리는 결정의 수를 제한해야 했다. 영국인의 3분의 1이 책임을 지기보다는 남들의 지시를 받는 것을 더 좋아한다는 앞에서 인용한 통계(3년에 걸친 조사로 확인된 것이다)를 제외하고는 아직 얼마나 많은 사람들이 이 전략을 선택하는지 보여주는 조사는 없다. 복종이 그렇게 끈질기게 살아남은 이유는 모든 문제를 스스로 결정하기란 불가능하고, 그래서 대부분의 사람들이 말이나 행동에서 어느 정도는 순응주의자로 남아 있기 때문이다.

복종하기가 쉬운 적은 결코 없었다. 그리고 그것은 점점 더 어려워지고 있다. 선택의 범위가 넓어지고 있기 때문이다. 많은 사람들은 종교가 단순히 규칙을 따르는 문제라고 믿어왔다. 그러나 그것은 단지 시작에 지나지 않는다. 어떤 정신으로 규칙을 따르는가 하는 문제가 더 중요하며, 가장 신앙심 깊은 사람들은 그 어려움을 의식하고 있는 사람들이었다. 그들이 추구하는 완벽에는 한계가 없다. 모든 종교에서 때때로 사소해 보이거나 또는 진부해 보이는 세부 사항을 놓고 내분을 벌였다는 사실은 전혀 놀라운 일이 아니다. 그러나 종교에서는 모든 세부 사항이 다 중요하다. 이슬람교는 복종의 종교다. '이슬람'이라는 단어는 신의 의지에 '복종'한다는 뜻이다. 그러나 그것은 또한 화해를 의미하기도 하는데, 화해는 끊임없는 노력을 요구한다. 오늘날 기독교가 300개가 넘는 교회로 분리되어 각자 다른 방식으로 복종하고 있다는 것이 단지 고집을 부리는 것만은 아니다.

궁극적으로 각 개인이 믿고 있다고 고백하는 특정한 종교나 이데올로기는 그 개인이 어떤 사람인지에 대해서보다는 어떻게 그 종교나 이데올로기를 실천할 것이냐에 대해서 더 많은 것을 말해준다. 신앙을 받아들이고 거기에 대해 의문을 갖지 않는 사람들은 그 신앙이 무엇이건 간에 많은 공통점을 갖고 있다. 다른 한편으로 종교는 불복종, 이 세상에 대한 거부, 더 나은 어떤 것에 대한 추구이자 영원한 자기 탐색을 의미할 수도 있다. 발레리나인 도미니크 르페즈가 서양의 유산에 등을 돌리고 동양 철학을 향해 나아갔을 때, 그녀는 복종을 통해 그것과는 정반대인 자유를 얻겠다고 반발하는 동시에 또 희망했던 것이다. 그러나 그녀는 아직도 자신을 괴롭히는 불확실성으로부터 자유를 찾지 못했다.

다른 사람의 인정을 바라고 그들과 똑같이 행동하는 식으로 예절이나 유행의 규칙에 복종하는 종교에는 그 추종자만큼이나 거기에 속아 넘어가는 사람도 많다. 정확하게 남들이 하는 것이 무엇인지, 획일성의 이면에 어떤 거짓말이 숨어 있는지, 또는 무엇에 자신을 맞추어야 하는지 아는 것이 점점 더 어려워지고 있다. 사람들은 어떤 큰 결정을 내림으로써 자신의 문제를 풀 수 있다고 믿고 싶어 했지만, 그것이 아직도 매일 내려야 하는 수많은 작은 결정들을 제거할 수는 없었다. 일단 복종의 버스를 타면 그것은 언제나 멈춰 서는 곳이 많고 내리고 싶은 유혹을 자주 받는 여행이 된다.

인생을 여행하는 두 번째 방법은 협상을 통해 가장 좋은 조건의 거래를 이끌어내는 것이다

두 번째 여행 방법은 협상을 통해 인생에서 가능한 가장 나은 거래를 이끌어내는 것이다. 옛날이나 지금이나 이교도들은 이 방법을 선호하고 실천했다. 오늘날 많은 사람들이 아직도 로마인들처럼 처신한다. 그들에게 이 세상은 자신에게 해가 되거나 도움이 되는 힘으로 가득 차 있고, 그 힘의 도움은 돈으로 살 수가 있다. 자신의 욕망을 달성하기 위해, 현대적인 말로 하자면 성공하기 위해 치러야 할 최소한의 희생이 무엇인지, 가장 낮은 가격이 얼마인지 아는 것이 기술이다. 거래는 일종의 즐거운 게임이고 현대의 어떤 경쟁자들은 아직도 그렇다고 생각한다. 로마인들은 맛있는 음식으로 가득한 연회를 베풀어 신에게 제물을 바쳤고, 다른 신을 믿는 동료들과 사귀고 또 영향력을 행사했다. 바쿠스 신은 거의 친구에 가까운 존재였다. 그들은 개인적인 믿음에 대해 따지지 않았다.

단순하게 이익을 교환하는 대가로 의식을 치르는 것이 그들의 종교였다. 인간이 협상하는 기술을 통해(그리고 신들에게 약간의 도움을 받아) 성공할 수 있다고 주장했다는 점에서 그들은 독창적이었다. 반면에 다른 종교나 철학은 도덕과 정의에 대한 거북한 질문을 하거나 그렇지 않으면 모든 것이 통제할 수 없는 힘에 의해 결정된다고 확신했다(아직도 많은 사람들이 이런 견해를 갖고 있다).

협상가가 되기로 선택한다면 자신이 성공할 수 있는지에 대한 걱정은 사라진다. 이제는 모든 사람들이 평등하게 성공할 수 있는 권리를 갖기 때문에 개인적인 성공은 사회적인 평등, 즉 민주주의가 추구하는 목표가 된다.

그리고 그것은 내세를 기다릴 필요 없이 현세에서 이루어질 수 있는 것이다. 개인적 욕망에 충실한 이교도적인 체제는 유럽과 아메리카가 고대 로마로부터 물려받은 가장 영향력 있는 유산이다. 정권을 잡고 있는 사람들은 더 이상 자신이 신이라고 주장하지는 않지만, 아직도 과거 이교의 신들이 그랬던 것처럼 제물을 바친 대가로 호의를 베풀고 두려움을 없애주고 안전을 약속하는 한편 또 약속을 깨기도 한다. 문제는 자신의 욕망이 무엇인지 알기가 어렵고, 그 욕망이 충족되어도 만족감을 느끼기 어렵다는 점이다. 안전이란 돈으로 사기 어려운 것이다.

하늘에 기꺼이 거래를 주관하는 신들이 있다는 믿음을 잃어버리게 되면, 특히 경쟁적인 협상에서 실패했을 때 다음 번 협상에서 이길 가능성이 종종 줄어들게 된다는 것이 거래에서의 문제점이다. 그런 경험을 한 사람은 이길 수 없다고 절망하게 된다. 그러면 자신이 원하는 것에 대한 대가로 남들에게 무엇을 제안해야 할지 더는 모르게 되고, 너무나 많은 사람들이 아예 경매에 나설 기회조차 갖지 못하게 된다. 이것은 만약 우리가 직접 자동차를 운전하기로 했다면, 아무런 안전 보장도 없으므로 결국에는 누군가가 자기 차를 들이받고 말 것이라는 가능성을 완전히 무시할 수는 없는 것과 마찬가지다. 사업의 전문가인 카트린은 협상가로서의 삶이 자기에게 맞지 않다는 사실을 알게 되었고, 그래서 승리할 필요가 없는 다른 세계에서 위안을 찾아야만 했다.

인생을 여행하는 세 번째 방법은
다른 사람의 시선이나 비판에서 벗어나
자신만의 사생활에 집중하는 것이다

세 번째 선택은 자신의 정원을 가꾸면서 지도자, 경쟁자, 훔쳐보는 이웃을 자신의 세계에서 내쫓아버리고 사생활에 집중하는 것이다. 처음에는 사생활 같은 것, 즉 대중의 시선과 대중의 끊임없는 비판에서 벗어나는 피신처 같은 것이 없었다. 그런데 중산층이 이러한 비밀을 가꾸는 일을 시작했다. 더 많은 것을 혼자 간직할수록 자신의 재산이나 취미에 대한 시기나 질투를 피할 가능성이 더 많아지고, 조심스럽게 갈고닦은 자신의 대중적 이미지를 보여주게 되면 존경을 받는다고 그들은 생각했다. 자기만의 방은 독립선언이 되었다. 연인들은 사랑하는 사람을 은밀히 결정할 때까지 공식적인 결혼식을 연기했다. 사생활 속에서는 자기만의 생각도 할 수 있고 실수를 해도 비난받거나 경멸받지 않을 수 있는 것이다.

자기만의 정원을 가꾸는 사람들은 이 거대한 세상이 그 어느 때 보다도 더 복잡한 양념들로 들끓도록 내버려둔다. 그들에게 민주주의는 보호비조로 낸 세금의 대가로 얻게 되는 간섭받지 않을 권리를 의미한다. 정치적인 토론은 더 이상 의미가 없고, 정치인들은 권력의 환상에 취해 있는 무대 위의 꼭두각시로 간주된다. 간통이나 음주 습관 또는 이웃과의 언쟁조차 콤소몰Komsomol(구소련의 공산청년 동맹─옮긴이)의 회합에서 공개적으로 논의되는 공산주의 세계에서도 사생활은 정부의 압력, 동료의 호기심, 가정에서의 괴롭힘에 대항해 서서히 전진해 나아갔다. 오늘날 모스크바나 상트페테르부르크에서는 주민의 오직 10분의 1만이 규칙적으로 이웃을 만나고 있다. 프라이버시는 자신이 선택한 사람들만 만난다는 의미다. 그 밖의 나머지 사람들은 프라이버시의 가장 위대한 수호자인 텔레비전의 유령이나 신으로만 존재한다.

자기만의 정원을 가꾸는 것은 빅토린이나 앙투안처럼 잔인한 세상에 둘러싸여 있다고 느꼈던 사람들이 자유를 향해 첫걸음을 내딛는 방식이다. 그러나 사생활의 추구, 특히 여성의 사생활 추구에는 몇 가지 문제가 있다. 일을 그만두고 집안에 들어앉아 진정 자신이 원하는 것을 할 여유가 생기면 때때로 그들은 사생활이 감옥이 될 수도 있다는 것을 알게 된다. 자기만의 이익을 위해 정원을 가꾸는 것은 마침내 나무에서 열매가 열렸을 때 어떻게 해야 할지 모르는 것과 같다. 빅토린과 앙투안은 일시적이긴 해도 자신만의 세계라고 부를 수 있는 조그만 세계를 발견하고 거기에서 만족감을 얻었지만, 그들의 삶은 자신들을 위한 것이 아니라 딸을 위한 것이었다.

우리가 이 세상 모든 것으로부터 우리를 떼어놓을 배를 탄다면,

그 배가 목적지 없이 떠내려간다고 해도 그건 우리가 선택한 일이라고 상상할 수 있다. 그러나 그것 역시 하나의 목적이며, 배를 조종하지 않겠다거나 닻을 내리지 않겠다는 사람들은 놀랄 만큼 드물다. 평생 자기 자신의 일에만 신경 쓰겠다고 생각할 수도 있겠지만, 그런 삶에 성공하는 것은 궁극적으로 성인이나 현자가 된다는 뜻이고, 그들조차 어떤 면에서는 남들에게 유용한 존재가 되겠다는 야심을 갖고 있다. 자기 자신이 유일한 관심사가 될 만큼 흥미로운 인간은 결코 없다.

인생을 여행하는 네 번째 방법은 지식을 찾는 것이다

네 번째 방법은 지식을 찾는 것이다. 누구나 지식을 얻을 수 있다는 생각은 최근에 생긴 것이다. 대부분의 역사에서 지식은 비밀스럽고 귀한 것이었다. 그리고 이 선택된 소수에게만 전해지는 비의적인 유산은 전문성과 신비로움이라는 이상을 꿈꾸면서 모든 직업이 스스로를 보호하기 위해 만들어낸 전문 용어 속에 살아남아 있다. 지식은 아직도 자신의 꼬리를 먹고 있는 뱀이다.

인도는 약 5세기에서 11세기 사이에 거의 인류의 반을 차지하고 있었고, 세상에서 가장 좋은 음식과 옷을 먹고 입을 정도로 충분한 지식을 쌓았다. 좀 더 낫게 살려는 모든 사람들이 인도를 부러워했으며, 인도의 면화와 쌀과 설탕을 얻으려고 애썼다. 인도는 아마도 모든 시대를 통틀어 가장 중요한 과학자, 즉 아홉 개의 숫자와

0을 가지고 수를 세는 체계를 발명해낸 무명의 수학자를 배출했다. 그러나 힌두교는 진정으로 가치 있는 유일한 지식은 욕망을 없애는 지식이며 개인이란 미몽에 지나지 않음을 보여주는 지식이라고 가르쳤다. 지식으로 고통을 없앨 수는 없다고 힌두교는 주장했다. 이와 비슷하게 최초의 기술 문명을 발전시켰던 중국도 송나라 시대(960~1279)에 100만 명의 군대를 보유하고 있었고 1년에 1600만 개의 화살촉을 생산할 수 있는 세계 최대의 철 산업을 갖고 있었지만, 가장 유능한 사람들 대다수가 단지 시험에 통과하거나 통치 규칙을 암기하기 위해 지식을 습득했다. 배움은 반복, 복제, 정신의 마비로 타락을 되풀이했다. 아랍인들은 훗날 아메리카 발견을 가능하게 했던 과학을 발전시켰고, 지식이란 본질적으로 국가 간의 협력을 통해 추구되어야 하는 것임을 최초로 깨달았으며, 수없이 여행을 한 이븐 이스하끄 후나인 박사의 지도 아래 9세기에 세계 최초의 번역 아카데미를 세웠고, 바그다드를 지적 토론의 국제 도시로 만들었지만 나중에는 상충하는 지식에 지치고 화가 나서 수 세기 동안 호기심을 억제했다.

서구 세계가 지식의 즐거움을 발견하는 데는 아주 오랜 시간이 걸린 것처럼 보일지도 모른다. 그것은 그리스인들에 의한 화려한 지식의 불꽃놀이가 끝난 후에 기독교가 박애를 가장 중요한 미덕으로 삼았기 때문이다. 사람이 산을 움직일 지식을 가졌다 하더라도 소용없었다. 사도 바울은 사랑 없이는 "저는 아무것도 아닙니다"라고 말했다. 루터는 이성을 "악마의 창녀"라고 불렀다. 다른 사람들도 똑같은 태도를 취했다. 학문을 숭상했던 중국인들 가운데서도 노장 철학의 신봉자들은 지식을 습득하면 행복을 잃게 된다고 말했다.

지식을 찾는 즐거운 여행은 가능하다. 그러나 어쩌면 기차가 목적지를 잊어버리거나 더 이상 움직이려고 하지 않아 옆 선로로 대피하게 될 가능성이 많다. 지식 그 자체만을 추구하는 것은 지식을 얻고자 하는 목적을 결정해야 하는 곤란함을 피해가는 또 하나의 방법이다. 파르윈 마호니는 외국어를 배우고 싶어 하는 학생들을 찾는 데 어려움이 없을 것이다. 그리고 그들은 그 지식으로 사업을 시작한다. 그러나 파르윈 자신은 다른 모든 직업적인 지식 상인들과 마찬가지로 지식만으로는 충분하지 않다는 것을 알고 있다.

인생을 여행하는 다섯 번째 방법은 자신의 모든 것을 다 드러내놓고 말하는 것이다

다섯 번째 방법은 말하고 자신의 의견을 밝히고 자신을 남들에게 드러내고 자신의 모든 비밀과 의식적이고 무의식적인 환상들을 표현함으로써 자신의 우울을 제거하고 위선과 체면을 깨뜨리면서 나아가는 것이다.

그것은 마치 주변을 다 돌아보면서 만나는 사람마다 손을 흔들면서 자전거를 타고 여행하는 것과 같다. 말에 대한 신뢰를 갖기 위해서는 우선 말의 사용이 위험하다는 믿음, 그리고 수메르인들이 믿었던 것처럼 말이 "지구를 떨게 하는" 신이 내뿜는 숨결의 일부라는 신앙을 극복해야 한다.

카리브해 동부에 있는 나라 앤티가바부다에서는 말이 때때로 일종의 음악으로 취급되었다. 사람들이 자랑하거나 욕하거나 말다툼을 하는 것은 각각의 음조로 "소음을 만드는 것"이라고 일컬어졌다 (셰익스피어 시대에는 '소음'이 싸움이나 악단의 듣기 좋은 소리 둘 다를 의미할 수 있었 다). 말은 말하는 사람에게서 나오기 때문에, 그 말을 들어줄 사람이 꼭 필요한 것은 아니다. 그래서 여러 사람이 동시에 말할 수 있고 누구나 그 무리에 합류해 바로 말을 시작할 수 있다. 하지만 반드시 그 주제가 같은 것도 아니고 사람들이 다 들어주는 것도 아니다. 아무도 듣지 않으면 그는 자신의 말을 반복할 것이고 마침내는 사람들이 그의 말을 들어주거나 그가 포기하게 된다. 사람들은 기분이 좋을 때 자랑한다. 그리고 노래를 하거나 또는 권투 선수 무하마드 알리나 베오울프나 바이킹들이 그랬던 것처럼 자신의 감정을 분출시키면 더욱 기분이 좋은 것이다.

20세기는 통신과 정보의 새로운 시대가 왔음을 선포하고 녹음기를 만들어 말에 영원성을 부여했으나, 말의 큰 문제, 즉 내 말을 들어줄 사람을 어떻게 찾을 것이냐는 문제에 대처해야 한다는 사실을 잊고 있다. 나무 꼭대기에서 지저귀는 새처럼 더욱더 많은 사람들이 주로 자기 자신에 대해서만 말하는 것으로는 충분하지 않기 때문이다. 대부분의 말이 묵살되거나 오해되는 것을 볼 때 다른 어떤 동물보다 우월하게 소통할 수 있다는 인간의 자부심은 사실 껍데기에 지나지 않는다. 성적 좌절은 말을 듣는 사람의 냉담한 반응에 비하면 아무것도 아니다. 자신의 말을 들어주고 이해하는 사람을 찾고자 하는 코린은 결코 외로울 수가 없다.

인생을 여행하는 여섯 번째 방법은
창조적인 존재가 되는 것이다

인생의 여행을 위한 이 다섯 가지 교통수단은 실망도 주지만 나름의 매력을 갖고 있다. 그리고 그보다 훨씬 덜 시도되었던 여섯 번째 방법, 즉 "창조적인 존재가 되는 것"이 있다. 이것은 마치 로켓을 타고 여행하는 것과 같다. 본래는 신만이 창조자였고, 그래서 창조자는 곧 신을 의미했다. 1870년대에 이르러서야 보통의 인간에게 적용되는 '창조적'이라는 단어가 프랑스 속어 속으로 들어와 예술가들에 의해 사용되었다. 살롱의 대중은 이 예술가들을 이해할 수 없었다. 단지 몇몇 집단에 한정되었지만 독창성이 그 가치를 인정받고 나서야 창조적 개인이라는 생각이 가능하게 되었다. 다른 모든 사람들의 오류를 증명했기 때문에 오늘날 존경을 받고 있는 과거의 천재들은 예외 없이 살아 있는 동안에는 고통을 겪었다. 그러나 창조성이라는 이상은 빠른 속도로 퍼지고 있다.

프랑스의 남녀 젊은이들에게 가장 이상적인 직업을 물었을 때 거의 절반이 자신의 예술적이고 창조적인 면을 발휘할 수 있는 직업을 원했다. 돈, 여가, 안정이 아니었다. 18~24세 프랑스 여성을 대상으로 한 다른 조사에서 32퍼센트는 언론인, 30퍼센트는 예술가, 29퍼센트는 변호사, 26퍼센트는 조그만 회사의 사장, 25퍼센트는 광고회사 사장, 25퍼센트는 의사, 19퍼센트는 과학자, 18퍼센트는 가정주부, 13퍼센트는 영화배우, 12퍼센트는 은행이나 금융 기관의 중역, 8퍼센트는 기술자, 7퍼센트는 연예인, 그리고 5퍼센트는 정치인이 되기를 원했다. 오늘날의 젊은이들은 외로운 순교자의 삶을 동경하지 않는다. 또한 모차르트가 그랬던 것처럼 죽음이 "우리 존재의 진정한 목적이며 (…) 진정한 행복의 열쇠다"(1767년 4월 4일)라고 말하지 않는다.

그러나 몇 년 전에 팔레스타인의 출판업자인 나임 아탈라Naim Attallah는 여성 그 자체를 이해하고 싶어 여러 나라에 걸쳐 300명의 성공한 여성들과 인터뷰를 했다. 그 결과 그는 "여성이 남성보다 더 흥미롭다고 생각하게" 되었다. 이는 예상하지 못한 결과였다. 여성들은 모두 다른 의견을 갖고 있는 것처럼 보였다. 그러나 이들은 한 가지 점에서 의견이 일치했다. 즉 여성은 창조적이지 않거나 아니면 적어도 여성이 천재가 되는 경우는 거의 없다는 것이다. 여성들은 자신의 에너지를 분산시키며 너무 관능적이고 현재의 세계에 만족하고 남자만큼 용감하거나 무자비하거나 불안정하지 않다는 것, 창조성은 남성에게 주어진 임신의 대용물이며 임신은 여성의 모든 창조적 충동을 고갈시킨다는 것이 그 이유였다. 아탈라가 인터뷰했던 한 여성은 말레이시아와 나이지리아와 영국에서 교육을 받은 이집트 여성이었는데, 여성이 남성보다 집주인으로서, 어머니로서, 친구로서, 사교성에서 더 창조적이라고 말했다. 그러나 이 말이 칭찬이 될 수는 없다. 이 말은 여성의 삶을 풍요롭게 만드는 것이 여성 삶의 핵심적 측면이라기보다는 보조적 특징에 지나지 않다는 생각을 드러내기 때문이다. 따라서 이 말을 강조하는 것은 지혜롭지 못한 일이다. 여자는 여자처럼 행동해야 한다는 압력에 굴복하라는 의미이기 때문이다.

정직하다면 의심할 바 없이 대부분의 남성들도, 사회적으로 순응해야 한다는 압력 때문에 창조성이 억압받는다거나 창조성에 필요한 한결같은 마음이 없다거나 여가나 가족 또는 자신의 일에 너무 몰두해 있다는 식으로 창조성에 대해 여성들과 비슷하게 조심스럽게 대답할 것이다. 너무나 많은 사람들이(안 포라처럼) 자신이 원하는 수준에 이를 수 없다고 걱정한다. 그러나 창조성과 관련된 큰 문제, 즉 창조성이 누구나 그 가치를 인정하거나 또는 이해할 수 있는 성취를 이룰지 또는 창조성을 가장한 모방에 불과한지 확증할 수 없다는 문제는 여전히 남아 있다. 그래서 한 단계 더 나아가야 한다.

세상 사람들은 지금까지 배우자를 찾는 것과 똑같은 방식으로 삶의 여행 수단을 대해왔다. 마술처럼 사랑에 빠지는 순간을 기다렸다가 그 순간이 평생 지속되리라는 희망 속에 정착하는 것이다. 고대 인도에서처럼 결혼생활이 평균 7년 정도만 유지된다거나, 벨에포크(아름다운 시대)라고 불리는 19세기 말 프랑스의 번영기처럼 15년 동안만 함께 지내는 것이 당시 부부들이 기대할 수 있던 최선이라면 그것도 그렇게 나쁜 방법은 아니다. 그러나 삶이 거의 1세기 동안 지속된다면 평생을 똑같은 버스를 타고 여행하고 싶은지, 아니면 충만한 인생을 살기 위해서 여섯 가지 방법이 다 필요한지, 아니면 그것조차 불충분한지 다시 생각해봐야 할 때다.

탈것을 결정했다고 해도 아직도 어디로 가야 할지 결정하는 일이 남아 있기 때문이다.

사람들이 서로
우호적으로 대하게 된 경위

만남의 기술은 그 긴 역사에도 불구하고
아직 완벽과는 거리가 멀다.

"힘든 어린 시절을 보냈지만 아직 어떤 지독한 불행도 받아들일 수 있어요." 이런 확신이 아직 채 열여덟 살도 안 된 아프리카 출신의 프랑스 여성인 프랑신에게는 마치 집의 토대를 다지듯 의도적으로 자신감을 쌓는 토대다. 자신의 경험을 냉정하게 꼼꼼히 생각해보고 불행이 평생 지속되지 않는다는 사실을 분명히 하는 것이 그녀의 방법이다.

그녀는 부모가 이혼한 후 사회시설로 보내졌지만 부모님을 원망하지 않는다. 어머니한테 문제가 있었다고 그녀는 말한다. 어려운 시절을 한탄하는 대신에, 프랑신은 정말 많은 일이 있었음에도 그 모든 것을 이기고 살아남았다는 데 놀라며, 앞으로 마주치게 될 어떤 더 많은 적의에도 대처할 수 있다고 느낀다. 과거에는 이 정도의 자신감이 없었다. 그러나 그녀는 혼자이기 때문에 지금까지 자신에 대해 많은 생각을 해왔고 스스로 결론을 내려왔다.

"모든 것을 내 힘으로 이루었어요." 그녀에게는 친구가 없다. "내가 만나는 열 명 가운데 단 한 명 정도가 나에게 관심을 가질지 모르죠. 그것도 아주 약간의 관심이죠. 어느 정도 커서 내가 관심을 가졌던 사람은 단 세 명뿐이에요. 그들이 다 친구가 된 건 아니고요." 그 중 한 명은 친구라고 부를 수 있을지도 모른다. 그러나 친구라는 표현이 너무 강해서 그녀는 급우라는 말을 더 좋아한다. "내가 까다로워서 그런 건 아니에요"라고 그녀는 주장한다. 단지 적당히 원만하게 지낼 사람을 찾는 것만으로는 충분하지 않기 때문이다. "만약 어떤 남자나 여자가 아무 나쁜 짓도 하지 않았다면 그 사람과는 같이 지낼 만하지 않겠어요? 나는 나쁜 사람은 없다고 전제하고 시작해요." 그러고 나서 그녀는 그 이상의 사람, 즉 단지 재미있기만 한 것 이상의 사람을 찾는다. "재미는 내 프로그램의 일부에 지나지 않아요."

그렇다면 그녀의 프로그램은 무엇일까? "나는 토론하는 걸 좋아해요." 만약 프랑신에게 친구를 선택하는 어떤 기준이 있다면, 첫 번째는 깊이 생각하는 것을 좋아하고 다양한 주제에 대해 이야기할 수 있어야 한다는 것이다. 그리고 어떤 "공범 관계" 같은 것이 반드시 있어야 한다. 그 말은 서로 너무 닮지도 않고 완전히 반대도 아닌 그 중간의 어떤 것으로서, "의기투합"할 수 있어야 한다는 것이다. "가장 중요한 것은 가치관이에요. 나는 가치 있다고 여기는 것이 광범위해서 누구한테든 잘 맞을 겁니다." 친구라면 무엇보다도 요구가 많아야 하고, 자기 자신을 뛰어넘도록 서로를 자극해야 한다. 그녀는 이해관계를 따지는 사람을 친구로 받아들이지 않을 작정이다. 만남은 "꼭 이거구나 싶게" 이루어져야 한다. 평소 깊이 생각해왔던 만큼 그녀는 이러한 요구 사항들을 막힘없이 제시했다.

어떤 남자애도 그녀에게 다가오지 않았다. "난 남자애들을 좀 거리를 두고 봐요." 그 문제에 대해 그녀는 두 가지로 설명한다. 무엇보다도 그녀는 자신이 따뜻한 사람이 아니라고 말한다. 그건 집안 내력이라고 생각한다. 학교에서 여자애들은 만나면 서로 입 맞추지만 그녀는 기껏 해야 뺨을 내밀 뿐이다. 그러나 그것은 바뀔 수도 있다. "그건 단지 습관일 뿐이에요. 나한테는 따뜻함이 없고 또 그 이유도 알고 있어요. 그래서 노력하면 고칠 수 있다고 생각해요." 더 고치기 힘든 것은 다른 약점이다. 그녀는 정신적으로도 육체적으로도 느리다. 밥도 너무 느리게 먹는다. 그래서 항상 식사를 가장 늦게 끝내는 사람이다(그래도 점점 나아지고 있다). 더 나쁜 것은 생각도 느리다는 것이다. "성적표에 그렇게 적혀 있고 사람들도 그렇다고 말해요. 그러니 믿을 수밖에요." 이 점을 인정하면서도 그녀는 자신에겐 겸손하지 못한 단점도 있다고 믿는다. "최근에 잘난체한다는 소리를 들었어요." 의도적으로 쌓아온 자신감 때문에 공격받는다면 다시 자신감을 쌓는 일이 결코 쉬울 리가 없다. "지금의 내 모습 그대로를 좋아해요. 꽤나 자기도취에 빠져 있죠." 과거에는 그렇지 않았다. 그러나 프랑신은 자기가 살아남았다는 사실에 대해 개인적으로 좋은 점수를 주고 있었고, 서서히 자신에 대한 평가를 높여왔다. 그럼에도 불구하고 그녀는 자신이 깨닫지 못하는 단점이 또 있을지도 모른다고 생각한다.

그녀에게 친구가 없는 또 다른 이유는 학교 자체가 새로운 친구를 사귀는 것을 방해하기 때문이다. 이 학교 저 학교, 이 반 저 반으로 옮겨 다니는 아이들은 새로운 친구들을 사귀기가 어려울 수밖에 없다. 자기 반은 특히 배타적이라고 그녀는 믿고 있다. 같은 반인데도 말 한 마디 나눠본 적이 없는 아이들도 많다. 공부를 잘하는 아이들은 못하는 아이들을 도와주지 않는다. 소심한 아이들은 유행을 좇는 아이들과 거리를 유지한다. 단둘이 있을 때가 아니면 실질적인 대화는 거의 없다. 그녀도 1년 전 다른 반에서 같이 앉았던 여자애와 2인용 책상을 함께 쓰고 있다. 그 애와 특별히 친해서라기보다는 남들도 그렇게 하기 때문이다. 그리고 그렇게 짝을 지었기 때문에 다른 짝들과는 차단된다.

그래도 프랑신은 반장에 선출되었다. 인기가 있어서가 아니라 그녀가 "매력적인 신사 양반"이라고 비꼬아 부르는 교장 선생이 학생들의 의사를 무시하고 몇 가지 강좌를 폐지하려고 했을 때 그녀가 제일 큰 소리로 항의했기 때문이다. "나도 모르는 사이에 주목을 받았어요. 반장이 되고 싶어서가 아니라 선출되었다는 게 기뻐서 반장직을 받아들였죠." 그것을 그녀는 조금 창피하게 생각하고 있다. 같은 반 아이들은 그녀에 대해 잘못 판단하지 않았다. 선생님의 수업을 아무도 이해하지 못하면 프랑신이 용감하게 나서서 말했다. 선생님은 그 비판을 선의로 받아들이지 않았다. 프랑신의 성적은 곧 떨어졌다("어떤 점수를 받을지는 저도 알아요"). "반 전체를 대표해서 말했다는 사실은 무시하고, 마치 다른 애들보다 머리가 나쁘다는 듯이" 선생님은 계속해서 그녀에게 이해했냐고 물었다. 그러나 반 아이들은 그녀의 노력에 대해 고맙다는 말 한 마디 하지 않는다. "몇몇 친구들은 자신들이 해야 할 일을 내가 대신 해주길 기대하기 때문에 저한테 불만이 있을지도 몰라요. 저는 그 애들에게 분수를 알게 해주죠." 그러나 학급 회의를 지켜본 선생님들은 그녀가 훌륭한 반장이라는 것을 알 거라고 그녀는 믿고 있다. "옹호할 만한 아이들을 옹호하기 때문이에요." 그녀의 결론은 "잘하는 것도 있다"는 것이다.

프랑신은 누구를 자기 행동의 모범으로 삼을까? 그녀에게는 모델이 없다. 문학 작품에 등장하는 어떤 인물도 정말로 매력적이지는 않았다. 문학 작품 속 인물들을 열거하면서, 보바리 부인은 결코 모델이 아니라고 그녀는 말한다. 메리메Prosper Mérimée의 콜롱

바Colomba(19세기 프랑스 단편소설의 거장 메리메의 작품 《콜롱바》의 여주인공. 복수를 위해 오빠에게 살인을 교사한다―옮긴이)는 몇 가지 자질을 갖고 있지만 역시 모델이 아니다. 정치인들도 그녀에게는 영웅이 아니다. 그러나 틀림 없이 그녀가 존경하는 사람이 있지 않겠는가? 그렇다. 재촉을 하자 그녀는 자크 랑이라고 인정한다. "그는 진지하고 정직하고 성격이 강해 보여요. 모든 사람의 말에 귀를 기울이고 무엇보다도 좌파예 요." 그에게도 어떤 단점이 있을까? 그녀는 단점을 찾을 수 없다. 그 녀가 도저히 존경할 수 없는 정치인으로는 누가 있을까? 랑을 제외 한 나머지는 다 나약하고 변명에 여념이 없다. 그들과는 대조적으로 랑은 정력적이고 가치 있는 명분을 위해 싸우고 훌륭한 일을 해내 고자 하는 것으로 보인다. 정치인으로만 보이지 않는다는 것이 그의 장점이다.

자크 랑은 언제나 모든 종류의 차별을 비난했다. 프랑신은 다시 고독한 사색을 통해 인종차별에 대한 견해를 내놓았다. "그 문제에 대해 나름의 생각을 갖고 있어요." 그녀는 르펜에 대해 격분하지만, 그의 지지자들은 인종차별주의자라기보다는 오히려 어리석은 사람 들이라고 생각한다. 그들은 깊이 생각하지 않는 사람들이다. 일자리 를 찾지 못하면 이민자 탓이라고 말한다. 아니면 파리 지하철에서 겪은 불쾌한 경험 때문에 잘못된 결론을 내린 사람들이다. 아니면 그들은 오직 자신의 안락만을 생각하는 부자들이다. 좋은 사람들을 만날 수 있었더라면 그들도 좋은 사람들의 진가를 알았을 것이다. 프랑신은 인종차별을 일상생활의 일부분으로 간주한다. 그것은 대 처해야만 할 무엇이다. 어릴 때 그녀는 주로 남자애들과 싸웠다. 남 자애들이 여자애들보다 더 인종차별적이기 때문이다. 그러나 그녀는 잘해나갈 수 있다고 느낀다.

비록 많은 생각을 해왔지만 프랑신은 종종 "나는 이런 점에 대해서는 자문해보지 않았다"라는 식으로 스스로 묻고 답한다. 더 단순한 생활방식과 더 많은 자연과의 접촉(그러나 그녀는 도시를 좋아한다), 그리고 더 느린 생활―그녀는 기꺼이 세탁기를 포기하고 직접 손으로 빨래를 할 용의가 있다―에 대한 어렴풋한 향수는 별개로 치고 그녀는 제3세계에 대해 흥미를 느끼고 있지만 그것은 "문제점을 제외한 제3세계"에 대한 흥미다. 그 문제점을 어떻게 제거해야 하는지 그녀도 모른다. 그녀는 심리치료사가 되고 싶다. 자신이나 어머니에 대해 더 잘 알고 싶어서가 아니다. 그녀는 자신과 어머니에 대해 충분히 알고 있다고 느낀다. 단지 공부의 즐거움을 느껴보고 나중에 남들을 돕고 싶기 때문이다. 그러나 그녀의 목표는 아주 구체적이다. 그녀는 행복해지기를 원한다. 그렇다고 해서 남들이 말하는 행복을 원한다는 뜻은 아니다. 사람들이 행복이라고 부르는 것은 그녀에게는 단지 '잘사는 것'에 지나지 않는다. 그녀의 관심을 끄는 경험은 "잠깐 동안 유지될 뿐이지만 이따금씩 찾아오는 절정"으로서 '황홀함'에 더 가까운 것이다. 스스로 유발할 순 없지만 "그것을 자극하는 것"은 가능하며, 그녀는 가정을 가짐으로써 그것을 성취하고자 한다.

프랑신에게 가정은 남편과 아이들과 좋은 집, 그리고 온 가족이 활짝 꽃을 피우는 것을 의미한다. 그러나 그녀 자신의 가정을 포함해서 많은 가정이 불행하지 않은가? 그렇다. 그러나 다시 그녀는 지성으로 이 문제를 해결할 수 있다고 믿는다. "한 번도 보지는 못했지만 아이들이 자신의 문제에 대해 말할 수 있는 그런 가정이 있을 거예요. 부모는 아이들의 문제를 해결해줄 수 있어야 해요." 그녀의 집에서는 토론이라곤 아예 없었고 어머니가 언제나 옳았다. 급우들과도 가정에 대해서 얘기해본 적이 없다. 그들은 그런 문제에 관심이 없고 오직 사회적인 성공에만 관심이 있다. 그러나 모든 희망을 가정에다 두고 있지는 않다고 프랑신은 주장한다. 그녀에 따르면 사람들은 자신이 원하는 것이 행복이라는 사실을 깨닫지 못하고 있다. 하지만 그녀가 원하는 것은 행복이다. 가정은 단지 행복을 위한 수단에 지나지 않는다. 만약 가정이 도움이 안 되면 그녀는 다른 길을 통해 행복을 찾을 것이다.

프랑신은 또한 실패할 준비도 되어 있다. 철학은 그녀가 가장 좋아했던 과목이다. 철학 덕분에 그전까지 생각해보지 않았던 문제를 생각하게 되었다. 철학을 통해 그녀가 알게 된 가장 중요한 교훈은 죽음을 두려워할 필요가 없다는 것이다. 언젠가 자신의 가정에서 죽음이란 문제를 다루어야 할 경우가 생긴다면 그녀는 그것을 비극적으로 대하지 않을 수 있을 것이다. 이런 식으로 프랑신은 독립을 향해 나아가고 있다. 그녀는 이 세상에서 훨씬 더 완전하게 고독해지는 것도 생각하고 있다.

어느 천재 수학자가 이룬 가정

인생에 대처하는 방법이 인생에 대해 더 열심히 생각하는 것이라면 생각을 잘하기 위해 우리는 천재가 되어야 하는 것일까? 올가는 아주 어릴 때부터 자기가 천재일지도 모른다고 생각할 만했다. 열두 살 때 그녀는 체스 신동으로 소련을 순회했다. 그녀는 장래 세계 최고수가 될 것으로 보였다. 그러나 다른 신동들을 만났을 때 그녀는 그들이 자기보다 더 똑똑하다고 생각했고 자신은 정상에 오르지 못할 것이라고 결론지었다. 천재건 아니건 이것이 수억 명의 어린아이들이 좌절하는 과정이다. 그러나 진짜로 인정받는 천재들조차 만족스러울 만큼 머리가 좋지 않다고 좌절한다. 똑똑할수록 성취할 수 없는 더 많은 목표가 생기는 법이다.

체스 챔피언은 "진정한 직업"이 아니라고 결론짓고서 올가는 대신에 수학을 공부했다. 그리고 그 분야에서 천재에 가까운 인물이 되어 그 나라에서 가장 똑똑한 사람들이 모여 있는 과학원에 자리를 얻었다. 이제 그녀는 "내 생애에서 가장 중요한 건 일입니다. 가족이나 아이들보다 더 중요하죠"라고 말한다. 비록 "바람직하지 않은" 태도라고 인정하지만 아이들 앞에서도 공개적으로 말한다. 그녀에게 수학자란 예술가와 같은 것으로 평범한 직업이 아니다. 그것은 선견지명과 같은 '직관'을 요구하고, 그 직관이 증명되어야 한다. 단순한 기술적 노련함만으로는 훌륭한 수학자가 될 수 없다. 사색의 즐거움이 그 일에 대한 보상이다. "나는 그 일에 중독되어 있어요. 일은 마음속의 다른 모든 생각을 깡그리 없애버리는 가장 좋은 방법이죠." 천재라고 해서 생각할 가치가 있는 것과 그렇지 않은 것을 결정하는 일이 쉬운 것은 아니다. 그들은 전문적인 영역에 전적으로 몰두한다는 평을 듣고 있지만 사실 창조적인 사색이란 그와는 반대로 미지의 영역을 헤매고 아무런 연관성도 없어 보이는 것들 사이에서 연관성을 찾는 일이다. 언젠가 실마리를 찾아 정글에서 다시 돌아오리라는 확신이 천재와 평범한 사람의 차이다. 천재들은 길을 잃어버릴까 두려워하지 않는다.

글라스노스트(개방) 이전에 올가에게 가장 중요한 일은 반체제 잡지의 편집인으로서 정권과 싸우는 것이었다. 그녀의 친구들이 모두 체포되었다. 그 잡지를 계속 출판해나갈 사람이 아무도 없었다. "내가 해야 했죠." 그녀는 정치에 흥미가 없었다. 반체제 운동을 하는 사람들이 뭔가를 이루어낼 것이라는 데 대해서도 회의적이었다. 그러나 그녀는 그 잡지가 없어진다는 것, 무언가 좋은 것이 사라진다는 것을 참을 수 없었다. 게다가 사람들은 가능한 한 많은 정보를 알 권리가 있다. "난 정보에 미쳐 있어요." 결국에는 자신도 감옥에 가게 되리란 것을 알고 있었다. 그러나 두려움에 떨기보다는 그런 일이 일어나기를 거의 운명적으로 기다리면서 단순하게 생각했다. "감옥도 내 경력의 일부가 될 것이다." 그렇다면 무엇이 그녀를 두렵게 만들 수 있었을까? "나는 아무것도 두려워하지 않아요."

한번은 KGB(국가보안위원회)가 그녀를 반체제 운동가로 지목했다. "KGB에 체포당할까 봐 겁에 질린 수배자보다 나는 더 자유로웠죠." KGB에 쫓기는 사람들은 KGB의 방식에 익숙해진다. 그녀는 무엇이 안전하고 안전하지 않은지 알아차리는 법을 배웠다. 오직 적에 대해 아무것도 모를 때만 적은 두려운 존재다. 무자비한 KGB이지만 임신한 여자는 잡아가지 않는다는 것을 알고 그녀는 의도적으로 임신해 위기를 모면했다. 물론 친구들이 체포되는 것을 볼 때는 그녀도 때때로 물리적인 두려움을 느꼈다. 그러나 또다시 친구들이 잡혀간다고 해도 반체제 입장에 서는 것을 주저하지는 않을 것이다. "그러나 이제 상황이 달라졌어요. 외국으로 여행도 할 수 있고 돈도 벌 수 있어요." 육체적인 두려움과 정신적인 두려움을 구별 짓는 이런 태도는 모든 시대에 걸쳐 영웅주의의 토대였다.

올가의 생활에서 가장 중요한 것은 "미친 듯이 사랑에 빠지는 일"이었다. 이것은 이루기 힘든 문제였다. 왜냐하면 스물다섯 살 때까지 그녀는 자신을 완벽하게 통제할 수 있다고 확신했기 때문이다. 열일곱 살 때부터 "독학으로" 그녀는 "어떤 순간에도 자신을 완벽하게 통제"하려고 시도했다. 내성적인 성격을 바꾸려고 시작한 일이었다. 첫 번째 남편을 만났을 때도 자신을 잘 통제하고 있다는 믿음은 흔들리지 않았다. 그녀는 그를 "이성적으로" 선택했기 때문이다. "그를 속여서 나하고 결혼하게 만든 거죠." 그 결혼은 그녀가 모스크바에 계속 머물 수 있음을 의미했다. "물론 난 사랑에 빠졌다고 생각했죠." 그러나 스물다섯 살이 되었을 때 그녀는 신경쇠약에 걸렸다. 수학에 너무 몰두했기 때문도 아니었고 이혼했기 때문도 아니었다. 두 남자 사이에서 누구를 선택해야 할지 몰랐기 때문이다. 그런 갈등에 빠졌을 때 비로소 자신이 "완전하게 이성적이지 않다"는 것을 깨달았다. 그 뒤 지금의 남편과 사랑에 빠졌을 때는 "선택한 것이 아니라 육체적이고 진정한 열정으로 첫눈에 반한 거였죠." 돌이켜보면 지금의 남편은 인간적이고자 했던 그녀의 시도를 대표했던 것으로 보인다. "자족하는 것만으로는 충분하지 않아요. 행복한 결혼생활만으로도 충분하지 않고요. 내게는 다른 사람들과 함께 있는 것도 필요해요." 사랑하건 사랑하지 않건 간에 결혼은 좋은 경험이다. 이혼도 결코 나쁜 것이 아니다. "결혼이나 이혼이나 우리의 콤플렉스를 치료해줍니다."

친구의 존재도 올가에게는 아주 중요하다. 다시 한번, 그녀의 선택은 완전히 이성적이지 못하다. 그녀는 뛰어난 점을 가졌기 때문이 아니라 그저 한 인간으로서 친구를 좋아한다. 그러면 어떤 경우에 친구로서의 자격을 잃게 될까? 친구가 사기꾼이라면 그렇다. 그녀의 아버지는 바로 그런 이유로 그녀의 사랑을 잃은 최초의 사람이다. 아버지는 인간에겐 결코 빼앗길 수 없는 자유가 있으며, 예를 들어 공산당원이 되는 것은 불명예스러운 일이라고 가르쳤다. 그런데 아버지 스스로 공산당에 가입했다. 열정적인 생화학자였던 아버지로서는 공산당에 가입하는 길 외에는 연구에 필요한 장비를 구할 방법이 없었다. 아버지의 선택에 배신감을 느낀 그녀는 다시는 아버지에게 마음을 열지 않았다. 열여덟 살 때의 일이었다. 그녀가 너무 심했던 것이 아닐까? "심했죠. 그러나 난 냉정한 사람이에요."

자기만족만으로는 충분하지 않지만 그것도 귀중하다고 올가는 생각한다. 그리고 자신이 자제력이 있을 뿐만 아니라 자족적이기도 하다고 주장한다. "나는 생각하고 싶지 않은 것들을 마음 밖으로 몰아낼 수 있죠. 난 한 번에 한 가지 일만 하길 좋아해요." 그녀는 수학이나 소설에 몰입함으로써 "불쾌한 생각들"을 제거할 수 있다. 사회시설에서 지낼 때 그녀는 이 기술을 습득했다. 여섯 명이 한 방을 썼기 때문에 그녀는 그들의 대화를 무시하는 법을 배워야 했다. 다른 사람과 뭔가를 공유하기란 훨씬 더 어려웠다. 유일한 탈출구는 집중하는 법을 배우는 것이었다. "가족이 나한테 말을 시켜도 듣지 않아요." 자기만의 방을 갖는 것이 그녀의 꿈이다. 수학 문제를 생각하며 잠자리에 들고 싶지만 종종 가족 때문에 깨어 있어야 한다. 그래서 그녀는 밤에 생각하며 산책하기를 좋아한다. 개인주의는 사람들이 자기만의 방을 가질 여유와 콤플렉스가 있는 곳에서 가장 번창했다.

어쨌든 전통적인 가정의 틀은 올가에게 맞지 않는다. 남편이 그녀의 아내다. 그녀가 일하는 동안에 남편이 아이들을 돌본다. "이 점에서만 우리의 역할이 뒤바뀐 것은 아니에요. 내가 과학자이고 그가 예술사가라는 점에서도 그렇죠." 턱수염으로 자신을 가린 채, 남편은 조용한 목소리로 말하고, 부드럽게 움직이고, 점잖게 웃는다. 어린 시절에 남편은 늘 아프고 몸이 약해서 남들과 싸움도 할 수 없었고 학교생활은 고통스러웠다. 그가 가진 생애 최초의 확신은 "아무도 나를 좋아하지 않는다"라는 것이었다. 비록 성적이 뛰어났지만 학교를 졸업하자마자 도서관의 무명 조수가 되어 서가 정리하는 일을 했다. 아침 8시에 시작해서 10시 30분이면 일을 끝마쳤고, 그때부터는 상상의 세계에서 편안하고 자유롭게 책을 읽을 수 있었다. 뭘하며 살 거냐고 잔소리하는 부모에게서 벗어나기 위해 열아홉 살에 결혼했다. 부모와 살 때는 한 방에서 지냈다. "사랑도 사랑이지만 중요한 건 결혼이었습니다."

직업을 얻자마자 그는 술을 마시기 시작했고, 스물한 살에 이혼하고 나서는 술만 마셨다. "나 자신한테 만족할 수 없었고 불행했죠." 위염으로 병원에 입원했을 때 의사들은 15년 정도 지나면 틀림없이 암에 걸릴 것이라고 말했다. 그때부터는 죽음을 기다리는 일이 모든 것을 지배했다. 처음엔 끊겠다고 작정만 하면 술을 끊을 수 있을 줄 알았다. 그러나 나중에 자기가 알코올 중독자라는 사실을 깨달았을 때는 인생이 끝났다고 생각해서 더더욱 술을 끊고 싶지 않았다. 서른 살에 그는 술 마시는 것이 자살하는 가장 좋은 방법이라고 결론 내렸다.

술을 마시는 동안에는 사람들과 함께할 수 있다는 점이 가장 큰 위안이었다. 그는 외로움에 시달렸다. 다섯 살 때부터 그는 혼자 있는 것이 두려웠다. 항상 춥다는 느낌이 떠나지 않았다. 그 느낌을 말로는 설명할 수가 없다. "비이성적인 일입니다." 그러나 외로움에도 약간의 소용이 있다. 외로움은 사람들을 모은다. "누군가와 함께 있으면 좋아요." 올가와 결혼했을 때 그는 알코올 중독자였지만 그녀의 사랑에 힘입어 술병을 멀리하게 되었다. "그녀는 나를 설득하지 않았어요." 지금은 술을 마시지 않는다. 하지만 그는 머뭇거리면서 그렇게 말한다. 특히 혼자 있을 때면 언제라도 재발할 위험이 있기 때문이다. 올가는 유혹을 멀리하기 위해 모든 사교적인 음주를 그만뒀다. 그러나 구소련 시절 정부가 보드카를 배급했을 때 그들은 할당된 배급량을 안 받을 수 없었고, 지금 그것은 병기고 안의 폭탄처럼 부엌에 저장되어 있다.

그에게 외로움의 또 다른 도피는 예술품 수집이다. "수집 대상은 중요하지 않다"라고 그는 말한다. 그는 우편엽서에 특히 관심이 많다. 우편엽서는 독특한 형태의 러시아 미술이다. 많은 위대한 미술가들이 특별히 우편엽서를 위한 작품을 만들었기 때문이다. 그는 대단한 전문가가 되었고 책도 한 권 썼다. 그러나 그것은 단지 "생존의 한 방법"이며 부분적으로는 "현실로부터의 후퇴"이고, 무엇보다도 관심사가 같은 사람들과 만날 수 있는 기회일 뿐이라고 그는 말한다.

그는 이런 미술품을 사고파는 것으로 생계를 이어간다. 과거에 그런 일을 하려면 용기가 필요했다. 공산주의 국가에서 정상적인 직업의 포기는 범죄였고, 공식적으로 '기생 인간'이 되는 것이었다. 그러나 그는 규칙적인 일을 좋아하지 않는다. 그가 집을 돌보는 것이 그에게나 올가에게 두루 좋은 일이다. 그는 자신만의 독특한 용기를 만들어낸 셈이었다.

페레스트로이카가 시작되었을 때 올가 역시 과감하게 용기를 내어 국가가 제공하는 특권적인 일자리를 그만두고 10여 명의 사람들과 함께 통계 자료와 여론 조사 결과를 파는 사업을 시작했다. 그녀의 월급은 두 배로 뛰었다. 무엇보다 그녀는 자유롭게 추상적인 수학 문제에 대해 깊이 생각하고 자신의 아이디어를 의료나 정치 관련 컴퓨터 소프트웨어에 적용할 수 있게 되었다. 그녀는 곧 외국으로 나가는 일에 대해 생각하기 시작했다. "난 세계시민이고 어릴 때부터 그랬어요. 애국심이란 바보들이나 갖는 거예요." 조국에 관해 쓴 그녀의 시 가운데 하나에는 이런 구절이 있다. "나의 조국은 어머니가 아니라 내 삶의 첫사랑이었고, 영원히 첫사랑이기를 소망하는 질투하는 사랑이었다." 그녀는 자신이 태어난 땅에 만족하기에는 "모험가" 기질이 너무 강하다. 그녀의 관심은 언제나 "전에 경험해보지 못한 것"을 향한다. 그녀는 미지의 것, 더 정확하게 말하자면 미지에 가까운, 어렴풋하게 감지될 뿐인 비전들을 사랑한다.

수학에 전념하기 전에 올가는 시인이었다. 그녀는 수학을 숫자로 된 시라고 생각한다. 문학은 그녀의 인생에서 가장 중요한 것으로 남아 있다. 프루스트는 죽었지만 어디에나 그의 친구가 있고 그 수는 매년 늘어나고 있다. 그녀 역시 프루스트의 마법에 걸린 사람 가운데 하나다. 위대한 러시아 작가들에게 파리는 세계의 수도였고, 그녀에게도 신성한 곳이다. 크렘린에 누가 있건 상관없이 이 위대한 작가들은 러시아의 진정한 통치자들이었고 러시아 상상력의 수호자였다. 그러나 그녀는 프루스트를 번역판으로밖에 읽지 못했다. 그녀의 프랑스어 실력은 유창한 영어 실력에 비하면 한참 떨어진다. 언어 때문에 그녀는 제약을 느낀다. 그래서 비록 세계시민이기는 하지만 아직 동양 문명을 생각할 여유가 없다.

그리고 마침내 그녀가 유일하게 두려워하는 것이 무엇인지가 드러났다. 그것은 시간의 흐름이다. 일을 할 시간이 없다. 나이를 먹는 것이 그녀의 걱정거리는 아니다. 시간에 대한 두려움은 인생의 여러 가지 복잡한 일이 그녀를 압도하던 스물다섯 살 때부터 있었기 때문이다. 시간을 두 번 세 번 접어서 더 오래가도록 만드는 것이 오늘날 천재들의 임무다.

한편 올가는 아름답게 보이고 옷을 잘 입기 위해 노력한다. 그녀는 옷을 좋아한다. "감탄의 대상이 되는 것은 유쾌한 일"이다. 그러나 많은 사람들의 찬탄이 필요한 것은 아니다. 일에서도 한두 사람이 그녀의 해박한 논문을 이해하면 족하다. 어떤 하나의 생각이란 설령 그것이 무시당한다고 해도 살아 있는 것이다. "일이 끝나면 그 일을 끝냈다는 것만으로 충분합니다."

똑똑한 사람은 결코 한 가지 목표를 갖지 못한다. 그 똑똑함으로 인해 다양한 목표가 생긴다. 그녀는 자신의 인생 목표를 "의연하게 살고, 자존심을 지킬 수 있는 근거를 확립하고, 위선자가 되지 않으면서 성공하는 것"으로 요약한다. "내가 결코 할 수 없는 일들이 있을 겁니다. 예를 들어 누구의 발이나 핥는 일은 절대로 할 수 없죠." 타협하지 않고, 남들이 틀렸다고 생각하고, 자신에 대한 믿음을 갖는 것이 천재라는 표시다. "학술원 회원을 포함해서 과학계의 그 누구와 견주어도 빠질 것이 없다고 나는 느낍니다."

그렇다고 그녀가 이 세상에 큰 영향력을 미칠 수 있다고 스스로 믿는 것은 결코 아니다. 그녀는 10대인 아들에게도 아무런 영향력을 행사하지 못하고 있다. 아들은 구소련의 가장 우울한 록음악을 좋아한다. '시네마'라는 록그룹의 열성팬이고, 그들의 노래를 읊조린다. "주머니에 담배 한 갑이 있다면 오늘도 그리 나쁘지 않다는 뜻이죠. 그리고 지상에 그림자를 드리우는 비행기를 탈 수 있는 표 한 장이 있다면요. 우리는 알고 있어요, 늘 그래 왔다는 것을. 운명은 다른 사람의 법에 따라 사는 사람들, 요절하는 사람들을 가장 사랑한다는 것을." 아들은 또 다른 노래를 흥얼거린다. "돈, 돈, 돈. 나머지는 아무짝에도 소용없는 것." 그의 야망은 유행하는 운동화와 가죽재킷을 사는 것이다. 과일과 채소를 팔아 남긴 이윤으로 그런 사치품을 살 여유가 있고 담배도 피울 수 있고 맥도날드 햄버거도 먹을 수 있는 조지아의 사업가들을 그는 부러워한다. 그의 취미는 가라테다. 가라테는 그를 "신체적, 도덕적으로 다른 사람들을 쳐부술 수 있도록" 강하게 만들어준다. 그러나 학교에서는 늘 성적이 나빠 누구에게도 이겨본 적이 없다. 역사와 정보기술을 제외하고는 재미가 없어서 열심히 하지 않기 때문이라고 변명한다(올가의 말에 따르면 역사와 정보기술 과목도 점수가 좋지 않다). 미국에 간다면 그는 무엇을 할 수 있을까? "세차를 할 수 있죠." 그의 대답이다.

그가 처음으로 여자친구를 사귀었다. 둘은 공통점이 거의 없다. "우리는 인생을 보는 눈이 달라요. 전 낙천주의자예요." 여자친구의 말이다. 그녀는 최근에 교회를 다니기 시작했으며, 열 살에 세례를 받았고 할머니를 따라 신앙을 갖게 되었다. 그녀에게 세상은 정직한 사람과 정직하지 않은 사람으로 나뉘어 있다. 교회를 다니는 사람은 모두 정직하고, 결국에는 그들이 다수가 될 것이라고 확신한다. 가끔 여자친구와 함께 "양심을 깨끗이 하기 위해" 교회에 간다고 올가의 아들은 말한다. 마치 자신의 영혼이 가끔 세차해야 하는 자동차와 같다는 투다. 여자친구는 늘 성적이 떨어질까 봐 걱정이다. 그에게는 아무 걱정이 없다. 성적이 틀림없이 나쁠 것이기 때문이다. 부모가 자기를 이해하지 못하는 것이 여자친구의 불만이지만 그것은 "사람들이 다 다르기 때문"이며, 자기도 나이를 먹어 새로운 재능을 익히게 되길 바라고 있고, 또 "모든 것을 부모님의 관점에서 보게 되기를" 바라고 있다. 애써 침착한 표정을 짓고 있지만 그는 여자친구의 답변이 자기의 답변보다 더 나아 보일까 봐 신경을 쓰고 있다. 그는 여자친구를 집으로 데려다준다고 하면서 나갔다. 얼마 후 전화벨이 울렸다. 싸움에 끼어들어 그가 다쳤다는 전화다. "아마도 난 그렇게 세심한 엄마는 못 되는 모양입니다." 올가의 말이다.

정신의 습관에서 벗어나기 위한 투쟁

당신은 다른 사람들과 생각이 비슷하다고 느끼는가, 아니면 전혀 그렇지 않다고 느끼는가? 프랑신은 정말 인상적인 사람이지만 너무 예민해서 이 세상에서 자신과 생각이 비슷한 사람을 만나기가 거의 힘들다. 그녀는 자기만의 독특함 안에 갇혀 있다. 올가는 수학적인 기호는 아주 창의력 있게 연결시킬 수 있지만 가족의 생각은 거의 연결시키지 못한다. 가족은 마치 다른 행성에 살고 있는 것처럼 그녀에게 신비로 남아 있다. 만약 다른 사람들과의 만남이 너무 힘들다면, 그리고 자신이 어떤 종교나 국가, 계급, 성에 속해 있기 때문에 이웃들과 더욱 단절되어 있다고 느낀다면 누구든 진실로 자유롭다고 말할 수 없다. 종교, 국가, 계급, 성 등은 모두 역사적으로 다른 사람들에 대한 몰이해라는 과정을 거쳐 왔다.

지금은 모르는 사람에게 말을 거는 것이 과거보다 좀 더 쉬워졌다고 할 수 있을까? 그 대답은 환대의 역사에서 찾아볼 수 있다. 오늘날 부유한 나라에서는 환대가 무엇보다도 친구나 아는 사람들을 집에서 접대한다는 의미다. 그러나 먼 옛날에 그것은 전혀 모르는 사람에게 자기 집을 개방하고, 자기 집에 오는 사람이면 누구에게나 식사를 대접하고, 밤에 머물다 가는 것을 용인하고, 심지어 머물러 달라고 간청한다는 의미였다. 이런 종류의 개방적인 환대는 마치 그것이 인간의 기본적인 필요를 충족시켜주는 일이나 되는 것처럼 지금까지 존재했던 모든 문명에서 찬양되고 실천되었다.

1568년 푸른 바다로부터 유럽의 한 선교사가 나가사키에 도착했을 때 그의 숙소로 불교 사원이 제공되고 3일 밤 동안 연회가 열렸다. 그가 이방인의 티를 벗고 정치에 간섭할 때까지 환대는 계속되었다. 손님을 의미하는 리투아니아어는 'svetjas(문중 사람)'였다. 다른 사람의 집에서 먹고 잠으로써 손님은 그 집 문중에 속하는 사람이 되었다. 알바니아에서는 낯선 사람을 환대한 주인은 그 사람이 다음 목적지에 도착하기 전에 혹시 해를 입으면 그 복수를 해주어야 했다. 7세기의 아일랜드에서 "늘 남에게 베풀어 오른팔이 왼팔보다 길어졌다"라고 전해지는 코노트의 구이러Guaire of Connaught 왕은, 환대라는 말을 150명의 시인과 "그만큼의 학생과 시종과 여자"의 방문을 받았을 때 그들을 위해 특별히 건물 한 채를 지어 그들의 요구를 다 들어주는 것으로 이해했다. 그들은 가장 귀한 음식들을 지나치게 요구해 그 왕의 너그러움을 시험했다. 왕은 이들에 대한 환대를 자신의 미덕을 표시하는 것으로 생각해서 참고 지내다가 1년하고도 하루가 지났을 때 그들에게 돌아가라는 암시를 주었다. 기원전 3000년경의 중국에서는 "손님 접대"가 정부의 여덟 가지 목표 가운데 하나였다고 한다. 고대 인도의 문서에는 모든 사람이 하루에 다섯 가지 예배를 행해야 한다고 기록되어 있다. 그것은 우주의 영靈, 조상, 여러 신들, 살아 있는 모든 것에 대한 예배, 그리고 마지막으로 "사람들을 환대함으로써 인간에게 하는 예배"였다. 이런 전통의 아주 희미한 메아리가 "안녕, 낯선 사람Hello, stranger"이라는 구절에 남아 있다.

16세기 영국에서 처음으로 눈에 띄게 환대가 쇠락했다. 그 당시 주교들은 환대를 친구와 친척에게로 제한한다고 비난받았다. 구호품을 관리할 사람들을 고용하면서 부자들은 찾아오는 사람들과 직접 접촉할 필요가 없게 되었다. 관리들이 빈곤을 객관적으로 처리하게 되자마자 환대는 결코 이전과 같지 않게 되었다.

18세기에 영국의 소설가 스몰렛Tobias Smollett은 영국의 환대가 엉터리라고 썼다. 환대의 쇠퇴에 대해 프랑스의 《백과사전》은 이제 여행하는 사람들이 너무 많고 그러다 보니 상업적으로 변질되었다는 말로 설명했다. 자유로운 환대는 환대 산업으로 대체되었고 오직 멀리 떨어진 가난한 지역에서만 살아남았다. 20세기에도 안달루시아 지방에서는 여전히 전혀 모르는 사람들을 초대해 레스토랑에서라도 함께 식사를 했다. 그리스의 농촌과 베두인족이 사는 아라비아 지역도 계속 여행자들을 놀라게 했다. 그러나 과거 식민지 시대의 버지니아에서 그랬던 것처럼 누구나 과수원에서 과일을 따먹을 수 있는 곳은 거의 없어졌다. 그곳에서는 주는 것이 명예로운 일이었고 새로운 얼굴을 보는 것이 즐거움이었다. 특이한 물건들을 파는 행상, 놀라운 이야기를 들려주는 방랑자, 흥미로운 소식을 갖고 오는 외지인은 오늘날과 같은 텔레비전과 슈퍼마켓의 시대에는 더 이상 필요하지 않다.

이러한 과거의 단순한 환대에 뒤이어 좀 더 심오한 의미의 환대가 등장함으로써 역사의 새로운 단계가 시작되었으며, 인간의 야심이 지향하는 방향에 대해 경고를 보내게 되었다. 그것은 낯선 사상, 전에는 들어보지 못했던 의견, 완전히 이질적으로 보이는 전통에 대해 사람들이 호감을 갖고, 또 미지와의 만남을 통해 사람들이 자신에 대한 견해를 수정함으로써 일어났다. 외국 여행이 예외적인 일이 아니라 필수품 같은 것이 되고 텔레비전 뉴스에는 자신이 살고 있는 도시보다 먼 지역에 관한 내용이 더 많이 나오고 전혀 모르는 사람들의 불행에 마음이 움직이게 되면, 다른 곳에서 일어나는 일들이 그 사람의 인생을 형성하는 데 결정적인 요소가 된다. 다른 사람의 경험을 모르고서는 무엇을 해야 할지 결정할 수 없게 되었다. 이것이 바로 좀 더 심오한 환대다. 거기에는 단지 예의 바름뿐만 아니라 일시적으로 새로운 사상이나 감정을 자신의 마음속에 받아들이는 일도 포함된다. 그러기 위해서는 정신이 평소와는 다른 방식으로 활동해야 한다.

비록 인간의 뇌가 5000개씩 서로 연결될 수 있는 100억 개의 세포를 갖고 있다는 사실이 발견되었지만, 많은 세포들이 전혀 연결되어 있지 않아 메시지나 감정, 통찰이나 생각들이 전달되지 못한 채 서로 맹목적으로 충돌하고 있다. 나는 사람들이 갑자기 자유롭게 생각하고 말하게 되면 자신의 뇌를 갖고 무엇을 할 수 있는지 보기 위해 러시아에 갔었다. 그리고 정치적 자유란 단지 첫 단계에 지나지 않는다는 것을 알게 되었다. 정신은 습관에서 벗어나기 위해 투쟁해야 한다. 정치적 자유가 자동적으로 정신을 해방시키지는 않는다. 인지과학자들은 정신이 만들어내는 관계나 정신이 사용하는 범주, 정신이 중요하다고 판단하거나 무시해버리는 것들과 관련해서 스스로 결정하도록 내버려두면, 정신은 이미 잘 확립된 패턴을 따라가는 경향이 있음을 보여주었다. 그래서 역사는 주목받지 못하고 그냥 지나쳐버린 기회로 가득 차 있으며, 서로 만나지 못하는 정자와 난자처럼 그토록 많은 생각과 느낌이 아무것도 생산하지 못했던 것이다. 바다에 떠다니는 물건을 봤을 때 누구도 그것이 다른 바다로 이어지는 다리가 될 수도 있다고 생각하지 않는다. 새로운 삶을 시작하려고 시도했던 대부분의 사람들은 자신들이 똑같은 삶을 다시 살고 있다는 사실을 발견하게 되는 것이다. 그래서 더 많은 새로운 정보는 머릿속의 교통 체증만 악화시켰을 뿐이다. 사람들은 남의 말을 잘 듣지 않는다. 자신을 정면에서 응시하고 있는 것이 어떤 존재인지 알아차리지 못할 때 사람들은 그것에 호의를 보일 수 없다. 오직 생각하고 느끼고 기억하고 상상하는 방식을 의식적으로 바꿀 때만 사람들은 낯선 사상을 마치 괴물인 양 두려워하지 않을 수 있다.

대부분의 사고는 늘 자동적으로, 무의식적으로 이루어져왔다. 그러나 그 과정에서도 조종할 수 있는 부분이 있다. 그런 까닭에 생각의 원료를 제공하는 지각의 대상들은 보통 전통적인 범주 아래 분류되지만—그래서 낯선 사람들은 자동적으로 위험하거나 우스꽝스럽거나 기괴한 것이라는 분류함 속으로 들어간다—때때로 그렇지 않은 경우가 있다.

예술가들은 전 세계에서 받는 수백만 비트의 정보 가운데에서 다른 사람들이 알아채지 못하는 어떤 것, 예를 들면 텅 빈 공간 같은 것을 골라낸다. 향수를 만드는 사람은 한 가지 냄새에서 서른 가지 성분을 지각한다고 한다. 치과 의사였던 내 어머니는 사람들을 만나면 그들의 이가 얼마나 썩었는지, 그들이 전에 어떤 치료를 받았는지부터 살펴본다.

사람들에게 여러 가지 질문을 함으로써 또는 다른 목표를 설정해 줌으로써 또는 고정관념을 강화하지 못하게 함으로써, 지각의 과정을 변화시킬 수 있다. 사람들이 고정관념을 강화하는 이유는 그렇게 하는 것이 편하기 때문이다. 정보란 편안하게 일정량씩 나뉘어 오는 것이 아니고, 그 함축된 의미에 대한 설명과 함께 내용이 분명하게 분류된 채 오는 것은 더더욱 아니다. 그래서 우리의 정신 주위를 돌고 있는, 정보를 가득 실은 화물차가 제대로 짐을 다 풀어놓은 적이 좀처럼 없는 것이다. 오직 그 화물을 조그만 소포 꾸러미로 쪼개야만 그것에 관심을 보이는 목적지로 화물이 배달될 수 있다. 이것이 머릿속에 교통 체증이 일어나는 첫 번째 이유다. 몇 안 되는 똑같은 장소에 짐을 부리려는 잡다한 컨테이너들의 호송 대열이 고속도로를 가로막고 있는 것이다. 한없이 작은 사소한 것이나 아니면 거대한 파노라마에 이르기까지 적절한 크기의 지각을 선택하는 것은 기술의 하나로서, 이는 모든 예술과 성취의 기초가 된다.

나는 이 책에서 지각의 초점을 바꾸기만 해도 우리가 일상생활 속에서 하는 행동이 얼마나 달라질 수 있는지를 보여주려고 노력했다. 인생의 미묘한 음영을 제대로 포착하기 위해서는 정신을 자동카메라 다루듯 해서는 안 된다. 직접 초점을 맞추고 빛과 그림자를 잘 다룰 수 있어야만 진정 흥미로운 무엇인가를 볼 수 있다.

지각을 통해 형성되는 의미는 그 지각을 둘러싸고 있는 가정들에 의존하는데, 그중 가장 중요한 것이 기억이다. 기억은 정신의 활동을 봉쇄하는 두 번째로 주요한 원천이다. 기억력은 기본적으로 게을러서 같은 것을 기억하기를 더 좋아한다. 어떤 기억들은 폭군처럼 패권을 휘두르기도 하는데, 대부분의 정보는 쉽게 인지될 수 없는 새로운 사실들을 밝혀내기 위해 상세히 분석되는 대신에 과거의 믿음을 재확인하고 강화하는 데 이용되어왔다. 그러나 기억에 의해 제한되거나 통제되기보다는 그것을 힘의 원천으로 바꾸는 데 성공한 사람들도 있다. 그들은 새로운 질문으로 과거의 기억을 자극하고 거기에서 새로운 암시를 이끌어내거나 남들의 경험을 자신의 경험에 통합시킴으로써 기억을 확장하는 방식으로 이 일을 해냈다. 내가 만난 많은 러시아인들은 자기 나라와 관련된 기억에 대해 이야기를 멈추지 못했다. 그 기억들은 정신에 상처를 낸 기억들이다. 자기 나라 바깥의 모든 것들에 매혹되어 있지만 그들은 자신들의 기억을 외부인의 눈으로 보는 데는 어려움을 겪고 있다. 그러기 위해서는 정신을 훈련해야 한다.

이 책 전체를 통해서 나는 어떻게 기억이 오용되고 과용되고 남용되는지, 그리고 남의 것이지만 빌릴 수 있는 많은 기억들이 얼마나 무시되어왔는지 보여주려고 노력했다. 진보를 믿는 사람들은 일반적으로 더 나은 세계를 창조하기 위해서는 전통을 기억에서 삭제해야 한다고 가정했지만 기억이란 일시적으로 잊을 수는 있어도 지워버릴 수는 없는 것이고 그렇기 때문에 개혁된 제도가 그토록 빈번하게 대체된 과거의 제도와 비슷한 행태를 보였던 것이다. 기억을 다루는 일 또한 배워야 할 기술이다. 단순히 기억하는 것만으로는 충분하지 않다. 그것은 너무나 쉽게 집착으로 변해버리는 습관에 지나지 않기 때문이다.

상상력(세 번째 요소)을 통해 기억을 증진시키는 것은 때때로 사람들이 뇌의 교통 체증을 뚫고 나오도록 도와주기도 했지만, 그 반대로 교통 체증에서 빠져나오는 것 자체를 불가능하게 만든 경우도 많았다. 상상력은 오랜 기간 동안 위험하다고 여겨졌다. 성경은 상상력을 사악한 것으로 비난하고 있다《창세기》 6장 5절). 상상력은 불복종을 암시하기 때문이다. 심지어 독재에서 인류를 해방시키고자 했던 사람들조차 상상력을 이성에 대한 위협으로 보고 두려워했다. 예를 들어 철학자 존 로크(1632~1704)는 모든 독단론에 반대했지만 자식들에게서 "상상하는 기질"을 보게 되면 "그것을 가능한 한 억누르고 억압하라"고 부모들에게 경고했다. 폐렴과 천식을 앓고 있던 그는 비록 인간의 나약함을 절실히 깨닫고서는 모든 것에 관용을 보이라고 설교했지만, 예를 들어 신이 없다는 상상처럼 상상력의 대상으로 허용되어서는 안 되는 것들이 있다고 믿었다.

다른 한편 낭만주의자들은 상상력에 너무 많은 것을 기대했다. 존재의 무미건조한 평범함을 증오했기 때문에 그들은 상상력을 미지의 어떤 목적지로 자신들을 순식간에 데려다주고 자신들을 신처럼 만들어주고 우주의 신비를 꿰뚫어보게 해주는 마법의 양탄자로 여겼다. 상상력의 도움으로 그들은 실제로 놀라울 정도로 환상적인 아름다움을 목격했고 때때로 자기 자신을 발견했다고 느꼈지만, 그보다는 그저 다다를 수 없는 어떤 것을 의식하게 되는 경우가 더 잦았다. 낭만주의자들의 상상력은 영웅주의를 낳기에 이르렀고, 그리하여 비극적인 영웅들을 만들어냈다. 그러나 그 비극적인 영웅의 전형들은 젊어서 죽거나 미쳐버렸고 단지 말로 표현할 수 없는 몇 차례의 짧은 환희의 순간들을 경험했을 뿐이었다.

상상력이란 그것이 건설적일 때, 즉 이미지와 감각을 생산적으로 결합시켜줄 때, 또한 당면한 장애물을 제거해줄 뿐만 아니라 오히려 유용한 것이 될 수 있도록 그 장애물을 재결합시킬 때, 그리고 그런 가운데서 독특한 것과 보편적인 것을 분별할 수 있을 때만 진정으로 우리를 자유롭게 해준다. 그러나 피상적인 겉모습 너머의 것을 보고, 어떤 사람들이나 상황들이 공통적으로 가진 것들을 추측하고, 외견상으로는 무의미해 보이는 사건들에 의미를 부여하고, 예견하지 못했던 만남에 감정을 드러내는 데는 위험이 따르게 마련이다. 그렇다고 해서 위험을 감수하지 않는다면 살아 있다는 충만한 느낌을 가질 수 없다. 상상력이란 있을 수도 있고 없을 수도 있는 것이며, 그것이 있고 없고는 우리가 어떻게 할 수 없는 일이라고 가정하면서 위험을 감수하기를 거부해온 사람들은 충만한 삶을 영위하기를 망설여온 셈이다.

사고의 방향은 직관에 의해 결정된다. 직관이란 가정인 경우도 있고 판단인 경우도 있는데, 왜 그렇게 가정하고 판단했는지 그 이유를 알기 힘들 정도로 빠르게 이루어진다. 여성들의 직관은 마술도 아니고 천재성도 아니며, 단지 미세한 기미를 자세하게 살펴본 결과이거나 말로 표현되지 않은 감정에 관심을 기울인 결과일 뿐이다. 그것은 불확실성에 직면했을 때 과거의 경험을 활용하는 의사처럼 합리적이면서도 동시에 파악하기 힘든 것이다. 그러나 두 가지의 경험이 일치하는 경우는 거의 없기 때문에 경험으로부터 무언가를 배운다는 것은 쉬운 일이 아니다.

두 경험의 유사성을 알아내기 위해서는 상상력을 통한 비약이 필요하다. 이 말은 대개 무시되곤 하는 사실들을 잘 대접해야 한다는 뜻이다. 비록 인간들이 지금까지 내내 심사숙고하고 골똘히 생각하고 이런저런 사상들을 가지고 놀고 또 꿈꾸고 다른 사람들의 생각에 대해 영감 어린 추측을 해왔지만, 불행하게도 사고의 감각적 즐거움을 보여주고 사상들이 어떻게 서로를 희롱하고 포용할 수 있는지를 보여주는 정신의 《카마수트라》(주로 성과 사랑과 결혼에 관한 내용을 기술하고 있는 책이다―옮긴이)는 아직 없었다.

"그는 생각을 너무 많이 한다. 그런 사람은 위험하다"라고 셰익스피어는 말했다. 너무나 많은 사람들이 섹스에 대해 그랬던 것처럼 사색에 대해서도 경고해왔다. 여성에게 가장 중요한 것은 성인데 성에 대해 생각하는 것이 금지되어 있기 때문에, 여성은 사색에 관심이 없으며 따라서 여성은 "생리적으로 열등하다"라고 주장했을 때 (1911년 5월 3일 빈의 정신분석학회에서 행한 연설에서) 프로이트 역시 똑같은 선상에 있었던 것이다. 그러나 그의 견해에 따르면 남성들도 나을 것이 없다. 남성들은 소유하고자 하는 성적 욕구를 충족시키기 위해 사색하기 때문이다. 성 차별주의나 군사적 지배라는 이상이 더 이상 사람들의 신뢰를 받지 못하면서 이성과 감정이 번갈아 인기를 끄는 악순환을 벗어날 수 있게 되었다. '느끼는' 사람에게 인생은 비극이고, '생각하는' 사람에게는 희극이라는 말이 있다. 그러나 인생을 반만 살 필요는 없다. 생각하고 느끼는 사람에게 인생은 모험이다. 생각하면서 동시에 느끼는 것은 모든 살아 있는 것들에 대해 호의를 보이는 것이다.

이제 나는 그렇게 할 수 있는 방법을 보여주기 위해 몇 가지 예를 들어보겠다. 앞 장들에서 나는 다른 문명이 기억하고 있는 것들을 통해 오늘날의 선입견이 어떻게 해명될 수 있는지 보여주려고 노력했다. 지금부터는 특수한 것에서 일반적인 것으로, 즉 문명 사이의 장벽으로 관심을 돌리려 한다. 멀리서 보면 각 문명은 가까이하기 힘들 정도로 낯설고 해자로 둘러싸인 요새화된 성채로 보인다. 그러나 그 성채에는 창문도 많고, 문명을 갈라놓는 차이점이 아무리 많다 해도 그 창문을 통해 밖을 내다보는 사람도 많고, 그래서 그들과는 의사소통이 가능하다.

다른 사람의 입장에서 생각하는 능력

세상이 너무나 복잡하게 변하고 있다는 것은 오늘날의 사람들만 느끼는 것이 아니다. 예를 들어 중국 명나라 시대에는 정부에 불만을 품고 관료 정치에 좌절하고 범죄에 분노하고 기근으로 절망하고 모든 가치가 명백하게 무너졌을 때, 사람들은 "하늘이 무너진다"라고 푸념했다. 수없이 많은 이런 종류의 반응 중에서 나는 대부분의 역사책에 등장하지 않는 여곤呂坤(1536~1618)이라는 인물을 선택해 그의 반응을 살펴보았다. 현령이었던 그는 차근차근 승진해 부어사대부가 되었다. 그는 황제에게 "백성들이 역심을 품고 있으며"세금이 쓸데없는 사치에 유용되는 데 분노하고 있다는 내용의 상소를 올렸다. 그러나 황제는 거들떠보지도 않았다. 그러자 여곤은 관직에서 물러나 평범한 사람으로 여생을 보냈다. "명성을 위해 일하는 것"에는 관심이 없다고 그는 결론을 내렸다. 그는 벼슬에도 관심이 없었다. "나는 나일 뿐"이라고 말했다. 모든 문제를 다해결하는 것이 그의 야심은 아니었다. 그는 오히려 자신을 의사에 비유하면서 사람은 다 다르기 때문에 의사는 미리 처방을 써놓아서는 안 된다고 말했다. 그래서 그와 비슷한 불만을 품은 사람들이 마을을 돌아다니며 전통적인 가치로 돌아가라고 가르쳤음에 비해 그는 좀 더 실질적인 일을 하려고 노력했고 지역 주민들이 힘을 합쳐 실용적인 사업들을 처리할 수 있도록 도와주었다.

문맹자들을 위해 그가 지은 〈선자의 노래〉는 그의 의도를 설명해준다. 상층 계급과 하층 계급, 그리고 각 개인들 사이의 '분리'가 "인간의 감정에 가장 큰 해를 끼치는 것"이라고 그는 생각했다. 상대방의 입장에서 보는 것이 사람들이 배워야 할 일이었다. 그러나 사람은 모두 다르기 때문에 그렇게 하면서도 환상이 없어야 한다. "남들을 자신처럼 보는 것, 그러면서 남들이 자신과 꼭 같지는 않다는 것을 깨닫는 것, 그것이 이해다."

교육이 유일한 해결책은 아니었다. 왜냐하면 "교육받은 아이들은 반항적이기 때문이다." 정부 관료들에게는 아무것도 기대하지 말아야 한다. 그들은 단지 종이와 먹을 낭비할 뿐이다. 가난을 단순히 자선사업을 통해 해결하려 들지도 말아야 한다. 그렇게 되면 의존을 영속화할 뿐이다. "착한 사람도 병에 걸린다"는 것, 누구에게나 문제가 있다는 것을 먼저 인식해야 한다. 누가 옳고 누가 그르다고 믿는 것은 위험한 일이다. "개인적인 경험을 함께 나누는 것"만이 유일한 해결책이다. 그러나 "오직 비통한 마음을 아는 사람들만이 병의 고통을 나눌 수 있고 연민을 느낄 수 있다." 고통을 나누는 것은 공동체 의식의 기원이라고 할 수 있다. 교육을 받은 사람들은 자신의 세련됨을 자랑해서는 안 되며, "보통 사람들과 일상의 어려움을 나누어야 한다." 부나 시험 성적이 아니라 자신이 앓고 있는 병에 대한 통찰력만이 존경받을 자격을 준다. 개인적인 이기심이 언제나 행동의 동기가 된다는 사실을 그는 인정했다. 그러나 만약 계급에 대한 집착이 서로의 생각을 주고받는 것으로 대체될 수 있다면 협력이나 공동체적인 삶도 가능하다고 믿었다. 사회적 갈등의 주요 원인은 이기심이나 탐욕이 아니라 다른 사람의 입장에서 생각하지 않는 것이다.

관리가 죽고 나면 그 공덕을 기려 시호를 내리고 승진시키는 것이 당시의 관례였다. 그는 형부승상으로 추증되었다. 그런데 이는 정부가 그의 입장에서 생각하지 못한 것이라고 할 수 있다. 그가 형부의 일에, 즉 남들을 처벌하는 일에 흥미가 없었음을 이해하지 못했던 것이다. 그는 정부가 하지 못하는 일을 했던 사회 운동의 일원이었다. 당시 그와 같은 사람들에 의해 자발적인 모임들, 예를 들어 '선량함을 나누는 모임' 또는 '인간다움을 널리 전파하는 모임' 같은 것들이 설립되어 소규모로 조금씩 일상생활을 개선했고, 도로와 학교를 만들었으며, 술을 마시고 대화를 나누며 즐기는 기회도 제공했다.

역사는 마치 지금도 살아 있는 것처럼 말을 거는 사람들로 가득 차 있다. 그러나 옛 중국 왕조에서의 경험은 너무나 이국적이어서 서구와는 아무런 관련이 없다고 여겨지고 있으며, 서구는 중국을 그저 서구 모델을 따라 번영하고자 하는 개발도상국으로만 본다. 그러나 유럽이 아직 암흑기에 있을 때 중국에서 자생적인 산업혁명이 일어났으며 대량생산을 실험했다는 것은 전혀 놀라운 일이 아니다. 중국은 1000년 전에 재정과 정보의 혁명을 겪었다. 중국은 지폐와 인쇄술을 발명했고 값싼 수상 운송 체계를 갖추었으며 광대한 내수 시장과 수출 산업을 발달시킨, 세계 사치품의 주요한 공급처였다. 아메리카 발견으로 가장 큰 이득을 본 나라는 아마 중국일 것이다. 1800년 이전까지 아메리카에서 채굴된 은의 반 이상이 오늘날의 냉장고나 텔레비전이나 컴퓨터에 해당하는 비단, 도자기, 차의 수입 대금으로 중국의 금고 속으로 들어갔다. 최근 세계에서 가장 빠르게 성장하는 경제 구역으로 서구를 놀라게 하고 있는 광둥성은 그 당시 이미 서비스 경제 분야의 전조를 보여주었으며, 장인의 기술과 교역으로 생활하며 식량을 수입했다. 농업은 너무나 효율적이어서 밀 생산이 프랑스보다 50퍼센트나 높았다. 1108년에 중국인들은 이미 1749가지 의약품을 열거하는 학술 논문을 갖고 있었다. 전쟁과 부패에도 불구하고 몇 세기를 거치며 세금이 GNP 대비 20퍼센트에서 5퍼센트로 감소했기 때문에 중국의 왕조 체제는 그렇게 오랜 기간 동안 살아남을 수 있었다. 군대는 지나친 지출을 요구하는 대신에 농사를 지어 자급했다. 시인과 학자의 자질을 동시에 요구하는 과거시험을 통해 선발된 관리들은 출생의 제약 때문에 경력을 쌓는 데 방해를 받았던 모든 총명하고 야심 찬 유럽인들에게 부러움의 대상이었다. 태평천국의 난(1851~1864)은 남녀평등을 목표의 하나로 선언했다. 여성들에게 똑같은 지분의 땅이 주어졌고 여성들만의 군대가 생겨났다. 비록 중국이 다른 모든 나라와 마찬가지로 특히 삼림을 훼손하고 환경을 파괴하고 있지만 자연의 가치에 대한 인식과, 인간이 자연의 일부라는 의식은 특히 뿌리 깊은 것이었다. 일신교 국가에서는 자연이 인류에 봉사하기 위해 존재한다고 믿고 있지만,

중국인들은 인간을 자연의 일부분으로 보았다. 풀이나 나무도 부처일 수 있으며 모두 똑같은 도덕적 공동체의 일부분이라는 것이 대승불교의 관점이다. 서양의 정원에 있는 수국, 개나리, 진달래, 목련, 등나무, 해당화 등은 모두 중국에서 유래했으며 중국인들이 선구자 역할을 했던 많은 다른 생활 예술을 상기시켜주는 것들임에 틀림없다.

중국 또한 번영에 따르는 불편을 경험했다. 너무나 성공적이고 너무나 안락하고 너무나 세련된 사람들로 가득 차 있었기 때문에 새로운 발명이 전혀 소용없어 보이는 그런 때가 찾아왔다. 한때 사람들을 해방시켜주었던 이상들은 경직되었다. 번영이 너무 쉽게 찾아왔고, 부자들은 그에 따른 불평등을 무시했다. 그리고 나서 중국은 정의란 무엇인가를 놓고 싸우느라 거의 자멸 상태에 빠졌고, 외국의 경쟁자들이 독수리처럼 이권을 노리고 들어오는 것을 허용했다.

겉으로 보기에 중국과 유럽 사이에 중대한 차이가 있음은 틀림없는 사실이다. 처음에는 예의 바르게 처우를 받았지만 이후 기독교 선교사들은 종종 당혹스러워했다. 공자의 가르침을 믿는 이 나라 사람들은, 사악하고 반사회적인 사람들이 단지 회개함으로써 용서받는다는 것 그리고 현세에서 즐거움을 누리는 일이 왜 그렇게 혐오의 대상이 되어야 하는지 이해할 수 없었다. 중국인들은 사람들이 의젓하게 행동하도록 만드는 데는 지옥에 갈 것이라는 위협이 필요 없으며, 대가를 바라지 않고 공평무사하게 행동하면 그것만으로도 도덕적일 수 있다고 주장했다. 그들은 기독교도들이 덧없는 외양과 실재를 구분하는 것을 이해할 수 없었다. 그들에게 실재는 끊임없는 변화 가운데 있는 것이고 늘 변하는 것으로, 현대 과학에서 이해하는 실재의 모습과 아주 유사했기 때문이다. 그러나 중국의 초대 임시

대총통이었던 쑨원은 기독교도였다.

중국인들은 하나의 철학에 갇혀 있던 적이 없었다. 유교, 불교, 도교에 의해 인간을 보는 다른 측면들이 제공되었고 중국인들은 그것들을 잘 혼합하는 법을 알고 있었다. 예를 들어 그들은 도교 사원에서는 자신들의 의견 차이는 일단 접어두었다. 도교 사원은 여러 다양한 신들만 있는 곳이 아니라 온갖 종류의 사람들이 대화를 즐기기 위해 찾아올 수 있는 곳이고 음악과 연극과 자선과 장기와 독서와 격투기와 의료 모임들이 각각 자신들이 믿는 신을 모셔놓고 만날 수 있는 곳이었다. 또한 "향을 함께 피우면서" 공동체 의식이나 수백 가지 공동체 가운데 몇 곳에 속해 있다는 소속감을 느낄 수도 있었다. 이 수백 가지 공동체들은 서로 느슨하게 연결되어 있었고 대중적이면서 비공식적인 문화의 연결망을 이루어 국가와 나란히 존재했지만 국가와는 별개였다. 이곳에서 인간들은 우주만큼이나 복잡해 보였다. 그들은 각자 다양한 영혼을 갖고 있었고 완전해지기 위해서 여성적인 특질과 남성적인 특질 모두를 귀중하게 여기는 그런 삶을 지향했다. 비록 밖에서는 그렇지 않았지만 이 사원 안에서 여성은 남성과 똑같은 지위를 누렸다. 그들은 도사라는 지위에 오를 수 있었는데, 그 지위는 각 도사가 배우자와 함께 누리는 것이었다. 오직 부부에게만 가입이 허락되었고, 남자 도사만큼이나 여자 도사가 많았다. 섹스는 성기의 결합 이상을 의미했다. 그들은 "눈, 코, 가슴, 손" 등 모든 감각기관을 결합시킬 수 있다고 생각했고, 성관계로 인한 소모보다는 기계적인 오르가슴을 넘어서는 원기 회복과 우화등선羽化登仙을 목표로 했다. 신—그들은 신을 안식을 찾아 헤매는 영혼으로 보고 불쌍하게 여겼다—이 되는 것이 아니라 세상의 잔인함을 초월한 산山이 되는 것이 그들의 이상이었다. 그러나 대부분의 종교와 마찬가지로 도술이 행복에 이르는 지름길로 이용되었고, 흔히 허풍이 지혜를 대신하게 되었다.

중국 역시 다른 모든 나라에서와 마찬가지로 잔인함, 억압, 냉담함 등 세계 전역에서 인간들이 서로에게 저지르는 죄악으로 고통을 당했다. 그런 사실을 기억하면서도 중국에서 일어났던 일들에 대해 호의적으로 대하는 방법은, 외국인들이 들어오는 것을 막는 장애물들(거대한 법률이나 정책)을 뚫고 들어가는 것이 아니라, 우선 조그만 틈이나 개인의 은밀한 경험, 세부적인 것들에 정서적으로 접근하는 것이다. 오늘날까지 우리에게 이야기해줄 흥미로운 뭔가를 가진 중국의 현자들이나 과학자들, 지식인들이나 시인들 가운데 단지 일부만을 만나는 데도 우리는 몇 번의 삶을 다시 살아야 할 것이다. 그들에 대해 계속 쓸 수 없다는 것은 정말 낙심천만이다. 그만큼 그들에게서 얻을 즐거움이 너무나 많기 때문이다. 그러나 이 책은 역사의 요약이 아니다. 나는 의도적으로 열릴 것 같지 않은 자물쇠를 찾고 그것을 여는 법을 보여주는 것만으로 나의 관심을 제한했다.

한 가지 예만 들어도 서구인이 어떻게 중국에 호의적인 태도로 바뀔 수 있는지 보여주기에 충분하다. 《중국의 과학과 문명》의 저자이자 서구가 중국을 이해하는 데 가장 중요한 공헌을 한 사람 중 한 명인 생화학자 조지프 니덤Joseph Needham(1900~1995)은, 시간이 날 때마다 노래—그 노래들은 지금까지 불리고 있다—를 작곡했던 스코틀랜드 애버딘의 마취 전문 의사의 아들이었다. 그의 부모님은 늘 다투었다. 니덤은 자기가 전쟁터에서 자랐다고 말했다. 역사적으로 보면 부부 싸움에는 긍정적인 면도 있다. 니덤은 그 싸움 때문에 화해에 대해 흥미를 느끼게 되었으니 말이다. 그는 평생 '불안증'으로 고생했지만 그로 인해 기독교 신앙에 빠졌다. 그러나 그는 신앙을 자기 나름의 방식으로 해석했고, 성과 인종과 사회 정의와 관련한 종교의 태도를 개선하기 위해 열심히 일했다. 그는 자신의 영국국교회 신앙에다 다른 종교들과 철학에 대한 공감을 더했다. 종교의 본질은 교리가 아니라 시와 윤리이며 과학적으로 증명될 수 없는 것을 깨닫는 것이라고 그는 주장했다. 비록 창조주의 가르침은 아니지만 공자의 가르침은 고대 그리스인을 존경하라고 배우며 자란 사람들에게는 전혀 어렵지 않다고 말하면서 그는 이 성인의 가르침을 높게 평가했다. "귀한 손님을 맞이하듯 모든 사람을 대하라." 또한 무위자연에 대한 믿음, 자연에 대한 신비한 사랑, 그리고 부드러운 것이 강한 것을 이긴다고 강조한 점 때문에 그는 특히 도교에 끌렸으며, 도교도들이 자연과학과 기술의 성장에 기여한 역할을 강조했다. 그리고 세계의 구원 가능성을 부인한 점 때문에 처음에는 불교에 대해 약간의 우려를 느꼈지만 나중에 스리랑카의 신할리족 불교도들과 만나고 나서 그는 불교의 자비가 모든 것이 공허하다는 불교 사상보다 더 중요하다고 확신하게 되었다.

공자는 "인간의 존엄성을 존중하고, 사랑과 예절이 요구하는 바를 행하는 이에게는 사해의 모든 사람들이 다 형제다"라고 썼다. 중국에 대한 니덤의 관심은 예절이나 세계는 하나라는 사실을 발견하는 즐거움 이상이었다. 그는 중국에서 자신의 믿음에 반대되는 많은 것을 발견했지만 그것들을 자신의 원칙을 완전히 이해하는 데 필수적인 것으로 보고 귀중하게 여겼다.

근본주의는 극단주의로
간단히 치부해버릴 수 없다

　　　　　모든 자물쇠 가운데 가장 열기 어려운 자물쇠는 아마 이슬람교도와 이슬람교를 믿지 않는 사람들을 갈라놓고 있는 자물쇠일 것이다. 그러나 '인간'이라는 단어가 '공감'이라는 단어에서 유래한, 유일한 언어가 아랍어다. 어원적으로 볼 때 인간이 된다는 것은 예의 바르거나 상냥하다는 의미가 된다. 자신들의 속담에서 아랍인들은 스스로를 '남들에게 사랑받기를 좋아하는 사람들'로 정의한다. 이교도와의 성전이 이슬람교의 율법이기 때문에 이슬람교도들과 그 이웃 간의 분쟁은 끝이 없다고 믿는 것은 올바른 것일까? 이슬람교도들에게 훌륭한 삶의 이상은 전쟁이 아니라 교제다. 코란의 메카 장에는 전쟁에 대한 언급이 거의 없다. 싸움터에서 돌아오면서 예언자 무함마드는 이제 작은 전쟁에서 더 큰 전쟁으로, 즉 각 개인의 영혼 속에서 일어나는 전쟁으로 관심을 돌릴 수 있게 되어 기쁘다고 말했다. 이후 몇 세기 동안 이슬람교의 정신적 측면이 신자들의 사생활을 점점 더 지배하게 되었다. 이슬람교가 빠른 속도로 군사적 승리를 거둔 이후 평화를 표방하는 코란의 시가들이 '칼'과 관련된 시가들로 대체되었음은 사실이다. 그러나 늘 그렇듯 이슬람교 신학자들은 이에 동의하지 않았다. 예를 들어 사이드 아마드 칸Syed Ahmad Khan(1817~1898)은 자신의 종교를 실천함에 있어 적극적으로 방해를 받을 경우에 한해서만 성전은 이슬람교도의 의무라고 주장했다. '칼'의 노래들이 다시 한번 주목을 받게 된 것은 마땅히 받아야 할 존중을 받지 못하고 있다는 느낌, 식민화에 의해 모욕을 당했다

652

는 느낌 때문이었다.

"혁신을 조심하라"고 무함마드는 말했다. 피상적으로 보면 이슬람교가 모든 현대화에 적대적인 것으로 보일 것이다. 그러나 처음 250년 동안 이슬람교는 각 개인의 이성에 대해 상당한 자유를 허용했다. '지하드jihad'는 전쟁뿐만 아니라 노력도 의미한다. 또 다른 종류의 노력—이즈티하드ijtihad—이 장려되었다. 이즈티하드는 코란의 도움을 직접적으로 받을 수 없는 문제는 신자들이 스스로 노력해서 해결책을 찾아야 한다는 것을 의미한다. 코란을 연구하고 또 자신의 견해를 갖기 위해 최선을 다한 사람들은 설령 그 견해가 틀렸다 하더라도 예언자 무함마드로부터 보상을 받는다고 확신했다. 이슬람의 위대한 법학자이자 문하생이 가장 많은 법 학교의 설립자였던 아부 하니파Abu Hanifah(700~767)는 알라가 노선의 차이를 허락했다고 선언했다. 이에 따라 서로 다른 주장을 하는 세 개의 법 학교도 모두 적법한 것으로 여겨졌다.

신학자들의 축적된 판단이 모든 불확실성을 해결했으므로 이즈티하드(개인적인 판단)의 시대가 끝났다고 몇몇 이슬람교 신학자들이 주장한 때가 있었다. 그러나 다른 신학자들은 그런 기회는 계속 열려 있어야 한다고 주장했다. 예를 들어 이븐 타이미야Ibn Taymiyya(1263~1328)는 보수적인 형태의 이슬람교를 장려했지만, 이슬람교도는 보통의 인간들(신학자를 포함한)이 아니라 신과 예언자 무함마드에게만 복종해야 한다고 지적했다. 다시 말해 각자가 "자신의 능력 안에서" 의견을 개진할 권리가 있다는 것이다. 다른 이슬람교도들이 그들의 견해를 배척했기 때문에 이븐 타이미야와 아부 하니파 모두 투옥되었다. 분파와 논쟁은 이슬람교 역사에서 변하지 않는 일부분이었다. 이슬람교를 단층적이고 변하지 않는 단일체로 인식하는 외부인들은 이슬람교 전통의 엄청난 풍요로움, 이슬람교가 다른 종교의 역사와 공유하고 있는 복잡한 감정들, 그리고 인간 내면의 믿음은 오직 신만이 판단할 수 있다는 예언자 무함마드의 말이 갖는 중요성을 완전히 놓치고 있는 셈이다. 신에 대한 복종이 이슬람교도들에 의해 대단히 강조되기는 했지만 카다리야파Qadariya는 인간이 완전한 자유의지를 가지고 있다고 주장했다. 하라지스트파Kharajist는 심지어 여성도 종교 지도자(이맘)가 될 수 있다고 주장했으며, 사비브 야지드Shabib b. Yazid가 일으킨 반란에는 여성의 군대가 동원되기도 했다. 아즈라키트파Azraquite는 정당하지 못한 정부에 대항해 반란을 일으키는 것을 하나의 의무로 여겼다. 시아파는 도덕적 완성을 향한, 만족을 모르는 추구의 와중에서 세속 국가의 정통성에 대한 도전과 무저항주의 사이를 왔다 갔다 했다.

기독교도와 이슬람교도가 서로 동의할 수 있는 부분에 한계가 있음은 분명하다. 일신교는 각자 자신의 길을 택해 걸어간 형제와 같다. 그리고 수 세기에 걸친 서로에 대한 풍자와 모욕은 결코 쉽게 잊을 수 없을 것이다. 예수가 코란에 93번 언급된다거나 성 토마스 아퀴나스가 이븐시나를 251번 언급했다는 사실도 많은 것을 바꿀 수는 없다. 사람들이 서로를 존중하고 평가하게 되는 것은 신학적 논쟁을 통해서가 아니다. 그러나 다른 문명과 마찬가지로 이슬람 문명에도 폭넓고 다양한 태도가 있다.

오늘날 많은 이슬람교도들은 시인 알무타나비Al-Mutanabbi(915~965)를 영웅으로 받들고 있다. 그는 위협에 굴하지 않았던 반항자의 상징으로서, 자신의 능력을 자랑하는 것―그는 자신의 시가 코란의 아름다움에 버금간다고 주장했다—을 창피하게 생각하지 않았으며 돈키호테적이면서도 독립심이 강하고 너그러웠다. 그러나 앞을 못 보던 채식주의자 알마아리Al-Maari(973~1057)도 똑같이 존경받고 있다. 그는 《용서의 서한Epistle of Forgiveness》을 쓴 사람으로, 진정으로 신앙이 깊은 사람들은 자신의 믿음과 무관하게 동료를 도와주는 사람이라고 주장하면서 독단론을 비웃었다. 그가 최초의 위대한 동물 애호가라는 점에서 그가 말한 동료란 모든 생물을 의미했다. 페르시아에서 가장 유명한 의사인 라제스(850~925)는 맹렬한 반교권주의자였다는 점에서 볼테르의 선구였으며 회의적인 과학자의 모범이었다. 그는 신경성 질환과 위약 효과, 그리고 돌팔이 의사들에 관한 전문가였다.

이슬람교도들은 기독교도들만큼이나 고대 그리스 유산의 후계자들이다. 나중에 《로빈슨 크루소》에 영향을 주었던, 그라나다의 아부 바크르 이븐 투파일Abu Bakr Ibn Tufayl(?~1185)이 쓴, 무인도에 있는 한 아이에 관한 공상적인 이야기의 요지는 홀로 사색함으로써 진리에 이를 수 있다는 것이다. 그리고 누구에게나 그렇듯 이슬람교도들 사이에서도 사색은 의문을 불러일으키게 된다. 가장 유명한 예로, 알가잘리Al-Ghazali는 교수직을 사임하고 자신의 망설임을 해결하기 위해 여러 해를 홀로 여행하며 보냈다. 그리고 마침내 이성적이고 신비적이고 법적이고 정치적인 이슬람교의 여러 면들이 어떻게 결합되어 복잡한 정신을 가진 사람들에게 와닿을 수 있었는지 보여주었다.

가장 경건한 이슬람교도들—신비적인 수피교도들—의 목적은 "신의 친구"가 되는 것이다. 수피교의 시인인 루미(1207~1283. 페르시아 출신으로 터키 코냐 지방에서 살았다)는, 인간이 된다는 것은 혼란을 겪고 당황하고 고통당하고 사랑에 빠지고 옳고 그름을 결정할 수 없게 되는 것이라고 말했다. 그러나 고통 속에서 몸부림칠 필요는 없었다. 음악과 춤을 통해 진짜 문제가 무엇인지 발견할 수 있기 때문이었다.

피리 소리를 들어보라, 이별의 아픔을
얼마나 한탄하는지, 어떻게 이야기하는지 들어보라.

그는 '춤추는 탁발승단'을 세워 춤을 통해 사람들이 고통과 불확실성과 이별의 슬픔에서 벗어나 환희를 느끼도록 도와주었다. "나는 내가 누구인지 모른다"라고 그는 썼다. "나는 기독교도도 아니고 유대인도 아니고 이교도도 아니고 이슬람교도도 아니다. 나는 동양에서도 서양에서도 오지 않았다. 나는 바다에서도 육지에서도 오지 않았다. 나는 이 세상의 피조물이 아니다." 물론 무한한 환희를 추구하라고 가르치고 만남을 제공했던 많은 회합 가운데 어떤 것은 원래의 정신적 목적에서 벗어나기도 했고, 분노나 심지어 증오의 핑계거리를 제공하기도 했다. 신비적인 체험은 모든 종교에서 추구되어왔지만, 비록 찾는 신이 다를지라도, 그 체험을 통해 모든 종교가 하나가 될 수 있다는 깨달음에는 좀처럼 이르지 못했다.

서구인들에게 이슬람 국가에서 여성의 지위는 아마 가장 심각하고 극복하기 어려운 장애로 보일 것이다. 그러나 여성의 예속을 뒷받침하기 위해 인용되는, 분명히 어떤 타협도 인정하지 않는 것으로 보이는 코란의 구절에도 불구하고, 예언자 무함마드의 손녀딸 자이나브는 복종과 순종의 모델인 파티마와 대조적으로 자율과 권리 주장의 모델이 되었다. 이슬람 세계에서 여성의 지위는 시간이 흐름에 따라 다른 지역과 다른 사회적 계층 사이에서 다양하게 변모했다. 모든 사람들이 일에 종사하는 자급경제 체제에서 여성들은 가끔 상당한 권력을 누렸다. 몇몇 나라에서는 비록 제한은 있지만 교육 받은 여성들이 독립적인 삶을 누릴 수도 있다. 여성들을 다시 가정으로 데려다놓으려는 근본주의적 시도는 위기에 대한 대응책으로서 부분적으로는 도시화에 따른 대응책이다. 이것은 이슬람에서만 볼 수 있는 현상도 아니고 정도의 차이는 있지만 근본주의가 번성하는 모든 대륙과 모든 종교에서 볼 수 있는 것이다. 가장 보수적인 이슬람 사회에서도 타협의 여지가 전혀 없지는 않다. 아야톨라 호메이니(1900~1989)도 현대 문명을 파괴하고 사람들이 "감옥이나 사막에서 영원히 살도록" 만드는 것은 어리석은 일이라고 말하면서, 여성들이 텔레비전에 나오는 것을 허락했고 피임을 공인했다. 그러나 물론 그는 다른 부분을 통제함으로써 이에 대한 균형을 맞추었다. 케말 파샤(1881~1938)가 터키를 세속 국가로 바꿀 때 그랬던 것처럼 여성운동을 진전시키려고 노력한 이슬람교 지도자들도 있었다. 그 결과들이 아직 확실히 드러난 것은 아니지만 만일 터키가 유럽에 편입된다면 마침내 놀라운 일이 일어날 수도 있다. 카이로의 이슬람 법학자 무함마드 압두Muhammad Abdu(1849~1905)는 정치적 망명자로 파리에서 여러 해를 보냈다. 그는 이슬람 내부에서 페미니즘이 일어날 것을 예언했고, 그의 영향력은 아직 사라지지 않고 있다.

  그의 이름은 오늘날 가장 인구가 많은 이슬람 국가인 인도네시아에서 가장 널리 기억되고 있다. 인도네시아의 이슬람교는 신과 개인의 관계는 사적인 문제이며 정통을 따르라는 어떤 압력도 받아들일 수 없다는 굳은 신념과 더불어 힌두교 및 불교의 전통을 수 세기 동안 보존해왔다. 이곳의 이슬람교는 상인들의 종교로 시작되었으며, 원주민들에게는 초자연적인 보호를 제공하는 또 다른 원천으로 받아들여져 이교와 신비주의적 전통 속으로 통합되었다. 그래서 남양(태평양의 적도 부근 바다—옮긴이)의 여신도 아직 많은 사람들에게 정신적 영향을 미치고 있다. 이곳의 이슬람 도시들은 중동보다 5세기에서 6세기 뒤에 세워졌는데 그 도시들에서 다양한 가치관이 발전했다. 동남아시아에서 이슬람의 르네상스—유럽의 르네상스보다 먼저 일어났으며, 비장되어 있던 말레이시아 문서들에서 최근 재발견되면서 이제 막 그 문서들에 대한 연구가 시작되었다—는 상인들에게 이 세상은 고정된 질서를 가진 것이 아니라 그와는 반대로 오히려 불확실성으로 가득 차 있으며 인간은 그런 세상을 가로질러 가는 낯선 존재라는 통찰을 갖게 해주었다. 그리하여 모든 것이 가능해졌다. 가난한 사람들도 부자가 될 수 있으며, 종교적 의무를 다한다고 부자들이 계속 부자로 살아가는 것도 아니었다. 관대함과 자선행위의 필요성이 강조되었고, 겉치레는 비난받았으며, 평등사상이 존중되었다. 이 도시국가들은 르네상스기의 이탈리아나 플랑드르의 도시국가들과 비교될 만했다. 그러므로 이슬람교가 항상 동양의 전제정치와 연결되어 있었다는 생각은 신화에 지나지 않는다. 교역은 필연적으로 위험한 것이었기 때문에 상인들은 여러 국가로 분산되는 것을 선호했고, 그리하여 광범위한 국제적 교역망을 만들어냈다. 그들은 세계주의자였으며 중국, 인도, 아르메니아, 아랍의 상인들과 협력했고, 그들의 교역—그리고 중국의 교역—이 침입해 들어오던 유럽 상인들의 교역보다 더 빠른 속도로 팽창한 19세기에 전성기를 누렸다. 비록 서구적 효율성에 결국 패배하고 말았지만 그렇게 오랜 성공의 역사를 갖고 있는만큼 그들은 이 역전을 단지 일시적인 것으로 볼 뿐이다. 인도네시아 군도의 가장 존경받는 시인인 함자 판수리 Hamzah Fansuri(셰익스피어와 동시대인이다)는 모든 사람과 만물 속에서 신을 볼 수 있으며, 겉으로 드러나는 차이만 보고 사람들을 오도해서는 안 된다고 주장했다.

> 바다는 영원하다. 바다가 넘실대면
> 사람들은 파도라 말하지만 실상은 그것이 바다인 것을.

그러나 근본주의가 이슬람 세계와 서구 사이에 장막을 드리워 서로에게 호의를 베풀 모든 가능성을 막아버린 것처럼 보일지도 모른다. 근본주의자들의 격렬함과 폭력성은 실로 타협의 여지가 없는 대결 상태를 만들어놓았다. '근본주의'라는 단어는 1920년대 미국의 개신교 분파들 사이에서 처음 사용되기 시작했고, 현재 미국인의 4분의 1 정도가 그런 근본주의적 견해를 공유하고 있다. 비록 종교는 다르지만 그 비율은 일본의 신흥 종교 신자들의 비율과 똑같다. 근본주의는 하나의 태도로서 반복해서 역사에 등장했다. 인구가 대규모로 늘어나고, 낡은 제도는 현실에 대처하지 못하고, 가정은 더 이상 일자리를 마련해줄 수 없고, 아무런 윤리적 토대도 없고, 안전하지도 않은 도시—타락한 부자와 권력자들이 가진 것 없는 사람들 앞에서 자신들의 즐거움을 과시하는 그런 도시—로 아이들이 혼자 힘으로 살아가기 위해 떠나는 때가 오면, 구원을 위한 어떤 위안이나 종교가 등장하는 법이다.

예를 들어 이집트의 근본주의자들은 특히 도시의 야박함에 반발하고 있다. 모든 도시는 비우호적이고, 도시의 원래 주민들은 자신들이 싫어하는 일을 처리하기 위해 새로 이주한 사람들에게 의존하면서도 그들을 좋지 않게 본다. 도시가 이주민을 끌어들이면서도 배척할 때 그리고 그 도시에 일거리가 충분하지 않을 때 혜택 받지 못하는 사람들은 스스로 살아갈 방도를 찾아야 한다. 그래서 근본주의자들 가운데는 문맹자들과 가난한 사람들뿐만 아니라 지극히 재능 있는 과학자나 학생들도 섞여 있다. 이들은 자신들이 이 세상에서 환영받지 못하고 있으며, 재능을 발휘할 적절한 일자리가 없고, 사실상 자랑할 만한 어떤 성공도 거둘 수 없다는 느낌을 공유한다. 그들은 "가정적인 가치들"을 회복하고 싶어 한다. 그것은 그들이 안전이나 조화 또는 과거의 가정에서 가능했던 도움이나 영향력을 자신의 가정에서 얻지 못했기 때문이다. 그들은 타협의 여지가 없는 국가주의자들이다. 모든 국민을 돌봐주고 자존심을 보장해줄 이상적인 국가를 꿈꾸기 때문이다. 그들은 형제단이나 자매단을 조직하고 젊은이들을 부모에게서 벗어나게 해서 대체 가정을 만든다. 그곳에서 많은 여성들은 전통 의상을 입음으로써 친구를 구하고 비난으로부터 보호받고 소속감을 느낀다. 때때로 자신들이 다음 세대에게 진로를 제시해주고 있다는 만족감을 느끼며 조직 내에서 적극적인 역할을 해낼 가능성을 찾기도 한다. 각각의 성이나 연령층은 정해진 역할만을 해야 한다고 믿음으로써 이들은 경쟁을 제한한다. 그리하여 이들은 나이를 먹어가면서 각자 새로운 역할을 맡을 수가 있다. 중세로 되돌아가고 있다고 믿기는커녕 이들은 자신들이 현대의 위기에 효과적인 해결책을 제공하고 있으며, 동료들의 지지를 받는 새로운 도덕을 창조함으로써 젊은이들이 빈곤에 대항해 승리하도록 도와주고 있다고 확신한다. 비록 이들 가운데 많은 사람들이 맹목적인 순응주의를 이상적인 길이라고 생각하지만 적대적인 세상에서 어떻게 살아야 옳은가를 놓고 토론도 많이 벌어진다. 카이로의 손꼽히는 신문인 《알아람Al-Ahram》에서 독자들의 편지에 답해주는 일을 하는 압둘 와하브Abdul Wahhab는 자신의 도덕적 조언을 뒷받침하기 위해 셰익스피어, 발자크, 아시시의 성 프란체스코, 단테, 아인슈타인, 헬렌 켈러 등을 인용한다. 늘 그렇듯이 이슬람교가 갈릴레오에 대한 기독교의 박해를 되풀이해서는 안 되며 과학에 방해물이 되어서는 안 된다고 단호하게 주장하는 이란의 압돌카림 소루시Abdolkarim Soroush(1945~) 같은 철학자들의 세련된 주장과, 문맹에다 실업자인 사람들의 생각 사이에는 큰 차이가 있다. 후자에게는 분노의 대안이 절망일 수밖에 없다.

미국에도 아이들의 시야가 넓어지기를 바라지 않으며, 낯선 이념에 대해서까지 호의를 베풀 마음은 전혀 없고, 다른 아이들의 예상할 수 없는 행동으로부터 자식들을 보호하겠다고 말하는 기독교 근본주의자들이 있다. 그래서 그들은 현대의 가증스러운 것들이 들어오지 못하게 더 안전한 세상으로 물러나기를 원한다. 중남미의 오순절파라는 근본주의자들은 베네수엘라를 예로 들자면, 가정 내 남성의 지배권을 강조한다. 그러나 그것은 주로 여성들이 만들어낸 것이다. 여성들은 그렇게 해서 집에도 잘 없고 직장도 없는 아버지들에 대한 해결책을 찾았다. 가정에서 남성들의 권위를 인정함으로써 그들의 자존심을 살려준 것인데, 사실 여성들이 순종적인 역할을 받아들인 이면에는 아내가 더 활동적인 역할을 맡고 남편은 더 가정적이고 애정 어린 역할을 맡는 새로운 유형의 가정을 창조한다는 의도가 숨어 있다. 에콰도르에서는 기독교로 귀의하거나 거듭남으로써 경쟁적인 개인주의에 대처할 수 없었던 남성들과 여성들이 자신의 사회적 위치에 대해 새로운 자신감을 갖게 되었다. 이들은 교회를 중심으로 호혜적인 사회관계와 복지체계를 다시 만들고 있다.

근본주의를 간단히 극단주의로 치부해버릴 수는 없다. 그것은 과거 공산주의만큼이나 강력한 세력이며 공산주의와 크게 다르지 않은 방식으로 부정과 좌절에 대응하고 있다. 억압받을수록 근본주의자들은 자신들이 배척당하고 있다고 느낀다. 그들이 대화를 거부하는 것도 이해받지 못하리라는 믿음 때문이다. 폭력에 관대해지기란 사실상 불가능하다. 오직 기억이 짧은 사람들만이 새로운 냉전이 해결책이라고 믿을 수 있다. 10세기에 번영의 절정에 이르렀을 때 이슬람 사회가 외부인에게 너그러움과 관용을 보이는 일을 전혀 어려워하지 않았다는 사실을 잊어서는 안 된다. 이라크 남부의 도시 바스라의 '순결의 형제단'은 그 당시 다음과 같이 기록했다. "이상적이고 완전한 사람은 동페르시아 출신에다 믿음은 아랍인과 같아야 한다. 또한 이라크, 즉 바빌로니아에서 교육을 받았고 빈틈이 없는 것은 유대인과 같아야 한다. 행실은 예수의 제자와 같고 시리아의 수도사처럼 경건해야 한다. 과학에서는 그리스인과 같고 모든 신비에 대한 해석에서는 인도인과 같아야 한다. 마지막으로 특히 그의 모든 영적 생활은 수피교도와 같아야 한다."

만남의 기술은 그 긴 역사에도 불구하고
아직 완벽과는 거리가 멀다

앞 장에서 나는 인도에서 관대함의 정신이 왕성하게 개화했던 것과 그것의 허약함에 대해 논했다. 나는 또 다른 변형을 찾아볼 수 있는 다른 지역에 대해 몇 가지 짧게 언급하고자 한다. 동아시아는 중국인들이 '치恥'라고 부르는 모욕, 한국인들이 '한恨'이라고 부르는 후회와 쓰라림, 일본인들이 '닌忍'이라고 부르는 더 좋은 시대를 기다리는 인내와 끈기의 단계를 거쳐 왔다는 장점을 지니고 있다. 독일인들과 프랑스인들도 1945년에 이와 아주 유사한 것을 느꼈으며, 이민의 전통을 기억하고 있는 미국인들이 그랬던 것처럼 모욕이 어떤 이익을 가져올 수 있는지를 알게 되었다. 많은 아시아 국가들의 강점은 그들이 서구와 동양의 다양한 사상에 똑같이 호의적이라는 것이다.

예를 들어 한국은 몇 세기에 걸쳐 유교, 불교, 무속 및 기독교에서 독특한 "실용적인 학문(실학)"을 이끌어냈다. 실학 운동은 사회주의만큼이나 길고도 주목할 만한 역사를 가지고 있다. 실학은 온갖 유용한 출처로부터 분별력 있게 많은 것을 빌려왔다. 예컨대 가톨릭에서는 평등 사상을 재빨리 포착했으며, 《곽우록》의 저자인 이익(1681~1763)과 《목민심서》의 저자인 정약용(1762~1836)이 제시한 이상 사회에 대한 종합적인 계획을 발전시켰다. 한국인들의 독창성을 일구어온 것은 현재 한국인의 25~30퍼센트가 기독교도라는 사실이 아니라 그들이 전통과 현대의 문제를 놓고 끊임없이 논의해오고 있다는 사실이다.

또 다른 예로 일본인들은 거의 모든 것을 예술로 변형시키는 그들의 전통에 따라 정신적인 너그러움을 세련된 예술로 만들어냈다. 중국과 유럽 그리고 마지막으로 미국의 영향을 흡수했던 과정은 모방 이상으로 치밀한 것이었다. 수입의 충격을 완화하고 전통이 훼손되는 것을 막기 위해 그들은 여러 겹의 보호복을 입었다. 외국의 기술을 흡수하면서는 그렇게 하는 자신들을 반쯤 비웃으면서 했고, 수입된 경전들과 균형을 맞추기 위해 옛 종교를 부흥시키고 일신하고 재창조했다. 결과적으로 그들은 둘 또는 그 이상의 세상에서 동시에 살게 되었다. 이것은 특히 흥미로운 너그러움의 변형인데 손님에 의해 압도되는 법도 없고 손님이 침입자가 되는 것을 허락하지도 않는다.

손님과 주인 사이에는 오해가 있을 수 있다. 그러나 일본인들은 이 점에 대해 그리고 소통의 어려움에 대해 열심히 생각해왔고, 마음과 마음으로 직접 소통하고자 하는 이상, 즉 이심전심(말은 결코 충분히 의사를 전달해줄 수 없다)이라든가 텔레파시나 또는 심지어 종교적 계시와 흡사한 완벽한 이해라는 이상을 만들어냈다. 때때로 그들은 소통이 가능한 상대는 오직 자기 자신뿐이라고 믿었는데, 그것이 일기 쓰기를 좋아하는 범국민적인 습관이나 이해받지 못하고 있다는 광범위하고도 상투적인 불만 또는 집에서 도망쳐 나오는 젊은이들의 절망을 낳기도 했다. 운명에 대해 불만을 토로하는 그리스 비극과 달리 일본의 비극은 이해받지 못한다는 것과 관련되어 있다. 자신의 생각을 너무 직접적으로 드러내서는 안 된다는 것이 그들의 예절이다. 생각을 직접적으로 드러내는 것은 듣는 사람의 이해력을 얕보고 있다는 암시이기 때문이다. 또 자신의 견해를 논리의 포화를 동원해

주장하는 것은 성숙하지 못하다는 표시다.

그렇게 해서 일본의 제국주의적이고 군국주의적인 충동은 정반대의 것, 즉 따뜻함에 대한 열정에 의해 균형이 잡혀 있다. 무엇이 일본을 다른 사람들에게 독특하고도 이해하기 힘든 것으로 보이도록 만드는지(일본인론)에 대한 일본의 끝없는 탐구, 그리고 일본이 가진 불가해한 침묵의 이미지는, "우리 일본인들은 끊임없이 어떤 적절한 사람이 우리가 생각하는 것, 그리고 우리의 진정한 느낌들을 이해해주기를 바란다. 남들의 동의와 찬동을 얻고자 하는 소망, 또 이런저런 면에서 공감을 얻고 싶다는 소망이 다른 사람을 대하는 우리의 모든 행동에 나타난다"라고 쓴 스즈키 다카오의 글에 배어 있는 느낌과 균형을 이루고 있다. 하지만 그러한 정서가 자신들에게만 고유한 것이라고 상상한다면 그것은 그들이 남들의 입장에서 보지 못한다는 표시다.

일본인들은 너그러움에서 몇 가지 문제점을 드러냈다. 그들은 아직 전 세계가 자신들의 문화와 역사에 관심을 갖게 만드는 법을 모르고 있다. 자신들에 대한 정의 내리기는 그것을 이루는 방법이 아니다. 소설가 나쓰메 소세키는 이미 1905년에 그런 생각을 조롱했다. "일본의 정신은 삼각형인가, 아니면 사각형인가? 일본의 정신이란 그저 정신일 뿐이다. 정신이란 언제나 흐릿하고 희미한 것이다. (…) 모든 사람이 일본의 정신이 어떤 것인지에 대해 들었지만 아직 아무도 그것을 보지 못했다." 그러나 오래된 습관은 버리기 힘들다. 만남의 기술은 그 긴 역사에도 불구하고 아직 완벽과는 거리가 멀다.

신자와 불신자 사이에 놓인
특별한 가능성

　　　　　대화하려고 노력하고 있는 전 세계 교회들의 경우도 사정은 마찬가지다. 신학적 입장 차이를 좁히려는 협상을 통해 교회가 서로 더 가까워진 적은 거의 없다. 그렇게 하려면 정체성을 분명히 해야 하고, 정체성을 분명히 하려면 늘 희미한 가장자리는 무시하고 실제보다 더 엄격하게 경계선을 그려야 하기 때문이다. 1893년 시카고에서 결성된 최초의 세계교회의회나 세계교회협의회(1945년 설립)를 통해 몇 가지 조정이 이루어지고 종파들이 서로 협력해 공동 성경 번역과 같은 일도 했지만 그 회의들은 군축 회담만큼이나 결실이 없었다. 종교전쟁은 여전히 끝날 조짐이 보이지 않는다. 제도로서의 교회는 국가만큼이나 자신의 주권에 대한 협상을 꺼린다. 종교가 서로 우호적이 되는 데 큰 힘을 끼친 것은 주로 종교의 근본적인 정신을 되살리는 데 관심을 가졌던 개인들이나 비공식적인 모임들이었다. 그들은 권력을 가진 사람들의 경고를 무시하고 혜택 받지 못하는 사람들에게 헌신함으로써 자신들의 신앙을 실천했다.

　인도주의적 기구들도 분파주의에서 완전히 자유롭지는 않으며 교회처럼 서로 경쟁하는 분파로 쪼개지고 있다. "하나의 협동 단체를 시작하려고 하면 미움을 불러일으킨다. (…) 박애주의자들 사이의 전쟁은 전쟁 가운데 최악"이라고 국경없는의사회의 설립자인 베르나르 쿠슈네르Bernard Kouchner는 말했다. "발기인들은 재난을 당한 피해자들에 대한 통제권을 놓고 서로 싸우고, 생명의 위험을 무릅쓰고 함께 노력하고 나서는 자기들끼리 죽기를 각오하고 싸운다." 똑같은 믿음을 나누는 일은 결국 그 믿음의 해석을 놓고 싸우기 위한 준비였다는 것이 지난 역사의 경험들이 말해주는 바다. 협력은 공통된 목적이 별로 없는 사람들, 서로 경쟁자가 아닌 사람들, 누가 누구를 통제하느냐는 생각에 별 관심이 없는 사람들 사이에서 가장 효과적으로 이루어졌다. 출신이 다르고, 일단 사명을 이루고 나면 돌아가려는 사람들 사이에는, 비록 마찰은 있을 수 있겠지만 치료할 수 없는 증오감은 훨씬 적었다.

그래서 신자와 불신자 사이에는 오히려 특별한 가능성이 있을 수 있다. 왜냐하면 이제 그들 사이의 전쟁은 거의 끝났고, 가난해진 교회들은 정부를 지배하려고 시도하는 대신 가난한 사람들에게 관심을 돌리고 있으며 교리보다 연민을 강조하고 의식보다 인간적인 관계를 강조하고 있기 때문이다. 폭력이나 부정을 보았을 때 신자와 불신자들은 종종 자신들이 같은 편이라는 사실을 발견하게 된다. 그런 상황에서 신자들이 자신들의 의문에 대해 토론하고 불신자들 또한 자신들이 추구하는 가치를 숙고하게 되면, 그들의 결정적인 차이는 오히려 상상력을 자극하게 된다. 그들은 세계를 연결해주는 중재자들이다.

몇 세기 동안 전혀 귀 기울이지 않던 사람들이 어떻게 해서 서로의 말을 듣기 시작하고 이해하게 되었는지에 대한 마지막 통찰은 음악의 역사를 통해 알아볼 수 있다. 만약 종교나 국가에 영혼이 있다면 음악은 그 영혼의 숨결이다. 그리고 지금까지 외국의 음악을 배우는 데 어려움을 겪은 나라는 하나도 없었다. 모차르트와 로시니의 음악은 라다마Radama 왕이 만든 국립 오케스트라의 연주를 통해 아프리카 대륙 남동쪽에 위치한 마다가스카르 섬의 숲 속에서도 메아리쳤다. 터키 술탄은 이탈리아의 음악가 도니체티를 궁정 악장으로 임명했다. 음악이 인종적 또는 국가적 차이를 확인하기 위해 사용되었음은 분명한 사실이다. 몇몇 애국적 아프리카인들은 그들의 신들이나 혼령들과 자신들을 결합시키는 것이 음악의 기능이라고 주장하면서 음악이 세계 언어라는 니체의 말을 모욕으로 받아들이고 그를 비난했다. 그래도 서로 다른 대륙의 음악들은 서로 만나 결혼했고 아름다운 아이들을 낳았다. 그 과정을 살펴보면 너그러움의 기술과 관련한 매우 유익한 교훈을 얻을 수 있다.

음악 사이의 가장 성공적인 만남은 아프리카, 유럽 그리고 아메리카 음악의 만남이었다. 이제 서구의 음악학 연구자들은 아프리카 음악이 유럽의 음악보다 더 다양하고 복잡하다는 것을 발견했다. 그 음악은 너무 다양해서 전체를 아우를 만한 어떤 근본적인 특징이 없을 정도다. 그러나 아프리카 음악의 어떤 요소들은 유럽의 찬송가와 민요 속으로 자연스럽게 녹아 들어갔으며, 그런 결합으로 인해 두 전통 모두에 잘 어울리는 새로운 종류의 음악이 생겨났다. 이것이 바로 내가 '영혼의 동료'라고 이해하는 것의 한 예다. 비유하자면 이것은 서로 완벽하게 어울려 하나의 전체를 이루는 것이 아니라 몇 가지 특징만을 공유하는 두 개의 서로 다른 존재이지만 결합을 통해 새롭고 흥미로운 어떤 것을 만들어내는 분자들과 같다.

결합을 가능하게 만드는 것은 지리적인 가까움이 아니다. 북미 원주민 음악은 그곳에 정착한 이주민들의 음악과 결합하지 않았다. 또한 유사성이 결합을 가능하게 만드는 것도 아니다. 인도의 음악과 유럽의 음악 사이에는 상당한 공통점이 있지만 영화음악을 별도로 치면 상호 침투가 거의 없다. 왜냐하면 인도의 고전 음악은 힌두교 종교 행사와 사원에서 올리는 예배의 중요한 일부분이고, 자신들의 위대한 작곡가들과 번성했던 음악 학교에 대한 기억에 확고한 뿌리를 두고 있기 때문이다. 인도에서는 이미 1900년에 하나뿐이던 축음기 회사의 카탈로그에 4000가지 인도 음악이 녹음되어 있었다. 인도가 서구의 음악 기술을 빌린 것은 사실이지만 그 가락을 빌리지는 않았다. 유럽이 채워줄 틈이 없었던 것이다. 대조적으로 이란에서는 20세기 중반에 이란 고전 음악 전문가들이 2000명밖에 남지 않았으며, 이란의 인기 있는 작곡가들은 외국에서 영감을 찾는 경우가 더 많았다. 한편 한국과 일본은 서구의 음악과 자국의 음악을 다 가르쳤으며, 두 갈래의 음악을 나란히 장려했고 두 가지 음악을 동시에 들을 수 있는 귀를 가꾸었다.

너그러움이 자국의 전통을 해칠 것이라고 두려워하는 사람들에게 이것은 하나의 반증이다. 아프리카에는 이 같은 반증이 훨씬 더 많다. 아프리카 음악은 태곳적부터 아무런 변화를 겪지 않았다고 여겨져 왔지만 제국주의적인 압력과는 별도로 상당히 진화해왔다는 것이 연구를 통해 밝혀졌다. '야자 술 음악'(야자 술에 취했을 때 즐기던 음악)에 기원을 둔 요루바족의 '주주' 음악은 지난 세기에 아프리카 출신 브라질인들이 차용하면서 널리 퍼졌다. 그 후 다시 요루바족의 전통음악으로 돌아와 '토킹드럼'(모래시계처럼 가운데가 잘록한 형태의 악기—옮긴이)의 영역을 넓혔으며, 다시 소울, 레게, 컨트리 음악, 인도의 영화음악 등에도 많은 영향을 미쳤다. '주주의 아버지'는 아프리카인 기독교 선교사였으며, 그 음악의 현대화를 주도한 인물 가운데 한 명은 자신의 밴드를 '인터내셔널 브라더스'라고 불렀다.

이와 비슷한 또 다른 예도 있다. 그 음악을 하는 사람들이 해군 제복을 입었기 때문에 서구인들이 자신들을 모방했다고 상상했던 아프리카의 베니Benni 음악이 사실은 고대에 시작되었으며, 기성세대에 대한 아프리카 젊은이들의 반항을 통해 다시 생기를 띠게 되었고, 세심한 분별력으로 변화를 모색하면서 새로운 이념들을 그 안에 통합해냈다는 사실이 역사가들에 의해 밝혀졌다. 1977년의 흑인예술축제는 아마도 현대 아프리카 음악에 가장 큰 영향을 미쳤을 것이다. 그 축제를 통해 전에는 서로 거의 알지 못했던 아프리카인들 사이에 새로운 접촉과 새로운 형태의 너그러움이 생겨났다.

중세 이슬람의 지배를 받던 때의 스페인 음악은 음유시인들에 의해 유럽으로 들어왔다. 또 그들을 통해 사랑에 대한 아랍의 개념들이 서구 세계를 관통하게 되었고 결국 아랍어를 한 마디도 하지 못하는 사람들의 태도를 바꾸어놓았다. 20세기에 아프리카 음악은 인종적 편견을 혐오하게 만드는 데 큰 도움이 되었다. 그러나 음악이 국경을 넘기 위해서는 중재자들이 필요하다. 미국 백인들 대다수는 자신들이 동일시할 수 있는 사람에 의해 흑인 음악이 재해석될 때까지 흑인 음악과 격리되어 있었다. 엘비스 프레슬리와 비틀스가 그 일을 해냈다. 그러나 오늘날 아랍과 서구 음악 사이의 중재자들은 여전히 돌파구를 찾아야 하는 상황이다. 튀니지 출신의 가수 아미나 아나비Amina Annabi는 1991년 유로비전 콘서트에 프랑스 대표로 선발되었지만 오히려 일본에서 더 큰 성공을 거두었다. 무슬림들과 유럽인들 사이의 긴장은 아직도 팽팽하다. 이미 굳어버린 기억 때문에 너그러움의 정신이 뚫고 들어갈 여지가 없는 것이다.

영혼의 동료 사이에
가능한 일

인류는 지금까지
서로 거의 만난 적이 없는 가족이다.

인류의 가장 오래된 목표는 더 많은 인간의 창조다. 한때 그것은 자식을 많이 낳는다는 의미였다. 그러나 애정이 숫자보다 더 중요하게 되었다. 오늘날 인류애란 무엇보다도 모든 연령의 인간과 모든 생명에 관심과 애정을 갖는다는 것이다. 그 역사적 변천의 첫 번째 천둥소리는 여러 세기 전에 이미 들렸지만 이제야 세상의 이곳저곳에서 그 진동이 느껴지고 있다.

그러한 토대 위에 세워질 새로운 르네상스가 어떤 모습일지 상상하기란 쉬운 일이 아니었다. 먼저 과거에 대한 생각을 수정하지 않고서는 미래에 대한 새로운 전망을 가질 수 없기 때문이다. 내가 독자들에게 제공한 안경은 그런 수정을 돕고, 역사가 과거에 이루어졌던 것처럼 그렇게 될 필요는 없었다는 것, 그리고 오늘날 존재하는 것들이 역사의 논리적 결론이 아니라는 점을 보여주기 위해 고안된 것이다. 역사가 사람을 구속하는 곳에서는 자유가 있을 수 없다. 불가피함이나 필연성을 암시하지 않고 인간의 경험 전체를 어떤 뚜렷한 목적을 이끌어내는 원천으로 제시하기 위해 나는 이 책을 썼다. 인간의 과거 경험은 또한 방대한 대안의 가능성을 열어준다.

나는 인류가 서로 거의 만나지 않는 가족이라고 본다. 그래서 나는 사람들, 신체들, 사상들, 감정들, 행동들의 만남을 모든 변화의 출발점으로 본다. 만남을 통해 이루어지는 각각의 연결은 가는 실과 같은 것으로서, 만약 눈으로 볼 수 있다면 세상은 마치 얇은 비단으로 덮여 있는 모습일 것이다. 모든 개인들은 공간과 시간의 경계를 가로질러 뻗어 있는 가는 실에 의해 다른 사람들과 어떤 식으로든 연결되어 있다. 모든 개인들은 다른 개인들에게서 빌려온 이질적인 요소들의 도움을 받아 과거에 충실했던 것들, 현재에 필요한 것들, 그리고 미래에 대한 전망들을 여러 다른 윤곽의 그물 안에 결합시키고 있다. 이런 끊임없는 주고받음이 인류의 에너지를 자극하는 중요한 요소였다. 사람들이 서로 영향을 주고받는다는 것을 깨닫게 되면 그 누구도 단순히 희생자가 될 수는 없다. 그때는 아무리 평범한 사람이라도 현실의 모습에 조그마한 변화를 줄 수 있다. 새로운 태도란 법으로 선포되는 것이 아니고 전염병처럼 한 사람에게서 다른 사람에게로 퍼져 나가는 것이다.

어떻게 더 나은 삶을 살 것인가, 그리고 개인의 노력이 중요한가 아니면 집단적인 행동이 중요한가 하는 논쟁은 더 이상 의미가 없다. 그것은 동전의 양면이다. 개인이 외부의 도움이나 영감 없이 어떤 일을 하기는 어렵다. 개인적인 노력은 동시에 집단적인 것이기도 했다. 경멸과 격리와 배타성에 대항하는 모든 위대한 운동에는 무수한 개별적 행위가 포함되어 있으며, 개인이 서로에게서 배우는 것과 개인이 서로를 대하는 태도에 따라 전체에는 조그마한 변화가 일어난다. 고립되어 있다는 느낌은 과거와 또는 가본 적이 없는 지구의 다른 부분과 자신을 이어주는 가는 실을 의식하지 못해서 생기는 것이다.

발견의 시대는 아직 시작되지 않았다. 지금까지 개인은 남을 발견하기보다 자신을 이해하려고 애쓰는 데 많은 시간을 허비했다. 그러나 이제 호기심은 과거 어느 때보다도 더 광범위해지고 있다. 자기가 태어난 곳 바깥으로 한 걸음도 나가보지 못한 사람들조차 상상속에서는 영원한 여행자다. 세계 여러 나라에 있는 누군가를 아는 것, 여러 계층의 누군가를 아는 것은 곧 살아 있음을 만끽하고 싶은 사람들에게 최소한의 요구가 될 것이다. 친밀한 개인적 관계로 짜인 얇은 비단 천의 세계는, 자신이 살고 일하는 곳에 의해 그리고 복종해야 하는 상사에 의해 또는 여권이나 은행 잔고에 의해 자기정체성이 확인되는, 영토로 구획되는 세계와는 분리되어 있다. 로마제국내에서 기독교와 여러 다른 종교 운동들이 일어났던 것은 썩어가던 문명에 펼쳐진 새로운 비단 천의 한 예다. 비록 황제와 군대가 마치 아무것도 변하지 않은 것처럼 여전히 명령을 내리고 있었지만 공식적인 제도가 더 이상 적절하지 못하다고 느끼던 개인들은 자신들끼리 서로 위안을 구하고 있었다.

오늘날 똑같은 관심의 전환이 일어나고 있다. 지금 지구는, 전통적인 기준에서 보면 서로 다르지만 사실상 공통적인 열망을 가진 개인들을 결합시키는 보이지 않는 실에 의해 종횡으로 새로운 천이 짜이는 초기 단계에 있다. 국가가 처음 형성되었을 때 모든 실은 중심의 한 점에서 만났다. 이제는 중심이 없다. 사람들은 자유롭게 누구나 만날 수 있다.

그러나 모두가 자신이 꿈꾸던 사람을 만난다 하더라도 모든 불만이 사라지는 것은 아니다. 영혼의 동료들은 종종 비극적 역사의 주인공이 되었다. 예컨대 신과의 만남은 신의 이름으로 자행되는 잔인함을 막지 못했다. 우정은 흔히 메마른 기계적 관계로 타락했다. 대부분의 삶은 성인이 된 초기부터 정체된다. 그 이후의 새로운 만남은 어떤 새로운 것도 생산하지 못한다. 이런 식의 정체를 가장 심하게 겪은 사람들은 범죄에 자신을 내맡기게 되고 자기 이외의 누구에게도 관심을 잃게 된다. 이것이 상상력의 최종적인 파산이다.

그렇다고 해서 상상력이 화석화될 운명이라는 것은 아니다. 서로의 발견은 사람들로 하여금 자신만큼이나 서로를 돌보게 한다. 때때로 동료 인간에게 도움을 주는 일은, 사람들의 감성이 더 예민해지고 그런 까닭에 세심한 주의를 기울여야 한다는 어려움이 따르지만, 단순한 이익의 추구보다 훨씬 더 큰 즐거움으로 인식되어왔다. 인간이란 기본적으로 동물 아니면 기계 또는 평생을 돌봐야 하는 환자라는 믿음을 뛰어넘는 새로운 인간관계가 형성되고 있다.

오늘날의 영웅은 정복자나 모범을 보이는 존재가 아니라 격려를 주고받는 존재, 서로에게 귀 기울이는 존재다

새로운 시대에는 언제나 새로운 영웅이 있다. 과거에 스스로 영웅이 될 수 있다고 믿은 극소수를 제외한 대부분의 사람들은 자신을 낮게 평가했기 때문에 영웅을 숭배했다. 그러나 사람들은 또한 반복적으로 영웅이 사기꾼에 지나지 않는다고 폭로했고, 새로운 영웅을 찾는 많은 노력은 실망으로 끝났다. 마키아벨리적 영웅은 너무 냉정했다. 그라시안(스페인의 작가이자 철학자―옮긴이)의 영웅은 허세가 심했다. 낭만적 우상은 매력적이긴 하지만 감수성을 자기고문에 이를 정도로 몰고 갔다. 일에 중독된 구소련의 노동 영웅은 결국 자신이 속았다고 느끼게 되었다. 영웅들은 한때 정복자였다. 그러나 정복하는 것은 더 이상 존경의 대상이 되지 못하고 있으며, 격려하는 사람이 명령하는 사람보다 훨씬 더 높은 평가를 받고 있다. 직업적인 성공만으로는 더 이상 영웅이 될 수 없다. 오늘날에는 사생활이 공적인 업적만큼이나 귀중하기 때문이다. 종교가 여전히 광신도들을 순교자가 되도록 고무할 수는 있지만, 성인聖人이 되겠다는 사람은 거의 없다. 카리스마적인 웅변가나 혁명적인 지도자는 점점 더 의심의 대상이 되고 있다. 그렇게 된 것은 지켜지지 않은 약속에 지친 나머지 남의 말에 귀 기울이는 사람을 더 좋아하게 되었기 때문이다.

"영웅을 필요로 하지 않는 나라는 행복하다"라고 브레히트는 말했다. 그렇지 않다. 영웅이 사라진다면 사람들은 영웅을 그리워하게 될 것이다. 하지만 너무나 많은 영웅들이 스스로를 신으로 착각했다. 겸손한 영웅이 부족했다. 그래서 반영웅anti-hero들이 탄생했다. 반영웅은 절대로 실망시킬 수 없기 때문이다. 오늘날의 영웅은 남들에게 모범을 보이는 존재가 아니다. 이상적인 관계는 서로가 상대방으로 인해 더욱더 살아 있는 존재가 되는 것이다. 영웅들은 주기도 해야 하지만 받을 줄도 알아야 한다. 한쪽으로만 흐르는 영향은 기를 꺾거나 타락시킬 수 있기 때문이다. 영웅에게서 이익을 얻기 위해서는 우리 스스로가 어느 정도 영웅이 되어야 한다. 용기가 있어야 한다. 영웅적인 관계는 용기를 주고받는 것이다. 누구나 남을 속이지 않는 중재자가 될 수 있다.

그러나 개인적으로 마주치는 것들의 세세한 측면에 초점을 맞춰서는 안 된다. 지금은 과거와 달리 세계의 모든 지역에서 일어나는 일에 관심을 기울일 수 있게 되었다. 사람들은 각자 개인적 지평을 갖고 있고 그 너머로는 감히 보려고 하지 않는다. 그러나 드물게 더 멀리 모험을 하는 경우가 있고 그렇게 되면 틀에 박힌 사고방식은 적절하지 않다. 오늘날 사람들은 점점 더 다른 문명의 존재를 의식하게 되었다. 이런 상황에서는 과거의 문제들이 새로운 모습을 띠게 된다. 그 문제들이 더 큰 문제의 일부로 보이기 때문이다. 자기 나라 안의 다툼을 넘어서 광범위한 인간적 · 환경적 관심사로 흥미와 관심이 옮겨가는 것은 과거의 집착에서 벗어나 현실의 다양한 차원을 보고 개인적인 것과 지역적인 것과 보편적인 것에 동시에 초점을 맞추려는 강한 충동의 표시다.

인류의 가장 오래된 꿈인 정의는 다루기 어려운 채로 남아 있다. 정의를 실현하는 기술은 오직 서서히 배울 수 있기 때문이다. 고대의 정의는 맹목이었고 따라서 모든 사람 안에 있는 인간성을 알아볼 능력이 없었다. 현대의 정의는 외눈으로 편협하게 몰개성의 원칙에 초점을 맞추고 족벌주의나 정실을 피하기 위해 똑같은 규칙을 모든 사람에게 부과하고 있다. 그것이 아무리 공정하고 능률적이라 하더라도 거기에는 비인간적이고 냉담하게 취급되었을 때 사람들이 느끼는 감정을 알아차릴 능력이 결여되어 있다. 복지국가의 몰개성적인 금전적 보상은 불공평함이라는 상처를 치유할 수 없었다. 허비된 인생을 적절하게 보상할 수 있는 것은 아무것도 없기 때문이다. 가장 능률적이라는 미국에서조차 가난한 사람의 손에 1달러의 수입을 더 쥐여주는 데 7달러의 세금이 드는 실정이다. 오직 두 눈을 부릅뜨고 있어야만 사람들이 식량과 피난처, 건강, 교육만이 아니라 영혼이 파괴당하지 않는 직업과 외로움을 몰아내는 것 이상의 관계를 늘 필요로 한다는 사실을 볼 수 있다. 인간들은 하나의 개인으로 그 존재를 인정받아야 한다. 이 책은 그런 개인들의 역사에 관한 것이다.

실제 모습 그대로의 개인들에 관한 경제학, 비이성적이고 이타적인 행동까지 포함시켜 계산하는 경제학, 인간은 근본적으로 이기적이라고 가정하지 않는 경제학, 물질 중심의 세상에서조차 배타적으로 자기 이익만을 추구하지 않는 것이 성공이라고 이해하는 경제학의 도움을 받아 인류의 업적을 평가할 때 비로소 인류는 올바른 방향 감각을 찾을 수 있다. 이렇게 두 눈을 뜨고 있는 경제학이, 두 눈을 뜨고 있는 정치학과 마찬가지로, 현재 탄생 중에 있다. 그것은 다수파의 승리만이 아니라, 패자도 받아들일 수 있는 별도의 승리를 제공하고, 시기하는 대신 타인에게 마음을 쓰도록 격려하는 그런 경제학이다.

비록 많은 신자들이 하나의 눈만 가진 채 자신의 진리 외에는 아무것도 보지 않겠다고 작정했지만 종교는 늘 두 눈을 가진 채 물질적인 것과 정신적인 것 둘 다를 포괄했고, 본질적으로 보편적이었으며, 개인적인 구원과 타인에 대한 관심 사이에서 균형을 취해왔다. 12세기에 마이모니데스는 "세상 사람들 모두가 하나의 언어로 같은 말을 하던 때의 인류의 아버지였던 '노아의 일곱 가지 율법'에 따라 의젓하게 행동하면 종교의 구별 없이 누구나 천국에 갈 수 있다"라고 말했다. 노아의 율법이 요구한 것은 다름 아닌 남들에 대한 존중이었다. 유대인들은 이슬람교도나 기독교도도 '정의로운 사람'이 될 수 있다고 인정했다. 교리는 사람들을 분리시키지만 행동은 결합시킨다는 사실을 기억한다면, 또는 음과 양이 대립하는 것이 아니라 상호작용한다는 것, 힌두교에서 말하는 '헌신bhakti'에는 남의 말을 들어주고 남을 돕는 것이 포함된다는 것, 바르샤바의 한 랍비가 자신이 속한 공동체가 해체되기 전 누구도 외롭지 않다고 선언했던 것, 외로운 yahid 것과 함께 있는 yahad 것이 철자 하나의 차이임을 떠올린다면, 종교의 보편적인 본질을 재발견할 수 있다. 독단적 교리의 국경을 넘어 양립할 수 있는 것들을 찾는 일은 신자와 불신자를 막론하고 각각의 종교가 받아들인 서로 다른 비유로 혼란을 겪지 않으려는 사람들의 다음 번 주제가 되어야 한다. 과거의 유령들이라고 해서 꼭 재난만 일으키는 것은 아니며 유용한 일을 하도록 길들여질 수도 있다.

그러나 각각의 유파에 속한 사람들이 존중의 추구가 보편적인 관심사임을 잊고 오직 자신들만 존중받기를 요구한다면, 과거에 늘 그랬던 것처럼 큰 성과를 볼 수 없을 것이다. 사람들을 선동하고 그리하여 법으로 만들고 그러고는 서서히 권력의 위치로 침투해 들어가는 식의 전통적인 방법으로는 결코 사람들의 정신을 바꿀 수 없다. 예전에는 자신들에게 문이 닫혀 있던 직업을 갖는 데 성공한 여성들은 이미 권력을 갖고 있는 사람들의 규칙을 따라야 했고, 새로 들어온 사람들은 어느 정도 기존의 게임 규칙을 따라야 한다는 이해를 바탕으로 양보해왔다. 더군다나 경제적인 독립이나 일할 권리 또는 동등한 임금은 그 자체가 목적이 아니라 더 완전한 삶이라는 목표를 위한 수단에 지나지 않는데, 대부분의 직업은 그런 삶의 목표를 추구하도록 만들어져 있지 않다. 서로 존중하도록 도움으로써 자기 자신 또한 존중할 수 있게 해주는 일은 권력 투쟁을 넘어선 자리에 위치해 있다.

공적인 일에서부터 사적인 자기 집착으로 후퇴하는 것이 아니라,

가장 진실한 의미에서 공적인 것이란 무엇인지, 즉 사람들이 함께 나눈다는 것이 무엇인지에 대해 자각할 수 있는 토대를 제공하고자 나는 노력했다. 인류가 지금처럼 개인적 관심사가 중요하다고 의식한 적은 없었다. 지구상의 거의 모든 지역에서 그런 생각이 공공연하게 표출되고 있다. 이는 오늘날의 가장 독특한 현상이다. 그러나 비록 개인적인 차이들에도 불구하고 우리가 공유하는 것들을 찾아 나선다면 그것은 우리에게 새로운 출발점을 제공해줄 것이다.

영혼의 동료를 만났을 때 가능한 일

"내 인생은 실패했습니다"라는 말로 이 책을 시작했다. 마찬가지로 그 말을 계속 뇌까렸던 한 살인자의 이야기로 이 책을 마치려고 한다.

평범한 사람이 증오의 대상이자 인류의 적이 되는 데는 그저 한순간으로 족했다. 그는 살인을 저질렀고 종신형을 선고받았다. 그런데 황량한 감옥에서 그는 한순간에 영웅이 되었다. 그는 한 사람의 목숨을 구했고 그 덕분에 석방되었다. 그가 집으로 돌아왔을 때 아내는 다른 남자와 살고 있었고, 딸은 자신의 존재조차 모르고 있었다. 그는 그 집에서 원치 않는 존재였다. 그는 죽기로 결심했다.

그의 자살 기도는 실패로 끝났다. 한 수도사가 불려와 그의 침대 머리맡에서 이런 말을 했다. "당신의 사연은 정말 안타깝군요. 그러나 내가 당신을 위해 해줄 수 있는 일은 아무것도 없습니다. 우리 집은 부유하지만 나는 유산을 포기했고 이제 남은 건 빚밖에 없습니다. 집 없는 사람들을 돕느라 가진 것을 다 써버려서 당신에게 줄 게 아무것도 없습니다. 당신이 꼭 죽겠다면 무슨 수로 당신을 막겠습니까? 그러나 죽기 전에 나를 한 번만 도와주십시오. 그런 다음엔 당신 하고 싶은 대로 하십시오."

수도사의 말이 이 살인자의 세상을 바꿔버렸다. 누군가가 그를 필요로 했다. 이제 그는 없어도 그만인 여분의 존재가 아니었다. 그는 수도사에게 도와주겠다고 약속했다. 그러자 그 수도사에게도 세상은 예전과 같지 않았다. 수도사는 자기 주변에 차고 넘치는 고통에 압도되어 있었고, 아무리 노력해도 그런 상황을 아주 미미하게 변화시킬 수 있을 뿐이었다. 그 살인자와의 우연한 만남에서 그는 자신의 미래가 나아갈 진로에 대해 어떤 영감을 받게 되었다. 즉 고통에 처한 사람을 만났을 때 그가 줄 수 있는 것은 아무것도 없었지만 오히려 그에게 뭔가를 해줄 것을 요구하게 된 것이었다. 나중에 그 살인자는 수도사에게 이렇게 말했다. "그때 당신이 내게 돈이나 방이나 일거리를 주었다면 아마 나는 다시 범죄의 길로 빠져 사람을 죽였을지도 모릅니다. 그러나 당신은 나를 필요로 했습니다." 이렇게 해서 서로의 가슴에 불을 지펴준 완전히 다른 두 사람의 만남으로부터 극빈자를 위한 아베 피에르Abbe Pierre 신부의 엠마우스Emmaus 운동이 시작되었다. 이 두 사람은 일반적이고 낭만적인 의미에서의 영혼의 동료가 아니었다. 그러나 그들은 서로에게 삶의 방향 감각을 제시해주었다.

다른 사람에게 손을 내밀고 이야기를 들어주고 약간이라도 이 세상을 더 친절하고 인간다운 곳으로 만들겠다고 노력하는 일은 조금만 용기를 내면 누구나 할 수 있다. 그러나 과거에 그런 노력이 실패를 거듭한 이유와 인간의 행동은 정확히 예측할 수 없다는 사실을 잊고 그렇게 하는 것은 경솔한 일이다. 역사는 사람들의 한없이 긴 행렬로 가득 차 있지만 그들의 만남 대부분은 기회를 놓쳐버린 것이었고, 또 쓸데없이 능력만 허비해온 것이기도 했다. 그러나 앞으로 어떤 두 사람이 만난다면 그 결과는 다를 수 있다. 만남은 걱정과 근심의 원천이기도 하지만 또한 희망의 원천이기도 하다. 그리고 그 희망은 바로 인간다움의 원천이기도 하다.

감사의 말

나는 많은 사람들의 격려와 자극과 도움을 받아 이 책을 썼다. 자신의 경험을 이야기해준 모든 사람들에게 감사의 말을 전하고 싶다. 그들 모두로 인해 인류에 대한 나의 존경심은 더욱 커졌다. 옥스퍼드 세인트앤서니칼리지의 동료들은 자신들의 박학한 지식을 친절하고 자유롭게 나와 나누어주었다. 여러 나라의 언론인들은 그 지역과 관련한 내 연구를 위해 귀중한 지침을 제공해주었다. 그들은 공적으로 말하거나 쓰는 것보다 훨씬 더 많은 것을 알고 있다. 나는 많은 시간을 책을 읽으면서 보냈다. 그렇기 때문에 다른 저자들에 대한 감사의 마음은 이루 말할 수 없다. 많은 책들을 찾도록 도와준 도서관 직원들과 출판업자들에게도 그 마음은 마찬가지다. 사업가들, 자발적인 단체들, 정치인들, 공무원들로부터도 많은 도움을 받았다. 그들은 나를 초대해 그들의 목적이나 전략을 함께 토론하도록 배려했으며, 보통 외부인에게는 닫혀 있는 세계에 내가 들어갈 수 있도록 해주었고, 책으로는 배울 수 없는 실질적인 문제들을 직접적으로 볼 수 있게 배려해주었다. 크리스토퍼 싱클레어-스티븐슨, 클로드 뒤랑, 휴 반 뒤상, 크리스토퍼 맥클로즈, 장-베르나르 블랑디니에, 에릭 다이애컨, 로저 카잘레, 앤드루 뉘른베르그, 로빈 슈트라우스, 그리고 이디스 맥머런과 루이즈 앨런, 이들 덕분에 이 책의 출간은 내게 즐거움이 되었다. 크리스티나 하디먼트와의 토론에서 많은 도움을 받았으며, 늘 그랬던 것처럼 아내 데이드르 윌슨은 너그럽게 이런저런 제안과 함께 격려를 해주었다. 왜 글쓰기란 외로운 작업이라고 말하는지 나는 그 이유를 모르겠다.

옮긴이 후기

　역사라고 하면 우리는 흔히 거창한 사건이나 인물을 떠올린다. 이러한 우리의 조건 반사적인 역사 이해는 어릴 때부터 받아온 역사 교육의 결과일 것이다. 왕조 교체기와 같은 주요 연대, 역대 왕의 재위 순서 따위를 노래처럼 외워본 기억을 우리는 다 갖고 있다.

　이러한 '거창한 역사' 이해의 이면에는 다시, 역사는 우리와 무관하며, 우리 삶의 역사적인 의미나 의의 같은 것을 생각하기에는 우리의 삶이 지나치게 평범하고, 우리는 그저 별다른 역사의식 없이 하루하루를 살아갈 뿐이라는 인식이 깔려 있다.

　과연 그런 것일까?

　영국의 걸출한 역사학자(그러나 영국에서도 학자치고는 지나치게 평범한 문체와 너무나 넓은 관심의 영역 때문에 그의 연구가 정식으로 인정받는 데는 20년이 걸렸다고 한다) 시어도어 젤딘은 이러한 우리의 역사 이해 방식에 심각한 문제

───────────

이 글은 이 책의 1999년 초판에 수록된 '옮긴이의 말'을 수정하고 다듬어 재수록한 것입니다.

가 있으며, 앞으로는 아무것도 아닌 것으로 여겨져 왔던 평범한 우리 자신들에게로 역사의 관심의 초점이 옮겨져야 한다고 역설한다.

교과서처럼 역사에서 일어난 모든 일을 두 시간 정도로 압축해서 1분마다 반세기가 휙휙 지나가는 식으로 영화를 만든다면, 이 세상은 달처럼 회색빛인 데다 황량하고 몇 개의 분화구만 눈에 띄는 그런 세상으로 보일 것이다. 그 분화구들이 문명이다. 지금까지 서른네 개의 주요 문명들이 있었고 그 하나하나가 폭발한 후 이내 사라졌는데, 그 문명들의 빛은 잠시 지구의 일부분을 비추었을 뿐 결코 전부를 비춘 적은 없었다. 몇몇 문명은 수백 년 동안 지속되었고, 다른 문명은 1000~2000년 이어졌다. 한편 그 분화구 주변에는 사방으로 회색 먼지 언덕이 시야가 미치는 끝까지 펼쳐져 있다. 그 회색 먼지 언덕이 역사책에서 언급되지 않은 사람들의 영역이다. 그들을 위해 문명이 한 일은 많지 않았으며, 그들의 삶은 거의 무의미한 고통이었다. (…)
과거를 너무 빨리 재생시키면 인생은 무의미해 보이고 인류는 수도꼭지에서 곧장 하수구로 떨어지는 물과 같은 존재가 된다. 현대의 역사 영화는 느린 화면으로 상영되어야 한다. 비록 밤하늘이 흐려 잘 보이지 않을지라도 모든 사람들이 별과 같은 존재로서 살아왔음을, 여전히 탐험의 손길이 미치지 않은 신비로운 존재로서 살아왔음을 보여줘야 한다. 이제 초점은 각 개인들의 눈에 얼마만큼의 두려움이 깃들어 있는지를, 그리고 한편으로는 서로 두려움 없이 만날 수 있는 세계가 얼마나 많은지를 아주 가까이서 보여주는 쪽으로 이동하게 될 것이다.

인류학과 역사를 독특하게 결합시키고 있는 이 흥미로운 역사책은 저자의 그런 생각이 분명하게 나타나도록 구성되어 있다. 각 장의 전반부는 전형적이랄 것도 없는 각계각층의 인물들과의 인터뷰로 이루어져 있다. 우리는 이 인터뷰들을 통해 오늘날 지구촌에 살고 있는 사람들의 꿈, 열정, 좌절, 번민, 고독 따위의 내밀한 생각을 접할 수 있다. 한편 각 장의 후반부는 각 인터뷰들에서 특징적으로 떠오른 주제가 저자의 해박한 지식을 통해 전 세계사적인 관점에서 다루어지고 있다.

예를 들면 1장에서 우리는 "내 인생은 실패했다"라고 한 마디로 결론짓는 쉰한 살의 쥘리에트를 만나게 된다. 그녀의 어머니는 가정부였고 그녀도 평생 가정부 일을 해왔으며 자식들 또한 그와 흡사한 일을 하고 있다. 그녀의 삶이 바뀔 수는 없었을까? 만약 바뀔 수 있었다면 어떻게 해야 했을까? 미래에 대한 새로운 삶의 비전은 과거를 새롭게 봄으로써 가능하다고 생각하는 까닭에 저자는 인류사 전체를 통해 이 문제에 접근한다.

쥘리에트의 불행한 삶의 이면에서 나는 자신을 실패자로 간주하거나 또는 그렇게 취급되어온 모든 사람들을 본다. 진정 자기 삶을 살았다고 할 수도 없고 독립적인 인간으로 대우받지도 못했고, 남들이 자신의 의견을 귀담아듣거나 물어본 적도 없고 그저 다른 사람의 재산으로 간주되어왔음을 깨달을 때 최악의 패배감에 빠지게 된다. 이런 것들이 공공연하게 노예에게 일어난 일이었다.

그래서 우리는 고대부터 현대에 이르기까지 '노예'와 관련된 역사 이야기를 듣게 된다.

이러한 노예제의 역사 연구를 통해 저자가 내린 결론은 자유란 것이 법률에 의해 신성하게 보존되는 단지 권리의 문제만은 아니라는 것이다. "만약 당신이 기타를 손에 넣을 수 있다면 당신은 기타를 칠 수 있다는 것이 법이 당신한테 해주는 말의 전부다."

결국 중요한 것은 만남이었다. 지난 역사를 돌아보면 우리는 만남을 통해 정치적·경제적·문화적·종교적·과학적 지평을 넓혀왔음을 알 수 있다. 역사는 다시 과거와의 만남이고, 사상의 발전 역시 과거 또는 현재의 여러 인물들과의 대화를 통한 만남에서 비롯된다. 개인적인 삶에서도 진정한 변화의 가능성은 만남에 달려 있다. 그러나 오늘날 우리의 삶 속에서 만남들은 얼마만큼의 의미를 가질 수 있을까? 우리는 다른 사람들의 견해와 생활방식에 정말 공감할 수 있을까? 아니면 우리는 이미 알고 있는 사실, 자신의 현실, 자신의 삶의 알량한 지혜에 갇혀 나 아닌 다른 사람들의 삶에 무감각하고 내 것 아닌 다른 사람의 생각에 무관심한 것은 아닐까?

지금까지 누구를 만나도 그 만남이 줄 수 있는 기회를 다 흘려보냈다. 결국 그녀에게는 아무 일도 일어나지 않았다. 쥘리에트를 고용한 그 누구도 그녀가 꿈꾸는 직업을 얻도록 도와줄 생각을 하지 못했다. 대부분의 만남에서 사람들은 경계심이나 자존심 때문에 자기가 진정으로 원하는 것을 말하지 못한다. 이 세상의 소음은 침묵으로 이루어져 있다.

쥘리에트에서 시작해서 우리는 계속해서 경찰, 간호사, 여성운동가, 조각가, 공장 노동자, 외과의사, 회사 중역, 사생아 등 다양한 인물들을 만나게 되고, 또 대화법, 고독, 사랑, 섹스와 조리법, 이성애와 동성애, 권력, 공포, 호기심, 전쟁, 도피, 연민, 점성술과 운명, 가정의 위기 등 일반적인 역사책에서는 접할 수 없지만 생활 속에서 우리가 직접 느끼고 생각하는 문제들이 독특하고도 구체적인 관점 아래서 다루어지고 있음을 보게 된다. 그리고 이러한 연구들은 '진정한 만남의 가능성'을 모색하는 "새로운 르네상스"라는 저자의 비전으로 일관되게 통합되고 있다. 한 예를 들면 저자는 '촉매'라는 강력한 비유를 통해 만남의 중요성과 미래의 인간상에 대한 자신의 주장을 간명하게 드러내고 있다.

19세기가 될 때까지 성질이 다른 두 물질이 어떤 과정으로 결합해 제 3의 물질을 만드는지 알려져 있지 않았다. 사람들은 그 물질들이 친화력이나 공감 같은 뭔가를 공유하고 있다고 추측했다. 물질은 마치 살아 있는 것처럼 논의되었다. 뉴턴은 이러한 친화력을 '사교성'이라고 불렀다. 마치 물질들이 연애를 한다는 식이었다. 괴테는 화학 용어를 빌려와 자신의 책에 《선택적 친화력》이라는 제목을 붙였다. 부부는 서로를 위해 창조되었다는 뜻이다. 퐁트넬은 하나의 물질이 다른 물질과 결합한 후 다시 분리되어 제3의 물질과 결합하는 방식에 놀라움을 금치 못했다. 물질의 간통은 인간의 간통만큼이나 신비로워 보였다. 1835년이 되어서야 베르셀리우스 남작이 이런 결합에 제3자의 존재가 필요하다는 것을 발견하고 촉매라는 용어를 화학에 도입했다.

촉매라는 개념이 중재자에게 새로운 위상을 부여했다. 이전에 중재자는 단순히 남들이 필요로 하는 것을 제공해주는 연결고리이거나 하이

픈에 지나지 않았다. 이제 중재자는 하나의 촉매로서 독립적인 존재가 되었고 목적을 갖게 되었다. 중재자는 새로운 상황을 만들어낼 수 있으며, 어떤 거만한 요구도 없이 사람들을 서로 만나게 함으로써 그들의 삶을 변화시킬 수 있다. 이 세상이 끊임없이 변화한다고 믿는 사람들에게, 그리고 이 세상을 통제하겠다는 생각 없이 세상이 나아가는 방향에 선한 영향을 미치고 싶어 하는 사람들에게 촉매가 되는 것은 가장 적절한 야망이다.

현대의 기술 발전과 정보화는 역사상 그 어느 때보다도 만남의 가능성을 극대화하고 있다. 나와 남을 포함하는 우리네 삶의 진정한 실현을 위해서는 그러한 만남의 가능성을 최대한 활용해야 할 것이고, 또 그렇게 하기 위해서는 우리 스스로도 철저히 준비되어 있어야 할 것이다. 그런 면에서 이미 13개국 언어로 번역된 이 책은 변화의 가능성을 추구하는 모든 사람들에게 귀중한 지식과 영감을 제공할 것이라고 생각한다. 또한 세계화라는 말이 돌연 홍수를 이루었던 이즈음, 이 책에 등장하는 수많은 인물들을 통해 우리 스스로의 위상을 점검해보는 귀한 기회를 갖는 한편, 세계화라는 막연한 화두에 대한 어떤 방향성을 가늠해볼 수도 있을 것이다. 그러나 무엇보다도 이 책이 갖는 중요한 가치 가운데 하나는, 역사를 기피하고 역사를 나와 무관한 것으로 여겨왔던 우리의 타성을 바로잡고, 역사를 우리 생활 속에 직접적으로 접목시키는 계기를 제공하고 있다는 점일 것이다.

처음 하는 번역인 데다가 박사 과정 중에 시간에 쫓기며 틈틈이 한 번역이라 필연적으로 모자라는 부분이 많을 것으로 생각된다. 책의 성격상 세계 여러 나라의 인명. 지명, 서명이 무수히 나열되는 까닭에 그 번역이 특히 어렵게 여겨졌고, 독자를 위한 설명이 부족하다는 점 또한 특히 아쉬움을 느끼는 대목이었다. 많은 사람들과 생각을 나누는 것이 저자의 간절한 소망일 것이기에 가능하면 독자들이 쉽고 편하게 읽을 수 있도록 번역하고자 노력했지만 제대로 되었는지는 그저 미심쩍을 따름이다. 교우로서 역자에게 번역을 맡긴 강 출판사 한승오 사장과 이하 여러 직원들에게 진심으로 감사드린다.

1999년 6월
김태우

참고문헌

일부 사람들이 더 많은 대화를 나누기 위해 식사 뒤에 술자리를 가지는 것과 같은 방식으로 나는 독자들 각자가 자신들의 취향에 따라 상상력의 여행을 떠날 수 있도록 내가 근거로 삼은 자료들의 실례를 여기에 제시해놓았다. 나는 최근의 책들을 더 편애했는데, 그것은 최근의 연구 성과들이 특히 풍부하다는 사실과, 우리 시대, 그리고 비록 낡았지만 우리 대학들이 지적인 활기로 넘쳐난다는 사실을 암시하고 싶기 때문이다. 그러나 이것은 헤아릴 수 없이 많은, 내가 그들의 노고로부터 받은 많은 도움과 학자들에게 진 엄청난 빚에 비하면 매우 불완전한 기록이다. 그것은 무엇보다도 내가 오늘날 세대의 마음속 서가에 꽂혀 있는 익히 알려진 작품들을 생략했기 때문이기도 하고, 또 독서를 통해 수집한 예들이나 논의들의 아주 일부분만을—만약 그렇게 하지 않았다면 이 책은 열 배나 길어졌을 것이다—언급했기 때문이기도 하다.

1장

Orlando Patterson, *Freedom in the Making of Western Culture*, Basic Books, NY, 1991 / Orlando Patterson, *Slavery and Social Death*, Harvard UP, 1976 / Richard Hellie, *Slavery in Russia 1450-1725*, Chicago UP, 1982 / David Brion Davis, *Slavery and Human Progress*, Oxford UP, 1984 / Philip Mason, *Patterns of Dominance*, Oxford UP, 1970 / G. Boulvent, *Domestique et fonctionnaire sous le haut empire*, Belles Lettres, 1974 / Robin Lane Fox, *Pagans and Christians*, Penguin, 1986 / Jean-Paul Roux, *Les Barbares*, Bordas, 1982 / A.M. Duff, *Freedmen in the Early Roman Empire*, 1928 /

James L. Watson, *Asian and African Systems of Slavery*, Blackwell, 1980 / G. Freyre, *The Masters and the Slaves*, 2nd edn, California UP, 1986 / M. L. Kilson and R. L. Rotberg, *The African Diaspora*, Harvard UP, 1976 / M. I. Finlay, *Slavery in Classical Antiquity*, Heffer, Cambridge, 1960 / Jonathan Derrick, *Africa's Slaves Today*, Allen and Unwin, 1975 / Gail Saunders, *Slavery in the Bahamas 1648-1838*, Nassau, 1965 / Paul A. David, *Reckoning with Slavery*, Oxford UP, 1976 / Kenneth M. Stampp, *The Peculiar Institution : Slavery in the Antebellum South*, Knopf, NY, 1956 / Lydia Maria Child, *Incidents in the Life of a Slave Girl*, written by Herself, published for the author 1861 / T. Mitamura, *Chinese Eunuchs*, Tuttle, Tokyo, 1970.

세계를 보는 방식을 변화시키는 법

Eugene W. Nester et al., *The Microbial Perspective*, Sanders, Philadelphia, 1982 / Edward R. Leadbetter and J. S. Poindexter, *Bacteria in Nature*, Plenum, 1985 / A. G. Morton, *History of Botanical Science*, Academic Press, 1981 / T. S. Kuhn, *The Structure of Scientific Revolutions*, 2nd edn., Chicago UP, 1970 / M Teich and R. Young, Changing Perspectives in the History of Science, Heinemann, 1973 / Robert Doisneau, *A l'imparfait de l'objectif*, 1989 / B. Brodzki, *Life Lines : Theorising Women's Autobiography*, Cornell UP, 1988 / M. Ignatieff, *The Needs of Strangers*, Chatto, 1984 / Henley Centre, *Leisure Futures*, 1992 / Reuven Feuerstein, *Don't Accept Me as I Am*, Plenum, NY, 1988 / Jérôme Clément, *Un Homme en quête de vertu*, Grasset, 1992.

2장

Kai Ka'us Ibn Iskandar, Prince of Gurgan, *A Mirror for Princes : The Qabus Nama*, tr. Reuben Levy, Cresset Press, 1951 / David Kinsley, *Hindu Goddesses : Visions of the Divine Feminine in the Hindu Religious Tradition*, California UP, 1986 / *The Complete Works of Han Fei Tzu*, tr. W. K. Liao, Arthur Probsthain, London, 1939 / Etienne Balazs, *Chinese Civilisation and Bureaucracy*, Yale UP, 1964 / J. V. Neustupny, *Communicating with the Japanese*, Japan Times, Tokyo, 1987 / Tullio Maranhao, *Therapeutic Discourse and Socratic Dialogue*, Wisconsin UP, 1986 / George A. Kennedy,

Classical Rhetoric and its Christian and Secular Tradition from Ancient to Modern Times, Carolina UP and Croom Helm, 1980 / Nicolas P. Gross, *Amatory Persuasion in Antiquity*, Delaware UP, Newark, 1985 / Georges Vlastos, *Socrates, Ironist and Moral Philosopher*, Cambridge UP, 1991 / M. Magendie, *La Politesse mondaine et les théories de l'honnêteté en France au dix-septiéme siècle*, Félix Akan, n.d., Ian Maclean, *Woman Triumphant : Feminism in French Literature 1610-1652*, Oxford UP, 1977 / Elizabeth C. Goldsmith, *Exclusive Conversations : The Art of Interaction in Seventeenth-Century France*, Pennsylvania UP, 1988 / Carmen Martin Gaite, *Love Customs in Eighteenth-Century Spain*, California UP, 1991 / W. Jackson Bate, *Samuel Johnson*, Chatto, 1978 / C. B. Tinker, *The Salon in English Letters*, Macmillan, NY, 1915 / K. C. Phillipps, *Language and Class in Victorian England*, Blackwell/Deutsch, 1984 / John S. Nelson, *The Rhetoric of the Human Sciences*, Wisconsin UP, 1987 / William Carey, *Dialogues Intended to Facilitate the Acquiring of the Bengalese Language*, 3rd edn., Mission Press, Fort William, 1818 / N. H. Itagi, *Communication Potential in the Tribal Populations of Assam and Madhya pradesh*, Central Institute of Indian Language, Mysore, 1986 / K. S. Rajyashree, *An Ethno-Linguistic Survey of Dharavi, a Slum of Bombay*, Central Institute of Indian Language, Mysore, 1986 / Raymonde Carroll, *Cultural Misunderstandings*, Chicago UP, 1988 / Lila Abu Lughod, *Veiled Sentiments : Honor and Poetry in a Bedouin Society*, California UP, 1986 / Deborah Tannen, *You just Don't Understand : Men and Women in Conversation*, Morrow, NY, 1990 and Virago, 1991 / Deborah Tannen, *Perspectives in Silence*, Ablex, Norwood, NJ, 1985 / Jan Bremmer and Herman Rooden, *A Cultural History of Gesture*, Polity, Cambridge, 1991 / Elinor Ochs Keenan, 'The Universality of Conversational Postulates', *in Language in Society*, vol.5, 1976, pp.67-80.

3장

유목민

C. Nelson, *The Desert and the Sown : Nomads in the Wider Society*, California UP, 1973 / Centre G. Pompidou : Centre de creation industrielle, *Errants, nomades, voyageurs,*

1980 / C. Bataillon, *Nomades et nomadisme au Sahara*, UNESCO, 1963 / Sevyan Vainshtein, *Nomads of South Siberia*, Cambridge UP, 1980 / J. P. Digard, *Techniques des nomades baxtyari d'Iran*, MSH and Cambridge UP, 1981 / Elizabeth Atwood Lawrence, *Hoofbeats and Society : Studies in Human-Horse Interactions*, Indiana UP, Bloomington, 1985 / Elizabeth Atwood Lawrence, *Rodeo : An Anthropologist Looks at the Wild and the Tame*, Tennessee UP, Knoxville, 1982 / Paul Vigneron, *Le Cheval dans l'antiquité gréco-romaine*, Nancy, 1968.

이주

Chen Yuan, *Western and Central Asians in China under the Mongols : Their Transformation into Chinese*, California UP, 1966 / Werner Sollors, *Beyond Ethnicity : Consent and Dissent in American Culture*, Oxford UP, NY, 1986 / J. L. Amselle, *Les Migrations africaines*, Maspero, 1976 / Robert Mirak, *Torn Between Two Lands : Armenians in America, 1880-1914*, Harvard UP, 1983 / Hasia R. Diner, *Erin's Daughters in America : Irish Immigrant Women in the Nineteenth Century*, Johns Hopkins UP, Baltimore, 1983 / Jean I. Martin, *The Migrant Presence : Australian Responses 1947-1977*, Allen and Unwin, Sudney, 1978 / O. Lattimore, 'La Civilisation, mère de la barbarie', in *Annales*, 1962 / Michael Todd, *The Everyday Life of Barbaria ns, Goths, Franks and Vandals*, Batsford, 1972 / B. F. Manz, *The Rise and Rule of Tamerlane*, Cambridge UP, 1989 / Albert Chan, *The Glory and Fall of the Ming Dynasty*, Oklahoma UP, Norman, 1982 / Françoise Ascher, *Tourisme, sociétés transnationales et identités culturelles*, UNESCO, 1984 / Yves Lequin, *La France mosa ique*, Larousse, 1988 / Clive Roots, *Animal Invaders*, David & Charles, 1976.

문명들 간의 만남

Joseph A. Tainter, *The Collapse of Complex Societies*, Cambridge UP, 1988 / Arnold Toynbee, *A Study of History*, revised edn., Oxford UP, 1972 / Arnold Toynbee, *Mankind and Mother Earth*, Oxford up, 1976 / Jean Casemajou and J. P. Martin, *La Crise du Melting Pot*, Aubier, 1983 / Alberto Asor Rosa, *En Marge : l'Occident et ses autres*, Aubier, 1978 / Michael Grant, *From Alexander to Cleopatra*, Weidenfeld, 1982 / Roland Martin, *L'Urbanisme dans la Grèce antique*, Picard, n.d. / Stephen L.

Collins, *From Divine Cosmos to Sovereign State*, Oxford UP, 1989 / Shusako Endo, *Foreign Students*, Sceptre, 1965 / Donald M. Topping, *Thinking Across Cultures*, Lawrence Erlbaum, Hillsdale, NJ, 1989 / Centre Aixois de recherches anglaises, no.9, L'Ètranger dans la littérature et la pensée anglaises, Aix, 1989 / Raphael Samuel, *Patriotism : The Making and Unmaking of British National Identity*, Routledge, 1989 / Walter Goffart, *Barbarians and Romans A.D.418-584 : The Techniques of Accommodation*, Princeton UP, 1980 / Barry Cunliffe, *Greeks, Romans and Barbarians : Spheres of Interaction*, Batsford, 1988 / Michael Grant, *The Fall of the Roman Empire*, Weidenfeld, 1986 / J. P. V. D. Balsdon, *Roman Women*, Bodley, 1960 / R. D. Milns, *Alexander the Great*, Hale, 1968 / Naphtali Lewis, *Life in Egypt under Roman Rule*, Oxford UP, 1983 / *Nationalisme et Cosmopoltianisme dans les littératures ibériques au 19e siècle*, Lille, 1973 / M. Fogarty, *Irish Values and Attitudes*, Dublin Dominican, 1984 / Yasuoka Shotaro, *A View by the Sea*, Columbia UP, 1984 / Toshiaki Kozakai, *Les] aponais sont-ils des occidentaux?*, L'Harmattan, 1991 / Françoise Barret Ducrocq, *Traduire Europe*, Payot, 1992 / Sudhir Kamar, *The Inner World : A Psychoanalytic Study of Childhood and Society in India*, Oxford UP, Delhi, 1978 / Ninian Smart, *The World' s Religions*, Combridge UP, 1989 / Pierre Riche, *Education and Culture in the Barbarian west*, South Carolina UP, 1976 / Centre de Recherches archéologiques, Valbonne, *Le Phénomène des grandes 'invasions'*, CNRS, 1983.

근친결혼

Susan McRae, *Cross Class Families*, Oxfond UP, 1986 / Kenneth Little, *African Women in Towns*, Cambridge UP, 1973 / Geneviève Vinsonneau, *Les Relations de couple mixte entre noirs africains et framçaises*, thèse de 3e cycle Paris V, 1978 / Augustus Barbara, Mariages sans frontières, Centurion, 1985 / Gabrielle Varro, *La Femme transplantée : Étude du mariage franco-americain en France et le bilinguisme des enfants*, Lille UP, 1984 / Matine Muller, *Couscous pommes frites : Le couple franco-maghrébin d'hier à aujourd'hui*, Ram say, 1987 / Julius Drachsler, *Intermarriage in New York City*, NY, 1921.

친화력에 관한 과학

Robert P. Multhauf, *The Origins of Chemistry*, Oldbourne, 1966 / Colin T. Burrows, *Processes of Vegetation Change*, Unwin, 1990 / James D. Mauseth, *Plant Anatomy*, Cummings, Menlo, California, 1988 / D. S. Koltun, *The Quantum Mechanics of Many Degrees of Freedom*, Oxford UP, 1988 / P. D. Medawar, *The Uniqueness of the Individual*, Dover, NY, 1981 / Lorraine Dennerstein, *Hormones and Behaviour*, Excerpta Medica, Amsterdam, 1986.

4장

고독

Rovert Sayre, *Solitude in Society*, Harvard UP, 1978 / M. Hojat, Loneliness : Theory, Research and Applications, Sage, 1989 / Michel Hannoun, *Nos Solitudes*, Seuil, 1991 / Anthony Storr, *Solitude*, Flamingo, 1988 / M. D. S. Ainsworth, *Patterns of Attachment*, Erlbaum, NY, 1978 / Vladimir Shlapentokh, *Public and Private Life of the Soviet People*, Oxford UP, NY, 1989 / Jean Heuchlin, *Aux origines monastiques de la Gaule du Nord : Ermites et reclus du Ve au Xie siècle*, Lille UP, 1988 / Jean Pierre Vernant, *L'Jndividu, la mort, l'amour : Soi-même et l'autre en Grèce ancienne*, Gallimard, 1989 / Ch. A. Fracchia, Living *Together Alone : The New American Monasticism*, San Francisco, 1979 / Margaret Mary Wood, *Paths of Loneliness*, Columbia UP, 1953 / Richard Kiekhefer and G. D. Bond, *Sainthood : Its Manifestations in World Religions*, California UP, 1988 / K. J. Weintraub, *The Value of the Individual Self and Circumstance in Autobiography*, Chicago UP, 1978 / Charles Taylor, *Sources of the Self: The Making of the Modern Identity*, Cambridge UP, 1989 / R. Kuhn, *The Demon of Noontide : Ennui in Western Literature*, Princeton UP, 1978 / Giti Amirami, 'Depression in Medieval Islam', unpublished postgraduate essay, Oxford, 1992 / O. John Rogge, *Why Men Confess*, Da Capo, NY, 1959/1975 / David Schweitzer and R. F. Geyer, *Alienation Theories and De-Alienation Strategies*, Science Reviews, Northwood, 1989 / Markus Fierz, *Girolamo Cardano 1501-1576*, Birkhauser, Boston, 1983 / Jack Stillinger, *Multiple Authorship and the Myth of the Solitary Genius*, Oxford UP, 1991.

면역

Elie Metchnikoff, *Essais optimistes*, Maloine, 1914 / Olga Metchnikoff, *Vie d'Elie Metchnikoff*, Hachette, 1920 / Anne Marie Moulin, *Le Dernier langage de la médecine* : *Histoire de l'immunologie de Pasteur au Sida*, PUF, 1991 / Niels Mygind, *Essential Allergy*, Blackwell, 1986 / William F. Jackson, *Colour Atlas of Allergy*, Wolfe Medical, 1988 / M. H. Lessof, *Allergy* : *Immunological and Clinical Aspects*, Wiley, Chichester, 1984 / Thomas J. Kindt, *The Antibody Enigma*, Plenum, NY, 1984 / W. R. Clark, *The Experimental Foundations of Modern Immunology*, Plenum, NY, 1984 / Debre J. Bibel, *Milestones in Immunology*, Springer, Madison, 1988 / J. J. Merchalonis, *Antibody as a Tool*, Wiley, 1972.

기인奇人

Catherine Caulfield, *The Emperor of the USA and Other Magnificent British Eccentrics*, Routledge, 1981 / Enid Welsford, *The Fool* : *His Social and Literary History*, Faber, 1935 / C. R. Snyder and H. L. Fromkin, 'Abnormality as a Positive Characteristic : The Development and Validation of a Scale Measuring Need for Uniqueness', *Journal of Abnormal Psychology*, 86, 1977, pp.518-527 / A. J. Berry, *Henry Cavendish*, Hutchinson, 1960.

5장

J. Ashtiany, *Abbasid Belles Lettres*, Cambridge UP, 1990 / Jean Claude Vadet, *L' Esprit courtois en Orient dans les cinq premiers siécles de l'hégire*, Maisonneuve, 1968 / A. G. Chejne, *Ibn Hazm*, Kazi, Chicago, 1982 / Ibn Hazm, *The Ring of the Dove*, Luzac, 1953 / 'Ishk', article in New Encyclopedia of Islam, 1978 / Émile Dermengheim, 'Les grands themes de la poesie amoureuse chez les Arabes précurseurs de poètes d'Oc', in *Les Cahiers du Sud*, special issue on Le Génie d'Oc, Marseilles, 1943 / J. M. Ferrante, *Conflict of Love and Honour*, Mouton, 1975 / Lois Anita Giffen, *Theory of Profane Love among the Arabs*, New York UP and London UP, 1971 / Clinton Bailey, *Bedouin Poetry*, Oxford UP, 1991 / L. F. Compton, *Andalusian Lyrical Poetry and Old*

Spanish Love Songs, New York UP, 1976 / W. Dols, Majnun, *The Madman in Medieval Islamic Society*, Oxford UP, 1992 / Alan H. Gardiner and K. Sethem, *Egyptian Letters to the Dead*, Egyptian Exploration Society, 1928 / H. R. P. Dickson, *The Arab in the Desert : Badawi Life in Kuwait and Saudi Arabia*, Allen and Unwin, 1949 / Richard Boase, *The Origin and Meaning of Courtly Love*, Manchester UP, 1977 / Claude Tapia, *Jeunesse 1986 : au delà du sexe : Psychosociologie de la vie affective de la jeunesse*, Harmattan, 1987 / F. Dubet, *Les Lycéens*, Seuil, 1991 / Love statistics in Armelle Oger, *Enquête sur la vie très privée des Franrais*, Laffont, 1991, pp.317-323 / P. Bancroft, *Human Sexuality*, Churchill Livingstone, 1983 / V. Shlapentokh, *Public and Private Life of the Sovietpeople*, Oxford UP, NY, 1989, p.178 / Jérôme Duhamel, *Vous les Français*, Albin Michel, 1989, p.334 / E. Burgess and P. Wallis, *Engagement and Marriage*, Lippincott, Philadelphia, 1953 / Reuben Fine, *The Meaning of Love in Human Experience*, Wiley, NY, 1985 / Irving Singer, *The Nature of Love*, 3vols., Chicago UP, 1984-1987 / 'Evolution historique sentiment amoureux', in *Futuribles*, July 1990.

6장

음식의 역사

Raymond Sokolov, *Why We Eat What We Eat*, Summit, NY, 1991 / A. M. Barrett, *Neuropharmacology of Appetite Regulation*, Proc. Nutrition Soc., vol.37, 1978 / N. Tinbergen, *The Study of Instinct*, Oxford UP, 1974 / F. T. Simoons, *Food Avoidance in the Old World*, Wisconsin UP, 1967 / H. P. Kleyngeld, *Adoption of New Food Products*, Tilburg UP, 1974 / Hiromitsu Kaneda, *Long-term Changes in Food Consumption Patterns in japan 1878-1964*, Yale Univ. Economic Growth Center, no.127, 1969 / J. M. Weiffenbach, *Genesis of Sweet Preferences*, Us Dept of Health, 1977 / Trevor Silverstone, *Appetite and Food Intake*, Dahlem Konferen zen, 1976 / John Burnett, *Plenty and Want : A Social History of Diet in England from 1815 to the Present Day*, Nelson, 1966 / Chris Wardle, *Changing Food Habits in the UK*, Earth Resources Centre, 1977 / D. W. Walcher, *Food, Man and Society*, Plenum, NY, 1976 / D. S. Ironmonger, *New Commodities and Consumer Behaviour*, Cambridge UP, 1972 /

Michael Lipton, *Why Poor People Stay Poor*, Temple Smith, 1977 / Trygg Engen, *The Perception of Odors*, Academic Press, 1982 / C. M. Apt, *Flavor : Its Chemical, Behavioral and Commercial Aspects*, Proceedings of the Arthur D. Little Flavor Symposim, Boulder, Colorado, 1977 / G. Blix, *food Cultism and Nutrition Quackery*, Symposium of the Swedish Nutrition Foundation, Uppsala, 1970 / Mark Nathan Cohen, *Health and the Rise of Civilisation*, Yale UP, 1989(인상적인 인류학적 증거들을 바탕으로 오늘날 사람들이 더 건강해졌다는 시각에 도전한다.) / John Yudkin and J. C. Mckenzie, *Changing Food Habits*, McGibbon and Kee, 1974 / A. I. Richards, *Hunger and Work in a Savage Tribe : A Functional Study of Nutrition among the Southern Bantu*, Routledge, 1932 / Raymond F. Hopkins, *The Global Political Economy of Food*, Wisconsin UP, 1978 / R. Robbins, *Famine in Russia 1891-1892*, Columbia UP, 1975 / Jean-Robert Pitte, *Gastronomie française : Histoire et géographie d'une passion, Fayard*, 1991 / R. E. F. Smith and David Christian, *A Social and Economic History of Food and Drink in Russia*, Cambridge UP, 1984 / Michel Maffesoli, *Aux Creux des apparences : Pour une éthique de l'esthétique*, Plon, 1990 / William Kingston, *Innovation*, Calder, 1977 / Sterling Ortman, *To Feed this World*, Johns Hopkins UP, 1976 / R. N. Salaman, *The History and Social Influence of the Potato*, Cambridge UP, 1949 / J. D. Haas and G. G. Harrison, 'Nutritional Anthropology', *American Review of Anthropology*, 6, 1977, pp.69-101 / J. H. van Stuyvenberg, *Margarine : A History 1868-1969*, Liverpool Up, 1969 / B. A. Hennisch, *Fasts and Feasts*, Pennsylvania UP, 1976 / K. C. Chang, *Food tn Chinese Culture*, Yale UP, 1973 / E. N. Anderson, *The Food of China*, Yale UP, 1988 / T. C. Lai, *At the Chinese Table*, Oxford UP, 1964 / Michel Jeanneret, *Des Mets et des mots : Banquets etpropos de table à la Renaissance*, Corti, 1987 / Piero Camporesi, *Bread of Dreams : Food and Fantasy in Early Modem Europe*, Polity, 1989 / Barbara K. Wheaton, *Savouring the Past : the French Kitchen and Table from 1300 to 1789*, Chatto, 1983 / Harold McGee, *On Food and Cooking : The Science and Lore of the Kitchen*, Scribners, NY, 1984 / Georges Vigarello, *Le Propre et le sale*, Seuil, 1984 / Om Prakash, *Food and Drink in Ancient India*, Munshi Ram, New Delhi, n.d

성의 역사

J. D'Emilio and D. B. Freedman, *Intimate Matters : A History of Sexuality in America*,

Harper, NY, 1988 / John Bancroft, *Human Sexuality and its Problems*, Churchill Livingstone, 1983 / Herant Katchadourian, *Fundamentals of Human Sexuality*, 5th edn., Holt, NY, 1985 / Oskar Koenig, *The Masai Story*, Michael Joseph, 1956 / Pat Caplan, *The Cultural Construction of Sexuality*, Tavistock, 1987 / David M. Halperin, *Before Sexuality : The Construction of Erotic Experience in the Ancient Greek World*, Princeton UP, 1990 / M. Feher, *Fragments for a History of the Human Body*, 4vols., Zone, NY, 1989 / Ronald and Juliette Goldman, *Children's Sexual Thinking : A Comparative Study of Children Aged 5 to 15 Years in Australia, North America, Britain and Sweden*, Routledge, 1982 / R. H. Van Gulik, *Sexual Life in Ancient China*, Brill, Leiden, 1961 / Lina M. Fruzetti, *The Gift of a Virgin Women, Marriage and Ritual in Bengali Society*, Rutgers UP, 1982 / Akhileshwar Jha, *Sexual Designs in Indian Culture*, Vikas, New Delhi, 1979 / Michael Allen and S. N. Mukherjee, *Women in India*, Canberra ANU, 1982 / B. Malinowski, *The Sexual Life of Savages in North Western Melanesia*, Routledge, 1929 / B. Malinowski, *Sex and Repression in Savage Society*, 1927 / Roy Ellen, *Malinowski between Two Worlds : The Polish Roots of an Anthropological Tradition*, Cambridge UP, 1978 / Derek Freeman, *Margaret Mead and Samoa*, Harvard UP, 1983 / Lowell D. Holmes, *The Quest for the Real Samoa : The Mead/Freeman Controversy and Beyond*, Bergin and Garvey, Mass., 1987 / R. Firth, *Man and Culture : An Evaluation of the Work of B. Malinowski*, Kegan, 1957 / Hans Licht, *Sexual Life in Ancient Greece*, Routledge, 1932 / Lawrence Birken, *Consuming Desire : Sexual Science and the Emergence of a Culture of Abundance 1871-1914*, Cornell UP, 1988 / Francis L. K Hsu, *Iemoto : The Heart of Japan*, Wiley, NY, 1975 / Iwao Hoshii, *The World of Sex*, vol.4, Woodchurch, Kent, 1987 / Peter Brown, *The Body and Society : Men, Women and Sexual Renunciation in Early Christianity*, Faber, 1988 / I. B. Horner, *Woman under Primitive Buddhism*, Routledge, 1930 / Charles Fowkes, *The Pillow Book*, Hamilton, 1988 / John Byron, *Portrait of a Chinese Paradise Erotica and Sexual Customs of the Late Qing Period*, Quartet, 1987 / Howard Levy, *Oriental Sex Manners*, NEL, 1971 / Howard Levy, *Chinese Footbinding*, Neville Spearman, 1972 / Iris and Steven Finz, *Erotic Fantasies*, Futura, 1991 / Patrick J. Kearney, *History of Erotic Literature*, Macmillan, 1992 / Wayne Paul Robinson, *The Modernisation of Sex*, Elek, 1976 / V. and B. Bullough, *Sin, Sickness and Sanity : A History of Sexual*

Attitudes, New American Library, 1977 / Peter Wagner, *Eros Revived : Erotica of the Enlightenment in England and America*, Secker & Warburg, 1988 / René Nelli, *Erotique et civilisation*, Weber, 1972 / Travaux de l'université de Toulouse le Mirail, serie A, tome 24, *Les Visages de l'amour du dix -septième siècle*, Toulouse, 1984 / Roger Bougard, *Erotisme et amour physique dans la littérature française du dix-septième siècle*, G. Lachurie, 1986 / Gérard Clavreuil, *Erotisme et littératures : Afrique noire, Caraïbes, Océan indien*, Acropole, 1981 / Suzanne Lallemand, *l'Apprentissage de la sexualité dans les contes d'Afrique de l'ouest*, Harmattan, 1985 / Pierre Hanny, *L'Erotisme africain : Le Comportement sexuel des adolescents guinéens*, Payot, 1970 / R. B. Symington, 'Sexual Behaviour of Rhodesian Africans', *Journal of Biosocial Science*, vol.4, no.3, pp.263–275 / William H. Hopkins, *The Development of 'Pornographic' Literature in Eighteenth-Century and Early Nineteenth-Century Russia*, Indiana Univ. Ph.D thesis, 1977 / N. N. Bhattachayya, *History of Indian Erotic Literature*, Munshshiram Manoharlat, New Delhi, 1975 / H. C. Chakla dar, *Social Life in Ancient India : Studies in Vatsyayana's Kamasutra*, Greater India Society, Calcutta, 1929 / Jayadeva, *Gitagovinda : Love Song of the Dark Lord*, trans. Barbara Stoler Miller, Columbia UP, 1977 / Edward C. Dimock, jnr., *The Place of the Hidden Moon : Erotic Mysticism in the Vaisnavasahajiya Cult*, Chicago UP, 1966 / Bernard Golse and M. Bloch, *L'Amour Chaos*, Hachette, 1987 / 'La Folie Amoureuse' in *Dialogue*, no.96, 1987 / Sue Griswold, *Beautiful Merchandise : Prostitution in China 1860-1936*, Haworth, NY, 1982 / Edward J. Bristow, *Prostitution and Prejudice : The jewish Fight against White Slavery 1870-1939*, Oxford UP, 1982 / Jacques Rossiaud, *Medieval Prostitution*, Blackwell, 1988 / Allegra Taylor, *Prostitution : What's Love Got to Do With It?*, Macdonald, 1991 / Stephen Owen, *Mi-Lou : Poetry and the Labyrinth of Desire*, Harvard, 1989.

J. R. Planche, Cyclopedia of Costume, Chatto, 1976 / C. Wilson, *Encyclopedia of Scandal*, Grafton, 1987 / Donald Schon, 'The Fear of Innovation', in Barry Barnes (ed.), *Science in Context*, Open Univ., Milton Keynes, 1982 / J. Puisais, *Le Goût et l'enfant*, Flammarion, 1987.

7장

구애求愛

Evelyn Shaw and Joan Darling, *Strategies of Being Female : Animal Patterns, Human Choices*, Harvester, 1984 / Sarah Blaffer Hrdy, *The Woman That Never Evolved*, Harvard, 1981 / D. Crews, 'Courtship in Unisexual Lizards', *Scientific American*, 1987, pp.72-77 / Ellen K. Rothman, *Hands and Hearts : A History of Courtship in America*, Harvard UP, 1987 / Beth L. Bailey, *Courtship in Twentieth-Century America*, Johns Hopkins UP, 1988 / *Cupid's Guide to the Wedding Ring*, reprinted Black Pennell Press, Greenock, 1988 / Anon., *Conversational Openings and Endings*, Bentley, 1891 / C. Nyrop, *The Kiss and its History*, translated from the Danish by L. Sands, 1901 / Nicholas J. Perella, *The Kiss : Sacred and Profane*, California UP, 1969 / James T. Y. Liu, *The Chinese Knight Errant*, Routledge, 1967 / Jacques Gernet, *Daily Life in China on the Eve of the Mongol Invasions 1250-1276*, Allen and Unwin, 1959 / Jacqueline Huppert-Laufer, *La Féminité neutralisée? : Les femmes cadres dans l'enreprise*, Flammarion, 1982 / Helga Dierichs and Margarete Mitscherlich, *Des Hommes : Dix histoires exemplaires*, Des Femmes, 1983 / Lawrence Stone, *The Road to Divorce : England 1530-1987*, Oxford UP, 1990 / P. Ariès and G. Duby, *Histoire de la vie privée*, 5vols., Seuil, 1987 / Jane Lazare, *On Loving Men*, Abacus, 1978 / Yan de Kerorguen, *Le Plaisir chaste*, Autrement, 1984 / Pascal Lainé, *La Femme et ses images*, Stock, 1974 / Germaine Greer, *The Female Eunuch*, MacGibbon and Kee, 1970 / Germaine Greer, *The Obstacle Race*, Secker & Warburg, 1979 / Germaine Greer, *Sex and Destiny*, Secker & Warburg, 1984 / Betty Friedan, *The Second Stage*, Summit, NY, and Michael Joseph, 1982 / Ezra Storland, *The Psychology of Hope*, 1969 / Robert J. Stoller, *Observing the Erotic Imagination*, Yale UP, 1985 / K. S. Srinivasin, *The Ethos of Indian Literature : A Study of its Romantic Tradition*, Chanakya, New Delhi, 1985 / Jo Ann McNamara, *A New Song : Celibate Women in the First Tree Christian Centuries*, Harrington Park Press, NY, 1985 / Dana Vannoy-Hiller and W. Philliber, *Equal Partners : Successful Women in Marriage*, Sage, 1989 / Gordon Thomas, *Desire and Denial*, Grafton, 1986 / Julia Kristeva, *Les Samurais*, Fayard, 1990 / Michel Crépu, *La Force de l'admiration*, Autrement, 1988 / M. Foucault, *The History of Sexuality*,

Viking, 1986ff. / Didier Eribon, *Michel Foucault*, Flammarion, 1989 / Michael Young, *The Ethnography of Malinowski*, Routledge, 1979 / Frederic Errington and D. Gewertz, *Cultural Alternatives and a Feminist Anthropology : Culturally Constructed Gender Interests in Papua New Guinea*, Cambridge UP, 1987 / Unni Wikan, *Behind the Veil in Arabia : Women in Oman*, Johns Hopkins UP, 1982 / Andrea Dworkin, *Right Wing Women*, Women's Press, 1983.

동성애

David F. Greenberg, *The Construction of Homosexuality*, Chicago UP, 1988 / Dominique Fernandez, *Le Rapt de Ganymède*, Grasset, 1989 / Wayne R. Dynes, *Encyclopedia of Homosexuality*, St James Press, 1990 / Wayne R. Dynes, *Homosexuality : A Research Guide*, Garlan, NY, 1987 / Martin Duberman, *Hidden from History : Reclaiming the Gay and Lesbian Past*, Penguin, 1989 / Jonathan Dollimore, *Sexual Dissidence : Augustine to Wilde, Freud to Foucault*, Oxford UP, 1991 / Peter Binton, *Talking to···*, Third House, 1991 / Edmund White, *Genet*, Gallimard and Chatto, 1993 / Wayne Koestenbaum, *Double Talk : The Erotics of Male Literary Collaboration*, Routledge, 1989 / Bret Hinsch, *Passions of the Cut Sleeve : The Male Homosexual Tradition in China*, California UP, 1990 / T. Watanabe, *Love of the Samurai : 1,000 Years of Japanese Homosexuality*, GMP, 1989 / John J. Winkler, *The Constraints of Desire : The Anthropology of Sex and Gender in Ancient Greece*, Routledge, 1990 / Eva Cantarella, *Bisexuality in the Ancient World*, Yale UP, 1992 / Eve Elvin, *Sex and Society in the World of the Orthodox Slavs 900-1700*, Cornell UP, 1989 / James W. Saslow, *Ganymede in the Renaissance*, Yale UP, 1986 / Bruce R. Smith, *Homosexual Desire in Shakespeare's England*, Chicago UP, 1991 / Alan Bray, *Homosexuality in Renaissance England*, GMP, 1982 / R. P. Maccubbin, *'Tis Nature's Fault : Unauthorized Sexuality during the Enlightenment*, Cambridge UP, 1985 / Laura Engelsten, *Sex and the Search for Modernity in fin-de-siècle Russia*, Cornell UP, 1992 / Antony Copley, *Sexual Moralities in France 1780-1980 : New Ideas on the Family, Divorce and Homosexuality*, Routledge, 1981 / David M. Halperin, *One Hundred Years of Homosexuality*, Routledge, 1990 / Jeffrey Weeks, *Coming Out : Homosexual Politics in Britain*, Quartet, 1977 / K. Weston, *Families We Choose : Gays and Kinship*, Columbia UP, 1991 / Ken Plummer, *Modern*

Homosexualities, Routledge, 1992 / Gilbert Herdt, *Gay Culture in America*, Beacon, Boston, 1992 / Warren J. Blumenfield, *Homophobia*, Beacon, 1992 / Mary Searle Chatterjee, *Reversible Sex-Roles : The Special Case of Benares Sweepers*, Pergamon, 1981.

8장

동물 길들이기

E. S. E. Hafez, *The Behaviour of Domesticated Animals*, 3rd edn., Bailliere Tindall, 1975 / Peter J. Ucko and G. Dimbleby, *The Domestication and Exploitation of Plants and Animals*, Duckworth, 1968 / Yi-Fu Tuan, *Dominance and Affection : The Making of Pets*, Yale UP, 1984 / S. Bokony, *History of Domestic Mammals in Central and Eastern Europe*, Akademie Kiado, Budapest, 1974 / Hans Kruuk, *The Spotted Hyena : A Study of Predation and Social Behaviour*, Chicago, 1972 / Maurice Caullery, *Parasitism and Symbiosis*, Sidgwick and Jackson, 1952 / W. P. Rogers, *The Nature of Parasitism*, Academic Press, NY, 1962 / Robert Delort, *Les Animaux ont une histoire*, Seuil, 1984 / Keith Thomas, *Man and the Natural World*, Allen Lane, 1983.

권력

Ann Ruth Willner, *Charismatic Political Leadership*, Princeton, 1968 / Richard Sennett, *Authority*, Secker & Warburg, 1980 / Douglas Yates, *Bureaucratic Democracy*, Harvard, 1982 / P. F. Piven, *Why Americans Don't Vote*, Pantheon, NY, 1988 / Burdett Loomis, *The New American Politician*, Basic, NY, 1988 / Lisanne Radice, *The Job of a Backbencher*, Macmillan, 1987 / Michael Rush, *Profession of the British M.P.*, Exeter Univ., 1989 / *Fifth Survey of British Social Attitudes for 1988* / G. R. Searle, *Corruption in British Politics 1895-1930*, Oxford UP, 1987 / Gunnar Boalt, *The Political Process*, Stockholm, 1984 / José Tharakan, *Political Attitude of the Non-Voters in Switzerland*, Zurich thesis, 1983 / Andre Bercoff, *La France des seigneurs*, Laffont, 1989 / David A. Baldwin, *Paradoxes of Power*, Blackwell, 1989 / Jan Winiecki, *Resistance to Change in the Soviet Economic System*, Routledge, 1991 / Sharon Kelly Heyob, *The Cult of Isis among Women in the Graeco-Roman World*, E. J. Brill, Leiden, 1975 / Philip Brook, *The*

Origin of Citizenship in Ancient Athens, Princeton, 1990 / Anne Phillips, *Engendering Democracy*, Polity, Cambridge, 1991 / Yolande Cohen, *Femmes et contrepouvoirs*, Boreal, Montreal, 1987 / Mike Savage and Anne Witz, *Gender and Bureaucracy*, Blackwell/ The Sociological Review, 1992 / Marilyn French, *Beyond Power : On Women, Men and Morals*, Cape, 1985 / Judi Marshall, *Women Managers : Travellers in a Male World*, Wiley, Colchester, 1984 / Michael A. Goldberg and John Mercer, *the Myth of the North American City*, UBC Press, Vancouver, 1986 / Jean Claude Lugan, *La Petite ville au présent et au futur*, CNRS, 1983 / Sabine Chalvon-Demersay, *Le Triangle du 14e : Des nouveaux habitants dans un vieux quartier de Paris*, MSH, 1984 / William M. Kurtines and J. L. Gerwirtz, *Moral Development through Social Interaction*, Wiley, NY, 1987 / François Jullien, *La Propension des choses : Pour une histoire de l'efficacité en Chine*, Seuil, 1990 / Bryce Taylor, *Assertiveness and the Management of Conflict*, Oasis, Leeds, 1989 / Doris A. Graber, *Verbal Behaviour and Politics*, Illinois UP, Urbana, 1976 / Alain-Gérard Slama, *Les Chasseurs d'absolu : Genèse de la gauche et de la droite*, Grasser, 1980 / Alain-Gérard Slama, *L'Angélisme exterminateur*, Grasser, 1993 / Patricia Hewitt, *The Abuse of Power*, Robe rtson, 1982 / Peter J. Wilson, *The Domestication of the Human Species*, Yale UP, 1988 / Paul Wheatley, *The Origins and Character of the Ancient Chinese City*, Aldine, Chicago, 1971 / Ruth Glass, *Cliches of Urban Doom*, Blackwell, 1989 / Norma J. Chalmers, *Industrial Relations in Japan : The Peripheral Workforce*, 1989 / Michael Blaker, *Japanese International Negotiating Style*, Columbia UP, 1977 / W. Dean Kingley, *Industrial Harmony in Modern japan*, Routledge, 1991 / F. C. Jaher, The Rich, *The Well Born and the Powerful*, Illinois UP, 1973 / David Mercer, *IBM*, Kogan Page, 1988 / Peter Hennessy, *Whitehall*, Fontana, 1989 / John Dickie, *Inside the Foreign Office*, Chapmans, 1992 / Jean-François Kahn, *Esquisse d' une philosophie du mensonge*, Flammarion, 1989.

9장

P. D. Curtin, *Cross-Cultural Trade in World History*, Cambridge UP, 1984 / Alice Teichova, *Historical Studies in International Corporate Business*, Cambridge UP, 1989 /

Johannes Hirschmeier and T. Yui, *The Development of Japanese Business 1600-1973*, Allen and Unwin, 1975 / David Nye, *Image Worlds : Corporate Identities at General Electric 1880-1930*, MIT Press, 1985 / P. L. Payne, *British Entrepreneurship in the Nineteenth Century*, 2nd edn., Macmillan, 1988 / Katrina Honeymanm, *Origins of Enterprise : Business Leadership in the Industrial Revolution*, Manchester UP, 1982 / Hélène Verin, *Les Entrepreneurs : Histoire d'une idée*, Vrin, 1980 / Janet L. Abu-Lughod, *Before European Hegemony : The World System A.D.1250-1350*, Oxford UP, NY, 1988 / Yen Ping Hao, *The Comprador in Nineteenth-Century China*, Harvard, 1970 / Susan Mann, *Local Merchants and the Chinese Bureaucracy, 1750-1950*, Stanford UP, 1987 / Denys Lombard, *Marchands et hommes d'affaires dans l'océan indien et la mer de Chine 13-20e siècles*, EHES, 1988 / David G. Lo Romer, *Merchants and Reform in Livorno, 1814-1868*, California UP, 1987 / Oladipo Yemitan, *Madame Tinubu : Merchant and Kingmaker*, Ibadan UP, 1987 / J. M. Thomasseau, *Commerce et commercants dans la littérature*, Bordeaux UP, 1988 / André Raymond, *Artisans et commercants au Caire au 18e siècle*, Damas Institut Français, 1974 / Maxime Rodinson, *Islam et capitalisme*, Seuil, 1966 / Leila Tarazi Fawaz, *Merchants and Migrants in Nineteenth-Century Beirut*, Harvard UP, 1983 / J. D. Tracy, *The Rise of Merchant Empires : Long-Distance Trade in the Early Modern Period, 1350-1750*, Cambridge UP, 1990 / C. D. Sheldon, *The Rise of the Merchant Class in Tokugawa japan*, Augustin, NY, 1958 / Jennifer Alexander, *Trade, Traders and Trading in Rural japan*, Oxford UP, Singapore, 1987 / Alfred D. Chandler, jnr., *The Visible Hand : The Managerial Revolution in American Business*, Harvard, 1977 / Richard Scade, *Reluctant Managers : Their Work and Life Style*, Unwin Hyman, 1989 / S. M. Lipset, *The Confidence Gap : Business Labour and Government in the Public Mind*, Free Press, NY, 1983 / Leon Hollerman, *Japan Disincorporated*, Hoover Institution Press, Stanford, 1988 / Hiroshi Tanaka, *Personality in Industry : The Human Side of aJapanese Enterprise*, Pinter, 1988 / Julia Davies and Mark Easterby Smith, *The Challenge to Western Management Development*, Routledge, 1989 / Ronnie essen, *Managing Corporate Culture*, Gower, 1990 / William Byrt, *Management Education, International Survey*, Routledge, 1989 / Philippe d'Iribarne, *La Logique de l'honneur : Gestion des entreprises et traditions nationales*, Seuil, 1989 / Earl F. Cheit, *The Business Establishment*, Wiley, 1964 /

Sigmund Diamond, *The Reputation of the American Businessman*, Harper, 1955 / Calvin A. Kent, *Environment for Entrepreneurship*, Lexington, 1984 / John P. Kotter, *The General Managers*, Free Press, 1982 / George A Steiner, *The New CEO*, Macmillan, 1983 / David Osborne, *Laboratories of Democracy*, Harvard Business School, 1988 / Bennett Harrison and Barry Blackstone, *The Great U Turn : Corporate Restructuring and the Polarising of America*, Basic, 1988 / David Vogel, *Fluctuating Fortunes The Political Power of Business in America*, Basic, 1989 / Peter Halbherr, *IBM : Mythe ou réalité*, Favre, Lausanne, 1987 / Renaud Sainsaulieu, *Sociologie de l'organisation et de l' entreprise*, FNSP/Dalloz, 1988 / Franck Gauthey, Indre1 Ratiu, Irene Rodgers, Dominique Xardel, *Leaders sans frontières : Le défi des différences*, McGraw Hill, 1988 / Gérard Bordenave, *Ford en Europe*, 1988 / Alain Ehrenberg, *Le Culte de la perfomance*, Calmann Levy, 1991 / Rosabeth Moss Kanter, *The Change Masters : Corporate Entrepreneurs at Work*, Unwin, 1988 / Serge Moscovici and Willem Doise, *Dissensions and consensus*, PUF, 1992 / R. Francès, *Motivation et satisfaction du travail*, PUF / Renaud Sainsaulieu, *L'Identit au travail : les effets culturels de l'organisation*, 3rd edn., FNSP, 1988 / David Le Breton, *Passions du risque*, Metaill, 1991 / R. G. Streets, *The Impact of Service Industries on Under employment in Metropolitan Economics*, Lexington, 1987 / P. D. Anthony, *The Idea of Work*, Tavistock, 1977 / Dawliffe Hall Educational Foundation, *Work versus Family*, 1991 / S. N Eisenstadt and E. Ben Ari, *Japanese Models of Conflict Resolution*, Kegan Paul, 1980 / K. Kressel, *Mediation Research : The Process and Effectiveness of Third Party Intervention*, Jossey Bass, S. F., 1989 / Deborah M. Kolb, *The Mediators*, MIT Press, 1983 / Susan J. Pharr, *Losing Face : Status Politics on Japan*, California UP, 1990 / Roland Calori and Peter Lawrence, *The Business of Europe : Managing Change*, Sage, 1981 / James J. Hunt, *Leadership : A New Synthesis*, Sage, 1991 / Craig R. Hickman, *Mind of a Manager, Soul of a Leader*, Wiley, 1990 / Elizabeth Chell, *The Entrepreneurial Personality*, Routledge, 1991 / M. Masayuki Hamabata, *Crested Kimono : Power and Love in the Japanese Business Family*, Cornell UP, 1990 / Nick Oliver and Barry Wilkinson, *The Japanisation of British Industry*, Blackwell, 1988 / Alan Rosenthal, *The Third House : Lobbyists and Lobbying in the States*, CQ Press, 1993 / Lawrence S. Rothenberg, *Linking citizens to Government : Interest Group Politics at Common Cause*, Cambridge UP, 1992.

Jack C. Ross, *An Assembly of good Fellows ∶ Voluntary Associations in History*, Greenwood, Westport, 1976 / 'Espaces et temps associatifs', issue of *Revue de l'economie sociale*, April 1988 / Sofres, *Enquête Associations*, Jan. 1988 / Raoul de la Grasserie, *Des Intermediaires sociaux*, 1908 / Gilbert Moinier, *Le Rôle des intermédiaires dans la société moderne*, Paris thesis, 1924 / Aix Colloque, Université de Provence, *Les Intermédiaires culturelles*, cyclostyled 1978 / I. Epstein, *Moses Maimonides*, Soncinollen, 1959 / M. R. Hayoun, *Maïmonide ou l'autre Moïse*, Lattès, 1994 / A. J. Herschel, *Maimonides ∶ A Biography*, Farrar Strauss, NY, 1982 / M. Maimonides, *Guide for the Perplexed*(Eng. translation), 1919 / E. J. Dijksterhuis, *Archimedes*, Munksgaard, Copenhagen, 1956 / A. M. Laulan, *La Résistance aux systèmes d'informations*, Retz, 1986 / Howard Good, *Outcasts ∶ The Image of Journalists in Contemporary Film*, Scarecrow, Metuchen, NY, 1989 / S. R. Lichter, *The Media Elite*, Adler, NY, 1986 / T. R. Hewitt, *Advertising in Britain*, Heinemann, 1982 / Oliver Schwartz, *Le Monde privé des ouvriers*, PUF, 1990 / *Dialogue* has many relevant articles, *Cahiers du Grif* also, from the feminist perspective / Joel A. Tarr, *Technology and the Rise of the Networked City in Europe and America*, Temple UP, 1988 / Michel Leins, *African Art*, Thames and Hudson, 1967 / Howard Becker, *Art Worlds*, California UP, 1982 / Leo Spitzer, *Lives in Between ∶ Marginality in Austria, Brazil and West Africa, 1780-1945*, Cambridge UP, 1989 / Alfred W. Crosby, jnr., *The Columbian Exchange ∶ Biological and Cultural Consequences of 1492*, Greenwood, Westport, 1972 / Christopher Butler, *After the Wake ∶ An Essay on the Contempora ry Avan-Garde*, Clarendon Press, 1980.

10장

바이킹

Peter Foote and David M. Wilson, *The Viking Achievement*, Sidgwick, 1970 / Judith Jesch, *Women in the Viking Age*, Boydell Press, Woodbridge, 1991 / Regis Boyer, *Le Christ des barba res*, Le Monde nordique, Cerf, 1987 / Lucien Musset, *Le Peuple scandinave au moyen âge*, PUF, 1951 / Jon Johannesson, *A History of the Old Icelandic Commonwealth*, Manitoba UP, 1974 / Aurélien Sauvageot, *Les Anciens finnois*,

Klinckseick, 1961 / Kirsten Hastrup, *Culture and History in Medieval Iceland*, Oxford UP, 1985 / Kirsten Hastrup, *Nature and Policy in Iceland, 1400-1800*, Oxford UP, 1990 / Eric Graf Oxenstierna, *The World of the Norsemen*, Weidenfeld, 1967 / Maurice Gravier, *Les Scandinaves··· des origines à la Réforme*, Lidis-Brepols, 1984 / Jean L. Briggs, *Never in Anger : Portrait of an Eskimo Family*, Harvard, 1970.

공포에 대한 의학

Isaac M. Marks, *Fears, Phobias and Rituals*, Oxford UP, NY, 1987 / S. J. Rachman, *Fear and Courage*, W. H. Freeman, NY, 1990 / J. A. Gray, *The Psychology of Fear and Stress*, 2nd edn., Oxford UP, 1987 / James C. Ballenger, *Clinical Aspects of Panic Disorder*, Wiley-Liss, NY, 1991 / Rebecca C. Curtis, *Self-Defeating Behaviour*, Plemun, NY, 1989 / Martin Seligman, *Learned Optimism*, Knopf, 1991 / Susan Nolen-Holksema, *Sex Differences in Depression*, Stanford UP, 1990 / Margaret T. Gordon, *The Female Fear*, FreePress, NY, 1989 / Susan Baur, *Hypochondria*, California UP, 1988 / C. S Gelernter, 'Cognitive Behavioural and Pharmacological Treatments of Social Phobia', *Archives of General Psychiatry*, 48, Oct. 1991, pp.938-945 / Gerald L. Klerman, 'Birth Cohort Trends in Rates of Major Depressive Disorder', *ibid.*, July 1985, pp.689-719 / Dwight R. Kirkpatrick, 'Age, Gender and Patterns of Common Intense Fears among Adults', *Behavioural Research and Therapy*, vol.22, no.2, 1984, pp.141-150 / John G. Carlson and A. R. Seifert, *Perspectives on Self-Regulation and Health*, Plenum, NY, 1991 / John V. Basmajian, *Biofeedback : Principles and Practice for Clinicians*, Williams and Wilkins, Baltimore, 1989.(This is a small sample. the number of facts about fear is terrifying)

공포의 역사

Jean Delumeau, *La Peur en Occident*, Fayard, 1978 / Jean Delumeau, *Le Péché et la peur*, Fayard, 1983 / Jean Delumeau, *Rassurer et protéger*, Fayard, 1989 / J. J. Barloy, *La Peur et les animaux*, Balland, 1982 / Elie Griguer, *Guide des dangers et des risques quotidiens*, Lefeuver, 1980 / George Pickering, *Creative Malady*, Allen and Unwin, 1974 / Denis Duclos, *La Peur et ie savoir*, La Decouverte, 1989 / James M. Burns, *Roosevelt : The Lion and the Fox*, Harvard UP, 1963 / Vivian Worthington, *A History of Yoga*, Penguin, Arkana, 1989 / Jean Varenne, *Le Yoga et la tradition hindoue*, Culture, Arts, Loisirs, 1974(Eng. translation, *Yoga and the Hindu Tradition*, Vehic), 1976 / Georg Feuerstein, *Encyclopedic Dictionary of Yoga*, Unwin, 1990.

11장

C. D. O'Malley, *Andreas Vesalius of Brussels*, California UP, Berkeley, 1964 / Owsei Temkin, *Galenism : Rise and Decline of a Medical Philosophy*, Cornell UP, Ithaca, 1973 / A. von Humboldt, *Cosmos : A Sketch of a Physical Description of the Universe*, Eng. translation, 1849 / L. Kellner, *Alexander von Humboldt*, Oxford UP, 1963 / Helmut de Terra, *Humboldt*, Knopf, NY, 1955 / C. C. Gillespie, *Dictionary of Scientific Biography*, 18vols., Scribners, NY, 1970-1990 / D. Gorlitz and J. F. Wohlwill, *Curiosity, Imagination and Play*, Erlbaum, NJ, 1987 / H. I. Dutton, *The Patent System and Innovative Activity During the Industrial Revolution, 1750-1852*, Manchester UP, 1984 / Norbert Wiener, *Invention : The Care and Feeding of Ideas*, MIT Press, 1993 / Roger L. Geiger, *To Advance Knowledge : The Growth of American Research Universities, 1900-1940*, Oxford UP, 1986 / Paul Von Blum, *Stillborn Education : A Critique of the American Research University*, University of America Press, 1986 / Jerome Kagan, *Unstable Ideas : Temperament, Cognition and Self*, Harvard UP, 1989 / Bruno Latour and S. Woolgar, *Laboratory Life*, Sage, NY, 1979 / Warren O. Hagstrom, *The Scientific Community*, Basic Books, NY, 1965 / B. Barber and W. Hirsch, *The Sociology of Science*, Free Press, NY, 1962 / J. W. Stigler et al., *Cultural Psychology : Essays on Comparative Human Development*, Cambridge UP, 1990 / J. Céard, *La Curiosité à la Renaissance*, Soc, d'Édition supérieur, 1986 / R. E. Thayer, *Biopsychology of Mood and Arousal*, Oxford UP, NY, 1989 / Ian I. Mitroff, *The Subjective Side of Science* / I. F. Clarke, *The Pattern of Expectation, 1644-2001*, Cape, 1979 / Judy Chicago, *Through the Flower : My Struggle as a Woman Artist*, Doubleday, NY, 1975 / Geneviève Fraisse, *La Raison des femmes*, Plon, 1992.

12장

John Keegan, *A History of Warfare*, Hutchinson, 1993 / Quincy Wright, *A Study of War*, 2nd edn., Chicago UP, 1965 / Martin van Creveld, *On Future War*, Brasseys, 1991 / Fred McGraw Donner, *Early Islamic Conquests*, Princeton UP, 1981 / George L Mosse, *Fallen Soldiers : Reshaping the Memory of the World Wars*, Oxford UP, NY, 1990 / Sam Keen, *Faces of the Enemy : Reflections on the Hostile Imagination*, Harper, San Francisco, 1988 / Roderick C. Ogley, *Conflict under the Microscope*, Gower, Avebury, 1991 / Jim Forest, *Making Enemies Friends*, 1987 / Bob Altemeyer, *Enemies of Freedom*, Jossey Bass, 1988 / Leonard W. Doogs, *Panorama of Evil : Insights from the Behavioural Sciences*, Greenwood, Westport, 1978 / E. Zola, *My Hatreds/Mes Haines*, Edwin Mellor Press, Lewistion, 1991 / A. F. Davies, *Skills, Outlooks, Passions : A Psychoanalytic Contribution to the Study of Politics*, Cambridge UP, 1980 / Rosemary Ridd and Helen Callaway, *Caught up in Conflict : Women's Responses to Political Strife*, Macmillan, 1986 / Signe Howell and Roy Willis, *Societies at Peace : Anthropological Perspectives*, Routledge, 1989 / Carol Z. and P. N. Stearns, *Anger : The Struggle for Emotional Control in America's History*, Chicago UP, 1986 / Roy Mottahadeh, *The Mantle of the Prephet : Religion and Politics in Iran*, Chatto, 1985 / Howard Schuman, *Racial Attitudes in America*, Harvard UP, 1985 / *Sun Tzu's Art of War : The Modern Chinese Interpretation by General Tao Hanzhang*, David and Charles, Newton Abbot, 1987 / T. Haas, *The Anthropology of War*, Cambridge UP, 1990 / Maurice Keen, *Chivalry*, Yale UP, 1984 / John Eilis, *The Sharp End of War : The Fighting Man in World War II*, Corgi, 1980 / John Burton, *Conflict : Resolution and Provention* [sic], Macmillan, 1990 / Joseph V. Montville, *Conflict and Peacemaking in Multiethnic Societies*, D. C. Heath, Lexington, 1991 / David Binns, *Beyond the Sociology of Conflict*, Macmillan, 1977.

13장

Henri Laborit, *Éloge de la fuite*, Laffont, 1976 / Henri Laborit, *La Vie antérieure*,

Grasset, 1990 / Dorothy Rabinowitz, *New Lives : Survivors of the Holocaust Living in America*, Knopf, 1976 / Vladimir Bukovsky, *To Build a Castle : My Life as a Dissenter*, Viking, NY, 1977 / M. Magdelaine and Rudolf von Thadden, *Le Refuge huguenot*, A. Colin, 1985 / Dino Cinel, *The National Integration of Italian Return Migration, 1870–1929*, Cambridge UP, 1991 / M. M. Ktitz et al., *International Migration Systems*, Oxford UP, 1992 / A Hourani and N. Shehadi, *The Lebanese in the World : A Century of Emigration*, Tauris, 1992 / Jerome I. Singer, *Day dreaming and Fantasy*, Oxford UP, 1981.

Roderick Phillips, *Putting Asunder : A History of Divorce in Western Society*, Cambridge UP, 1988 / Roderick Phillips, *Family Breakdown in Late EighteenthCentury France : Divorces in Rauen, 1792–1803*, Oxford UP, 1982 / Dominique Dessertine, *Divorcer à Lyon sous la Révolution et l'Empire*, Lyon UP, 1981 / H. Kent Geiger, *The Family in Soviet Russia*, Harvard UP, 1968 / G. B. Spanier and Linda Thompson, *Parting : The Aftermath of Separation and Divorce*, Sage, 1987 / Elizabeth Martin, *Second Time Round : How Divorce Affects Future Relationships*, Macdonald, 1989 / Sandra S. Kahn, *The Ex-Wife Syndrome*, Ebury, 1990 / Mavis Maclean, *Surviving Divorce*, Macmillan, 1991.

Jerome David Levin, *Alcoholism*, Hemisphere, NY, 1990 / G. E. Valiant, *A Natural History of Alcoholism*, Harvard, 1993 / David F. Musto, *The American Disease : Origins of Narcotic Control*, Yale, 1973 / Q. J. Rorabaugh, *The Alcoholic Republic : An American Tradition*, Oxford UP, NY, 1979 / Herbert Fingarette, *Heavy Drinking : The Myth of Alcoholism as a Disease*, California UP, 1988 / H. B. and H. C. Jones, *Sensual Drugs : Deprivation and Rehabilitation of the Mind*, Cambridge UP, 1977 / Timothy Leary, *Flashbacks : An Autobiography*, Heinemann, 1983 / John Rosecrance, *Gambling Without Guilt : The Legitimation of an American Pastime*, Cole, Pacific Grove, California, 1980.

14장

Karl F. Morrison, *I Am You : The Hermeneutics of Empathy in Western Literature*,

Theology and Art, Princeton UP, 1988 / M. A. Nutting and L. A. Dock, *A History of Nursing*, 4vols., Putnam, NY, 1907 / Celia Davies, *Rewriting Nursing History*, Croom Helm, 1980 / Christopher Maggs, *Nursing History : The State of the Art*, Croom Helm, 1987 / Colin Jones, *The Charitable Imperative Hospitals and Nursing in Ancien Régime and Revolutionary France*, Routledge, 1989 / Monica E. Baly, *Florence Nightingale and the Nursing Legacy*, Croom Helm, 1986 / Edinburgh University Nursing Studies Association, *Nursing Morale*, 1988 / Jocelyn Lawler, *Behind the Screens : Nursing, Somology and the Problem of the Body*, Churchill Livingstone, Melbourne, 1991 / Lindsay Granshaw and Roy Porter, *The Hospital in History*, Routledge, 1989 / Charles E. Rosengerg, *The Care of Strangers : The rise of Americas Hospital System*, Basic Books, NY, 1987 / Edwina A. McConnell, *Burnout in the Nursing Profession*, St Louis, Mosby, 1982 / Jeffrey Blustein, *Care and Commitment : Taking the Personal Point of View*, Oxford UP, NY, 1991 / Richard Waite and Rosemary Hutt, *Attitudes, jobs and Mobility of Qualified Nurses*, University of Sussex, Brightin, 1987 / Madeleine Leininger, *Transcultural Nursing*, Wiley, NY, 1978 / Robert Wuthnow, *Acts of Compassion : Caring for Others and Helping Ourselves*, Princeton UP, 1991 / Paul Adam, *Charité et assistance en Alsace au moyen âge*, Istra, Strasbourg, 1982 / Fondation Jean Rodhain, *La Charité à l'epreuve des cultures*, SOS, 1985 / J. Calver, *Louise de Marillac par elle-même*, Aubier, 1958 / Robert Sabatier, *Les Plus bells lettres de Saint Vincent de Paul*, Calmann Levy, 1961 / Henri Lavedan, *Monsieur Vincent*, Plon, 1928 / M. A. and L. Wallach, *Psychology's Sanction for Selfishness*, W. H. Freeman, San Francisco, 1983 / 'Philanthropy, Patronage, Politics', *Daedalus : Journal of the American Academy of Arts and Sciences*, vol.116, no.1, Cambridge, Mass., 1987 / David Thomas, *The Experience of Handicap*, Methuen, 1982 / Cyril Elgood, *A Medical History of Persia*, Philo, Amsterdam, 1951 / Jeffrey Hopkins, *Compassion in Tibetan Buddhism*, Rider, 1980 / Emiko Obnuki-Tierney, *Illness and Culture in Contemporary japan*, Cambridge UP, 1984 / Annie Cheetham and M. C. Powell, *Women's Values and the Future*, New Society, Philadelphia, 1986 / Carol Gilligan, *Mapping the Moral Domain*, Harvard, 1988 / Jo Campling, *Images of Ourselves : Women with Disabilities Talking*, Routledge, 1981 / Mary Adelaide Mendelson, *Tender Loving Greed*, Vintage, 1973 / S. P. and P. M. Oliver, *The Altruistic Personality : Rescuers of Jews in Nazi Europe*, Free Press, NY, 1988

/ Jean L. Briggs, *Never in Anger : Portrait of an Eskimo Family*, Harvard, 1970 / John H. Ehrenreich, *The Altruistic Imagination : A History of Social Work and Social Policy in th US*, Cornell UP, 1985 / Anne Hudson Jones, *Images of Nursing*, Pennsylvania UP, Philadlphia, 1988 / C. Hardyment, *Home Comfort*, Viking, 1992 / Lauren Wispe, *The Psychology of Sympathy*, Plenum, NY, 1991 / Robert H. Frank, *Passions Within Reason : The Strategic Role of the Emotions*, Norton, NY, 1988 / Nancy Eisenberg, *The Caring Child*, Harvard, 1992 / Seth Koven and Sonya Michel, *Mothers of a New World Maternalist Politics and the Origins of Welfare States*, Routledge, NY, 1993.

15장

John S. Strong, *The Legend of King Asoka*, Princeton UP, 1983 / Susan Bayly, Saints, *Goddesses and Kings : Muslims and Christians in South India 1700-1900*, Cambridge UP, 1989 / L. S. May, *The Evolution of Indo-Muslim Thought from 1857 to the Present*, Uppal, New Delhi, 1987 / Katherine P. Ewing, *Shariat and Ambiguity in South Asian Islam*, California UP, 1988 / Asim Roy, *The Islamic Synthetic Tradition in Bengal*, Princeton UP, 1983 / Barbara Daly Metcalfe, *Islamic Revival in British India : Deoband 1860-1900*, Princeton UP, 1982 / Barbara Daly Metcalfe, *Moral Conduct and Authority : Adab in South Asian Islam*, California UP, 1984 / A. A. Engineer, *Communalism and Communal Violence in India*, Ajanta, New Delhi, 1989 / Judith M. Brown, *Gandhi*, Yale UP, 1989 / Bhikhu Parekh, *Gandhi's Political Philosophy*, Macmillan, 1989 / Stanley Wolpert, *Jinnah of Pakistan*, Oxford UP, NY, 1984 / Henry Orenstein, *Gaon : Conflict and Cohesion in an Indian Village*, Princeton, 1965 / Helmuth von Glasenapp, *The Image of India*, India Council for Cultural Relations, New Delhi, 1973 / A. Leslie Willson, *A Mythical Image : The Ideal of India in German Romanticism*, Duke UP, Durham, 1964 / A. L. Basham, *The Wonder that was India*, 3rd edn., Sidgwick and Jackson, 1967 / Jean Herbert, *Spiritualité hindoue*, Albin Michel, 1972 / R. C. Zaehner, *Hinduism*, Oxford UP, 1966 / Preston King, *Toleration*, Allen and Unwin, 1976 / R. Dahrendorf, *The Modern Social Conflict*, Weidenfeld, 1988 / T. Raychaudhuri, *Europe Reconsidered : Perceptions of the West in Nineteenth-Century Bengal*,

Oxford UP, 1988 / Herbert McClosky and Alida Brill, *Dimensions of Tolerande* : *What Americans Believe about Civil Liberties*, Sage, 1983 / Colin Holmes, *A Tolerant Country?* : *Immigrants, Refugess and Minorities in Britain*, Faber, 1991 / A. D. Falconer, *Reconciling Memories*, Columba, Dublin, 1988 / Michel Wieviorka, *La France raciste*, Seuil, 1992 / Barry Troyna and R. Hatcher, *Racism in Children's Lives* : *A Study of Mainly White Primary Schools*, Routledge, 1992 / Philip Cohen, *Multi-Racial Britain*, Macmillan, 1988 / Robert L. Holmes, *Non-Violence in Theory and Practice*, Wadsworth, Belmont, California, 1990 / Louis Dumont, *Homo hierarchicus* : *Essai sur le système de caste*, Gallimard, 1966 / Joelle Affichard and J. B. de Foucauld, *Justice sociale et inégalités*, Esprit, 1992.

16장

Murasaki Shikibu, *The Tale of Genji*, translated by E. G. Seidenstidker, Secker & Warburg, 1976 / Sei Shonagon, *The Pillow Book*, translated by Ivan Morris, Oxford UP, 1957 / Ihara Saikaku, *Five Women Who Loved Love*, translated by W. T. de Bary, Tuttle, Tokyo, 1956 / Ihara Saikaku, *The Life of an Amorous Woman*, translated by Ivan Morris, Chapman and Hall, 1963 / Ihara Saikaku, *Some Final Words of Advice*, translated by P. Nosco, Tuttle, Tokyo, 1980 / Ivan Morris, *The World of the Shining Prince* : *Court Life in Ancient japan*, Oxford UP, 1964 / Richard Bowring, *The Tale of Genji*, Cambridge UP, 1988 / Andrew Pekarik, *Ukifune* : *Love in the Tale of Genji*, Columbia UP, NY, 1982 / Norma field, *The Splendor of Longing in the Tale of Genji*, Princeton UP, 1987 / A. Martins Janeira, *Japanese and Western Literature* : *A Comparative Study*, Tuttle, Tokyo, 1970 / Sokichi Tsuda, *An Inquiry into the Japanese Mind*, Ministry of Education, Tokyo, 1970.

고통에 대한 태도

Ronald D. Mann, *The History of the Management of Pain*, Parthenon, Carnforth, and Park Ridge, New Jersey, 1988 / P. D. Wall and R. Melzac, *A Textbook of Pain*, 2nd edn., Churchill Livingston, Edinburgh, 1989 / Anthony Diller, 'Cross-Cultural

Pain Semantics', in *Pain*, the journal of the International Association for the Study of Pain, Elsevier, Amsterdam, vol.9, 1980, pp.9-26 / Maunce Sendrai, *Histoire culturelle de la maladie*, Privat, Toulouse, 1980 / L. Romanucci-Ross, *The Anthropology of Medicine*, 2nd edn., Bergin and Garvey, NY, 1991.

소비사회

Gary Cross, Time and Money, *The Making of Consumer Culture*, Routledge, 1993 / Neil McKendirck, *The Birth of a Consumer Society : The Commercialisation of Eighteenth-Century England*, Hutchinson, 1982 / Simon J. Bronner, *Consuming Visions : Accumulation and Display of Goods in America 1880-1920*, Norton, NY, 1989 / T. Scitovsky, *The Joyless Economy*, Oxford UP, NY, 1985 / Peter Gardella, *Innocent Ecstasy : How Christianity Gave America an Ethic of Sexual Pleasure*, Oxford UP, NY, 1985 / Ian Proctor, *Service Sector Workers in a Manufacturing City*, Avebury, Aldershot, 1988 / G. Palo Prandstraller, *Le Nuove professioni nel terziaro : Ricerca sul professionalismo degli anni 80*, Franco Angeli, Milan, 1990 / Hans Peter Blossfeld, *Expansion of the Tertiary Sector and Social Inequality : Is There a New Service Proletariat Emerging in the Federal Republic of Germany?*, Florence European University Institute working Paper 91/8, April 1991 / G Akehurst, *The Economics of Services*, Frank Cass, 1987 / R. G. Streets, *The Impact of Service Industries on Underemployment in Metropolitan Economics*, Lexington, Mass., 1987 / Paulette Carrive, *La Philosophie des passions chez Bernard Mandeville*, Paris I thesis, 1979, printed Lille, 1983 / Paulette Carrive, *Bernard Mandeville*, Vrin, 1980 / Hector Monro, *The Ambivalence of Bernard Manderville*, Clarendon Press, Oxford, 1975 / Thomas A. Horne, *The Social Thought of B. Mandeville : Virtue and Commerce in Eighteenth-Century England*, 1978 / Colin Johnson, *The Green Dictionary*, Macdonald, 1991 / Luc Ferry, *Le Nouvel ordre écologique*, Grasset, 1992.

17장

Ibn Battuta, *Travels*, ed. H. A. R. Gibb, Cambridge UP, 1958 / Rose E. Dunn, *The*

Adventures of Ibn Battuta, Croom Helm, 1986 / Dale F. Eickelman, *Muslim Travellers : Pilgrims, Migration and the Religious Imagination*, Routledge, 1990 / Richard Trench, *Arabian Travellers*, Macmillan, 1986 / Thorkild Hansen, *Arabia Felix : The Danish Expedition of 1761-1767*, Eng. translation, Collins, 1964 / Richard Burton, *Narrative of a Pilgrimage to Meccah and Medinah*, 3rd edn., William Mullan, 1872 / Frank Mclynn, *Burton : Snow upon the Desert*, John Murray, 1990 / Dea Birkett, *Spinsters Abroad : Victorian Lady Explorers*, Blackwell, 1989 / Anon., *The Story of Ida Pfeiffer*, Nelson, 1879 / D. Murray Smith, *Round the World*, Nelson, 1968 / Valerie L. Smith, *Hosts and Guests Anthropology of Tourism*, Pennsylvania UP, Philadelphia, 1977 / Daniel J Boorstin, *The Discoverers*, Random House, NY, 1983.

18장

Poy Porter and Sylvana Tomaselli, *The Dialectics of Friendship*, Routledge, 1989 / Robert R. Bell, *Worlds of Friendship*, Sage, Beverly Hills, 1981 / Francesco Alberoni, *L'Amitié*, translated from the Italian, Ramsay, 1984 / Janice Raymond, *A Passion for Friends : Towards a Philosophy of Female Affection*, The Women's Press, 1986 / Yan de Kerorguen, *Le Plaisir chaste*, Autrement, 1984 / Pat O'Connor, *Friendships between Women*, Harvester, 1992 / Peter M. Nardi, *Men's Friendships*, Sage, Newbury Park, 1992 / David D. Gilmour, *Manhood in the Making : Cultural Concepts of Masculinity*, Yale UP, 1992 / Igor S. Kon, 'Friendship and Adolescence', Journal of *Marriage and the Family*, Feb. 1978, 143-155 / Christine Castelain-Meunier, *L'Amour en moins : L'Apprentissage sentimental*, Olivier Orban, 1991 / Ezra Vogel, 'From Friendship to Comradeship : The Change in Personal Relations in Communist China', *China Quarterly*, Jan.-March 1965, pp.46-60 / Maryon Tysoe, *Love is Not Enough*, Fontana, 1992 / Ferdinand Mount, *The Subversive Family*, Unwin, 1982.

Steve Duck, *Friends for Life : The Psychology of Close Relationships*, Harvester, 1983 / Anthony Giddens, *The Transformation of Intimacy*, Polity Press, Cambridge, 1992 / Laurens J. Mills, *One Soul in Bodies Twain : Friendship in Tudor Literature and Stuart Drama*, Principia Press, Bloomington, Indiana, 1937 / David W. Plath, *Long*

Engagements : *Maturity in Modern Japan*, Stanford, 1980 / Robert R. Edwards and S. S. Spector, *The Olde Daunce* : *Love, Friendship, Sex and Marriage in the Medieval World*, State University of NY Press, 1991 / Ruben E. Reina, *The Law of the Saints* : *A Pokoman Pueblo and its Community Culture*, Bobbs Merrill, Indianapolis, 1966 / M. E. Mullett, 'Byzantium, A friendly Society?', *Past and Present*, Feb. 1988, pp.3-24 / Richard P. Saller, *Personal Patronage under the Roman Empire*, Cambridge UP, 1982 / J. Dover, *Greek Homosexuality*, Duckworth, 1978 / Robert Garland, *The Greek Way of Life*, Duckworth, 1990 / Aristotle, *Ethics*, Penguin translation, 1953 / Gabriel Herman, *Ritualised Friendship and the Greek City*, Cambridge UP, 1987 / Janine R. Wedel, *The Unplanned Society* : *Poland during and after Communism*, Columbia UP, 1992 / Robert Brian, *Friends and Lovers*, Granada, 1977 / Marc Bergé, *Abu Hayyan Al-Tawhidi*, Institut Français de Damas, 1979 / Stone, *The Family, Sex and Marriage in England, 1500-1800*, Weidenfeld, 1977 / Maurice Aymard, chapter on 'Friends and Neighbours', in P. Aries and G. Duby(eds.), *History of Private Life*, Harvard UP, 1989, vol.3, pp.447-492 / Robert L. Selman and L. H. Schultz, *Making a Friend in Youth* : *Developmental Theory and Pair Therapy*, Chicago UP, 1990 / Wayne Koestenbaum, *Double Talk* : *The Erotics of Male Literary Collaboration*, Routledge, 1989 / Dana Vannoy-Hiller and W. W. Philliber, *Equal Partners* : *Successful Women in Marriage*, Sage, Newbury Park, 1989.

Marie José Fasiotto, *Madame de Lambert, ou le féminisme morale*, Peter Lang, NY, 1984 / Madame de Lambert, *Oeuvres*, ed. R. Granderoute, Champion, 1990 / Niklas Luhmann, *Liebe als Passion*, Eng. translation *Love as Passion*, Polity Press, 1986 / P. G. Zukow, *Sibling Interaction across Cultures*, Springer, NY, 1989 / Judy Dunn, *Siblings*, Grant Macintyre, 1982 / George Levinger and H. L. Raush, *Close Relationships* : *Perspectives on the Meaning of Intimacy*, University of Massachusetts Press, Amherst, 1977 / John Nicholson, *Men on Sex*, Vermillion, 1992 / Margaret Hope Bacon, *Mothers of Feminism* : *The Story of Quaker Women in America*, Harper, 1986 / Harold Loukes, *The Discovery of Quakerism*, Harrap, 1960.

19장

S. J. Tester, *A History of Western Astrology*, Boydell Press, Woodbridge, 1987 / O. Wendel, *The Mediaeval Attitude to Astrology*, Yale UP, 1920 / Christopher McIntosh, *The Astrologers and Their Creed*, Hutchinson, 1969 / Christopher McIntosh, *Eliphas Levi and the French Occult Revival*, Rider, 1972 / Alexander Volguine, *Astrology of the Mayas and Aztecs*, translated 1969, originally published in French 1946 / Ellie Howe, *Astrology and the Third Reich*, The Aquarian Press, Wellingborough, 1984 / Joseph Head, *Reincarnation : An East-West Anthology*, Julian Press, NY, 1961 / Michael Loewe and Carmen Black, *Divination and Oracles*, Allen and Unwin, 1981 / Jerrold C. Frakers, *The Fate of Fortune in the Early Middle Ages*, Brill Leiden, 1978 / Hellmut Wilhelm, *Change : Eight Lectures on the I Ching*, Routledge, 1960 / *The I Ching, or Book of Changes*, ed. Cary F. Baynes, with a preface by C. G. Jung, routledge, 1951 / Alan H. Gardiner and Kurt Sethe, *Egyptian Letters to the Dead*, Egyptian Exploration Society, 1928 / Michel Gauquelin, *Dreams and Illusions of Astrology*, 1979 (Hachette, 1969) / Vicomte Charles de Herbais de Thun, *Encyclopédie du mouvement astrologique de langue française*, Éditions de la Revue Demain, Brussels, 1944 / Judith Devlin, *The Superstitious Mind*, Yale UP, 1987 / Gerd Gigerenzer, *The Empire of Chance*, Cambridge UP, 1989.

20장

William Grossin, *Le Temps de la vie quotidienne*, Mouton, 1974 / William Grossin, *Des résignés aux gagnants : 40 cahiers de doléances sur le temps*, Nancy, 1981 / Jeremy Rifkin, *Time Wars*, Henry Holt, NY, 1987 / E. T. Hall, *The Silent Language*, Doubleday, NY, 1959 / Douglas A. Reid, 'The Decline of St Monday 1977-1876', *Past and Present*, May 1976, pp.76-101 / Michael A Meyer, *Ideas of Jewish History*, Wayne State UP, Detroit, 1987 / Frieda J. Forman, *Taking Over Time : Feminist Perspectives on Time*, Pergamon, Oxford, 1989 / V. G. Dethier, *The Hungry Fly*, Harvard UP, 1976 / S. G. F. Brandon, *Man and his Destiny in the Great Religions*, 1962 / S. G. Brandon, *History*,

Time and Deity, Manchester UP, 1965 / Stephen Toulmin and June Goodfield, *The Discovery of Time*, Hutchinson, 1965 / Keith Thomas, *Age and Authority in Early Modern England*, British Academy, 1976 / Richard Glasser, *Time in French Life and Thought*, Manchester UP, 1962 / J. T. Fraser, *The Voices of Time*, Allen Lane, 1968 / Patricia Hewitt, *About Time*, Institute of Public Policy Research, 1993 / John P. Robinson and V. G. Andreyenkov, *The Rhythm of Everyday Life : How Soviet and American Citizens Use Time*, Westview, 1988 / European Foundation for the Improvement of Living and Working Conditions, *The Changing Use of Time*, Dublin, 1991 / Michel Jouvet, *Le Sommeil et le rêve*, Odile Jacob, 1992.

21장

Viviana A. Zelizer, *Pricing the Priceless Child : The Changing social Value of Children*, Basic, NY, 1985 / Michel Fize, *La Démocratiefamiliale : Évolution Des relations parents-adolescent*, CNRS, Presses de la Renaissance, 1990 / Jean Delumeau and Daniel Roche, *Histoire des pères et de la paternité*, Larousse, 1990 / Yvonne Knibiehler, *Les Pères aussi ont une histoire*, Hachette, 1987 / R. A. LeVine, *Parental Behaviour in Diverse Societies*, Jossey Bass, 1988 / Vitaly A. Rubin, *Individual and the State in Ancient China*, Columbia UP, 1976 / Linda A. Pollock, *Forgotten Children : Parent-Child Relations 1500-1900*, Cambridge UP, 1983 / Huxley J. Coale, *The Decline of Fertility in Europe*, Princeton UP, 1986 / Pierre Guichard, *Structures sociales orientales et occidentales dans l'Espagne musulmane*, Mouton, 1977 / Ursula Owen, *Fathers : Reflections by Daughters*, Virago, 1983 / Morton H. Fried, *Fabric of Chinese Society*, Octagon, NY, 1974 / Michael Mann, *The Sources of Social Power*, 1986 / Eliezer Ben-Rafael, Status, *Power and Conflict in the Kibbutz*, Avebury, Alders hot, 1988 / Paul Chao, *Chinese Kinship*, Kegan Paul, 1983 / Caroline Blunden and Mark Elvin, *Cultural Atlas of China*, Phaidon, Oxford, 1983 / J. L. Domenach and H. Chang-Ming, *Le Mariage en Chine*, FNScPo, 1987 / Colloque UNICEF, *L'Étranger vu par l'enfant*, Flammarion, 1986 / David Cohen and Stephen A. Mackeith, *The Develop ment of the Imagination : The Private Worlds of Childern*, Routledge, 1991 / Maurice Daumas, *Le syndrome des Grieux*

: *Les relations père/fils au 18e siècle*, Seuil, 1969 / Judith Stacey, *Patrarchy and Socialist Revolution in China*, California UP, 1983 / L. McKee and M. O'Brien, *The Father Figure*, Tavistock, 1982 / Judith P. Hallett, *Fathers and Daughters in Roman Society*, Princeton UP, 1984 / Pierre Duclos, *Les Enfants de l'oubli, du temps des orphelins à celui des DDASS*, Seuil, 1989 / Maurice Godelier, *La Productin des grands hommes*, Fayard, 1982 / Yushio Markino, *When I was a Child*, Constable, 1912 / John Gillis, *Youth and History*, Academic Press, 1974.

22장

Ulla Bjornberg, *European Parents in the 1990s*, Transaction, New Brunswick, 1992 / CEE, *Les Jeunes européens en 1987-1988* / Daniel Linhart and Anna Malan, *Voyage au pays de 18-25 ans*, Syros, 1990 / GRIF, *Les Jeunes*, Issue no.34, Winter 1986 / Maureen Baker, *Quand je pense à demain : Étude sur les aspirations des adolescents*, Conseil consultatif canadien de la situation de la femme, 1985 / David M. Brodzinsky, *The Psychology of Adoption*, Oxford UP, NY, 1990 / R. A. Hinde, *Relationships within Families*, Clarendon Press, Oxford, 1988 / Robert A. LeVine, *Parental Behaviour in Diverse Societies*, Jossey Bass, San Francisco, 1988 / B. Sutton-Smith, *The Sibling*, Henery Holt, NY, 1970 / Glenda A. Hudson, *Sibling Love and Incest in Jane Austen's Fiction*, Macmillan, 1992 / Christine Downing, *Psyche's Sisters : Reimagining the Meaning of Sisterhood*, Harper, San Francisco, 1988 / No Addo and J. R. Goody, *Siblings in Ghana*, University of Ghana, Legon, 1957 / Jacqueline Goodnow and Ailse Burns, *Home and School in a Child's Eye View*, Allen and Unwin, Sydney, 1985 / Moncrieff Cochran, *Extending Families : The Social Networks of Parents and Children*, Cambridge UP, 1990 / Claude Boisleme, *Une Génération inattendue : Les jeunes de 15 à 24 ans*, no publisher, Montpellier, 1987 / Ségolène Royale, *Le Printemps des grand-parents*, Laffont, 1987 / Judith Wallerstein and J. Kelly, *Surviving the Break-up : How Children and Parents Cope with Divorce*, Basic Books, NY, 1980 / Carolyn J. Mathiasson, *Many Sister : Women in Cross-Cultural Perspective*, Free Press, NY, 1974 / Ira L. Reiss, *Family Systems in America*, 3rd edn., Henry Holt, NY, 1980 / Sybil

Wolfram, *In-Laws and Outlaws : Kinship and Marriage in England*, Croom Helm, 1987 / Martine Segalen, *Historical Anthropology of the Family*, Cambridge UP, 1986 / Mirra Komarovsky, *Blue Collar Marriage*, Yale, 1962 / Sarah LeVine, *Mothers and Wives : Gusii Women of East Africa*, Chicago UP, 1979 / Carole Klein, *Mothers and Sons*, Houghton Mifflin, Boston, 1984 / Leigh Minturn and W. W. Lambert, *Mothers of Six Cultures : Kwang-Ching Liu, Orthodoxy in Late Imperial China*, California UP, 1990 / Linda Rennie Farcey, *Mothers of Sons*, Praeger, NY, 1987 / Turid Bergljot Sverre, *Mothers and Daughters as Portrayed by Norwegian Women Writers from 1984 to the Present*, University of Texas, Austin, Ph.D. thesis, in BM / Helena Hurme, *Child, Mother and Grandmother : Intergenerational Interaction in Finnish Families*, University of Jyvaskyla, 1988, in BM / Betsy Wearing, *The Ideology of Motherhood : A Study of Sydney Suburban Mothers*, Allen and Unwin, Sydney, 1984 / Sandra Barry, *Elles aussi : La maternité*, PUF, 1988 / Nichole Prieur, *Adolescents parents : Des rendez-vous manques*, Casterman, 1981 / Catherine M. Scholten, *Childbearing in American society 1650-1850*, NY University Press, 1985 / Stanley N. Kurtz, *All the Mothers are One : Hindu India and the Cultural Reshaping of Psychoanalysis*, Columbia UP, 1992 / Ronald P. Rohner and M. Chalki-Sirkar, *Women and Children in a Bengali Village*, University Press of New England, Hanover, 1988 / Charles Lindholm, *Generosity and Jealousy : The Swat Pukhtun of Northern Pakistan*, Columbia UP, 1982 / Shanti Lal Nagar, *The Universal Mother*, Atma Ram, New Delhi, 1989 / Suzanne Dixon, *The Roman Mother*, Routledge, 1988 / G. Duby and M. Perrot, *Histoires des femmes en Occident*, 5vols., Plon / Elaine Heffner, *Successful Mothering : The Challenge of Motherhood after Freud and Feminism*, Robson, London, 1980 / Sara Ruddick, *Maternal Thinking : Towards a Policy of Peace*, Women's Press, 1989 / Yvonne Knibiehler, *L'Histoire des mères*, Montalba, 1980 / Megan Vaughan, *The story of an African Famine : Gender and Famine in Twentieth-Century Malawi*, Cambridge UP, 1987 / Katherine Arnup, *Delivering Motherhood : Maternal Ideologies in the Nineteenth and Twenieth Centuries*, Routledge, 1990 / Beverly Birns and D. L. Hay, *The Different Faces of Motherhood*, Plenum, NY, 1988 / Lee N. Robins and Michael Rutter, *Straight and Devious Pathways from Childhood to Adulthood*, Cambridge UP, 1990 / Eileen Simpson, *Orphans Real and Imaginary*, Weidenfeld, 1988 / James Brabazon, *Albert Schweitzer*, Gollancz, 1976 /

E. G. Reynolds, *Life of St Francis of Assisi*, Anthony Clark, 1983 / Miriam Lewin, *In the Shadow of the Past Psychology Portrays the Sexes, a Social and Intellectual History*, Columbia UP, 1984 / Janet Finch, *Family Obligations and Social Change*, American Anthropological Association Memoir 93, vol.64, no.5, pt.2, October 1962 / Guy Lanoue, *Brothers : The Politics of Violence among the Sekani of Northern British Columbia*, Berg, NY, 1992 / Gilberto Dimenstein, *Brazil : War on Children*, Latin American Bureau, London, 1991 / C. Meyer, *Histoire de la femme chinoise*, Lattès, 1986 / Wilson Carey McWilliams, *The Idea of Fraternity in America*, California UP, 1973 / Ferdinand Mount, *The Subversive Family*, Unwin, 1982 / F. Furet and M. Ozouf, *Dictionnaire critique de la révolution française*, Flammarion, 1988 / Marcel David, *Fraternité et révolution française*, Aubier, 1987 / Juliet B. Schor, *The Overworked American : The Unexpected Decline of Leisure*, Basic, NY, 1991 / Alan Wolfe, *America at Century' s End*, California UP, Berkeley, 1991 / Elizabeth Pybus, *Human Goodness, Generosity and Courage*, Harvester, 1991 / H. Medick and D. W. Sabean, *Interest and Emotion*, Cambridge UP, 1984.

23장

복종과 윤리

James Hastings, *Encyclopedia of Religion and Ethics*, 13vols., Scribner, NY, 1908-26 / John Carman and Mark Juergensmeyer, *A Bibliographic Guide to the Comparative Study of Ethics*, Cambridge UP, 1991 / British statistics of obedience in Henley Centre, *Leisure*, July 1992 / Barrington Moore, *Injustice : The Social Bases of Obedience and Revolt*, Macmillan, 1978 / Rudolf L. Tokes, *Dissent in the USSR*, Johns Hopkins UP, 1975.

새롭거나 낡은 믿음들에 대한 탐구

Thomas Robbins, Cults, *Converts and Charisma*, Sage, 1988 / Joseph H. Fichter, *Autobiographies of Conversion*, Edwin Mellen, 1987 / Eileen Barker, *New Religious Movements*, HMSO, 1989 / Eryl Davies, *Truth under Attack : Cults and Contemporary*

Religion, Evangelical Press, Durham, 1990 / Marc Galanter, *Cults and New Religious Movements*, American Psychiatric Association, Washington DC, 1989 / Marc Galanter, *Cults, Faith-Healing and Coercion*, Oxford UP, NY, 1989 / Stuart A. Wright, *Leaving Cults : The Dynamics of Defection*, Society for the Scientific Study of Religions, Washington DC, 1987 / Nathan O. Hatch, *The Democratisation of American Christianity 1790-1840*, Yale UP, 1989 / Sharon Keely Heyob, *The Cult of Isis among Women in the Graeco-Roman World*, Leiden Brill, 1975 / Helen Ralstron, *Christian Ashrams : A New Religious Movement in Contemporary India*, Edwin Mellen, NY, 1987 / Frans Bakker, *Da Love-Ananda*, Free Daist Community, 1983 / R. I. Moore, *The Birth of Popular Heresy*, Arnold, 1975 / Michael Cole, *What is New Age?*, Hodder, 1990 / Rupert Sheldrake, *The Presence of the Past*, Collins, 1988 / Sorcerer's Apprentice Press, *The Occult Census*, 1989 / Wilfried Floeck, *Esthétique de la diversité*, Biblio, 1989 / Daniel Offer, *The Teenage World : Adolescents' Self-Image in Ten Countries*, Plenum, NY, 1988 / William M. Johnston, *The Austrian Mind*, University of California Press, 1972.

24장

생각하기

Sophie de Mijolla-Mellor, *Le Plaisir de pensée*, PUF, 1992 / Mary Warnock, *Imagination*, Faber, 1976 / David Cohen and S. A. Mackeit h, *The Development of Imagination : The Private Worlds of Children*, Routledge, 1991 / Senko Kurmiya Maynard, *Japanese Conversation*, Ablex, Norwood, NJ, 1989 / Lee N. Robins and Michael Rutter, *Straight and Devious Pathways from Childhood to Adulthood*, Cambridge UP, 1990 / Douglas Robinson, *American Apocalypses*, Johns Hopkins UP, Baltimore, 1988 / Frank L. Borchardt, *Doomsday Speculation as a Strategy of Persuasion*, Edwin Mellen, Lampeter, 1990 / Doris B. Wallace and H. E. Gruber, *Creative People at Work*, Oxford UP, NY, 1989 / Barbara Rogoff, *Apprenticeship in Thinking*, Oxford UP, 1991 / Hannah Arendt, *The Life of the Mind*, Secker & Warburg, 1978 / Linda Silka, *Intuitive Judgements of Change*, Springer, NY, 1989 / Jurgen T. Rehm, *Intuitive*

Predictions and Professional Forecasts, Pergamon, 1990 / Weston H. Agar, *Intuition in Organisations*, Sage, 1989 / D. Kahne man, P. Slovic and A. Tversky, *Judgement under Uncertainty : Heuristics and Biases*, Cambridge UP, 1982 / David Le Breton, *Passions du risque*, Metaile, 1991 / Margaret Donaldson, *Human Minds*, Allen Lane, 1992 / Dan Sperber and Deirdre Wilson, *Relevance : Communication and Cognition*, Blackwell, Oxford, 1986 / Dan Sperber, *Rethinking Symbolism*, Cambridge UP, 1975 / Dan Sperber, 'The Epidemiology of Beliefs', in C. Fraser and G. Gaskell, *The Social Psychological Study of Widespread Beliefs*, Oxford UP, 1990.

동양과 서양의 관계

M. E. Marty and R. S. Appleby, *The Fundamentalism Project*, 3vols., Chicago UP, 1993 / Denis MacEoin and Ahmed El Shahy, *Islam in the Modern World*, Croom Helm, 1983 / Henri Corbin, *Histoire de la philosophie islamique*, Gallimard, 1964 / Gilles Keppel, *Les Banlieues de l'Islam*, Seuil, 1987 / Henri Laoust, *Les Schismes de l' islam*, Payot, 1965 / Anne Marie Schimmel, *I am Wind, You are Fire : The Life and work of Rumi*, Shambhala, Boston, 1992 / Patricia Crone, *Meccan Trade and the Rise of Islam*, Blackwell, Oxford, 1987 / Richard W. Bulliet, *Conversion to Islam in the Medieval Period*, Harvard UP, 1979 / Henri La Bastide, *Les Quatres voyages*, Rocher, 1985 / G. E. von Grunebaum, *Unity and Variety in Muslim Civilisation*, Chicago UP, 1955 / R. M. Savory, *Introduction to Islamic Civilisation*, Cambridge UP, 1976 / Bernard Lewis, *The Muslim Discovery of Europe*, Weidenfeld, 1982 / J. Berque and J. P. Charnay, *Normes et valeurs dans l'Islam contemporain*, Payot, 1966 / J. Berque and J. P. Charnay, *L'Ambivalence dans la culture arabe*, Anthropos, 1967 / M. R. Woodward, *Islam in Java*, Arizona UP, 1989 / Denys Lombard, *Le Carrefour Javanais*, 3vols., EHESS, 1990 / Malcolm Wagstaff, *Aspects of Religion in Secular Turkey*, Durham University, 1990 / Bernard Lewis, *The Emergence of Modern Turkey*, Oxford UP, 1968 / Nehemiah Levtzion, *Conversasion to Islam*, Holmes and Meyer, 1979 / Sigrid Hunke, *Le Soleil d'Allah brille sur l'Occident*, Albin Michel, 1963 / Jacques Gernet, *Le Monde chinois*, Armand Colin, 1972 / Jacques Gernet, *Chine et christianisme*, Gallimard, 1982 / Joanna F. Handin, *Action in Late Ming Thought : The Reorientation of Lu K'un and Other Scholar Officials*, California UP, 1983 / Hung Ying-ming, *The Roots of Wisdom*

Saikuntan, Kodansha, Tokyo, 1985 / Mark Elvin, *The Pattern of the Chinese Past*, Eyre Methuen, 1973 / Mark Elvin and G. W. Skinner, *The Chinese City Between Two Worlds*, Stanford UP, 1974 / J. Baird Callicott and Roger T. Ames, *Nature in Asian Traditions of Thought*, State University of NY Press, 1989 / K. Schipper, Le Corps taoiste, Fayard, 1982 / S. A. M. Adshead, *China in World History*, Macmillan, 1988 / S. A. M. Adshead, *Central Asia in World History*, Macmillan, 1993 / Tu Wei-Ming, *Confucian Thought : Selfhood as Creative Transformation*, State University of NY Press, 1985 / H. Nakamura, *Ways of Thinking of Eastern Peoples*, Hawaii UP, 1984 / Joseph Needham, *Science and Civilisation in China*, Cambridge Up, 1954-1978 / Henry Holorenshaw, 'The Making of and Honorary Taoist', in M. Teich(ed.), *Changing Perspectives in the History of Science*, Heinemann, 1973 / K. G. Temple, *China : Land of Discovery*, Multimedia, 1986 / Marcel Granet, *La Pensée chinoise*, Albin Michel, 1988 / L. Carrington Goodrich, *Dictionary of Ming Biography*, Columbia UP, 1976 / Harvey Cox, *Turning East : The Promise and Peril of the New Orientalism*, Allen Lane, 1977 / W. D. O'Flaherty, *The Origin of Evil in Hindu Mythology*, California UP, 1976 / W. D. O'Flaherty, *Dreams, Illusions and Other Realities*, Chicago UP, 1984 / Daniel Gold, *The Lord as Guru*, Oxford UP, NY, 1987 / Abbé Pierre and Bernard Kouchner, *Dieu et les hommes*, Laffont, 1993 / John B. Cobb, jnr., *The Emptying God : A Buddhist-Jewish-Christian Conversation*, Orbis, NY, 1990 / Peter K. H. Lee, *Confucian-Christian Encounters*, Edwin Mellen Press, Lampeter, 1991 / Rodney L. Taylor, *The Religious Dimensions of Confucianism*, State University of NY Press, 1990 / Albert H. Friedlander, *A Thread of Gold : Journeys Towards Reconciliation*, SCM Press and Trinity Philadelphia, 1990 / Leonard Swidler, *Muslims in Dialogue*, Edwin Mellen, Lampeter/Le wiston, 1992 / Robert J. Sternberg, *Wisdom : Its Nature, Origin and Development*, Cambridge UP, 1990 / John Hick and Hasan Ascari, *The Experience of Religious Diversity*, Avebury, Aldershot, 1985 / Unni Wikkan, *Managing Turbulent Hearts : A Balinese Fonnula for Living*, Chicago UP, 1990 / L. Swidler and P. Mojzes, *Attitudes of Religions and Ideologies Towards the Outsider*, Edwin Mullen, Lampeter/Lewiston, 1990 / Kenneth Cragg, *To Meet and To Greet : Faith with Faith*, Epworth, 1992 / Peter Dale, *The Myth of Japanese Uniqueness*, Croom Helm, 1986 / J. Eckert, *Korea Old and New*, Ilchokak, Seoul, 1990 / Ki-baik Lee, *A New History of Korea*,

Harvard UP, 1984 / Martina Deuchler, *The Confucian Transfonnation of Korea*, Harvard UP, 1992 / In-sob Zong, *A Guide to Korean Literature*, Hollym, Seoul, 1982.

세계음악

Irene V. Jackson, *More than Drumming* : *Essays on African and Afro-Latin American Music and Musicians*, Greenwood, Westport, 1985 / Bruno Netti, *The Western Impact on World Music*, Schirmer, NY, 1986 / Deanna Campbell Robinson, *Music at the Margins* : *Popular Music and Global Cultural Diversity*, Sage, 1991 / Marcia Herndon and Susanne Ziegler, *Music, Gender and Culture*, Forian Noetzel, Wilhelmshaven, 1990 / Jean-Pierre Arnaud, *Freud, Wittgenstein et la musique*, PUF, 1990 / Christopher Page, *The Owl and the Nightingale Musical Life and Ideas in France 1110-1300*, California UP, 1990 / William P. Malm, *Japanese Music and Musical Instruments*, Tuttle, Tokyo, 1959 / Daniel M. Neuman, *The Life of Music in North India*, Chicago UP, 1980 / Judith Hanna, *To Dance is Human*, Texas UP, 1979 / John A. Sloboda, *The Musical Mind*, Oxford Up, 1985 / Philip Sweeney, *The Virgin Directory of World Music*, Virgin Books, 1991.

찾아보기

시어도어 젤딘 Theodore Zeldin 런던 버크벡 칼리지와 옥스퍼드 크라이스트 처치 칼리지에서 라틴어와 철학, 역사를 전공했다. 프랑스 역사 연구로 옥스퍼드 성 안토니 칼리지에서 박사 학위를 받았고 동 대학에서 교수와 학장직을 역임했다. 현재 비영리재단 옥스퍼드 뮤즈The Oxford Muse를 이끌고 있으며, 옥스퍼드 성 안토니 칼리지의 명예 교수로 재직 중이다. 지은 책으로 《인간의 내밀한 역사》, 《인생의 발견》, 《대화에 대하여》, 《프랑스 정감의 역사A History of French Passions》 등이 있다.

옮긴이 김태우 서울대학교 국어국문학과를 졸업하고 같은 대학의 대학원에서 영어영문학 석사 학위를 받았다. 영국 레스터대학교University of Leicester에서 영문학 박사 학위를 받았으며, 현재 국민대학교 영어영문학부 교수로 재직 중이다. 옮긴 책으로 《스파르타쿠스》, 《위대한 개츠비》, 《호밀밭의 파수꾼》 등이 있다.

인간의 내밀한 역사

초판 1쇄 발행 2020년 9월 18일
초판 3쇄 발행 2020년 12월 3일

지은이 | 시어도어 젤딘
옮긴이 | 김태우
발행인 | 김형보
편집 | 최윤경, 박민지, 강태영, 이환희, 최승리, 이경란
마케팅 | 이연실, 김사룡, 이하영
경영지원 | 최윤영

발행처 | 어크로스출판그룹(주)
출판신고 | 2018년 12월 20일 제 2018-000339호
주소 | 서울시 마포구 양화로10길 50 마이빌딩 3층
전화 | 070-8724-0876(편집) 070-8724-5877(영업) 팩스 | 02-6085-7676
e-mail | across@acrossbook.com

한국어판 출판권 ⓒ 어크로스출판그룹(주) 2020

ISBN 979-11-90030-64-9 03900

만든 사람들
편집 | 박민지 · 교정교열 | 오효순 · 디자인 | 오필민디자인 · 본문 조판 | 성인기획